JN446276

텍스트 언어학사

연대기학에서 메타히스토리오그라피로

이 연구는 2013년도부터 2016년도까지 행해졌던 한국연구재단의 저술출판지원사업의 재정적 지원을 받아 수행되었음.
이 연구는 2017학년도 한국외국어대학교 교내학술연구비의 지원에 의하여 이루어진 것임

텍스트 언어학사

연대기학에서 메타히스토리오그라피로

이재원 지음

HU:iNE

강분선 혹은 강순구 여사께

책머리에

언어학은 20세기 초 스위스 제네바 대학 일반언어학과의 소쉬르(F. de Saussure) 교수에 의해서 하나의 독립된 분과학문 내지는 자율적 과학으로 자리 매김 된 것으로 알려져 왔다. 그의 사후에 제자들에 의해서 출간된 "일반언어학 강의"(1915)에서 소쉬르 교수는 언어연구와 관련 있었던 기존의 '문법[학]', '문헌학' 그리고 '비교문헌학'/'비교문법[학]'이 '언어 자체에 대한 공정한 관점이 결여됨', '규범적 성격을 띤 연구로서 순수한 관찰과는 거리가 상당히 멀어 관점이 편협함', '기록되어 있는 언어에 너무 집착하여 사람들이 현재 쓰고 있는 언어를 등한시 함', '고대 그리스와 로마에만 전적으로 몰두함' 그리고 '연구대상의 본질을 추출해 내는 데 전혀 관심이 없었음' 등에 의해서 하나의 독자적 과학으로 인정받기 어렵다고 주장한다. 그리고 난 후, 자신이 제시하고 있는 몇 가지 구조주의적인 방식들에 기댄 연구가 언어연구를 하나의 학문 또는 과학으로 자리매김 하는 것에 손색이 없다는 것이다. 이것은 언어학의 분과학문 - 또는 경우에 따라서는 언어학의 상위학문으로 간주될 수 있는 – 으로 간주될 수 있는 텍스트언어학에서도 적용되는 규정일 수 있다. 고대로부터 낱말과 문장을 초월하는 텍스트 관련 연구는 면면히 있어 왔다. 그러나 그러한 연구들은 위와 같은 언어학 이전사가 가진 결점과 유사한 이유 때문에 텍스트언어학의 실제적인 출발점으로 인정받기에는 무리한 것으로 여겨졌다. 그래서 텍스트언어학자들은 1960년대 중반 독일 뮌스터 대학 일반언어학과의 하르트만(P. Hartmann) 교수에 의해서 실제적인 텍스트언어학이 출발한 것으로 간주하고 있다. 그러나 필자는 그러한 텍스트언어학의 출발점은 그보다도 훨씬 이전인 18세기 독일의 언어철학자인 훔볼트(W. v. Humboldt)에서 찾아져야 함을 주장한다. 그래서 본서에서 '텍스트언어학의 태동'의 장은 그에게 할애되었다. 훔볼트 외에 비록 텍스트언어학 이전사 정도로 자리 매김 될 정도이지만, 고대 그리스의 고르기아스(Gorgias), 아리스토텔레스(Aristoteles) 그리고 키케로(M. T. Cicero)와 고대 로마의 퀸틸리아누스(M. F. Quintilianus), 고대 수사학, 문체론 그리고 중세로 들어오면서 롱기누스(G. C. Longinus)의 숭고미 이론 등도 텍스트언어학사 이전사의 한 자리에 위치 시켰다. 또한 이러한 다양한 텍스트 관련 논의들을 언급하면서 현대 텍스트언어학의 여러 가지 분석기제와의 비교도 시도하였다. 이 책에서 제시되는 논의 전개는 때로는 아주 급진적이지만, 사실은 별로 독창적이지 못하다. 왜냐하면 논의의 대부분을 이 연구 방향에 서 있는 많은 선·후배 그리고 동료들에게서 빌려 왔기 때문이다. 필자가 얼마만큼 이들에 기대었는지는 이 책의 말미에 제공된 참고문헌이 알려줄 것이다.

1990년대를 텍스트언어학의 본고장인 독일 뮌스터대학 일반언어학과에서 공부하면서 많은 분들에게 신세를 졌다. 특히 필자의 박사논문 지도교수였던 슈미터 교수님(Prof. Dr. P. Schmitter)으로부터 기호학과 메타히스토리오그라피와 관련된 강의와 연구저작물에서 본고를 위한 여러 가지 힌트를 얻었으며, 10년 가까이 수강했던 기퍼 교수님(Prof. Dr. H. Gipper)의 언어철학 관련 오버세미나에서 어렴풋이나마 훔볼트의 사상을 이해할 수 있었다. 그 외에도 브링크만 교수님(Prof. Dr. H. Brinkmann)의 레데(Rede) 이론을 알게 해 주었던 쉐르너 교수님(Prof. Dr. M. Scherner)의 고마움도 잊을 수 없다. 그는 필자의 박사학위 논문이 마무리 될 무렵 여러 가지 구체적인 조언을 아끼지 않았다. 또한 뮌스터대학 독어독문과의 슈플레트 교수님(Prof. Dr. J. Splett), 훈스누르셔 교수님(Prof. Dr. F. Hundsnurscher), 롤프 교수님(Prof. E. Rolf)과 고전중국어과의 웅어 교수님(Prof. U. Unger)께도 고마움을 전한다. 부전공으로 이 두 과목을 선택하였는데, 이 분들의 강의에서 다양한 '학문 일반'의 이론과 방법론들을 알게 되었다. 이외에도 그곳에서 같이 공부했던 신형욱 교수님(한국외대), 김백기 교수님(한국외대), 박여성

교수님(제주대), 강창우 교수님(서울대), 김갑년 교수님(고려대), 박용익 교수님(고려대), 진정근 교수님(공주대), 조국현 교수님(한국외대), 박성철 교수님(고려대), 황은미 교수님(서울대)에게도 고마움을 전한다. 언어학 일반에 대한 이들과의 수많은 토론들이 이 책의 바탕이 되었다. 필자의 학부와 대학원 시절의 은사님이신 홍승우 교수님(한국외대)과 황종인 교수님(한국외대)에게도 고마움을 전한다. 이분들이 없었으면 필자의 언어학에 대한 관심은 생겨나지 않았을 것이다. 이미 이른 시기에 한국텍스트언어학회를 창립하신 고영근 교수님(서울대)에게 특히 고마움을 전한다. 교수님의 왕성한 연구업적과 활동은 필자에게 언제나 큰 자극으로 다가왔다. 또한 한국텍스트언어학회를 이끌고 계시는 이성만 교수님(배재대), 안인경 교수님(한국외대), 장소원 교수님(서울대), 윤석민 교수님(전북대), 신지연 교수님(목원대), 민병곤 교수님(서울대)에게도 감사드린다. 이 분들의 많은 연구 논문들이 이 책을 저술하는데 큰 도움을 주었다. 한국수사학회에서 여러 가지 주제를 가지고 토론했던 분들의 고마움도 잊을 수 없다. 특히 전성기 교수님(고려대), 양태종 교수님(동아대), 박우수 교수님(한국외대), 하병학 교수님(가톨릭대), 이상철 교수님(성균관대), 김종영 교수님(서울대), 손윤락 교수님(동국대), 나민구 교수님(한국외대), 김헌 교수님(서울대), 안재원 교수님(서울대), 송미령 교수님(서일대)과 함께했던 시간은 언제나 생기가 넘쳐흘렀던 기억들뿐이다. 한국외국어대학교 독어학·일반언어학 연구 모임인 '외독산'과 인문학 토론 모임인 '글캠독회' 회원들 그리고 '프러시안 블루' 동인들에게도 감사의 말씀을 전한다. 학문과 예술 그리고 인문학 전반에 대한 이들과의 토론은 언제나 즐거움으로 다가왔다. 박준철 교수(한성대)와 강병창 교수(한국외대) 그리고 전한호 교수(경희대)와 최순종 교수(경기대)에게도 고마움을 전한다. 자주 있었던 이들과의 이야기도 많은 도움이 되었다. 마지막으로 윤정과 고은 그리고 조이

본 연구는 2013년도부터 2016년도까지 행해졌던 한국연구재단의 저술출판지원사업의 재정적 지원을 받아 수행되었다. 이와 관련하여 연구계획서와 중간보고서의 심사에 참여하여 조언을 아끼지 않으신 익명의 심사자들과 한국연구재단에 감사드린다. 또한 기꺼이 이 책의 출간을 위해 고생해 주신 한국외국어대학교 지식출판원 신선호 팀장님과 박현정 선생님께 고마움을 전한다.

Aristoteles (이재원 作, 2017)

머리말

텍스트언어학의 출발점은 – 학계에서 일반적으로 통용되고 있는 - 1960년대 중반이 아니라 19세기 초이여야 하며, 특히 당시에 활동했던 일반언어학과 언어철학의 창시자로 불리우는 W. v. Humboldt와 관련있고,[1] 또한 텍스트언어학의 시원은 그 보다 훨씬 오래 전에 있었다. 이를 테면, 텍스트언어학의 핵심 개념 중의 하나인 R.-A. de Beaugrande/W. Dressler(1981)의 제어적 원리(regulative Prinzipien)와 R. Harweg(1968)의 텍스트시작문장(Textanfangssatz)과 텍스트계속문장(Textforsetzungssatz) 개념을 Aristoteles의 『시학(De Arte Poetica)』(2013)에서 엿볼 수 있고, 텍스트유형 분류의 출발점을 Platon의 『고르기아스(Gorgias)』(2011)에서 찾아 낼 수 있다. 또한 현대 텍스트언어학의 핵심 주제 중의 하나인 텍스트기능(Textfunktion) 구분의 흔적도 Platon의 『크라튈로스(Kratylos)』(2007)에서 발견할 수 있다. 무엇보다도 언어학에서 '언어사'의 중요성을 강조했던 H. Paul의 다음과 같은 주장이 텍스트언어학에서 '텍스트언어학사'의 중요성으로 유추될 수 있다: "언어의 역사적 관찰 이외에 다른 학문적 관찰이 또 있다는 이의가 제기되어 있다. 나는 이것을 부인한다. 언어의 비역사적인, 그렇지만 학문

---

1) H. Gipper 말년의 저작 『현대 언어연구에 있어서 W. v. Humboldt의 의미(Wilhelm von Humboldts Bedeutung für moderner Sprachforschung)』(1994)를 참조할 것.

적인 관찰이라고 설명하는 것은 실제로는 불완전한 역사적 설명에 불과하며 때로는 관찰자의 잘못으로, 때로는 관찰 자료의 잘못으로 불완전한 것이다. 개별적인 것들을 단순히 확인하는 것을 넘어서, 관련을 파악하고, 그 현상들을 이해하려고 하자마자, 사실 이에 관하여 명백하게 설명할 수는 없지만, 역사적 토대에 들어서는 것이다" (H. Paul 1880/1975: 20).

그러나 이런 식의 논의 전개에 많은 텍스트언어학자들은 동의하지 않거나 심지어 반박할 수 있을지도 모른다. 그럼에도 불구하고 필자가 위안으로 삼는 것은, 위에서 언급된 고전들이 P. Hartmann의 '텍스트언어학 강령(textlinguistisches Manifest)'(1971: 10 이하 참조)과 합치되는 부분이 더러 있기 때문이다. 가능하면 텍스트(과)학(Textwissenschaft)(T. A. v. Dijk 1980)으로 향하는 텍스트언어학의 영역을 조금이라도 더 넓혀보려는 이러한 노력, 즉 인문학의 많은 고전들이 텍스트언어학적 사상의 편린을 담고 있다는 견해가 독자들에게 알려져서, 이에 대한 연구가 활성화 될 수 있다면 본서의 목적은 달성된 것이나 다름없다. 당연히 본서에서 추구하는 이런 방식의 연구는 여러 학자들의 땀 흘린 성과에 덕을 입었다. 특히 고전수사학과 기호학 그리고 고대 철학과 관련된 많은 글들이 이 책을 엮는데 큰 도움을 주었다.

목차

4. 텍스트언어학의 태동 _ 157

5. 텍스트언어학과 주변학문 _ 307

6. 텍스트언어학의 전개 _ 380

텍스트 언어학사

연대기학에서 메타히스토리오그라피로

1. 텍스트언어학사의 필요성

어떤 학문에서든지, 가장 중요시 되는 물음은 현재를 직시하고('무엇을 탐구하고 있는가'), 과거를 돌아보고('그 이전에 무엇을 탐구하였는가?') 그리고 미래를 예측하는 것('앞으로 무엇을 탐구하게 되는가')이다. 이러한 관심들은 '개별 학문의 역사'라는 이름으로 전개되고, 이는 우리들의 탐구 대상인 텍스트언어학사에서도 예외가 아니다. 이전 세대의 어떤 특정한 논의들이 텍스트언어학사에 편입될 수 있고, 최초의 연구 발상이나 경향들이 일목요연하게 정리될 수 있다는 사실은 '학문사의 자율성'과 '안정감'을 위해서 더 없이 중요한 일이다. (R. H. Robins 2007: 2 이하 참조).

텍스트언어학사의 상위 개념이라고 할 수도 있는 언어학사는 종종 연대순 형식으로 소개되어 왔다. 이것은 일반적으로 고대 그리스부터 시작되어 유럽과 미국에서 당대에 실행되고 있는 언어학의 역사를 뒤쫓는 모습이었을 것이다. 그러나 텍스트언어학사가 이런 방식으로만 소개된다면 텍스트언어학의 다양한 연구 경향과 연구 흔적들 그리고 이론적 단초들 간에 유사점과 차이점을 파악하기 어렵다는 단점이 있다. 그래서 본서에서는 유사한 연구 대상과 개념들을 범시적(pancronisch)으로 뭉쳐서 비교했다. 이런 식의 접근 방식은 독자들에게 텍스트언어학의 특정 개념들을 훨씬 더 쉽게 이해할 수 있는 토대를 만들어 줄 것이다. 그래서 필자는 다음과 같이 R. H Robins 제시한 언어학의 히스토리오그라피적 견해에 전적으로 동감한다.

> "물론 모든 이러한 활동[여기서 '이러한 활동'은 다음과 같은 학회창립과 학술지 창간을 의미한다: 1978년 이래 국제 언어과학사 학술대회(International Conference on the History of the Language Sciences)가 3년 마다 개최되는 것, 1978년에 언어과학의 역사와 인식론 학회(Société d'Histoire et d' Epistémologie des Sciences du Language)의 창설, 1984년 창설된 영국의 헨리 스위트 학회(Henry Sweet Society), 1987년에 창설된 미국의 북미 언어과학사 학회(North American Association for the History of the Language Sciences), 1974년 이래 정기학술지 『언어학의 역사편찬학(Historiographia linguistic)』 발간(R. H. Ronbins 2007: xii 이하 참조)]을 통하여 우리는 여러 다른 시대와 장소의 언어학 저작들에 대한 전통적 견해를 재검토하게 되고, 시대를 통한 언어학 시장의 발달에 관한 많은 기존이론에 대해 반론을 제기하게 된다. 이러한 것들은 환영할 만한 일이다. 그러한 것들이 없다면, 모든 연구는 단순한 사건의 연속 및 진행과 결부된, 인물, 학파, 사고 방식의 명칭들의 통계적 나열들에 불과하게 될 위험에 처하게 된다." (R. H. Robins 2007: xiii).

따라서 이러한 '단순한 사건의 연속 및 진행과 결부된, 인물, 학파, 사고 방식의 명칭들의 통계적 나열들에 불과하게 될 위험'에 대처하기 위한 수단이 바로 텍스트언어학사 기술의 히스토리오그라피적 접근 방법이라고 할 수 있을 것이다. Anaxagoras의 유명한 일절 "우리들이 보는 것을 통하여 우리들이 볼 수 없는 것을 우리들은 해석한다"에 부합되는 설명을 본서는 줄 수 있어야 한다. 결국 이 문구는 우리들이 볼 수 있는 언어에 관한 이전의 많은 편린들에서, 우리들이 볼 수 없었던 '텍스트언어학적'이라는 개념을 해석하는 것으로 변용될 수 있다.

2. '텍스트', '역사', '텍스트언어학' 그리고 '텍스트언어학적'

본서의 제목 '텍스트언어학사'는 여러 개의 낱말로 이루어진 합성어이고, 이러한 단위들의 조합은 다양한 설명 가능성을 가진다. '텍스트', '역사', '텍스트언어학', '언어학사' 등이 바로 그것이다. 일반적으로 합성어에서는 말미에 있는 단위가 첫 번째의 직접 구성소(규정어)에 의하며 좀더 상세히 규정되는 경우들이 대부분이지만, '텍스트언어학'은 규정어와 기근어 둘 다 동일한 가치를 지니고 있다. (B. Sowinski 1983: 9 참조). 따라서 이들 개별 단위들에 대한 간략한 설명으로부터 논의를 전개해 나갈 수 있다. 뿐만 아니라, 문장을 넘어가는 단위를 연구하는 모든 것이 '텍스트언어학적'이 아닌 이상, 이것이 무엇인지에 관한 의문도 해결되어야 할 터이다. 이 장에서는 이러한 네 가지 개념의 의미 추출이 중요하다.

2.1 '텍스트'·'텍스트들'[1)]

2.1.1 '텍스트'의 통시적 개념

'텍스트'는 어원론적으로 수공업적 생산과 관련되는 낱말 또는 그러한 낱말의 어간에서 유래한다. 이를테면, '건축하다'와 '만들다'의 의미를 가진 그리스어 'τεχ', '직조하다', '엮다', '묶다', '매다', '땋다' 등의 의미를 지닌 라틴어 'texere', 그리고 '만들다'의 의미를 가진 고대 인도어 'takšati'에서 유래하며, 아마도 이러한 원래 의미에 기대보면, 텍스트란 언어 재료에 의해서 이루어진 형성물, 즉 언어나 문자로 이루어진 직조물을 완성시킨다는 점에 토대를 두고 있는 것처럼 보인다. 다시 말해서 텍스트를 어원론적으로 살펴보면, '만들기'의 표상이 텍스트 개념의 핵심에 자리하고 있는 듯하다. 그러나 이러한 표상은 역사적으로 많은 차이점과 특수화를 겪게 된다. 우선적으로 텍스트 대신에 다른 용어를 사용하는 경우를 살펴보면, 철학에서 중요하게 대두되었던 개념인 '로고스(λογος)'와 수사학의 전문술어로서 연설을 의미하는 '오라티오(oratio)'와 '세르모(sermo)', 그리고 이에 대한 독일어 등가어로서 '담화(Diskurs)'와 '레데(Rede)' 등이 있다. 이 장에서는 이러한 개념들의 역사적 변천과정과 상호 관련성의 탐구가 목표이다.[2)]

2.1.1.1 로고스

로고스는 고대 그리스 사람들이 사용했던 용어 중에서 가장 중요한 의미를 갖는 것 중의 하나이다. 로고스라는 표현은 원래 '레고(λέγω)'와 관련성

---

1) 이 부분은 이재원의 논문 두 편 "텍스트언어학 이전사 - '로고스', '오라티오', '텍스투스' 그리고 '레데' 개념을 중심으로"(2004a)와 "언어학과 타 분야에서의 '텍스트' 개념들"(2004b) 그리고 2004년도 한국텍스트언어학회 춘계학술대회 (배재대학교, 2004년 5월 1일)에서 발표한 "텍스트·텍스트들"의 강연 원고가 주축을 이룬다. 나중에 '세르모(sermo)' 장이 추가 되었다.
2) 여기서 'Diskurs' 개념은 '대화언어학(Gesprächlinguistik)'의 장에서 많이 논의되었으므로 별도로 다루지 않았다.

이 깊으며, G. Verbeke에 의하면 '열거(Aufzählung)', '계산(Berechnung)', '해명(Rechenschaft)', '정당화(Rechtfertigung)', '관계(Verhältnis)', '비율(Proportion)', '설명(Erklärung)', '논증(Beweisführung)', '이성(Vernunft)', '보고(Bericht)', '진술(Darlegung)', '발언(Aussage)', '낱말(Wort)', '표현(Ausdruck)', '의논의 대상(Gegenstand der Unterredung)'과 같이 그 쓰임새가 다양하다. 로고스에 대해 좀 더 명확히 알기 위해 이 낱말의 어원을 거슬러 올라가면 '주관적인 열거행위(der subjektive Akt des Aufzählens)', '이러한 열거의 결과(das Ergebnis dieser Aufzählung)' 그리고 '수와 질서(die Zahl und die Ordnung)' 등과 관련 있음을 알 수 있다. (G. Verbeke 1998: 491 참조). 이와 같이 로고스 개념은 비철학적인 의미로도 사용되었는데, 이와 유사한 목록은 Liddell/Scott와 Guthrie를 요약한 박종현에서도 찾을 수 있다: "① 계산, 셈, 회계, 청산, 가치, 고려, 존중, 명성 ② 관계, 상응관계, 비율 ③ 설명, 해명, 구실, 이유, 까닭, 주장, 주장의 폄, 진술, 명제, 원칙, 원리, 규칙, 전체, 의미규정, 정의, 이성(우주 속에서 작용하는), 법칙, 이법 ④ 이성, 추리, 숙고, 분별, 생각 ⑤ 말, 이야기, 연설 ⑥ 표현, 언표, 구절, 전설, 소문, 소식, 담론, 논의, 토론 ⑦ 신탁, 격언 ⑧ 주제, 논제 ⑨ 절도(節度)." (박종현 1982: 51). 이런 복잡한 개념들의 실타래에서도 로고스에서는 대체적으로 '이성'이 가장 핵심적인 개념일 진데, 이것은 우주를 하나의 조화된 체계로 보는 '코스모스(Kosmos)'와 관련 있고, 또한 '질서', '단정함', '방식', '장식' 등을 의미하는 코스모스를 '비율' 그리고 '이법(理法)'과 관련짓기도 한다. 하지만 우리에게 있어서 로고스는 철학 이전사적 의미로서 '인간의 생각과 말(das menschliche Denken und Sprechen)'과 관련 있다는 사실이 중요하다. (G. Verbeke 1998: 491 참조). 예를 들어 Heraklit 철학에서는 로고스가 특별한 위치를 차지한다. 그는 "우주 생성에 있어서 내재적 원칙을 명명(Bezeichnung des immanenten Prinzip im kosmischen Werden)"하기 위해서 로고스를 사용하는데, 그에 의하면 로고스는 모든 것을 규정하는 '규범(Norm)'이자 '법칙(Regel)'이며, 로고스를 이해하게 되면, 모든 것을 이해하게 되는 것이다. 결국 로고스는 '신화(Mythos)'와 '견해(Meinung)' 그리고 '지각(Wahrnehmung)'과 언제나 구분된다. (G. Verbeke 1998: 492 참조).

Heraklit 다음으로 로고스와 관련지어 다룰 이는 Sokrates이다. Sokrates 사상이 가장 많이 녹아들어 있는 저술로는 Platon의 『변명』이 언급되곤 하는데,

여기에서 Sokrates는 날마다 '담론하는 것(tous logous poieisthai)'이 사람에게 있어서 가장 좋은 것이라고 말하고, 그리스인들이 짐승을 사람과 구분하기 위해서 '로고스가 없는 것들(ta aloga)' 또는 '로고스를 쓰지 않는 것들(ta aloga)'이라고 명명한 것도 Sokrates 시대부터인 것으로 알려져 왔다. 이제 인간은 '로고스를 가진 자(ho logon echēn)'이고, 이는 '이성이 있는 자', 즉, '말을 쓸 줄 아는 자'를 의미한다고 보아야 할 것이다.[3] Sokrates에 있어서 로고스는 '말(logos)'이며, 이러한 말들을 사용하는 능력이 '이성(logos)'이다. 이제 Sokrates는 '말들을 매개로 이성에 의해서' 철학한다. 이러한 말을 통해서 이치를 따지는 인간의 이성에 대해서는 『파이돈(Phaidon)』에 자세히 설명되어 있다.

> "나는 마치 일식 상태의 해를 바라보거나 관찰한 사람들이 겪는 것과 같은 그러한 상태를 겪지 않도록 조심해야만 된다고 생각했네. 왜냐하면 어떤 사람들은 물 속이나 또는 그와 같은 어떤 것 속에 비친 태양의 영상을 관찰하지 않고 직접 태양을 바라봄으로써 눈을 버리는 수가 있으니 말일세. 나는 이와 같은 데에 생각이 미치자, 육안으로 사물들을 보거나 또는 그 밖의 어떤 감각에 의해서건 이것들을 파악하려고 시도함으로써, 나의 혼이 완전히 눈멀어 버리지나 않을까 두려웠네. 그래서 나는 로고스들에 의지하여(eis tous logous) 그것들에 있어서 사물들의 진리를 고찰해야만 된다고 생각했네. 아니 어쩌면 나의 이러한 비유는 어느 점에서는 적절한 것이 못 될지도 모르겠네. 왜냐하면 나는 사물들을 로고스들에 있어서 고찰하는 사람이 그것들을 실제적인 사실들에 있어서 고찰하는 사람보다도 더 모상(eikēn)들에 있어서 고찰한다고는 전혀 생각치 않으니 말일세. 어찌되었건 나는 이 방법에 의해 나의 탐구

---

3) 박종현(1982: 111 이하). 이러한 '로고스'는, 언어개념에 대해서 W. v. Humboldt가 다음과 같이 역설적으로 주장했다면 W. v. Humboldt의 언어개념과 많이 닮아 있음을 알 수 있다: "인간은 언어에 의해서만 인간이며, 언어는 인간에 의해서만 언어이다. ([⋯] da der Mensch nur durch Sprache Mensch, und die Sprache nur dadurch Sprache ist, [⋯])." (W. v. Humboldt 1848: VI, 541), "인간은 언어에 의해서만 인간이다. 그러나 언어를 만들기 위하여 그는 이미 인간이어야 했다. (Der Mensch ist nur Mensch durch Sprache; um aber die Sprache zu erfinden, müsste er schon Mensch sein.)" (W. v. Humboldt 1943: III, 252).

를 시작했네."[4)]

따라서 일식 상태의 해를 관찰할 수 있는 능력(이성)은 안경(로고스)이라는 수단을 사용할 수 있는 능력과 다름 아니고, 이러한 로고스는 담론의 형식을 취하는데, 이것이 곧 '대화(dialogos)'이다. 그러므로 Sokrates에 있어서의 대화는, 우선적으로 로고스를 '통한(dia)' 또는 로고스에 '의한(dia)' 사유로서의 논구(論究), 그리고 '서로 간에(dia)' '로고스를 주고 받음'을 의미한다. (박종현 1982: 113 참조). 왜냐하면 "접두사(dia)에는 분할, 구별, 분리라는 의미 외에 완전한 수행이라든가, 경쟁이라든가, 어떤 상황에 다수의 사람이 참가한다는 관념이 포함"(이삭 편집부 1984: 27 이하)되기 때문이다. 이제, 로고스를 서로 주고받는 방법인 대화는 토론하는 형식의 '담론(dialegesthai)'이다. 담론의 어원은 '따로 떼어서 모으는 것'을 의미하는데, 이것은 필요한 것을 모아서 마침내 결론에 도달하려는 '공동의 탐구(syzētēsai, koinē, zētein)'를 의미한다. 여기서 로고스와 담화의 공통점이 발견된다. 또한 언어적인 현상을 기술함에 있어서 Platon의 로고스는 철자/음성과 낱말보다 상위에 위치하고 있고, 이러한 사실은 R. H. Robins의 품사분류 변천사에서는 로고스가 '오노마(ónoma)'와 '레마(rhéma)'의 상위에 위치한 어떤 것으로 설명되는 것을 보고서도 알 수 있다. (R. H. Robins 1966: 28, 홍승우 1988/1991: 288 참조). Platon의 대화편에서도 '로고스'는 "상호 관련된 모든 의미들의 사슬, 다시 말해서 진술(Darlegung), 낱말(Wort), 정의(Definition), 논증(Beweisführung), 연구(Untersuchung), 사고 과정(Gedankengang), 판단(Urteil), 이성(Vernunft), 해명(Rechenschaft), 관계(Verhältnis)" (M. Scherner 1998: 493) 등으로 파악된다. 이후로는 로고스 개념에 대한 논의가 별로 활발하지 못했다. 단지, - 약간의 예외를 제외하면 - 언제나 주어진 어떤 것으로 전제되거나, 아주 광범위하게 정의되곤 했다.

---

4) 박종현(1982: 112)에서 재인용. "일식 상태의 해를 관찰할 수 있는 능력(이성)은 안경(로고스)이라는 수단을 사용할 수 있는 능력과 다름 아니"라는 견해도 W. v. Humboldt의 언어 본질이 "정신과 자연 사이의 영원한 중개자(Ewige Vermittlerin zwischen dem Geiste und der Natur)" (W. v. Humboldt 1848: VI: 208)라는 주장과 유사하다. 다시 말해서 Sokrates의 '로고스'는 W. v. Humboldt에 이르러 '언어'가 되는 것이다.

1.1.1.2 오라티오

고대 그리스어의 술어 '로고스'의 라틴어 후계자는 당시 수사학에서 많이 사용되던 '오라티오(oratio)'이다. 수사학은 웅변가의 "훌륭한 말재주(ars bene dicendi)"(M. F. Quintilianus 1988: II, 17, 37)로 이해되는데, '연설의 종류'로서 지난 일의 옳고 그름을 판단하여 고소하거나 변호하는 '법정연설(iudiciale)'과 닥칠 일의 득과 실을 판단하여 부추기거나 말리는 '정치연설(deliberativum)' 그리고 지금의 일이 명예로운가 명예롭지 못한가를 즐기며 칭찬하거나 비난하는 '식장연설(demonstrativum)'의 세 가지를 상정한다. (Aristoteles 1995: 20 이하 참조). 이것은 텍스트언어학에서의 텍스트종류(Textsorte)나 텍스트부류(Textklasse)에 해당하는 개념일 수 있으며, 수사학에서는 대단히 중요한 분야였다. 어쨌든 웅변가는 연설을 해야하기 때문이다. 이러한 수사학적 전통 외에, 문법적 전통에서도 이 술어가 사용되는데, 이를테면 Priscian이 '오라티오'에서 언어 단위인 '문장'을 이해하고 있는데 반해서, Donat는 오직 언어에 의해서 실현되는 그때 그때의 '말하기(Sprechen)'를 이해하면서, 이것을 수사학에서 '연설의 부분(partes orationis)'중의 하나인 '표현(elocutio)'으로 간주하는 경우이다. (M. Scherner 1998: 1040 참조). 다시 말해, 고대 수사학의 이론 부분은 '말감(question)'과 '연설(oratio)' 그리고 '수사학의 분야(partes rhetorices)'로 이루어져 있는데,[5] 이때 Donat는 '오라티오'에서 단지 '표현'만을 이해한다는 것이다. 그러나 이것은 현대 수사학의 관점에서는 올바르지 않다. 왜냐하면 '오라티오'는 '표현'의 상위 개념이기 때문이다. 다시 말해서 '로고스'에 대한 양태종의 주장처럼 '오라티오'에서도 '표현'뿐 만이 아니라, '착상, 배열, 표현, 암기, 발표'의 전체를 이해해야 한다는 것이다: "엄밀히 말하면, 수사학이 다루었던 로고스는 산문으로서의 연설문 또는 연설이었다. 연설문이라 함은 수사학의 다섯 과정 중 세 번째인 '표현' 과정에 이른 것이요, 연설이라 함은 최종 과정인 '발표' 과정에 이른 것이다. 다

5) '수사학의 분야', 즉 웅변가가 효과적인 웅변을 하기 위해서 수행해야 할 다섯 가지 과제는 "설득적인 논거를 찾아내는 착상, 착상된 것들의 순서를 효과적으로 정하는 배열, 배열된 것에 언어의 옷을 입히는 표현, 표현된 것을 머리 속에 저장해 두는 암기, 암기된 것을 그 내용에 걸 맞는 목소리와 몸짓으로 행동에 옮기는 발표"(양태종 1999: 11)이다.

시 말하면, 연설에는 연설문은 물론 그 내용에 맞춘 목소리, 표정, 몸짓까지 들어있다. 바로 이 언어외적 요소가 포함됨으로써, 연설은 연설문보다 더 큰 개념이 되고 있다." (양태종 2004: 35 이하).

2.1.1.3 세르모

고대 이래로 라틴어 문학에서 세르모(sermo) 개념은 다양한 사용 예를 가졌다. 그중에서도 M. F. Quintilianus의 언급이 눈에 띄는데, 그는 세르모를 이성적 존재로서의 인간이 자연으로부터 획득한 구어적인 조음(Artikulation)을 위한 기본 능력으로 이해했다: "sermonem ab ipsa rerum natura geniti protinus hominess acceperint." (M. F. Quintilianus III, 2, 1). 그 후에 세르모 개념은 보편적 인류학의 존재 조건으로 나타난다. 이를 테면 세르모는 이미 언어를 가진 존재로서의 인간과 관련있는 개념이 되었다. 이런 경우, 세르모는 현대 언어학에서 많이 논의되었고, 또한 언어학의 핵심 개념중에 하나였던 '언어 능력'과도 닮아 보인다. 그러나 언어 능력 개념이 낱말이나 문장 차원에 머물렀다면 - 이를 테면 N. Chomsky의 경우 -, 우리들의 관심 대상은 텍스트 차원과 관련있는 세르모의 용법이다. 세르모의 '구두적 조음' 개념 외에도 이 개념을 M. T. Cicero가 M. Crassus에 대해서 "그[M. Crassus]의 연설은 아주 명확하게 이해되는 세르모에 의해서 훌륭한 것이 되었다"(Brutus 233, P. Erhinger: 880에서 재인용)라고 말했다면, 이때의 세르모는 오라티오를 위한 언어적인 기초 재료로도 이해 되었을 것이다. 그래서 P. Erhinger는 다음과 같이 세르모의 사용 범주를 세 가지로 요약하고 있다. 즉, 종종 세르모 개념은 독화적인 말과 반대되는 여러 사람이 참가하는 대화적 말하기 형식을 의미한다. 세르모에 대한 이러한 정의는 Varro의 다음과 같은 구절에서 엿 볼 수 있다: "대화는 한 사람에 의해서 이루어지는 것이 아니라, 연설이 다른 사람과 결합되는 장소에서 이루어진다". 첫 번째 세르모 개념에서 파생된 두 번째 세르모 개념은, 기교를 부리지 않고 꾸밈이 없는 단순한 말 또는 말투를 가르킨다. 마지막으로 세르모는 개인적인 의지와 관련이 있는 인간의 현시적인 연설 혹은 표현방식을 의미한다. (P. Erhinger 2007: 880 이하 참조). 세르모에 대한 위와 같은 세 가지 변이형은 현대 텍스트언어학의 텍스트 개념과도 많이 닮아있다. 그 이유는 세르모가 대화로 간주된 것(왜냐하면 넓은 의미에서 대화언어학은 텍스트언어학의 하위 범주로 볼 수 있기 때문이고, 대화란 어쨌든 대화의 전체적인 목표, 의도 등이 가정되기 때문이다)과, 세르모의 "꾸밈 없는 단순한 말 또는 말투"라는 자질에서 문체론의 간결성을 떠올릴 수 있고, 세르모가 가진 "개인적인 의지"라는 특징이 텍스트기능 등의 개념들과 연관성을 가질 수 있기 때문이다.

2.1.1.4 텍스투스

'로고스'와 '오라티오'에 비해서 '텍스트'라는 술어가 고대 수사학이나 문법론에서는 사용되지 않았던 반면에, 초기 기독교시대와 중세시대에 이르러 아주 중요하게 대두된 성경해석(Bibelexegese)과 관련되어 사용되기 시작했다. 이를테면 Augustinus는 이해가 어려울 경우에 텍스트 관련에 의해서 해결점이 찾아져야 함을 강조했다("textus ipse sermonis restat consulendus"). 여기서의 '텍스투스'는 '텍스트적 연결'이라는 언어적-문법적 형태가 아니라, 언어 텍스트에 의해서 대표되는 '사물관련(Sachzusammenhang)'을 의미한다. '텍스투스'라는 술어를 이런 식으로 이해하는 것은 근대의 세속화된 해석학에서도 보여진다. (M. Scherner 1998: 1040 참조). 그래서 G. F. Meier에 있어서 "텍스투스는, 레데가 해석(Auslegung)의 대상으로서 고찰되는 한, 레데이다 [...] 레데는 서로 결합된 표상들(Vorstellungen)을 의미하는 일련의 말(Worte)이다." (G. F. Maier 1757: 42 이하, M. Scherner 1998: 1040에서 재인용). 이러한 견해는 훗날 R.-A. de Beaugrande/W. Dressler(1981)를 선두로 하는 인지적 관점의 텍스트 개념과 유사성을 보이고 있다. 또한 중세 전례 의식에서 텍스투스는 성스러운 텍스트들의 구체성을 지칭하는 것이었다. 다시 말해서, 텍스투스는 복음서에 장식된 인공물뿐만 아니라, 그 글자의 물질성에 해당된다. 문어적으로 고착된 레데의 물질적인 담지 매체와 관련된 이러한 텍스투스 개념은 근대에 들어와서 A. Schleiermacher의 텍스트 비평에서, 텍스투스가 고대 작가들의 '작품'을 의미할 뿐만 아니라, 작가가 작품을 외면적으로 형상화하는 언어 단위의 사슬로서의 글자를 의미하는 것으로까지 연결된다. (M. Scherner 1998: 1040 참조).

2.1.1.5 레데

오라티오와 텍스투스의 독일어 등가어는 레데(Rede)이다. 독일어권에서 레데의 전통은 멀리 W. v. Humboldt로부터 시작하여 텍스트언어학의 실제적 출발점으로 간주되는 1960년대 중반에 까지 걸쳐있다. 우선 레데와 관련된 W. v. Humboldt의 장소들을 살펴보자.

> 언어발생을 낱말에 의한 대상의 명칭에서 시작하여 거기에서부터 결합으로 넘어가는 것으로 생각해서는 안 된다. 실제로 레데는 선행 낱말에서 합성된 것이 아니라, 반대로 낱말이 레데 전체에서 생긴다. (W. v. Humboldt 1963: III, 448).

> 왜냐하면 우리가 음운에서 낱말로, 그리고 낱말에서 레데로 넘어가는 것에 익숙해 있다고 할지라도, 필연적 진행에 있어서는 레데가 첫 번째의 것이며, 규정적이기 때문이다. (W. v. Humboldt 1963: III, 143).

> 언어에 있어서 특히 중요한 것은, 언어에서의 다원성이 그 어떤 장소에서 보다 더 중요한 위치를 차지한다는 것이다. 모든 말하기는 여러 사람들 중에서도 화자가 청자를 언제나 단위로서 자신 있게 대립시키는 교체 레데에 토대를 두고 있다. (W. v. Humboldt 1963: III, 137).

> 언어는 관념을 형성하는 기관이다. 완전히 정신적이고 내면적인, 말하자면 흔적 없이 사라지는 지적 활동은 음성을 통하여 레데 속에서 외면화되고 감각에 나타난다. (W. v. Humboldt 1963: III, 426).

W. v. Humboldt가 자신의 글에서 '레데' 또는 '레데결합(Redefügung)'에 대해 언급한 장소는 무수히 많다. 특히 이러한 표현들은 『인간 언어구조의 차이점과 그것이 인류의 정신적 발전에 끼친 영향에 관하여(Über die Verschiedenheit des menschlichen Sprachbaues und ihren Einfluss auf die geistige Entwicklung des Menschengeschlechts)』와 『인간 언어 구조의 차이점에 관하여(Über die Verschiedenheit des menschlichen Sprachbaues)』에 집중적으로 등장한다. 전체성(Ganzheit)과 총체성(Totalität) 그리고 통일성과 유기체 개념과 함께 등장하는 레데는 P. Hartmann의 "첫 번째 언어기호(das erste sprachliche Zeichen)"(1968: 212)와 비교될 수 있고, 이러한 전통은 1950년대 독일의 언어학자 W. Porzig(1958)의 언어 개념에도 등장하며, 급기야 그는 '한 낱말 레데(Ein-Wort-Rede)'를 언급하기에 이른다.[6] W. Porzig에 이어서 1960년대 초반, 텍스트언어학이 본격적으로 태동하던 이전 시기부터 H. Brinkmann에 있어서는, 문장이 언어 연구의 마지막 단위가 아니라, 레데가 언어 연구의 최종 단위로 설정된다. 그는 '텍스트'라는 술어대신 줄곧 '레데'를 사용한다. 이유는 레데가 입말과 글말을 모두 포함하는 것에 반해서, 텍스트는 언어학의 한 부문영역의 술어로 완전하게 정착되기 이전에 오로지 글말에만 (일상적인 뜻에서는 오늘날에도) 적용되었기 때문에, 레데라는 표현에서 글말만을 오해할 여지를 제거하려는 데 있다. (홍승우 1988: 164). 이것은 레데라는 술어가 - 훗날 이런 사용법에 의해서 H. Brinkmann이 텍스트언어학의 본류에서 소외되는 불이익을 당하게 되지만 - 무척이나 '고심한 흔적'의 결과임을 드러내는 일면이다. H. Brinkmann에 의하면, 레데는 '랑그(langue)'에 대립되는 시현된 언어로서의 '빠롤(parole)'이 아니라, "전체표언(Gesamtäußerung)의 구성과 분절(Aufbau und Gliederung)"을 의미한다. 이를테면 레데는 행해지는 말 자체가 아닌 전체 표언이 있게 하는 사전 조건이며, 대부분의 문법에서 최대의 통사적 단위로 취급되는 문장은 레데의 종속 단위일 뿐이다. 그러나 경우에 따라서 레데는 하나의 문장으로도 성립될 수 있다. (H. Brinkmann 1962/1971: 724, 1965: 157). 이것 외에도 다음과 같은 H. Brinkmann의 주장들은 그가 레데를 텍스트와 동일시했으며, 이로써 텍스트언어학을 위한 많은 이론적 단초를 제공하고 있음을 암시하고 있음을 알 수 있다.

6) 이에 대한 자세한 내용은 이 책에 실려있는 "텍스트언어학의 선구로서 W. v. Humboldt"와 "W. Porzig의 '본질적 의미관련(Wesenhafte Bedeutungsbeziehungen)'과 '레데(Rede)' 개념"의 장을 참조할 것.

> 선임문장과 후임문장은 좀 더 상위에 위치한 통보적 단위로 결합된다. 이에 대한 모델형은 질문과 내답이다. (H. Brinkmann 1962/1971: 713).

> (전통적 의미에서 문장은) 더 이상 최종 단위가 아니다. 열린 문장들 [이를테면 위에서 언급된 의문문]은 자신 스스로를 넘어서 레데가 된다. (H. Brinkmann 1962/1971: 713).

이 인용문에는 이미 언어 연구에서 레데가 가장 상위에 위치하는 언어 단위라는 사실이 내포되어 있다. 여기서 주목해야할 부분은 제일 마지막 문장이다. 사실 이러한 주장은 - 위에서 말한 것처럼 - H. Brinkmann에 의해서 처음 제기된 것은 아니다. 이전에 이와 유사한 견해는 W. Porzig, 또 그 이전에 W. v. Humboldt도 이와 유사한 주장들을 제기한 흔적들이 있기 때문이다.

지금까지 논의한 내용에서는 '텍스트'와 유사하게 사용된 개념들의 변천사가 중요하다. 이를 위해서 '로고스', '오라티오', '세르모', '텍스투스' 그리고 '레데' 개념을 끌어들였다. 지금같이 '텍스트'라는 술어의 사용이 봇물처럼 터져 나오는 시대에, '텍스트'의 다양한 용례와 다의적 성격들은 어쩌면 텍스트 개념의 다양한 역사성 속에서 이미 배태되고 있었는지도 모른다. 다시 말해서 최근의 '텍스트' 개념의 유행이 '매체의 다양성'이나 '매체의 발달'에 근거한다는 주장보다도, 이 개념의 역사적 사용법이 아주 다양했으며, 이러한 다양한 지시영역이 토대가 되어 지금의 '텍스트' 사용법을 낳았다는 주장이 훨씬 더 타당할 것이다. 왜냐하면 '텍스트'와 유사한 일상적 술어들인 '본문', '이야기', '책', '이본' '연설' 등과 같은 용어들 대신에 왜 하필이면 '텍스트'를 사용했는가에 대해서 답해야 하기 때문이다. 이런 의미에서 '텍스트' 유사 개념들에 대한 역사적 논의는 필요할 수 있다.

2.1.2 '텍스트'의 공시적 개념[7]

이 장에서는 '텍스트언어학'이 아니라, '텍스트'가 관심꺼리이다. 우선적으로 텍스트의 전반적 사용 예를 살펴보고, 가능하면 그 술어의 외연과 내포를 공시적으로 구획짓는 것이 목표이다. 그런데 시작부터 문제점이 발생한다. 지금까지 텍스트에 관해서 언급했던 글들이 통일성을 이루기가 힘들다는 사실이다. 이를테면 A라는 학자가 텍스트를 abc, B라는 학자가 bcd, C라는 학자가 cde라고 주장했다면 그나마 약간이라도 해결의 실마리를 찾을 수 있다. 다시 말해서 텍스트가 가지고 있는 핵심적인 성분은 c라는 것이다.[8] 그러나 이것은 다음과 같은 세 가지 이유에 의해서 반론이 가능하다. 우선적으로 어떤 학술적 용어의 정의 내지는 개념 정의를, 위와 같은 방식의 수치적으로만 해석할 수 있는가의 문제가 남아있고, 두 번째로는 텍스트가 아닌 다른 술어 (이를테면 독일어권에서 언어학의 낭만주의 시대를 살았던 W. v. Humboldt와 1950년대의 W. Porzig 그리고 그 뒤를 이었던 H. Brinkmann이 사용하는, 현대 텍스트언어학의 주류적 텍스트 개념과 매우 유사한 '레데(Rede)'의 경우[9])를 사용할 때, 이것을 텍스트 개념에 포함시킬 것인가의 문제, 그리고 마지막으로, 비록 아직 까지는 학문의 장에 나오지 않았지만, 훗날 D라는 학자가 def를 텍스트가 가진 속성이라고 주장한다면 텍스트 개념의 확정은 조금 더 어려워진다. 왜냐하면 이제는 이 네 명의 학자를 묶어주는 공통된 성질이 사라졌기 때문이다. 다시 말해서 A와 D는 동일한 술어를 사용하고 있음에도

---

7) 이 부분은 이재원의 논문 "언어학과 타분야에서의 '텍스트' 개념들"(2004b)을 다시 깁고 다듬은 것이다.

8) 이러한 최소주의적 방식 외에도 이러한 속성들의 전부를 극대화시켜 가장 폭넓은 개념의 장을 잡아보는 것도 하나의 방법이 될 수 있겠다. 예를 들면: abcde. (김성도 1995: 18 참조). 이러한 퍼즐식의 설명 방법은 김성도(1995)와 T. Kuhn(1989: 49 이하)의 "수수께끼 풀이로서의 정상과학"이라는 장에서 힌트를 얻었다.

9) 이를테면, P. Schmitter는 다음과 같이 '텍스트'의 선구적 술어에 대해서 언급한다: "'텍스트'가 예를 들어 그리스어의 '로고스(logos)', 라틴어의 '오라티오(oratio)'와 '세르모(sermo)' 독일어의 '레데'와 '텍스트'처럼 이미 고대 그리스부터 분석대상이 되었음에도 불구하고, 우리에게 잘 알려진 '텍스트언어학'은 원래의 출발점을 지난 세기 후반기로 간주하고 있다." (P. Schmitter 2003: 6). 본고의 지면 관계상, 술어 '레데'에 대한 자세한 논의는 이재원(2004b), (2004c), (2004d), (2004e)에, 전체적인 텍스트개념의 통시적 고찰은 이재원 (2004a)에 있다는 사실만을 언급한다.

불구하고, 실제적으로 그 술어의 의미를 전혀 다른 식으로 이해하고 있기 때문이다. 학문의 장에서는 이런 경우가 비일비재하다. 그러나 이 경우에도 문제 해결을 위한 일말의 가능성이 남아있다. 이를테면 L. Wittgenstein의 가족유사성 (Familienähnlichkeit)[10] 개념을 빌려오는 것이다. 그러나 그것보다 더욱 문제되는 것은 (아주 극단적인 경우겠지만) E라는 학자가 hij라는 텍스트 개념을 들고 등장했을 경우이다. 이때, E의 텍스트 개념은 그나마 가족 유사성과 관련 지어 기존의 텍스트 개념으로 카테고리화 할 수도 없다. 따라서 텍스트 규정은 현 상태로는 잠정적일 수밖에 없다.

2.1.2.1 일상적 의미의 텍스트 개념

「문자 맹신, 텍스트 강박을 넘어서」라는 안태호의 짧은 글은 '텍스트'의 일상적 사용이 어느 정도의 지점쯤에 와 있는가를 알게 해준다.

> "'서류는 거짓말 안 합니다.' 벌써 관객 수 4백만을 훌쩍 넘겨버린 영화 『살인의 추억』에는 화성 연쇄살인사건을 해결하기 위해 서울에서 파견을 나온 베테랑 형사가 등장한다. 그는 '서류'가 모든 것을 해결해 줄 수 있다고 믿고 있다. 결국, 그 믿음은 싸늘하게 배신당하지만. [...] 문자로 기록되는 순간 그것은 어느 정도의 과장이나 축소 등의 왜곡을 필연적으로 거쳐간다. [...] 문장에 대한 맹신, 텍스트에 대한 집착은 지식인일수록 심해진다. 가끔은 텍스트 외부의 현실보다 책 안에 들어있는 것이 더 현실적이라고 우기는 경우마저 나타난다." (안태호 2003: 8).

자세히 살펴보면, 여기서 사용된 '텍스트'는 흔히 일상적으로 사용되는 '책'과 등가를 이루고 있는 것처럼 보인다. 왜냐하면 마지막 문장에서 '텍스트'는 '책'과 병렬 구문으로 쓰였기 때문이다. 그러나 위 글의 제목을 보면, '텍스트'

10) L. Wittgenstein의 '가족 유사성' 개념에 대해서는 이재원(2000: 77 이하) 및 J.-W. Lee(2002: 97 이하)를 참조할 것.

와 '문자'의 유사성도 유추 가능하다. 그러나 다음 문장을 살피면, '글(문자 언어)'과의 유사점도 발견할 수 있다: "텍스트를 부정하고자 하는 것은 아니다. '문자 언어를 부정한다?' 있을 수도 있어서도 안될 일이다. 단지 텍스트에 대한 집착을 벗자는 뜻이 텍스트로 밖에는 전달될 수 없다는 것이 하나의 아이러니로 느껴질 뿐이다." 그리고, 결국에는 제목에서 풍기는 뉘앙스를 가지고서 '서류'와도 관련 지을 수도 있다. 따라서 안태호의 짧은 글 안에서 텍스트의 일상적 개념은 다양하다. 이처럼 일상적인 '텍스트'의 사용이 이제는 여러 분야에서 유행처럼 번져나가는 느낌 또한 지울 수 없다. 왜냐하면 버젓이 '교재'라는 낱말이 있음에도 불구하고 '텍스트'를 '텍스트북'의 의미로, '저서' 또는 '논문'의 의미로도 사용되기 때문이다.

> "관상학의 텍스트라 할 만한 '마의상법'에는 '골상(骨相)', '불여관상(不如觀相)', '관상(觀相)', '불여찰색(不如察色)', '찰상(察相)', '불여심상(불여심상)'이라는 구절이 실려있다."[11]

> "1969-70년에는, 불규칙한 폭으로이기는 하지만, 그 제목들이 꽤나 징조적으로 일치하고 있는, 세 개의 텍스트가 거의 동시에 나왔다. 이는, 그 처음 제목이 「일반화된 수사학」이었다고 알려진 리에쥬 학파의 『일반 수사학』, 미셸 드기의 글 「일반화된 문체(figure)의 이론을 위하여」, 그리고 자크 소셰르의 글 「일반화된 은유」에 관한 것이다." (G. Genette 1998: 117).

이것 외에도 '텍스트'의 일상적 의미는 '원문', '원전', '본문', '주제', '강의', '각본', '상연대본', '계약서', '전보문', '설교문' '노래가사', '음악 작품의 언어 부분'[12] 등이 있는데, 결국 이러한 양상들은 어떤 개념의 '일상적 의미'의 한계성이

---

11) 이수(2004). 영미권에서의 일상적 텍스트 개념도 이와 유사하게 사용되는 경우가 더러 있다: "그러다가 1971년에 에벌린과 나는 내 이론의 의미 및 담화적 특성을 가르치기 위해서 [...] 교수법 교과서(pedagogical text)를 쓰기 시작했다." (K. L. Pike 1994: XV).

12) 고영근(1999: 4 이하)과 K. Brinker(1985: 11 이하) 그리고 J.-W. Lee(2002: 16 이하)를 참조할 것.

어느 정도인지를 드러내고 있는 것 같다. 왜냐하면 위와 같이 '텍스트'를 일상적으로 이해하는 경우, 일반적인 어떤 조건히에서 아주 모호하게만 관련 있을 뿐, 경우에 따라서는 서로 모순되는 양상을 띠기도 하기 때문이다. 그럼에도 불구하고 일상적 의미의 '텍스트'의 원형은 '본문'이며,[13] "대개 한 문장 이상을 포괄하는 (문어적으로) 고착된 언어 단위"(K. Brinker 1985: 12)라는 사실은 어느 정도 수긍할 만 하다. 왜냐하면 전자는 중국의 조선어학계와 북한에서 사용하는 용어인데, 이것은 '텍스트'의 일상적 의미 분화가 덜 된 상태에서의 번역 술어이기 때문이며, K. Brinker의 일상적 텍스트 정의는 '대개'와 '(문어적으로)'라는 표현을 조심스럽게 삽입해서 어느 정도 포괄적인 의미를 담으려 하기 때문이다. 또한 텍스트는 "문자 문화의 가장 중요한 산물로서 등장하였으며 [...] 텍스트들은 모두 인쇄된 글의 형식이었기 때문에 텍스트를 연구하는 모든 학문이 텍스트를 문자 연속체로 파악하는 것은 필연적인 결과"[14]라는 주장을 보더라도 일상적 의미에서 텍스트는 '문어적'이라는 성질이 우세한 것 같다.

2.1.2.2 문헌정보학(도서관학)에서의 텍스트 개념

문헌정보학이 문자에 의해서 기록된 지식('아는 것이 힘')을 다룬다는 거대한 목표를 지향한다면, 그것은 곧 '힘을 지배하는 힘'이며, 이 분야에서 지식과 관련된 텍스트 개념은 아주 소중하게 다루어진다. P. Wilson에 의하면 문헌정보학에서 서지 우주(bibliographical universe)를 구성하는 것은 저작물(writing)내지 기록물(recorded saying)이며, 이것은 다음과 같은 세 가지 수준(level)으로 이루어진다: 작품(work)과 텍스트 그리고 표출 예(exemplar). 여기서 작품은 아주 추상적인 단계에 위치하기 때문에 눈으로 보지도 못하고 손으로 만질 수도 없다. 그리고 이것을 연속적인 말로 배치하면 텍스트가 된다. 즉, 텍스트는 작품의 언어적

---

13) 고영근(1999: 5). 이에 대한 근거로 고영근은 북한과 중국의 조선어학에서의 '텍스트'의 번역 술어 사용례를 들고 있다. 전병선(1995)을 참조할 것.

14) 이광호(2001: 344). W. J. Ong(1995)도 참조할 것: "W. J. Ong의 언급대로 구술문화에는 텍스트가 없으며 문자 문화시대에 최초로 텍스트가 등장하여 지금에 이르렀고 [...]" 이광호(2001: 345).

표현이다. 그래서 동일한 작품이 개개의 텍스트를 만들어 낸다함은 작가가 동일한 구상을 갖고 시간이 경과함에 따라 고쳐 쓴 텍스트들이나 전래되어 온 다른 책들의 존재를 생각하면 된다. 이러한 하나의 텍스트는 다양한 표출방식으로 우리에게 놓여진다. 이를테면 저자의 초고가 있고, 잡지에 발표된 것이 있으며, 그것이 단행본으로 발표되고, 개인전집에도 수록된다. 이러한 경우를 표출예라고 하며, 이 전체는 결국 하나의 텍스트이다.[15] 따라서 텍스트는 추상적 작품과 구체적 표출 예 사이에 위치하는 반 추상적인 어떤 것이다. 문헌정보학의 입장에서는 텍스트가 작품보다 중요하다. 왜냐하면 문헌정보학은 구체적인 것만을 다루고 있으므로 작품에까지 문헌정보학의 힘이 미치지 못하기 때문이다. P. Wilson에 기대면, 작품은 어디까지나 상징적 세계의 허구적 존재이며, 파악하기 어려우므로, 작품과 1대 1로 대응하여 언어적 표현 형태를 띤 텍스트가 문헌정보학의 탐색 대상이 되는 것이며, 텍스트는 한 묶음의 예를 포괄한다는 의미에서 이념적 존재이며, 동시에 작품이라는 상징세계에서 본다면 실제 문자열의 종합체가 되므로 실체적 성격을 띤 양면성을 지닌다. (아키라 2003: 116 이하 참조). 또한 P. Wilson에 있어서 텍스트는 지도와 판화, 사진과 같은 그래프 기록, 악보와 같은 음악기호 매체, 비디오나 오디오 디스크 내지 테이프와 같은 시청각매체는 애초부터 제외되어 있다. 즉, 언어를 문자 기호로 고정시킨 것이 그 대상인 것이다. (아키라 2003: 118 참조). 그런데 텍스트언어학적 또는 일상 언어적 텍스트 개념과 문헌정보학에서의 텍스트 개념 사이에는 궁극적 차이점이 있다. 예를 들면, 집필에 종사하지 않는 사람들이 개인적으로 서류를 작성하고, 장부에 어떤 것을 기입, 또는 일기를 쓰는 일 등은 문헌정보학에서는 텍스트와 관련짓지 않는다. 왜냐하면 문헌정보학에서 작품이란, 인류 또는 하나의 문화공동체가 공유하고 있는 가치가 내재하고 있어야하기 때문에, 그러한 개인적 결과물들은 작품으로 간주되지 않는다. (아키라 2003: 119). 이런 의미에서 이들의 텍

15) 아키라(2003: 87 이하)를 참조할 것. 아키라에 있어서 'work'를 '머릿 속의 전텍스트(Prätext im Kopf)'의 의미인 '저술작업', 'exemplar'를 '출현형식'이나 '출현본'이라는 역어로 이해하는 것이 합당하다. 왜냐하면 P. Wilson의 '텍스트(work)'는 '언어적 표현'이기 때문이다. 그러나 본고에서는 P. Wilson을 인용한 아키라의 한국어 번역본에 기대고 있으므로 번역술어는 문제삼지 않았다.

스트 개념은 상대성을 내포하고 있다. 왜냐하면 여기서 대상이 되는 문서, 기록, 전적과 같은 외부세계 상황에 의해서 문화공동체가 내포한 가치여부가 판가름 나기 때문이나. 이것은 결국 문헌정보학의 궁극적 목적에 걸맞은 텍스트 개념일 수밖에 없다. 왜냐하면 문헌정보학은 공공 지식이나 사람들이 이미 공표하고 있는 지식을 가장 좋은 방법으로 비판, 평가한 결과의 판단을 토대로, 어느 시점에서 확립할 수 있는 가장 좋은 세계관과 관련 있고, "'인류가 축적해 온 지식'을 문헌이라는 매체를 통하여 효과적으로 이용하기 위한 기능을 갖는 기관 또는 제도"(아키라 2003: 57)인 도서관의 기능에 대해서도 들먹여야 하기 때문이다. 이것은 일반적으로 텍스트언어학에서 언급하는 텍스트 개념과는 차이가 있다. 왜냐하면 텍스트언어학에서는 위의 것들도 훌륭한 하나의 독자적인 텍스트로 기능하기 때문이다. 또한 문헌정보학의 텍스트 개념은 포스트모던적 텍스트 개념과도 판 이하게 다르다. 문헌정보학에서는 '근대적 주체의 해체'라는 거창한 개념을 표방하는 포스트모던적 텍스트 개념을 문헌정보학에서는 기술적으로 다루기가 여간 어려운 일이 아니기 때문이다. 즉, 문헌정보학자에 의하면 "작자로부터 분리되어 부유하는 텍스트는 잡을 데가 없"(아키라 2003: 141)기 때문이다. 그리고 P. Wilson의 (텍스트의 상위 개념으로서의) 저작물 내지 기록물의 종류가 '소설', '희곡', '시', '단편소설', '논설', '단행본', '보고류', '학술적 논문', '과학적 논문', '상품', '비평' 등이 있다고 한다면(아키라 2003: 115 참조), 이것은 일견 텍스트언어학에서의 텍스트종류와 유사한 듯 하다. 그러나 그 분류 방법에서 허술함은 자명해 보인다. 왜냐하면 '학술 논문'이나 '과학 논문' 그리고 '소설' 같은 카테고리는 같은 층위에 위치한 것이 아니기 때문이다.

2.1.2.3 포스트모던에서의 텍스트 개념

포스트모던적 입장에 서 있는 송효섭의 '텍스트' 개념은, 일상적 의미의 '작품' 개념과 별반 차이가 없는 듯이 느껴진다. 왜냐하면 아래 인용구에서 등장하는 '텍스트'의 자리에 '작품'을 대체해도 이해에는 아무런 지장이 없기 때문이다.

"텍스트가 지시하는 바를 좇아 작가가 그 텍스트를 만들어낸 상황을 재구성 하고자 하지만, 이는 절망적이게도 불가능에 가까운 일이다." (송효섭 1995: 53).

그러나 그의 글을 계속 읽어나가다 보면, 그가 지칭하는 '텍스트'가 단순하게 일상적 의미로 사용되는 '(문학)작품'만을 의미하는 것이 아니라는 사실은 자명하다. 당장에 그는 라틴어에서 유래한 텍스트의 어원을 들먹이기 때문이다: "<텍스트>는 라틴어에서 온 말로서 <짜였다>는 뜻을 갖고 있다. 전통적인 텍스트 이론의 시각에서 본다면, 작가는 어떠한 의도를 가지고 텍스트를 <짜나간 것>이며, 독자는 이 <짜나간 것>을 통해 작가의 의도를 역으로 추적한다. 작가의 의도와 상황이라는 원천에서 비롯된 것이므로, 그 <짜임>은 곧 텍스트의 본래적 자질이 된다." (송효섭 1995: 54). 여하튼 이러한 '텍스트' 개념은 기존의 문예학적 연구 대상이 되는 '작품' 개념과는 사뭇 다른, 텍스트언어학에서 일반적으로 사용하는 텍스트 개념처럼 보인다. 왜냐하면 그는 '텍스트'를 설명하기 위해서, 위와 같이 그 유명한 Platon (또는 Sokrates)의 '직조'의 메타퍼에 기대고, 또한 R. Barthes를 빌려서 '텍스트'가 '작품'과는 다른 어떤 것임을 다음과 같이 명시적으로 언급하기 때문이다: "텍스트는 작품과는 달리 행위 안에서 경험되며, 독사(doxa)의 한계 뒤에 스스로를 위치시키며 (그래서 항상 역설적이며), 기의의 무한한 지연을 실천함으로써 기표들의 놀이가 되며, 항상 복수적이며, 어떠한 계통으로도 자유로운 상호 텍스트(intertext)이며, 읽기와 쓰기의 구분을 없애고자 하며, 쾌락적인 것이다." (송효섭 1995: 60). 이러한 텍스트 개념 속에서 기존의 텍스트 개념을 이루는 중요한 자질이었던 '지시의미의 고정성', '닫힌 구조', '통일성', '결정성' 등이 사라졌다: "이제 텍스트는 어떠한 중심이나 통일성도 없으며, 독자는 그러한 것들을 찾아낼 수 없으므로, 단지 읽기의 가변적 상황에 모든 것을 맡겨야 한다." (송효섭 1995: 60).[16] 도대체 그의 이러한 주장은 어디서 어떻게 유래한 것일까? 간략히 설명하면, 작가가 텍스트를 만들어내며, 독자는

16) 텍스트의 통일성과 닫힌 구조에 관련되는 문제는 이 책의 『시학과 텍스트언어학』의 장에 자세히 설명되어 있다.

R.Barthes (이재원作, 2018)

이러한 작가가 텍스트에서 의도한 바를 찾아내서 해석하게 되는데, 애석하게도 - 위에서 언급한 바와 같이 - 텍스트가 지시하는 것을 따라 상황을 재구성한다는 것이 독자에게는 불가능하다. 왜냐하면 텍스트가 지시하는 대상들은 이미 변해버렸기 때문이다. (송효섭 1995: 53 참조). 이제 포스트모던의 텍스트 (좀더 정확히 말하자면 '비언어적 텍스트')는 "닫혀지거나 완결된 체계가 아니므로 필연적으로 상호텍스트가 되지 않을 수가 없다. 작가는 이미 작가인 동시에 독자이며, 독자는 이미 독자인 동시에 새로운 작가이므로 이들은 언술은 서로 중첩"[17]된다. 이런 식으로 자리를 잡지 못하고 안정되지 못한 떠돌며 방황하는 포스트모던적 텍스트 개념은 이미 언급한 문헌정보학의 텍스트 개념과는 질적으로 다르다. 혹시 이러한 포스트모던적 텍스트 개념이 문헌정보학에서는 '이본(異本)'과 유사한 어떤 것으로 간주될 지도 모른다. 왜냐하면 문헌정보학에서 이본이란 독자마다의 상이한 텍스트 해석으로 인해서 발생하는 어떤 것으로 간주되기 때문이다. 그러나 좀더 자세히 살펴보면, 이러한 이본은 실제적으로 '출간된 어떤 것' 또는 '정적인 어떤 것'이라는 면에서는 포스트모던의 텍스트와 또다시 구분된다. 후자는 "참여하는 주체에 의해서 인식되며", "유동적이고" "역동적 과정" (송효섭 1997: 37 이하)으로 이해되기 때문이다. 여하튼 이러한 포스트모던의 텍스트개념은 다음과 같은 R. Barthes의 견해를 지나 하이퍼텍스트와 접목된다.

> "텍스트란 직물을 말한다 [...] 우리는 이제 이 직물 속에서 텍스트가 끊임없이 얽히고 생산되고 가공된다는 생산적인 사고를 강조한다. 주체는 이 직물 속에서 - 조직 속에서 - 사라지면서 거미와도 같이 자기 그물 망의 세포 분비물 속으로 스스로를 펼쳐나간다 [...] 이러한 텍스트 이론을 직물학(Hyphologie)이라 정의할 수 있을 것이다." (R. Barthes 1974: 94).

---

17) 송효섭(1995: 61). 또한 이것은 '새로운 의미의 재구성'과도 관련있다: "가령 우리는 문화 현상 속에서 새로운 의미를 재구성하는데, 그것은 텍스트를 넘어서 존재하는 어떤 형이상학적 관념이 아니라, 그것 역시 기호계의 영역 안에 존재하는 텍스트이다. 우리가 의미를 찾는 일은 텍스트에 대한 텍스트, 즉 메타텍스트를 산출하는 일이며, 이러한 메타텍스트는 또한 하나의 텍스트로서 또 다른 메타텍스트를 산출할 가능성을 안고 있다. 이와 같이 텍스트와 메타텍스트는 위계적인 관계를 갖기도 하지만, 그러한 위계성이 닫혀진 체계 속에 고정되어 존재하지 않는다." (송효섭 1997: 5 이하).

2.1.2.4 하이퍼텍스트 개념

하이퍼텍스트란 HTML(Hypertext Markup Language) 문서들이 서로 연결된 시스템을 의미하는데, 이때 HTML은 "'하이퍼텍스트 생성언어(하이퍼텍스트 전송 규약)'라는 뜻이다. 부연 설명하면, '하이퍼 링크'라는 기술을 사용하여 정보의 세부 단위를 조직화하여 연결함으로써 정보 전체가 하나의 잠재적인 텍스트로 형성된 것을 하이퍼텍스트라고 한다. 잠재적인 텍스트라함은 사용자(User)의 선택에 의해서 비로소 그 일부가 가시화되며, 다시 이것으로부터 하이퍼텍스트의 다른 부분이 활성화되는 특성을 암시하는 말이다." (이정준 2001: 240). 이러한 하이퍼텍스트의 흔적은 인터넷 창의 주소에 나타나 있다. 즉, 인터넷에서 모든 사이트의 주소는 'http://'로 시작된다. 또한 모든 인터넷 문서들은 'html' 또는 'htm'이라는 확장자명이 붙어 있다. 어원적으로 '하이퍼(hyper)'는 '~에 대해서', '~을 경유하여' '~에 지나친', '과도한', '~를 넘어서', '최고의' 등의 의미를 포함하고 있다. (W. Pfeifer 외 1989: 722 참조). 간단하게 언급하자면, 기존의 텍스트 개념을 넘어간 것이라는 의미가 '하이퍼'의 어원에 함축되어 있다. 이러한 관점은 텍스트언어학 초창기에 자주 사용되던 개념인 '문장초월적(transphrastisch)'이라는 술어와 '문장에서 텍스트(vom Satz zum Text)'로 언어학의 연구 대상이 넘어오던 시기인 1968년 소련언어학에서 사용하던 '하이퍼 문장단위(Hypersatzeinheiten)'[18]라는 술어를 생각나게 한다. 왜냐하면 이 술어는 당시에 텍스트 개념이 없었기 때문에 그것을 대신하는 개념으로 사용된 것임을 추측할 수 있기 때문이다. 그러나 하이퍼텍스트에서도 '연구 관점의 차이'가 존재이다. 이를테면, 하이퍼텍스트 연구에서 '언어의 텍스트화'에 대한 기호적-미디어적 관점과 정보학에서 유래하는 데이터시스템의 관점이 혼재되어 있기 때문이다. 이러한 하이퍼텍스트는 원래 정보학에서 발전되었기 때문에 기본적인 정의 자체는 그 영역에서 유래했지만, 그럼에도 불구하고 이미 텍스트

---

18) G. Klimonow (1977: 182). 텍스트언어학의 장에서 접두어 '하이퍼'를 사용했던 또 한 번의 경우가 있었는데, 그것은 B. Palek에 의해서이다. 그가 이 용어를 '문장 코헤지온(Satzkohäsion)' 등의 개념과 비슷한 것이라고 주장하는 것을 보면, 이것은 훗날의 '텍스트 통사론(Textsyntax)'과 유사한 개념이라고 할 수 있겠다. (B. Palek: 1977: 168 참조).

언어학적으로 관여적인 관점들이 그 정의에 스며있다고 볼 수 있다. (S. F. Sager 2000: 587 참조). 그러나 여기에서는 하이퍼텍스트 개념을 텍스트언어학적으로 중요한 관점하에서만 고찰하는 것으로 한정하겠다. 따라서 전통적 텍스트언어학에서 중요하게 간주되었던 '텍스트성'에서 유추한 '하이퍼텍스트성'이 우리의 주된 관심이 된다. 어쨌든 미디어폴리스 시대의 텍스트는, 텍스트란 '텍스트소(Textem, 예를 들어, 음성, 음소, 문장, 명제, 언어행위, 정보 등)의 선형적 연쇄'라는 기존의 좁고 소박한 견해에서 벗어나, 다층적 구성 형식 내지는 전일주의적 인식으로 통합되고 있는데, 이로써 - 박여성에 의해서 - 전통적 텍스트성에 대한 논의((1) 코헤지온(Kohäsion), (2) 코헤렌쯔(Kohärenz), (3) 선형성(Linearität), (4) 상호텍스트성(Intertextualität))와는 판이한 하이퍼텍스트성이 거론된다. 우선적으로 이러한 주장은 하이퍼텍스트를 담지하고 있는 미디어, 즉 전통적 텍스트에서와 전혀 다른 미디어에 기인하는 것처럼 보인다. 그러나 "하이퍼텍스트의 내용이 기존의 주어진 전통적 텍스트와 일치할 수 있지만, 하이퍼텍스트를 단순히 링크된 텍스트로만 규정하는 것은 부족"하고, "하이퍼텍스트가 부분 텍스트의 연결에서 실현되는 것보다 질적으로 더 많은 어떤 것을 포함하고 있다"(박여성 2001: 30)는 박여성의 주장에 전적으로 반하는 것은 아니지만, 위에서 언급한 '표층결속성'과 '심층결속성'도 하이퍼텍스트성에 속하는 가장 기본적인 자질일 수 있음을 조심스레 추측할 수 있다. 왜냐하면 하이퍼텍스트의 근본적인 형태가 - 어찌 되었건 - 두 개의 '마디(node)'를 연결하는 '끈(link)'이기 때문이다. 또한 그러한 링크는 '표층결속성'이든 '심층결속성'이든 상관없을 것이다.[19] 그리고 하이퍼텍스트가 부분 텍스트를 전제한다(또는 "마디는 정보단위(IE, informationelle Einheiten)들이다"(S. F. Sager 1995: 218))라는 구절에서도 전통적 텍스트와의 접합점이 존재함을 알 수 있다. 이외에도, 하이퍼텍스트가 기본적인 다섯 가지 구조(고리형(Kette), 원형(Kreis), 별형(Stern), 나무형(Baum), 네트형(Netz))으로 이루어졌다고 S. F. Sager가 언급하면서 기존의 전통적 텍스트 개념과 차별화를 꾀할지라도(S. F.

19) 그래서 S. F. Sager의 하이퍼텍스트 정의에서 '응집적(kohärent)'이라는 술어가 등장하는 것이 당연할지도 모른다: S. F. Sager에 의하면 하이퍼텍스트/하이퍼미디어(Hypermedia)는 "응집적, 비선형적, 멀티미디어적, 컴퓨터 실현적이고, 따라서 상호 수용가능하고 조작가능한 상징 복합체"로 정의된다. (S. F. Sager 1995: 214).

Sager 1997: 116 참조), 이런 식의 기본적인 구조모형 자체는 이미 전통적 텍스트구조에서도 면면히 밝혀졌다. (J.-W. Lee 2002 참조). 또한 '상호텍스트성' 개념도 - 하이퍼텍스트가 낳은 '독자적' 개념이 아니라 - 기존의 텍스트언어학의 인지 중심 텍스트개념 정의를 위해서 이미 중요하게 사용되던 텍스트성의 한 카테고리였다. 그러나 기존의 텍스트 개념과 하이퍼텍스트 개념의 근본적인 차이점은, 이전의 인쇄 문화에서 쓰이던 종이와 달리, 하이퍼텍스트의 시대에서는 컴퓨터가 매체가 되고, 이전의 단층적 텍스트 구성방식과는 달리 비선형적, 다중매체적, 상호작용적인 속성을 가짐으로 전통적 텍스트와는 질적으로 다른 모습을 보인다는 사실일 것이다. 따라서 박여성에 의하면 하이퍼텍스트는 기존의 텍스트와 다른 다음과 같은 속성을 지니는 것으로 간주된다: (1) 하이퍼텍스트의 다중 매체성, (2) 하이퍼텍스트의 역동성, (3) 하이퍼텍스트의 상호 작용성. (박여성 2001: 32 이하 참조). 우선, 위에서 말하는 하이퍼텍스트의 다중 매체성은 기존의 '융합 텍스트'라고 불려지던 것이 발전된 개념으로 간주할 수 있다. 왜냐하면 융합 텍스트는 "단순히 문자 연속체가 아닌 그림(정지 영상과 동영상)과 소리(음향, 음성, 음악)까지도 결합되어 다중적인 성격"(이광호 2001: 343)을 지닌 것이기 때문이다. 반면에 하이퍼텍스트의 역동성은 하이퍼텍스트성 중에서 가장 중심 되는 부분으로 간주된다. 왜냐하면 하이퍼텍스트의 구성요소들(이미지, 그래프, 다이어그램, 공식, 문자언어나 음성[파일], 음향, 잡음, 음악 파일 등)이 그들의 형상이나 위치 및 기능을 원하는 만큼 수시로 변경할 수 있다는 사실은, 기존의 텍스트 개념과는 아주 판이한 성질이기 때문이다. 그리고 위의 인용문에서 볼 수 있듯이, 하이퍼텍스트의 상호 작용성은 전통적 텍스트 개념인 K. Brinker의 텍스트 정의("텍스트는 자체적으로 응집적이고, 전체로서 인지 가능한 의사소통 기능을 알려주는 언어 기호의 한정된 사슬"(1985: 17))과 원형 이론에 기댄 이성만의 텍스트 개념 중의 하나인 "텍스트는 종결된 의사소통 단위"(2002: 15)를 부정한다. 결국, 하이퍼텍스트의 장에서 텍스트 개념의 엄청난 확장은 미디어폴리스시대에서는 일상적이고 필연적일 수밖에 없을지도 모른다. 왜냐하면 현대의 디지털 기술이 별개로 존재했던 여러 가지 매체들을 하나로 통합시켰기 때문이다. 결국, TV 화면 하나하나를 미시 텍스트로 간주하고 TV 프로그램은 수많은 미시 텍스트로 이루어진 거시 텍스트라는 주장도 가능하다. 그럼으로 매체의 발전에 따라서 텍스트 개념이 변화한다는 주장은 의미 있다. (이광호 2001: 345 이하 및 R.-A. de Beaugrande 1997 참조).

2.1.2.5 언어학에서의 텍스트개념

일반적으로 텍스트언어학의 장에서는 본격적인 텍스트언어학의 출발점을 1964년도에 발표된 P. Hartmann의 논문 "텍스트와 텍스트들 그리고 텍스트 부류(Text, Texte, Klassen von Texten)"에서 찾는다. 그는 이 논문의 서두에서 자신의 연구 목표가 '텍스트 형성'과 '텍스트의 다양성' 그리고 이러한 다양한 텍스트를 근거로 한 '여러 텍스트유형의 파악'임을 밝히고, "관찰 가능한 언어를 [총체적으로] 지시할 수 있는 낱말"(P. Hartmann 1964/1972: 2)을 텍스트로 명명한다. P. Hartmann은 이것 보다 2년 후에 또 다시 이와 관련된 발언을 하게되는데 ("임의적인 길이를 가진 모든 발언된 텍스트는 그 텍스트를 의미 있게 만들거나 성공적으로 만드는 상황 내에 정돈되어 있다." (P. Hartmann 1966: 56)), 여기서는 '상황' 관련과 텍스트를 레데와의 등가로 간주했다는 사실이 중요하다. 왜냐하면 P. Hartmann의 텍스트 개념 대부분은 W. v. Humboldt에서 W. Porzig로 이어지는 레데 개념에 기대고 있는 것으로 추정되기 때문이다. 이러한 주장들은 텍스트가 이미 알려진 언어학의 기본단위인 '낱말'과 '문장'에 단순히 덧붙여진 것이 아니고, 언어와 말하기의 기본단위로서 이들과 다른 아주 특별한 위치에 있음을 선포하는 것이다. 그래서 "인간은 낱말과 문장이 아닌, 텍스트 내에서 말을 한다"(P. Hartmann 1966: 56)는 주장도 생겨난다. 이러한 의사소통 중심 텍스트 개념은 점점 자신의 연구영역을 확대함으로써 "텍스트는 의사소통적 신호의 집합 전체"(W. Kallmeyer 외 1980: 45)라는 확장된 정의에까지 이른다. 그래서 훗날 이러한 관점이 기호학에서의 확장된 텍스트 개념과 관련성을 가지게 되었을 것이다.

그러나 P. Hartmann보다 훨씬 이전에도 텍스트 개념에 대한 성찰이 존재했다. 이를테면, 1912년 예일대학에서 발표된 I. Nye의 박사학위 논문은 "복합적이고 문어로 된 텍스트의 문장들 사이에서 상호관련 된 외면적이고 가시적인 기호들을 발견하고 정돈하는 것"(I. Nye 1912/1978: 15)을 목표로 삼고 있는데, 연구결과 그녀는 텍스트라는 것이 '불완전성'과 '반복'에 의해서 이루어져 있음을 간파한다. 이를테면 불완전성의 법칙에 해당되는 경우는 라틴어에서의 접속사('et(그리고)'), 대명사, 대부사('hic(여기)'), 불완전 부사들('tandem(결국에는)')과 불완전 낱말들('haec(이것은)')이다. 이외에도 '불완전 구조'와 '불완전 법과 시제'가 여기에 속한다. 이러한 단위들이 불완전성 법칙과 관련되어 있다는 사실은, 예를 들어 어떤 문장이나 텍스트도 'et'로 종결될 수 없다는 주장을 끌어냈다. 그 다음 '반복의 법칙'에 해당되는 경우로는 '낱말 반복'과 '의미 반복'(① 한 낱말은 이전에 출현한 낱말의 의미를 반복할 수 있다. ② 한 낱말은 이전에 나온 낱말의 부분 의미를 반복할 수 있다. ③ 합성명사는 부분문장의 내용이나 더 많은 것을 반복할 수 있다. ④ 한 낱말은 이전에 함축된 어떤 것을 반복할 수 있다) 그리고 '배열의 반복'(① 테마반복, ② 낱말 위치와 문장 구조의 반복)과 '카테고리 반복', 마지막으로 '형태론적 반복'(① 시제반복, ② 법의 반복, ③ 인칭반복, ④ 수의 반복, ⑤ 격의 반복) 등이 있다. (I. Nye 1912/1978: 16 참조). 그 당시, 텍스트의 핵심 개념을 텍스트구성 단위의 '불완전성'과 '반복'으로 뭉뚱그려 관찰한 것은 I. Nye의 엄청난 텍스트언어학적 혜안이다. 왜냐하면 어떤 텍스트 구성 단위가 스스로 '완전하다'면 이미 그것은 자율적인 또 하나의 텍스트로 독립을 했을 테고, 텍스트 단위들이 하나의 텍스트로 묶이기 위해서는 각 단위의 어떤 요소가 반복적으로 출현해야 하기 때문이다. 이것은 텍스트언어학의 초창기에 대두되었던 구조중심 텍스트 개념의 전형이다. 이러한 견해는 훗날에 Z. S. Harris (1952)를 거쳐 R. Harweg(1968) 등으로 이어진다. 사실, Z. S. Harris의 이론도 '문장들 사이에 통사적 패턴의 반복과 병행 구문이 수반되어 있음'을 증명하는 것이라면, 이전의 I. Nye의 주장과 별반 차이점이 없다. 어쨌든, 구조 중심 텍스트 개념인 "문장이 텍스트를 구성하는 가장 작은 단위이고, 텍스트는 최소한 두 개이상의 문장을 가져야 한다"(G. Klimonow 1977: 181)라는 주장은 일견 간단하고 그럴듯해 보이지만, K. Brinker의 주장대로, 문장 개념이 명확하게 설정되어 있지 않음으로 인해서 어려움은 여전히 남아있고,[20] 또한 텍스트를 "엄청나게 긴 문장들" (J. Katz/J. Fodor 1963: II. 28)이나 "구두점 형태소(마침표)" (Th. Ballmer 1975)와 결합된 문장 연쇄정도로만 보는 견해는 - 텍스트의 전체상을 제

20) K. Brinker(1985: 22 이하). 이런 이유 때문에, K. Brinker는 '문장' 개념 대신에 '텍스트분절문(Textsegment)'이라는 개념을 사용하고 있다.

시하지 못하기 때문에 텍스트의 본질을 밝힐 수 있다는 보장이 없으므로 - 훗날 R.-A. de Beaugrande/W. Dressler에 의해서 텍스트 연구에 별로 도움이 되지 못한다는 지적을 피할 수 없게 된다. (R.-A. de Beaugrande/W. Dressler 1981: 18 참조).

60년대에 후반부에 이르면, 텍스트에 대한 구조중심 그리고 의사소통 중심의 텍스트 개념과 다른 또 하나의 견해가 대두되기 시작하는데, 이 방향의 주창자들은 철학과 사회학에서 영향을 받은 언어 행위론자들이다. 이제 이러한 관점에 기대고 있는 학자들에 의하면 텍스트는 "언어행위 사슬의 결과"(D. Wunderlich 1976: 295)이며, "발화수반력의 실현"(S. J. Schmidt 1973: 45)이며, "언어 행위들의 사슬"(D. Viehweger 1980: 18)로 이해된다. 영국의 일상언어학파로부터 영향을 받은 이 방향에 서 있는 학자들에게는 언어 외적인 행동의 질(Handlungsqualitäten)이 실제적 텍스트 개념의 정의가 된다. 또한 이러한 정의는, 이를테면 텍스트가 'Gespräch', 'Diskurs', 'Konversation' 그리고 'Dialog' 등과 같은 술어로 추이된 사실과도 관련 있다. (M. Scherner 1998: 1042 참조).

마지막으로, 언어학적 텍스트 개념의 끝자리에는 인지적 관점에서 바라보는 텍스트 개념이 위치한다. 여기서는, 텍스트를 지각하는 행위와 텍스트를 처리하는 과정이 텍스트 개념을 정의한다. 이러한 발상은 1970~80년대 이후에 불어닥친 인문학의 "인지적 전환"이라는 심리학적 연구경향에 많은 영향을 받았다.[21] 이제, 텍스트는 '지식 구조'나 '텍스트 세계'로 처리되는 지각-인푸트로 기능한다. 그리하여 W. Heinemann/D. Viehweger에 있어서 텍스트구조는 "심리적 과정에 불과"하며 "인지 과정의 결과가 표면화된 상태인 셈이다. 여기 의사소통 참여자의 지식체계, 일정한 정신적 처리능력, 특정 사실이나 의사소통 참여자에 대한 일정한 마음자세에 기초한 동기와 (원하는 상태의 성취인) 목적의 형성 및 참여자의 감정 상태, 즉 총체적으로 보면 많은 수의 심리적 현상이 본질적 역할을 한다." (W. Heinemann/D. Viehweger 1991: 17). 또한 R.-A. de Beaugrande/W. Dressler에 있어서도 이미 텍스트 개념은 "단순한 소리나 문자에 의해서

21) U. L. Figge (2000)를 참조. 텍스트언어학의 '인지적 전환'에 대해서는 이성만(2002: 291)에도 자세히 실려있다.

실제로 명시적으로 드러난 것을 이미 넘어 있고"(R.-A. de Beaugrande/W. Dressler 1981: 7), 이들의 텍스트성에 있어서 가장 간명하게 보이는 코헤지온 또한 "인지적 처리과정에서 나온 결과"(R.-A. de Beaugrande/W. Dressler 1981: 7)이다. 따라서 텍스트는 의사 소통상 하나의 미완성 체계이며 (이런 측면에서는 구조적 텍스트 개념의 선두에 서 있었던 I. Nye의 견해와 상통한다), 텍스트 자체만으로는 의사전달의 완전을 기하기 어렵고, "텍스트가 제시하는 지식과 우리 기억에 저장된 세계 지식의 상호 작용에 의해서 의미를 갖게 된다." (R.-A. de Beaugrande/W. Dressler 1981: 8). 즉, 수용자의 머리 속에 비축된 경험 및 사전 지식과의 상호 관련 속에서 텍스트가 이해되며, 이 때 관찰되고 이해된 현실을 모델화한 하나의 이미지가 수용자에게 실현된다고 보는 것이다. 달리 말하자면, "텍스트는 인지 모형에 의존한 기능, 의미, 구조를 보여주는 산물이자 수단, 곧 '생산자의 의도를 충족시키는 도구"(이성만 2002: 292)이다. 이제 이들에게 있어서는 '구조' 또한 "언제나 [화·청자/작·독자의] 의도적인 조작과정의 결과"(R.-A. de Beaugrande/W. Dressler 1981: 18)이다. 이러한 방향의 논의들은 점점 그 힘을 비축하여, 그 결과 이성만이 R.-A. de Beaugrande/W. Dressler의 텍스트성을 수정한 다음과 같은 원형이론(prototype theory)에서 유래한 원형 자질들을 텍스트성으로 간주하기에 이른다.

ㄱ. 텍스트는 종결된 의사소통단위이다.
ㄴ. 텍스트는 구체적인 상황맥락이 필요하다.
ㄷ. 텍스트는 현실(또는 텍스트 자체)과 관련을 맺고 있다.
ㄹ. 텍스트는 일정한 의사소통 기능을 갖는다.
ㅁ. 텍스트는 응집성을 갖춘 전체로 볼 수 있는 일정한 조건을 충족시켜야 한다. (이성만 2002a: 302).

이것은, 언어학이 경험 과학에 속하는 한에 있어서 언어학의 진짜 연구대상이 언어의 사실적 출현이며, 텍스트 개념을 모델화시키기 위한 여러 번에 걸친 시도들이 성공하지 못했다는 (예를 들어 지금까지의 어떤 텍스트개념도 '텍스트'와 '비텍스트'사이의 구분을 명확히 할 수 없었다는) 사실, 즉 추상적 단위인 텍스트 개념이 구체적 발화를 충족시켜야 하는 규칙을 만들어야 한다는 고민에서 유래된 것으로 간주된다. 다시 말해서 위와 같은 텍스트 개념은 기존 개념들의 딜레마를 벗어나기 위한 하나의 시도로 간주될 수 있는데 (왜냐하면 이들은 기존의 텍스트성 개념으로서는 구체시가 텍스트가 된다는 사실을 설명할 수 없다), 여기서 중요한 것은 원형의 기능이다. 이 이론에 기대면, 텍스트의 원형은 중심 자질과 주변 자질의 일련으로 제시되고, 이러한 자질들은 구체적인 언어 출현에 의해서 상이한 규모로 충족될 수 있다는 사실이다. B. Sandig(2000)가 명시적으로 언급하고 이성만(2002a)이 구체적인 예시 자료를 통해 해명한 것처럼, 이러한 방식에 의해서 이제는 구체시도 텍스트로 이해될 수 있는 길이 열렸다. 즉 텍스트 개념이 확장된 것이다. 이것은 이전의 텍스트 개념들에 의해 장악되지 못했던 특별한 텍스트들이 원형이론에 의해서 설명 가능해졌다는 것을 의미한다. 다시 말해서 하나의 언어 이론이 마음에 들지 않은 데이터를 제외하지 않고 자신의 연구대상 영역에 속하는 경험적인 모든 데이터에 적용되어야 한다는 N. Chomsky의 "관찰 적정성의 공리(observational adequacy)"(N. Chomsky 1964: 28)와 관련지어 보면, 텍스트언어학 초기의 상황보다도 훨씬 진보되었음을 알 수 있다. 이러한 관점은 텍스트 연구에 있어서 구조중심 텍스트 개념을 비판하면서 행위중심 내지는 기능중심 텍스트 개념이 우선되는 통합 모델이 설정되어야 한다는 K. Brinker(1985)의 주장과 흐름이 비슷하다. 그러나 화·청자나 작·독자를 제외한 구조중심 텍스트 개념도 타당할 수 있다. 왜냐하면 이들에게 있어서는 자율적이고, 인간과 세계에 의존하지 않는 언어학만의 독자적인 연구 프로젝트를 원했기 때문이다. 이와는 달리 또 다른 언어 이론들에 있어서는 - 특히 화용론 이후 - "언어학은 구체적인 사회의 의사소통 과정에서 언어가 갖는 기능이 텍스트 분석의 토대를 이룬다. 그렇기 때문에 [이러한 방향에서는] 언어를 더 이상 자율적인 체계로 보지 않게 되었다." (이성만 2002: 291). 다시 말해서 텍스트 개념은 언어개념 또는 언어학의 개념과 밀접한 연관성을 가지고 있다는 사실이다.

근래 지식 사회에서 널리 관심을 모으고 있는 개념이나 주제어로는 단연 텍스트, 기호, 커뮤니케이션 등을 꼽을 수 있으며, '텍스트'는 이제 인문학의 여러 분야에서 사용이 범람하면서, 중요한 핵심술어로 자리 잡게 되었다. 그러나 문제는 - 지금까지 살펴본 것과 같이 - 어느 정도 단순화되고 일반화된 술어 '텍스트'에는 엄청나게 많은 상이한 개념들이 숨어있고, 이러한 다양한 텍스트개념이 모태가 되어서 텍스트언어학의 방향들이 달라지고 변경된다는 사실이다. 다시 말해서 텍스트를 규정하는 방법, 텍스트를 기술하는 방법은 셀 수 없을 정도로 다양하며, 이러한 입장들을 토대로 각각의 분야들은 개념적 이합집산을 거듭하며 발전해왔다. 그래서 어쩌면, 모든 경험적 데이터에 걸맞은 텍스트 개념을 모델화한다는 것은 거의 불가능에 가까운 것일지도 모른다. 그러나 일반화된 술어가 없다면, 우리들의 정신생활은 혼돈의 세계가 될 터이고, 또한 각각의 텍스트 개념에 개개의 독특한 술어를 부여해야 한다면, 우리들은 엄청나게 다양한 술어의 바다에서 허우적거릴 것이며, 따라서 그것들을 기억하기가 만만치 않을 것이라는 사실이다. 다시 말해서 각 이론들이 특정한 사건이나 사태를 주시하는 약간의 차이에 의해서 각각의 술어들을 가져야 한다면, 학문의 장에서 방향이 다른 이론들끼리의 의사소통은 거의 불가능할 지도 모른다. 따라서 하나의 전문술어인 '텍스트'가 여러 가지 연구방향들과 관련 있고, 여러 가지 연구방향들을 위해서 사용되고 있다는 것은 숙명적일지도 모른다. 그러므로 이러한 사실이, '텍스트는 이러 저러한 것이다'라는 주장을 하지 못했던 이 글에 부여된 면죄부일 것이다.

2.2 H. White의 '역사시학'

'역사적 상상력의 심층구조'라는 역사 서술에 있어서의 독특한 개념을 전개하고 있는 H. White에 의하면, 역사 서술은 상당량의 자료들의 결합과 이 자료들을 설명하기(explaining)위한 이론적 개념 그리고 과거에 일어났다고 생각되는 일련의 사건에 대한 도상(icon)으로서 자료를 제시하는 서술 구조와의 결합과 진배없다. 덧붙여서 역사는 일반적으로 시적이며 본질에 있어서는 언어적일 뿐 아니라, 마땅히 있어야 하는 독특한 '역사적' 설명을 무비판적으로 받아들인 패러다임으로 기여하는 심층 구조적 내용을 내포하고 있다고 H. White는 주장한다. (H. White 1991: iii 참조). 그래서 H. White에 의하면 역사가란 본질적으로 시적 활동을 수행하는 사람이며, 그러한 시적 활동을 통해서 역사가는 역사의 장을 예시하고, 역사의 장에서 '실제로 무슨 일이 있어났는가'를 설명하기 위해 자신이 이용하는 독특한 이론들을 적용시키는 장을 구성한다. (H. White 1991: iv 참조). 궁극에 이르러, H. White는 역사가 과학으로서의 역할을 담당해야 한다는 주장에 반대하며, 이야기로서의 역사가 대두된다. 따라서 우리들은 텍스트언어학사도 개별 역사의 한 분야이므로 이러한 역사 시학에 의존해서 복잡한 매듭이 풀어내어 질 수 있다고 짐작한다. 우선, 텍스트언어학사를 위해서 주어진 언어적, (텍스트)언어학적, 언어철학적 다양한 사건들이 연대기로서 구성된다. 그런데 이러한 연대기가 하나의 이야기가 되기 위해서는 사건의 발생과 결말이 있어야 한다.[22] 그래야 독자들은 이러한 사건들의 통시적인 연관관계를 읽어나가면서 통일성과 전체성을 느끼게 될 것이다. 텍스트언어학에서 하나의 텍스트가 '통일성'과 '전체성'을 가지는 것이 요구되어 온 것처럼 하나의 텍스트로서 우리들의 『텍스트언어학사』도 이를 위해 발생과 결말에 대해서 이야기 하여야

---

22) "선택된 연대기적 사건을 이야기 속으로 끌어들여 배열하는 일은, 이야기를 구성하는 과정에서 역사가들이 미리 예견하고 대답하지 않으면 안되는 문제들을 제기한다. 이 문제는 다음과 같은 형태의 것들이다: '다음에는 어떤 일이 일어났는가?', '그 사건을 어떻게 일어 났는가?', '왜 하필이면 이러한 형태로 사건이 일어났는가?', '그 사건은 결국 어떻게 되었는가?' 이러한 문제들이 바로 이야기를 구성하는 과정에서 역사가들이 반드시 이용해야 하는 서술적 전략을 결정한다." (H. White 1991: 18).

한다. 우리들의 목적은 언어적, (텍스트)언어학적, 언어철학적 사건들이 시간적으로 정렬되어 있는 연대기에 숨어있는 '텍스트언어학적 이야기'를 찾아 내고 '확인'하고 '드러내 보임'으로서 텍스트언어학의 이전사 및 텍스트언어학사를 구성하는 것이다.

2.3 텍스트언어학

많은 이들은 '텍스트언어학(Textlinguistik)'이라는 용어의 출발점을 H. Weinrich (1967: 109)[23]에서 찾고 있는데, 이는 H. Weinrich가 1967년 독일의 Bochum대학에서 행해진 토의에서 다음과 같이 언급했다는 사실 때문이다: "언어학은 텍스트언어학이다. 이 텍스트언어학은 언어학의 연구영역에 따라서, 예를 들면, 텍스트의미론(Textsemantik), 텍스트통사론(Textsyntax)으로 구체화 될 것이다." (H. Weinrich 1967: 109).[24] 그러나 그 보다 좀더 거슬러 올라가서 '텍스트언어학'의 흔적을 일반언어학의 태두로 불리는 E. Coseriu에서도 찾을 수 있다. 이를 테면 그는 1977-78년도 독일 Tübingen대학교에서 행했던 강의록을 묶어 1980년에 『텍스트언어학(Textlinguistik)』을 '개론(Einführung)'이라는 부제를 달아 출판했는데, 이 책에서 자신이 이미 오래 전 독일에서 발표한 스페인어로 된 논문(Determinación y entorno. Dos problemas de una linguistica del hablar. In: Romanistiches Jahrbuch VII (1955/56), S. 29-54)에서 처음으로 '텍스트언어학(Textlinguistik)'과 '텍스트의 언어학(Linguistik des Textes)'이라는 용어를 사용했다고 말하고 있다. 이후에 E. Coseriu는 언어 연구에 있어서 다음과 같은 세 층위를 구분하게 되는데, 이러한 구분이 명확하게 되기는 힘들지라도, 언제나 염두에 두어야 하기 때문에 E. Coseriu의 텍스트언어학은 개별언어학이나 일반언어학과 동급의 위상을 차지하고 있다고 할 수 있다.

a) 개별 언어가 복수로 구별 되기 전의 '보편적 언어(Sprach im allgemeinen)' 또는 말하기(Sprechen)인 보편적 층위(die universelle Ebene).

b) 역사적 층위. 대부분 동일한 부가로서 이해되는 역사적 개별 언어의 층위. (독일어, 불어, 러시아어 등). 복수 언어의 층위

---

23) H. Weinrich는 이를 토대로 텍스트언어학사의 중요한 저작 중의 하나로 간주되는 『독일어 텍스트문법(Textgrammatik der deutschen Sprache)』(1993)을 저술하게 된다.

24) H. Weinrich의 이러한 텍스트통사론과 텍스트의미론의 실제는 자신이 저술한 『시제, 논의 세계와 서사 세계(Tempus. Besprochene und erzählte Welt』(1964)와 『거짓말을 위한 언어학(Linguistik der Lüge)』(1966/2000)에 자세히 설명되어 있다.

c) 당연히 문어나 구어로 나타날 수 있고, 특정한 화자에 의해서 특정한 상황에서 실현되는 레데행위나 레데사슬[25] 같은 텍스트 층위. (E. Coseriu 1981: 7).

그러나 E. Coseriu의 이러한 초창기 텍스트언어학적 발상은 아무런 관심도 받지 못한 채 묻혀버렸다. 또한 텍스트언어학의 창시자로 추앙받는 P. Hartmann의 논문 "텍스트, 텍스트들, 텍스트부류들(Text, Texte, Klassen von Texten)"(1964)에서 '텍스트언어학(Textlinguistik)'이라는 술어는 명시적으로 출현하지 않았지만 제목에서부터 이미 우리들은 텍스트의 분석 방법과 텍스트유형에 관련된 많은 논의들이 시작되고 있었음을 알 수 있다. 사실, "텍스트언어학이 무엇인가"라는 물음은 모든 텍스트언어학자들에게 제기되는 텍스트언어학의 핵심 질문 중의 하나이다. 또한 이 질문은 학문 분과의 자율성을 위해서도 필연적으로 제기되는 물음이다. T. Kuhn(1989)의 말을 빌리면, 수수께기 풀이집과 같은 방식이 정상과학에 존재해야만 하고, 그래야만 특정 분야가 정상과학으로 간주될 수 있기 때문이다. 결국, 텍스트언어학의 역사를 저술하려는 이는 무엇이 텍스트언어학에 속하는지에 대한 대상 영역을 설정해야 한다. 그런데, 이러한 연구를 할라치면, 출발점에서부터 어려움에 직면한다. 왜냐하면 대상 영역의 설정, 즉 텍스트가 무엇인가에 따른 명확한 규정이 있어야 하는데, 그것을 규정하는 것이 여간 어려운 일이 아니기 때문이다. 이러한 규정의 어려움은 공식적인 텍스트언어학의 태동 이전에도 이미 존재했다. 예를 들어 W. Porzig의 경우가 그러하고, 더 멀리는 W. v. Humboldt의 경우가 그러하다. 텍스트언어학사의 저술가는 이러한 경우들에 대해서 세밀히 살펴야 한다. 대부분의 텍스트언어학자들은 P. Hartmann을 텍스트언어학의 창시자로 보고, 단지 그 이전의 몇몇 언어학자들의 논의들을 텍스트언어학 이전사의 단계로 간주한다. 그러나 몇몇 학자들(P.-L. Völzing 1979, J.-W. Lee 2002)은 W. v. Humboldt를 텍스트

25) '레데(Rede)'는 '텍스트'에 대한 독일 고유어이다. W. v. Humboldt는 '텍스트' 대신 '레데'를 사용하였고, 많이 알려지지는 않았지만 텍스트언어학사에서 주요한 자리를 차지하고 있는 H. Brinkmann도 줄곧 '레데'를 고집했다.

언어학의 출발점으로 보기도 한다. 이런 의견 불일치의 원인은 역사 기술가의 상이한 텍스트언어학 정의와 범위에 대한 기준 때문이다. 일단 그중에서도 가장 두드러지는 상이한 기준은 텍스트언어학의 연구 영역에 대한 객관 영역, 즉 대상으로 보여진다. 따라서 여기서는 "텍스트언어학의 연구 대상이 무엇인가"라는 물음이 아주 중요하다. 그래서 우리들은 P. Hartmann의 다음과 같은 '텍스트언어학적' 개념에 기대어 텍스트언어학사 기술의 연구 발판을 구축한다.

2.4 '텍스트언어학적'이란 무엇인가?[26]

'텍스트언어학적'이라고 주장되는 많은 연구들은, "그런 식의 연구 방법은 예전부터 있어왔다. 단지 용어들만 달랐을 뿐이다"라는 질문에 대한 명쾌한 답을 찾기 힘든 경우가 종종 있어 왔다. 어쨌든 하나의 텍스트로 간주되기에 손색이 없는 문학 작품과 같은 텍스트를 분석하는 것은 1960년대 중반으로 설정된 텍스트언어학의 태동기 이전에도 있었기 때문이다. 따라서 이전의 전통적인 텍스트 분석 방식과는 구분되는 텍스트언어학 고유의 연구 방법론이 문제가 될 터인데, 이러한 논의는 텍스트언어학은 '문장언어학의 단순한 확장'이 아니라는 주장과도 관련된다. (J.-W. Lee 2002: 13 참조). 1968년 독일 Konstanz대학교에서 거행된 세계 최초의 텍스트언어학 학술대회에서 발표된 "언어학적 대상으로서의 텍스트(Text als linguistisches Objekt)"라는 논문에서 P. Hartmann에 의해 제시된 '텍스트언어학 강령(textlinguistisches Manifest)'은 텍스트언어학이 단순히 문장을 넘어가는 연구 대상만을 지칭하는 것이 아니라는 것을 명확하게 보여준다.

1. 언어의 공표된(/강령적) 출현 형식으로서의 텍스트는 원초적 언어 기호를 만든다. 이때 물질적인 구성 요소는 언어적으로 가능한 모든 기호담지적 재료에 의해서 만들어질 수 있다.
2. 원초적 언어 기호[텍스트]의 텍스트다움(Texthaftigkeit) [이것은 R.-A. de Beaugrande/W. Dressler(1981)의 '텍스트성(Textualität)'과 유사한 개념임]은 언어학적 대상의 현상학적 출발점이 되어야 한다.[27]
3. 텍스트를 지향하는 언어학이 첫 번째로 분석해야 할 단계는 다양한 가능성과 특장들을 [텍스트로부터] 추출하고 선별하는데 있다.

---

26) 이 부분은 이재원(2013d)의 논문 "대통령 취임사의 텍스트언어학적 분석 – 박근혜 대통령의 경우"에 실려 있는 것을 옮긴 것이다. 더불어 이 장의 뒷 부분에는 지면상 그곳에 옮기지 못했던 '텍스트언어학적'을 정의하기 위한 또 다른 내용들이 첨가되었다.

27) 그래서 R.-A. de Beaugrande/W. Dressler(1981)에서는 '텍스트성'의 규명이 텍스트언어학 연구의 출발점이 되었을 터이고, S. J. Schmidt(1973)가 '텍스트성'을 중요하게 여긴 이유도 이러한 강령때문일 것이다.

4. 언어학적 텍스트 분석의 방향은 미리 확정되지 말아야 한다. 즉 보다 작은, 계층상의 하위에 있는 단위들(문장과 문장 구성 요소들)로부터 아직 미지의, 보다 큰 계층상 높은 단위들에로 출발하는 것은 이 방향의 반대, 즉 특히 의미, 기능과 이해가 이 사실을 필요로 한다면, 보다 큰 단위들로부터 출발하는 것도 마찬가지로 가능해야 한다.[28]
5. 텍스트를 고려함에 의해서 발생하는 대상의 확장은 개별 언어를 넘어가는 복합체와 비언어적 자료와 관련을 가질 수 있다.
6. 텍스트 차원으로 풍부해진 언어학은 의미론의 좀 더 나은 형식들, 언어규범, 좀 더 나은 지식들과 번역에 대한 통찰력을 가져다 줄 수 있고, 인접 분과를 위한 동반자로서 중요할 수 있다.
7. 텍스트 중심 작업에 대한 언어학적인 흥미는 불변의 구조들(즉 규칙성)을 준비할 것이다. 그래서 텍스트 형성 수단, 즉 문장들 같은 언어적 의사소통의 텍스트성(Textförmigkeit)은 의미론적인 충족과는 관련이 없을 수 있다.
8. 텍스트 장르들(Textgattungen)은 한 언어 체계의 언어사용 내에서 텍스트 형성 방법으로서 특정한 규범의 지배를 받고 있다.
9. 언어학자들의 실제적 관심은 (번역에서와 마찬가지로) 개별 텍스트 분석에 의해서 텍스트를 구성하는 형식들과 텍스트유형 특유의 형식들을 추출하는 것에 향해있다.
10. 텍스트 형성 규범의 관점 이외에 텍스트언어학적 작업에 의해서 언어 사용의 관점도 중요하다. 동시에 텍스트 산출은 문장형성과 다른 규칙, 전제 그리고 목적에 의해서 규정된다.
11. 언어학자에 의한 텍스트 형성 규범의 인식과 기술은 실현된 언어가 텍스트와 결합해 그때마다 한 체계의 어떤 특별한 사용을 제한한다고 생각될 수 있다.
12. 텍스트언어학이라는 틀에서 언어실제를 적합하게 고려한다는 것은 언어

28) 이 부분은 P. Hartmann의 혁명적 텍스트 정의 “텍스트는 첫 번째 언어기호”를 암시하고 있다. 또한 이것은 강령 1과도 연관성을 가진다. ‘원래’라는 의미는 ‘우선적’이라는 의미와 상통하기 때문이다.

체계의 한정을 강조할 수 있고 흥미로운 언어사용 중심의 언어학을 가능하게 할 수 있다. (P. Hartmann 1971: 10 이하).

텍스트언어학과 충분히 관련 있어 보이는 P. Hartmann 이전의 몇몇 학자들의 견해, 이를 테면 "Feuer!(불이야!)"를 하나의 낱말이나 문장이 아닌 텍스트와 유사한 개념인 레데(Rede)로 간주했던 W. Porzig(1950/1975), 그리고 『독일어(Die Deutsche Sprache)』에서 무려 183쪽에 달하는 '레데'라는 장을 설정했던 H. Brinkmann(1962/1971)을 제치고 P. Hartmann이 – 일반적인 견해에 있어서 - 텍스트언어학의 창시자로 우뚝 설 수 있었던 이유 중의 하나가 위와 같은 텍스트언어학 강령의 공표 때문이다. 여기서 P. Hartmann은 일상적으로 통용되는 낱말을 '언어기호(das sprachliche Zeichen)'라고 칭하는 F. de Saussure의 발상을 넘어서 '텍스트 전체'가 하나의 기호로서 "무엇인가를 대신해서 존재하는 무엇(aliquid stat pro aliquot / Etwas steht für etwas)"이 되는 것을 생각했을 것이다. 그래서 '텍스트(사실, 좀 더 엄밀히 말하면 구어적으로나 문어적으로 실현된 발화뭉치)가 어떻게 반듯한 텍스트가 될 수 있는가(텍스트 다움(Texthaftigkeit))'라는 질문이 텍스트언어학의 출발점이 되었던 것이다. 또한 P. Hartmann의 텍스트언어학 강령에는, 텍스트언어학이 개별언어 분석에만 머무는 것이 아니라, 언어 일반에 관련된 물음에 답하는 과제를 소지하고 있고, 훗날 - T. A. v. Dijk (1980)가 '텍스트언어학'을 '텍스트(과)학(Textwissenschaft)'으로 확장시킨 것처럼 - 인접 학문의 동반자로뿐 만 아니라 다양한 학문들의 연구방법론의 핵심요소로서 메타 학문의 기능을 가지고 있음이 암시되어 있다. 또한 텍스트유형의 구조가 가진 중요성과 개별 유형들의 특징, 텍스트 생산 원칙의 필요성들이 언급되어 있다. 이러한 모든 사항들이 그를 텍스트언어학의 창시자로 만드는 중요한 논거가 된 셈이다. 그러나 우리들은 - 이 책의 중반부에서 알게 되겠지만 - P. Hartmann보다 훨씬 이전에 활동했던 독일의 언어철학자 W. v. Humboldt 의 사상에도 P. Hartmann식의 논의들이 숨어 있음을 보게 될 것이고, 이로써 그를 텍스트언어학의 출발점으로 간주하기를 주저하지 않을 것이다.

3. 텍스트언어학 이전사

3.1 '언어기능' 또는 '텍스트기능' 개념의 선구: Platon의 '오르가논 모델(Organonmodell)'[1)]

언어학의 시원 내지는 근원으로서의 『크라틸로스(Kratylos)』는 Platon 전집에 수록되어 있는 Sokrates의 대화록이다. Sokrates의 대화록으로서 Platon 전집에 수록되어 있는 『Kratylos』라는 제목은 인명에서 유래한다. 여기에는 Sokrates를 비롯하여 Heraklit학파의 Kratylos 그리고 Hermogenes가 등장한다. Kratylos는 5세기 말엽에 살았던 사람인데, Platon 첫 제자들 중의 한 명이었고, Kratylos의 상대자로 등장하는 Hermogenes는 Hipponikos의 아들이자 소피스트인 Kallias의 동생이며 Sokrates 제자 그룹에 속한다. Platon은 『파이돈(Phaidon)』에서 Hermogenes를 Sokrates 임종시에 참석했던 사람으로 묘사

1) '오르가논-모델'에서 '오르가논'은 원래 일을 할 때 쓰이는 연장이나 도구를 의미했다. 여기서의 일이란, 『Kratylos』에 등장하는 '구멍뚫기', '직조하기' 등일 것이다. 이러한 일을 위해서 송곳과 베틀북 등이 오르가논의 역할을 한다. 따라서 'Platon의 오르가논-모델'이란 언어를 의사소통의 도구로 이해한다는 뜻이다. 이것이 Platon의 언어에 대한 최상의 정의는 아니지만, 그런 한에 있어서 『Kratylos』에서 현대 화용론의 흐릿한 흔적을 찾을 수 있는 여지는 있다. 이에 대해서는 이재원(2004b)과 신형욱/이재원(2013)을 참조할 것.

하고 있다. 그 시절 거의 모든 단편들이 그러하듯, 이 세 사람은 서로 대화하면서 각기 다른 자신의 견해(들)을 관철시키려고 한다. 이들 '자신의 견해(들)'이란, 명칭과 그 명칭이 지시하는 대상 사이에 존재하는 것으로 여겨지는 Kratylos의 필연론(Naturentstehungstheorie, 또는 퓌세이 가설(phýsei-These))과 Hermogenes의 관습론(Satzungstheorie, 또는 테세이 가설(thesei-These)) 그리고 이들의 견해에 때로는 동조하거나 반박하면서 또 다른 가능성을 제시하는 Sokrates의 주장이다. 전자에 의하면 '오노마(onoma)' (일반명사와 고유명사)에는 원래부터 '올바름(Richtigkeit)'의 속성이 부여되어 있어서 명칭으로부터 사물의 참된 존재를 추정할 수 있다는 것이며, 이에 반해서 후자는 명칭과 사물의 관계가 '계약'이나 '관습'에 의해 이루어진 것으로 정의된다. 이들은 각자 언어에 대한 자신들의 서로 상반되는 견해를 피력하고 Sokrates는 이들을 중재하려고 노력한다. 그러는 사이 Sokrates의 언어에 대한 견해도 약간씩 모습을 드러낸다. (이재원 2005b: 272 이하 참조). 우선, 『Kratylos』에서 Sokrates는 언어(좀 더 엄밀히 말하면, '오노마')를 베틀북에 비유함으로써 언어의 도구적 성격을 부각시키고 있다.

Sokrates: 좋아! 우리가 어떤 것을 잘라야 한다면, 어떤 것의 도움으로라고 말해야만 하겠지.

Hermogenes: 그렇지요.

Sokrates: 그리고 [옷감을] 짠다고 할 때는 어떤 것의 도움으로, 그리고 무엇을 뚫는다고 할 때도 어떤 것의 도움으로 뚫는다고 할 수 있겠지?

Hermogenes: 그렇지요.

Sokrates: 그래서 또한 우리가 무엇을 명명해야 한다고 할 때는 어떤 것의 도움으로 명명한다고 할 수 있겠지?

Hermogenes: 그럼요.

Sokrates: 자 그러면, 우리들은 무엇을 가지고 [구멍을] 뚫어야 하는가?

Hermogenes: 송곳으로요.

Sokrates: 그리고 무엇으로 [옷감을] 짜지?

Hermogenes: 베틀북이요.

Sokrates: 그리고 어떻게, 무엇을 가지고 명명하지?

Platon (이재원 作, 2018)

Hermogenes: 이름으로요.

[...]

Sokrates: 따라서 이름은 일종의 가르치는 도구이자 본질을 가를 수 있는 도구이네. 북이 배의 날실들을 가르는 도구이듯 말일세. (Platon 2007: 387d 이하).

위의 인용문에서 알 수 있듯이, Sokrates는 무엇을 하기 위해서는 도구가 필요하며, 베를 짜기 위해 날실들과 씨실을 가르고자 할 때 베틀북을 사용하는 것처럼, "서로에게 무엇인가를 가르치며, 사물들을 그것들이 어떤 것인가에 따라서 구분"(Platon 2007: 388b)하기 위해서 '오노마'를 사용한다고 설명한다. 이로써 Sokrates가 언어를 의사소통의 도구로 보고 있음을 알 수 있다. (신형욱/이재원 2012: 27 이하 참조). 이러한 언어에 대한 베틀북의 비유는 베틀북이 씨실과 날실을 가르는데 사용되는 도구라는 점에서 출발한다. 훗날 W. v. Humboldt가 언어를 정의하면서 '직조물(Gewebe)'의 은유를 사용하고, '텍스트'의 어원이 '직조물'임을 상기하면, Sokrates의 언어 개념에서도 텍스트 중심의 성격이 나타나고 있음을 알 수 있다. 또한 언어가 도구임을 논증하기 위해서 Sokrates가 말하는 구절들에서 K. Bühler는 화자와 청자 그리고 사물을 구분하고 이러한 삼요소 가운데 도구로서의 언어가 위치해 있는 것으로 간주한다. (K. Bühler 1934/1982: 25 이하 참조). 물론, 『Kratylos』의 핵심 내용을 '언어의 도구적 성격'이라는 것에 한정하는 것은 문제의 소지가 있다. 왜냐하면 "이름(오노마, onoma)은 일종의 가르치는 도구이자 본질을 가를 수 있는 도구"(Platon 2007: 52)이기 때문이다. 이를 테면, "언어는 분명히 도구이다. 그러나 도구로서의 언어의 정의는 불충분하다. 우선 다른 도구들은, 이를테면 칼은 자기 자신에게는 사용될 수 없다. 이와 달리 언어는 자기 자신에 관여할 수 있다는 점에서 다른 도구로부터 명백히 구별된다. 더욱이 도구로 사용될 수 있기 위하여 언어는 사용 이전에 존재해야 한다. 즉 사용은 소유를 전제로 한다"(홍승우 1992: 71 이하)와 같은 반론에 부딪힐 수 있다. 그러나 이러한 언어의 본질 문제는 차치하고, K. Bühler는 Sokrates의 언어 도구 개념을 받아들여 '어떤 이(einer)', '다른 이(der andere)', '사물들(die Dinge)'을 의사소통의 단위로 상정하고 그리고 이 가운데 '도구(organum)'를 위치시킨다.

그리고 '도구'를 제외한 이 세 요소에 '표현기능(Ausdrucksfunktion)', '호소기능(Appellfunktion)', '서술기능(Darstellungsfunktion)'을 부여하여 언어기능 개념 정립의 선두주자 중의 한 사람이 된다.[2] 물론, 이러한 언어기능이 R. Jakobson(1960)에 이르러 세분화 되고, E. Coseriu(1981)에 의해서 비판되기도 하지만, 그 출발점에 있어서는 『Kratylos』의 공적이 있었다는 사실을 간과할 수 없다.

---

2) 언어기능 개념은 K. Bühler 이전에 이미 C. K. Ogden/I. A. Richards(1923/1974)에 등장하고 있다. 이들은 언어기능을 다음과 같이 다섯 가지로 구분하고 있다: "1) 관련(Bezug)의 기호화. 2) 청자에 대한 입장의 표현. 3) 지시물에 대한 입장의 표현. 4) 의도된 작용의 촉진. 5) 관련의 보조." (C. K. Ogden/I. A. Richards 1923/1974: 264). 그러나 K. Bühler는 『언어기능』 출간 이전에 이미 여러 편의 논문과 저서("문장에 있어서 새로운 이론에 대한 비판적 검사(Kritische Musterung der neueren Theorien des Satzes)"(1920), "언어 서술 개념에 대해서(Über den Begriff der sprachlichen Darstellung)"(1923), "언어의 상징성(Die Symbolik der Sprache)"(1928), 『표현이론(Ausdrukstheorie)』(1933), "언어학의 공리(Die Axiomatik der Sprachwissenschaft)"(1933), "언어이론의 역사에 대해서(Zur Geschichte der Sprachtheorie)"(1933))에서 자신의 언어기능 개념을 발전시켜왔고, E. F. K. Koerner(1984: 97 참조) 역시 K. Bühler가 C. K. Ogden과 A. Richards에게 영향을 미쳤다는 사실을 언급한 것을 보면, 그의 언어기능 개념은 현대언어학에서 독보적인 것으로 보아도 무방하다.

3.2 텍스트유형 분류의 이전사로서 연설의 구분

3.2.1 Gorgias의 시도

학문사에 있어서 실질적인 연설의 구분은 Platon의 『Gorgias』(2011)에서 처음으로 시도된 것으로 추정된다. Sokrates와 함께 『Gorgias』의 중요 등장인물인 Gorgias가 초기 수사학의 로고스(logos) 분류를 시도했다면, 로고스가 연설과 동의 관계가 있으므로 Gorgias를 연설의 분류를 시도한 최초의 선구자로 볼 수 있다는 것이다. (양태종 2004: 6 이하 참조). 『Gorgias』에서는 '수사학이 무엇인가'에서 출발하여 정치와 도덕의 문제로 테마가 전개되고, 궁극에서는 삶과 행복의 문제에 대해서 관심을 기울인다. Sokrates는 세 명의 등장인물(Gorgias, Polos, Kallikles)과 차례로 대화를 나누고 있는데, 연설 구분에 있어서 중요한 장소는 Sokrates와 Gorgias의 대화 부분이다. 수사학의 창시자라고도 일컬어지는 Gorgias와의 대화에서 Sokrates의 우선적 대화 목적은 '수사학이란 무엇인가?'에 대한 답을 구하는데 있다.

"Sokrates: 자 그럼, 당신은 연설술[수사학]에 정통할 뿐 아니라 다른 사람도 연설가로 만들 수 있다고 주장하시는데, 연설술은 있는 것들 가운데 무엇에 관계합니까? 이를 테면 직조술은 옷 만드는 일에 관계합니다. 그렇지요?

Gorgias: 그렇습니다 [...]

Sokrates: 옳은 말씀입니다. 자 그럼, 연설술에 대해서도 그렇게 대답해 주십시오. 그것은 있는 것들 가운데서 무엇에 관계하는 앎인가요?

Gorgias: 말에 관계하지요.

Sokrates: 어떤 종류의 말입니까, Gorgias? 어떻게 생활하면 건강할 수 있는지를 환자들에게 알려주는 말인가요?

Gorgias: 아닙니다.

Sokrates: 그렇다면 연설술이 모든 말에 관계하는 것은 아니군요.

Gorgias: 당연히 아니지요.

Gorgias (이재원 作, 2018)

Sokrates: 그러면 다른 기술들도 모두 말에 관계하는데, 그것들을 대체 왜 연설술이라고 부르지 않습니까? 말에 관계하는 기술이면 무엇이든 당신이 연설술이라고 부른다면 말입니다.

Gorgias: 왜냐하면 Sokrates, 다른 기술들의 앎은 거의 전체가 수작업과 그런 종류의 활동에 관계하지만, 연설술에는 그런 수작업이 전혀 없고 활동과 그 효과가 모두 말을 통해서 이루어지기 때문이지요. 그렇기 때문에 연설술은 말에 관계한다고 내가 주장하는 것이며 내 주장이 옳은 겁니다." (Platon 2011: 449a 이하).

연설술이 모든 말에 관계되는 것이 아니라는 Gorgias의 대답은 수사학에서 관심 있는 것이 정치연설과 같은 호소 텍스트종류와 관련되는 것이지, 건강할 수 있는지를 환자에게 알려주는 정보전달 같은 텍스트종류가 아님을 분명하게 제시하고 있다. 또한 행동이 동반되는 말의 기술과 그렇지 않은 말의 기술을 구분하는 것은 마치 J. L. Austin(1962/1994)의 언어 행위론(Sprechakttheorie)의 단초를 보는 듯하다. 계속되는 Sokrates의 질문에서, 침묵 상태에서도 그 기술이 하고자 하는 일을 할 수 있는 회화나 조각, 약간의 말이 필요한 의술, 말의 비중이 더 큰 기술인 수론, 산술, 기하학, 장기술이 구분된다. 물론 Gorgias가 말하는 연설술은 말의 비중이 더 큰 기술에 속한다. (Platon 2011: 450c 이하). 여기서의 '말(logos)'은 다음과 같은 여러 가지 의미로 사용되고 있다: "(1) 이야기나 일반 진술. (2) 토론이나 연설가들의 연설처럼 체계적으로 짜임새 있게 이루어지는 일련의 말, 그리고 주고받는 문답식 대화, (3) 신화, 전설, 지어낸 이야기와 대비되는 근거 있는 이야기(550c, 523a), (4) 습관적이거나 무반성적이거나 이성적 사유에 근거를 두지 않는 행위와 대비되는 총론이나 근거 이유, 설명의 제시(465a, 500e, 501a)." (Platon 2011: 222). 이제 Gorgias 연설술의 외연은 Sokrates의 계속되는 질문("연설술은 말을 주로 사용하는 기술들 가운데 하나이고 그런 종류의 다른 기술들도 있으니까, 무엇에 관하여 말로써 효과를 거두는 기술이 연설술인지 말씀해 보시라는 겁니다." (Platon 2011: 451a))에 의해서 축소된다. 즉, Gorgias의 연설술은 점점 더 구체성을 띠어서 "설득할 수 있는 능력"으로 정의되기에 이른다: "나는 그것을 말로 설득할 수 있는 능력이라고 주장합니다. 법정에서는 재판관들을, 평의회장에서는 평의회의원들을, 민회에서는 민회의원들을, 그리고 정치 집회에 해당하는 그 밖의 모든 집회에서 말로 설득할 수 있는 능력이지요. 정말이지 이 능력을 가지면 당신은 의사를 노예로 삼을 수 있고, 체육 선생을 노예로 삼을 수 있을 것이오. 그리고 여기 있는 사업가는 자신을 위해서가 아니라 남을 위해서 즉 당신을 위해 돈벌이를 하고 있는 것으로 드러날 겁니다. 당신이 대중들에게 연설을 해서 그것을 설득할 수 있다면 말입니다." (Platon 2011: 452e). 따라서 Gorgias의 연설술은 '말로 설득하는 능력'이다. 이에 Sokrates는 Gorgias의 연설술이 어디에 가치를 두고 있는지 확인하게 되는데, Gorgias가 사람에게 가장 가치 있다고 믿는 것은 나라에서 동료 시민들을 다스리는 것이고, 그 다스림은 자신의 자유를 확보하는 것이기도 하다 (Platon 2011: 452e 이하 참조). 이 때 연설술의 힘은 그것을 가능하게 해주며, 그 힘은 설득 능력에서 나온다. 이 힘이 발휘되는 곳은 법정을 포함해서 나라의 공적인 일을 의논하고 결정하고 집행하는 정치 활동의 현장 (민회, 평의회)이다.

『Gorgias』가 Platon의 저작 중에서 가장 현대적이라고 평가받는 이유는 이 작품이 연설술과 정치 권력과의 관계에 관심을 갖고 있기 때문이다. (김인곤 2008: 10 참조). 그러나 텍스트언어학사의 측면에서는 『Gorgias』에서 다루고 있는 테마가 낱말이나 문장을 넘어 연설(텍스트)과 관련있고, 이러한 텍스트 중심 연구방법 때문에 우리들은 이 작품에다가 '현대적'이라는 수식어를 부여할 수 있을 것이다. '연설술이 설득의 장인'이라고 믿고 있는 Gorgias의 주장을 '텍스트언어학적'으로 파악하고자 한다면, 어떤 텍스트기능이 설득과 관련되는지를 살펴보면 좀 더 명확해질 수 있다. "연설술이 설득의 장인"(Platon 2011: 453a)이라는 주장은, 연설술이 제시 행위("참이나 거짓, 옳거나 옳지 않은 사태를 서술"), 또는 책무 행위("화자의 미래 행위에 대해 책임을 지며, 특정한 행동을 결심"), 또는 정표 행위("명제에 표명된 사태에 대한 화자의 심리적 입장 표현"), 또는 선언 행위("성공적으로 수행되면 결과적으로 명제 내용과 현실이 일치하게 된다. 선언 행위는 '단지 성공적으로 수행된 상태에 의해서 언급될 대상이나 대상들의 상태나 정세에 변화를 야기한다. 이 변화는 선언의 이러한 특징을 다른 범주들과 구분시켜준다.' 선언 행위는 보통 제도적 틀 속에서 고정된, 의례적인 어법으로 수행된다는 점에서도 확실히 독특한 위치를 차지한다.")가 아니라, "청자는 뭔가를 행하기 위해 동요되어야 한다"는 지시 행위와 밀접한 관련이 있음을 알 수 있다. (K. Brinker

1985: 95 이하 참조).

3.2.2 Aristoteles의 정립

고대 수사학의 장에 출현하는 Gorgias의 연설 구분은 훗날 Aristoteles에서 또 다시 등장한다. 우선 Aristoteles가 『수사학(Rhetorik)』(1995)의 3장 "웅변술의 세 장르들(Drei Arten der Beredsamkeit)"에서 연설유형에 대해 구분하고 있는 것을 보면, 고대 수사학에서 연설의 장르 구분이 얼마나 중요한지를 단박에 알 수 있다. 우선 이에 대한 그의 말을 들어보자.

> "수사학의 종류 eidē는 세 가지로 이루어져 있다. 왜냐하면 세 종류의 연설의 청자들이 존재하기 때문이다. 연설 상황은 세 가지로 이루어져 있는데, 그것은 연설가와 연설가가 말하고 어떤 사람이 연설하는 주제 그리고 (내가 청자라고 이해하고 있는) 마지막 것과 관련이 있는 연설의 대상/목적[telos]이다. 그런데 그 청자는 필연적으로 관중(theoros)이나 재판관(kritēs)이어야만 하며, 그 재판관은 과거 혹은 미래에 대하여 판결을 내려야만 한다. 미래에 대해서 판결을 내리는 사람은 가령 의회의 위원들과 같은 사람이며, 과거에 대해서 판결을 내리는 사람은 재판관인 것이다. 웅변가의 재능에 대해 판결을 내리는 사람이 관중이다. 따라서 필연적으로 수사학에는 세 종류의 연설이 있을 수 있는데, 그것들이 바로 권유연설(symbouleutikon), 법정연설(dikanikon), 식장연설(epideiktikon)이다." (Aristoteles 1995: 20 이하).

Aristoteles의 세 종류의 연설 구분에서 근거가 되는 것은 세 가지 청중의 유형, 즉 권유연설(장르)에서 의회의 위원, 법정연설에서 재판관, 식장연설에서 관중이다. 이러한 관중의 유형은 시간의 개념과 맞물리는데, 예를 들어 심의연설의 청중인 의회의 위원 같은 조언자에게는 미래의 시간이 중요하고 (왜냐하면 토론에서 조언하거나 만류하는 것은 미래의 일에 관한 것이기 때문이다), 법정연설 참가자인 소송인은 과거의 시간을 다루고 (왜냐하면 서로가 고소하고 변호하는 것은 항상 완료된 행위들에 관해서이기 때문이다), 권유연설에서는 현재가 중요하다. 왜냐하면 웅변가들이 찬사를 보내거나 비난을 퍼붓는 것은 바로 현재의 사건들이기 때문이다. 그러나 Aristoteles는 현재가 중요한 식장연설에 현재의 시간 외에 약간의 여유분을 제공한다. 그는, "흔히 사람들은 과거를 상기함으로써 과거로부터 논거를 이끌어내며, 미래를 추측함으로써 미래로부터 논거를 이끌어낸"(Aristoteles 1995: 20 이하)다고 말하기 때문이다. 사실 위의 인용문에 등장하는 연설 구분의 일차적 범주는 '시간'이 아니고, '연설의 목적' 좀 더 정확히 말하면 '청중의 유형'이다. 우선적으로 청중의 유형 분류를 위해서 시간이 등장하기 때문이다. 그런데 식장연설이 현재를 지향했음에도 과거에 대한 약간의 여지를 남겼다는 사실은 Aristoteles이후에 등장하는, 당대의 명성있던 수사학 교사였던 M. F. Quintilianus의 연설 구분에서도 엿볼 수 있다. 왜냐하면 그는 『웅변가 교육(Ausbildung des Redners)』(1988: 3.4.6)에서 연설의 종류에 대한 당시까지의 논쟁을 종식시키고자 다음과 같은 분류 원칙을 제시하기 때문이다: "연설의 영향을 받는 영역 전체는 안이거나 밖이다. 법정 안에서 결정되는 일에 대한 연설의 종류는 명백히 이해할 수 있다. 법관 앞에 오지 않는 것은 지난 일이거나 닥칠 일에 관한 것이다. 우리는 과거의 것을 칭찬하거나 비난하며, 미래의 것에 대해서는 서로 상의한다." 다시 말해서 M. F. Quintilianus에 의한 식장연설의 특징이 현재가 아니라 오로지 과거와 관련되었다는 점은 Aristoteles와의 차이점이고, 연설 종류의 구분을 위한 범주로서의 '시간'은 경우에 따라서는 명확하게 확정되지 않았음을 알 수 있다.

Aristoteles는 『수사학』 3장에서 '청중'과 '시간'이라는 범주를 가지고 연설의 종류를 구분하고 난 후, 9장에서는 식장연설이 지니는 특징들에 관해 언급하고 있는데, 우선적으로 식장연설의 주제는 미덕과 악덕, 아름다움과 추함이라는 것이다. 그리고 아름다움에 대한 정의가 언급되고, 뒤이어 미덕에 관한 논의가 계속된다. 세부적으로 말하자면, Aristoteles가 말하는 미덕은 정의, 용기, 절제, 너그러움, 관대함, 후함, 부드러움, 실제적 지혜, 사변적 지혜이고 이러한 특징들이 식장연설에 많이 나타난다는 것이다. 마지막으로 식장연설에 가장 적합한 논거는 '확대/과장/부풀리기(auxēsis/amplification)'이다. (Aristoteles 1995: 47 이하 참조). "왜냐하면 식장연설은 모든 사람들이 동의하는 행동을 그 대상으로 하기 때문이다." (Aristoteles 1995: 47). 일견, 이러한 Aristoteles의 연설 구분은 그 이전에 Platon의 『Kratylos』에 등장하는 언어 또는 커뮤니케이션에 대한 인류 최초의 언급과도 깊은 연관이 있어 보인다. (이재원 2005, 신형욱/이재원 2012 참조). 예를 들어 법정연설을 주제의 자리에, 식장연설을 말하는 이의 자리에, 권유연설을 말 듣는이의 자리에 위치 시킬 때 그러하다. 그러므로 거시적으로 보면, K. Bühler의 서술 기능을 법정연설과 관련짓고, 표현 기능을 식장연설과 관련짓고, 호소 기능을 권유연설과 관련지을 수 있다. 그러나 연설의 세 장르가 가진 차이점인 시간과 목적의 상이성과 K. Bühler의 언어기능의 상이성을 비교해 보면 상호 비교가 용 이하지 않음을 알 수 있다. 예를 들어 권유연설에서 사람들은 조언하거나 때로는 만류하고, 시간은 미래와 관련있고 조언하는 자에게는 유용성과 무용성이 중요하고, 법정연설에서는 공정한 것과 불공정한 것을 따지고, 과거의 시간과 관련되고, 식장연설에서는 칭찬과 비난이 중요하고, 현재의 시간과 관련되어 찬사를 보내고 비난하는 자들에게 있어서 목적이 아름답고 추한 것인 반면에(Aristoteles 1995: 20 이하 참조), 서술기능은 "현실의 대상과 사태의 상징"이고, 표현기능은 "생산자의 내면성의 징후"이고, 호소기능은 "생산자가 수용자에게 호소하기 때문에 신호"의 기능을 소유하고 있기 때문이다. (K. Bühler 1934/1982: 24 이하 참조).

3.2.3 M. T. Cicero의 발전

로마의 훌륭한 웅변가요, 수사학의 동의어로까지 간주되는 M. T. Cicero의 『생각의 수사학(Partitiones oratoriae)』(2007)은 '대중을 상대로 말하는 방법'에 관한 내용이 실려있으며 M. T. Cicero 말년의 저작이다. 여기서 그는 연설이론이 어떻게 나누어지는지에 대해서 구체적으로 소개하고 있다. 이를 테면, 연설이론은 '연설가의 수사적 능력'과 '연설의 구조' 그리고 '연설의 주제(문제)'로 구분된다. 이러한 M. T. Cicero의 연설이론과 텍스트언어학의 연관성은 위의 세 영역 모두에 들어있다. 즉, 다섯 가지 연설가의 수사학적 능력 중에서 첫 번째에 해당되는 착상(inventio)을 텍스트 생산과 연관지을 수 있고, 두 번째에 해당되는 배열(dispositio)에서는 연설의 네 가지 구조(서론, 예비본론, 핵심본론, 결론)에 대한 다양한 논의들이 펼쳐지는데, 이것은 결국 텍스트언어학에서 관심을 두는 텍

구분법 정도로 간주할 수 있다는 의미이다. 어하튼 M. T. Cicero는 계속해서 청자 중심 구분을 더 세분화시켜 나간다: "따라서 전자[그저 듣기만 하는 청중]는 즐기려는 청중이고, 후자는 사안을, 연설의 의미를 판단해야 하는 청중이다. 그런데 후자에는 지난 일에 대해 판단을 내리는 청중도 있고, 원로원의 의원처럼 닥칠 일에 대해 판단을 내리는 청중도 있다. 이 유형구분마저 고려하면 연설의 유형에는 다음 세 가지가 있게 된다. 그것은 [지난 일을 판단해야 하는 청중을 대상으로 하는] '법정연설', [닥칠 일을 판단해야 하는 청중을 대상으로 하는] '권유연설', [즐기려는 청중을 대상으로 하는] '식장연설'"(M. T. Cicero 2007: 26 이하)이다. 이러한 연설에는 각각의 목적이 부여되는데, 이를 테면 식장연설에서는 듣는 사람의 즐거움을, 법정연설에서는 재판관의 엄격함이나 관대함을, 권유연설에서는 대책을 의논하는 사람의 희망이나 불안을 목적으로 삼는다. (M. T. Cicero 2007: 27 참조). 또한 M. T. Cicero는 청중의 빌미로 한 이러한 연설의 구분과 각각의 연설에 배정되는 상이한 연설의 목적 이외에도 연설의 유형에 따른 상이한 배열방식에 대해서 논의하고 있다. 요약하면 다음과 같다. (M. T. Cicero 2007: 27 이하 참조).

"청중의 즐거움을 목적으로 삼는 연설(식장연설)의 배열방식
시간의 순서를 따르는 방식
영역별 분류를 따르는 방식
작은 것에서 큰 것으로 올라가는 방식
큰 것에서 작은 것으로 미끄러져 내려오는 방식

권유연설의 배열 방식
서론이 길어서는 안됨
서론 생략가능 (대책을 논의하는 사람들은 들을 준비가 되어 있기 때문)
예비본론도 길어야 할 필요성이 없음 (예비본론은 과거나 현재의 일을 다루지만, 권유연설은 미래의 일을 다루기 때문)

법정연설의 배열 방식

기소인의 경우
[핵심본론] 사건의 발생 순서를 따른다.
[핵심본론] 각 논거를 무기로 사용한다.
[핵심본론] 감정에 북받친 진술을 앞세운다.
[핵심본론] 예리하게 [논증 상의] 결론을 내린다.
[핵심본론] 장부, 의결사항, 증언 등을 증거로 제시한다.
[핵심본론] 각 증거를 상세히 다룬다.
[서론, 본론, 결론] 감정자극에 효과적인 연설규칙을 활용한다.

피고인의 경우
[서론] 재판관의 호감을 산다
[예비본론] 재판관에게 불쾌감을 주는 내용을 줄인다.
[예비본론] 상대방 논거들이 힘을 크게 쓰지 못하도록 한다.
[핵심본론] 상대방 논거들이 의미를 잃게 한다.
[핵심본론] 장광설을 늘어놓아, 재판관이 상대방 논거들을 잊어버리게 한다.
[결론] 자신에 대한 동정심을 일으킨다."

또한 연설의 구조에서는 신뢰획득이 중요한 예비본론과 핵심본론은 기본규칙과 장식규칙을 따라야 하고, 논증 또한 중요한 역할을 하게 된다. 연설의 주제에서는 일반주제와 특수주제로 구분되는데, "하나는 특정시간과 특정인물을 사용함으로써 주제의 적용범위를 제한하는 유형이고, 하나는 그 범위를 제한하지 않는 유형이다." (M. T. Cicero 2007: 77). Aristoteles나 M. T. Cicero의 연설 구분을 텍스트언어학의 텍스트유형 구분과 연관지으려는 시도는, 고대 수사학의 출발점이 로고스이고, 로고스는 말의 학문이고, 말이라는 것이 곧 언어이므로, 충분히 가능할 수 있다. 그러나 언어학의 하위 분과로서의 텍스트언어학이 "바르게 말하는 학문(ars rechte dicendi)으로서의 문법학(grammatica)과 연관성이 깊은 반면, "훌륭하게 말하는 학문(ars bene dicendi)으로서의 수사학은 – 현대적 언어행위론에 기대면 – 발화효과행위(Perlocution)와 관련 있음은 틀림없어 보인다. 어쨌든 수사학의 핵심목표인 설득효과 개념이 발화수반행위(Illokution)의 결과와 관련있다고 추정되기 때문이다. 결국 M. T. Cicero의 연설구분과, 구분된 개별 연설들의 특징들은 '훌륭함'을 위해서 행해져야만 하는 여러가지 특성들이라는 점에서 텍스트언어학의 텍스트유형의 특징과 구분된다.

3.3 Aristoteles의 『시학』과 텍스트언어학

"운문(Poetry)의 여러 종류를 다루어 보려한다.
그것들의 가지 수와 성질, 각각의 본질적 기능,
그리고 플롯의 구조를 살펴보려 한다.
왜냐하면 플롯이란 좋은 시에 반드시
필요한 것이기 때문이다."
(Aristoteles 2013: 59).

『시학』은 기원전 4세기에서 3세기에 걸쳐 고대 그리스에서 활동했던 Aristoteles의 비극에 대한 작시법이다. 『시학』에 관한 일반적 논의들, 예를 들어 "시학의 텍스트가 오늘날 우리가 알고 있는 형태를 갖추기까지 많은 사람들에 의하여 교정되고 보완되었으리라는 것은 짐작하기 어렵지 않다"(천병희 1998: 5), "현재 전해지고 있는 『시학』 제1권의 내부에서는 저자가 비극과 서사시, 희극을 다루겠다고 하지만 비극과 서사시만을 다루고 끝난다. 따라서 저자의 계획대로라면 희극은 시학 제2권에서 다루어졌을 것이다"(김헌 2010: 89) 등은 제외하고서라도, 『시학』이 시의 본질과 시 작법에 관련되는 원리를 체계적으로 설명한 것이 분명하다면 우리들은 이것과 텍스트언어학과의 연관성을 추정할 수 있다. 어쨌든 하나의 텍스트종류로서의 시와 이러한 텍스트종류를 생산하기 위한 텍스트 생산자인 시인의 시 산출 전략에 대한 연구, 그리고 시라는 텍스트유형의 전형성에 대한 평가는 텍스트언어학의 연구 분과에 속할 수 있는 충분한 자격을 갖추고 있기 때문이다. 그래서 위에서 인용된 Aristoteles 『시학』의 첫 구절에서 '시학'을 '텍스트언어학'으로, '운문'을 '시 텍스트'로 대체해도 이해에 있어서는 큰 무리가 없어 보인다. 그렇게 되면, '운문 각각의 본질적 기능'은 '시 텍스트유형 각각의 본질적 기능'이 될 터이고, '그것들의 가지 수와 성질'은 '시 텍스트유형의 가지 수와 성질', '플롯의 구조'는 '시 텍스트의 주제전개 방식'과 유사하게 될 것이다. 여하튼 텍스트종류 '시'에 대한 이러한 거시적 탐구영역은 고전의 시대나 지금이나 별반 차이가 없다. 특히 『시학』을 구성하고 있는 대제목 "제1장 모방의 수단에 따라 나뉘는 예술 장르", "제6장 카타르시스, 반전, 깨달음",

"제7장 처음, 중간, 끝 그리고 적당한 크기", "제8장 단일한 줄거리, 탄탄한 구조"는 물론이러니와 "제10장 단순한 플롯, 복합적 플롯", "제12장 프롤로그, 에피소드, 퇴장", "제17장 핵심적 플롯과 에피소드"에 이르면 텍스트언어학의 고전적 버전을 보는 것 같은 느낌이 들 정도이다. 또한 시인이 모방하는 것은 실제적 이데아가 아닌 모상에 불과하다는 Platon의 견해를 반박하는 다음과 같은 Aristoteles의 주장도 텍스트언어학의 기본 방향과 동일한 궤도를 달리고 있다고 볼 수 있다.

> "시인은 실제로 일어난 사건 들(what has happened)을 이야기하는 것이 아니라 일어날 수 있는 일(what may happen), 또는 개연성이나 필연성의 법칙에 따라 일어나리라 기대할 수 있는 일을 이야기해야 한다는 것이다. 시인과 역사가를 구분 짓는 것은 운율의 사용 여부가 아니다 […] 진짜 차이점은, 역사가는 실제로 일어난 사실들을 이야기하고 시인은 일어날 수 있는 일을 이야기한다는 사실에 있다. 그러므로 시는 역사보다 더 철학적이며 더 우수한 것(higher thing)이다. 시는 보편적인 것(the universal)을 표현하는 데 반해 역사는 특수한 것(the particular)을 이야기하기 때문이다." (Aristoteles 2013: 85 이하).

왜냐하면 텍스트언어학에서 분석하려는 토큰(token)으로서의 개별 텍스트들은 타입(type)으로서의 텍스트종류 일반과 관련된 규칙에 의해서 분석되기 때문이고, 역으로 이러한 규칙들은 개별 텍스트들에 대한 분석에서 구현되기 때문이다. 결국, 텍스트언어학은 보편으로서의 시와 개별로서의 역사를 아우르는 통합의 학문으로 기능한다고 볼 수 있다. 또한 "Aristoteles의 견해에 따르면, 시인의 모방은 아무런 통일성도 없는 사건의 복합을 사진사처럼 복사하는 것이 아니라, 그 자체로 하나의 유기적 통일을 이루고 있는 사건을 필연적 인과 관계의 테두리 내에서 재현하는 데 있다"라는 『시학』에 대한 천병희(1998: 10)의 평가도 텍스트언어학의 핵심 개념인 텍스트코헤렌쯔(Textkohärenz)를 연상시키기에 충분한 구절이다. 왜냐하면 텍스트 생산자로서의 시인은 반듯한 하나의 (허구적 또는 실용적) 텍스트를 생산하기 위해 최선을 다해 현실의 사건들 사이에 존재하는 간극들을 메워서 통일성이 있는 하나의 텍스트를 만들기 위해 노력하는 사람이기 때문이다. 또한 『시학』이 "미학의 기본 도서일 뿐만 아니라 현대의 모든 드라마 작가, 시나리오 작가, 소설가들의 바이블"(박정자 2013: 6)이라면 충분히 텍스트언어학과의 접점을 찾을 수 있다. 왜냐하면 이러한 텍스트유형의 근원이 되는 스토리텔링이나 서사이론의 대표자들은 이미 텍스트언어학의 선구자로서 충분한 대접을 받고 있기 때문이다. (W. Gülich/E. Raible 1977: 192 이하 참조).

3.3.1 『시학』과 텍스트유형

이미 언급한 것처럼 『시학』의 첫 문장은 충분히 텍스트언어학적이다: "운문(Poetry)의 여러 종류를 다루어 보려한다. 그것들의 가지 수와 성질, 각각의 본질적 기능, 그리고 플롯의 구조를 살펴보려 한다. 왜냐하면 플롯이란 좋은 시에 반드시 필요한 것이기 때문이다." (Aristoteles 2013: 59). 이러한 주장이 가능한 이유는 이 구절에서 시의 일반적 성질과 그것의 하위 장르 그리고 각각의 하위 장르의 기능과 시가 가지고 있는 일반적 성질, 구성 부분에 대한 논의전개 등이 현대판 텍스트유형의 연구 방법과 유사하기 때문이다. 특히 이 부분이 『시학』의 첫 구절이라는 점에서 텍스트언어학과의 연관성을 시사하는 바는 지대하다. 『시학』에서 우선적으로 논의되는 시의 하위 유형은 ① 서사시, ② 비극, ③ 희극, ④ 디튀람보스, ⑤ 대부분의 피리취주, ⑥ 키타라 탄주이다. 이들이 시의 하위 유형이 되는 근거는 이들 모두가 어떤 것을 모방하고 있다는 것에 의해서이다. 다시 말해서 시를 짓는 것은 현실의 사건에 대한 '모방'이라는 자질에 의해서, 이데아의 침대를 보고 현실의 침대를 제작하는 목수의 행위와 구분된다. 모든 시들은 현실에 대한 '모방'이라는 텍스트유형 구분 자질에 의해서 다른 텍스트유형과 구분되는 것이다. 아마도 텍스트언어학의 초창기에 텍스트유형 분류에 대한 선구적 업적을 가진 B. Sandig(1972)가 『시학』의 이러한 유형 평가를 접했다면, "Aristoteles는 텍스트유형 '시'를 다른 텍스트유형과 구분하기 위해 '속성 중심적(merkmalorientiert) 텍스트유형 구분 방식'을 사용한 첫 번째 학자"라고 규정했을 것이다. 또한 시가 위와 같이 여섯 개의 하위 범주로 구분되는 이유를 시인들이 사용하는 모방 수단, 다시 말해서 모방 종류의 상이성, 모빙 대상의 상이성, 모방 양식의 상이성 때문이라고 Aristoteles가 주장한다면, 이것은 바로 시 유형의 하위 유형 구분 범주로 기능할 수 있다. 이러한 구분법에 의해서 시는 다음과 같이 하위 구분된다: "위에서 언급한 여러가지 기술들(the arts) 중에서 목소리를 사용하는 예술은 리듬(rhythm)과 언어(language)와 화음(harmony)을 통해 이루어진다. 이 중의 어느 하나만 사용할 수도 있고, 아니면 몇 가지를 섞어 사용할 수도 있다." (Aristoteles 2013: 60). 여기서 Aristoteles는 나름대로 체계성을 가지고 시를 구분하려 하지만 최종적으로 구분된 유형에 해당하는 명칭이 존재하고 있지 않음도 언급되고 있다: "언어의 수단만으로 모방하는 예술도 있다. 산문으로 되었건 이것은 아직 이름이 없다. 시는 여러 운율을 결합하거나, 아니면 단 하나의 운율만을 사용하거나 한다. 공통의 명칭은 없지만, Sophron이나 Xenarchus의 마임극, 또는 Sokrates의 대화록은 산문에 속하고, 이암보스(iambic)나 비가(elegiac) 또는 비슷한 운율을 쓰는 작품들은 모두 시적 모방이다." (Aristoteles 2013: 60 이하). 이 대목은 Aristoteles의 시에 대한 하위 구분이 결코 일상에 존재하는 텍스트유형에서 기인한 귀납법적, 즉 보텀 업(bottom-up) 방식과 관련 있는 것이 아니라, 나름대로의 체계적인 구분법에 의한 것임을 방증하고 있다. 왜냐하면 특정한 무리를 지칭하는 용어가 존재하지 않으면 그 무리를 규정하기가 쉽지 않기 때문이다. Aristoteles에 의하면, 결국 시를 구분하는 구분 자질에서는 운율이 우선이고 따라서 '비가 시인이다' 또는 '서사 시인이다'라는 것은 그 시인이 지은 시의 운용에 따른 구분법이다. 더 심하게 말하면 작품의 내용이 의학이니 자연철학에 관한 것이라도 운문으로 씌어졌으면 그 저자는 시인이 되는 것이다. (Aristoteles 2013: 60 이하 참조). 이것은 바로 구분 범주의 위계를 말하는 것으로, 운용이 바로 시를 하위 구분 짓는 종차라는 것이다. 제2장에서는 시의 유형인 희비극의 종차가 문제시 되는 바, 시는 외부세계의 인간을 모방하는데 모방 당하는 외부세계의 인간이 선인일 경우 비극이 되고 악인일 경우 희극이 된다. 이것은 텍스트언어학적 텍스트종류 분석과는 거리감을 주는 내용으로 간주될 수 있다. 왜냐하면 텍스트언어학에서는 - 일상텍스트 분석이 텍스트언어학의 주를 이루고, 그럴 경우에 - 텍스트 외부세계의 사건이나 인물의 특성이 그리 중요한 유형 분류 카테고리로 등장하지 않기 때문이다. 이러한 차이는 『시학』에서 다루는 텍스트유형

'시'가 일상 텍스트에서 다루는 텍스트유형들과의 차이에 기인하는 것으로 보여진다. 『시학』 제1장에서 논의된 사항과 제2장의 구분법을 종합해 보면, 시(예술)의 종류 구분에 있어서 율동, 언어, 화성에 의한 구분(목적의 취주, 무용술, 산문이나 운문, 디튀람보스와 송가)과 인간의 종류(희극과 비극)가 중요한 셈이다. 제3장에서는 Aristoteles가 직접 언급하고 있듯이 모방하는 방식과 관련 있는 "모방의 세 번째 차이"(Aristoteles 2013: 64)가 논의된다. 이것은 바로 서술체와 실연(實演)의 구분이다: "[모방] 수단이 같아도 시인은 두 가지 서로 다른 방식으로 모방할 수 있다. 첫째, 서사(narration)에 의한 모방이다. 이 경우에는 호메로스가 했듯이 시인 자신이 주인공이 되거나 아니면 자기 정체성은 그대로 유지한 채 주인공 이야기를 하는 방식이다. 두 번째는 모든 캐릭터를 마치 우리 눈앞에서 살아 움직이는 듯이 제시하는 방식이다." (Aristoteles 2013: 64). 이러한 구분은 제1장과 제2장에서 논의된 구분 자질과는 또 다른 구분 자질인데, 현대의 텍스트언어학에서 대화중심 텍스트와 서술중심 텍스트를 구분할 때 자주 사용되는 구분법이기도 하다. 이 부분이 Platon의 시 구분법("시와 신화 가운데 일부는 전적으로 모방에 의존하고 - 자네 말처럼 비극과 희극이 여기에 속하네 - 일부는 시인 자신의 서술에 의존하네. 자네는 그 가장 좋은 예를 디튀람보스에서 찾아 볼 수 있을 것이네. 다른 일부는 서사시와 기타 시에서 볼 수 있듯이 이 양자의 혼합에 의존하네."(Platon 392D-394D))으로 부터 영향을 받은 것이라면, 텍스트유형 '시'를 위한 Aristoteles의 구분법보다 Platon의 구분법이 현대적 의미에서는 더 체계적임을 알 수 있다. 어쨌든 분류의 토대(Klassifikationsbasis)가 좀더 단순해 졌기 때문이다.

이제 Aristoteles의 시 구분에 대한 전체적인 양상이 드러났다. 제1장에서의 구분법은 모방의 수단이고, 제2장에서는 모방의 대상, 제3장에서는 모방의 양식이 중요한 구분 근거가 되는 것이다. 이러한 다층적 구분법은 당장에 문제점을 야기하는데, Aristoteles 스스로가 서사시와 비극을 구분하려고 하는 경우에 발생한다: "서사시는 지체 높은 인물을 운율로 모방한다는 점에서 비극과 일치한다. 그러나 단 한 종류의 운율과 이야기(narrative)라는 방식을 사용한다는 점에서는 비극과 다르다. 길이에서도 차이가 난다. 비극은 가능한 한 하루 동안의 일로 제한하거나 거기에서 약간 초과하는 반면 서사시는 시간 제한이 없다. 초창기에는 비극 시인들도 서사 시인과 마찬가지로 시간에 있어 자유로왔던 것이 사실이다. 서사시와 비극은 서로 공통되는 부분이 많지만, 어떤 것은 비극만의 고유한 성격이다. 따라서 우수한 비극과 열등한 비극의 차이를 아는 사람은 서사시의 우열도 알 수 있다. 서사시의 속성들은 모두 비극에도 속하지만 비극의 모든 속성들이 서사시에 속하는 것은 아니기 때문이다". (Aristoteles 2013: 71 이하). 그러나 만약 이러한 유형구분을 T. Ballmer가 보았다면 자신이 구상한 다음과 같은 분류 일반의 원칙에 어긋나므로 합당하지 않다고 말할 수 있을 것이다.

① 완전성: 어떤 일정한 유형을 가진 모든 현상들이 하나의 범주에 일치해야만 그 분류는 완전하다. (하나의 범주에 들어가지 못하는 어떤 현상이 있어서는 안 된다).
② 만족성: 모든 범주들이 적어도 실제로 발견된 현상에 일치해야만 그 분류는 만족스럽다. (하나의 현상이라도 소속되어 있지 않는 범주가 있어서는 안 된다).
③ 선택성: 하나의 현상이 기껏해야 하나의 범주에 소속되어야만 그 분류는 선택적이다. (하나의 현상이 두 개의 카테고리에 동시에 들어 있으면 안 된다).
④ 명확성: 여러 가지 현상들이 다양하게 구분되어야만, 그 분류가 명확하다고 할 수 있다.
⑤ 동질성: 동일한 층위에 있는 모든 범주에 들이대는 분석의 잣대가 동일해야만 한다.
⑥ 투명성: 범주의 형식적 대행이 다른 범주에 대한 이 범주의 관련성을 설명하게 되면, 그 범주는 투명성을 가진다고 할 수 있다.
⑦ 최소 잉여성: 범주의 대행이 의미적 통사적으로 단순한 형태로 나타낼 수 있으면, 그 범주는 최소 잉여성을 가진다고 할 수 있다 […]" (T. Ballmer 1975: 253).

그러나 위와 같은 T. Ballmer의 분류원칙을 만족시키기란 거의 불가능하다. "왜냐하면 유형분류는 수많은 개개의 현상들에게 주어지 공통의 추상성의 구현이기 때문이다. 따라서 이러한 분류의 딜레마를 벗어나는 길은 어느 정도 다층적인 분류기준을 설정하는 수 밖에 없다." (이재원 2006a: 90). 이러한 다층적 분류기준의 합리적 근거를 K. L. Pike의 문법소론(Tagmemik)에 등장하는 관점의 상호보완성에 기댈 수 있다: “무심한 관찰자에게는 사진 두 장이 똑같이 보일 수 있다. 그러나 만약 이 사진들이 몇 인치 떨어진 두 곳에서 찍었고 입체적 시설을 통해 눈으로 하나씩 관찰한다면 두뇌는 이들의 영상을 삼차원적인 체험으로 합성해 낸다. 이와 비슷하게 언어학에서는 세 가지 견해가 있는데 이들은 대략 같은 재료를 다루고 어떤 점에서는 서로 비슷하나 또 한편으로는 다르기도 하다. 그래서 언어학자가 이 세 가지 견해를 같이 사용하면 한 가지만을 쓸 때보다 훨씬 다양하고 풍부한 경험을 할 수 있게 된다. 입체경이 주는 삼차원적인 체험의 일부는 사실상 관찰자가 첨가하는 것이고 어떤 의미에서는 평면적인 사진 자체에 내재하는 것이 아니다.” (K. L. Pike 1994: 10 이하).

3.3.2 『시학』과 텍스트코헤렌쯔

하나의 텍스트가 가진 통일성과 일관성 그리고 텍스트다움(Texthaftigkeit)의 문제는 텍스트언어학 초창기에 텍스트언어학의 가장 중요한 핵심 테마로 등장했다. 이때 선포되었던 P. Hartmann의 텍스트 정의인 “텍스트는 첫 번째 언어기호(Das primäre sprachliche Zeichen ist der Text)”(P. Hartmann 1968: 212), “텍스트는 원초적 언어기호(Der Text ist das originäre sprachliche Zeichen)”(P. Hartmann 1971: 10)[4]가 이미 텍스트가 지녀야 하는 통일성의 자질을 배태하고 있었고, 어떤 임의적 발화들을 반듯한 하나의 텍스트로 규정하기 위해서는, 그 임의의 발화들이 가진 중요한 핵심 자질이 문제되는데, 그것이 바로 전체 발화를 구성하고 있는 텍스트소(Textem, 이를 테면 ‘문장’) 들을 상호 연관 지으면서 하나로 묶어주는 통일성이라는 것이다. 이러한 통일성 개념은 훗날 텍스트코헤렌쯔

4) 이러한 텍스트 정의에 대한 다음과 같은 P. Schmitter의 주장이 옳다면, 기호학의 창시자로 불리는 C. S. Peirce도 텍스트 개념에 대해서 이미 인지하고 있었다고 주장할 수 있다. “이러한 생각들[텍스트는 첫번째 언어기호 또는 원초적 언어기호]은 P. Hartmann의 견해를 뛰어넘어 C. S. Peirce나 C. Morris에 의해 제기된 이론에서 텍스트를 ‘거시적 기호(Makrozeichen) 내지는 슈퍼 기호(Superzeichen)’로 간주된다는 견해와 연결되었다.” (P. Schmitter 1976: 33 이하).

(Textkohärenz)라는 용어로 변용되기도 하였으며(R.-A. de Beaugrande/W. Dressler 1981: 4 참조), 또한 이것은 좁은 의미로는 텍스트가 가진 심층적 통일성(예를 들어 의미적으로)을 의미했지만 훗날 I. Bellert(1970/1974) 등에 의해서는 텍스트 생산자가 가진 인지적 차원의 통일성으로 확대되기도 하였다. 이러한 텍스트 통일성에 관한 문제는 R. Harweg의 텍스트 이론에서도 중요한 역할을 한다. 그는 '통사적 대체(syntagmatische Substitution)'에 이어서 '거시 통사적 요소(die makrosyntaktische Komponente)'에 대해서 언급하고 있는데, 이는 텍스트 정의가 '직조하다'에서 유래했다는 사실에서 설명의 출발점을 삼는다. 요약해서 말하자면, 텍스트가 직조물이라면 씨줄과 날줄이 있어야 할 터인데, 씨줄에 해당하는 통사적 대체가 있다면 날줄에 해당하는 어떤 것도 있어야 한다는 사실이다. 즉, 직조물은 왼쪽에서 오른쪽으로뿐만 아니라, 위에서 아래로도 연결되어 있다는 사실이다. (R. Harweg 1973: 69 참조).

『시학』에서는 제6장 이하, 텍스트종류 '비극'의 특징을 상세히 설명하는 과정에서 이러한 통일성이 종종 등장하고 있는데, "비극은 진지하고 완전하며 일정한 크기가 있는 행동의 모방으로서, 부분에 따라 각기 다른 형식으로 아름답게 꾸민 언어로 되어 있고, 이야기가 아닌 극적 연기의 방식을 취하며 연민과 두려움을 일으켜서 그런 감정들의 카타르시스를 행하게 한다"(Aristoteles 2013: 73)에 도달하면, 이는 더 나아가 통일성에서 완결성에까지 이르게 된다. 덧붙여서, 원초적 언어 기호로서 텍스트가 가지는 통일성과 함께 텍스트의 범위가 텍스트언어학의 초창기에 종종 논의되곤 하였는데, 이를 다음과 같은 비극의 크기에 대한 Aristoteles의 견해와 연관 지을 수 있다: "우리는 이미 비극이 완전하고 전체적이며 일정한 크기가 있는 행동의 모방이라 정의한 바 있다. 왜냐하면 크기가 작으면서도(wanting in magnitude) 전체인 사물이 있을 수 있기 때문이다." (Aristoteles 2013: 79). 여기서 '일정한 크기를 가지지 않은 전체적인 행동'은 W. Porzig의 다음과 같은 '한 문장(단어) 레데(텍스트)'를 연상시킨다: "더 이상 분절되지 않는 레데[텍스트]들이 있다. 이러한 레데들은 단 하나의 형태로 구성되어 있고, 아주 분명한 상황에서 발화되고, 대화 상대방으로 하여금 일정한 반응을 불러일으킨다. 이를테면, '정지!*(Halt!)*', '들어와!*(Herein!)*', '조심해!*(Vorsicht!)*', '도와주세요!*(Hilfe!)*', '아웃!*(Aus!)*' '끝났니?*(Fertig?)*' 그리고 수술 시에 외과 의사가, '가위!,(Schere!)' '솜!(Tupfer)', '바늘!(Nadel!)' [...] 이러한 레데들은 상이한 과제를 가지고 있다. 이러한 레데들은 요구하고, 전달하고, 묻고, 입장을 취한다. 그러나 이러한 레데들은 언제나 상황 내에서, 무엇을 요구하고, 무엇을 전달하고, 무엇에 대해서 묻고, 어떤 의미에서 입장을 취하는 지, 충분할 정도로 분명하게 말한다. (W. Porzig 1950/1975: 109)." 텍스트언어학적 관점에서 살피면, 이러한 한 문장 레데는 – 나름대로의 통일성을 가지고 있으므로 - 텍스트로 인정될 수는 있지만, 텍스트언어학의 주 연구대상인 텍스트의 원형에서는 벗어난다고 볼 수 있다. 이와 유사한 주장을 K. Brinker에서도 찾아 볼 수 있다: "텍스트의 가장 중요한 구조 단위는 '문장'일 것이다. 이것은 비교적 작은 언어적 형성체들 (예: 'Feuer!(불이야!)', 'Hilfe!(도와주세요!)' 같은 한 단어 발화나 'Das Betreten der Baustelle ist verboten!(건설 현장 출입금지!)' 같은 한 문장 발화)도 일정한 상황 조건 아래에서 의사소통적 의미에서의 텍스트로서 기능을 할 수 없음을 말해주는 것은 결코 아니다. 그러나 아래에서는 이러한 형성체들은 논의에서 제외할 것이다. 왜냐하면 텍스트언어학은 특히 문법적, 주제적 관점에서 고도의 복합성 정도를 보여주는 텍스트에 관심이 있기 때문이다. 따라서 언어학적 텍스트 분석의 대상 영역은 문장 연쇄로서 나타나는 본질적인 텍스트에서 형성된다." (K. Brinker 1985: 24 이하). 어쨌든 텍스트언어학에서는 텍스트소들 사이의 관련이 중요하기 때문이다. 사실, 일정한 크기를 가지지 않은 '너무 작은 전체'에 대한 Aristoteles의 부연 설명도 이와 부합하고 있다: "다시 한 번 말하거니와, 아름다운 사물은, 그것이 하나의 생물이든 또는 여러 부분으로 구성된 단일한 물건이든 간에, 반드시 부분들이 질서정연하게 정렬되어 있어야하며, 또 적당한 크기를 갖고 있어야 한다. 아름다움이란 크기(magnitude)와 질서(oder)에 기초하고 있기 때문이다. 하나의 생물은 너무 작든가 너무 커서는 아름답지 못하다. 너무 작으면 그것에 대한 우리의 지각이 순간적이어서 경험이 되지 못하며, 너무 크면 그것에 대한 관찰이 단일한 경험이 되지 못하여 통일성과 전체성의 느낌을 주지 못한다." (Aristoteles 2013: 81). 『시학』에서 제기되는 서사시와 비극의 '길이'에 대해서 천병희는 시공간적 길이를 언급한다: "'길이'란 말에 대해서 세 가지 해석이 가능하다. (1) 물리적인 의미의 길이, 즉 행수를 뜻할 수 있고 (『일리아스』나 『오뒤세이아』는 1만 수천 행에 달하는 데 비해, 비극은 대체로 1천행을 크게 초과하지 않는다) (2) 비극의 공연 또는 서사시의 낭송에 필요한 시간을 뜻할 수 있고 (희랍 고전을 주로 책을 통하여 알고 있는 우리들로서는 첫 번째 가능성이 더 먼저 머리에 떠오를 것으로 보아야 할 것이다.) (3) 사건의 경과 기간을 뜻할 수 있다." (천병희 1998: 45). 그러나 시공간적 텍스트 길이에 대한 제약, 또는 텍스트가 모방하는 외부사건의 시공간적 크기에 대한 제약은 텍스트언어학에서는 거의 논의된 바가 없다. 예를 들어 텍스트언어학에서는 오랜 시간에 걸쳐 일어난 여러 가지 사건을 하나로 묶은 G. W. Grass의 『게걸음으로(Im Krebsgang)』나 짧은 시간 동안에 발생한 의식의 흐름을 장편 소설로 옮기는 A. V. Woolf의 소설 기법에 대해 하나의 텍스트라는 점에서 큰 차이를 두지 않기 때문이다. 아마 이것은 비극이 상연되었던 당시의 무대 상황과 현대의 텍스트언어학적 상황에 차이가 있음에 기인할 것이다.

사실, 비극이 통일성을 가져야 한다는 Aristoteles의 주장은 시가 현실 세계의 모방이라는 그의 또 다른 주장과 상충되는 면이 있다. 왜냐하면 그가 말하고 있듯이 현실 세계에서 일어나는 "한 인간의 생애에는 무수하게 많은 사건들이 있기 때문에 그것을 단일한 하나의 사건으로 환원할 수 없"고, "마찬가지로 한 인간의 행동에도 무수한 행동들이 있어서 우리는 그것을 하나의 행동으로 통일시킬 수 없"(Aristoteles 2013: 82)기 때문이다. 그래서 외부 세계의 행동의 모방인 시에 있어서는 하나의 전체적 행동의 모방이 관건이며, 따라서 외부 세계의 사건이나 주인공의 행동들은 선별되어 모방되어야 한다는 것이다: "행동의 모방인 플롯 역시 하나의 단일한 행동을 모방해야 한다. 각각의 부분들이 서로 긴밀하게 짜여 전체를 이루어야 하며, 따라서 만일 그 중의 하나라도 위치가 바뀌거나 제거되면 전체가 일그러지고 망가지게 될 것이다." (Aristoteles 2013: 83). 이러한 전체성 개념은 텍스트언어학에서도 중요하다. 다시 말해서 텍스트를 구성하는 텍스트소의 모든 요소들이 어떤 식으로든 통일성을 가져야 한다는 사실은 우선적으로 텍스트소들이 연결망으로 이루어져 있다는 사실을 기초로 한다. 텍스트 전체를 가로 지르는 통일성이 결국에는 연결망을 토대로 생성될 수 있기 때문이다. 그래서 R.-A. de Beaugrande/W. Dressler(1981: 5장 참조)도 '확대 전이망'과 다양한 '전국적 패턴' 같은 모델들을 소개했을 것이다. 확대 전이망이나 전국적 패턴 같은 텍스트구성의 설명 방식들은 텍스트언어학의 텍스트구성을 위한 핵심 이론들 중의 하나이고, 이러한 이론들은 결국 텍스트소 전체를 관통하고 아우르는 통일성을 획득하려는 텍스트생산자 또는 텍스트수용자의 노력과 밀접하게 관련되어 있다. 왜냐하면 통일성이 전제되어야만 텍스트가 이해되기 때문이다. 그러나 이러한 통일성의 토대, 즉 '무엇의 통일성인가'와 관련되는 물음에 답해야 할 때, Aristoteles는 '플롯의 통일성'이라고 기꺼이 대답한다. 확대 전이망이 의미적인 텍스트소를 기초로서 구성되어 있다고 한다면, 이러한 플롯의 통일성과 유사한 것으로서 텍스트언어학에서 논의되어 왔고, 아직도 여전히 활발히 연구되고 있는 핵심 텍스트 주제와 텍스트 주제의 전개과정 등과 같은 텍스트의 해석 방식과 견주어 볼 수 있다. 텍스트 처리에서 텍스트 주제의 중요성은 텍스트에 존재하는 거시 기능(Mikrofunktion) (또는 텍스트기능(Textfunktion))이나 거시 발화수반구조(Makroillokution) 등이 이와 밀접한 관련을 맺고 있음에 기인하는데,[5] 텍스트에서 거시 주제 또는 주제 전개 과정이 중요하듯이 Aristoteles에 있어서 시의 플롯은 운율보다 중요하다: "그러므로 시인 혹은 창작자는 운문의 창작자가 아니라 플롯의 창작자가 되어야만 한다. 왜냐하면 그는 모방하니까 시인이고, 또 그가 모방하는 것은 행동이기 때문이다." (Aristoteles 2013: 87). 그래서 플롯 단위들 사이의 연관성이 미미한, 즉 텍스트코헤렌쯔나 텍스트 주제 구조가 탄탄하지 않은 에피소드적 플롯(a plot episodic)은 무능하고 졸렬한 시인들의 몫이 되는 것이다. (Aristoteles 2013: 87 이하 참조). 왜냐하면 Aristoteles에 기대면 에피소트적 플롯은 "에피소드 혹은 행동들이 아무런 개연적 혹은 필연적 시퀀스 없이 연소되는 것"(Aristoteles 2013: 88)을 가리키기 때문이다. 이와 연관지어 제13장은 비극의 플롯에 관한 내용이 주를 이룬다. 이를 테면 (1) 플롯을 구성함에 있어 무엇을 해야 하는지, (2) 어떻게 해야 비극의 효과가 산출될 수 있을 것인지(Aristoteles 2013: 97 참조)가 중요한데, 이를 텍스트언어학적으로 환산하면, 텍스트종류 '비극'을 생산하기 위해서는 텍스트생산자는 어떤 주제와 어떤 주제 전개 과정을 선취하는 것이 바람직한가와 관련 있을 것이다. 그래서 비극에서는 복잡한 테마 전개와 공포와 연민의 감정을 불러일으키는 테마가 관건이다. 그리하여 가장 훌륭한 비극을 생산하기 위하여 피해야 할 플롯들이 소개된다. 예를 들어, "무엇보다도 분명한 사실

5) 텍스트기능에 대해서는 K. Brinker(1985 : 77 이하 참조)를 참조할 것.

은 첫째, 의로운 사람이 행운에서 불운으로 떨어져서는 안 된다. 그런 일은 두려움도, 연민도 일으키지 않고 오직 거부감을 줄 뿐이다. 둘째, 성질 나쁜 사람이 불운에서 행운으로 옮겨가서도 안 된다. 그것처럼 비극 정신에서 멀리 떨어진 것은 없다. 그것은 동정심도, 연민도, 두려움도 일으키지 않는다. 셋째, 극악무도한 인간의 추락을 보여주어서도 안 된다. 그런 플롯은 동정심을 불러 일으킬 수는 있으나 연민이나 두려움을 일으키지는 못한다. 왜냐하면 연민은 부당하게 불운을 겪는 사람에게 향하는 것이고, 두려움은 우리와 비슷한 사람의 불운에서 야기되는 것이기 때문이다. 그러므로 이 세 번째의 경우에는 연민도 두려움도 일어나지 않는다." (Aristoteles 2013: 98). 텍스트 주제전개와 플롯을 유사하게 놓게 되는 이유는 텍스트 주제가 텍스트 내용의 핵심"(K. Brinker 1985: 77)으로 정의되는 것에서 연유하기 때문이다. 또 다른 면에서, 플롯을 언어로 표현함에 있어서의 여러 가지 전략으로 설명하고 있는 17장은 결국 텍스트 주제를 추출하는 과정과 유사하다. Aristoteles의 17장의 골자는 텍스트 내용의 핵심에서 출발하여 삽화를 덧붙여서 실제적인 텍스트종류 비극을 생산해내는 것이다. 그래서 Aristoteles는 다음과 같이 주장한다.

"드라마에서 에피소드들이 간결한데, 서사시는 에피소드들로 말미암아 길이가 한없이 길어진다. 『오디세이아』의 줄거리는 간단하게 요약될 수 있다. 한 남자가 수년 동안 외지에 나가 있다. 질투에 사로잡힌 포세이돈이 호시탐탐 그를 노린다. 한편 고향집은 풍비박산이 되어 비참하기 짝이 없다. 혼자 남은 아내와 결혼하겠다고 나선 구혼자들이 그의 재산을 매구 빼앗아 탕진하고, 그의 아들을 몰아내려는 나쁜 음모를 꾸미고 있다. 마침내 온갖 폭풍을 다 이겨내고 그는 집에 돌아온다. 그리고 몇몇 사람들에게 자기 정체를 밝힌 후, 혼자 구혼자들을 공격한다. 결국 자기 목숨은 보존하고 적들을 전멸시킨다." (Aristoteles 2013: 118).

비극의 플롯을 설명하기 위해서, Aristoteles는 비극의 시초와 중간 그리고 종말에 대해서 언급하고 있다. 예를 들어, 비극은 다음과 같은 순서를 밟아야 한다는 것이다: "우리는 이미 비극이 완전하고 전체적이며 일정한 크기가 있는 행동의 모방이라고 정의한 바 있다. 왜냐하면 크기가 작으면서도 전체인 사물이 있을 수 있기 때문이다. 전체라 함은 처음, 중간, 끝이 있음을 뜻한다. '처음'이라 함은 그전의 어떤 사건과도 인과적 관련이 없지만, 자연스럽게 다른 어떤 것이 그 다음에 있거나 혹은 온다는 것을 뜻한다. 이와 반대로 '끝'은 그전의 어떤 사건 다음에 필연에 의해 또는 보편적 법칙에 따라 자연적으로 생기지만 그러나 다른 어떤 것이 그 뒤를 따르지 않는 것을 뜻한다. '중간'은 앞의 뭔가를 뒤따르고 또 그 뒤의 뭔가가 잇달아 일어나는 것을 뜻한다. 그러므로 잘 고안된 플롯은 아무데서나 시작하거나 끝나서는 안 되며, 위에서 말한 원칙들에 정확히 부합해야 한다." (Aristoteles 2013: 80). 텍스트언어학이 1960년대 중반의 태동기를 지나면서 당장 텍스트 생산과 수용의 측면이 관심을 받기 시작한다. 그럼으로써 청자가 텍스트를 해석 또는 수용하기 위한 기본 단계인 '텍스트 전체가 가진 통일성'이 중요하게 되고, 따라서 텍스트언어학은 통일성의 전제 조건으로 텍스트의 시작과 중간 그리고 마무리에 대한 형식적인 고찰에 전념하게 된다. 예를 들어 R. Harweg(1968: 152 이하)은 텍스트 시작문장(Textanfangssatz)과 텍스트연속문장(Textfortsetzungssatz)이라는 개념을 가지고 텍스트의 시작과 중간에 대해 언급한다. 1968년에 간행된 자신의 교수자격논문 『대명사와 텍스트구성(Pronomina und Textkonstitution)』에서 R. Harweg은 자신의 텍스트 이론이 가진 핵심적인 세 가지 요소 중 첫 번째로 '통사적 대체: 텍스트의 한정과 구성(Syntagmatische Substitution: Delimitierung und Konstituierung von Texten)'을 상정한다. 여기서의 핵심은 "[텍스트를 구성하는 모든 문장은] 어떤 방식으로든지 - 명시적이든 함축적이든 – 통사적 대체의 의미에서 상호 연결되어야만 한다"(R. Harweg 1968: 123)라는 언명이다. 다음 예에서 이를 살펴보자.

1) Es war einmal ein König. (옛날에 어떤 왕이 살았습니다.)
2) Der hatte drei Töchter. (그는 세 명의 딸이 있었습니다.)
3) Die hießen […] (그녀들은 […] 불리웠습니다.)

우선 1)에서의 '어떤 왕'은 2)에서 '그'로, 2)에서의 '세 명의 딸'은 3)의 '그녀들'로 대체된다. 우리들은 위의 문장들을 두 가지 유형으로 구분할 수 있는데, 그것은 바로 텍스트 첫머리에 올 수 밖에 없는 1)과 텍스트 중간에만 등장할 수 있는 2)와 3)이다. 이러한 구분을 해주는 표지가 바로 부정관사와 정관사 그리고 대명사 같은 문법 범주들이다. 이러한 대체의 도움으로 R. Harweg은 구조적 기준으로 정의되는(emisch) 텍스트의 한정에 대해 기술한다. 이제 텍스트를 이루는 문장들은 – 간접적이든 직접적이든 – 다양한 방식의 대체에 의해서 빈틈없이 서로 연결된다. 여기서 'emisch'란 용어는 K. L. Pike의 '문법소론(Tagmemik)'에 등장하는 술어인데, 그에 의하면 이 술어는 다음과 같이 정의된다: "이전의 학자에게서 표현된 지식을 특별히 이어 받은데다, 지금까지 쓰여지지 않은 언어 분석에 내가 적용한 것이 보태져서 그러한 것들이 나로 하여금 필적하는 상황이 모든 인간 행동에 존재한다고 생각하게 했다. 나는 용어 음소적(phonemic)과 음성적(phonetic)의 음(phon)을 없애버리고 끝에 있는 emic과 etic만을 사용해서, 인간 전체 행동으로 확장시켰다." (K. L. Pike 1994: 100 이하). 여기서 언어의 음성적 설명이란 물리적인 음성에 대한 관찰자의 측정을 바탕으로 하는 설명이고, 언어의 음운적 설명이란 음성의 차이에 대해 말하는 사람의 의식적 무의식적 모델을 바탕으로 하는 설명이다. 위에서 언급한 Aristoteles의 구절에서 '구조적' 또는 '문화상적/추상적'이란 "잘 고안된 플롯"과 관련이 있을 것이다. 그러나 텍스트시작문장과 텍스트계속문장에 대한 구체적인 연구와는 달리 텍스트종결문장이 정의될 수 없다는 R. Harweg의 주장을 그의 대체 모델이 가진 결점이라고 간주하며 텍스트종결문장에 대한 정의를 시도하는 W. Dressler의 구체적인 이야기를 들어보자. W. Dressler에 있어서 텍스트종결문장은 '부정관사 범주의 거부'에서부터 출발한다. 그렇다면 위에서 살펴본 R. Harweg의 예문 1)이 텍스트종결문장으로 등장할 수 없을 것이다. 왜냐하면 그 문장에는 부정관사가 포함되어 있기 때문이다. 또한 '다음과 같은(folgender)', '인사 형식' 그리고 '의문문'도 – 적어도 문화상적 텍스트인 경우에는 - 텍스트종결문장에는 나타날 수 없다. 또한 새로운 인물이 텍스트 종결문장에 등장하는 것은 아주 어색하다. 임의적인 마무리 형식들로서는 '안녕히 계십시오(Auf Wiedersehen)', 인쇄체로 쓰여진 '끝(Ende)'이나 '종료(Finis)' 같은 형식이나 '이제 됐어요(Das wär's)', '이제 그만 끝(Und damit Schluß)', '아멘(Amen)' 등이 있을 수 있다. 또한 텍스트종결문장에서는 억양도 중요함을 알 수 있다. (W. Dressler 2004:

127 이하 참조). 이성만(2000)도 R. Harweg의 '텍스트시작문장'과 '텍스트계속문장'이 텍스트언어학의 핵심 개념으로 손색이 없음을 파악한다. 이러한 구분은 전통 문법의 문장 유형구분인 이를 테면 평서문, 의문문, 명령문, 주문장, 부문장, 단문과 복문 등의 구분법과는 차이가 있다. 왜냐하면 전통 문법의 문장 유형 구분이 순전히 문장의 기능에 대한 물음이라면 텍스트시작문장과 텍스트계속문장은 한 텍스트의 통일성의 자질 안에 속해있는 텍스트소(여기서는 문장)의 위치 가치를 묻고 있기 때문이다. (이성만 2000: 168 참조). 그래서 텍스트언어학이 초창기에는 '대통사론(Großsyntax)'이라고 불린 적도 있었을 것이다. 또한 텍스트의 시작과 중간 그리고 끝에 대한 논의는 텍스트의 경계 신호에 대한 논의를 이끌 만큼 중요하게 간주되었다. 이를 테면 K. Brinker는 텍스트통일성에 기여하는 다음과 같은 텍스트 외적 자질이라고도 볼 수 있는 텍스트의 경계 신호에 대해서도 언급한다: "텍스트가 '제한 된' 문장 연쇄임을 명시해준다는 규정은 이른바 텍스트 경계 신호를 두고 하는 말이다. 이 때 관심의 대상은 일정한 언어적 수단과 비언어적 수단들이다. 텍스트 시작이나 텍스트 종결을 나타내는 언어적 신호에 속하는 것으로는 이를테면 제목, 책이름, 일정한 도입 양식과 종료 양식이 있다. 비언어적 수단으로 특히 일정한 인쇄 배열 규약(제목, 행간 할당치의 철자 크기) 및 구두 텍스트에 국한된 발화 휴지(물론 경계 기준으로서 언제나 분명한 것이 아님) 등을 들 수 있다. 이러저러한 텍스트 경계신호들은 생산자에게 자립성과 종료성의 성격을 갖는 기호나 문장들의 연쇄임을, 간단히 말해서 생산자가 텍스트로 이해했다고 생각하는 기호나 문장들의 연쇄임을 분명히 해주는 징후이다." (K. Brinker 1985: 18 이하).

이와 같은 모든 논의들을 종합하면, Aristoteles 『시학』의 토대가 되는 이론적 바탕은 현대 텍스트언어학의 기본 개념들과도 충분히 비교될 수 있고, 그 중에서도 특히 시 텍스트유형에 대한 논의 그리고 통일성과 전체성을 위한 그의 노력, 덧붙여서 '시 텍스트' - 좀더 정확히 말하면 '비극' - 의 처음과 중간 그리고 말미에 대한 관심은 현대 텍스트언어학의 그것과도 관련있음을 알 수 있다.

3.3.3 Aristoteles와 R.-A. de Beaugrande의 대화 - 개연성과 정보성을 중심으로

R.-A. de Beaugrande: Sokrates 선생님, 제가 1981년에 오스트리아 Wien 대학에 있을 때, 『텍스트언어학 입문(Einführung in die Textlinguistik)』이라는 책을 W. Dressler 교수님과 같이 쓴 적이 있습니다. 사실, 입문서라고 제목은 달았지만 텍스트언어학의 전문적인 내용도 많이 들어 있습니다. 책이 출간된 그 당시 보다 15년 전에 이미 텍스트언어학이라는 언어학의 새로운 분과가 독일 Münster대학 일반언어학과 학과장이였던 P. Hartmann 교수와 그의 제자들, 이를 테면 R. Harweg, S. J. Schmidt 등의 연구에서부터 출발하게 되었다고 텍스트언어학자들은 기술하고 있습니다만, 저와 W. Dressler 교수님이 생각하는 텍스트언어학은 그들의 그것과는 조금 차이가 있습니다. 중요 내용만을 말씀드리자면, 핵심적인 차이란 우리들이 추구하는 텍스트언어학은 '절차적 발상(prozedurale Ansatz)'(R.-A. de Beaugrande/W. Dressler 1981: 32 이하 참조)이라는 큰 축이 중심이라는 것입니다. 그리고 그 책에서 중요한 것은 "어떤 임의적 발화를 하나의 텍스트이게끔 만드는 요소가 무엇인가?"라는 질문에 대한 대답이었는데, 우리들은 그 질문에 대한 대답을 "일곱 가지 텍스트성"으로 요약했습니다. (R.-A. de Beaugrande/W. Dressler 1981: 50 이하 참조). 다시 말해서, 그러한 텍스트성을 가진 임의의 발화체가 바로 하나의 온전한 텍스트가 된다는 것이지요. 그런데 우리들이 지금 테마로 삼고 있는 일곱 가지 텍스트성 중에서 '정보성(Informativität)'이라는 중요한 개념이 있는데, 선생님께서 2300여 년 전에 이미 쓰셨던 『시학(De Arte Poetica)』에 등장하는 개연성 등의 개념과 관련이 있다는 생각이 들어서 제가 한 번 선생님과 토론하고 싶어서 찾았습니다.

Aristoteles: 알겠네. 내 기꺼이 자네와 토론함세. 나의 스승이신 Platon 선생님과 Platon 선생님의 스승, 다시 말해 나의 스승의 스승이신 Sokrates 선생님도 토론하기를 삶에 있어서 아주 중요시하게 생각했으니 말일세. 그래, 자네의 정보성이라는 것은 도대체 무엇인가? 우선 그 정보성부터 설명해 줄 수 있겠나?

R.-A. de Beaugrande: 예, 설명드리지요. 저는 어떤 임의의 발화체를 '통화성

발화체(eine kommunikative Okkurrenz)'인 텍스트로 만들어 주는 일곱가지 기준'이라고 정의될 수 있는 텍스트성의 세부항목으로 코헤지온(Kohäsion), 코헤렌쯔(Kohärenz), 의도성(Intentionalität), 수용성(Akzeptabilität)에 이어 다섯 번째로 정보성이라는 개념을 설정해 놓았습니다. 정보성은 제시된 텍스트 자료가 수용자에 의해서 예측되었거나 수용자에게 알려진 또는 불확실한 정도와 관련있습니다. 다시 말해서 제가 사용하는 정보성이라는 용어는 텍스트 수용자에게 제시된 자료의 예측 불가능한 정도를 나타냅니다. 이를 테면 어떤 텍스트가 수용자에게 예측 불가능의 정도가 심하면 그 텍스트는 정보성이 높은 것이 되고 그 반대의 경우는 정보성이 낮은 것이 되겠지요. (R.-A. de Beaugrande/W. Dressler 1981: 145 참조). 물론 텍스트 수용자마다 가지고 있는 생각들이나 세상에 대한 지식들이 달라서 정보성의 높낮이를 일률적으로 엄밀하게 경계 짓기는 힘들지만 말입니다. 우선 예를 하나 들어 보겠습니다.

1) 땅을 파기 전에 우리를 부르시오. 나중에는 우리를 부르지 못하게 될수도 있습니다.
2) 땅을 파기 전에 연락 주십시오. 땅밑에는 전선이 묻혀 있을 수도 있습니다. 만일 그 전선을 손상시키면 당신은 전화배선을 잃게 됩니다. 게다가 엄청난 전기 충격을 받을 수도 있습니다. 그러면 당신을 우리를 부를 수 없게 됩니다. (R.-A. de Beaugrande/W. Dressler 1981: 10).

예시 텍스트 1)에서 '당신'이 '우리를 부를 수 없을 것'이라는 주장은, 2)에서보다 훨씬 예측하기 어렵다고 일반적으로 추정할 수 있습니다. 중간에 생략된 부분들이 더러 있으니까요. 그래서 저는 텍스트 1)이 텍스트 2)보다 정보성이 높은 것으로 간주합니다. 따라서 정보성이 높은 자료인 1)을 처리하는 과정이 이보다도 정보성이 낮은 자료인 2)를 처리하는 경우보다 더 힘들다고 할 수 있지요. 또한 텍스트 1)은 텍스트 2)보다 더 흥미롭기도 합니다. 물론 너무나 정보성이 높아서 텍스트 수용자가 이해를 하지 못하게 되는 위급한 상황도 고려를 해야겠지요. 사실, "흥미라는 것이 [정보성의 과다 또는] 비개연성에 의해서만 결정되는 것은 아닙니다. 인간의 감각적 통각에 강한 인상을 주는 내재적 잠재성, 즉 현저성 같은 요인과, 한 발화체가 그 통각자의 개인적인 목표에 대해 지니는 중요성 등의 요인도 함께 고려해야 합니다." (R.-A. de Beaugrande/W. Dressler 1981: 150). 여하튼 모든 텍스트에는 최소한 어느 정도의 정보성이 있어야 한다고 봅니다. 다시 말해서 어떤 텍스트의 형식과 내용이 아무리 예측 가능한 것이라 하더라도, 거기에는 완전히 예견할 수 없는 가변적인 자료들이 언제나 조금씩 있기 마련이기 때문이지요. 정보성이 지나치게 낮으면 이해의 혼란을 가져오기 쉽고 지루함을 야기시키며 심지어는 그 텍스트가 거부당하는 원인이 되기도 합니다. (R.-A. de Beaugrande/W. Dressler 1981: 10 이하 참조).

Aristoteles: 잘 알아 들었네. 사실, 자네가 생각하는 바를 나도 예전부터 어렴풋이나마 짐작은 하고 있었다네. 비록 내가 그러한 현상에 대해서 자네가 말하는 텍스트성의 하위 개념으로서의 '정보성'이라고 이름 붙이지는 않았지만 말일세. 이를 테면 내가 『시학』에서 이렇게 말 한 적이 있는데, 한 번 들어보고 이야기하게나: "기발한 말을 사용하면 어법은 평범함을 넘어 고급스러운 것이 된다. 기발한 말이란 이상하거나 신기한 말, 은유적이거나 연장된 말(lengthened), 하여튼 보통과 다른(differs from the normal) 말들을 뜻한다. 그러나 순전히 그런 말들로만 구성된 글은 수수께끼 혹은 은어(jargon)가 되고 만다. 만일 메타포로 구성되어 있다면 수수께끼가 될 것이요, 이상한 낯선 말들로만 구성되어 있다면 은어가 될 것이다." (Aristoteles 2013: 135 이하). 어떤가? 이것이 자네가 말하는 텍스트의 정보성과 관련있어 보이지 않는가?

R.-A. de Beaugrande: 제가 느끼기에, '기발한 말'이라는 게 '흥미 있는 말'과 연관성이 있다는 점에서 정보성이 높은 말이라고 볼 수 있고, "그런 말들로 구성된 글은, 수수께끼 혹은 은어"라는 대목을 보면, 정보성이 너무 높아 텍스트 수용자의 이해에 지장을 주는 텍스트라고 이해될 수 있겠습니다. 그런데 문제는 선생님께서 말씀하신 "이상하거나 신기한 말" 등은 하나의 텍스트 전체의 총괄적 단위에서 추출된 것이 아니라, 텍스트의 단편, 즉 선생님의 용어로는 '글'[텍스트]의 하위 개념으로 사용된 것이므로 제가 생각하는 바와 차이가 있을 수 있다는 것입니다.

Aristoteles: 그렇게 볼 수도 있지만, 그게 아니라고 할 수도 있다네. 만약 자네가 실례로 드는 많은 예들도 - 엄밀히 말해서 - "텍스트 단편이 아닌가?"라고 묻는다면 자네는 제대로 답할 수 있을 텐가?

R.-A. de Beaugrande: 하긴 그건 그렇군요. 여하튼, 선생님의 비극이론에 대해서 전체적으로 들려주시지요. 제가 생각한 '정보성'과 어느 부분에서는 일치하고 어떤 부분이 서로 다른지 알고 싶어서요. 어쨌든 저는 하나의 텍스트가 너무나도 정보성이 낮게, 즉 다음에 다가올 내용이 뻔해서 텍스트 수용자가 너무나도 쉽게 예측할 수 있는 낮은 정보성을 가져서는 안되고, 또한 너무나도 예측 불가능해서 정보성이 너무 높아도 텍스트가 거부당하는 상황이 있을 수 있다고 누차 이야기한 바 있습니다. 그 부분이 바로 방금 선생님께서 말씀하신 내용과 거의 일치한다고 볼 수 있겠습니다. (R.-A. de Beaugrande/W. Dressler 1981: 18 참조).

Aristoteles: 내가 『시학』에서 테마로 삼는 것은 현대적으로 말하면, 작시술 즉 시를 만드는 기술이라고 할 수 있지. 시라는 것은 말일세, "사람의 본성에 뿌리박은 두 가지 원인에서 발생한다네. 첫째, 사람은 어릴 적부터 모방적 행동 성향을 타고나네. 사람은 극히 모방적이며 모방을 통해 그의 학습의 첫 걸음을 내딛는다는 점에서 다른 동물들과 다르네. 둘째, 모든 사람이 모방적 사물에서 즐거움을 얻는다네. 우리는 보기만 해도 끔찍한 사물을 세밀하게 그린 그림을 바라보면서 즐거움을 느끼는 것과 같은 이치지. 예컨대 흉측한 짐승이나 시체 같은 것 말일세. 그것은 사람이 깨달음(anagnorisis, recognition, identification)에서 큰 즐거움을 느끼기 때문일세. 철학자들뿐만이 아니라 지적 능력이 좀 부족한 사람들도 마찬가지라네. 사람이 비슷한 것을 보고 즐거움을 느끼는 것을 보면 그런 것을 바라볼 때 스스로 깨닫고 추론할 수 있기 때문이네. 그럴 때 사람들은 '아, 이건 사람의 얼굴인데'라는 등의 말을 한다네. 만일 그림의 실제 인물(the original)을 전에 본적이 없으면, 그 때 비로소 작품은 모방으로서가 아니라 기법, 색채, 또는 기타 이유로 즐거움을 줄 것이네. 그러므로 모방은 우리의 아주 자연스런 본능일세." (Aristoteles 2013: 67 이하).

R.-A. de Beaugrande: "모방에서 즐거움을 느낀다", 이거 아주 참신한 발상인 것 같습니다. 저는 전혀 생각지도 못했습니다. 모방은 항상 잘못된 어떤 것이라는 생각이 들었거든요. 이를 테면, 모방이 가진 부정적인 코노테이션을 말하는 것이지요. 제가 어렸을 때 그림을 그리면, 어머니께서 "얘야, 남의 것을 베끼면 안된단다. 네가 스스로 생각하고 본 것을 그려야지"라고 어머니가 항상 이야

기 하셨거든요. 그런데 선생님의 말씀을 들어보니, 모방이 아주 중요한 것 같기도 합니다. 마지막에 말씀하신 "모방으로서가 아니라 기법, 색채, 또는 기타 이유로 즐거움을 줄 것"에서, 모방이라고 함은 기법, 색채 등도 함께 모방한다는 뜻이 아닙니까? 그런데 도대체 '기법, 색채, 또는 기타 이유'가 아니면 뭐가 모방된다는 것입니까?

Aristoteles: "비극은 진지하고 완전하며 일정한 크기가 있는 하나의 행동의 모방으로서, 부분에 따라 각기 다른 형식으로 아름답게 꾸민 언어로 되어 있고, 이야기가 아닌 극적 연기의 방식을 취하며 연민과 두려움을 일으켜서 그런 감정들의 카타르시스를 행하게 된다네." (Aristoteles 2013: 73). 그래서 "비극이 성립되려면 여섯 개의 구성요소가 필요하네. 즉 플롯, 성격, 언어적 표현(lexis, diction, speech, text), 생각(dianoia, thought, theme), 노래(melos) 등이네. 이들 중 둘은 모방의 수단이고, 하나는 모방의 방식이며, 셋은 모방의 대상일세. 이것 이외의 요소는 없다네." (Aristoteles 2013: 75).

R.-A. de Beaugrande: 아, 그렇군요. 제가 처음에 텍스트의 정보성에 대해 말씀드렸는데, 제가 생각하는 이러한 정보성 과다의 개념은 "통상 의미 있는 내용에 적용되는 것이지만 언어 체계 안에서 생산되는 모든 발화체들은 정보적"(R.-A. de Beaugrande/W. Dressler 1981: 145)일 수 있다는 사실과 관련있습니다. 또한 관사, 전치사, 접속사, 기능어(기능 동사)들이 정보성이 낮고 내용어들이 정보성을 많이 가진다고 생각되므로 정보성은 낱말 차원에도 해당된다고 볼 수 있습니다. (R.-A. de Beaugrande/W. Dressler 1981: 148 참조). 저는 정보성의 강도를 세 가지 정도로 구분하고 있는데, 제1차 정보성, 제2차 정보성, 제3차 정보성이 그것입니다. 간단히 말해서 제1차 정보성은 "하나의 선택항이 높은 정도의 개연성, 즉 통각적으로 가장 가능성이 큰 후보들 중에서 선택되면 그것은 제1차 정보성을 전달합니다. 극단적인 예는 교통 표지에서 찾아 볼 수 있는 정지 텍스트인데, 이것은 코헤지온, 코헤렌쯔, 플랜 측면에서 충분히 예측 가능하고, 상황이 명확하며, 심지어는 표지 자체가 상당한 거리에서도 알아 볼 수 있을 만큼 독특한 모양과 색깔을 갖고 있습니다. 여기서 예측 가능성을 최대로 한 것은 당면한 교통 상황에 충분히 내처할 수 있도록 운전자의 주의를 빼앗기지 않으려는 동기 때문입니다." (R.-A. de Beaugrande/W. Dressler 1981: 148).

Aristoteles: 그런데 말일세, 그렇다고 한다면, 자네 주장에 약간의 문제가 있는 것처럼 보이네. 자네는 좀전에 제1차 정보성을 가진 텍스트가 '정지'와 같은 교통표지판이고, 교통표지판이 그러한 정보성을 가지게끔 만들어진 이유가 '운전자의 주의를 빼앗기지 않기 위해서'라고 했는데, 좀더 깊이 생각해 보면, 제1차 정보성을 가진 텍스트들은 너무 뻔하고 당연해서 오히려 텍스트수용자의 주의를 집중시키지 못하는 효과도 있지 않을까?

R.-A. de Beaugrande: 좋은 지적이십니다. 제가 정보성의 정의에서 말씀 드렸듯이 제1차 정보성을 갖는 발화체들은 대체로 자명한 것들이고, 따라서 어떤 체계나 배경에 아주 잘 통합되어 있기 때문에 거의 주목을 받지 못합니다. 따라서 제가 방금 말한 교통표지판이 제1차 정보성을 가진다는 것은 문제가 있어 보입니다. 그래서 제가 생각한 제1차 정보성을 가진 발화체로는 텍스트 생산과정에서 내용어보다 주의 집중을 받지 못하는 기능어를 예로 드는 것이 더 나아 보입니다. 텍스트 생산과정에서 내용어들이 먼저 선택되고 난 후에 기능어(관사, 전치사, 접속사 등 통상적으로 너무 자명한 낱말들)들이 선택되는 경우도 그러하고, 실어증에 걸린 환자가 말을 할 때에도 기능어를 빠뜨린다는 점을 생각하면 그렇습니다. 다시 말해서 내용어들이 기능어 보다 정보를 더 많이 지닌다고 볼 수 있고, 따라서 내용어들은 기능어 보다 훨씬 더 큰 선택항 집합을 가지고 있다고 말할 수 있습니다. (R.-A. de Beaugrande/W. Dressler 1981: 148 참조). 그런데 말입니다. 선생님 말의 핵심은 '모방적 사물에서 즐거움을 느낀다. 그것은 사람들이 깨달음에서 즐거움을 느끼기 때문이다'라고 볼 수 있는데, 여기서 숨어있는 관계는 모방과 깨달음의 유사성입니다. 다시 말해서 세상의 여러가지 사건들을 모방하게 되면 깨달음을 얻는다는 것인데, 제 생각에서는 세상의 복잡한 사건들을 그대로 모방해서 깨달음을 얻기 이전에 해결되어야만 하는 문제가 있어야 할 것 같습니다. 왜냐하면 세상의 복잡한 사건은 해결하기 너무나도 어려워서 모방해서 뭐가 뭐인지 얼떨떨한 경우가 많을 수 있고, 그럴 경우에는 깨달음도 충족되지 않으니 말입니다. 그래서 저는 세상의 복잡한 사건들이 텍스트 수용자인 우리가 제압하기 너무나도 어려운 3차 정보성을 가진 어떤 것이라면 그것을 이해하기 쉽게 2차 정보성으로 격하시켜 이해하는 것이 깨달음을 얻는 것이라고 생각됩니다. 어쨌든 우리들은 복잡한 현실세계를 우리가 이해할 수 있게끔 정렬

지으려 하니까요. 그래야지 그 텍스트가 이해되지 않겠습니까? 그래서 제 생각에는 선생님께서 말씀하신 "모방은 인간의 자연스런 본능"(Aristoteles 2013: 68)이라는 것은 "복잡한 사건을 단순화시켜야 하는데, 그래야만 우리들은 사건의 복잡성에서 벗어나 안정성을 유지할 수 있다"로 바뀌어야 하는 것은 아닌지요?

Aristoteles: 자네 말이 맞기는 하네만, 우리들은 서로 다른 차원의 이야기를 하고 있는 것 같네. 이를테면, 내가 말하는 것은, 외부세계를 모방해야지 깨달음을 얻게 되고, 즐거움을 느끼게 된다지만, 자네가 말하는 것은 외부세계를 모방한 텍스트가 너무나 복잡하지 않고, 또는 너무나 단순하지도 않은 경우에, 다시 말해서 2차 정보성을 가질 경우에 텍스트성이 높아진다라는 정도인데 [⋯] 우리 둘 사이의 가장 큰 차이점은 내가 '훌륭한 비극 작품'을 위한 여러가지 작시법에 대해서 설명하고 있다면, 자네가 말한 정보성은 '어떤 임의의 발화체가 반듯한 하나의 텍스트로 탄생'하기 까지의 과정을 설명하는 것에서 알 수 있을 것 같다네.

R.-A. de Beaugrande: 사실, '훌륭한'과 '반듯한'도 크게 보아서는 유사한 개념으로 말할 수 있지 않을까요?

Aristoteles: 내 말에 수긍하지 못하면, 다른 예를 한 번 들어 보겠네. 자네는 이런 생각이겠지. '우리들은 텍스트를 이해할 때 우리들의 현실 세계를 구성하고 그 세계에서 참이라고 인정되는 명제는 사실이 될 것이다. 어떤 사실들은 우리 사고 방식에 확고히 들어와 있어서, 제시되는 어떤 텍스트에서나 기준치로 작용한다. 예를 들어 원인은 결과를 낳는다거나, 동시에 동일한 환경에서 참인 동시에 거짓이 될 수 있는 것은 없다거나, 존재하기도하고 존재하지 않기도 할 수는 없다는 것, 또한 물체들은 정체성, 질량, 무게가 있다는 것 등이다.' (R.-A. de Beaugrande/W. Dressler 1981: 153 참조). 그러니까, 이러한 세상 지식을 등에 업고서 우리들이 텍스트를 이해함으로, 때때로 높은 정보성으로 시작했더라도 정보성을 격하해 주고, 낮은 정보성으로 시작했더라도 정보성을 격상 시켜주어서 안정성을 부여한다는 것이겠지. 나도 이와 비슷한 생각을 가지고 있다네. 예를 들어, "한 시인의 성격을 보여주려고 일련의 대사를 한데 이어놓는다 해도, 또한 그 언어 표현과 질까지 잘 나타냈다고 해도, 그것만으로 비극의 특정 목적을 달성 할 수는 없네. 비록 언어 표현과 사고력 제시에 다소 결함이 있더라도 플롯과 사건의 조직이 잘 되어 있는 희곡이 훨씬 더 바람직한 효과를 낸다네." (Aristoteles 2013: 76). 그런데, 근본적인 우리들의 차이점은 다음과 같은 것이 아닐까? 예를 들어, 자네가 말한 한 텍스트의 정보성은 독자·청중·청자가 복잡한 텍스트 세계에서 길을 잃어 혼돈의 세계로 빠지지 않기 위해, 최선을 다해서 이해되기 어려운 3차 정보성을 2차 정보성으로 격하시키거나, 너무나도 무료하고 의미없어서 1차 정보성을 2차 정보성으로 격상시키는 작업을 하는 것과 관련있고, 내가 말한 개연성은 외부 세계를 모방해서 비극의 세계로 끌어들일 때 모든 것을 모방하는 것이 아니라, 필요한 사건들, 때로는 인과 관계를 단단히해서 서로간에 긴밀한 연관이 있게끔 해야지 개연성이 높아지고 청중들이 훨씬 더 비극에 몰두 할 수 있는 효과를 준다는 사실이 중요하네. 어찌 보면, 어느 정도의 개연성이 자네의 2차 정보성의 의미하는 것인지도 모르겠네.

R.-A. de Beaugrande: 그런 식으로 요약을 해 주시니, 아주 이해가 잘 되네요. 역시 선생님은 대단하신 분이시네요.

Aristoteles: 이해가 잘 되었다면 다행일세. 또 한 가지 있네. 자네가 말한 정보성의 격상과 격하가 혹시 내가 비극의 플롯에서 생각하는 '반전' 개념과 닮은 점이 있지 않을까 하는데 …… 혹시 그렇지 않나?

R.-A. de Beaugrande: 반전에 대해서 좀 더 자세히 설명해 주실수 있으신지요?

Aristoteles: 응, 반전이란 말일세 […]

3.4 문법학과 텍스트언어학

고대 그리스에서 문법학(ars grammatica)은 논리학(ars dialectica), 수사학(ars rhetorica)과 함께 호구지책에서 자유로운 일반 시민이 배워야 할 교양과목 중의 하나였다.[6] 수사학을 배우기 이전에 이미 배워야 했었던 기초 과목으로서의 문법학은 고대 그리스어나 라틴어를 가르치는 문법서의 내용물로 간주될 수 있지만, 현대적인 의미에서의 문법이라는 좁은 틀보다는 문학 수업을 겸비한 본격적인 읽고 쓰기 교육을 담당하는 문법 교사(grammaticus)가 가르치는 과목이었다. (장지연 2009: 160 참조). 이러한 문법 교사는 단지 문장의 규칙만을 가르치는 사람이 아니라 문학 선생(philologos) 혹은 비평가(critikos)를 의미하였다. 그러므로 문법학은 당시에 필요로 했던 연설문 작성법과 유사한 내용과 관련 있음을 가정할 수 있고, 따라서 문법학과 텍스트언어학의 연관성을 어렵지 않게 떠올릴 수 있다. 우선, 유럽 최초의 문법서로 간주되는 기원전 1세기의 D. Thrāix의 『문법의 기술(Teknē grammatikē)』에는 문법학의 하위 부분이 무엇으로 이루어져 있는지가 구체적으로 제시되고 있다: "그것[문법]은 여섯 부분을 가지고 있다. 첫 부분은 운문의 규칙에 따라 크게 낭독하는 기술이고, 두 번째는 작품에 나타나는 문학적 기법을 고려하면서 해석하는 것, 세 번째는 의미가 모호한 단어들과 역사적 맥락을 잘 설명하는 것, 네 번째는 단어의 기원을 알아보는 것, 다섯 번째는 단어의 어형에 대한 상세한 설명, 여섯 번째는 시를 비판적으로 평가하는 것이다. 문법학이 다루는 것 중에서 이 부분이 제일 고귀한 부분이다." (D. Thrāix 1988: 42, 장지연 2009: 164에서 재인용). 그러나 엄밀하게 말하면, 여기에 등장하는 문법의 부분들은 동일한 차원에 속해있는 범주는 아니다. 이를 테면 첫 번째 '낭독의 기술'은 모든 부분의 기초가 되든지, 아니면 나머지 부분들과는 별개의 범주이고, 두 번째와 여섯 번째는 다른 나머지 부분들의 상위 개념으로 간주된다. 왜냐하면 모호한 의미를 분명하게 하기 위해서는 역사적 맥락이 필

---

6) 이 세 가지를 언어를 매개로 하는 삼학(trivium)이라고 하는데(sprachliche Disziplinen, Grundlage für das weitere Studium), 숫자를 매개로 하는 네 가지 학문(quadrivium)인 산술학, 천문학, 기하학, 음악학(nicht sprachliche Disziplinen, weiterführendes Studiums)과 함께 인문 7학문(septem artes liberales, freie Künste)로 불린다. (E. Coseriu 1981: 10 참조).

요하고, 그렇게 되면 작품을 해석하게 되거나 시의 경우에는 시를 비판적으로 평가하게 될 수 있기 때문이다. 네 번째는 Platon의 『크라튈로스(Kratylos)』(1973)에서 볼 수 있듯이 당시 언어 연구 분야 중에서 가장 돋보이는 분야라고 볼 수 있는데, 낱말의 어원을 따지는 이러한 연구 분야는 텍스트언어학과의 직접적인 연관성은 없어 보인다.[7] 낱말의 어형과 관련된 논의들도 마찬가지이다. 이러한 문법(학)에 대한 관심은 서양 문학의 출발점으로 간주될 수 있는 Homeros의 해석과 비평과 관련 있다. Thrāix 이후에 고대 수사학 이론가로서뿐만이 아니라 수사학 교사로서 이름을 떨쳤으며 문학 평론과 교육 이론에 중대한 공헌을 한 것으로 간주되고, M. T. Cicero의 수사학을 가장 잘 전승한 것으로 평가 받고 있는 M. F. Quintilianus도 문법학에 대해서 다음과 같이 말하고 있다: "따라서 비록 이 학문[문법학]이, 단순화시켜서 말하자면, 올바르게 말하기에 대한 지식과 시인들을 해석하는 두 부분으로 나누어지기는 하지만, 표면적으로 보이는 것보다는 더 많은 것들을 내포하고 있다. 왜냐하면 글쓰기의 원칙은 말하기의 원칙과 밀접하게 관련되어 있고, 올바른 읽기는 해석을 하기에 앞서서 행해지며, 이 모든 과정들에는 판단이 들어가기 때문이다. 진실로 옛 문법학자들은 그들의 판단에 있어서 아주 엄격해서 [...] 어떤 작가들은 정전(canon)에 포함시키고 어떤 작가들은 완전히 (정전에서) 제외시킬 정도였다." (M. F. Quintilianus 1987: I.4.2-3). 이러한 시기를 지난 후, 4세기에는 다양한 문법서들이 다량으로 생산되기 시작하는데, 이들 문법서의 공통점은 음운론, 품사론, 단어의 의미 변화, 산문과 운문의 리듬과 운율, 피해야 할 문법상 혹은 음운상의 잘못들, 비유적 표현들을 다룬다는 사실이다. (장지연 2009: 166 참조). 예를 들어 4세기 중반에 등장한 A. Donatus의 『큰 문법서(Ars major)』가 담고 있는 구체적인 내용을 보면 다음과 같다: 제 I부; 1장) 사람이 발성하는 소리, 2장) 개별적인 모음과 자음, 3장) 음절, 4장) 각 단어가 음절의 장단에 따라 갖는 음보, 5장) 강세와 억양,

---

7) Platon의 『크라튈로스(Kratylos)』에서는 이름(onoma, 보통명사와 고유명사)의 올바름(Richtigkeit)에 대한 대답이 관건인데, 이를 해결하기 위해서 어원에 관한 설명이 중요하다. 그래서 어원설명이 『Kratylos』전체 내용의 절반 이상을 차지할 정도로 방대하다. Sokrates는 이러한 어원설명에 기대서 필연론("있는 것들 각각에는 이름의 올바름이 필연적으로 존재한다")을 주장한다. (Platon 1973 참조).

6장) 문장을 읽을 때 끊어 읽는 방식; 제II부 라틴어에서 사용되는 여덟 개의 품사들(명사, 대명사, 동사, 부사, 분사, 전치사, 접속사, 감탄사)의 정의와 문법적 속성(예를 들어 명사의 경우에는 명사의 성, 수, 격 등)이 예와 함께 설명된다; 제III부 좋은 용법과 잘못된 용법이라는 제목 하에, 한 단어 내에서의 파격 어법, 문장에서의 파격 어법, 부적합한 단어의 사용, 의미상 중복을 나타내는 필요 없는 단어의 사용, 개별 음이나 음절의 잘못된 전환 등 빈번하게 일어나는 문법적, 음운적 잘못들을 설명하는 전반부와 액어법(zeugma), 쌍서법(syllempsis)등 구문론적 기법들, 그리고 은유법, 전유법과 같은 비유법에 대한 설명 등. (장지연 2009: 167 이하 참조). 전체적으로 보면 A. Donatus의 『큰 문법서』는 어휘론과 문장언어학적 요소 그리고 문체론의 성격이 두드러지는데, 이러한 문체론이 텍스트언어학적 특성을 가지고 있다는 사실, 또는 문체론이 텍스트언어학의 한 부분을 이루고 있다는 사실은 이미 잘 알려져 있다. 또한 예시문으로 등장하는 국민 서사시 "아이네이스(Aeneid)"로 유명한 P. Vergilius의 시행들은 텍스트언어학의 상호텍스트성(Intertextualität)과 어느 정도의 관련성을 예측할 수 있다. 왜냐하면 P. Vergilius의 시행들이 반듯한 글쓰기의 모범이 되었기 때문이다. 이러한 상호텍스트성은 S. A. Augustinus가 자신의 동료 수사들을 위해 저술한 『문법서(Ars)』에 등장하는 라티니타스(Latinitas)의 정의에도 잘 나타나 있다. Augustinus에 의하면 라티니타스는 라틴어의 규칙에 따라 틀리지 않고 말하는 것으로 이는 세 가지 양식, 즉 '규칙(ratio)', '권위(auctoritas)', '관례(consuetudo)'에 의하여 형성된다. 이때 '규칙'은 라틴어의 어형 변화 규칙, 더 나아가 라틴어 문법을 의미하고, '권위'는 유명 작가(예를 들어 P. Vergilius와 같은)의 작품에서 사용된 용법과 표현이 가지는 권위를, '관례'는 사람들 사이에서 일반적으로 통용되는 어법을 의미한다. (C. F. Weber 1861: 7, 장지연(2011: 1 이하 참조)). 사실, 문법학이라는 용어를 표피적으로만 이해해서 '문법 규칙의 준수'라고 할 수 있지만, 고대의 문법학이 이러한 차원을 넘어서 "적합한 단어와 표현의 사용, 그리고 정확한 발음의 구상 등 다양한 층위의 정확성을 포괄하는 개념"을 가리킨다면 이는 광의적 의미의 텍스트언어학에 편입시킬 여지가 있어 보인다. 또한 7세기 이전에 활동했던 문법학자로 추정되는 M. Victorinus의 『운율의 마지막 음절(De Finalibus Metrorum)』은 코헤지온 수단(Kohäsionsmittel), 이로 인해서 텍스트수용자가 획득하게 되는 미시적 차원(Mikrostruktur-Ebene)의 텍스트성과 관련되는 텍스트코헤지온(Textkohäsion)에 관한 설명과 유사하다: "명사편, A로 끝나는 단수 주격 형태의 (마지막 음절은) 짧다. 예를 들어 Musa. e로 끝나는 그리스어 단어들은 짧다. 예를 들어 Euterpe; 라틴어 단어들에서는 긴 음절이다. 예를 들어 sedile. i로 끝나면 길다." (장지연 2009: 172에서 재인용). 왜냐하면 음절 길이에 대한 설명은 하나의 문장 내에서의 문제가 아니라 시텍스트 전체에 거시적으로 적용되는 어떤 규범이기 때문이다. 그러나 좀더 엄밀하게 말하자면, 이러한 문법의 단계 이후에 등장하는, (문법 교육과의 확실한 경계는 지을 수 없지만) 수사적 훈련의 단계가 훨씬 더 텍스트언어학과의 관련성이 크다고 말할 수 있다. 예를 들어 학생들을 위한 작문 교육에서는 상상력이나 창의력보다는 선생이 들려준 이야기를 자기식으로 반복하는 것에 초점이 맞추어 졌으며, 그럼에도 불구하고 학생의 작문은 간명함, 명확함, 그럴듯함, 적확함을 보여주어야 하며, 행위자, 행위, 시간, 장소, 방법, 원인 등의 여섯 가지 요소들을 포함해야만 했기 때문이다. 이러한 내용은 텍스트언어학의 텍스트 생산을 위한 전략으로 간주해도 손색이 없다. 구체적인 예를 들어보자. "Isocrates는 '교육의 뿌리는 쓰나 그 열매는 달다'라고 말했다"라는 경구가 주어지면 학생들은 이를 다음의 8개의 문단으로 풀어쓰는 훈련을 했다.

"1. Isokrates에 대한 소개와 그를 칭찬함
2. 세 줄로 그의 경구를 풀어씀
3. 그의 생각을 간단하게 변호함
4. 대조의 방법으로 증명하고 반대 의견을 논박함
5. 유추에 의한 예증
6. 일화를 들어 예증함. 예를 들어 Demosthenes의 일화를 빌려옴
7. Hesiod 등 옛 권위자로부터 지지 발언을 인용함
8. 결론. 교육에 관한 Isokrates의 훌륭한 말씀은 이와 같다."

(H. I. A. Marrou 1956: 175 이하, 박우수 2005: 113에서 재인용).

우선 1을 텍스트언어학적 관점에서 살피면, 하나의 테마가 등장하고 난 후(예를 들어 Isokrates의 경구)에 이 경구를 언급한 사람에 대해서 설명을 해야하는데 이는

Isocrates (이재원 作, 2018)

바로 텍스트 생산을 위한 테마 전개과정에서 서두 부분의 작성과 관련있다. 2에 제시된 '경구를 풀어쓴다'는 것은 텍스트언어학에서 텍스트코헤지온 수단으로 간주되는 '환언(Paraphrasierung)'의 경우와 흡사하다. 이러한 풀어쓰기는 텍스트 소들을 통사적으로 연결짓는 기본 수단의 역할로 텍스트언어학에서는 설명하고 있다. 예를 들어 텍스트 생산과 수용에 있어서 수학적 구조를 언제나 염두에 두었던 E. Agricola (1979: 13 이하)의 경우, 확장(Expansion)과 압축(Kondensation)으로 이루어진 환언은 텍스트가 진행되는 과정에서 빈번히 발생하는 경우로 간주되면서 다음과 같은 예가 제시되기도 한다: 팽창의 경우('대통령' - '가장 높은 국가공직을 가진자', '더위' - '30도가 넘는 기온'), 압축의 경우(그 텍스트의 모든 정보를 가지고 한 텍스트의 테마를 정하는 과정 - 테마 확정). (E. Agricola 1979: 13 참조). 또한 예증이나 일화예시 그리고 권위자의 발언 등으로 텍스트를 구성하는 방식은 텍스트성의 중요 요소인 상호텍스트성과 관련성이 높다. 텍스트 분석 차원에서는 '모든 텍스트는 상호텍스트적'이라지만, 텍스트 생산 차원에서는 이러한 상호텍스트성이 어떤 임의의 발화를 텍스트로 만들기 위해서 삽입될 수 있다.

사실, E. Havelock에 의하면 이러한 글쓰기의 전통은 이미 기원전 5세기경부터 시작된 것으로 간주되고 4세기 말엽 이전에는 보편적인 고대 그리스인들의 사유로 자리 매김되었다. (E. Havelock 1967: 197 참조). 이러한 사실들은 고대 그리스인들에게 있어서 비판적인 글쓰기, 혹은 텍스트 분석이 창조적 글쓰기 과정을 위해 필요한 과정이었음을 말해주고 있으며, 따라서 이미 아테네의 교육이 대중지향적인 말하기와 자아지향적인 글쓰기 사이에서의 균형 상태를 이루고 있었음을 알 수 있다. (박우수 2005: 114 참조).

3.5 M. F. Quintilianus의 작문교육

M. F. Quintilianus가 말하는 로마시대의 예비 작문교육을 보게 되면 텍스트언어학의 텍스트 생산(Textproduktion)에 대한 원시적 전범이 연상된다. 이러한 견해는 '훌륭한 말재주(ars bene dicendi)'를 가진 웅변가가 되기 위해서는 훌륭한 문장가가 되어야 한다는 M. F. Quintilianus의 주장에 근거한다.[8] 그에 의하면 예비적 글쓰기의 첫 단계는 모방과 관련있는데, 모방에서의 첫 단계는 낭독(lectio)이고 두 번째는 텍스트 분석(praelectio)단계이다. 이에 대한 M. F. Quintilianus의 설명을 들어 보자.

> "선생은 정숙을 요구한 후에 한 학생을 지목하여 (텍스트를) 읽게 한다. 이렇게 함으로써 학생들은 분명한 발음에 친숙해질 것이다. 그리고 나서 연설문이 작성되게 된 이유를 설명한 후 선생은 사고나 언어에 있어서 주목할 만한 중요한 것들을 하나도 남김없이 설명해야한다. 즉 재판관의 환심을 사기 위해서 도입부에서 어떤 방법이 사용되었으며, 사실의 진술에 있어서 어떠한 명료함, 간결함, 그럴듯한 진실성이 드러나 보이며, 어떤 문자에는 어떤 계획이 숨어있고, 어떤 은밀한 장치를 사용하고 있는지, 내용을 나눔에 있어서 어떠한 판단을 구사하는지, 어떠한 정교하고도 급박한 논증을 구사하는지, 어떤 힘을 사용해서 연설가는 홍분을 가져오며 어떤 호의로 위안을 주는지, 그의 비난에는 어떠한 신랄함이 엿보이는지, 그의 농담에는 어떤 세련됨이 보이는지, 어떤 식으로 감정을 장악하고, 어떤 식으로 사람들의 이해력을 파고드는지, 어떻게 재판관들의 의견을 자신의 주장과 일치시키고 있는지 등을 선생은 낱낱이 지적해야만 한다. 문체에 관해서도 선생은 특히 적절하고 우아하고, 숭고한 표현들을 지적해야 한다. 칭찬할 만한 풍만한 표현이 있을 때는 이와 반대되는 것을 지적해야하고, 어떤 표현이 잘된 비유이며, 어떠한 문채가 사용되고 있는지, 글의 어떤 부분이 매끄럽고 세련된 것인지, 어떤 부분이 남성적이고 힘찬 것인지를 역

---

8) "웅변의 근본은 글쓰기에 있고, 그 뿌리도 글쓰기에 있다." (M. F. Quintilianus 1987: 10.3.1).

시 지적해야 한다." (M. F. Quintilianus 1987: 2.5.6-10).

여기서 학생들은 저자가 어떤 어휘를 정확하게 구사했는지, 단어의 배열은 어떠한지, 문단의 배열은 어떻게 되었는지, 어떠한 문채(말무늬)들을 사용했는지 등을 자세하게 배운다. 이외에도 모방의 세 번째 단계는 모범 글을 기억하는 일, 네 번째 단계는 풀어쓰기, 다섯 번째 단계는 텍스트의 틀 바꾸기(혹은 다른 언어로 바꿔쓰기(translation), 여섯 번째 단계는 풀어쓴 글이나 바꿔 쓴 글을 소리내어 낭송하기, 마지막 단계는 풀어쓴 글이나 바꿔 쓴 글을 수정하는 작업과 관련있다. 사실 이쯤에서 M. F. Quintilianus의 작문 교육은 문법학의 단계를 넘어서서 수사학의 단계에 이른 것으로 간주할 수 있다. 어쨌든 그는 고대 로마 시대의 유명한 수사학 교사였기 때문이다. 또한 M. F. Quintilianus는 문법학자와 수사학자가 해야 할 13가지 소작문 훈련을 위한 13가지를 열거하고 있는데, 서술, 칭찬, 비난, 보편주제, 공통화제, 사실의 진술, 찬사와 비방, 논박, 비교, 원인과 결과, 법률에 대한 칭찬이나 비난, 의인화 등이 그것이다. 그러나 M. F. Quintilianus는 이에 대한 자세한 설명을 하지 않았기 때문에 이를 전승했다고 간주되는 2세기 Hermogenes의 글쓰기 과정에서 살펴 볼 수 있다. (D. Clark 1977: 177 이하와 J. Murphy: 1990 참조).

1. 우화를 풀어쓰기: 우화를 풀어쓰는 문체는 화려하거나 장황해서는 안 되며, 간결하고 쉬운 문체여야 한다. 풀어쓰기 과정에서 대화체를 동원하거나 부가적인 행위를 통해서 원래의 이야기를 늘릴 수 있다.
2. 학생이 읽고 있는 독본에 나와 있는 시인이나 역사가들의 이야기를 다시 말 하거나 쓰는 것이다.
3. 구체적인 인물의 언행을 담은 경구를 설명하는 것이다. 이러한 경구는 한 문단의 주제 문장을 전개하는 방식을 훈련하는데 큰 도움이 된다. 이러한 경구설명은 특정한 주제를 확대시키는 기초 훈련의 역할을 한다.
4. 격언 연구이다. 격언이란 설득이나 만류의 내용을 담고 있어 보편적으로 적용 가능한 진술을 요약해놓은 말이다. "헤레니우스를 위한 수사학"에 따르면 격언이란 한 가지 요점을 반복하는 수사법의 일종으로(4.56-58), 이유

를 끌어들이거나 대조 및 비교, 예시를 가져온 다음 결론을 도출하는 방식으로 한 가지 요점을 다양하게 증폭시킬 수 있다.

5. 논박과 확증이다. 가장 기초적인 논증훈련인데, 논증 텍스트 생산연습에 도움이 된다.
6. 공통화제이다. 이것은 이미 예증되었거나 인정된 사실을 독자나 청중이 어떤 식으로 받아들이느냐에 관한 훈련이다.
7. 찬양. 과시적 연설의 글쓰기 훈련이다.
8. 비교
9. 의인화
10. 생생한 묘사
11. 보편문제에 대한 답변훈련
12. 입법화

이러한 차등적 예비 작문 훈련의 열 두 과정은 성격에 따라 권유연설, 법정연설, 식장연설의 글쓰기를 위한 지침으로 볼 수 있다. 권유연설에는 우화, 이야기 경구, 격언, 보편문제, 입법화 등이 속하고, 법정연설에는 논박과 확증 공통화제가 속하고, 식장연설에는 찬양, 의인화, 비교, 생생한 기술이 속하기 때문이다.

그러나 위와 같은 고전 수사학에 토대를 둔 글쓰기의 방법론이 문법 능력이 토대가 된 의사소통 능력의 향상이라는 텍스트 생산 능력이라 하기에는 부족한 점이 있다. 왜냐하면 위와 같은 방식으로 생산된 텍스트는 자연적 의사소통 과정에서 생산된 텍스트와는 어느 정도의 거리감이 있을 가능성 때문이다. 또한 R.-A. de Beaugrande/W. Dressler(1981)에 기대면 위와 같은 패턴 찾기에 골몰하는 고전 수사학의 작문 방식은 텍스트언어학의 텍스트 생산 방식에 비해 다음과 같은 약점을 가지며, 이를 보완할 수 있는 자신들의 절차적 접근방식이 우위에 있다고 주장하는 근거를 제공하기도 한다: "[작문 연구와 교육에 있어서] 과거의 방법에서는 구두점, 주어-동사 간의 일치, 파격적 통사구조 같은 표층적 특성을 기술하는 데 중점을 두었다. 그리고 표층적 글쓰기의 오류를 막는 것이 글을 잘 쓰는 것이라고 생각하는 경우가 많았다. 후에 학자들은 광범위한 담화의 형식적인 배열을 연구하여 전형적인 패턴을 다양하게 찾아냈다. 그러나

'서로 다른 패턴들이 가져오는 효과의 근거, 패턴들의 각 부분이 상호 작용하는 방식, 작문의 제 단계에 있어 특정 순서를 결정하는데 가장 잘 쓰이는 방법 등은 거의 다루어지지 않거나, 다루기를 주저했거나, 완전히 제외되기도 했다.' 의사결정에 관한 절차적 연구는 이러한 결점을 보완하는데 도움이 될 것이다." (R.-A. de Beaugrande/W. Dressler 1981: 221 이하).

그럼에도 불구하고 고대 로마의 작문 교육과 현대 텍스트언어학의 접점을 추정하는 이유는 '지식체계(Wissenssysteme)'와 '텍스트 생산'과 연관성 때문이다. 좀더 구체적으로 말하면, 텍스트를 생산하는 화자는 자신이 보유한 여러가지 지식을 활성화한다는 사실이 명백하다는 것이다. 그래서 W. Heinemann/D. Viehweger에 있어서 "텍스트 생산"과 "지식 체계"가 동일한 절에 묶여있고, 그 하위 절에 다양한 지식들이 열거되어 있다고 할 수 있다: '언어지식', '백과사전적 지식 또는 전문 분야 지식', '상호작용에 대한 지식', '메타 의사소통적 지식', 총괄적 텍스트구조에 대한 지식'. (W. Heinemann/D. Viehweger 1991: 93 이하 참조).

3.6 수사학과 텍스트언어학[9)]

대부분의 학문에는 선구적 인식에 대한 갈증들이 축적되어 있다. 그래서 한 학문의 역사에는 언제나 '선구자'가 존재한다. 왜냐하면 학문은 이론과 실재에서 진보와 창의성을 위한 토대로서 원칙적으로 문화사적으로 성장한 정돈된 지식 재고와 방법론에 대한 논의 그리고 분석 수단의 비판적 가치에 대한 전통적 공동체를 대표하기 때문이다. (H. Kalverkämper 2000: 1 참조). 텍스트언어학의 발상지인 독일에서 출간된 거의 대부분의 텍스트언어학 입문서에는 텍스트언어학의 선구로서 수사학이 있(었)다는 사실을 예외 없이 언급한다. 예를 들어 "텍스트 문제에 몰두했었던 가장 오래된 형태의 연구는 수사학"(R.-A. de Beaugrande/W. Dressler 1981: 15), "텍스트언어학의 중요한 전통적 맥락은 고대 수사학(공공 연설 기술)과 학교 수사학(법정에서 하는 특별한 연설 기술)"(W. Heinemann/D. Viehweger 1991: 19), "수사학은 텍스트의 레벨을 고려했다"(E. Coseriu 1981: 11), "웅변가의 두 가지 중요한 과제는 (적어도 부분적으로) 텍스트언어학의 영역과 관련 있다. 다시 말하면 이것은 사고의 정리(Die Anordnung der Gedanken) 또는 배열(Disposition) 그리고 언어적 표현(sprachliche Formulierung) 또는 문체(Elokution)이다"(W. Dressler 1973: 5)라는 구절을 발견하는 것이 별로 어렵지 않다. 그럼에도 불구하고 텍스트언어학의 전통 내에서는 이러한 주제가 깊이 있게 탐구되지 못했다. 따라서 본고에서는 "훌륭한 말재주(ars bene dicendi)"(M. F. Quintilianus 1988: II, 17, 37)로서 정의되는 수사학과 "원초적 언어기호(das sprachliche Primärzeichen)"(P. Hartmann 1968: 221)로서 정의되는 텍스트언어학 사이의 유사함과 상이함을 탐색하는 것이 주제이다.

---

9) 이 장은 이미 발표된 이재원의 논문 "텍스트언어학과 수사학"(2004f)을 부분 수정하여 다시 실은 것이다.

3.6.1 R.-A. de Beaugrande/W. Dressler(1981)의 '절차적 발상(Der prozedurale Ansatz)'과 수사학의 '착상(inventio)'과 '배열(dispositio)'

이제 텍스트언어학 분야에서 고전의 반열에 오를 정도로 유명하게 되어버린 1981년도에 출간된 R.-A. de Beaugrande/W. Dressler의 텍스트언어학 입문서인 『텍스트언어학 입문(Einführung in die Textlinguistik)』에는 7가지의 다양한 텍스트성(Textualität) 못지 않게, 제3장에 소개되어 있는 '절차적 발상(der prozedurale Ansatz)' 또한 아주 중요한 개념이다. R.-A. de Beaugrande/W. Dressler에 기대면 절차적 발상은 '언어사용(sprachliche Verwendung)' 그리고 '맥락(Kontext)'과 관련 있다. 이러한 사상은 모델의 핵심 원리를 설명하는 두 개의 원리인 '단원성(Modularität)'과 '상호작용(Interaktion)' 중에서 후자를 택함에 있다. 다시 말해서 상호작용중심 원리는 한 모델의 구성 성분을 각기 독립적인 것으로 보는 것이 아니고, 상호 관련되어 있고, 서로 통제하는 것으로 보는 견해다. 이러한 인식을 토대로 R.-A. de Beaugrande/W. Dressler는 다음과 같은 텍스트 생산 절차에 관해서 언급한다.[10)]

"1) 텍스트 생산의 첫 번째 국면은 보통 플랜작성(Plannung)이 된다. 텍스트 생산자는 텍스트를 통해서 지식을 배포한다든지, 어떤 한 계획에 동의를 구하는 등의 어떤 목표를 추구할 의도를 갖고 있다. 텍스트 생산이란 주된 목표로 가는 경로상 하나의 부목표인 셈이다. 수단-목적-분석을 통해서 텍스트 생산자는 생산 가능한 여러 텍스트 가운데 어느 텍스트가 현 상태와 목표 상태간의 차이점을 줄이는 데 가장 큰 공헌을 할 것인가 산정 할 수 있다. 다시 말해서 목표를 설정하고 텍스트유형을 선택한다.

2) 목표 설정과 텍스트유형 선택에 이어서 곧 아이디어화(Ideation)의 국면이 따르(또는 겹친)다. (수사학 개념인 착상(invention)을 참조할 것.) 아이디어

10) R.-A. de Beaugrande/W. Dressler(1981: 42 이하). 김태옥·이현호의 한국어 번역본(2008)에는 "수사학 개념인 착상을 참조할 것"과 "고대 수사학의 배열에 부분적으로 일치하는 것으로서의"라는 부분이 누락되어 있음.

(Idee)란 텍스트 생산을 포함해 생산적이고 의미 있는 행위에 대해서 제어 중심(Steuerungsmittelpunkt)을 제공하는 내적으로 비롯된 의미 내용 구성체를 말한다.

3) 아이디어화에 이어서 아이디어 전개(Entwicklung) 국면은 이미 얻어진 아이디어를 확장하고, 특정화하고, 세분화하고, 상호 연결하는 역할을 수행한다. 아이디어의 전개란 기억에 저장된 지식공간(Wissensräumen), 즉 마음 속에 내적으로 체계화된 내용의 형상들을 탐색하는 것이라고 상정할 수 있다.

4) 아이디어화와 그 전개로부터 얻어진 결과가 특정 자연 언어적 표현(Ausdruck der natürlichen Sprache)으로 아직 곧바로 옮겨질 필요는 없다. 그 결과는 예를 들어 일련의 전경(Szene)이나 심상(Ereignisabläufe)으로 이루어질 수 있다. 따라서 (고대 수사학의 배열(disposition)에 부분적으로 일치하는 것으로서의) 이제까지 생겨난 내용이 중계되는 표현의 국면이 반드시 있을 것이다.

5) 텍스트로 제시할 때는 소리와 문자라는 사슬 매체에 국한되므로, 텍스트 생산의 마지막 국면은 문법적 합성(grammatische Synthese)이다. 즉, 바로 이전 국면에서 나온 표현들에게 문법적 의존관계를 주고, 문법적 의존관계를 표층텍스트에 선형으로 배열하는 것이다." (강조와 번호 매김은 이재원에 의함).

위의 인용문에는 플랜작성, 아이디어화, 아이디어의 전개, 자연 언어적 표현 그리고 문법적 합성 등, 텍스트가 생산되는 다양한 국면들이 개관된다. 그럼에도 불구하고 R.-A. de Beaugrande/W. Dressler 자신들이 지적하고 있듯이, 이러한 국면들은 서로간에 분명하게 구분되지 않으며, 시간의 연쇄 속에서 진행되는 것으로 상상되어서도 안 된다. (R.-A. de Beaugrande/W. Dressler 1981: 45 참조). 이제, 언어학자인 R.-A. de Beaugrande/W. Dressler에 의해서 직접적으로 언급된 수사학 개념인 '착상'과 '배열'에 대해서 살펴보자. 고대 수사학의 이론 부분은 '말감(quaestio)', '연설의 짜임새(oratio)' 그리고 '수사학의 분야(partes rhetorices)'로 이루어져 있다. '착상'과 '배열'은 '표현(elocutio)', '암기(memoria)' 그리고 '발표(actio-pronuntiatio)'와 함께 '수사학의 분야'에 속한다.[11] 이것은 연설이 행해지기까지의 과정이다. 좀더 자세히 설명하면, '수사학의 분야'의 과제, 즉 웅변가가 효과적인 웅변을 하기 위해서 수행해야 할 다섯 가지 과제는 "설득적인 논거를 찾아내는 착상, 착상된 것들의 순서를 효과적으로 정하는 배열, 배열된 것에 언어의 옷을 입히는 표현, 표현된 것을 머리 속에 저장해 두는 암기, 암기한 것을 그 내용에 걸 맞는 목소리와 몸짓으로 행동에 옮기는 발표"(양태종 1999: 11)로 구성되어 있다. 이때, "앞의 셋은 만드는 재주에 속하고, 뒤의 둘은 실제적 재주에 속한다. 왜냐하면 착상-배열-표현은 작품, 곧 연설문이나 대본을 만드는 것이고, 기억[암기]과 발표는 작품의 발표를, 곧 연설 행위나 공연을 목표로 하는 것이라서 생산자가 아니라, 행위자가 하는 재주이기 때문이다. 이를 연극에다 견주면, 앞 단계들은 극작가의 활동이요, 뒤 단계들은 배우들의 활동이다." (양태종 1999: 141). 그러나 고대 이후의 수사학에서 배우들의 활동이었던 뒤 단계들은 문화의 중심 축이 중세 이후에 구술 문화에서 문자 문화로 이동함에 따라, 다시 말해서 '말해진 담론'이 아니라, '쓰여진 작품'에 주력함에 따라 급하게 희생되고 말았다. 여하튼, 그 중에서 일단 수사학의 '착상'과 '배열'이 R.-A. de Beaugrande/W. Dressler의 텍스트 생산 개념에서는 5가지로 좀 더 세분화되어 있다. 그러나 어떤 연유에 의해서든 이 저자들이 수사학적 용어를 직접적으로 인용한 사실만 보아서도 텍스트 생산과 관련된 부분에서 수사학과 텍스트언어학에 있어서 어느 정도의 교집합은 찾아진 셈이다. 또한 이러한 사실에 대해서 R.-A. de Beaugrande/W. Dressler는 '수사학과 텍스트언어학의 공통적 관심사'를 B. Spillner (1977)에 기대서 다음과 같이 명확하게 미리 언급하고 있다. (R.-A. de Beaugrande/W. Dressler 1981: 16).

1) 아이디어를 뽑아내고 배열하는데는 체계적인 제어가 가능하다.

---

11) 양태종(1999: 125 이하). 그러나 '말감', '연설의 짜임새' 그리고 '수사학의 분야'가 분류상의 동일한 차원에 존재해야 하는 것인지에 대해서는 좀더 논의가 필요하다. 왜냐하면 '들머리', '얼거리', '밝히기' 그리고 '마무리'로 구성되는 '연설의 짜임새'가 '착상'의 하위부분으로 속할 수 있는 가능성 때문이다. 또한 '수사학의 분야'라는 명칭도 '연설의 분야'가 더 적합한 것이 아닌가에 대한 의문점은 여전히 열려있다. H. Kalverkämper(2000: 13)를 참조할 것.

2) 아이디어와 표현간의 전이과정은 의식적 훈련의 대상이 될 수 있다.
3) 일정한 아이디어의 형상을 표현할 수 있는 여러 텍스트들 가운데서 어떤 텍스트는 다른 것들보다 질적인 면에서 우수하다.
4) 텍스트는 수용자인 청자들에 대해서 텍스트가 갖는 효과라는 관점에서 평가될 수 있다.
5) 텍스트는 목적을 가지고 상호작용하기 위한 매개 수단이다.

R.-A. de Beaugrande/W. Dressler에 기대면, “분석을 통해서 언어에 내재하는 어떤 구조를 밝힐 수 있는가?”하는 것이 통상적인 언어학적 물음이라면, 텍스트언어학적 물음은 “발견 가능한 구조들이 결정과 선택이라는 조작을 통해서 어떻게 구축되며, 그런 조작과정이 통화적(kommunikativ) 상호작용에 대해서 함축하는 바는 무엇인가?”(R.-A. de Beaugrande/W. Dressler 1981: 16)이다. 때문에 이들은 비록 용어상으로는 차이가 있을 지 몰라도 고대 수사학과 텍스트언어학의 접합점을 가정한 것으로 볼 수 있다. 이것은 어느 정도 반듯한 견해이다. 그러나 이것은 전적으로 옳은 말은 아니다. 왜냐하면 학자들이 저마다의 관심에 따라서 수사학을 자기와 연관되는 부분만 골라서 이용하기 때문이다. 이를테면 “논증 전략에 관심을 두는 커뮤니케이션학자나 심리학자, 그리고 효과적인 설득 수단 투입에 관심을 두는 광고업자나 마케팅 연구자, 증명될 수 없는 사실의 개연성을 제시하는 문제에 봉착하는 철학자, 합의를 이끌어내려는 행위 이론가, 말의 쓰임새에 관심을 두는 언어학자, 표현 의미를 찾으려는 문체론 연구자, 작문 수업을 효과적으로 이끌어나가려는 언어교사 등”(양태종 1999: 11 이하)이 있다고 할 때 그러하다. 다시 말해서 수사학은 말의 ‘생산적 측면’에 치우쳐 있다. 비록, 생산자의 입장이 아니라 수용자의 입장에서도 수사학을 이용하여 작품을 분석하며, 수사학을 “텍스트를 분석하는 방법”(H. F. Plett 2002: 20) 또는 “담화분석의 기능을 가진 방법”(H. F. Plett 2002: 21)으로 말하는 이도 있지만, 이것은 어느 정도 (‘신수사학’이나 ‘신비평’에서의) 전이된 의미에서 그렇다. 그래서 수사학이 ‘훌륭한 분석 재주’가 되는 현상을 가리켜 “수사학의 오랜 역사는 이처럼 대상의 속성과 방법의 전환을 허용”(양태종 1999: 12 이하)하였다고 하지 않았는가. 이에 반해서 텍스트언어학의 근본적 출발점은 “텍스트 생산(Textproduktion)”이 아

닌 "텍스트구성(Textkonstitution)", 좀더 나아가 "텍스트 이해(Textverstehen)"이다.

이것 외에도, 비록 R.-A. de Beaugrande/W. Dressler가 텍스트 생산 과정의 '아이디어화' 국면에서 수사학에서의 '착상'을 언급했지만, 이것이 수사학에서 참된 의미의 착상인지의 여부는 여전히 의문이다. 왜냐하면 수사학에서 착상은 웅변가 스스로가 논거들을 새로이 창조하는 것이 아니라, 사방에 퍼져 있는 기존의 논거들을 끌어 모아서(찾아냄) 이용한다는 것이 핵심이기 때문이다. 즉, 수사학의 '착상'은 "무엇을 말할 것인가를 찾아낸다(Euresis invenire quid dicas)"(R. Barthes 1974: 64)는 것과 관련 있기 때문이고, 이와는 달리, 일반적으로 텍스트언어학자들의 "텍스트 생산 개념은 텍스트구조를 실현하기 위해 언어 단위를 의식의 저장소에서 불러내는 단순한 기계적 과정이 아니라, '창조적 행위의 특수한 경우'"(W. Heinemann/D. Viehweger 1991: 339)로 이해되기 때문이다.

3.6.2 청자 지향

수사학이 단순하게 규정되기 어려움에도 불구하고, 수사학이 파트너 중심의 말재주로서 언제나 성격사적인 현상(ein mentalitätsgeschichtliches Phänomen)이고, 연설을 만들 경우 규칙을 준수함에 의해서 웅변가(orator)가 정서적, 언어적 그리고 육체적으로 자기를 조절한다는 주장은 '수사학'이라는 술어 자체에서 찾아질 수 있다. 왜냐하면 '수사학'을 의미하는 그리스어의 'τέχνη ρητορική, téchne rhetoriké'와 라틴어의 'ars oratoria, eloquentia'는 어원적으로 '통지하다(künden)', '말하다(reden)', '이야기하다(erzählen)', '늘어놓다(aneinanderreihen)'의 의미를 가지고 있는 그리스어의 'eirein'과 라틴어의 'orare'에서 연유하기 때문이다. (H. Kalverkämper 2000: 4 참조). 이러한 이유로 인해서 수사학의 '소통적'이라는 개념은 수사학의 핵심 술어 중의 하나가 되었고, 드디어 양태종(1999: 126)에서는 언어학의 커뮤니케이션 모델 중에서 이젠 너무 유명하게 된 K. Bühler의 기호 모델(혹은 언어학의 도구(Organon) 모델)을 수사학에 차용하기에 이른다. 이제, K. Bühler의 기호는 수사학의 '말'로 대치되었고, 송신자는 '말할 이' 그리고 수신자는 '들을 이', 마지막으로 '대상과 사건'은 '대상'이 되었다. 이것은 텍스트언어학의 본류가 텍스트언어학 초기의 텍스트문법 중심의 정태적 언어학을 버리고, '화용론적'으로 또는 '소통적(kommunikativ)'으로 연구 방향을 급선회한 것과 유사하다. 그러나 중요한 사실은, 수사학의 '소통적'과 텍스트언어학에서 '소통적'에는 약간의 차이점이 있음이 간과되어서는 안된다는 것이다. 바로 그 차이점이란 수사학에서는 의사소통적 의도로서 '설득(그리스어로는 'peithó', 라틴어로는 'persuasio')' 또는 '호소' 개념이 시대를 불문하고 언제나 가장 우선시 된다는 사실이다.[12] 양태종에서는 이것이 '수사학의 효과 목표'로 간주되고, 따라서 그는 수사학이 "청자 지향적"[13] 임을 명확하게 선언한다. 또한 이러한 사실을 말감을 갈라놓은 부분에서도 엿볼 수 있다. 양태종은 K. Bühler의 '도구모델'을 토대로 (실제로 연설을 들으면 어느 한 가지 종류에만 귀속시키기 어려움에도 불구하고) 대상의 1) '보편성(말과 대상)', 2) '들을 이의 판단(말과 들을 이)' 그리고 3) '대변성의 등급(말과 말할 이)'에 따라 세 종류의 말감을 가른다. 이것은 좀더 세분화되어서 1) 열린 말(앎과 함의 문제)과 닫힌 말(웅변가가 다뤄야 할 문제), 2) 법정연설, 정치연설, 식장연설, 3) 맞장구 말거리, 이상한 말거리, 놀라운 말거리, 시시한 말거리, 뒤엉킨 말거리로 나타난다. 그러나 여기서 문제가 발생한다. 왜냐하면 1)과 3)과는 달리, 2)는 구체적인 연설의 종류(연설의 구체적 현실태)로서 기능하기 때문이다. 이와 달리 1)과 3)은 2)와는 그 층위가 사뭇 다르다. 다시 말해서, 종차(differentia specifica)가 다르다는 것 내지는 Th. Ballmer가 언급하는 반듯한 분류의 전제인 '분류의 토대(Klassifikationsbasis)'가 일관적이지 않다는 것이다. (Th. Ballmer 1979: 253). 필자는 이러한 이유를 수사학이 애초에 가지고 있었던 자신의 궁극적 목적에서 찾는다. 위와 같은 사실을, 호머를 수사학의 창시자로 삼는 '영웅 기원설'이 호머의 작품에 등장하는 오딧세우스, 메넬라오스, 네스토르를 각각, 법정연설(힘있는 말), 정치연설(간결한 말), 식장연설(달콤한 말)의 창시자로

---

12) "수사학은 원래 설득시키고 확신시키는 재주로 여겨졌다." H. F. Plett (2002: 20).

13) 양태종(1999: 23). "말에는 말하는 사람의 의도가 들어 있기 마련이다. 그 의도란 듣는 사람의 마음을 자기가 원하는 쪽으로 움직이는 것이다. 듣는 사람의 이러한 움직임을 수사학에서는 통틀어 '설득'(persuadere)이라 부르는데, 이것이 바로 말하는 사람이 하여야 될 일이자, 수사학이 노리는 바이다."(위의 곳). 이와 유사한 주장은 박성창에도 있다: "수사학에 대한 최초의 정의들은 '설득(persuasion)'의 개념에 집중되어 있으며 이를 통해 내용과 형식의 이분법이나 […] 지적인 범주들과 정감적 차원에 속하는 가치들 사이의 대립을 그 전제로 하지 않는 일종의 통합된 수사학의 모습, 또는 그 원형을 발견할 수 있다." (박성창 2000: 20).

보는 경우에서도 알 수 있다. (양태종 1999: 43 참조). 왜냐하면, 결국 이 세 종류의 연설이 수사학적 연설의 핵심이기 때문이다. 다시 말해서, 수사학은 '들을 이 중심'이고 애초에 '말할 이'와 '대상'은 엄밀한 의미에서 관심 밖이었다는 사실이다. 수사학에서 이러한 '들을 이 중심'의 말감 가르기와 달리, 텍스트언어학의 장에서는 파트너를 설득하지 않는 텍스트들도 연구 대상이며, 그런 텍스트들은 텍스트언어학의 분석 재료로서도 전혀 손색이 없다. 따라서 텍스트언어학은 모든 텍스트종류에 대해서 '가치 중립적'인 성격을 가진다.

3.6.3 공동말터(loci communes/topics/commonplace)와 상호텍스트성 (Intertextualität)

"수사학은 말의 사슬에서 출발한다. 다시 말해서 논쟁, 그때마다의 (부분적) 관심거리들을 고려하여 관련 있는 '대화성(Dialogizität)'에서 출발한다. [수사학은] 이전에 등장한 텍스트(Vorgängertexte)와 시현 되는 말(aktuelle Rede) 그리고 관련 텍스트(Anschlusstexte)들"(H. Kalverkämper 2000: 8)에 관심있다. 이와 유사한 주장은 스스로에 대해서 역사 수사학과 진보 수사학의 중간에 위치한다고 자칭하는 H. Plett에서도 찾을 수 있다. 그는 - 비록 아주 간략하지만 - '상호 수사학(Interrhetorik)'이라고 이름 지어진 장에서 '텍스트 상호 수사학(Intertextuelle Rhetorik)'과 '매체 상호 수사학(Intermediale Rhetorik)' 그리고 '문화 상호 수사학(Interkulturelle Rhetorik)'에 대해서 언급한다. (H. F. Plett 2002: 239 참조). 이것이 사실이라면 수사학은, 1960년대 말 J. Kristeva의 문학 이론에서 차용되어 이제는 텍스트언어학의 핵심 텍스트성(Textualität) 중의 하나가 된 '상호텍스트성(Intertextualität)' 개념과 밀접한 관련이 있다. 그러나 이것보다 더 '상호텍스트성'과 관련 깊은 부분은 아마도 '공동말터' 개념일 것이다. Aristoteles의 『토피카』와 『수사학』에 기대면, "'장소(place)'는 일반적으로 받아들여진 견해(opinion)를 토대로 한 가장 효과적인 논증 방식들을 포괄하며, '공동말터'는 일련의 탐구 분과 또는 여러 가지 조사연구에 '공통된' 추론적 (따지기의) 절차, 즉 '장소들'이었다 […] 다시 말해서 연설 초안을 작성하는 사람이라면 누구든지 그것이 대략적으로 포함하고 있는 논증 패턴에 의존함으로써 자신의 자료가 효과

줄리아 크리스테바 (이재원作, 2018)

적으로 전개될 수 있을지 알아보기 위해 '방문'해야 하는 장소였다 […] 어느 주제에 관해서든지 간에 연설의 전개에 본질적으로 내재해 있는 '그럴법한', 즉 '납득할 만한' 논거들에 대한 추상적 공식화였다. 연설 속에 포함되어야 할 '장소들' 가운데 나중에 매우 중요해진 것은 존경받는 전문가, 연설가, 철학자, 시인, 역사가의 작품에서 따온 권위에 의거한 인용의 증거였다." (박성철 2004: 29에서 재인용). 이것은 일견, 텍스트언어학의 텍스트성의 한 기준인 상호텍스트성과 흡사해 보인다. 왜냐하면 이러한 성질은 연설(담론)을 생산하는 연설자의 입장에서 모든 다른 연설들에 의존하는 방식들을 포괄하는 개념이기 때문이다. 따라서 이제 연설이나 텍스트는 마치 인용의 모자이크처럼 구성된다. 모든 텍스트[/연설]는 곧 다른 텍스트[/연설]의 흡수이자 변형이다. 그러나 텍스트언어학의 상호텍스트성은 위와 같은 정의들을 너무 좁은 것으로 간주하고, 전형적인 특징의 패턴을 갖춘 텍스트부류인 텍스트유형의 발전에도 관여하고 있다. (R.-A. de Beaugrande/W. Dressler 1981: 12 이하 참조). 이를테면, 문학 텍스트는 '현실세계'라고 받아들여진 것에 대하여 일정한 원리를 바탕으로 대치 관계에 놓여 있는 세계를 갖는 텍스트이며, 문학 텍스트의 하위 부류로서 시 텍스트는 텍스트의 대치성이 확장되어 계획과 의미 내용을 표층 텍스트에 배치하는 책략이 구성되며, 과학 텍스트는 관찰과 기록으로부터 도출된 증거를 제시하고 검토하면서 특별한 분야의 사실에 관한 사회적 지식 축척을 탐구, 확장, 또는 규명하려는 시도를 통해서 그 목적을 달성한다는 식이다. (R.-A. de Beaugrande/W. Dressler 1981: 193 이하 참조). 이런 측면에서 보면, J. Kristeva의 '상호텍스트성'은 공동말터 보다 확장된 개념이고, 그것보다 더 넓은 개념이 텍스트언어학의 '상호텍스트성'이라고 보아야 할 것이다.

3.6.4 연설의 종류(genera orationis)와 텍스트종류(Textsorte)

수사학에서 구체적으로 보여지는 연설의 종류는 말감의 하위 부분에 속해 있는, 좀더 자세히 말해서, 말감의 '들을 이의 판단에 따른 가르기'에 속해있는 '법정연설', '식장연설', '정치연설'이다. 이러한 분류는 Aristoteles의 것인데, 그가 연설 분류를 위해 사용한 종차는 다음과 같다. (양태종 1999: 92, 박성창 2000:

133 참조).

1) 청중의 태도: 적극적(=판단) vs 수동적(=즐김)
2) 시간(지난 일, 닥칠 일, 현재 일)
3) 장소(법정, 민회, 의례적 모임)
4) 공론(아름다운/추한, 옳은/옳지 못한, 유용한/무용한)
5) 연설의 장르(첨언적, 재판적, 토론적)

이러한 종차에 따라서 각 연설마다 의미소를 배정해 보면 다음과 같이 될 것이다.

6) 법정연설(적극적, 지난 일, 법정, 옳은/옳지 못한, 재판적)
7) 정치연설(적극적, 닥칠 일, 민회, 유용한/무용한, 토론적)
8) 식장연설(소극적, 현재 일, 의례적 모임, 아름다운/추한, 첨언적)

따라서 Aristoteles에 의하면 각각의 연설의 특성에 따라 설득전략도 다음과 같이 달라지게 된다. (양태종 1999: 92 참조).

9) 논증법: 법정연설은 지난 일의 사실 여부를 따지기에 사실성의 관점에서 판단하는데, 이 판단에 효과적인 것은 확실한 것을 전제로 삼아 불확실한 것을 추론해내는 논증법이다.
10) 예증법: 정치연설은 닥칠 일의 성사 여부를 따지기에 가능성의 관점에서 판단하는 것인데, 유사한 일이 과거에도 있다면 그것에 빗대어 미래에도 그럴 것이라는 예증법이 뛰어난 설득수단이다.
11) 과장법: 식장연설은 지금 일을 그저 즐기는데, 즐거움은 부풀려질 때 그 효과가 더욱 커지기 때문에, 증폭성의 관점에서 과장법이 효과적인 설득수단이다.

필자의 견해에 의하면, 이러한 선언은 Aristoteles의 엄청난 혜안에서 비롯된 것이다. 왜냐하면 특정한 내용을 주장하기 위해서 고정되고 경직되기 쉬운 유일 관점을 버리고 다양한 관점을 취했다는 점과, 경우에 따른 (복잡하겠지만) 유연한 입장을 취했다는 사실이다. 그러면 이것을 텍스트언어학의 텍스트유형 분류 기제들과 비교해 보자. 텍스트언어학에서는 - 이미 언급한 바와 같이 - 어떤 임의적 발화를 텍스트로 만드는 텍스트성이 중요하다. 다시 말해서 어떤 언어적 형성물이 텍스트성의 자질들을 보여줌으로써 그 언어적 형성물은 비로소 하나의 반듯한 텍스트로 탄생하는 것이다. 그러나 구체적인 텍스트란 이러한 텍스트가 언제나 어떤 일정한 텍스트종류에 속한다는 것을 의미한다. 즉, 구체적인 텍스트란 언제나 어떤 텍스트종류의 범례(Exemplar)로 나타난다는 사실이다. (K. Brinker 1985: 118 이하 참조). 이제 텍스트언어학의 과제는 텍스트의 '의의' 규명 못지 않게 개개의 텍스트유형들을 탐구, 이들의 구성적 자질들을 기술하는 일이 되었다. 예를 들어 M. Dimter는 독일어 사전에 등장하는 1600개 정도의 텍스트 명칭을 가려내서 500여 개의 명칭을 기본적인 텍스트종류로 칭하고, 그 분류 기준들을 '통보상황', '텍스트기능' 그리고 '텍스트 내용'의 세 가지 범주로 제시하지만(M. Dimter 1981: 123 이하 참조), 텍스트언어학에서는 이러한 일상적 텍스트유형 분류기준이 별로 만족스럽지 못하다. 왜냐하면 그것들이 반듯하게 유형화되어 있지 못하고, 기준이 너무나도 이질적(heterogen)이어서 순수 언어학적 자질을 보여주고 있다고 생각하지 않기 때문이다. 그러나 순수 언어학적 자질들에 의해서 텍스트종류를 구분했다는 B. Sandig의 방법론(1972: 118 참조)도 만족스럽지가 못하다. 왜냐하면, 예를 들어 텍스트종류 '편지'를 '[-구어성], [+독화적] [⋯]' 등의 변별적 자질로서 다른 텍스트종류와 구분한 것은, 그 구분에 동원된 변별 특징들이 상호간에 일정한 복합 기준이나 서열 기준이 없으며, 언어의 본질을 너무나 단순화 한 것이라는 비판에 직면하기 때문이다. (박여성 1994: 13 참조). 이러한 약점을 극복한 것이 다음과 같이 텍스트기능에 따라 다섯 가지 텍스트부류를 구분한 K. Brinker의 구분방식이다. (K. Brinker 1985: 125).

"1) 제보텍스트(Informationstext): 뉴스, 보도(보고), 넌픽션, 서평 ⋯

2) 호소텍스트(Appelltext): 선전광고, 논평, 법규, 신청서 ⋯

3) 책무텍스트(Obligationstext): 계약, 보증서, 서약서 …

4) 접촉텍스트(Kontakttext): 감사, 조문, 그림카드 …

5) 선언텍스트(Deklarationstext): 유언, 임명장 …"

이제, 언어적 발화는 오로지 화자에 의해서 의도된 언어행위라는 언어 행위론적 시각을 적용하여, 텍스트종류는 언어행위의 실행유형으로 파악된다. 이때 언어행위의 유형에 따라 판별된 텍스트기능이 텍스트종류를 구분하는 기준이 된 것이다. 여기쯤에서 수사학에서의 '연설의 종류'와 텍스트언어학의 '텍스트부류'를 비교하는 것이 가능하다. 수사학에서 일컫는 '식장연설'과 '법정연설'은 정보전달이 궁극적인 목적인 '제보텍스트'가 아니고, '화자가 청자에게 특정행위를 수행'하게 하는 호소텍스트이다. 이와는 달리 '식장연설'은 '접촉텍스트'이다. 여기서 자세히 살펴보면, 텍스트언어학에서 텍스트부류에 해당되는 '제보, 책무, 선언' 텍스트가 수사학의 '연설의 종류'에는 비어있다. 이것은 각 분과학문의 거시적 정의와도 관련 있다. 다시 말해서 이러한 텍스트부류들은 - 수사학적 관점에 따르면 - 말함에 있어 '기교'가 필요하지 않았을 것이다. 또는 수사학의 종말에 대한 원인을 "수사학이란 낭만주의가 추구하고자 하는 낭만적 감정이나 정념들을 고려할 수 없는 기술로 치부된 것"(박성창 2000: 175)이었기 때문이라는 주장은, 낭만주의가 추구했던 "낭만적 감정이나 정념들"이 K. Bühler의 언어기능에서 '호소(설득) 기능'과 관련된 것이 아니라, 말할 이의 '표현 기능'과 관련 있다는 사실을 인지할 경우, 분명하게 이해될 수 있다. 이런 관점에서 본다면, 수사학이란 텍스트언어학에서의 텍스트종류 중, 몇몇의 한정된 것에만, 특히 호소텍스트에만 관심을 기울였다는 한정성이 존재하게 될 것이다. 그런 의미에서 텍스트언어학의 텍스트종류는 수사학의 연설종류보다도 외연적 분포가 더 넓다. 그러나 현대 수사학이 다루는 영역은 이미 텍스트언어학 연구영역 못지 않게 넓어졌다. 이를테면 "현대의 수사학이 다루는 영역은 […] 광고를 비롯한 모든 형태의 설득적 담론뿐 아니라 시와 같은 비설득적 담론으로까지 그 영역이 확대"(박성창 2000: 180)되었기 때문이다.

3.6.5 마무리

본고는 지금까지의 텍스트언어학적 연구들과 고대 수사학적 전통사이에 어느 정도의 유사점과 상이점이 있는가에서 출발했다. 그 결과, G. Ueding의 다음과 같은 주장은 완전한 참이 아니더라도 어느 정도는 설득력을 가질 수 있음을 알 수 있다.

> "기호학이나 의사소통학 같은 학문들은 자세히 들여다보면 수사학적 전통이라는 넓은 강물이 더 좁은 여러 개의 하상(河床)들로 파생된 것이고, 거기서 쓰이는 범주들은 잘 알려진 수사학적 술어 체계를 바꿔 부르거나 전개시켜 놓은 것임이 드러난다." (G. Ueding 2003: 9).

사실, 수사학이 텍스트언어학보다 더 선구적이라는 문제는 중요하지 않을 수도 있다. 왜냐하면 이 두 가지 학문 영역은 '선구'의 문제보다는 간학문적, 상호 협력적 관계에 의해서 규정됨이 합당하기 때문이다. 또한 양자는 아직까지도 자신의 고유한 영역들을 가지고 있고, 이 두 영역들의 관계가 언제나 새롭게 관심을 얻고 있고, 이웃 분야와의 관계에서 역동성을 가지고 다양한 방향들로 확대 발전하고 있기 때문이다.[14] 이러한 의미에서 '선구자'라는 것은 단지 '역사적으로 오래된 분야'라는 것 정도로 이해되어야 하겠다. 이제, 텍스트언어학에서 수사학이나 문체론에 관련된 서적을 찾는 일도 잦아질 것이다. 따라서 텍스트언어학은 고대부터 늘 우리 곁에 있었다는 주장도 가능하다. 수사학은 인간성에 대한 그리스 정신의 선물인 고대의 민주주의 원칙에 의해서 태동했고,

14) 예를 들어, 다음과 같은 수사학의 실천적 쓰임새도 텍스트언어학과 별반 차이가 없다: "수사학에 대한 관심을 높이는데 일정한 기여를 한 것은 대중문화 분석이다. 대중 문화는, 복잡한 장르들, 예를 들어 시, 소설, 비평, 희곡 등과 다르게, 대중들의 집단 의식—집단 무의식과 연결된 유형화된 문화이다 […] 대중 문화, 예를 들어 영화, 탐정소설, 만화, 광고, 유행 복장 등은 개인성보다는 유형이 훨씬 더 중요시되는 경향이 있다. 그 유형을 명명하는데 큰 효력을 발하는 것이 수사학적 용어들이다. 수사학적 용어들은 대중 문화의 여러 유형을 특징지어주는데 큰 효력을 발휘하여, 대중문화를 수사학적 영역에 자리잡게 할 정도이다." 김현 (1984: 14).

로마 공화정 말기에 정치적인 자유정신이 쇠퇴기를 겪으면서 몰락하기 시작한다. 만약 이것이 진정으로 사실이라면, 지난 시절 보다 모든 것이 엄청 나게 자유로워 진 지금, 수사학의 황금기를 예견할 수 있겠다. 마지막으로, 이러한 수사학은 현대로 들어오면서 자신의 외연을 엄청나게 확장시켰다. 이를테면 "정치적 변혁의 수사학 ('혁명'), 수사학과 정치학, 광고와 수사학, 언어와 제도, 수사학과 인류학, […] 간문화적이고 간학문적인 기호학과 신체 언어의 수사학, 수사학적 […] 언어구조의 단위로서 수사학, 문체론과 수사학 […] 수사학과 입말연구, 수사학과 회화, 수사학과 시학 등등." (H. Kalverkämper 2000: 8). 이러한 현상을 H. Kalverkämper는 수사학과 텍스트언어학과 차이점으로 보고 있지만, 필자는 이것을 인정할 수 없다. 왜냐하면 '텍스트'라는 용어 또한 최근의 많은 학문 영역에서 유행처럼 사용되는 용어 중의 하나이고, 위에서 언급한 여러 학문 분지들의 명칭에 '수사학' 대신에 '텍스트언어학'을 대체 시켜도 여전히 설득력은 유효하기 때문이다. 다시 말해서, 연설, 즉 혼자 하는 언어적 현상이 아닌 특히 청중 앞에서 이루어지는 고대 수사학의 대상인 연설은 연설장소로서의 상황, 배경이 되는 청중, 장면적-연극적 프레젠테이션, 증명꺼리 같은 효과를 증대하기 위해 반입된 수단들, 웅변적인 몸짓과 같은 육체적 행동들이 포함되는데, 이것은 다매체성, 간학문성 등과 깊은 관련이 있고, 바로 이러한 면에서 수사학은 텍스트언어학의 연구대상과 일치한다. 이제 수사학은 지금까지 그리 평판이 좋지 못했던 가치 폄하적 수식어인 '장식적'과 문법과 논리학의 '가난한 친족'을 넘어, 뭇 학문들에게 이론적 자양분을 제공하는 '든든한 후원자'가 되고 있다.

3.7 문체론과 제어적 원리

'문체(양식, Stil)' 개념은 넓은 의미 영역과 사용 범위를 가지고 있기 때문에 텍스트언어학 뿐만아니라 음악이나 미술 같은 예술분야 또는 건축이나 가구 같은 여러 실용분야에서 널리 사용되고 있다. 이러한 문체를 탐구하는 분야가 문체론이다. 이러한 문체론과 텍스트언어학의 접점은 텍스트구성 양식에서 찾을 수 있는데, 대표적인 경우가 R.-A. de Beaugrande/W. Dressler(1981)의 제어적 원리(regulative Prinzipien)이다. 이러한 문체는 B. Sowinski에 의해서 '가치성'의 개념으로 표현되기도 한다: "문체(Stil)는 흔히 가치 평가 개념으로도 나타난다. 뿐만 아니라 '누군가 혹은 어떤 것이 문체(양식, 스타일)를 가지고 있다'라는 절대적 표현에서는 '그/그녀' 혹은 '그것'이 어떤 모범성이나 선택성을 가지고 있다는 것을 의미한다. 이러한 가치 평가의 출발점은, 특정한 문체 규범들에 상응하는 업적이나 생활 태도에서의 문체(양식, 스타일)를 인정하는 것일 수 있다. 자체로 호흡이 맞는 독창적인 문체성(Stilhaftigkeit)은 특히 예술 영역에서 가치 있는 것으로 혹은 전형적인 것으로 인식된다. 그러므로 문체/양식 평가는 문학 비평과 음악 비평에서 가장 중요한 과제들 중의 하나다. 부정적 비평은 '나쁜 문체/양식', '저급한 문체/양식', '아류적 문체/양식', '비독창적 문체/양식' 등과 같이 평가절하적 특징으로 표현될 수 있다." (B. Sowinski 1998: 4 이하). 이러한 B. Sowinski의 주장은 18세기 후반, 독일어권의 중요한 문법학자로 분류되고 있는 J. C. Adelung의 영향을 받았음직 하다. J. C. Adelung은 『독일어의 상세한 교수체계(Umständliches Lehrgebäude der Deutschen Sprache)』(1781)에서 고대 수사학의 다섯가지 영역들 중에서 착상(inventio)과 배열(dispositio)을 원래의 수사학에 귀속시키는 반면, 표현(elocutio)을 문법과 문체론의 영역으로 분류했다: "문체(Styl)와 글쓰는 법(Schreibart)은 전적으로 어떻게 쓰는가의 방법을 의미한다 [⋯] 이들은 좁은 의미로는 말을 통하여 다른 사람들에게 자기의 생각을 목적에 적합하고 아름답게 전달하는 방법이며 구어적 표현도 여기에서 제외되는 것은 아니다." (J. C. Adelung 1781: 25 이하). 이와 함께 J. C. Adelung이 문어와 구어를 동일선상에서 파악하려는 생각도 텍스트언어학의 추구 방법과 일치하고, 계속해서 문체의 질(Stilqualitäten)인 규범 적합성, 정어법, 순수성, 명확성, 명백성, 적절성, 정확성, 품위, 화음 등을 실명했을 때, 이것은 텍스트언어학의 제이적 원리 개념과 닮아 있다는 것이다. 또한 문체론이 다루는 전체성(Ganzheit)의 개념도 텍스트언어학과 상통하는 구석이 있다. 이때 문체론이 전체성과 관련있다는 것은 다음과 같은 B. Sowinski의 주장에 기인한다: "여기에서 흔히 문체(양식, 스타일)는 일반적으로 전체성이나 비교적 큰 단위들에 관계한다. 그러나 전체성의 문체는 개체성으로 구체적으로 투영되어 나타난다. 그러므로 옛 그리스식 지주의 어떤 특정한 기둥 머리는 도리아식이나 코린트식 건축 양식을, 교회와 아치형 창문은 로만스 양식이나 고딕 양식을, 어느 특정한 시행이나 문장 형식은 한 시기의 문체나 한 작가의 문체를 나타낼 수 있다." (B. Sowinski 1998: 4).

텍스트소(Textem, 텍스트素)의 연결성과 관련된 근대 문체론의 논의도 텍스트언어학적 발상으로 자리매김하는 데 손상이 없다. 이를 테면, 자연 과학의 인과적 설명의 원리를 문학이론에 도입하고 확실한 것으로 인식된 현상들이 그들을 있게 한 실제 원인에 소급시켜 밝혀지도록 하려는 실증주의에 영향을 받아, W. Scherer는 『시학(Poetik)』(1888)에서 텍스트언어학의 거시구조와 미시구조에 상응하는 거시문체론과 미시문체론을 포괄하는 개념을 제시한다: "문체는 외적 형식과 내적 형식에까지 이르는 소재의 전체적 연속체(die ganze Folge von Stoff)를 포함한다. 작가의 시야 자체에 속하는 미가공 소재로부터, 이 소재에서의 선택으로부터, 특별한 견해로부터 특별한 언어 표현법에 이르기까지, 문학 장르에 이르기까지, 언어적 운율 수단에 이르기까지를 포함한다. 한마디로 말하여, 전체 문학적 과정이 훑어져야 하고, 전체에서 독특성이 찾아내어지고 증명되어야 한다." (M. Linn(1963: 61)에서 재인용).

여하튼 텍스트언어학과 문체론의 이러한 관련성에 의해 오랜 전통 속에서 존재해 왔던 문체론이 텍스트언어학으로 교체되는 것은 아닌지에 대한 논의도 있었다. 다시 말해서 이들 두 분야가 동일한 대상을 분석하고, 동일한 구성 목적인 언어 발화의 텍스트구성에 대한 연구를 목적으로 하고 있다는 점 때문에 그러했다. 그럼에도 불구하고 텍스트언어학은 "언어학의 다른 분과 과학들과 같이, 규칙성, 즉 규칙들의 종합적 작용의 결과로 나타나는 텍스트의 규칙성을 파악하려고 하는 반면, 문체론은 바로 구조적 단위들의 그때 마다의 특징적인 언어적 변이현상(Variationen)에 관심있다. 예를 들어 일탈 문체론(derivatorische

Stilistik)이 하는 것과 같이 기대되는 규범들과 규칙들에서 벗어나는 변칙들을 기술하려고 한다. 그리고 텍스트언어학이 특징적인 언어 구성체들의 문체가 갖는 의사소통적 작용을 대부분 무시하는 데 반하여, 문체론은 바로 이 작용 요인들에 대하여 특별한 가치를 두고 있다. 물론 한 텍스트의 문장 구조나 조응(Anapher)과 같이 두 분과 과학에 의하여 연구되는 것이 때로는 동일한 대상이거나 범주들이다. 그러나 여기에서 텍스트언어학은, 예를 들어, 주어져 있는 문법적·의미적 맥락의 종류 그리고 코헤렌쯔와 코헤지온을 주목하고, 반대로 문체론은 긴 문장과 짧은 문장의 종류와 작용을 파악하고 기술하려고 하며, 혹은 그때마다의 어휘 선택이 수용자에게 어떠한 작용을 하는가를 파악하고 기술하려 한다. 이렇게 보면, 인식하고자 하는 관심의 대상은 문체론과 텍스트언어학에서 완전히 다르다. 그러나 텍스트언어학 내에서는 한 텍스트의 통일을 가능케하는 텍스트의 구성적 요소들에 대하여 묻는다면, 그 때마다의 특징적인 문체도 이와 같은 텍스트구성적 수단으로 나타난다. 이와는 달리, 텍스트언어학의 연구에서 얻어지는 인식들, 예를 들어 문장 결합에 대한 인식은 문체를 규정하는 일에 관심사가 될수 있다. 그러므로 문체론과 텍스트언어학간에는 상이성이 존재하지만, 그러나 상호작용 관계도 존재한다." (B. Sowinski 1998: 14 이하).

문체론의 역사에서 텍스트언어학의 태동기에 활동했던 N. E. Enkvist(1964)의 역할도 텍스트언어학과의 접점을 지니고 있음을 알 수 있다. 그가 제시하는 다음과 같은 문맥 특징은 텍스트언어학의 분석 범주와 겹치는 부분이 상당하다: "1. 언어학적 특징: 음성학적, 음운론적, 통사론적, 어휘론적, 서운(書韻)적, 문장 부호적 문맥. 2. 형태적 구성 특징: 텍스트에서의 시작, 중앙, 끝, 텍스트가 인접한 텍스트 부분들과 갖고 있는 관계, 운율, 문학적 형식, 활판적 기술. 3. 기술 밖의 문맥: 시기, 말의 종류, 문학 장르, 화자/필자, 청자/독자, 성별, 연령, 친숙도, 교육, 사회적 계층과 지위에 따른 이들간의 관계, 공통적인 경험 등. 4. 상황과 환경의 맥락. 5. 제스처. 6. 육체적으로 나타내는 태도. 7. 방언과 언어." (N. E. Enkvist 1964: 26 이하). 이 중에서 특히 '형태적 구성 특징' 부분이 텍스트언어학적 논의와 맞물리는데, 이는 텍스트언어학의 초창기에 이를 대통사론(Makrosyntax)이라고 명명했던 이유와 유사하기 때문이다. 또한 텍스트언어학의 초창기에는 텍스트소사이의 연결문제가 큰 관심꺼리 중의 하나였기 때문이다.

이는 텍스트 범위의 경계나 이를 통한 텍스트 자율성의 문제와도 관련있어 보인다. 왜냐하면 텍스트의 시작과 중간 그리고 마무리를 위한 어떤 특징적인 표지들이나 구성 방식이 존재하는가가 텍스트언어학의 큰 관심꺼리중의 하나였기 때문이다.

문체가 텍스트와 관련되어 있다는 사실은 단어변이와 문장변이 현상에만 국한된 문체론을 비판한 B. Sowinski의 주장에서 확연히 드러난다: "물론 하나의 개별 단어가 이미 하나의 특정한 문체높이(Stilhöhe)와 문체선택(Stilwahl)을 명백히 할 수 있으며(예: 정확한 표현이나 혹은 고풍적 표현), 하나의 단어 결합(예: 쌍둥이 형식들(Zwilligesformeln)이 하나의 특정한 개인적 문체 특성을 명백히 할 수 있으며, 접속사 'dergestalt, daß'를 가지고 있는 하나의 특정한 문장 유형이 한 특정한 작가, 즉 Heinrich von Kleist를 가리킬 수 있다. 그러나 이것을 통하여, 특정한 일관된 특성과 기능을 가지고 있는 특정한 문체는 아직 파악되지 않는다. 이 문체는 비교적 큰 텍스트 복합체들(größere Textkomplexe)에서만 명백하게 된다. 여기에서 한 전체 텍스트(Gesamttext)는 서로 상이한 문체 형식들을 그 자체적으로 포괄하여 가지고 있을 수 있다. 그러므로 저자가 이제 미시문체론(Mikrostilistik)이라고 명칭하는 지금까지의 문체론에 대하여, 문체론적으로 관여적인 큰 텍스트 단위들과 그에 상응하는 큰 범주들을 연구하는 하나의 독자적인 거시문체론(Makrostilistik)을 보완적으로 내세우는 것이 의미있는 일이라고 생각한다." (B. Sowinski 1998: 107). 이 장면에서 바로 문체론의 텍스트언어학적 전이가 발생한다. 이전의 어휘언어학이나 문장언어학의 좁을 틀을 벗어나고자 노력했던 언어 연구 방향의 하나가 텍스트언어학을 잉태시켰듯이, 어휘문체론과 문장문체론을 넘어서 거시문체론에 이르면 텍스트언어학과 문체론의 겹침 영역이 더 넓어짐을 알 수 있다. 이와 더불어, 이전 문체론에서는 문학 작품들만을 대상으로 하였다면, 오늘날의 문체론이 연구 대상의 외연을 넓혀서 일상 텍스트를 다루고 있다는 차원에서 살펴보면, 문체론과 텍스트언어학의 동질성이 확보되었다고 할 수 있다. 현대 문체론의 시각에서는 도드라지지 않은 문체도 '표현성이 약한(ausdruksarm)', '스테레오타입적(stereotyp)' 혹은 '무미건조한(nüchtern)'으로 특징지을 수 있다. (B. Sowinski 1998: 109 참조). 결국 K. Vossler의 다음과 같은 주장을 받아들인다면, 문체론은 당연히 텍스트언어학의 이전사로 편입되어야 함이 마땅하다: "언어의 모든 요소들이 문체적 표현 수단들이다. 순수한 의미에서의 언어학은 문체론뿐이다." (B. Sowinski 1998: 39에서 재인용).

3.8 텍스트언어학과 문체론[15)]

"발표된 지 벌써 20년 이상이나 된 논문에서 필자[E. Coseriu]는 텍스트언어학과 같은 어떤 것이 하나의 시도들로서, 더 정확하게 말하면, 소위 '문예학적 문체론' 또는 '레데의 문체론(Stilistik der Rede)'의 형식으로서 이미 있었다는 것을 주장"(E. Coseriu 1981: 9)하고, "텍스트언어학의 두 번째 선구자는 수사학과 문법학 그리고 서지학에서 유래한 문체론"(W. Dressler 1973: 5 이하)이며, "텍스트언어학은 문체론, 문체론은 텍스트언어학"(N. E. Entvist 1978: 174)이고, "문체는 텍스트구성의 양태"(R. Harweg 1972: 71), 그리고 "학문사적으로 볼 때 수사학과 마찬가지로 문체론도 텍스트언어학의 '선구자' 역할을 한다. 문체론의 목적은 (고립된 개개 발화의 속성을 파악하는 것은 특별한 경우이고) 무엇보다도 텍스트 전체의 특성을 탐구하는 것이기 때문이다"(W. Heinemann/D. Viehweger 1991: 22)와 같은 구절들을 발견하는 것은 이제 텍스트언어학의 장에서 일상이 되었다.[16)] 그런데 이러한 문체론이 "고대 수사학의 현대적 형식[17)]"이라면, 텍스트언어학과 문체론의 관련성을 기술하기 이전에, 고대 수사학의 체계에 대해서 알아보는 것도 필요하다. 그래서 본고의 배열(dispositio)은, 우선적으로 고대 수사학의 체계와 수사학의 한 분야이고 문체론의 선구격인 '표현(elocution)'에 대해서 간략히 살펴보고, 그것의 하위 범주인 '문체 원칙(virtutes elocutionis)'과 '문체 범주(figurae elocutionis)' 그리고 문체론의 '전체성' 개념을 이와 유사한 텍스트언어학의 여러 개념들과 비교하여, 그 유사성과 상이성들을 고찰하는 방식이 되겠다.[18)]

---

15) 이 장은 이미 발표된 이재원의 논문 "텍스트언어학과 문체론"(2004d)을 부분 수정하여 다시 실은 것이다.

16) 이와 반대로 문체론에서 텍스트언어학과의 관련성에 대해서 언급한 것으로는 B. Sowinski가 있다: "문체론이라는 하나의 독자적인 연구 및 교육 분과 과학은 텍스트를 그 형태와 작용에 입각하여 연구하려는, 모든 어문학 분과 과학들에 존재하는 필요성으로부터 생겨났으며 [...] " (B. Sowinski 1999: 12).

17) E. Coseriu (1981: 9). 그러나 수사학을 문체론으로, 즉 '줄어드는 수사학'으로 종종 오해하는 경우에 대해서는 양태종의 다음 구절이 적합하다: "수사학은 말과 생각의 학문이다. 그런데 생각을 말로 옮기는 작업에 치우치다 보니, 우리 나라의 수사학은 표현 위주의 수사학 또는 문체론으로 전락하고 말았다." (양태종 1999: 3).

18) 따라서 G. Ueding의 주장 ("기호학이나 의사소통학 같은 학문들은 자세히 들여다보면 수사

3.8.1 고대 수사학

Aristoteles 수사학[19], 또는 "훌륭한 말재주(ars bene dicendi)"[20]로서의 수사학은 연설이 행해지기까지의 다음과 같은 다섯 가지 과정, 또는 주제처리 단계 ('수사적 기술' 또는 '수사학 분야')를 가지고 있다.

1. 착상(inventio): 주제에 알맞은 생각 찾기. 착상은 말감을 믿게 만드는 참이거나 참 같은 논거를 찾아내는 재주이다.
2. 배열(dispositio): 이해 당사자 쌍방의 진술을 논리적으로 몇 부분으로 나누기. 배열이란 믿게 만드는 논거를 전체에서 효과적으로 배열하는 재주를 말한다.
   2-1. (짧은) 들머리(exordium): 판사로 하여금 연설에서 문제가 되는 이해 당사자의 일에 주의를 기울이도록 하기 위한 것이다.
   2-2. 연설의 핵심부: 증거를 대는 목적과 사건의 전달 및 좁은 의미의 논증(argumentatio)이 여기에 속한다.
   2-3. (짧은) 마무리(peroratio): 증명된 것을 확정하고 판사로 하여금 그 당사자 편에 유리한 판결을 하도록 요구한다.
3. 표현(elocutio): 착상에서 찾은 생각 및 단어 연결과 관련된 언어 표현. 다시

학적 전통이라는 넓은 강물이 더 좁은 여러 개의 하상(河床)들로 파생된 것이고, 거기서 쓰이는 범주들은 잘 알려진 수사학적 술어 체계를 바꿔 부르거나 전개시켜 놓은 것임이 드러난다"(G. Ueding 2003: 9))이 참인지를 알아보는 것도 의미 있겠다.

19) "모든 수사학은 전부 (Platon을 제외한다면) Aristoteles식"이며, "고전적 개설서들에게 채워진 모든 학술적인 요소들은 Aristoteles에서 온 것"(R. Barthes 1985: 27 이하)이라는 구절은 수사학에서 Aristoteles의 위상이 대단함을 알려준다. 아마도 이것은 그가 최초로 수사학을 체계적으로 정립하려는 시도를 했다는 사실에서 연유할 것이다. (박성창 2000: 41 이하 참조).

20) M. F. Quintilianus(1988: II, 17, 37). 양태종에 의하면, 바로 이러한 M. F. Quintilianus의 수사학 정의가 현재까지 인정받는 가장 뛰어난 수사학을 일컫는 말이다. 다시 말해서, 여기서 '훌륭한(bene)'이란 낱말은 이중적으로 사용되고 있는데, 단순히 기술적인 면으로만 훌륭하다는 것이 아니고 그 말속에 담긴 내용이나 생각도 훌륭하다는 것이다. (양태종 1999: 15 이하 참조). 이러한 뇌와 혀의 분리가 불가능하다는 주장은 그 옛날의 M. T. Cicero에서도 엿 볼 수 있다. (M. T. Cicero 2004: 7 참조).

말해서 순서가 잡힌 논거들에 언어의 옷을 입히는 재주로, 이 분야만을 따로 떼어 문체론이라 하기도 한다. 이 재주는 표현의 완벽성 조건을 다루는 문체원칙, 각종 형용법, 즉 무늬(figurae)들을 다루는 문체범주, 말하는 사람이나 내용이 무늬들과 걸맞는가를 다루는 문체종류의 셋으로 이루어진다.

4. 기억[암기](memoria): 연설의 기억[암기]. 다시 말해서 착상해서 배열한 것에 언어의 옷을 입힌 다음 머리 속에 잡아두는 재주이다. 수사가들은 이 재주를 천부적인 것(memoria naturalis)과 인위적인 것(memoria artificosa)으로 나누고서, 후자만을 이론적 관찰 대상으로 여겼다.
5. 발표(actio et pronuntiatio): 몸짓을 동반한 생동감 있는 연설과 (규범에 맞는) 세련된 발음.[21]

위에서 앞의 셋은 '만드는 재주'에 속하고 뒤의 둘은 '실제적 재주'에 속한다. 왜냐하면 전자는 작품, 곧 연설문이나 대본을 만드는 것이고, 후자는 작품의 발표를, 곧 연설 행위나 공연을 목표로 하는 것이라서 생산자가 아니라, 행위자의 재주이기 때문이다. 연극에 견주게 되면, 전자는 극작가의 활동이고 후자는 배우들의 활동이다.[22] 여기서 문체란 수사학의 다섯 가지 주제처리 단계 (또는 연설이 이루어지기까지의 다섯 과정) 중에서 세 번째인 '표현'의 또 다른 명칭이다. 이것은 설득적인 논거를 찾아내어 배열한 것에 언어의 옷을 입히는 과정이다. 따라서 본고의 관심사는 위에서 설명한 수사학의 분야 중에서 '표현'과 관련 있다.

---

21) 양태종(1999: 143 이하 참조). H. Lausberg(1967: 24 이하)도 참조할 것. 본고에 등장하는 수사학의 거의 모든 희랍어나 라틴어의 한국어 번역 술어들은 대부분 양태종의 것이다. 그리고 본고의 핵심 술어인 '표현'은 종종 '미사여구법'으로 번역되기도 하는데(R. Barthes 1998), - 박성창(2000: 41)의 주장대로 - 이것은 'elocutio'의 장식적이고 미학적인 기능만을 강조한 것으로, 원래 'elocutio'가 가지고 있는 연설자/저자의 생각이나 담론의 내용과 밀접하게 연관되어 있는 기능적 역할을 간과할 우려가 있으므로 'elocutio'는 '표현'으로 번역되는 것이 훨씬 적합해 보인다.

22) 양태종(2000: 142). 이러한 다섯 부분으로 구성된 주제처리 단계는 – R. Barthes(1998: 65)에 의해서 - 일종의 수사학 기계(machine rhétorique)로 비유되고 있다. 다시 말해서, 기계의 투입구에 말하고자 하는 지료들을 입력하면 위의 다섯 공정을 거치면서 배출구로 구조화된 설득을 위한 완성된 담론이 나온다는 것이다.

3.8.2 연설(이야기, 담화) 구성의 세 번째 단계로서의 '표현'

'착상'과 함께 '표현'은 고대 수사학이 가장 관심을 기울였던 분야이다.[23] 그래서 이러한 '표현' 부분에 대한 현대인들의 관심 때문에 수사학 전체를 '표현'으로 축소시켜서 생각하는 습관이 있다. 그래서 "오늘날 우리는, 사실상 문채론(文彩論, 수사법)을 일반적 수사학으로 이름 붙이기에 이르렀다".[24] M. T. Cicero에 의하면, 표현에 쓰인 재료, 즉 낱말들은 홑말(simplicia)과 겹말(coniuncta)로 나뉜다. 홑말은 낱말 하나 하나를 말하고, 여기에는 고유어와 조어가 있으며, 고유어는 원래의 형식과 의미를 간직하고 있는 낱말이다. 조어는 고유어를 토대로 하여 유추, 모방, 품사변화, 합성 등을 통하여 새로 만들어진 낱말을 의미한다 겹말은 홑말이 여럿 이어져 만들어진 구, 절, 문장 등을 의미한다. 겹말에서는 문법에 맞도록 이어가는 것이 중요하다. (M. T. Cicero 2004: 32 이하 참조). 사실 문체라는 것은 이러한 표현 종류의 집약이다. (H. Lausberg 1967: 43 참조). 문체론은 수사학의 분야 중에서 가장 세분화되어 있는 부분이며, '적확하다'고 볼 수 있는 표현을 찾는 선택 원칙이 강조되고, 효율성을 지향하며 "어떻게 하면 언어표현이 화자의 진술의도와 발화상황의 조건에 가장 잘 부합되는지 연구"(R. Gläser 1979: 18)하기도 하는데, 효율성을 높이기 위해서 규범에서의 일탈도 어느 정도 요구된다. 이에 대해서 좀더 구체적이고 자세하게 들어가 보자.

---

23) 이를테면 뮈(μ) 그룹의 다음과 같은 구절은 수사학은 문체들에 대한 연구로 국한되며, 수사학은 주어진 텍스트를 문학적인 것으로 만드는 어떤 것에 대한 연구임을 시사한다: "고양이를 고양이라고 부르지 않고 '집 안의 자존심', '털 달린 작은 공', '야옹 소리'라고 부르는 것은 언어의 다의성의 논리를 도입하는 것이다. 이는 규범에서는 벗어나는 용법이지만 엄밀한 규칙을 갖는 용법이다. 수사학이라는 이 오래된 학문에 대한 경애로서 우리는 이를 수사학적 규칙이라고 명명하는 바이다." 박성창(2000: 16)에서 재인용.

24) 이러한 견해는 G. Genette에 의해서 "줄어드는 수사학"(1998: 118)으로 표현된다. 그러나 "표현술[표현]은 논거발견술[착상]이나 논거배열술[배열]에 의해 확립된 담론의 뼈대에 살을 붙이고 담론을 구체적으로 가시화한다는 점에서 담론의 귀결점이기는 하지만 결코 담론의 유일하거나 가장 중요한 요소는 아니"라는 박성창(2000: 82)의 주장은 일리 있다. 왜냐하면 그리스, 라틴 수사학으로 대표되는 고대의 수사학에서는 표현이 결코 '그 자체로서' 존재하지 않았기 때문이다.

3.8.3 문체 원칙과 R.-A. de Beaugrande/W. Dressler의 제어적 원리

문체란 착상과 배열 단계를 거친 생각을 말로 구현하는 과정인데, 이때 지켜져야 할 사항들이 '문체 원칙'[25]이다. Aristoteles는『수사학』제3권 2장부터 12장까지를 표현의 문체 원칙(완벽성 조건)에 할애하고 있는데, 그것은 명확성, 적절성, 정확성, 위엄성, 간결성, 리듬성, 대조성, 구체성으로, 다음과 같이 요약된다. (양태종 1998: 이하, 1999: 93 이하 참조).

1) 명확성: 자연스러운 것이 설득적이기 때문에, 일상적인 낱말을 사용하여 자연스러운 표현이 될 때 얻어지는 것이다.
2) 적절성: 표현이 감정과 기품을 적절히 그려내거나, 표현이 주제와 걸맞는 것을 의미한다. 다시 말하면, 주제와의 적절성이란, 무거운 문제를 가볍게 이야기하지 않고, 사소한 문제를 신중히 말하지 않는 것이며, 감정 표현의 적절성이란 불법적인 것에는 분노의 표현을, 불경스러운 것에는 메스꺼운 표현을 쓰는 것 등을 말한다. 기품과의 적절성이란 성이나 연령, 교육의 정도에 따라 진실을 내보이는 말이 수준에 맞아야 된다는 것이다. 이러한 명확성과 적절성에 관련되는 Aristoteles의 구절은 다음과 같다: "우리는 문체의 정의를 포함하는 관찰들로부터 출발할 수 있을 것이다. 뜻을 분명히 전달하지 못하는 이야기는 바로 이야기가 해야 될 일을 하지 못한다는 사실에서 입증되듯이 훌륭한 문체는 명확해야 한다. 또한 문체는 천하지도 않고 지나치게 고상하지도 않고 적절해야 한다. 이를테면 시어는 확실히 천하지는 않지만, 산문에는 적절하지 않다." (1404b).
3) 정확성: 정확성을 기하기 위한 다섯 가지 원칙은 다음과 같다. a. 접속사의

25) '문체'란 희랍어로는 'phrasis' 또는 'lexis', 드물게는 'appaggeia', 'ermeneia'라고도 하며, 라틴어로는 거의 'elocutio'로 나타나고 있다. 따라서 '문체원칙'은 희랍말로는 'artete tes lexos', 라틴말로는 'virtutes elocutionis'라고 한다. 이때 'artete'는 '뛰어남', 'virtutes'는 '잘됨'을 의미하는데, H. F. Plett(1985: 23)에 기대서 양태종(1998: 88)은 이것을 '문체원칙'으로 번역한다. 이것을 '문체의 덕성'으로 번역한 박갑수(1977: 35)의 표현은 너무 추상적이므로 본고에서는 양태종의 견해를 따랐다.

정확한 사용. b. 사물의 이름을 지칭할 경우 일반적인 이름으로 부르지 말고 특수한 이름으로 불러야 함. c. 모호성을 피함. d. 프로타고라스가 명사를 분류한 남성, 여성, 중성의 구별을 지켜야 함. e. 단수, 쌍수, 복수를 지킬 것.

4) 위엄성: 위엄성을 얻게 되는 경우는 다음과 같다. a. 이름 대신 그것을 묘사할 때. b. 은유나 부가어를 이용하여 사물을 나타낼 때. c. 단수대신 복수를 사용할 때. d. 관사 하나가 두 낱말을 묶지 않을 때. e. 접속사를 많이 사용할 때. f. 어떤 것을 묘사하는데, 그것이 가지지 않는 속성을 이용할 때.

5) 간결성.

6) 리듬성: 산문이 시의 운율과는 다른 리듬을 가져야 한다는 것인데, 희랍말에서 단음절 3개에 장음절 하나 꼴인 패안 형식이 추천되고 있다.

7) 대조성: 평행법을 이용하여 반대되는 사실을 나열하는 것을 말하는데, 평행법이란 나열의 형식이 같은 것을 말한다.

8) 구체성: 표현이 바로 눈앞에서 전개되는 것처럼 생생해야 한다는 것을 말한다.

그러나 위와 같은 '표현의 완벽성 조건' 또는 '표현 원칙'은 너무 많은 내용을 담고 있어서, 서로 충돌과 대립을 하기도 하고 일관성의 결여도 엿보인다. 예를 들어 '명확성'을 설명한 부분은 - 엄밀한 의미에서 - '명확성' 자체와 그리 잘 어울리지 않는다. 왜냐하면 '자연스러움'은 '명확함'과 배치되기 때문이다. 또한 '일상적인 낱말'은 차라리 '명확성'의 반대 개념인 '모호성'과 관련이 더 있을지도 모르겠다. '정확성'도 수사학적 '표현'의 주된 인자가 아닌 것 같다. 왜냐하면 '정확성'이란 수사학의 과제가 아니라, 수사학과 함께 고대 교양 과목의 하나였던 문법론이 추구하던 모토였기 때문이다. 그리고 문체원칙끼리 서로 상충되는 딜레마가 발생하는 경우도 있다. 이를테면 '정확성'에서 "단수, 쌍수, 복수를 지킬 것"이라고 규정해 놓고 '위엄성'이 "단수대신 복수를 사용할 때" 생겨난다는 것은 이 두 가지 문체원칙이 서로 상충되는 개념임을 의미하고, 이것들을 문체원칙이라는 한 울타리에 묶기가 여의치 않음을 의미한다. 이것뿐만 아니라 '위엄성'의 많은 부분은 '정확성'과 배치됨을 알 수 있다.

따라서 이러한 쉽지 않은 문체 원칙의 확립을 위해서 많은 학자들은 여러 가지 다양한 문체 모형들을 제시했다. 예를 들어 Aristoteles 이후부터 M. F. Quintilianus에 이르는 다양한 문체 원칙들을 양태종은 다음과 같은 도표에 일목요연하게 정렬시켰다.[26]

수사가	문체원칙들
Aristoteles (1980: III, 2 이하)	명확성(sapheneia), 적절성(prepon), 정확성(Hellenimos), 위엄(ogkos), 간결성(syntomia), 패안, 대조성(antithesis), 구체성(enargeia)
테오프라스트 (Cicero 1988: 79)	정확성(purus et Latinus), 명확성(dilucide planeque), 적절성(circumspicietur), 장식성(ornatum)
무명씨 (Cicero 1981: IV, 17)	우아(elegantia), 연결성(compositio), 위엄(dignitas)
M. T. Cicero I (Cicero 1976: I, 144)	정확성(pure et Latine), 명확성(plane et dilucide), 장식성(ornate), 적절성(apte et decore)
M. T. Cicero II (Cicero 1982, 16)	명확성(dilucidum), 간결성(brevitas), 신빙성(probabile), 구체성(illustre), 매력(suave)
M. F. Quintilianus I (Q. 1988: I, 5, 1)	정확성(emendata), 명확성(dilucida), 장식성(ornata)
M. F. Quintilianus II (Q. 1988: VIII, 1, 1)	홑낱말의 경우: 정확성(Latina), 명확성(perspicua), 장식성(ornata), 적절성(accomodata) 무리말의 경우: 정확성(emendata), 연결성(apte conlocata), 장식성(figurata)

위의 도표에서 보듯이 고대 문체 원칙들은 학자에 따라서, 또는 한 학자에 있어서도 (예를 들어, M. T. Cicero나 M. F. Quintilianus의 경우) 시기에 따라 조금씩 다르다는 사실을 알 수 있다. 그럼에도 불구하고 고대의 문체원칙과 텍스트언어학에서의 비교를 위해서는 위와 같은 다양한 문체원칙을 아우르는 전형(Prototyp)이 설정되어야함이 마땅하겠다. 이를 위해서 양태종은 각 문체원칙들의 출현 빈도 수를 설정하여 (이를테면, 정확성(6), 명확성(6), 장식성(5), 적절성(4), 구체성(2), 연

26) 양태종 (1998: 98). 여기서 '홑낱말'이란 'simplicia', 즉 낱말 하나하나를, '무리말'이란 'coniuncta', 즉 낱말이 여럿 이어신 구, 절, 문장 등을 말한다. M. T. Cicero(2004: 32, 193)를 참조할 것.

결성(2), 간결성(2), 패안(1), 대조(1), 우아(1), 신빙성(1), 매력(1)) 고대 문체원칙의 대표형을 선정하려 하지만, - 양태종 자신 스스로도 - 표면상의 명칭만으로 문체원칙의 전형을 설정한다는 것이 썩 만족스럽지 못하다. 왜냐하면 여러 가지 문체 원칙들이 내용상 서로 겹치고 중복되기 때문이다. 그래서 그는 각 문체 원칙들의 내용을 면밀하게 살펴, '우아성'은 '정확성'과 '명확성'의 상위 개념이며, M. T. Cicero의 '매력' 또한 '연결성'과 일치하고, Aristoteles의 '위엄'은 '장식성'의 범주에 그리고 '패안 형식'은 '장식성' 또는 '연결성'의 범주에, '대조' 또한 '장식성' 속에 들어 있는 대조법과 상통하기 때문에 '장식성'의 범주에 넣어 버린다. 그렇게 되면 양태종에 있어서 고대 문체 원칙의 전형은 - 도표상의 테오프라테스의 문체 원칙에 우연히 일치하는 - 다음과 같은 '장식성', '정확성', '명확성' 그리고 '적절성'으로 좁혀진다. (양태종 1998: 103 이하).

"1) 정확성(puritas): 표현은 현재의 언어사용에, 즉 어법(문법지식)에 일치해야 한다.
2) 명확성(perspicuitas): 표현은 애매하거나 이중 해석을 낳아서는 안 된다.
3) 적절성(aptum): 표현은 말할 이나 들을 이, 이야기의 상황 그리고 소재에 적절한 것이어야 한다.
4) 장식성(ornatus): 이 원칙은 다른 원칙들 보다 우선 시 된다. 즉, 어떤 표현이 다른 원칙들에 어긋나도 그 까닭이 미학성에 있다면 이를 보장해 주는 원칙이다. 대부분의 무늬들은 이 원칙에서 나온다."

여기에서 '정확성'은 원칙적으로 문법성과 관련 있다. 따라서 양태종이 '정확성'의 범주에 문법과의 연관성이 없어 보이는 것들을 제외하려는 시도는 정당하다. 예를 들어 Aristoteles의 '정확성'에서 b와 c를 명확성의 범주로 달리 분류하는 것은 반듯하다. 그러나 이러한 문체 원칙의 '정확성'은 - 이미 전장에서 언급했듯이 - 수사학의 정의와는 상통하지 않는 측면이 있다. 왜냐하면 수사학이 지향하는 '훌륭한 말재주'에 가장 걸 맞는 문체 원칙은 '정확성'이 아닌, "표현과 의미는 일대일 대응관계에 있게 되어서 다른 해석의 가능성이 나오지 않는" '명확성', 좀더 더 나아가서 '장식성'이기 때문이다. 이러한 '장식성'은 "말의 멋을 추구하는 것이다. 그 멋은 말을 매끄럽게 부려쓰는 데서도, 또 독창적이고 참신한 표현을 하는 데서도 나온다. 그 중에서도 후자가 더 비중이 있는데 [...] 이런 표현에서는 정상적인 표현의 일탈, 즉 삐딱이 문제된다."[27] 그래서 '장식성'이 문체 원칙 중에서도 가장 상위에 위치하는 범주일 것이다. 왜냐하면 '정확성'이나 '명확성'이 문체 원칙의 큰 비중을 차지하게 된다면, 애초에 수사학이 지녔던 기본 이념과 일치하지 않기 때문이다. 또한 자연스러운 것이 설득적이어서, 설득하기 위해서 자연스러운 표현을 사용해야 한다는 Aristoteles의 주장도 납득하기 힘들지만, 본고는 이러한 문체 원칙의 위계를 논하는 것이 핵심이 아니기 때문에 더 이상 이 문체에 대해서는 관여하지 않는다.

문체론과 텍스트언어학의 접합점은 우선적으로 문체론의 '문체 원칙'과 R.-A. de Beaugrande/W. Dressler의 제어적 원리(regulative Prinzipien)에서 찾을 수 있다. 텍스트언어학계에서 이미 잘 알려진 R.-A. de Beaugrande/W. Dressler의 텍스트 이론에 의하면 "텍스트는 텍스트성(Textualität)의 일곱 가지 기준[코헤지온, 코헤렌쯔, 의도성, 용인성, 상황성, 정보성, 상호텍스트성]에 부합되는 커뮤니케이션 발화체(eine kommunikative Okkurrenz)"[28]인데, 이러한 일곱 가지 기준들 가운데 어느 것 하나라도 만족되지 않으면, 그 텍스트는 커뮤니케이션적 성질이 결여된 것이고, 이러한 비커뮤니케이션적 텍스트는 비텍스트로 취급된다. 다시 말하면, 이러한 텍스트성의 일곱 가지 기준은 "텍스트에 의한 커뮤니케이션의 구성적 원리(konstitutive Prinzipien von Kommunikation durch Texte)로서 작용한다." (R.-A. de Beaugrande/W. Dressler 1981: 13 이하 참조, J. R. Searl 1969/1971: 33 이하 참조). 즉, "이것들[텍스트성의 일곱 가지 기준들]은 텍스트적 커뮤니케이션 행

27) 양태종(1998: 18 이하). 수사학과 문법의 명확한 구분은 다음에서도 엿보인다: "'훌륭한 말재주'인 수사학은 '공통적'이나, '훌륭한'과 '반듯한', 또는 '합목적성', '아름다움'과 '반듯함'이란 수식어에서 차이가 난다. 이런 차이는 바로 잘된 표현과 정확한 표현이라는 대상의 차이인 것이다." (양태종 2000: 145), "문체와 글쓰는 법은 전적으로 어떻게 쓰는가의 방법을 의미한다 [...] 이들은 좁은 의미로는 말을 통하여 다른 사람들에게 자기의 생각을 목적에 적합하고 아름답게 전달하는 방법이며 구어적 표현도 여기에서 제외되는 것이 아니다." (J. C. Adelung(I, 25), B. Sowinski(1999: 33)에서 재인용).

28) R.-A. de Beaugrande/W. Dressler (1981: 3). 그리고 R.-A. de Beaugrande/W. Dressler의 일곱 가지 텍스트성에 관한 자세하고 비판적인 논의는 이재원(2001d)을 참조할 것

위라고 인정될 수 있는 형식을 규정하고 창조하며, 만일 이들이 거부되면 그 행위 형식도 와해된다. 또한 텍스트적 커뮤니케이션을 규정하기보다는 제어하는 제어적 원리가 존재하는 것이 틀림없다." (R.-A. de Beaugrande/W. Dressler 1981: 13). 이를 위해서 R.-A. de Beaugrande/W. Dressler는 다음과 같은 세 가지 종류의 제어적 원리를 상정한다.[29]

"1) 효율성(Effizienz)은 통화에 있어 사용자들이 최소의 노력으로 그 텍스트를 사용하는데 있다.
2) 유효성(Effektivität)은 텍스트가 강한 인상을 남기면서 하나의 목표를 달성하는데 알맞은 조건을 창출하는데 있다.
3) 텍스트가 적절성(Angemessenheit)을 갖는다는 것은 텍스트의 장(場)과 텍스트성의 기준들이 유지되는 배경이나 방식이 부합하는 것을 말한다."

사실, 텍스트언어학에서 R.-A. de Beaugrande/W. Dressler의 이론에 관해 발표된 많은 연구 논문들은 국내외를 막론하고 오로지 그들의 일곱 가지 텍스트성과 관련된 구성적 원리에만 관심을 기울여 왔다. 그러나 "텍스트적 통화에 작용하는 구성적 원리와 제어적 원리를 모두 추구하는 것이 이 책의 과제"(R.-A. de Beaugrande/W. Dressler 1981: 14)라는 R.-A. de Beaugrande/W. Dressler의 목소리에 진지하게 귀 기울이면, 텍스트성 규명에 집중된 연구방식은 텍스트 이해에 대한 절반의 진리만을 보장할 뿐이다. 아마도 후세 학자들의 '구성적 원리'에 편향된 연구의 원인은 - 필자의 견해에 의하면 -, '구성적 vs 제어적' 원리라는 구분법이 언어학을 훌쩍 뛰어 넘어서 철학, 인지과학으로서의 심리학 그리고 컴퓨터과학의 교차점에 위치한 '어중간한 어떤 것'으로 간주되기 때문이 아닐까하고 조심스레 추측해 본다. 여하튼 R.-A. de Beaugrande/W. Dressler는 문체 원칙 중에서 '적절성'을 자신들의 제어적 원리에서의 '적절성'으로 인정하고, '명확성'과 '장식성' 또한, 개념의 막연함과 주관적인 성격에 의해서 정의되

29) R.-A. de Beaugrande/W. Dressler (1981: 14 이하). 이에 대한 자세한 논의는 같은 책 2-6, 3-9, 3-10, 4-11, 4-28, 4-29, 4-32, 4-37, 8-11, 9-5, 9-11 등에 산재되어 있다.

고 수량화되기 어려움에도 불구하고 제어적 원리의 '효율성'과 '유효성'의 유사 개념으로 인정한다. (R.-A. de Beaugrande/W. Dressler 1981: 16 참조). 따라서 고대 수사학의 문체 원칙은 R.-A. de Beaugrande/W. Dressler의 텍스트 이론의 제어적 원리와 유사한 어떤 것이다. 이러한 제어적 원리는 구성적 원리(텍스트와 비텍스트를 구분하는 원리, 즉 텍스트성 원리)가 중요성을 상실함에 따라 비중이 더 커진다.[30] R.-A. de Beaugrande/W. Dressler에 기대면, "효율성은 처리 용이도(Verarbeitungsleichtigkeit), 즉 주의 집중 및 접근에 필요한 수단의 부담이 가벼움으로써 조작을 수행하는데 공헌한다. 유효성은 처리 심도(Verarbeitungstiefe), 즉 표층 표상에 명시적으로 나타나지 않은 소재에 대하여 고도의 주의 집중 및 접근 수단을 사용하도록 한다. 적절성은 현재 상황과 텍스트성의 기준들간의 상관 관계를 결정하는 요인으로서, 참여자들의 처리 용이도와 처리 심도에 대해서 신뢰할 만한 산정을 할 수 있게 한다. 주의할 것은 효율성과 유효성이 서로 반대 방향으로 작용하는 경향을 보이는 것이다." (R.-A. de Beaugrande/W. Dressler 1981: 35 이하). 그러나 이 부분에서 필자는 R.-A. de Beaugrande/W. Dressler가 보았다는 고대의 문체 원칙과 제어적 원리의 유사성에 의문이 생기지 않을 수 없다. 왜냐하면 제어적 원리에서의 효율성과 유효성이 "평이한 언어 표현과 뻔한 내용은 생산하고 수용하기가 대단히 쉽지만, 지루함을 유발하게 되고 아무런 인상도 남기지 못하는 대신에, 창조적 언어 표현과 특이한 내용은 강력한 효과를 이끌어 낼 수 있지만 그 생산과 수용이 지나치게 어려울 수 있다."(R.-A. de Beaugrande/W. Dressler 1981: 34)는 것으로 간주되는 반면에, 이에 상응하는 문체론의 '명확성'은 "표현과 의미는 일대일 대응관계에 있게 되어서 다른 해석 가

30) "구성적 원리가 그 가치를 상실해가고 있다"는 경향은 E Nündel/W. Schlotthaus(1978: 22)의 텍스트와 비텍스트를 구분하는 실험에 기댄 M. Scherner(1984: 146)의 주장("한편으로 문장들 간의 연결관계가 긴밀하지 못한 문장연쇄를 만들기가 매우 어렵기도 하고, 다른 한편으로 접속현상들이 나타나 있음에도 직관적으로 응집적이라고 간주될 수 없는 문장 연쇄들이 있기 때문에 텍스트와 비텍스트의 구분은 어려움") 그리고 K. Brinker의 다음과 같은 견해에서도 엿 볼 수 있다: "'비(非) 텍스트(Nicht-Text)'라는 용어를 지나치게 절대적인 의미로 받아들이면 안 된다. 하나의 언어적 형성체를 응집적인 것으로 보느냐 아니냐의 문제는 이 형성체의 구조와 불가분의 관계에 있으며, 수용자의 이해 능력이나 해석 능력에 달려있다." (K. Brinker 1985: 11).

능성이 나오지 않는다는 것"이고, '장식성'은 "낱말의 선택과 연결성, 그리고 각종 형용법을 다루는 것"(양태종 1998: 104)이기 때문이다. 또한 제어적 원리에 있어서는 '적절성'이 서로 상반되는 '효율성'과 '유효성'을 상호 중재하고 균형 잡기 때문에 이들 보다 상위에 위치한 원리이지만, 이에 반해서 문체 원칙에서는 '장식성'이 우선되기 때문이다. 이것 외에도 R.-A. de Beaugrande/W. Dressler가 "'효율성'이 텍스트의 안정성과 경제성을 부여"(R.-A. de Beaugrande/W. Dressler 1981: 57)한다는 주장은, 문체론의 '명확성'과는 질적으로 다른 개념이며, 문체 원칙이 "언어를 이용하여 생각을 물질화 할 때 준수해야 되는 것"임에 반해서, 제어적 원리들은 종종 지켜지지 않으면서 텍스트 이해에 효과적으로 기여한다는 측면에서는 서로 상 이하다.[31] 그러나 이러한 차이점 이면에, R.-A. de Beaugrande/W. Dressler는 자신들이 제어적 원리에서는 상정하지 않았던 간결성과 명료성이라는 개념을 자신들의 책 여기 저기서 자유자재로 사용하는 것을 보면, 아마도 고대 문체론에서 일말의 힌트를 얻었을 것이라는 생각을 지울 수는 없다. 또한 그러한 추측은 이미 R.-A. de Beaugrande/W. Dressler가 '텍스트 산출모형'에 관한 장에서 수사학에 대해서 들먹거렸기 때문에, 그리고 이들이 이미 수사학의 여러 개념들을 알고 있었다는 사실에도 기인한다.[32] 더

31) R.-A. de Beaugrande/W. Dressler (1981: 57). 이에 대한 예로서 R.-A. de Beaugrande/W. Dressler는 N. S. Leskov의 작품에 사용된 '효율성'의 일탈에 관한 것을 언급한다: "다름 아닌 누가 들어왔는가 하니 한 존엄스런 남자였는데, 각하는 교회의 성자들 중에서 한 분이라는 것을 즉시 알아보았고, 다름 아닌 세르지우스 대주교였다." (R.-A. de Beaugrande/W. Dressler 1981: 69). 이것은 "세르지우스 대주교-교회의 성자들-남자-누가"라는 순서로 되어야 하는 '효율성'을 따르지 않음으로서 훨씬 효과가 높아졌다고 R.-A. de Beaugrande/W. Dressler에 의해서 주장된다.

32) 예를 들어 R.-A. de Beaugrande/W. Dressler (1981: 41 이하)에서 수사학의 착상과 배열에 관련된 내용이 등장하고 있다: "1. 계획하기: 목표설정 및 텍스트종류 선택 관계. 이 단계에서 텍스트 생산자는 '수단-목적-분석'을 기초로 하여 자신이 원하는 목표 상태를 어떻게 하면 가장 합목적적으로 달성할 수 있을지 생각한다. 이때 텍스트 산출은 주목표를 향해 가고 있는 하위 목표일 수도 있다. 선택할 수 있는 많은 텍스트종류 가운데 가장 적합하다고 생각되는 형을 선택한다. 2. 착상: 이 단계는 수사학의 '착상(invention)', 즉 '생각 찾기'에 해당된다. 아이디어(이것은 텍스트주제에 비교될 수 있다)란 '내용의 내적 형태'라고 이해할 수 있으며 이것으로 이미 조정 센터는 주어지는 것이다. 3. 전개: 이 단계에서는 찾은 아이디어를 보다 자세히 규정하고 또 확장하기 위해서 여러 내용을 기억장치에 내적으로 조직하여 배열한다. 즉 저장된 지식공간을 찾는다. (텍스트의 주제 전개와 비슷하다). 4. 표현: 앞선 단계들을 '심

욱이 표현의 법칙이 제어적 원리와 유사하다는 사실은 그리고 텍스트 구성원칙이 효율성이나 적절성과 유사하다는 사실은 다음과 같은 W. Heinemann/D. Viehweger의 인용문에서도 유추 할 수 있다.

> "수사학이나 문체론에서 모두 [...] 주어진 언어 가능성 내에서 특정상황에 '적확하다'고 볼 수 있는 표현을 찾는 선택 원칙이 강조된다. 특히 효율면[효율성]을 지향하고 '어떻게 하면 언어표현이 화자의 진술의도와 발화상황의 조건에 가장 잘 부합되는지를 연구한다 [...] 이러한 관점에서는 연설의 효율성을 높이기 위해 상황의 필요에 따라 규범에서의 일탈도 어느 정도 요구된다." (W. Heinemann/D. Viehweger 1991: 21).

중요한 것은 독자가 비단 텍스트의 명제 내용을 이해하는데 그치는 것이 아니라 의사소통의 의도도 이해해야 한다는 것과 그리고 - 경우에 따라서는 텍스트에 표현된 부가적 설명, 근거 또는 구체화를 통해 - 화자가 추구한 목적이 뜻하는 대로 반응할 동기를 얻는다는 것이다. 그래서 텍스트 이해의 기본 전제로 설정해야 하는 것은 문법적 적형성이나 균형 있는 구성이 아니라 효율성(의사소통 참여자의 최소의 노력), 효과(목적 지향성이라는 의미에서 최대의 노력) 그리고 적절성(각 조건과 텍스트의 일치성) 같은 '조정원칙'이다. (W. Heinemann/D. Viehweger 1991: 216 참조).

3.8.4 문체범주(무늬)와 코헤지온/코헤렌쯔 수단

고대 수사학에는 여러 가지 문체 범주가 있지만, 대체로 M. F. Quintilianus의 '4대 변화 범주'를 전형으로 간주한다. 그에 따르면, 문체는 늘림, 줄임, 옮김 그리고 갈음무늬라는 언어조작으로 분류된다.

상적 표상'이라고도 생각할 수 있으므로 이제 각 정신적 내용을 활성화하는데 적합한 (특히 언어) 표현을 찾는다. 이때 이미 화자가 활성화된 표현을 선호하는 현상이 나타난다. 5. 문법적 종합: 이 단계에서는 여러 표현들이 문법 관계에 맞게 자리를 잡고 선형으로 연결되어 표층텍스트에 배열된다." 이에 관련된 자세한 논의는 이재원(2004f)을 참조할 것.

1) 늘림무늬: 늘림무늬는 첨가 조작을 통하여 나온 새로운 표현이다. 이 조작은 두 가지 방법으로 이루어지는데, 하나는 겉을 덧붙이는 것이고, 다른 하나는 다른 것을 덧붙이는 것이다. 다음과 같은 무늬들이 여기에 속한다: 닿소리 거듭, 반복법, 가음법, 열거법, 구분법, 직유법 등.
2) 줄임무늬: 조작을 통하여 길이가 줄어든다. 다음과 같은 무늬들이 여기에 속한다: 압축법, 생략법, 접속사 생략법 등.
3) 옮김무늬: 표현의 부분이 서로 자리를 옮기는 경우를 일컫는다. 다음과 같은 무늬들이 여기에 속한다: 역순법, 도치법 등.
4) 갈음무늬: 표현의 어떤 부분이 낯선 것으로 갈음된다. 여기에 속하는 무늬로는 다음과 같은 것들이 있다: 은유법, 환유법, 반어법 등. (양태종 1999: 147 이하 참조).

여기서 무늬들을 '언어조작'이라고 일컫는 것은, 이 조작의 이면에 어떤 기본적인 것, 규범 또는 일반적인 것이 스며있음을 의미할 것이다. 그래서 R. Barthes에 의하면, "의사 소통에는 하나의 일반적인 상태, 본래적인 층위, 비장식적인 하나의 토대가 있고, 거기에서부터 좀 더 복잡하고 장식적인, 원래의 토대와 다소간의 거리를 두게 되는 표현을 다듬는 일이 가능"(R. Barthes 1998: 105)한 층위가 상정된다. 이것이 바로 수사학(또는 문채들)을 하나의 일탈로서 간주하는 이유, 또는 수사학을 겉만 번드르르한 '장식'으로 폄하하는 이유이다.[33] 그러나 "색조는 그 대상을 가림으로써 욕망을 드러낸다"(R. Barthes 1998: 106)는 '의상의 변증법'이 옳은가 그른가의 문제는 본고의 대상이 아니므로, 다시금 '본래적 층위'와 '표현된/장식적 층위'[34] 사이의 관련으로 되돌아가 보자.

33) 그러나 엄밀히 말하면, "일탈은 규칙위반이며, 규칙위반 자체는 결코 문체적인 것이 아니다. 말하자면, 규칙위반은 우리가 어떻게 이해하느냐에 따라 오류이거나 아니면 문체성일 수 있다." (이성만 1996: 386).

34) 만약 이러한 '표면적/장식적 층위'를 F. de Saussure가, 기호체계가 끝나는 공간의 층위로 간주하고, 수사학의 체계화가 빠롤 층위의 체계화로 동일시 된다면 '언어과학' (F. de Saussure 적 용어)에 속할 수 없다고 주장될 수도 있겠다. 왜냐하면 일반화의 어려움 때문에, F. de Saussure에 있어서 빠롤은 학문연구의 대상이 되지 않기 때문이다. 그러나 이러한 주장은 뇌와 혀의 분리가 불가능함을 주장하는 M. T. Cicero를 상기하면, 그리 정확한 말은 아니다.

고대 수사학에서 – R. Barthes가 지칭한 – 본래의 층위와 표현된/장식적 층위의 관련에서 얻어지는 다양한 문채들은 텍스트언어학에서의 코헤지온/코헤렌쯔 수단(또는 코헤지온/코헤렌쯔 장치(고영근 1999: 137 이하 참조), 명시적/함축적 재수용(K. Brinker 1985: 26 이하 참조))들과 닮았다. 이를테면, 텍스트언어학의 분야에는 텍스트구성소들(Texteme) 사이의 문법적 의존관계에 바탕을 둔 코헤지온과, 이들 사이의 내용적, 의미적 또는 인지적 구조화 단계와 관련 있는 코헤렌쯔를 위한 여러 가지 수단들이 있다. 예를 들면, 반복(Rekurrenz), 부분적 반복(partielle Rekurrenz), 병행구문(Parallelismus), 다시쓰기(Paraphrase), 대용형(Pro-Formen), 생략(Ellipse), 시제(Tempus), 상(Aspekt), 접속표현(Junktion)그리고 기능적 문장투시법(Funktionale Satzperspektive) 등과 같은 응결성 수단과 동위소(Isotopie), 근접대치(Kontiguität) 등과 같은 응집성 수단들이 있다. 이들의 임무는 단일한 구, 절 또는 문장의 내에서뿐만 아니라, 둘 이상의 구, 절, 문장들 사이의 결속을 책임지는 것이다. 텍스트언어학은 이러한 다양한 수단들의 성질에 대해서 연구하면서, 이것들이 실제로 텍스트구성이나 이해에서 어떻게 사용되는가에 대해서 관심 있다. 그래서 아마도 R. Harweg의 문체 정의가 다음과 같았을 지도 모르겠다.

"문체는 텍스트구성 방식이다." (R. Harweg 1972: 71).

왜냐하면 어찌되었건 문체론의 문채(Figure)에서는 '본래적 층위'와 '표현된 층위' (필자는 R. Barthes의 '장식된 층위'라는 명칭이 수사학에 대한 극심한 부정적인 코노테이션(부수의미)을 불러일으킨다는 의미에서 가치 중립적인 '표현된 층위'를 선택하겠다) 사이의 여러 관련 양상에 대한 것이 중요하기 때문이다. 그래서 R. Harweg은 "문체적으로 '멋진(gut)' 텍스트가 문법적으로 반듯한 텍스트이다"(R. Harweg 1972: 75)라는 주장을 하게 된다. 그러나 이러한 문체론에서 텍스트언어학으로의 이동은 반듯한 것처럼 보이지만, 문체론의 여러 문체들과 텍스트언어학의 코헤지온·코헤렌쯔 장치 사이에는 엄밀한 차이가 있다. 간단히 말하자면, 문체론이 본래적 층위와 표현된 층위 사이의 관련이 관건인 반면, 텍스트언어학에서는 이미 등

M. T. Cicero(2004: 6 이하)를 참조할 것.

장한 텍스트소와 그 이후에 등장한 텍스트소 사이의 관련이 문제이다. 즉, 문체론이 서로 다른 두 층위 사이의 관련이 문제인 반면에 텍스트언어학 (좀더 구체적으로 말해서 텍스트문법론)의 코헤지온·코헤렌쯔는 동일한 층위에서 발생하는 언어 연결 양상들에 관심 있다.

3.8.5 문체론과 텍스트언어학에서의 전체성 개념

텍스트가 "의사소통적 상호작용에 나타나는 의사소통 신호의 집합 전체"(W. Kallmeyer 외 1980: 45)라는 텍스트 정의는 텍스트가 '전체' 개념과 관련 있음을 나타내는 훌륭한 근거이다. 텍스트를 '전체' 개념을 사용하여 규정하려는 시도는 텍스트언어학의 장에서 무수히 등장한다.[35] 따라서 텍스트언어학에서 '전체성' 개념은 텍스트 규정을 위한 중요 인자로 간주될 수 있다. 이와 유사하게, 문체론에서도 '문체/양식' 개념이 아주 다양하게 쓰이고 있음에도 불구하고 (예를 들어, ① 특정한 가구의 표시: 고풍 스타일(고풍양식)의 가구, ② 특정한 태도의 표시: 생활 양식, 연습 스타일, 투쟁 양식 등, ③ 창작 방식의 독특성: 고호의 양식, 모차르트의 오페라 양식 등, ④ 어떤 장르의 언어적 작용: 일화의 문체, ⑤ 어떤 장르의 하위범주 구획: 무대 양식, 화면 양식, 구성 양식, ⑥ 텍스트를 언어 문체적으로 기술: 작품 친화력의 문체, ⑦ 작가의 말을 언어 문체적

---

35) 이를테면 W. Klein/V. Stutterheim(1991: 1 이하)에 기대면, "텍스트는 어떤 전국적 제약성을 따르고 있는데, 이 제약성은 일차적으로 발화 전체가 일정한 통보 상황에서 주어진 청중들을 위해 언어적으로 매개되어야 하는 복잡한 정보구조, 곧 '전체표상(Gesamtvorstellung)'을 나타낸다는 사실에 기인한다." M. L. Linn의 문체 정의 또한 전체성과 관련 맺고 있다: "문체는 외적 형식과 내적 형식에까지 이르는 소재의 전체 사슬(die ganze Folge vom Stoff)을 포함한다. 작가의 시야 자체에 속하는 미가공 소재로부터, 이 소재에서의 선택으로부터, 특별한 견해로부터 특별한 언어 표현법에 이르기까지, 문학 장르에 이르기까지, 언어적 운율 수단에 이르기까지를 포함한다. 한마디로 말하여, 전체 문학적 과정이 훑어져야 하고, 전체에서 독특성이 찾아내어지고 증명되어져야 한다." (M. L. Linn(1963: 61), B. Sowinski(1991: 37)에서 재인용). 한술 더 떠서 W. Klein/V. Stutterheim은 문체를 텍스트학의 범위에 포함시키려는 시도도 하고 있다: "문체라는 것은 개별적 표현, 단어군 또는 문을 근거로 해서는 의미있게 연구될 수 없으며, 언어적 표현 전체와 관련되기 때문에 역시 텍스트학의 범위에 포함시키는 것이 더 적절할 것이다." (W. Klein/V. Stutterheim 1980: 21).

으로 기술: 노년 J. W. v. Goethe의 문체 등)[36] ‘전체성’ 개념이 도처에 깔려있음이 간파된다. 다시 말해서 ‘어떤 문체/양식’이라고 칭했을 때, 그 ‘어떤’은 비교적 ‘큰 단위’ 또는 ‘전체’라는 개념과 맞물려 있다는 사실이다. 만약 이러한 현상에 반대하여 B. Sowinski가 “전체성의 문체는 개체성으로 구체적으로 투영되어 나타난다. 그러므로 한 옛 그리스식 지주의 어떤 특정한 기둥머리는 도리아식이나 코린트식 건축 양식을, 교회의 아치형 창문은 로만스 양식이나 고딕 양식을, 어느 특정한 시행이나 문장 형식은 한 시기의 문체나 한 작가의 문체를 나타낼 수 있다”(B. Sowinski 1999: 4)라고 하는 주장도 자세히 따지고 보면, ‘전체성’의 또 다른 하위에 위치한 또 다른 ‘전체성’ 개념과 별반 차이가 없다. 이러한 현상은 ‘텍스트’ 개념에서도 나타난다. 이를테면 하나의 실현 양식인 ‘신문 텍스트’가 구체적인 또 다른 하나의 실현 양식, 또는 하위 텍스트인 ‘보도 텍스트’, ‘시 텍스트’, ‘광고 텍스트’, ‘논설 텍스트’ 등의 집합으로 간주될 경우가 그러하다. 이러한 구체적인 개별 텍스트도 ‘전체성’ 개념을 띄고 있으며, 텍스트언어학에서는 신문텍스트와 같은 경우를 일컬어 ‘텍스트코스모스(Textkosmos)’라고 칭한다. 이런 식으로, 문체를 전체성과 관련지어 정의하려는 경향은 W. Heinemann/D. Viehweger에서도 발견된다.

> “문체란 언제나 텍스트 전체 현상, 즉 복합 현상으로 보아야 하지, 지금까지 보통 그랬듯이 더 이상 문장 혹은 통사구조 층위에서 각 발화를 실현함으로써 생기는 언어 특성으로 보아서는 안 된다. 그러므로 문체란 텍스트와 관련시키지 않고는 의미 있게 기술 될 수 없다.” (W. Heinemann/D. Viehweger 1991: 256).

또한 W. Heinemann/D. Viehweger가 주장하듯이 “전체로서의 텍스트는 언제나 특정 텍스트종류의 재현이므로, 문체성이란 텍스트구성에 대한 틀

36) B. Sowinski(1999: 1 이하)를 참조할 것. 이러한 문체 개념의 다양성에 빗대서 B. Sandig(1986: 3)는 문체 개념을 ‘카멜레온’에 비유한다. 그러나 엄밀히 말하면 어떤 개념의 다양성은 ‘문체’뿐만 아니라, 학술 용어 거의 대부분이 지니고 있는 결점 혹은 장점이다.

이 되는, 관여성 있는 총괄적 텍스트원형과 관련하여서만 파악할 수 있"(W. Heinemann/D. Viehweger 1991: 257)고, 따라서 텍스트언어학에서의 중요 연구대상 중의 하나인 '텍스트종류'라는 기준이 없이 오로지 의사소통만을 중시하는 문체연구는 소용이 없다는 G. Michel(1986: 6)의 주장을 상기하면 문체론과 텍스트언어학은 충분한 접점을 가지고 있음을 알 수 있다. 그래서 아마도 R. Harweg은 Ch. E. Osgood의 "규범으로부터 파생된 개별적인 일탈"(1960: 293)이나, H. Friedrich의 "규칙적으로 반복되는 규정"(1966: 140)이라는 문체 정의를 밀어제치고, "문체란 텍스트 구성방법"(R. Harweg 1972: 71)이라는 자신만의 소박한 정의를 내렸을 것이다. 어쨌든 문체란 총괄적 텍스트 원형과 관련 있고, 텍스트종류란 어떤 여러 가지 표현상의 특징이 있음이 중요하다.

3.8.6 마무리

R. Bathes의 일절처럼, "요즘 세상에는 믿기지 않을 정도로 옛날의 수사학이 가득"[37]하다. 그 중에서도 고대 문체론(수사학의 '표현' 부분)은 고대 수사학의 핵심 영역이다. 다시 말해서 수사학을 고대의 문체론, 현대의 문체론을 고대의 수사학이라고 말할 정도로 두 분야간의 기준이 모호해졌다. 그러나 "문체는 텍스트구성의 양태"(R. Harweg 1972: 71)라고 굳건히 주장하는 R. Harweg의 관점이 있는 것을 보면, 어쨌든 문체론과 텍스트언어학은 어느 정도의 접점을 가진다. 그럼에도 불구하고 이러한 문체론과 텍스트언어학은 연구방법과 목적이 제각기 다르다: "텍스트언어학은, 언어학의 다른 분과 과학들과 같이, 규칙성, 즉 규칙들의 종합적 작용의 결과로 나타나는 텍스트의 규칙성을 파악하려고 하

37) R. Barthes (1998: 17). 이러한 수사학의 시의성은 박우수에서도 찾을 수 있다: "20세기 후반에 들어와서 우리는 전파 매체의 획기적인 발전으로 인해서 또다시 수사적인 시대에 살고 있다. 지구촌 시대라는 것은 그만큼 사람의 살림살이가 복잡해졌다는 것을 의미하며 그것이 복잡해지면 그만큼 논쟁이 많아진다. 논쟁의 기술은 설득을 목표로 하는데 설득의 기술이 힘을 발휘하지 못하는 곳에서는 무력이 등장한다. 역사 이래 한번도 그친 적이 없는 전쟁은 인간의 설득의 힘이 얼마나 미약한 것인가를 증명한다. 그러나 설득을 목표로 하는 수사학이 갖는 현실적인 한계에도 불구하고 지금처럼 수사학의 필요성이 절실한 시대도 없을 것이다." (박우수 1995: 11).

는 반면, 문체론은 바로 구조적 단위들의 그때마다의 특징적인 언어적 변이현상(Variationen)들을 그린다. 예를 들어, 일탈(逸脫) 문체론(deviatorische Stilistik)이 하는 것과 같이 기대되는 규범들과 규칙들에서 벗어나는 변칙들을 기술하려고 한다. 그리고 텍스트언어학이 특징적인 언어 구성체들의 문체가 갖는 의사 소통적 작용을 대부분 무시하는데 반하여, 문체론은 바로 이 작용 요인들에 대하여 특별한 가치를 두고 있다 [...] 그러나 여기에서 텍스트언어학은, 예를 들어, 주어져 있는 문법적·의미적 맥락의 종류, 코헤렌쯔와 코헤지온을 주목하고, 반대로 문체론은 긴 문장과 짧은 문장의 종류와 효과를 파악하고 기술하려고 하며, 혹은 그때마다의 어휘 선택이 수용자에게 어떠한 작용을 하는가를 파악하고 기술하려 한다. 이렇게 보면 인식하고자 하는 관심의 대상이 문체론과 텍스트언어학에서 완전히 다르다. 그러나 텍스트언어학 내에서는 한 텍스트의 통일을 가능하게 하는 텍스트의 구성적 요소들에 대하여 묻는다면, 그 때마다의 특징적인 문체도 이와 같은 텍스트구성적 수단으로 나타난다. 이와는 달리, 문체 단절들은 때로는 텍스트 상이성을 신호해 준다. 다른 한편, 텍스트언어학의 연구에서 얻어지는 인식들, 예를 들어, 문장 결합에 대한 인식은 문체를 규정하는 일에 관심사가 될 수 있다. 그러므로 문체론과 텍스트언어학간에는 상이성이 존재하지만, 그러나 상호 작용 관계도 존재한다." (B. Sowinski 1999: 14 이하) 이와 더불어 "문체성이란 조직된 언어발화인 '텍스트'에 내재된 본질적이고 필수적인 특성"(H. Peukert 1977: 42)이라는 H. Peukert의 일절이나 문체란 "텍스트의 부분적 양상"(B. Sandig 1986: 18)이라는 B. Sandig의 주장을 받아들이면, 마치 문체 없는 텍스트가 없고, 텍스트 없는 문체가 없는 것 같다.

3.9 G. C. Longinus의 숭고미 이론

'숭고미 이론'의 기원으로 알려진 『G. C. Longinus의 숭고미 이론』(2002)은 1554년 Robertello에 의해 출간되었고, 그는 서기 1000년경으로 추정되는 원고에 기대서 작성하였다. 원저자가 서기 273년도에 사망한 수사학자 G. C. Longinus라는 것은 추정에 의한 것이다. 이 책에서 다루고 있는 '숭고'의 문제는 18세기 영국의 낭만주의 운동에 영향력을 행사하였고, 현대에 들어와서 포스트모던적 연구방향에서 또 다시 각광을 받게 되었고, 수사학의 현대적 부활이라는 점에서 관심있는 수사학 이전사로 간주된다. 이와 더불어 여기서 논의하고 있는 '숭고미에 대한 정의', '숭고미의 근거', '숭고미를 획득하기 위한 다양한 문장 구성의 테크닉들에 대한 예시와 논평', '숭고미를 구성하는 다양한 장치들'을 보게되면 현대 텍스트언어학적 연구의 몇 가지 대상들도 이미 논의되고 있었음을 알 수 있다. 또한 『G. C. Longinus의 숭고미 이론』이 "웅변을 주제로 문체를 논의한 논문"(김명복 2002: 3) 또는 웅변에 있어서 숭고미를 장착시킬 수 있는 방안인 한에 있어서 텍스트언어학 이전사의 한 조각으로 편입시키기에 충분한 자격이 있다. 왜냐하면 일곱가지 텍스트성(Textualität)이라는 J. R. Searle (1969/1971: 33 이하 참조)에 기댄 구성적 원리(konstitutive Prinzipien) 이외에, 제어적 원리(regulative Prinzipien)의 구성소인 텍스트의 효율성(Effizienz), 유효성(Effektivität), 적절성(Angemessenheit)이 문체론의 전통적 영역인 정확성(Korrektheit), 명징성(Klarheit), 우아성(Eleganz), 적절성(Angemessenheit)과 겹치는 부분이 있기 때문이다. (R.-A. de Beaugrande/W. Dressler 1981: 13 이하 참조). 구체적으로 살펴보면 『G. C. Longinus의 숭고미 이론』 제7장에 등장하는 '위대한 작품의 특징'이나 '작품이 지닌 숭고미의 성질' 등이 그러하다: "듣고 나서도 단순히 알고 있는 그 이상의 의미를 주지 않는다면, 그 구절은 숭고미의 성질을 지니지 못한 것이 된다. 되풀이 검토되어도, 그 효과가 감소되지 않는 작품이 위대한 작품이다. 그 작품이 주는 호소력에 저항하기가 어렵고 불가능할 정도라면, 그 작품은 기억 속에 견고히 자리를 잡고 있어, 기억으로부터 지워지지 않을 것이다. 일반화하여 이야기하자면, 이렇게 이야기할 수도 있겠다: 진리와 아름다움에 있어서의 숭고미의 성질은 어느 시대에나 모든 사람들을 즐겁게 하는 작품들 속에 들어 있다. 추구하는 대상, 생활 방식, 야망, 나이, 그리고 언어가 완전히 다른 사람들이 모두, 같은 작품에 대하여 한결같이 똑 같은 방식으로 생각하는 경우, 즉, 공통성이 전혀 없는 사람들이 칭송의 대상에 대하여 한결같이 강한 확신과 흔들리지 않는 신념으로, 만장일치로 판결을 내리는 작품들에는 숭고미의 특성들이 들어있다." (G. C. Longinus 2002: 29 이하). 예를 들어 "효과가 감소되지 않게"라는 구절은 제어적 원리에서의 효율성과 관련있고, "숭고미를 터득할 수는 없을까?"라는 물음에 대한 대답인 다음과 같은 구절에서는 제어적 원리의 전체적 모습이 보여지기도 한다: "타고난 천재들의 작품들이 엉성한 설계의 규칙들과 체계들로 환원되는 경우, 그들의 작품들은 손상되고, 그 가치 또한 완전히 절하될 것이라고 그들은 믿고 있다. 그러나 나는 그 반대의 관점이 또한 있을 수 있다고 생각한다. 숭고미의 감정과 관련하여, 자연은 단지 자연 자신의 법칙을 따르기는 하지만, 자연은 임의로 행동하거나 전혀 체계가 없지도 않다. 자연은 분명 모든 활동에 있어서 최초의 원인이며, 근본이 되는 창조 원리이다. 그러나 체계가 작동하기 위하여서는, 각각의 정도와 올바른 순간을 규정하고, 유용과 실천을 위하여 가장 명확한 규칙들이 있어야 한다. 더구나 숭고미의 충동들은 지식의 안정성과 균형감이 없이 그들 자체들에 맡겨지면, 이전보다 더욱 더 커다란 위험에 노출된다. 그들은 추진하는 만큼 통제 또한 필요하다." (G. C. Longinus 2002: 16 이하). 위와 같은 내용들을 텍스트언어학과 관련짓는 이유는 R.-A. de Beaugrande/W. Dressler의 제어적 원리가 텍스트적 통화 행위라 인정될 수 있는 형식을 규정하고 창조하는 구성적 원리와 달리 의사소통을 제어하는 원리로 정의되며, 그러한 제어적 원리의 구성소인 효율성은 텍스트 사용자가 커뮤니케이션에 있어서 그 텍스트를 사용하는 데 최소의 노력을 들이는 데 관여하기 때문이다. (R.-A. de Beaugrande/W. Dressler 1981: 21 이하 참조). 이와 더불어 마지막에 언급된 '통제의 필요성'도 텍스트 생산에서 필요한 '제어적 원리의 필요성'과 비교하면 용어 자체에서 이미 유사성이 발견된다.

G. C. Longinus 숭고미의 성질에서 이러한 제어적 원리뿐만 아니라, 구성적 원리와의 관련성도 찾아질 수 있는데, 그의 "숭고미의 성질과 다투는 결함들"이라는 장에서 잘못된 과장이 지루함을 유발시키는 문제에 대한 논의 때문이다. G. C. Longinus에 의하면 "인간의 육체가 그러하듯, 웅변에 있어서도 부풀

G. C. Longinus (이재원 作, 2018)

림은 좋지 못"하고, "감정이 요구되는 곳에서 오도된 공허한 감상주의에 빠지거나, 감정의 통제가 필요시 되는 곳에서 과도하게 감정이 노출되어 있을 때 나타나는 결함이다. 작가들은 자주 술에 취한 듯이, 현재의 문제와 전혀 관련 없이, 완전히 사적인 문제로, 감정을 폭발시켜 감상에 빠지는 경우가 종종있다. 그 때에 그런 태도는 지루함을 독자에게 안겨줄 뿐이다." (G. C. Longinus 2002: 20 이하). 이 부분이 R.-A. de Beaugrande/W. Dressler의 구성적 원리의 한 부분과 유사하는 것은 텍스트언어학에서 텍스트성(Textualität)의 한 구성소인 정보성(Informativität)과 비견될 수 있다는 생각에서 그러하다. G. C. Longinus가 말하는 텍스트 생산자에 의한 "공허한 감상주의"나 "과도한 감정노출" 그리고 "사적인 문제에 의한 감정폭발" 등은 제시된 자료의 예측 불가능성이 아주 낮아서 텍스트 수용자에게 지루함을 유발시킬 수 있고, 텍스트의 실제적 정보도 거의 실려 있지 않을 가능성이 큰 것으로 보여지기 때문이다. 만약 R.-A. de Beaugrande/W. Dressler(1981)가 그러한 텍스트를 접했다면 그것은 정보성이 낮을 수 밖에 없다고 말했을 것이다.

그러나 무엇보다도 『G. C. Longinus의 숭고미 이론』에서 가장 텍스트언어학적이라고 할 수 있는 부분은 접속사 생략(asyndeton)과 관련된 장이다: "[…] 단어들이 쏟아져 나오면서, 단어들 사이에 연결 고리가 없이 기록되어, 말들이 연사까지도 앞 질러가는 듯하다. '그리고, 그들의 방패들로 차단하였다.' 크세노폰(Xenophon)은 말한다. '그들은 앞으로 압축하며 나아갔다. 싸웠고, 죽이고, 죽었다'. 그리고 다음과 같은 Eurlyochus의 말이 있다: '우리는 참나무 숲들을 뚫고 왔습니다. 당신이 시킨 대로, 저명한 오디세우스여, 우리는 골짜기 숲에서 아름다운 왕궁을 보았습니다.' 문장들은 연결점이 없어 호흡이 급하다. 문장들은 말의 흐름을 저지하는 동시에, 말의 흐름을 추진하는 흥분된 인상을 준다. 시인은 접속사를 생략하는 방법으로 그러한 효과를 창출하고 있다." (G. C. Longinus 2002: 72). G. C. Longinus에 의해서뿐만 아니라, 많은 고대 수사학자들에 의해 언급되었던 접속사 생략은 W. Dressler(1973)나 R.-A. de Beaugrande/W. Dressler(1981)에 있어서도 대표적인 코헤지온 수단(Kohäsionsmittel)으로 간주된다. 위의 예문에서 접속사가 생략되는 것이 아니라 존재하는 것이 텍스트의 통일성이나 전체성을 구현하는 데 유리한 역할을 함으로, 그것의 존재가 어떤 임의적 발화를 하나의 텍스트로 만들어주는데 지대한 역할을 할 것 같지만, 접속사의 생략도 텍스트의 통일성을 위해서 큰 역할을 한다는 사실을 이미 G. C. Longinus는 알고 있었다. G. C. Longinus가 주장하는 이러한 접속사 생략이 가진 특징은 다른 코헤지온 수단과 어울려서 '이야기가 정지상태에 머물러 있는 것을 방지'하는 효과를 가져다 준다는 것이다: "Meidias에 대항하여 Demosthenes가 행한 연설에서, 당신들은 '조응'(Anaphora)과 '생생한 묘사'(Diatyposis)의 수사로 결합된 접속사 생략 구문의 예들을 볼 것이다: '침략자는 많은 일을 할 수 있었을 것이다. 그런 일들 중에 어떤 것들은, 그 희생자가 그밖에 누구 다른 사람에게 서술할 수 없는 것들이었다 – 그의 방식으로, 그의 표정으로, 그의 목소리로 […]' 이야기가 진행되면서, 이들 특수한 효과들이 관련되어 있는 한, 이야기가 정지 상태에 머물러 있는 것을 방지하기 위하여(조용히 정지 상태에 머물러 있다는 것은 고요함을 의미하는 반면, 영혼의 격동이나 동요는 무질서를 의미한다), 그는 곧 서둘러 접속사 생략 구문과 단어들을 반복하는 수사의 예들을 계속 제시하였다: '그의 방식으로, 그의 표정으로, 그의 목소리로, 그가 거만하게 행동할 때, 그가 적의를 가지고 행동할 때, 그가 너를 그의 주먹으로 때릴 때, 그가 너를 노예처럼 때릴 때', 이런 방식으로 연사는, 침략자와 정확히 똑 같이 행동한다. 그는 판사들의 마음에 타격을 가하는 방식으로 집요하게 공격한다. 그는 여기에서 또 다시 태풍이 몰아치듯 맹공격을 가한다: '그가 너를 그의 주먹으로 때릴 때', 그는 말한다, '그가 너의 얼굴을 강타할 때 – 이것은 너의 감정을 자극하는 일이어서, 그들이 발아래 밟히는 일에 익숙하지 않다면, 그들은 제정신을 잃을 것이다. 그 누구도 이것을 묘사한 사람보다 더 그 효과의 강점을 표현할 수 없다.' 그는 이처럼 모든 방법들을 다 사용하여, 변화 주기를 계속하면서, 단어들의 반복과 접속사 생략이 주는 본질적 특성들을 그대로 유지하고 있다. 또한 이처럼 그의 질서는 무질서하게 되고 그런 논리로 그의 무질서는 어떤 질서의 요소를 지니게 된다." (G. C. Longinus 2002: 73 이하). 특히 접속사 생략을 '이야기가 정지 상태에 머물러 있는 것을 방지'하는 효과를 준다는 사실이 이야기를 생동감있게 하고, 이야기의 속도감을 부여한다는 차원에서 보면, G. C. Longinus는 이미 접속사 생략법의 현대적 의미를 확실히 알고 있었음에 틀림없다. 표층적으로 살펴도 접속사가 생략됨으로해서 이야기는 속도감있게 느껴진다.

또한 다음과 같은 "접속사가 불이익을 주는 몇 가지 경우"는 바로 텍스트언어학의 코헤지온 수단을 적절히 사용해야 한다는 지침, 그래서 접속사 생략법이 코헤지온 수단 중의 하나라는 텍스트언어학적 주장과 맞물리고, 이러한 점은 텍스트성의 용인성(Akzeptabilität)과도 관련있어 보인다: "이제 당신이 원한다면, Isokrates와 그의 제자들이 하였던 방식으로, 접속사를 첨가하여 보자: '더구나 이것은 또한 간과되지 말아야 할 것인데, 침략자란 많은 것을 할 수도 있었으니, 처음에 그의 방식으로, 다음에 그의 표정으로, 그리고 다시 단지 그의 목소리로, 만일 당신이 이와 같이 접속사를 문장에 넣어 구와 구를 확장한다면, 접속사들의 사용으로 논조가 부드러워지면 느슨하여져서, 감동의 추진력과 사나움이 총기를 잃고, 곧 모든 열정마저 잃게 되는 결과를 맞게 된다면 사실을 알게 될 것이다. 만일 당신이 육상선수들을 함께 묶어 놓는다면, 그것은 그들에게서 속도를 빼앗는 일이 될 것이다. 정확하게 똑 같은 방식으로, 감동이란 접속사들이나, 여타의 다른 부가물로부터 방해 받는 일에 저항하게 된다. 왜냐하면, 그때 감동은 그것이 움직일 자유를 읽게 되고, 투석기로부터 쏘아진 것과 같은 인상을 주었던 그 감동마저 잃게 된다." (G. C. Longinus 2002: 75). 이러한 접속사 생략은 텍스트의 간결성과 효율성을 높이는 역할을 할 수 있는 코헤지온을 위한 대표적 장치이다. 그러나 텍스트언어학적인 차원에서 살피면, 접속사 생략이 아무런 근거 없이 주어져야 하는 것이 아니라, "텍스트 처리 과정에서 표층 텍스트의 불연속성이 통각적으로 포착될 경우"(R.-A. de Beaugrande/W. Dressler 1981: 103)에 일어나야 한다.

이 뿐만이 아니라 G. C. Longinus의 숭고미 이론에서는 어순도치도 중요한 텍스트구성 원칙으로 등장한다. 정항과 변항이라는 차원에서 볼 때, 어순 도치는 구성 부분들의 등장에서는 별 차이가 없어보이지만, 어순이 도치됨으로써 독자가 느끼는 텍스트성의 감도는 다르다는 것이다. 아마도 어순도치가 텍스트성과 관련있다는 가정은 '정보성'의 견지에서 볼 때에 그러하다: "우리들은 때때로 어순을 뒤틀어서 이야기하는 경우가 있다. 그리고 자주, 한 가지 주제를 제시하였다가, 운율을 맞추기 위함도 아니고 그렇다고 다른 이유도 없이, 갑자기 다른 주제를 끌어들인 다음, 마음의 동요로, 마치 소용돌이 바람에 쫓기기나 하는 듯이, 본래의 위치로 돌아가는 경우가 있다. 빠르게 변하는 기분에 따라, 여러 방향으로 이끌려 가며, 단어나 아이디어의 배열을 계속하여 바꾸어, 자연스런 어순을 따르지 않고, 모든 종류의 변형들을 끌어들인다. 같은 방식으로, 그가 가장 훌륭한 작가라면, 어순의 도치를 전혀 무리 없이 자연스럽게 사용하여, 그렇게 재현될 수 밖에 없었다는 인상을 주는 방식으로 그 수사를 사용할 것이다. 기술이란 그것이 자연스럽게 보일 때만이 완성을 이루었다고 할 수 있다. 자연스럽다고 하는 것은, 기술의 존재마저 자연스럽게 감추어 졌을 때 그때야 비로소 그 자연스러움의 목적을 이루는 법이다. Herodotus는 Phocaea 사람 Dionysius의 말을 예로 들어 이 사실을 제시하고 있다: '우리의 상황은 면도날 위에 서 있는 듯한 위기에 처해 있다. Ionia 사람들이여, 자유인이 될 것인가, 노예가 될 것인가, 그도 아니면 도망한 노예가 될 것인가? 여러분이 고난을 감수할 준비가 되어 있다면, 바로 여기 여러분이 감당하여야 할 노고가 있다. 여러분은 여러분의 적을 물리칠 수 있다'. 정상적 어순은 다음과 같아야 할 것이다: 'Ionia 사람들이여! 이제 여러분이 감당하여야 할 시련의 때가 되었다. 우리는 면도날 위에 있는 듯한 위기의 상황에 처하여 있다.' 그러나 연사는 '이오니아 사람들'을 부르기 전에, 곧바로 공포의 상황으로 몰아가는 말로 시작하고 있다. 이 긴박한 위기 상황에서, 연사는 그의 청중들 조차 고려하지 않고 말을 하는 듯하다. 더 나아가, 그는 그의 아이디어들의 순서조차 도치해 놓았다. 그의 훈계의 요점이라고 할 수 있는 말인, 그들의 노고를 감당하여야 한다는 사실을 말하는 대신에, 그는 먼저, '우리들의 상황은 면도날 위에 처해 있는 듯합니다' 라고 말할 때 그들이 왜 고통을 감수하여야 하는지, 그 이유를 그들에게 말해주고 있다. 이처럼 그가 말하고 있는 것은 미리 생각하였다가 나중에 말한 것이 아니라, 상황이 그를 그렇게 말하도록 요구하였던 것처럼 보인다. Thucydides는 어순 도치를 사용함에 있어서, 그 누구보다 더욱 훌륭한 솜씨를 발휘하였다. 그는 본질상 하나일 수밖에 없는 것으로 전혀 분리가 불가능한 대상을 떼어놓는 솜씨를 발휘하였다. Demosthenes는 Thucydides만큼 작위적이지는 않으나, 이런 종류의 수사를 과도할 정도로 사용하고 있다. 어순 도치를 통하여 그는 그의 청중들을 끌어다가, 그의 청중들이 그와 함께, 길게 나열한 어순도치의 위험을 감수하게 하는 수법을 사용하였다. 그는 자주 그가 표현하기 시작한 주제의 의미를 지속하기 위하여, 이상하고 어울리지 않는 방식으로 하나의 아이디어를 다른 아이디어 위에 올려놓는 방식을 취한다. 즉, 전혀 다른 부류의 아이디어를 가져다가, 그가 말하는 중간에 떨어뜨려, 문장의 전체 구조가 산산조각이 날지도 모른다는 두려움을 그의 청중들의 머리 속에 심어 준다. 그렇게 청중이 연사가 처한 위험한 상황을 함께 공유하도록 장치가 마련된다. 그런 다음, 기대치 않게, 긴 간격을 두고 나서, 오랜 동안 보류해 두었던 구절을 청중 앞에 제시하여, 가장 효과적인 결과를 맺게 된다. 그는 바로 이런 식으로 어순도치를, 대담하고 무모하게 사용함으로, 그 누구보다도 더 강력한 충격을 청중들에게 행사하게 된다." (G. C. Longinus 2002: 76 이하). 단어나 아이디어의 배열을 바꿔 어순을 뒤들어서 변형 시킨다는 것은, 그리고 그러한 변형을 자연스럽게 수행한다는 것은 결코 쉬운 일이 아니다. 이것은 마치 K. Brinker(1985: 86 이하 참조)가 '주택화재' 기사문의 '극복하기'-'결과(물건+인명)'-'원인'-의 순서가 실제적인 배열의 국면에서 변형되면 이 텍스트가 응집력이 없다고 생각하는 것과 유사하다. 그러나 G. C. Longinus는 Thucydides의 예를 이용하여 암묵적으로 인정되는 순서를 자연스럽게 변형시키면서 연설의 설득 효과를 최대한으로 끌어올리는 예를 장황하게 제시하고 있다. 이러한 구성 요소들의 배열의 문제는 또 다시 등장하는데, 여기서의 핵심은 낱낱의 구성요소들이 궁극에는 하나로 통합되게끔 서로 관계맺게 하는 방식이다. 이것은 언제나 텍스트언어학에서 가장 중요한 부분이었던 '통일성'이나 '전체성'과 관련 될 수 있다: "장엄한 문체를 구성하는데 있어서 주요한 변수로 작용하는 것들 중에, 구성 요소들을 적합한 방식으로 배합하는 일이 있다 – 인간의 신체와 신체의 구성요소들도 이에 해당된다. 다른 구성 요인들과 분리되어서는 어떤 하나의 구성요인도 그 자체 주목할 만한 가치를 지니지 못한다. 그러나 그들 모두가 서로 관계를 맺게 될 때, 그들은 하나의 완전한 전체를 형성하게 된다. 유사하게, 장엄함의 요소들이 서로 서로 분리되어 있게 되면, 그들은 개별적으로 숭고미의 성질을 가지고 있어서, 모든 방향으로, 숭고미의 특성들을 흩뿌리게 된다. 그러나 그들이 하나의 단일한 유기체를 구성하게 되면, 더구나 조화의 구속력 안에서 밀집하여 있게 되면, 그들은 원만한 전체를 형성하게 되고, 그들의 목소리는 크고 분명하여, 형성될 때마다, 장엄함은, 말하자면 다양한 요인들이 기여하는 것들을 수용하게 된다." (G. C. Longinus 2002: 118). 이러한 '전체성'과 '통일성'의 저변에는 언제나 유기체 개념이 자리하고 있는데(예를 들어 W. v. Humboldt(이 책의 4.1장을 참조)의 경우가 그러하다), 전체 텍스트를 유기체로 간주하는 G. C. Longinus에서도 예외가 아니다. 그리고 이러한 유기체는 간결해야 한다: "더구나, 표현에 있어 과도한 간결함은 숭고미를 축소한다. 왜냐하면, 장엄함이란 너무나 단단히 조이면, 그 효과가 방해 받기 때문이다. 당신은 나의 말을 잘 이해하여야 한다. 나는 적절히 이용된 압축에 대하여 이야기하는 것이 아니라, 완전히 파편이 되어 부서져 흩어져 버리는 것을 두고 하는 말이다. 지나친 간결함은, 그 간결함이 곧장 요점을 지적하는 지점에서, 의미를 축소하게 된다. 다른 한편, 장황함은 문장을 생기 없게 만드는데, 이는 장황함으로 문장이 불필요한 길이로 늘어나기 때문이다." (G. C. Longinus 2002: 121). 이로써 G. C. Longinus에서 발견되는 텍스트언어학적 단초는 '전체성/통일성'과 문체론의 문체 방식에 해당되는 텍스트의 제어적 원리 등이다.

4. 텍스트언어학의 태동

4.1 텍스트언어학의 선구자로서 W. v. Humboldt

독일 신낭만파 언어학의 적통이었던 H. Gipper는 자신의 영향력 있는 논문 『현대 언어연구의 선구자로서 W. v. Humboldt(Wilhelm von Humboldt als Begründer moderner Sprachforschung)』(1994: 15)에서 F. de Saussure가 아닌 W. v. Humboldt가 현대 언어학의 선구가 되어야 함을 강력히 주장한다. 언어학에 끼친 W. v. Humboldt의 지대한 영향력을 피력한 J. Trabant의 『홈볼트의 전통(Traditionen Humboldts)』(1998)에도 이와 유사한 주장이 있다: "『Humboldt의 전통』이라는 책의 제목은 알다시피 두 가지 의미가 있다. 이는 W. v. Humboldt로 인도되고 W. v. Humboldt로 이해되는 전통, 즉 G. W. Leibniz, J. G. v. Herder, I. Kant, G. Vico의 철학 그리고 '이념적' 철학의 전통과 관련이 있기도 하고, 다른 한편으로 W. v. Humboldt로부터 출발하거나 그의 특징을 통해서 진행되는 그러한 전통들, 즉 [⋯] 언어와 문자 등의 관계와 같은 특정한 질문들의 전통에 관련이 되기도 한다. 말하자면 W. v. Humboldt는 특정한 토론의 고리를 연결시키는 중심으로서 생각되어졌다". (J. Trabant 1998: 9). 그러나 이 장은 이러한 W. v. Humboldt의 전통에 또 한 가지를 덧붙이려는 의도가 있다. 그것은 바로 "현대 텍스트언어학의 선구자로서의 W. v. Humboldt(Wilhelm von Humboldt

Helmut Gipper (이재원作, 2018)

als Begründer moderner Textlinguistik)"이다. 따라서 이 장에서는 H. Gipper나 J. Trabant의 논의에서 좀 더 나아가, W. v. Humboldt를 언어학뿐 아니라 텍스트언어학의 선구자로서 간주하기에 부족함이 없음에 대해서 언급할 것이다. 왜냐하면 W. v. Humboldt가 공들였던 언어에 대한 많은 탁견들이 1960년대에 P. Hartmann에 의해서 제시된 텍스트언어학의 핵심 강령과 거의 유사하다고 보기 때문이다. 또한 여기서는 허발의 다음과 같은 주장, 즉 "오늘날 신언어학(Linguisitk)을 연구한다고 공공연하게 자처하는 사람들은 주로 L. Bloomfield, N. Chomsky, F. de Saussure를 끌어들인다. 이때 언어학(Sprachwissenschaft)분야에서 그 외에 이룩되었던 것, 특히 그 이전에 이룩되었던 모든 것이 간과되는 일이 심심찮게 일어난다. 이를테면 예전부터 이미 알려져 있던 것에 대해 새로운 것을 발견했다고 믿는 것이다. 그들에게는 '알지 못하기 때문에 처음일 뿐이다'라는 J. W. v. Goethe의 명언"(허발 2013: v)처럼, 이 장에는 1960년대의 텍스트언어학이 언어학에서 새로운 연구 방향의 발견이라고 주장하는 이들에게 위와 같은 J. W. v. Goethe의 명언을 되새겨 보게 하려는 의도도 들어있다.

4.1.1 언어의 전체성

W. v. Humboldt는 1830년부터 인도네시아 자바섬의 고대 언어인 카위(Kawi)어에 대한 연구를 시작하여 1835년 임종시까지 멈추지 않았다. 미완의 작품으로 알려진 이 저작물의 제목은 『인간의 언어구조의 차이점과 그것이 인류의 정신적 발전에 끼친 영향에 관하여(Über die Verschiedenheit des menschlichen Sprachbaues und ihren Einfluss auf die geistige Entwicklung des Menschheit)』이다. 이 글은 1827년부터 1829년에 걸쳐서 저술된 『인간 언어 구조의 여러가지 차이점에 관하여(Über die Verschiedenheit des menschlichen Sprachbaues)』의 속편으로 간주되는데, W. v. Humboldt 저작물 중에서도 가장 중요한 작품 중의 하나로 간주되고, '인간의 발전 과정에 대한 일반적 고찰(Allgemeine Betrachtung des menschlichen Entwicklungsgang)'에 이어 등장하는 '정신의 비범한 힘이 미치는 영향 - 문명, 문화, 교양(Einwirkung ausserordentlicher Geisteskraft Civilisation, Cultur und Bildung)'의 장에는 텍스트언어학의 핵심 개념 중의 하나인 언어의 전체성

W. v. Humboldt (이재원 作, 2018)

(Ganzheit) 개념이 등장한다: "여기서 우리가 정신적 개성(geistige Individualität)을 어떤 우월한 것으로 그리고 어떤 탁월한 것으로 말했지만, 동시에 우리는 그 개성이 최고 단계에 이르렀을 때에도 그것[개성]을 일반적 성질에 대한 제한으로서, 그리고 개인이 그 속에 얽매여 있는 한 궤도로서 볼 수 있고 또 보아야 한다. 그 까닭은 모든 특성은 지배적인, 따라서 배타적인 원리(ausschliessendes Princip)에 의해서만 이 개성이 될 수 있기 때문이다. 그러나 다름 아닌 제한에 의해서 힘이 고양되고 긴장된다. 그리고 이러한 배타성은 총체성의 원리(Princip der Totalität)에 의해서 인도되어 많은 그러한 특성들이 다시 한 전체로(in ein Ganzes) 결합할 수 있다. 우정과 사랑 또는 조국과 인류의 복지를 위해 바친 위대한 협력에 있어서의 모든 숭고한 인간 결합(Menschenverbindung)은 그 가장 내면적 근거에 있어서는 개성의 원리와 전체성의 원리에 귀착된다." (W. v. Humboldt 1963: III, 394 이하). 우선, 전혀 상반되어보이는 개성과 전체성을 연관짓는 것은 차치하고서라도 W. v. Humboldt가 개성을 정의하기 위해서 배타적 원리를 등장시키는 것이 흥미롭다. 이러한 배타적 원리는 전체성의 원리를 등장시키기 위한 하나의 전제로 보여진다. 어쨌든 개성은 홀로 존재하는 것이 아니라 (어떤 것이 홀로 존재한다면 그것은 개성과 관련이 없다!) 배타성과 짝을 이루어 존재하는 어떤 것이기 때문이다. 이러한 개성은 정신적 개성 때문에 출현한 개념이고, 이것은 '정신의 비범한 힘이 미치는 영향'이라는 장 제목을 위하여 논의되었을 것이다. 또한 이러한 전체성은 정신의 전체와 현상들의 전체로서 기능한다: "언어는 그 본성 자체에서 기인하는 바와 같이 정신에 대해서는 총체성(Totalität)으로서 현존한다. 즉 언어에 있어서의 각 요소는 아직 명백하지 않은 다른 것에, 그리고 현상들의 합(die Summe der Erscheinungen)과 정신의 법칙에 의해서 주어진, 또는 그것을 창조할 수 있는 전체(Ganzen)에 대응한다." (W. v. Humboldt 1963: III, 458). W. v. Humboldt에 의하면, 언어가 전체성이 있는 어떤 것이 되기 위해서는 – 문법 형식과는 다른 – 언어 형식이 있어야 하는 것인데, 이것은 말 연결의 규칙을 훨씬 뛰어넘는 어떤 것으로 정의된다: "지금까지 말한 것으로부터, 여기 언어 형식에서는 단연코 소위 문법 형식(grammatische Form)으로 이해되는 것이 아니라는 것은 분명하다. 보통 우리가 문법과 사전 사이에 만드는 구별은 언어 학습상의 실제적 필요에만 이바지 할 수 있으나 참다운 언어 연구에 대해서는 규칙과 한

계를 미리 정할 수는 없다. 언어 형식의 개념은 레데 연결의 규칙(die Regeln der Redefügung), 또는 조어 규칙 – 조어 규칙이 능동, 피동, 실체, 성질 등의 어떤 일반적인 논리 범주를 어근 또는 근원어에 적용하는 것을 의미하는 한 - 을 훨씬 넘어서고 있다. 그 개념은 원래 근원어의 생성 자체에도 적용되며 사실상 진정한 언어의 본질을 인식하려면 가능한 한 근원어에 적용시켜야 한다." (W. v. Humboldt 1963: III, 421 이하). 이는 문법적 코헤렌쯔 수단과 코헤지온 수단을 뛰어넘는 인지적 관점의 코헤렌쯔 개념(G. Rickheit/H. Strohner 1993)과 연결지을 수 있고, 또한 이것은 텍스트를 벗어난 텍스트 사용자의 차원이 아닌 텍스트 차원에만 해당되는 코헤렌쯔 수단과 코헤지온 수단이 등장한 이후에 발생하는 텍스트 사용자의 언어에 대한 인식의 결과물일 수도 있다. W. v. Humboldt에 있어서 전체성이 중요했던 이유는 "무엇인가를 대신해서 존재하는 무엇(aliquid stat pro aliquo)"으로 정의되는 전통적 기호 개념을 설명하기 위해서 였을 터인데, 그러므로 텍스트를 "첫번째 언어기호(das erste sprachliche Zeichen)"(P. Hartmann 1968: 212)로 정의하는 P. Hartmann의 텍스트 정의와도 충분한 연관성을 가지고 있다. 예를 들어 W. v. Humboldt는 "사고와 말하기에 대하여(Über Denken und Sprechen)"에서 언어를 "일정한 사고의 분량이 결합되어 형성된 단위들의 감각적 명칭"이라 부르며, 이어지는 논의에서는 언어의 기호적 성질에 대해서 진술하고 있는데, 이러한 언어의 기호적 성질에 의해서 언어의 전체성이 구현된다는 것이다: "언어를 추구하는 인간은 기호를 찾는다. 기호를 통해서 인간은 자신의 생각속에서 만들어낸 편린의 도움으로 전체를 단위로 파악할 수 있다. 그런 기호들로는 공간 속에서 파악된 현상보다 시간 속에서 파악된 현상이 사용하기에 더 편리하다." (W. v. Humboldt 1968: VII, 582). 이렇듯 W. v. Humboldt 사상의 전체를 아우르는 중요 개념인 전체성은 텍스트언어학에서도 큰 역할을 하게된다. 이와 더불어 W. v. Humboldt의 전체성 원리에서 '전체'는 '부분'의 대립 개념으로도 쓰이지만, 이 두 부분을 통합한 또 다른 상위 차원의 '전체'로도 이해된다: "아무리 단순한 개념의 결합이라도 사고의 범주 모두를 망라한 조직 전체를 활발하게 하고, 긍정은 부정을, 부분은 전체를, 통일성은 다양성을, 결과는 원인을, 현실은 가능성과 필연성을, 제약된 것은 제약되지 않은 것을, 공간과 시간의 한 가지 차원은 다른 차원을, 감각의 각각의 정도는 그것을 가까이에

둘러싸고 있는 것들을 필요로 하고 또 환기하기 때문에, 아무리 단순한 이념의 결합이라도 그것이 명료하고 확실하게 표현되어 있는 한, 곧 언어의 전체가 존재하고 있는 것이다." (W. v. Humboldt 1961: II, 2 이하). 따라서 이러한 '전체'는 상대적 개념도 가지게 되고, 결국 W. v. Humboldt에게서 언어란 전체로의 통합과 부분으로의 분절이라는 두 가지가 서로 어우러져 존재하는 어떤 것이다: "인간에게서 일정한 요소들을 통찰 가능한 수에 이르기까지 분할할 수 있고, 또 이 요소들을 무한대에 이르기까지 결합할 수 있는 두 영역이 통일되어 있으며, 이 두 영역에서 각 부분은 그 독특한 본성을 언제나 동시에 그것에 속하는 부분들과의 관계로서 나타낸다. 인간은 이 영역을 정신적으로는 성찰에 의해, 육체적으로는 분절에 의해 한쪽에서는 하나의 영역을 요소로 분할하고 다른 쪽에서는 그렇게 분할된 부분들을 정신적으로는 오성의 종합(Synthesis des Verstandes)에 의해, 육체적으로는 음절을 낱말로, 낱말을 레데(Rede, 텍스트)로 합일하는 악센트에 의해 다시 결합하는 힘을 소유하고 있다." (W. v. Humboldt 1963: III, 3). 이러한 결과, 현대 텍스트언어학에서의 텍스트구성에 있어서 기본 철칙과 다름없는 텍스트소의 전체적인 관련성 개념이 등장하게 된다: "인간이 단 하나의 낱말이라도 단순한 감각적인 충동으로서가 아니라 하나의 개념을 표시하는 분절음으로서 참되게 이해하기 위해서 이미 언어는 전적으로 인간 내부에서 관련을 맺지 않으면 안된다. 언어에서 개별적인 것(Einzelnes)은 아무것도 없다. 모든 언어의 요소들은 전체의 부분(Theil eines Ganzes)으로서만 나타난다 [...] 언어는 필연적으로 인간 자신으로부터, 그리고 확실히 차츰차츰 나타날 뿐이긴 하지만, 그 유기체는 죽어 있는 덩어리로서 마음의 어둠 속에 있는 것이 아니라 법칙으로서 사고력의 기능을 제약하고, 따라서 그 최초의 낱말은 이미 언어의 전체를 생각게 하는 울림을 지니며 언어의 전체를 전제로 하는 것이다." (W. v. Humboldt 1963: III, 10 이하). 또한 이러한 전체성 원칙은 산허리의 안개에 비유되기도 한다: "그 밖에 우리는 아무리 완전하게 한다 하더라도 분해를 통해서는 언어 본래의 본질에 이르지 못한다. 언어 본래의 본질은 전체를 감싸는 입김과도 같은데, 하지만 너무나 미세하여 개별 요소에서는 전체 모습이 보이지 않게 된다. 마치 산허리에 걸쳐 있는 안개처럼 먼 곳에서 바라볼 때만이 그 형태를 갖추고 있으며, 그 안으로 들어설 때 그 형체는 이미 흩어져 없어진다. 다양한 언어를 더 많이, 그리고 더 면밀하게 관찰함으로써 전체 인류의 언어 형성의 일반적 공작 안으로 파고들어가면 갈수록, 그리고 각각의 언어를 - 이를 위해서는 분석이 없어서는 안 될 예비작업이다. - 어떤 민족적 성격 형식의 개별적으로 결정된 표현으로 인식하려 노력하면 할수록 언어의 본질에 더 가까이 다가가게 된다. 이 길을 올바르게 추적해나간다면 단순한 언어 연구 이상의 경지에 나아갈 수 있다는 것은 명백하다." (W. v. Humboldt 1968: III, 296). 덧붙여서 이러한 부분이 모인 전체성의 결과물로서, 텍스트언어학에서 '텍스트'의 어원과도 정확히 일치하는 언어에 대한 '직물(Gewebe)'의 은유가 등장하게 되는 것이다: "언어는 각 부분이 다른 부분과, 그리고 모든 부분이 전체와 다소간에 분명히 인지될 수 있는 관련을 맺고 있는 거대한 한 장의 직물(Gewebe)과 비교될 수 있다." (W. v. Humboldt 1968: III, 14). 또한 W. v. Humboldt는 '기관(Organ)'과 '직물'을 유사개념으로 간주하기도 하는데 이는 이들이 가진 '전체성'의 성질 때문이었을 것이다. (W. v. Humboldt 1961: III, 14 참조). 결국 W. v. Humboldt에게 있어 언어는 직물이다. 이럴 경우 W. v. Humboldt의 언어학은 텍스트언어학과 긴밀한 연관성을 지니고, 그 결과 직물의 개별 부분들을 총체적으로 관장하는 인간의 능력이 중요시 된다. 이것은 마치 텍스트에서 지시 관계의 전개 구조를 잘 보여주고 있는 W. Klein/C. v. Stutterheim의 지시 이동(referential movement)과도 비교될 만하다. 이들에 있어서 "개별 발화는 모두 장소, 공간, 행위, 인물 등, 곧 다양한 의미론적 영역들 또는 여기서 말하는 지시 영역들에 관한 정보들의 조직을 유지한다. 뒤따르는 발화는 이 정보들의 일부를 포함하면서, 다른 정보들을 새로 끌어들인다. 이처럼 발화에서 발화로 정보가 전개되는 것을 지시 이동이라 부른다." (W. Klein/C. v. Stutterheim 1987: 166). 사실, W. Klein/C. v. Stutterheim의 지시 이동 개념은 이들이 텍스트 주제의 통일성에 의거해서 텍스트를 정의하는 시초부터 주어진 것이나 다름없다. 텍스트가 아닌 임의의 발화 집합과 구분되는 W. Klein/C. v. Stutterheim에 있어서의 "텍스트는 어떤 전국적 제약성을 따르고 있는데, 이 제약성은 일차적으로 발화 전체가 일정한 통보 상황에서 주어진 청중들을 위해 언어적으로 매개되어야 하는 복잡한 정보구조, 곧 전체표상(Gesamtvorstellung)을 나타낸다는 사실에 기인한다 […] 전체표상의 본질과 화자가 일정한 텍스트로 추구하는 통보목적은 텍스트의 전체 구조(전체 조직)에 특수

안 제약을 부과한다." (W. Klein/C. v. Stutterheim 1991: 1 이하). 그래서 W. v. Humboldt의 전체성은 통일성과도 깊은 관련이 있다. 그러나 W. v. Humboldt의 통일성은 레데(Rede, 텍스트) 뿐만이 아니라 낱말 차원에서도 등장하는 것을 보면, 이 특성은 언어 단위 전반에 걸친 일반적 성질로 보는 것이 합당 할 것이다: "그렇지만 개인의 차이점 속에 서로 다른 개성으로 갈라져나가는 인간 본성의 통일성(Einheit der menschlichen Natur)이 존재하지 않는다면 이해라는 것은 우리가 방금 알아버린 것처럼 내적 자발성(innere Selbstthätigkeit)에 기인하지 않을 것이고, 언어공동체적 말하기는 청자가 가진 언어능력의 순수한 상호 환기와는 다른 것이 될 것이다. 낱말의 이해는 분절되지 않는 음성의 이해와는 다르다. 낱말의 이해는 음성과 그것을 드러나게하는 대상의 상호 환기보다는 더 많은 것을 내포하고 있다. 낱말은 물론 분리될 수 없는 전체(untheilbares Ganzes)라고도 생각될 수 있는 것이라서, 우리는 알파벳에 의한 구성을 아직 모른다 할지라도 글로 쓰여진 낱말 무리의 의미를 인식한다. 아이의 마음이 처음으로 사물을 이해하는 단계에서 그럴 수 있다. 동물적 감각 능력뿐만 아니라 인간의 언어 능력이 자극되면 (그리고 어린이에게 있어서 비록 미약할지라도 그렇지 않은 경우는 아마 없을 것이다) 낱말은 분절된 것으로서 들린다. 분절 작용은 단지 의미를 불러일으키는 것 이외에 무엇을 하느냐 하면 그것은 낱말을 직접 그 형식에 의해서 무한한 전체(unendlichen Ganzen)인 한 언어의 일부분으로서 나타낸다. 왜냐하면 분절 작용에 의해서 각각의 낱말에 있어서도 이 낱말의 요소들로부터 참으로 무한한 다른 낱말들을 규정적인 감정과 규칙에 따라서 형성하고, 그렇게 함으로써 모든 낱말들 사이에 개념의 친근성에 대응하는 친근성을 부여할 수 있는 가능성이 주어지기 때문이다." (W. v. Humboldt 1964: III, 430 이하). 따라서 W. v. Humboldt에 있어서는 레데의 이해뿐 만아니라 낱말의 이해를 위해서도 전체성 개념은 중요하다. 이와 더불어 W. v. Humboldt의 언어 개념에서 중요한 역할을 차지하고 있는 전체성의 출현 근거가 개별성의 "공통적 원천"이고, 이것이 바로 유기체 개념이라는 사실을 다음에서 알 수 있다: "우리가 예를 들어 산스크리트어와 셈어 같은 두 개 중요한 어족의 모든 필요한 어휘적 문법적 세부 항목을 가지고 있다 할지라도, 그렇다고 해서 두 언어의 각각의 성격을 대단히 단순화하여 파악하여, 그렇게 함으로써 두 언어를 유효하게 비교하고 국민의 정신력에 대한 이 두 언어의 관계에 의해서 언어 생산이란 일반적 활동에 있어서 두 언어에 당연히 돌아가야 할 지위를 규정하는 일이 쉬워지는 것은 아니다. 그러기 위해서는 개별 특성들의 공통 원천을 탐구하고, 산만한 특징들을 끌어 모아 하나의 유기적 전체상(das Bild eines organischen Ganzen)으로 만드는 것이 필요하다. 이렇게 함으로써 우리는 개별 항목을 거머쥘 수 있는 손잡이를 얻게 된다." (W. v. Humboldt 1964: III, 417). W. v. Humboldt가 개별 언어들의 복수로서의 구별 이전의 보편적 말하기의 층위(die Ebene des Sprechens im allgemeinen)를 상정함에 의해 E. Coseriu는 그를 일반 언어학의 창시자로 보았겠지만, 덧붙여서 이러한 언어 일반의 전체성 개념은 텍스트언어학에도 해당된다. E. Coseriu가 특정한 상황에서 특정한 화자에 의해서 실현되는 텍스트의 발화 행위의 층위 또는 발화 행위 결합의 층위를 텍스트의 층위로 보편 언어의 층위와 구분하지만(E. Coseriu 1981: 7 참조) '전체성' 개념은 이 두 방향 모두에게 필요한 것이기 때문이다. W. v. Humboldt에게 있어서는 두 언어를 비교하고 두 국민의 정신력을 비교하려면 당연히 전체성의 개념이 필요할 터이고, 이로 인해서 개별적 특성들의 공통적인 원천인 유기적 전체성 개념이 등장했을 터이다. 유기적이라는 것은 전체성을 전제하고 있고, 전체성을 가장 간명하게 대표할 수 있는 개념이 '유기적'이라고 여겨지기 때문이다.

4.1.2 유기체

언어 현상을 생물학 영역에 등장하는 유기체 개념에 기대서 비유적으로 이용하는 것은 W. v. Humboldt에 있어서 특징적이다. W. v. Humboldt에 있어서 "언어 구조는 그 미세한 부분에 이르기까지 유기적 구조이며 따라서 언어의 모든 것은 유추에 기인하고 있"(W. v. Humboldt 1968: III, 295)고, "언어의 비교 연구에 관해서"에서도 언어는 유기적 구조를 가지고 있다고 말해진다: "언어에서도 구조 조직이 완성되는 시점이 있고, 이 시점 이후로는 그 유기적 구조, 확립된 형태는 더 이상 변하지 않는다. 그에 반해 정신의 생동하는 산출물로서의 언어에서는 주어진 한계 내에서 한층 정교한 형성이 무한대에 이르기까지 진행될 수 있다." (W. v. Humboldt 1968: III, 1 이하). 결국 W. v. Humboldtd의 이러한 유기체 개념은 언제나 빈복되이 사용됨으로 통일성의 개념과 함께 언어의 본성을 규정할 수 있는 핵심 개념 중의 하나라고 말할 수 있다. 이 정도쯤에서 J. W. v. Goethe의 자연과학 연구와 W. v. Humboldt의 언어학 연구의 원칙적인 일치를 상세하게 실증하는 것도 매력적인 시도일 것이다. 즉 "살아있는 자연에서 전체와 결합되어 있지 않은 것은 아무것도 없다"는 J. W. v. Goethe의 말은 "언어에서 모든 것은 개개의 것을 통해, 개개의 것은 모든 것을 통해 규정된다."(W. v. Humboldt 1969: V, 394)와 "언어 안의 개개의 것은 다른 것을 통해서만 존속하고 모든 것은 전체를 관철하는 유일한 힘을 통해서만 존속한다."(W. v. Humboldt 1968: IV, 3)는 말과 실제적으로는 동일한 것이다. 이렇게 W. v. Humboldt와 J. W. v. Goethe는 그 방법론에서, 즉 형태론적, 경험적-사변적 방법에서도 일맥 상통한다. (허발 2013: 60 참조). 또한 인간이라는 유기체가 유추와 관련있음은 당연시되는데, 따라서 통일성-유기체-유추 사이에 어떤 연관성이 존재함을 알 수 있다. 이는 유추를 위해서는 전체성 개념이 있어야 하고 인간이 인간이기 위한 기본적 능력이 유추인 한에 있어서 전체성 개념은 언제나 있어야 함을 의미한다.

4.1.3 통일성

또한 언어에 대한 이러한 유기적 전체성은 통일성 개념으로 좀더 나아간다: "이 정의에 있어서는 그것[언어의 형식]은 학문에 의해서 형성된 추상으로 보인다. 그렇다고 형식 자체를 단순히 존재 형태가 없는 사고 현상으로 보는 것은 전혀 옳지 않을 것이다. 실제로 그것[형식]은 전적으로 개인적 욕구이며, 이를 통해서 한 민족(Nation)은 사고(Gedanken)와 감정(Empfindung)을 언어로 표출해 낸다. 단지 우리가 결코 분리되지 않은 총체적 시도(die ungetrennte Gesammtheit seines Strebens)에서는 이 욕구를 볼 수 없고, 오직 그때 그때의 개별 작용 속에서만 볼 수 있다는 이유 때문에, 우리는 이 작용의 동질성을 죽어있는 일반적 개념으로 묶을 수밖에 없다. 그 충동은 그 자체에 있어서는 살아 있으며 통일체이다." (W. v. Humboldt 1963: III, 420). W. v. Humboldt의 체계는 종합이며, 유기적인 작용의 체계이다. W. v. Humboldt는 유기체 개념에는 어떤 언어에도 통일적인 원리가 있음을 조건으로 삼고 있다: "한 민족 또는 인간의 사고력 일반이 언어 요소들을 받아들이면, 인간의 사고력은 스스로도 모르는 채, 그리고 그 요소들[텍스트언어학적 관점에서는 '텍스트소']에 대한 명확한 의식에 도달하지 않고서도 그것들을 결합시켜 하나의 통일체를 이룩해야만 한다. 왜냐하면 이러한 조작 없이는 개인에게서 언어에 의한 사고도 인간의 상호 의사소통도 불가능할 것이기 때문이다 [...] 이러한 통일성은 어떤 언어를 전적으로 지배하는 통일성 이외의 다른 것일 수 없다." (W. v. Humboldt 1968: VII, 160). 더 나아가 이러한 언어가 가진 통일성의 성질은 용모의 은유로서 좀더 명확하고 간명하게 설명된다. 어쨌든 우리들이 용모라고 하는 것은 얼굴이나 몸을 구성하고 있는 다양한 부분들의 통일성 개념과 관련있기 때문이다: "가장 중요하고 섬세한 언어 연구에서의 어려움은 언어의 전체적 인상으로부터 흘러나오는 것이 가장 명백하고 가장 확실한 감정에 의해서 지각되지만 그럼에도 불구하고 그것을 일일이 만족할 만큼 완전하게 기술하고 명확한 개념으로 규정하려고 하는 시도는 자주 수포로 돌아간다는 점에 있다. 우리는 이러한 어려움과 여기서도 싸워야 한다. 언어의 특징적 형식은 각각의 최소 요소에 달려 있다. 어떠한 요소도 세부에 있어서는 아무리 불명료할지라도 이 형식에 의해서 어떤 특정한 방법으로 규정되어 있다. 이것에 반해서 이들 요소들을 하나하나씩 보는 경우에는 그것들에 언어 형식이 붙어 있다고 주장할 수 있는 점을 발견한다는 것은 거의 불가능하다. 그러므로 우리가 어떤 주어진 언어를 면밀히 살펴본다면 그 형식의 본질을 손상하지 않고 아마 달리 생각될 수 있는 많은 것을 발견한다. 우리가 이것을 분리해서 보기 위해서는 전체적 인상(Gesammteindruck)으로 되돌아가야 한다. […] 언어는 이 점에 있어서 인간의 용모(menschliche Gesichtbildung)와 가장 적절하게 비교될 수 있다. 개성이 분명히 존재하고 유사성도 인지되지만 각 부분들을 하나 하나씩 그리고 이것들의 관련에 의해 측정하고 기술하는 것에 의해서는 그 특성을 한 개념으로 총괄할 수 없다. 개성은 전체를 토대로 하고 있고 또한 개인적으로도 파악된다. 따라서 모든 용모는 사람에 따라서 다르다. 언어는 우리가 그것을 어떠한 형태로 받아들인다 할지라도 반드시 국민적, 개인적 생활의 정신적 입김이기 때문에 언어에 있어서도 두 가지 측면이 나타나지 않을 수 없다. 우리가 언어에 있어서 아무리 많은 것을 동여매고, 함께 합치고, 따로 떼어내고 분해한다 할지라도 항상 언어에는 어떤 것이 알려지지 않고 남아 있다. 바로 이 취급을 벗어나는 것 속에 살아 있는 것의 숨결(Odem)과 통일성(Einheit)이 있다. 그러므로 언어의 이러한 성질 때문에 여기서 주어진 의미에 있어서 어떤 언어의 형식을 기술한다는 것은 결코 완전한 성공을 기할 수 없고 단지 어느 정도까지, 전체적 개관을 만족시키는 정도까지만 성공할 수 있다 […] 이 길을 무시한다면 그는 반드시 많은 연구 사항들을 간과하게 되고, 실제로 설명할 수 있는 많은 것들을 설명 안 된 채로 내버려두게 될 것이다. 그리고 살아 있는 관련에 의해서 결합된 것을 고립되어 있는 것으로 생각할 것이다." (W. v. Humboldt 1963: III, 420 이하). 언어의 통일성을 설명하기 위한 '용모의 은유'는 언어의 전체성을 설명하기 위해 이미 언급했던 '산허리의 안개 은유'와 비견될 만 하다. 어쨌든 전체성과 통일성은 단일성이라는 측면에서 유사성을 가지고 있기 때문이다. 사실, 텍스트가 아닌 낱말에는 '통일성'이나 '유기성'의 관여를 적용시키기가 여간 어려운 것이 아니다. 왜냐하면 낱말은 – 비록 낱말이 형태소나 음소와 같은 더 작은 단위로 분절될 수 있음에도 불구하고 - 독립성과 통일성을 가지기에는 작은 단위로 여겨지기 때문이다. 그러나 W. v. Humboldt에게 있어서는 낱말도 전체성과 관련있다: "여기서 파악된 입장에서 본다면, 모든 언어가 가지고 있는 낱말 저장물의 통일성(Einheit)이 분명하게 나타난다. 낱말 저장물은 하나의 전체(ein Ganzes)이다. 왜냐하면 하나(Eine)의 힘이 낱말 저장물을 만들어냈고 이 생산이 끊길 수 없는 연쇄 속에서 계속되었기 때문이다. 낱말 저장물의 통일성(Einheit)은 매개의 역할을 하는, 개념의 친족성에 의한 직관과 음성의 관련성(Zusammenhang)에 기인한다." (W. v. Humboldt 1963: III, 481). 그러나 이러한 낱말의 전체성도 결국에는 레데(텍스트)의 전제하에서만 기능하기 때문에 텍스트의 존재는 언제나 중요하다. 왜냐하면 W. v. Humboldt는 다음과 같이 낱말의 특징을 설명하고 있지만, 레데의 존재하에서만 낱말이 의미 있다고 간주하기 때문이다: "우리는 여기서 [복잡한 것으로부터] 단순한 것으로 거슬러 올라가면서 낱말을 어근으로부터 구별했다. 그러나 우리는 더욱 더 복잡한 것으로 내려가면서 낱말을 실제로 문법적 형태로부터 구별할 수 있다. 낱말이 레데 속에서 통합되기 위해서는 상이한 상태들을 명시해야 된다. 이 상태들의 명명이 제3의 일반적으로 확대된 음성 형태가 성립되도록 낱말 자체에서 생겨 날 수 있다. 여기서 명시된 분리는 언어에 있어서 엄격하고 정확하기 때문에 낱말들은 이 상황을 표시하는 기호 없이 존재할 수 없다. 이 상황들이 음성차이에 의해서 표시되는 한도 내에서 낱말들은 변하지 않고는 레데 속에 들어올 수 없다. 이 낱말들은 기껏해야 그것 자체를 가지고 있는 다른 낱말들의 부분으로서 나타날 수 있다고 하더라도 그 나름대로 레데 속에서 사용된다." (W. v. Humboldt 1963: III, 451). 또한 낱말이 실제적으로 사용된다면, 즉 텍스트에 속한다고 생각하면 그 낱말은 통일성의 축에 들러붙어야 할지도 모른다. 왜냐하면 낱말이 가진 다의적 성질이란 그 낱말이 텍스트에 속하게 되면 또는 그 낱말이 텍스트내에서 사용되면 명료해지기 때문이다. 그런 차원에서 보면 낱말에 있어서의 전체성이 당연히 중요시 된다. 이러한 통일성과 전체성이 텍스트언어학과 긴밀한 관련이 있다는 사실은 텍스트성의 하위 개념 중에 하나인 '코헤렌쯔(Kohärenz)'가 종종 '통일성'으로 번역된 것을 보아도 알 수 있다.[1] 이를 테면, 어떤 임의의 발화(Äußerung)가 텍스트가 되기 위해서는 텍스트성(Textualität)이 필요한데, 이러한 텍스트성의 가장 중요한 구성인자 중의 하나가 코헤렌쯔이기 때문이다.

W. v. Humboldt의 통일성은 J. Trabant에게 있어서 "W. v. Humboldt 인류학은 개체들의 총체성"이라고 명명되는데, 혹시라도 통일성에 대한 W. v. Humboldt의 관심은 이러한 '인류학적' 사고에서 연유할 수도 있다: "W. v. Humboldt의 인류학은 개체들의 총체성을 포괄하고자 필사적으로 노력한다. 왜냐하면 총체성이야말로 인류학이 파악하고자 시도하는 '인류의 이상'이 나타

---

1) H. Hülsmann은 J. Ritter의 철학사전에서 철학분과에서 유래하는 코헤렌쯔의 의미를 다음처럼 기술한다: "코헤렌쯔는 [...] 개별 단위 또는 개별 요소들의 공속성(Zusammengehörigkeit)을 표현하기 위한 것이었다. P. Hartmann에 있어서 이 개념은 명시적으로 철학적 의미를 얻게 되는데, 그는 '이데아의 공동체(Gemeinschaft der Ideen)'라는 Platon적 사상을 언급하면서 한 범주 층에서의 통일성을 코헤렌쯔로 표현한다. 코헤렌쯔 법칙은 그러한 범주적 법칙이고, 이것은 범주 가치의 법칙을 따른다. 이 법칙은 어떤 계층을 통일되게 하는 범주의 내용적 공속성의 법칙이다. 이것은 모든 범주가 전체 층의 연합에 의해서 결합되고, 내용적으로 상호 규정된다는 것을 말한다. 코헤렌쯔에는 다음의 네 가지 요소가 중요하다: 효력의 공통성, 내용의 공속성, 층 연합의 총체적 성격과 그것에 의한 개별 범주의 내용적 상호 규정성. 따라서 코헤렌쯔 법칙은 연합성의 법칙, 범주들 사이의 관계 법칙, 범주적인 함축성 법칙이다. 첫 번째 법칙은 근본적으로 풀리지 않는 복잡한 한정과 결합으로서의 규범적인 연합성과 조응한다. 그것은 범주 단위들을 관통하는 동일성(Identität)과 일치한다. 이러한 함축성은 범주의 맞물림과 관련되고, 그래서 코헤렌쯔 안에는 상위, 하위가 결코 존재하지 않는다." (H. Hülsmann 1976 제4권: 877 이하).

나기 때문이다."(J. Trabant 1998: 79). 또한 언어가 가져야 하는 통일성은 사고의 전제가 되기 때문이었을 수도 있다. W. v. Humboldt는 이를 "사고와 언어에 대해서(Ueber Denken und Sprache)"에서 제시하고 있는데, 사고의 본질은 성찰, 즉 사유하는 자를 사유된 것과 구별하는 데에 있고, 성찰을 실행하기 위해서 정신은 진행중인 자신의 활동 속에서 일순간 정지해 있어야 하고, 방금 상상된 것을 하나의 통일체로 수용해야 한다는 것이다. 또한 이러한 방식으로 정신은 대상으로서 스스로를 대비시켜야하기 때문이다. 이러한 방법으로 정신은 몇몇의 통일체들을 형성할 수 있는데, 정신은 이것들을 다시금 상호 비교하며, 필요에 따라 분리, 결합한다. 그러므로 사고의 본질은 사고 자신의 진행 과정에서 단편들을 만들어내고, 이를 통해 사고 활동의 일정한 몫들로부터 전체를 형성하는 데에 있다. 그리고 이 형성들 자체는 개별적으로 상호 대비되지만 모든 것들을 합하여 객체로서, 사고를 행하는 주체에 대비시키는 데에 있다. 사고의 일정한 몫들은 통일체들로 결합되어서 보다 상위인 전체의 다른 부분들에 대해서는 부분들로서, 주체에 대해서는 개체로서 대비되지만, 바로 이 통일체들의 감성적 명칭이 광의의 의미에서 언어라고 불리운다. (이성준 1999: 111 참조). 여하튼 W. v. Humboldt에게 있어서 우리들이 언어를 말하는 것도, 이와 동일한 힘을 지닌 이해하는 것도 전체성을 전제로 하지 않으면 안된다: "이해에 관해서도 사정이 다르지 않다. 마음 속에는 자신의 고유한 행위에 의해 발생하지 않은 것은 아무것도 존재할 수 없다. 이해한다는 것과 말한다는 것(Sprechen)은 동일한 언어력의 상이한 작용에 지나지 않는다. 공통된 레데는 재료의 전달과는 결코 비교될 수 없다. 말하는 사람에게 있어서와 마찬가지로 이해하는 사람에 있어서도 소재는 그 사람의 내적인 힘으로부터 발전되어야 한다. 이해하는 자가 받아들이는 것은 조화되어 울리는 자극이다. 따라서 인간에게 있어서 방금 이해된 것을 다시 말한다는 것은 자연스럽다. 이렇게 해서 언어는 인간 속에 전역에 걸쳐 존재하고 있다." (W. v. Humboldt 1963: III, 430).

4.1.4 레데 개념

그러나 무엇보다도 W. v. Humboldt를 텍스트언어학의 선구자로 칭할 수 있는 핵심 구절들은 레데와 관련된 일련의 서술에서 보여진다. 우선 W. v. Humboldt에게 있어 언어 공동체에서 중요한 것은 낱말이 아니라 레데인데, 이러한 레데의 중요성은 W. v. Humboldt 저작물의 여러 군데에 산재되어 등장한다. 그 중에서도 텍스트언어학과 관련지어 가장 중요한 부분은 낱말보다 레데를 우선하는 다음 구절이다: "자신의 현실적 본질에서 이해된 언어는 끝없이 매 순간마다 지나가는 어떤 것이다. 문자에 의한 언어의 보존 자체도 미이라와 같은 언제나 불완전한 보존에 지나지 않는다. 그러나 그러한 보존은 다시금 살아있는 연설(Vortrag)의 구체화를 필요로 한다. 언어 자체는 작품(ergon, 에르곤)이 아니고, 활동(energeia, 에네르게이아)이다. 따라서 언어의 진실된 정의는 발생적일 수밖에 없다. 즉 언어는 분절된 음성으로 사상을 표현할 수 있는 영원히 반복되는 정신 활동이다. 직접적으로 그리고 엄밀하게 말하면, 이것은 그때마다의 말함(Sprechen)의 정의이다. 그러나 진실되고 본질적인 의미에 있어서 우리는 단지 바로 이 말함의 전체를 언어로 간주할 수 있다. 왜냐하면 우리가 보통 언어라고 부르는 낱말들과 규칙들의 흐트러진 카오스에는 다만 개별적으로 만들어진 말함만이 존재하고, 이것은 결코 완전하지 않고, 이로부터 살아있는 말함의 방식을 인식하고 살아있는 언어(Sprache)의 참된 모습을 제공하기 위해서는 또 다른 새로운 작업이 필요하기 때문이다. [언어의] 바로 가장 위대하고 가장 고상한 성질은 그러한 분리된 단위에서 인식되지 않으며, 결합된 레데에서 지각되거나 예감된다. (이것은, 실제적인 언어는 자신의 현실적인 생산 활동에 있다는 사실을 더욱 잘 증명하고 있다). 우리들은 언어의 살아있는 실체를 파고드는 모든 연구들에 있어서, 그것[결합된 레데]만을 언제나 진실된 것 그리고 가장 우선하는 것이라고 생각해야 한다. [언어를] 낱말과 규칙으로 분해하는 것은 과학적(학문적) 분석이라는 죽은 작업과 다름 아니다". (W. v. Humboldt 1963: III, 418); "언어 발생을 낱말에 의한 대상의 명칭에서 시작하여 거기에서부터 결합으로 넘어가는 것으로 생각해서는 안 된다. 실제로 레데는 선행하는 낱말에서 합성된 것이 아니라, 반대로 낱말이 레데 전체에서 생긴다." (W. v. Humboldt 1963: III, 448). W.

v. Humboldt에게 있어서 "레데가 처음으로 그리고 원래 생각되어진 것"이라는 언급은 P. Hartmann의 텍스트 정의인 "텍스트는 원래의 언어기호"(P. Hartmann 1971: 10)와 정확히 일치한다. P. Hartmann에게 있어서 단지 '기호' 개념이 추가되었지만, 전체적인 뉘앙스에 있어서는 유사하다. 또한 W. v. Humboldt의 레데는 "첫 번째 것"이다: "왜냐하면 비록 우리는 음운에서 낱말로, 그리고 낱말에서 레데로 넘어가는 것에 익숙해 있다 할지라도 본성의 진행에서는 레데가 첫 번째의 것이며, 규정적이기 때문이다." (W. v. Humboldt 1968: IV, 142). 그러므로 W. v. Humboldt에 있어서 레데가 제 1의적인 원래의 언어 기호이며, 모든 그 밖의 언어 차원들은 레데에 속한다. 따라서 '레데'를 현대 언어학의 술어인 '텍스트'로 번역하는 것은 정당하다. 왜냐하면 텍스트언어학의 창시자로 일컬어지는 P. Hartmann의 텍스트 정의가 이 세 가지 개념과 정확히 일치하기 때문이다. W. v. Humboldt에 있어서 "언어의 목적은 레데"(W. v. Humboldt 1969: V, 399)"에 있으며, "언어는 레데에서만 존재하며, 문법이나 사전 같은 거의 죽은 골격에 비교될 수 없으며"(W. v. Humboldt 1968: VI, 147), "언어의 생생한 본질성을 구명하려는 모든 조사에서 레데만을 언제나 참되고 진실한 것으로 생각해야 한다."(W. v. Humboldt 1968: VII, 46).

4.1.5 레데의 중의성

그러나 W. v. Humboldt의 레데는 텍스트가 아니라 현대 텍스트언어학에서 말하는 텍스트소(Textem, Textteile)로 이해되는 다음과 같은 경우가 더러 있다: "언어에서 표시되는 것(Bezeichneden)의 전 영역에 있어서 두 개의 종류(Gattungen)가 실질적으로 서로 구분된다: 그 중의 하나는 개별적 대상 또는 개념이고 다른 하나는, 일부는 새로운 대상을 표시하기 위해서, 일부는 레데의 연결(Verknüfung der Rede)을 위해서 많은 대상 또는 개념들과 결합되는 일반적 연쇄성이다. 이 일반적 연관성은 대개는 사고 형식(Form des Denkens) 자체에 속한다. 그 연관성은 하나 하나가 근원적 원리로부터 끌어들여지는 것이기 때문에 완결된 체계를 형성한다. 이 체계 속에서 각 요소들은 서로에 대한 관계에 있어서와 마찬가지로, 전체를 포함하는 사고 형식에 대한 관계에 있어서도 지적인 필요성에 의해서 규정된다." (W. v. Humboldt 1963: III, 454 이하). 또한 낱말의 상위 개념으로서의 레데도 사용된다: "낱말들은 대체로 구체적 대상을 나타낸다. 문법이 표시하는 것은 구체적인 것도, 가시적인 것도 아니며, 외부세계의 어떤 곳에도 나타나지 않고, 비구체적인 형태처럼, 표상력이 사물들을 자체에 수용하는 한, 이 사물들 주변에서만 떠돌 뿐이며, 그 본질은 완전히 지적 관계에 있다. 낱말들은 독자적이고, 재료적이며, 관찰과 분해가 가능한 레데의 구성 요소이다. 문법 표시는 이 낱말들에 부속되어 있을 뿐이며, 흔히 거의 알아 차릴 수 없는 음운의 상이성, 모음이나 자음의 섬세하고, 사소하게 생각되는 변화 - 그럼에도 불구하고 언어 공동체들은 이 변화를 오랫동안 고수하고 있다 -, 때로는 독자적인 조음된 톤으로조차가 아니라, 다만 발음의 변경, 변환된 강음, 휴지기로만 되어 있으며, 더욱이 심지어 모든 독자적인 재료적 소리들을 포기하고, 단순한 낱말 위치를 사용한다. 또한 문법 배열은 반드시 말에서 실제로 자신을 표현하지 않고, 그 표시를 기존의 이해 습관에 따라서, 자신에게 보충하면서, 다소 추가할 것을 청자에게 맡긴다. 언어들의 문법적 상이성은 낱말들의 상이성보다 훨씬 소리들의 단순한 상이성에 있지 않고, 문법관의 상이성에 있다." (W. v. Humboldt 1968: VI, 337 이하); "레데의 요소들을 서로 연결하고, 음성과 음성을 결합시키고 또 음성의 본성이 허락한다면 음성을 다른 음성과 융해하고, 더욱 일반적으로 말하면 음성의 성질에 따라서 접촉 속에서 음성을 변화시키는 경향은 굴절 감각(Flexionssinne)이 통일을 꾀하는 수고를 경감시킨다." (W. v. Humboldt 1963: III, 498). 위와 같은 방식으로 레데를 낱말의 상위 요소로 보는 경향은 또 있다: "낱말에서 우리들은 개별적인 개념을 나타내는 기호를 이해한다. 음절은 소리의 단위이다. 음절은 스스로 의미를 가지게 될 때 낱말이 된다. 이를 위해서 종종 여러 음절의 결합이 필요하다. 그러므로 낱말에는 항상 소리와 개념이라는 이중으로 된 단위가 결합되어 있다. 그렇게 해서 단어들은 레데의 참된 요소(wahre Elemente)가 된다. 왜냐하면 의미가 없는 음절은 도대체 그렇게 불리워질 수 없기 때문이다." (W. v. Humboldt 1963: III, 448).

4.1.6 접속사

W. v. Humboldt 는 텍스트를 구성하는 접속사의 중요한 역할도 이미 이해하고 있었다: "각 문장은 하나로 취급되나 이 단위들은 다시 결합되어 보다 큰 단위로 되며, 선행된 문장은 진술 전체의 뒤따르는 문장이 완벽하게 규정될 때까지 영혼 앞에 떠돌며 보존되어야 한다. 문장 형성은 여기서 확대되어 중복문(Periode)으로 되고, 접속사는 문장만을 결합하고 분리시키는 접속사와 한 문장을 다른 문장에 의존시키는 어려운 접속사로 구분된다." (W. v. Humboldt 1968: VII, 233). 이 인용에서는 오늘날 '문장을 넘어가는 (tansphrastisch)' 문법으로 규정되는 텍스트언어학적 발상이 구체적으로 드러난다. 그러므로 W. v. Humboldt에서는 두 문장의 그밖의 문맥에서도 내용을 한정하는 기능이 제시되어 있다. 그는 접속사에 의하여 문장들이 결합되어 보다 큰 단위를 이루는 예를 'als'와 'denn'을 가지고 설명한다: "접속사는 als처럼 그것에 뒤따르는 문장들을 지배하거나 또는 어느 정도 생략적으로 denn처럼 선행하는 문장을 자체에 포함한다." (W. v. Humboldt 1968: VIII, 137). 여기서 denn 속에 선행문장이 포함되어 있다는 사실은 이 접속사가 - 텍스트언어학적으로 볼 때 - 문장을 넘어가는 대치어의 역할을 하고 있다는 사실과 다름 아니다.

4.1.7 대명사의 중요성

전체성과 유기체 개념 그리고 레데의 우선성과 접속사의 중요성에 이어서 텍스트언어학적으로 의미있는 W. v. Humboldt의 언어 사상은 대명사에 대한 의미 부여이다. W. v. Humboldt 사상 전반에 걸쳐있는 다양한 부분들을 통합하는 전체성을 구현하기 위해서는 필연적으로 중요한 것이 요소들을 하나로 뭉쳐주는 관계 개념일 것이다. 이럴 경우 인간의 사고는 어떤 대상을 결코 고립시켜 다루지 않으며, 우선적으로 이 때 가장 필요한 것이 대명사라고 추정해 볼 수 있다. 이러한 대명사의 중요성은 W. v. Humboldt에서도 여지없이 등장한다. 이는 레데 부분들(Redeteile)의 통일성(Einheit)과 총체성(Totalität)을 위해 이들을 연결짓는 장치로서의 기능을 중시하는 것과 같다: "논리적 판단과 문법적 문장은 그 모든 종류와 하위 종류를 통해서 내내 개념들의 결합과 분리에 있어서 동일선상에 있다. 그러나 논리학은 이 이상적 관계를 단지 그것 자체로, 가능성의 영역에서, 절대적 존재의 영역에서 다시 취급한다. 언어는 이 관계를 일정한 계기에 설정하고, 주어를 술어로, 즉 활동하거나 또는 활동을 당하는 것으로, 자신에게 끌어당기거나 또는 밀어내는 것으로 기술한다. 이에 의거하여 무기력한 관계 개념이 흡사 수학 등식의 결합 기호처럼 생동적인 움직임으로 된다. 문법 전체의 중심점이며, 핵심인 동사가 생겨난다. 더욱이 언어는 낱말로 파악된 사유를 항상 다른 사람, 외적으로 실제로 존재하거나 또는 정신에서 생각된 사람에게 향한다. 이 점에서 한 사람을 전제하는 동사의 성질에 대명사는 그 기원을 두고 있다. 그러므로 동사와 대명사는 언어 전체가 움직이는 축이다." (W. v. Humboldt 1968: V, 346). W. v. Humboldt에 있어서 대명사의 중요성은 동사의 중요성에 비견되는데, 동사가 문법 전체의 중심점이자, 수학 등식의 결합 기호로 간주되는 것은 현대의 결합가 문법(Valenzgrammatik)에서 많이 논의되었던 주장이며, 이러한 동사와 더불어 언어의 전체성을 위해서 존재하는 것이 대명사라는 것이다. 그래서 대명사가 명사를 대신한다는 좁은 문법적 견해를 W. v. Humboldt는 반기지 않았다. 또한 외적 연관성의 공간적 표현인 전치사에 대한 중요성 그리고 이러한 전치사와 대명사를 하나로 묶을 수 있는 사상이 언어 또는 텍스트의 전체성과 총체성을 이해시키는 좋은 보기가 될 수 있었다: "나는 이전에 쓴 논문에서 다음과 같은 점을 정당하게 밝혔다고 믿는다: 모든 언어에 있어서 인칭에 관한 낱말들은 원래부터 있었음에 틀림없다. 그리고 대명사가 언어에서 가장 늦게 출현한 레데 부분이라고 간주하는 것은 잘못된 생각이었다. 명사를 대명사에 의해서 대치한다는 좁은 문법적 표상방식은 여기서 언어의 더욱 깊은 곳에서부터 끌어낸 견해를 쫓아버렸다. 언어의 문제를 생각할 때 일차적인 것은 당연히 화자 자신인 인간이다. 화자는 항상 자연과 직접 접촉하고 있으며 언어에 있어서도 자연에 대해서 자아(das Ich)라는 표현을 대립시키는 것을 그만 둘 수 없다. 그러나 자아 속에는 저절로 너(das Du)가 주어져 있으며 또 새로운 대립에 의해서 제삼자(die dritte Person)가 생긴다. 그러나 이 제삼자는 느끼는 자와 말하는 자의 범위를 넘어서 있기 때문에 생명이 없는 것에까지도 확대된다. 즉 자아인 인간은 모든 구체적인 특질을 도외시한다면 공간과는 외적인 연관성에, 감각과는 내적인 연관성 속에 존재하게 된다. 그러므로 외적 연관성의 공간적 표현인 전치사와 내적 감각의 직접적 표현인 간투사(Interjectionen)가 인칭대명사와 한무리가 된다. 왜냐하면 전치사라고 있는 것은 공간 또는 공간의 확장이라고 생각된 시간이 인칭 개념으로부터 분리될 수 없는 한 정해진 지점에 대해 갖는 관계이며, 간투사는 살고 있다는 감정의 단순한 발로이기 때문이다." (W. v. Humboldt 1963: III, 483). 이러한 주장은 "텍스트 중심 품사 분류"(이 책의 4.12장을 참조할 것)에서 대명사와 전치사를 이웃하게 할 수 있는 훌륭한 논거로서 제시될 수 있다.

4.1.8 마무리

W. v. Humboldt가 레데와 관련된 많은 견해들을 피력했고, 그 부분과 현대 텍스트언어학의 텍스트 개념과의 연관성을 추정하는 것이 어렵지는 않지만, 그가 분투노력했던 궁극적인 언어의 핵심 개념이 '의사소통적' 성질이 아님은 - 다음 구절을 보게 되면 - 분명해 보인다: "우리들이 언어 발생을 자유로운 인간 사회를 이루기 위한 원시인들의 집회 속에서 찾는 대신에 특히 상호 협조의 필요성에 돌리거나 원시인들의 인간성을 공상적인 어떤 자연 상태에 둠으로써 흔히 생각하는 것처럼, 우리들은 언어의 시초 자체를 적은 수의 낱말들로 제한된 것이라고 생각해서는 안된다. 이 두 생각은 언어에 관한 대단히 잘못된 견해이다. 인간은 그렇게 곤궁한 것은 아니다. 상호 협조를 위해서라면 분절되지 않은 음성으로도 충분했을 것이다. 언어는 그 시초에 있어서도 완전한 인간적인 산물이며 의도가 없이 서로 우연적인 감각적 지각의 대상과 내면적으로 취급되는 모든 대상으로 퍼져나간다. 위에서 말한 자연 상태에 더 가까운 것임에 틀림없는 이른바 미개인들의 언어도 모든 경우에 필요를 능가하는 풍부하고 다양한 표현을 보이고 있다. 단어들은 필요 또는 의도가 없이도 자유롭게 가슴으로부터 솟아나온다. 아무리 황량한 땅에서도 일찍이 가요를 소유하지 못했던 유목민은 존재하지 않았을 것이다. 왜냐하면 동물로서의 인간은 노래하는 동물이며 다른 동물과는 달리 사상을 멜로디와 연결시키기 때문이다." (W. v. Humboldt 1963: III, 434); "언어는 단순히 상호이해를 위한 교환수단일 뿐만 아니라 정신이

그 힘의 내적인 활동을 통해 자신과 대상 사이에 정립하지 않으면 안될 참된 하나의 세계라는 감정이 마음속에서 정말로 깨어난다면, 우리의 마음은 점점 더 많은 것을 언어 안에서 찾아내고 더욱 더 많을 것을 언어 안에 넣는 참된 길을 가고 있는 것이다." (W. v. Humboldt 1968: VII, 176). 이런 차원에서 살피면, 도대체 W. v. Humboldt의 레데와 텍스트언어학의 텍스트가 관련이 있는가에 대한 의문이 생기는 것도 사실이다. 또한 그가 문장관련 이론과 텍스트 이론을 명확히 구분하지 못하였던 점이 문제점으로 지적될 수 있다. 그럼에도 불구하고 W. v. Humboldt를 기꺼이 텍스트언어학의 선구로서 추정할 수 있는 가장 핵심적인 장소는 다음이다: "여기에서 필자는 언어의 방식(Verfahren)을 가장 넓은 개념으로 간주한다. 언어는 사고를 형성하는 기관이다. 필자는 이러한 언어의 방식을 레데에 대한 관계에서 그리고 언어의 직접적인 산물인 낱말 요소에서뿐만 아니라, 언어와 사유능력과 감정 능력의 관계에서 [언어의 방식을 이해한다]. 이것[언어]이 정신에서 출발해서 정신으로 돌아가는 전체적 과정이 고찰된다. 언어는 사고를 형성하는 기관이다. 완전히 정신적이고, 완전히 내면적이고, 어느 정도 흔적 없이 지나가는 지적 행동은 음성을 통하여 레데 안에서 외면화되고, 의미가 감지될 수 있다. 따라서 그것[지적 행동]과 언어는 하나이며, 서로 분리할 수 없다. (W. v. Humboldt 1968: III, 426); "언어가 주관적으로 작용하고 의존적인 한에 있어서, 언어는 객관적으로 작용하고 독립적이다. 왜냐하면 그것[언어]은 그 어느 곳에서도, 이를테면 글에서도 머무는 장소를 지니고 있지 않기 때문이다. 그것[언어]의 죽은 부분은 언제나 사유 내에서 새롭게 만들어지며, 레데와 이해 안에 살아 있으며, 따라서 완전히 주관 속으로 이행한다." (W. v. Humboldt 1968, III: 438). 또한 W. v. Humboldt가 독립적으로 레데(텍스트) 언어학적 저술을 전혀 내지 않았다는 사실은 그가 능력이 없었음이 아니라, 자신의 목표(언어 본질의 규명)가 좀 더 높은 것이었기 때문일 것이다.

R. H. Robins은 『언어학의 역사』에서 W. v. Humboldt가 언어학에 기여한 여러 업적들을 길게 나열하고 있지만(2007: 238 이하) 그 어느 곳에서도 그의 텍스트언어학적 발상에 대해서는 함구하고 있다. 그는 W. v. Humboldt가 "언어 연구는 자기 자신을 위하여 행해져야 한다"는 주장에 의해서 일반언어학의 창시자가 되고, "언어 연구는 나아가서는 인간 정신의 전체적인 노력의 최상 및 일

반적인 목적을 조사해야 한다"(VI-6)에 의해서 언어 철학의 창시자가 되었음을 언급하는데, 이에 덧붙여서 "언어는 각 부분이 다른 부분과, 그리고 모든 부분이 전체와 다소간에 분명히 인지될 수 있는 관련을 맺고 있는 거대한 한 장의 직물(Gewebe)과 비교될 수 있다"(W. v. Humboldt 1968: VII, 70)는 구절에 의해서 W. v. Humboldt는 텍스트언어학의 선구자가 되었음도 밝혀져야 하겠다. 언어가 '한 장의 직물'이라는 주장은 '언어는 하나의 텍스트'라는 말과 진배없기 때문이다.

4.2 F. de Saussure(1915/1967)와 텍스트언어학

언어학사적으로 볼 때 F. de Saussure만큼이나 언어학 일반에 영향을 끼친 이는 찾아보기 힘들다. 그는 언어학이 독자적인 학문/과학(Wissenschaft)으로 출발하는 원점이자 출발점이다. 그가 스위스 제네바 대학에서 J. Wertheimer의 뒤를 이어 1906-1907년, 1908-1909년 그리고 1910-1911년에 걸친 기간 동안 행했던 일반언어학에 대한 세 차례 강의 내용들은 제자들이었던 L. Callia, L. Gautier, P. Regard, A. Riedlinger, A. Sechehaye 부인, G. Dégallier, F. Joseph 등이 기록한 강의 노트 덕택에 세상의 빛을 볼 수 있었다. 세상에 존재하는 모든 구조주의의 출발점[2]으로 간주되는 이러한 F. de Saussure의 이론을 우리들의 관심꺼리인 텍스트언어학적인 차원에서도 살필 수 있는 여지가 있다. 우선적으로 F. de Suassure에 대한 이 책의 편집자인 C. Bally와 A. Sechehaye 부인의 다음과 같은 견해는 텍스트언어학의 현대적 의미의 창시자로 여겨지는 P. Hartmann의 "텍스트언어학의 핵심강령"(P. Hartmann 1971: 10 이하)이나 일반적으로 통용되는 텍스트 개념과 관련되고 있음을 알 수 있다.

> "우리의 주된 생각은, 총체감을 이루는 데 기여할 수 있는 어떠한 것도 소홀히 하지 않고 유기적 통일체를 세우는 것이었다. 그러나 바로 그 점 때문에 아마도 우리는 이중적 비판을 받게 될 것이다. 첫째로, 이 '총체(Ganze)'가 불완전하다고 말할 수도 있다. 즉, 선생님 [F. de Saussure]의 가르침에는 언어학의 모든 분야에 접해 보고자 한다든지, 모든 분야에 똑같이 밝은 빛을 투사하고자 하는 야망은 없었던 것이다. 실제적으로도 그는 그렇게 할 수 없었다. 게다가 그의 관심사는 전혀 다른 데 있었다. 그의 저서 곳곳에서 발견될 뿐 아니라 다양하게 채색된 질긴 이 천(Gewebe)의 씨실을 이루고 있는 몇 가지의 독특한 기본 원리에 따라, 그는 심도 있게 연구했으며 그 원리들이 적용될 수 있는 특히 인상적인 대상들을 발견한 경우와 그것들이 위태롭게 되는 어떤 이

---

2) S. Freud, C. Lévi-Strauss, J. Lacan, M. Foucault, J. Derrida 등으로 대표되는 모든 구조주의의 출발점이 바로 F. de Saussure이다.

론에 마주친 경우가 아니고서는 표현상으로는 상세한 설명을 하지 않았다. 어떤 분야들, 예를 들어 의미론 같은 것은 거의 다루어지지 않은 것도 이와 같이 설명될 수 있다." (F. de Saussure 1967: XI).

일단 위의 인용문에서 텍스트언어학과 관련 있는 두 개의 용어가 눈에 띄는데, '총체(Ganze)'와 '천(Gewebe)'이 그것이다. 왜냐하면 전자는 텍스트연구에 있어서 기본이 되는 핵심 개념 중의 하나이고, 후자는 은유적으로 '텍스트' 자체를 일컫는 개념이기 때문이다. 또한 이 개념들과 유사한 '유기적 통일체'와 '총체성' 개념은 이미 우리들이 다루었던 W. v. Humdoldt의 언어 개념에도 몇 번 등장했던 술어들이다.

이외에도 F. de Saussure의 『일반언어학 강의(Grundlagen der allgemeinen Sprachwissenschaft)』(1915/1967)의 첫 머리에 '텍스트'가 등장하는데, 이는 옛 문헌학파(philologische Schule)의 과제를 설명하기 위해 등장한 개념이었다: "이미 알렉산드리아에서는 '문헌학파'라는 것이 있었으나, 이 용어는 1777년에 F. A. Wolf가 만들었고 오늘날에도 계속되고 있는 학문의 경향을 특별히 지칭하고 있다. 언어는 문헌학에 있어 유일한 대상은 아니다. 왜냐하면 문헌학의 목표는 무엇보다도 텍스트(Texte)를 정립하고(feststellen), 해석하고(interpretieren), 설명하는 것(kommentieren)이기 때문이다." (F. de Saussure 1915/1967: 1). 텍스트언어학의 선조 학문 중의 하나로도 간주할 수 있는 문헌학에 대한 F. de Sussure의 위와 같은 견해는 자신이 연구 대상으로 삼는 언어(과)학(Sprachwissenschaft)과 현대적 관점의 텍스트언어학이 구분되어야 한다는 점을 시사하기도 하는데, 뒤이어 등장하는 문헌학에 대한 다음과 같은 설명이 이를 뒷받침 한다: "문헌학에 대해서는 이미 우리의 태도가 확정되었다. 두 학문이 서로 접하고 있는 면도 있고 서로 도움이 될 수 있는 것도 사실이지만, 문헌학은 분명하게 언어학과 구별된다." (F. de Saussure 1915/1967: 6). 그럼에도 불구하고 F. de Saussure가 제공하고 있는 다음과 같은 언어학의 제과제는 a)를 제외하고는 텍스트언어학의 제과제로 변형시켜도 큰 차이가 없음을 알 수 있다. 다시 말해서 거시적으로 보면, 언어학에 대한 F. de Saussure의 근본적 인식이 텍스트언어학의 강령과도 밀접한 관련을 가지고 있음을 알 수 있다.

F. de Saussure (이재원 作, 2018)

"a) 접할 수 있는 모든 언어를 기술하고 그 역사를 쓰는 것인데, 이는 결국 어족들의 역사를 쓰는 것이고, 가능한 한 각 어족의 선조가 되는 언어를 재구성하는 것이다.
b) 모든 언어에서 항구적이고 보편적으로 작용하고 있는 힘을 찾아보고, 역사의 모든 독특한 현상을 포괄할 수 있는 일반 법칙을 추출해 내는 것.
c) 언어학 자체의 범위를 정하고 정의를 내리는 것."

(F. de Saussure 1915/1967: 7).

F. de Saussure는 언어사에 대한 전체적 조망과 언어학의 과제와 연구대상 그리고 언어와 말하기 학문에 대한 정의를 내린 후, 『일반언어학 강의』 제5장에 "언어학의 내적 영역과 외적 영역(Innerer und äußerer Bezirk der Sprachwissenschaft" 이라는 제목을 부여하는데, 이때 내적 영역의 언어학과 텍스트언어학을 관련지을 수 있고, 이를 묶어주는 핵심 개념은 '전체성(Ganzheit)'이다. 왜냐하면 F. de Saussure가 추구하는 언어 조직과 체계 그리고 구조 등은 가능하면 언어 전체와 관련되는 것이기 때문이다. 비록 이것이 다음과 같이 낱말들의 관계 및 대립에 관한 것이라도 그러하다: "외래어 차용을 예로 들어보자. 이것이 언어의 삶에 있어서 항구적 요소가 결코 아님을 알 수 있다. 어떤 산간 벽지에서는 외부에서 들어오는 단 하나의 인위적 용어도 절대 용납하지 않았다고 말해도 과언이 아닌 지역이 있다. 이들 지역의 언어가 언어활동의 정상적 상황을 벗어나 있고, 언어활동에 대해 어떤 윤곽도 파악케 해 주지 못하며, 또한 혼합되어 본 일이 없기 때문에 기형학적 연구를 해야 한다고 말할 수가 있을까? 그러나 특히 차용어가 체계 내에서 연구될 때에는, 이미 그 자체는 문제가 되지 않는다. 차용어는 다른 어떤 토착 기호나 마찬가지로 그와 결합된 낱말들과의 관계 및 대립에 의해서만 존재한다." (F. de Saussure 1915/1967: 26); "내적 언어학에 있어서는 양상이 전혀 다르다. 아무 질서나 용납하지는 않는다. 언어는 자기 고유의 질서만을 아는 하나의 체계이다. 체스놀이와 비교해 보면 이와 같은 사실을 더 잘 감지할 수 있다. 이 경우 외적인 것과 내적인 것을 구분하기가 비교적 쉽다. 체스 놀이가 페르시아에서 유럽으로 왔다는 사실은 외적이다. 반대로 체계와 규칙에 관계되는 모든 것은 내적이다." (F. de Saussure 1915/1967: 27). 텍스트를 구성하는 텍스트소(Textem)들은

텍스트내에서 자기 나름대로의 고유 가치를 가지고 있다고 볼 수 있다. 이런 사상이 구체적으로 돌출된 것이 텍스트소들은 통사적 연결(Hintereinander, 일차적 구조)과 관계있을 뿐 만이 아니라, 이들 사이에 위계적 질서(Statteinander, 이차적 구조)가 있다는 사실이다. 이는 모든 텍스트소가 동등한 위치 가치를 가진 것은 아니라는 주장과 유사하다. 이러한 견해는 F. de Saussure의 "두 사물 사이에서의 등가 체계"에서 그 원시적 전범을 찾아볼 수 있는데, 그가 중시한 '정태언어학과 진화언어학(Statische und evolutive Sprachwissenschaft)'의 가치 체계에 대한 설명에서 이를 엿볼 수 있다.

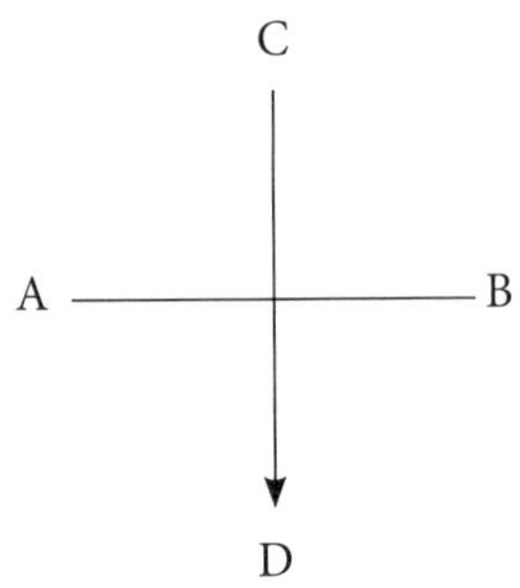

> "모든 과학에서 다루고 있는 사항이 놓인 축을 좀더 신중하게 표시해줄 필요가 있음은 중요하다. 즉 어느 분야에서나 다음 도표에 따라 구분하여야만 할 것이다: 1. 동시성의 축(Achse der Gleichzeitigkeit AB). 이것은 공존하는 사항 간의 관계를 말하며, 여기서는 시간의 어떠한 개입도 배제된다. 그리고 2. 연속성의 축(Achse der Aufeinanderfolge CD). 여기서는 한 번에 한 사항만을 고려할 수 있으나, 위 AB축의 모든 사항이 그 변화 요소와 함께 위치하고 있다. 가치 문제를 다루는 과학에 있어서 이러한 구분은 실용적 필요성으로 대두되는데, 어떤 경우에는 절대적 필요성으로 된다. 이런 영역에서 두 축을 고려하지 않고서는, 즉 그 자체로서의 가치 체계와 시간으로 이들 가치를 구별하지 않고서는, 학자들은 도저히 정확하게 연구를 해 나갈 수 없을 것이다." (F. de Saussure 1915/1967: 94).

여기서 우리들은 CD축이 텍스트종류를 구분해 주는 역할을 한다고 추정할 수 있다. 예를 들어, 텍스트의 구성 성분인 텍스트소가 일단은 무조건적으로 연결되는 것이 중요할 수 있다. 그렇지만 텍스트를 직조물에 비교했을 때는 '실'의 은유에만 머물러 있는 것이고, 이것이 하나의 완성된 직조물이 되려면 (또는 완결된 텍스트가 되려면) 특정한 코뜨기 방법이 가미되어야만 식탁보가 되던지 커튼이 된다는 사실이 중요하다. 다시 말해서 이러한 코뜨기 방법이 CD축과 닮아있다는 것이다. 그러나 다음과 같은 구절을 접하게 되면, F. de Saussure에게 있어서 텍스트언어학은 요원한 언어학의 각목이었는지도 모른다.

> "상당히 보편화된 한 이론의 주장에 의하면 유일한 구체적 단위는 문장이다. 우리는 문장을 통해서만 말하며, 나중에 여기에서 낱말들은 추출된다는 것이다. 그러나 우선 어느 정도까지 문장이 언어에 속하는 것인가? (16 이하와 149 참조)" (F. de Saussure 1915/1967: 126).

그럼에도 불구하고 다음과 같은 언어 연구의 총체성 내지 전체성 부분에 다다르게 되면, F. de Saussure에게서도 구체적인 텍스트언어학적 발상의 흔적이 있음을 알 수 있다: "앞서 언급한 모든 것이 말해 주는 것은 언어에는 차이만 존재한다는 사실이다. 뿐만 아니라 차이란 일반적으로 적극적 사항들을 전제하며, 이들 적극적 사항 사이에서 성립된다. 그러나 언어에는 적극적 사항이 없이 차이만 존재한다. 언어가 내포하는 것은 언어 체계에 선행하여 존재하는 개념이나 소리가 아니라, 단지 언어 체계에서 나온 개념적 차이와 음적 차이일 뿐이다. 하나의 기호가 갖는 개념이나 음적 재료보다는 그 기호의 주위에 있는 것, 즉 다른 기호들 속에 있는 개념이나 음적 재료가 더 중요하다. 그 증거로, 한 사항이 변했다는 사실만으로 그 가치가 변할 수 있는 것이다." (F. de Saussure 1915/1967: 143 이하). 이 구절이 등장하는 장의 제목 "전체로서 간주된 기호(Das Zeichen als Ganzes betrachtet)"에서 볼 수 있듯이, 이는 P. Hartmann의 다음과 같은 텍스트 정의와 유사한 점이 있다: "텍스트는 첫 번째 언어기호이다." (P. Hartmann 1968: 212).

F. de Saussure에게 있어서 언어에 대한 이러한 수평, 수직의 관계, 또는 씨줄과 날줄의 관계가 극명하게 드러나는 곳이 제5장 "통사 관계와 연상 관계

(Syntagmatische und assoziative Beziehungen)"이다. 여기에서 그는 "언어분지들 사이의 관계와 차이(Die Beziehungen und die Verschiedenheit zwischen sprachlichen Gliedern)"(F. de Saussure 1915/1967: 147)를 중요시하고 이를 다음과 같이 구체적으로 설명한다.

> "한편으로, 담화 속에서 낱말들은 연쇄에 의해 서로 관계를 맺는데, 이 관계는 언어의 선적 특성에 바탕을 두고 있으며, 언어의 선적 특성으로 말미암아 동시에 두 개의 요소를 발음할 수 없는 것이다(82 참조). 이들 요소는 말하기(Sprechen) 연쇄상에서 하나씩 차례로 배열된다. 이러한 결합이 어느 정도의 공간적 길이를 그 바탕으로 할 때, 이를 연사체(Syntagmen)라 할 수 있다. 따라서 연사체는 둘 또는 그 이상의 연속 단위로 구성된다 (예, ab-reißen(떼어내다); für uns(우리를 위해서); ein langes Leben(하나의 긴 인생); Gott ist gut(신은 선하다); wenn das Wetter schön ist, wollen wir ausgehen(날씨가 좋으면, 우리는 밖으로 나간다)." (F. de Saussure 1915/1967: 147).

텍스트언어학의 측면에서 볼 때, 위의 예시문에서 복문 뒤에 완전한 두 개의 문장 연결이 등장하지 않은 것이 아쉽기는 하지만, 곧 이어 등장하는 다양한 건축 양식의 예를 살펴보면, 이것은 바로 통사관계와 연사관계에 의해서 다양한 텍스트종류가 구분되는 것과 유사해 보인다. 다시 말해서 여기서 언급하는 도리아식, 이오니아식, 코린트식 등은 텍스트언어학의 다양한 텍스트종류와 비견될 만하다: "이와 같이 이중의 관점에서 볼 때, 언어 단위는 건물의 특정 부분, 예를 들어 기둥 같은 것에 비교될 수 있다. 한편으로 기둥은 자기가 받치고 있는 추녀와 어떤 관계 속에 있다. 모두 공간 속에 현존하는 두 단위의 배열은 연사관계를 생각나게 한다. 다른 한편으로 이 기둥이 도리아식이라면, 이것은 머리 속에서 다른 양식(이오니아식, 코린트식 등)과 비교되는데, 이들은 공간 속에 현존하지는 않는 요소들이다. 즉 이 관계는 연합적이다." (F. de Saussure 1915/1967: 148). 또한 '텍스트'가 '직조하다'에서 유래되었다면, '텍스트구성'은 '직조하기'일 터이고, 텍스트가 구성되어 완성된 그 결과물은 '편직물'일 것이다. 이러한 텍스트에 대한 직조의 은유는 현대 텍스트언어학에서 텍스트를 설명하기 위해서 자주 등장하는 단골 메뉴이기도 하다: "'텍스트'에는 실로 짠 직물과 인어로 된 텍스트가 서로 닮았다는 뜻이 담겨있는 것인데, 그 닮은 점은 어떤 것들일까? 가는 면사포로 뜬, 장미꽃 무늬가 있는 원형 식탁보를 떠올려 보자. 그런 식탁보는 편직물이다. 그런 식탁보를 뜨려면 재료가 있어야 한다. 실과 바늘이다. 그러나 실과 바늘이 있어도 뜨개질법을 모르면 편직물을 만들 수 없다 […] 텍스트도 편직물처럼 크기도 다르고, 형식도 다르고, 효과를 내기 위한 여러 가지 무늬도 있을 수 있다 […] 편직물 중에서 우리의 장미꽃 무늬 식탁보가 식탁보가 된 것처럼, 텍스트는 신문 기사가 되기도 하고, 편지가 되기도 하고, 선언문이 되기도 한다." (한국텍스트언어학회 2007: 39 이하). 또한 위와 같은 연사관계(Anreihungsbeziehungen)가 문장을 넘어서는(transphrastisch) 차원에도 존재한다는 사실이 F. de Saussure에 있어서 구체적으로 적시되어 있다: "147의 예에서 이해할 수 있듯이 연사 개념은 낱말뿐만 아니라, 낱말 그룹이나 크고 작은 모든 종류의 복합 단위에도 적용된다 (합성어, 파생어, 문장의 구성소, 전체 문장들(ganze Sätze)). (F. de Saussure 1915/1967: 148). 이와 더불어 연합관계(assoziative Beziehungen)를 설명하기 위한 'Belehrung(교훈)'의 예는 텍스트코헤지온 수단과 텍스트코헤렌쯔 수단을 연상시키기에 충분하다. 단지 이러한 텍스트소들이 한 문장에 등장하지 않고 문장의 연쇄에 등장하여 문장들 사이의 결속을 다져주는 역할을 한다는 의미에서 그러하다.

이로써 등장하는 것이 통사적 연대관계(syntagmatische Abhängigkeitverhältnis)인데, 비록 텍스트 차원에 관련된 예는 등장하지 않지만, 이것은 "언어 메커니즘(Mechanismus der Sprache)"이라는 장 제목에 걸맞게 우리에게 있어서는 텍스트

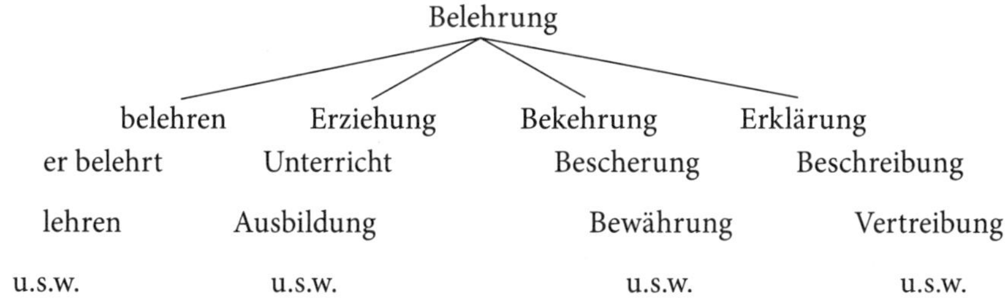

(F. de Saussure 1915/1967: 151).

구성 원리와 같은 역할을 한다: "이 조직에서 제일 눈에 띄는 것은 바로 통사적 연대이다. 거의 모든 언어는 발화 연쇄에서 그 전후에 있는 요소에 의존하거나, 단위 그 자체를 구성하는 연속 부분들에 의존한다. 낱말의 형성만 보아도 이 점을 충분히 알 수 있다. schmerzlich(고통스러운) 같은 단위는 두 개의 하위 단위로 구분 되지만(schmerz-lich), 이것은 독립된 두 부분이 서로 붙은 것이 아니다(schmerz+lich). 이것은 통사적 두 요소가 만든 산물, 즉 결합으로써, 이 두 요소는 상위 단위 속에서의 상호 작용에 의해서만 그 가치가 있다(schmerz×lich). 접미사란 혼자 떼어놓고 보면 존재하지 않는 것이다. 접미사가 언어 속에 자리를 차지할 수 있는 것은 lieblich(사랑스러운), peinlich(괴로운), herzlich(진심의)와 같은 관용적 사항의 계열 때문이다. 어간은 어간대로 자율적이 아니다. 접미사와의 결합에 의해서 존재하는 것이다 [...] 전체는 부분 때문에 가치가 있고, 부분 역시 전체 속에서의 그 위치 때문에 가치가 있는 것이다. 그렇기 때문에 부분과 전체 사이의 연사관계는 각 부분 사이의 관계와 똑같이 중요하다 [...] 이러한 메카니슴의 근원은 연속적 사항들의 작용으로써, 각종 부속들이 상호 작용하는 기계의 기능과 흡사하다. 물론 이들 부속은 단일 차원 속에 배치되어 있다." (F. de Saussure 1915/1967: 152 이하). 이러한 것이 아마도 F. de Saussure가 생각했던 "다양하게 채색된 질긴 이 천의 씨실을 이루고 있는 몇 가지 독특한 기본 원리" (F. de Saussure 1915/1967: XI) 중의 하나일 것이다. 이러한 F. de Saussure의 주장에서 텍스트언어학과 관련지어야 될 부분은 'scherzlich'라는 낱말에서 '-lich'의 존재이유를 문장을 초월한 단위와 관련짓는 부분이다. 이는 텍스트코헤지온 수단인 '반복(Rekurrenz)'이나 '동위소(Isotopie)' 개념과도 상통하는 면이 있다. 따라서 F. de Saussure의 언어이론의 근저에는 문장을 초월한 텍스트 개념이 어느 정도는 포함되어 있다고 주장할 수 있다.

4.3 I. Nye의 문장연결(Satzverbindung)

전통적으로 수사학과 문체론이 문장을 넘어가는 텍스트에 관심을 가졌고, 이와 더불어 문헌학적 전통과 관련하여 텍스트언어학적 성찰이 엿보이는 경우도 있었는데, 20세기 초반 미국에서 출간된 I. Nye의 박사학위 논문이 그러한 방향을 취하고 있었다. W. Dressler에 의해서 독일어로 번역된 그녀의 논문 초입에 등장하는 연구 목적은 "복합적이고 문어적인 텍스트를 이루는 문장들 사이에서 상호관련된 외적이고 가시적인 기호들을 발견하고 정리하는 것" (I. Nye 1978: 15)이다. 이것은 마치 현대 텍스트언어학의 초창기에 많이 논의되었던 어떤 임의의 발화를 텍스트로 만들어주는 텍스트성(Textualität)의 구성소인 코헤렌쯔 수단(Kohärenzmittel)이나 코헤지온 수단(Kohäsionsmittel)에 대한 정의와 닮아 보인다. 결론적으로 말해서 미시적 차원의 다양한 문장 연결 수단들과 관련된 것이 바로 I. Nye의 관심꺼리다. 그러나 I. Nye는 문장 연결 양상에 대해 "문장들을 통합하는 수단"(I. Nye 1912/1978: 15)이라는 표현을 사용하지만 문장 연결 양상이 "문법과 통사론 이상의 것과 관계를 맺는다"는 사실로 유추해 보면, 단순하고 표면적인 '수단' 이상의 것을 염두에 두고 있음에 틀림없다. 이것은 언어가 단순한 낱말이나 문장의 연결을 뛰어넘는 어떤 것이라는 W. v. Humboldt의 견해와도 유사하다.(이 책의 4.1장을 참조할 것). 이러한 견해의 기본에는 '미완성(Unvollständigkeit) 원칙'과 '반복(Wiederholung) 원칙'이 존재하고, 이러한 원칙의 도움으로 접속사 생략법(asyndeta)이 등장하는 발화들도 의미 있는 텍스트로 간주될 수 있다는 I. Nye의 언어 사상은 텍스트언어학적으로 볼 때 아주 의미 심장하다. (I. Nye 1912/1978: 15 참조). 이러한 접속사 생략법은 R.-A. de Beaugrande/W. Dressler(1981: 71, 103, 107)에서뿐 만 아니라 텍스트언어학이 출범한 이후에 많은 학자들에 의해서 텍스트성의 한 유형인 코헤지온 수단 또는 코헤렌쯔 수단으로 여겨졌다. 어쨌든 생략법의 이면에 잠재된 이러한 원칙이 이미 오래 전에 I. Nye에 의해서 서술되었다는 사실이 텍스트언어학사적으로는 의미있다. 또한 I. Nye는 '접속사의 실체로서의 불완전성'이라는 장에서 현대 텍스트언어학의 공간에서 R. Harweg(1968)에 의해 집중적으로 논의된 바 있는 '텍스트 시작'과 '텍스트 종결'에 대해서도 관심을 가졌다. 예를 들어 라틴어 'sed(그리고)', 'nam(왜냐하면)', 'neque(그리고 아닌)'으로 말을 시작하거나, 'et(그리고)'나 'nam(왜냐하면)'으로 문장을 종결지을 수는 없다는 것이다. (I. Nye 1912/1978: 16 참조). 이러한 텍스트소의 연결에 대한 I. Nye의 관심은, 좀 더 나아가서 K. Brugmann(1885) 등이 관심을 가졌던, 문장 연결을 위한 수단으로 접속사 이외에 명사적 대명사(substantivistische Pronomina), 대형용사(adjektivische Pronomina), 대부사(pronominale Adverbien) 그리고 불변화사(Partikel) 등이 존재한다는 사실을 언급하면서 'hic(여기)', 'ibi(저기)', 'utriumque(여기 저기)'를 문장 접속을 위한 연결어까지 확장되었는데(I. Nye 1912/1978: 18), 이것은 현대 텍스트언어학의 정전으로 손색이 없는 R. Harweg의 『대명사와 텍스트구성(Pronomina und Textkonstitution)』(1968)의 토대가 되는 견해와도 유사하다. 결론적으로 말해서 I. Nye에 있어서 다른 요소들과 연결성이 있는 낱말들은 일단 불완전성을 가지고 있는 것으로 간주된다.[3] 이를 전체적으로 살펴보면 다음과 같다. (I. Nye 1912/1978: 18 이하 참조).

불완전 부사

tum(그래서)
tandem(결국에는)
nondum(아직도 ~은 아니니다)
nunc(이제)
post(후에는)
ante(이전에는)
mox(뒤따라)
procul(먼)

3) 텍스트언어학 초창기에 H. Brinkmann도 이러한 견해를 가지고 있었다. 그는 당시의 영향력 있던 저서인 자신의 『독일어 문법』(1962/1971)에서 180쪽에 걸쳐 '레데(텍스트)'를 설명하는데, 그 장의 첫 머리가 – I. Nye의 견해와 견주면 – 불완전한 낱말에 관한 언급이다. H. Brinkmann은 이러한 불완전한 낱말을 열린(offen) 명사라고 하며, 이는 닫힌(geschlossen) 명사와 구분되는 개념이다. (H. Brinkmann 1962/1971: 704 참조).

prope(가까운)
potius(이전에)
magis(보다도)
postremo(결국에는)
ad ultimum(마지막에는)

그 밖에 불완전한 낱말

haec(dieser, 이것)
res(Sache, 사물): 이 낱말은 이전 문장에 의존적이고, 따라서 연결력을 가진다. 예: "haud displicet res Tullo (이것은 툴로에게 불쾌하지 않다)".
pars(부분)
aliquot(몇몇의)
quidam(어떤 것)
alter(전자는)
alius(다른 이는)
ceterus(그밖에)
tantus(보다 큰)
par(같은)
similis(유사한)

불완전 구성(unvollständigc Konstruktioncn)
a) 형용사
hic와 ille: "Caesar et Cicero erant Romani. Hic orator erat, ille dux. (Caesar와 Cicero는 로마인이었다. 후자는 웅변가였고 전자는 폭군이었다.)"
prima와 quarta, secuna와 tertia: "ita obtinuit, ut legiones ... inter se dividerent: prima et quarta Minucio, secunda et tertia Fabio evenerunt. (그래서 그는 그들이 의용 군대를 자기들끼리 구분 하는 것에 도달했다.)"

b) 분사.

"Ti. Sempronius consul Messanam venit. ei fretum intranti rex Hiero classem ... obviam duxit. (집정관 Ti. Sempronius는 멧씨나로 갔다. 그가 바다에 이르렀을 때 Hiero 왕이 함대를 이끌고 왔다.)"

"a Lilybaeo consul ... ipse in insulam Melitam ... traiecit. advenienti Hamilcar ... oppidumque cum insula traditur. (집정관은 스스로 리아바오로부터 말타섬으로 건너갔다. 그가 도착했을 때, 그에게 하밀카르와 그 섬과 함께 도시가 제공되었다.)"

c) 명사

ut lingua lambentem pueros magister regiipecoris invenerit - Faustulo fuisse nomen ferunt. (그래서 아이들이 입맛을 다시고 있을 때, 왕의 가축 무리를 돌보는 양치기가 그를 [즉 암 늑대를] 발견했다. Faustulo는 그의 이름임이 틀림없다.)

불완전 법과 시제

어떤 문장은 자주, 자신의 완전한 의미에 있어서 낱말이나 구성의 불완전성 때문이 아니라 법이나 시제의 불완전성 때문에 이전의 문장에 종속된다.

a) 부정법. "Iam magna Tarquini auctoritas inter Latinorum proceres erat, cum in diem certam ut ad lucum Ferentinae conveniant indicit: esse, quae agere de rebus communibus velit. (Tarquini의 영향은 이미 고대 로마의 귀족에 있어서 지대하다. 왜냐하면 그는 일정한 기간 동안 페렌티나의 숲에서 공동의 미래를 공표했기 때문이다: 아마 그는 공동의 일에 대한 어떤 것을 원했을 것이다."

b) 접속사. "primo vere edico adsitis. (봄의 초입에서 나는 너희들에게 입대하기를 명령한다)", "velim seu Himilco seu Mago respondeat (나는 Himilco나 Mago가 대답하기를 바란다.)"

c) 과거. 과거는 상대적 시간이다. 동일한 문장에서 주문장과 부문장사이에 종종 이러한 관계가 성립한다. 그러나 그러한 관계는 두 개의 각기 독립된 문장 사이에서도 존재한다. "... tria milia inde Carpetanorum peditum iter averterunt. constabat non tam bello motos quam longinquitate viae inexsuperabilique Alpium transitu. (따라서 3000명의 카르페타노룸 보병들은 되돌아 왔다. 그들은 더 이상 전쟁을 도정의 길이로 여기지 않고 알프스 횡단의 불가능을 고려했다는 사실이 확인된다."

d) 대과거. 대과거 역시 상대적 시간이다. 대과거는 부문장에서 사용되면서 주 동사와 관계에서 이전의 과거를 표시한다. 그러나 종종 대과거의 시간은 이전 문장과 관련지워져서 나타난다. 이 경우 두 번째 문장의 시제는 첫 번째 문장의 시제 없이는 불안정하다. "feroces ... in medium inter duas acies procedunt. consederant utrimque pro castris duo exercitus periculi magis praesentis quam curae expertes. (야수들은 [호라티어와 쿠리어티어] 양쪽의 최전방사이의 중간에 나타났다. 이 두 영웅은 (즉) 자신들의 진지의 양쪽 방향으로 배열을 잡았다.)"

이러한 불완정성의 원칙 외에도 반복에 의한 결합의 양상들이 전개되고 있는데, 이를 테면 "낱말 반복"과 "의미 반복" 그리고 "카테고리 반복"과 "격 반복"이 대표적이다. 이것들의 하위 부분들을 열거하면 다음과 같다.

XI 의미적 반복

a) 한 낱말은 이전에 나온 낱말의 내용을 다시 반복할 수 있다.
b) 한 낱말은 이전에 나온 낱말의 부분적인 내용을 반복할 수 있다.
c) 복합명사는 부분 문장의 내용을 또는 많은 문장의 내용을 반복할 수 있다.
d) 한 낱말은 이전 문장에서의 함축적인 어떤 것을 반복할 수 있다.

X. 배열(Andordung) 반복

a) 테마 반복(topics)
b) 문장 구조와 낱말 위치 반복

XI. 카테고리 반복

XII. 형태론적 반복

a) 시제 반복
b) 법 반복
c) 인칭 반복
d) 수 반복
e) 격 반복

비록 현대 텍스트언어학에서 엄밀하게 구분하는 전조응(Anapher)과 직시(Deixis) 그리고 거시조응과 근접대치(Kontiguitätssubstitution)의 구분이 확실하지 않지만, 하나의 문장에서 자율성을 가질 수 없는 낱말들의 특성을 지칭하기 위해 '불완전성'을 부여했다는 사실을 살펴보면, 그녀는 20세기 초에 이미 언어 연구에 있어서 문장초월적(transphrastisch)인 텍스트언어학적 방향의 연구가 필요했음을 감지하고 있었다고 추정할 수 있다.

4.4 K. Bühler의 언어기능(Sprachfunktion)과 직시(Deixis)

"도구와 언어는 고대의 견해에 의하면
인간에게 있어서 가장 인간적인 것에 속한다.
호모 파버(homo faber)[4]는 골라 내고 만든 물건을 도구로 사용하며,
정치적 동물로서의 인간은 언어를 자기와 같은 사람들과의 교류에 사용한다.
이와 같은 단순한 지혜에 대한 새롭고 심오한 해석은 물질적이고
심리적인 인류학에서 볼 때 가능하며
그리고 진행 중이다." (K. Bühler 1934/1982: XXI).

20세기에 활동했던 걸출난 심리학자이자 언어학자였던 K. Bühler(1879-1963)는 다양한 학문 분야에서 특별한 기여를 하게 되는데, 특히 그의 기여는 직시 연구, 생략 연구, 조어론 연구, 심리 언어학, 기호론 등의 분야에서 두드러진다. 그러나 K. Bühler를 논의할 때, 지금까지 별로 중요하게 여겨지지 않았던 텍스트언어학에 대한 그의 선구적 업적들도 다루어져야 할 것이다. K. Bühler의 텍스트언어학적 기여를 좀 더 확정적으로 말하면, 『언어이론. 언어의 서술기능(Sprachtheorie. Die Darstellungsfunktion der Sprache)』(1934/1982)에 등장하는 '텍스트' 또는 '레데(Rede)'가 현대 텍스트언어학의 '텍스트'를 의미하는가에 대해서 좀 더 면밀한 검토가 필요하지만, 어쨌든 그가 자주 이것에 대해서 언급했다는 사실에서 유추 할 수 있다.

"상형 문자의 해독자들은 처음부터 제3의 길을 발견했던 것은 아니었고, 아마도 필요에 의해 놀랍게도 성공적인 유일한 방법을 사용했다. 사물의 본질에 의하면 이해한다는 것은 언어 연구에서는 다음과 같이 최소한 세 가지를 의미한다. 최초의 상형 문자 연구가들은 이해되지 않는 형상들을 접하면서 그것이 인간의 언어에서 발전되었고, 예전부터도 우리의 문자 기호처

4) 'homo faber'는 1959년에 출간된 M. Frisch의 소설 제목에서 유래 되었다. "도구를 사용하는 인간"이라는 의미이다.

K. Bühler (이재원 作, 2017)

럼 읽힐 수 있는 상징이라 생각했다. 그들은 전체 형상들이 텍스트(Texte)라고 생각했다. 그리고 사람들은 실제로 조금씩 그 텍스트를 해독했으며, 그 때부터 파라오 민족의 언어를 연구하기 시작했다." (K. Bühler 1934/1982: 13); "조응어(Anaphora)는 레데라는 구성물 내에서의 일정한 자리"(K. Bühler 1982: 121)를 지시하는 현상이다; "조응어의 기능에 대해서는 레데의 '관절(Geglenken)'이라는 표현보다 더 적합한 비유는 없다." (K. Bühler 1934/1982: 307).

K. Bühler의 『언어이론. 언어의 서술기능(Sprachtheorie. Darstellungsfunktion der Sprache)』이 텍스트언어학의 선구적 업적 중의 하나로 간주되는 가장 큰 이유는, 책의 서두에 등장하는 세 종류의 언어기능(표현기능(Ausdrucksfunktion), 호소기능(Appellfunktion), 서술기능(Darstellungsfunktion))이 현대 텍스트언어학에서 중요시 되고 있는 텍스트기능(Textfunktion)의 모태가 되었고, 제2부의 대부분을 이루고 있는 지시어(Zeigwörter)관련 논의와 제3부에 등장하는 문맥(Kontext) 개념 그리고 제4부의 제목인 '인간의 레데구조: 구성 요소와 합성(Aufbau der menschlichen Rede: Elemente und Kompositionen)' 등이 현대 텍스트언어학에서 관심을 가진 다양한 분야들과 유사하다는 사실, 그리고 제17장의 제목인 '레데의 소리 흐름의 소재 제한적 형성(Die stoffbedingte Gestaltung des Lautstroms der Rede)'에서 알 수 있듯이, 텍스트언어학에서 관심꺼리인 관사의 기능(Die Funktionen des Artikels)과 조응어(Anaphora) 등과 관련된 내용을 집중적으로 다루고 있기 때문이다. F. Kainz가 1982년도에 재출간된 『언어이론. 언어의 서술기능』 머리말에 직시하고 있듯이, "이 책의 독창적 개념들 대부분이 보여주는 발견적 풍요로움은 오늘날에도 30년 전과 동일하게 존재"(F. Kainz 1934/1982: VI)할 뿐 만 아니라 80년이 지난 오늘날까지도 큰 영향을 미치고 있다면, 당시로서는 미래의 태어나게 될 텍스트언어학의 한 부분에 대한 관련도 예측되었음이 틀림없다. 따라서 위와 같은 몇 가지 사실들에 의해서 우리들이 K. Bühler를 텍스트언어학의 선구자 중의 한 사람으로서 간주한다면, K. Bühler에 대한 다음과 같은 F. Kainz의 찬사에 그것이 추가되어야 할 것이다: "K. Bühler는 많은 주목 받은 언어이론에 관한 논문들에서 연구에 결정적으로 영향을 미치는 수많은 확실한

인식들을 제공했을 뿐만 아니라, 주제와 방법론의 측면에서 똑같이 중요하고 아주 가치 있는 수많은 제안을 하고 있다. 예를 들어, 그는 특히 비교발생학적 언어심리학 프로그램을 개발해 냈다. 여기에서 그는 끊임없이 언어의 개체 발생 현상에서 나타나는 관계들을 밝혀내는 것을 목표로 삼았고, 동물들의 의사소통 체계에 주의를 기울였으며, 다양한 인종학적 연구결과들을 사용하고, 결국에는 목표지향을 강조하면서 다음과 같은 기대를 표명했다. [그것은] 핵심적 언어 장애에 관한 병리학적 자료들을 끌어들임으로써, 발생학과 기능 분석, 그리고 구조분석적 사실들에 관한, 언어의 표준심리학적인 결정적 확증을 얻을 수 있을 것이라는 기대였다." (F. Kainz 1934/1982: 10 이하).

4.4.1 언어기능과 텍스트기능

텍스트종류(Textsorte, 텍스트유형(Texttyp), 텍스트부류(Textklasse))는 일정한 언어적, 구조적 특징과 기능을 가진 텍스트 집단을 일컫는다. 그러므로 텍스트종류와 텍스트기능의 긴밀한 연관성을 상정해 볼 수 있다. 또한 용어에 의해서 텍스트기능이 언어기능에서 파생되었음을 별 의심 없이 받아들인다면, 텍스트기능을 확정하기 위해서 언어기능 개념 구분의 현대적 출발점으로 일컬어지는 K. Bühler의 언어기능 모델로 거슬러 올라갈 수 있고, R. Jakobson에 의한 이러한 기능 모델의 확장과 F. Kainz에 의한 이 모델의 수용 등이 논의될 수 있다. 그렇지만 결국에는 이러한 모든 논의의 정점에는 Platon의 『Kratylos』(1974)에 등장하는 오르가논 모델(Organonmodell)이 있음에 틀림없다. 왜냐하면 K. Bühler는 언어기능 개념을 상술하기 위해서 줄곧 Platon에 기대고 있기 때문이다. K. Bühler에게 있어서 Platon은 기능(Funktion) 개념에 대한 하나의 전범으로서 다음과 같은 여러 장소에 등장한다.

> "이 책의 성공적인 아이디어의 발단은 Platon과 그리스 문법학자들에게서 시작되었고 W. Wundt 작품의 영향도 받았다고 할 수 있다. W. v. Humboldt와 E. Cassirer, H. Gomperz, 마이농학파(Meinongschule) 그리고 Marty의 영향도 있다." (K. Bühler 1934/1982: 1).

"E. Husserl의 두 번째 작품에 있는 도표는 우리 언어의 완전한 오르가논 모델은 아니지만 그것의 단초를 제공하고 있으며 그쪽으로 방향을 제시하고 있다. 그리고 이 오르가논 모델은 Platon의 『Kratylos』에도 나오는데, 19세기에 소멸되었다가 다시 부활되고 인정받게 된 것이다." (K. Bühler 1934/1982: 2).

"Platon은 『Kratylos』에서 언어는 한 사람이 다른 사람에게 사물에 대해 무엇인가를 보고하기 위한 도구(organum)라고 했는데, 나는 Platon이 올바로 파악했다고 생각한다. 그런 표현이 등장한 것은 의문의 여지가 없으며, 그런 표현에서 출발하는 것의 장점은 사람들이 귀납적 추론을 통해 주된 사건으로부터 다른 대부분의 사건을 파악할 수 있다는 데 있다. 왜냐하면 언어적 보고는 구체적인 말하기 행위의 기본 관계에서 가장 풍요로운 외형이기 때문이다." (K. Bühler 1934/1982: 24).

"이러한 비의 예[방 안에 두 사람이 있는데, 한 사람이 후두둑 쏟아지는 소리를 듣고 창으로 시선을 돌려 '비가 온다'고 말하며, 다른 사람도 그 말을 들어서든, 아니면 화자를 바라보고서 '그쪽으로 시선을 돌린다']는 이미 언급한 A. Gardiner의 저서 『말하기와 언어 이론(The theory of speech and language)』(1932)에 나온다. 나는 A. Gardiner가 10년 전에 이미 그 보기를 언급했었다는 사실을 모르는 상태에서 1931년 런던에서 세 가지 기본 요소 도식을 설명하는 도중에 그 보기를 들었다고 존경하는 A. Gardiner에게 분명히 말해주고 싶다. 아마 런던의 분위기가 그런 종류의 유사한 보기의 선택을 가능하게 했을 것이다. 세 가지 기본 요소 도식 그 자체는 우리 둘 중 한 명에게서 나온 것이 아니라 Platon의 동기 부여로 어떤 논리학자가 끄집어낼 수 있었던 것으로 결국 Platon에 의해 최초로 개념화 되었다고 볼 수 있다." (K. Bühler 1934/1982: 25).

"Platon은 그들 중 하나, 즉 소리와 사물의 관계만을 해석하려고 시도했으며, 『Kratylos』에서 대화 중에 새로운 의구심을 나타내기는 했으나, 소리와 사물이라는 이분법적 명제의 위상과 위치를 옹호하는 입장을 보여주었다. 따라서 오르가논 모델의 선들은 현대 수학적으로 표현하자면, 대상이나 사실에 대한 소리 기호의 대응을 의미한다." (K. Bühler 1934/1982: 29).

우선, K. Bühler의 언어 연구에서 핵심되는 사항은 '공리(Axiom)' 개념이다. 그는 공리가 인간 언어의 본질을 보여주는 것이며, 인간의 언어가 되기 위해서는 네 가지 공리를 충족시켜야 한다고 주장한다: "우리는 자연 현상이 순전히 양적으로(수학적으로) 분석가능하다는 아이디어를 구상하는 것을 현대 물리학의 출발점으로 간주하곤 한다. Galilei의 명제들과 '물질이 있는 곳에 기하학이 존재한다'라는 Kepler의 명제는 신뢰할 수 있으며 물리학의 성공에 기여한 프로그램을 제안했다. 여전히 불확실한 '물질이 있는 곳에 기하학이 존재한다'는 명제를 공리의 체계로 분류하는 고전적 시도로서 I. Newton의 자연철학, 순수이성비판 또는 J. S. Mill의 귀납법 이론을 들 수 있다. 확고부동한 경험론자의 경우에도 공리는 존재한다 [...] 우리는 예를 들어 순수 현상하적 개념 정의 또는 기본 원칙에 대한 인식론적인 (그리고 존재론적인) 중립적 확정이라고 말할 수 있는 공리를 사용할 것을 제안한다." (K. Bühler 1934/1982: 19 이하). K. Bühler에 의하면, I. Kant와 B. Russell 그리고 수학자 D. Hilbert의 '공리적 사고(Axiomatisches Denken)'까지 들먹이면서 등장한 언어 연구를 위한 네 가지 공리 중 첫 번째에 해당되는 것이 제2장의 '오르가논 모델'이고, 두 번째는 추상적 관여성의 원칙이 핵심인 제3장 '언어의 기호적 특성'이고, 세 번째는 제4장의 '화행과 언어구조', 그리고 마지막 공리가 제5장에 제시되는 '언어의 2부류(S-F) 체계'이다. 현대 텍스트언어학과의 관련에서 살피면 이 네 가지 공리 모두가 텍스트언어학적으로 의미 있다고 할 수 있지만 그 중에서도 특히 '오르가논 모델'과 '화행과 언어구조' 그리고 '언어의 2부류 체계' 부분에서 더욱 더 텍스트언어학적 단초들을 찾을 수 있다.

F. Kainz는 K. Bühler의 『언어이론. 언어의 서술기능』의 재판 서문에서 "그[K. Bühler]가 만들어 낸 오르가논 모델"(F. Kainz 1982: VI)이라는 표현을 사용했지만, 사실 오르가논 모델의 출발점은 - K. Bühler 자신도 인정하고 있듯이 - K. Bühler의 『언어이론』이 아니라 Platon의 『Kratylos』이다. Platon에 의하면 구멍 뚫는 송곳이나 옷감을 짜는 베틀북의 역할을 언어가 수행한다는 것이

다. 그래서 K. Bühler에 있어서 언어 연구의 첫 번째 명제인 '언어의 오르가논 모델'의 출발점도 Platon에 대한 주석이 된다. K. Bühler에 의해서 구체적으로 언급되지 않았지만, 『Kratylos』에서 찾아보면 아마도 다음과 같은 구절에서 K. Bühler는 오르가논 모델의 유효성을 인지했을 것이다.

Sokrates: 좋아! 우리가 어떤 것을 잘라야 한다면, 어떤 것의 도움으로라고 말해야만 하겠지.

Hermogenes: 그렇지요.

Sokrates: 그리고 [옷감을] 짠다고 할 때는 어떤 것의 도움으로, 그리고 무엇을 뚫는다고 할 때도 어떤 것의 도움으로 뚫는다고 할 수 있겠지?

Hermogenes: 그렇지요.

Sokrates: 그래서 또한 우리가 무엇을 명명해야 한다고 할 때는 어떤 것의 도움으로 명명한다고 할 수 있겠지?

Hermogenes: 그럼요.

Sokrates: 자 그러면, 우리들은 무엇을 가지고 [구멍을] 뚫어야 하는가?

Hermogenes: 송곳으로요.

Sokrates: 그리고 무엇으로 [옷감을] 짜지?

Hermogenes: 베틀북이요.

Sokrates: 그리고 어떻게, 무엇을 가지고 명명하지?

Hermogenes: 이름으로요.

[...]

Sokrates: 따라서 이름은 일종의 가르치는 도구이자 본질을 가를 수 있는 도구이네. 북이 배의 날실들을 가르는 도구이듯 말일세.

(Platon 1973: 397d9 이하).

K. Bühler는 이러한 Platon의 구절을 재해석해서 다음 도표를 이용하여 위의 논의를 나름대로 구체화시키는데, 그에 의하면 '어떤 한 사람'(화자)이 '어떤 다른 이'(청자)에게 '사물들'에 대해서 도구(언어)를 가지고 설명하거나 호소하거나 표현한다는 것이다. 이때 중앙에 위치한 점은 감각적으로 인지될 수 있는 음향적

현상을 상징한다. (K. Bühler 1934/1982: 25).

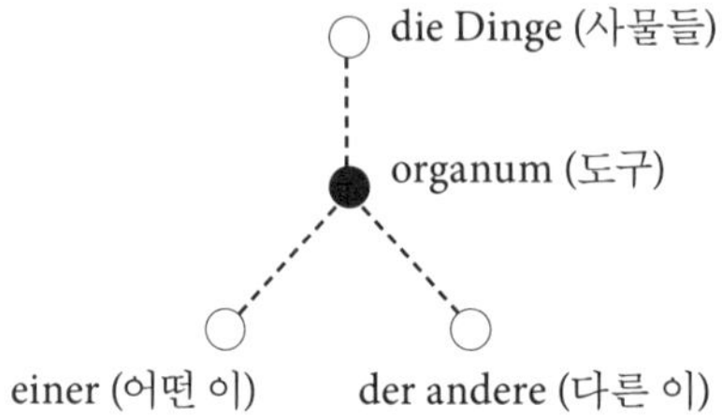

또한 이러한 설명적 예화에서 벗어나 일차적으로 음성을 통해 보고할 경우의 인과 관계의 연쇄는 다음처럼 나타난다. (K. Bühler 1934/1982: 26).

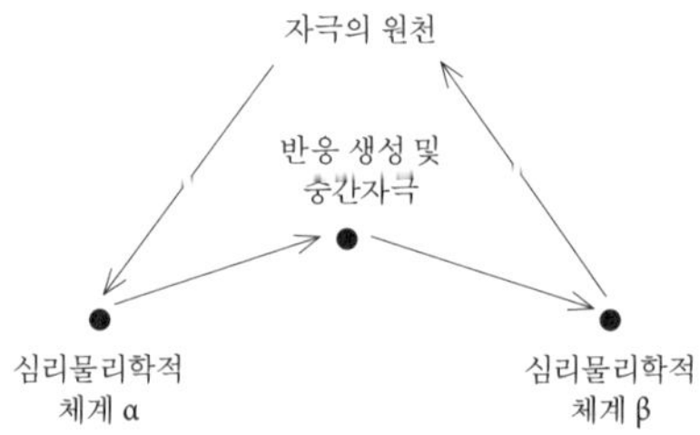

이런 과정을 거쳐서 나온 언어의 오르가논 모델을 위한 세 번째 도표가 다음처럼 제시된다. (K. Bühler 1934/1982: 28).

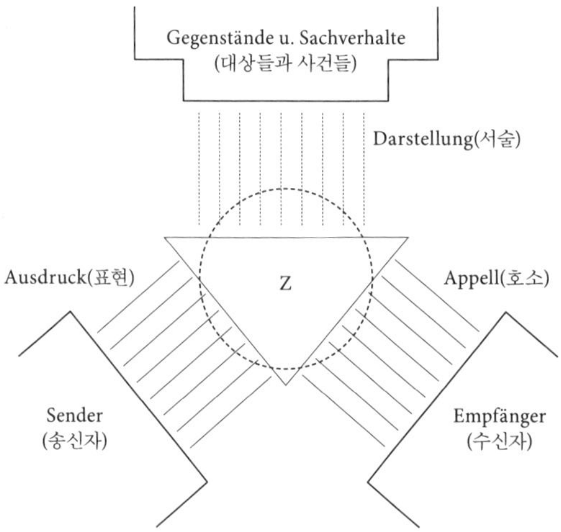

이 도표에 대한 K. Bühler의 구체적인 설명을 들어보자: "중심에 있는 원은 구체적 음향 현상을 상징한다. 원 주변에 있는 세 가지 유동적 요인들은 세 가지 다른 방식으로 음파현상을 기호의 위상으로 끌어 올리는 임무를 갖고 있다. 삼각형의 세 변은 이 세 가지 요인을 상징한다. 한 관점에서 보면 삼각형이 원을 감싸지 못하는 부분이 있다 (추상적 관여성의 원리(Prinzip der abstraktiven Relevanz)). 다시 다른 관점에서 보면 삼각형이 원을 감싸고도 남는 부분이 있다. 이것은 감각적으로 인지 가능한 것이 항상 통각적으로 보충된다는 것을 나타낸다. 많은 선이 그어져 있는 부분은 (복합적) 언어기호의 의미론적 기능을 상징한다. [언어기호가] 대상 및 사실과 관련해서는 상징(Symbol)이고, 송신자와 관련해서는 징후(Symptom)이다. 이는 언어기호가 송신자의 내면성을 표현하기 때문이다. 그리고 교통 신호와 같이 청자의 외적 행동 및 내적 행동을 조종하기 때문에 청자에 대한 호소와 관련해서는 신호(Signal)이다. 이 세 가지의 독자적이며, 유동적인 감각관계를 지닌 오르가논 모델은 다음과 같은 말로 시작되는 문장에 대한 나의 논문(1918)에서 최초로 위와 같이 완벽하게 표현되어 있다. '인간 언어의 능력은 세 가지로 나뉘는데, 그것은 공표(Kundgabe), 유발(Auslösung), 서술(Darstellung)이다.' 현재는 표현(Ausdruck), 호소(Appell), 서술(Darstellung)이라는 용어를 선호한다. 왜냐하면 언어 이론가 그룹에서도 '표현'이라는 단어가 여기서 요구된 정확한 의미로 점점 더 받아들여지고 있기 때문이며, 라틴어인 'appellare'(영어: appeal, 독일어: ansprechen)가 두 번째 용어에 적합하기 때문이다. 오늘날 섹스 어필이란 표현은 누구나 알고 있지만, 그 표현 외에 스피치 어필(speech appeal)도 나에겐 섹스 어필과 마찬가지로 명확한 표현으로 여겨진다." (K. Bühler 1934/1982: 28 이하). 이러한 K. Bühler의 주장은 이전에 언어의 주된 기능이 '서술기능(Darstellungsfunktion)'에만 초점을 맞춘 것에 비하면 일대 혁명적인 견해로 간주된다. 그러나 자신의 강의 노트를 『텍스트언어학. 개론(Textlinguistik. Einführung)』(1980/1981)이라는 제목으로 출간한 E. Coseriu는 K. Bühler의 오르가논 모델에서 누락되어 있는 그 무엇에 대해서 비판한다. 예를 들어, K. Bühler의 모델에서 전달을 담당하는 '어떤 이'와 이를 받아들이는 '어떤 다른 이'가 있고, 전달되는 사건들과 대상들이 있고, 이런 것들의 중심에 삼각형과 점선으로 처리된 원 속에 존재하는 기호(Zeichen)가 있는 반면에 '전달되는 어떤 것'이 없다는 것이다. E. Coseriu는 그것을 개념(Begriff)/의미(Bedeutung)라고 하는데, 다시 말해서 이것은 사물 자체가 아니라 사물에 대해 말해지는 어떤 것이다. 그는 이를 증명하기 위해 고대 스콜라 철학의 구절도 들먹이고 있다: "언어는 개념을 통하여 사물을 의미한다(Verba significant res mediantibus conceptibus)." (E. Coseriu 1981: 65). 또한 그는 E. Husserl의 『논리적 탐구(Logische Untersuchungen)』에 등장하는 L. Napoleon의 지칭 예인 'Jena의 승자'와 'Waterloo의 패자'를 가지고 한 대상에 대한 반대적 의미의 언어화에 대해서 말하고 있다. 즉, 이러한 표현에서는 언어 기호의 내용은 상반되지만 지시 대상이 동일하다는 것이다. 그에 의하면 이 부분이 바로 K. Bühler가 간과한 지점인데, 이를 E. Coseriu는 다음 도표에서 B라는 기호로 표시한다. (E. Coseriu 1981: 66).

R = 레데(Rede)
B = 개념(Begriff), 의미(Bedeutung)
Z = 기호(Zeichen)
S = 화자(Sprecher)
H = 청자(Hörer)

이러한 비판에 덧붙여, E. Coseriu는 K. Bühler의 이 세 가지 기능 외에도 '주변상황들(Evokationen, Umfelder)'이라는 몇몇 관계를 더 제시한다. 이러한 주변 상황들에는 기호가 동일한 또는 다른 텍스트의 다른 기호에 대해 갖고 있는 다양한 물질적, 내용적 관계 외에 다수의 다양한 문맥 관계가 포함된다. 즉 상황(Situation) - 직접적, 간접적; 지역(Region) - 분야(Zone), 범위(Bereich), 환경(Umgebung); 문맥(Kontext) - a) 개별 언어적 문맥, b) 레데-문맥, c) 레데 외적 문맥; 물리적, 경험적, 자연적, 실천적 또는 임시적, 역사적, 문화적; 발화세계(Redeuniversum)가 그것이다. (E. Coseriu 1981: 92 참조). 또한 E. Coseriu는 K. Bühler에 대한 F. Kainz의 비판도 덧붙이는데, K. Bühler의 세 기능이 동일한 차원에 위치하는 동일한 심급의 요소가 아니라는 것이다. 다시 말해서 K. Bühler의 『언어이론』에서 중요한 역할을 차지하는 기능이자, 이로써 부제로서 선택되기도 했던 서술 기능은 표현 기능과 호소 기능이 실제 발화 행위에서 도출되는 기능인 것과는 달리 기호 내재적 기능(innere Funktion des Zeichens)이고, 이로써 서술 기능은 잠재적 기능이어서 F. Kainz는 이 용어를 사용하지 않고 보고(Bericht)로 대체함으로써 세 가지 언어기능이 한 차원에 머무르게 했다는 것이다. (E. Coseriu 1981: 67).

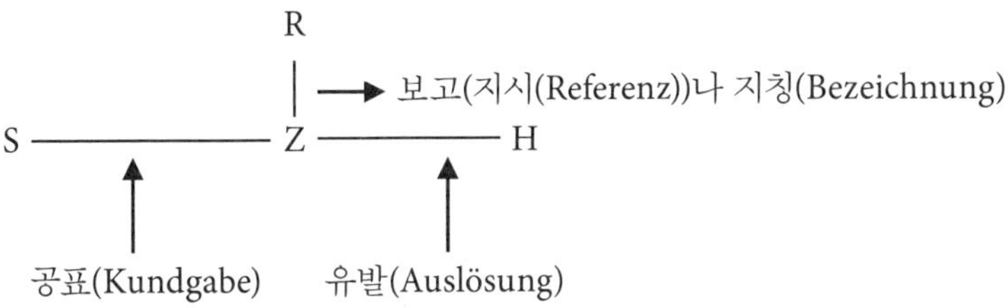

결론적으로 E. Coseriu는 F. Kainz의 이러한 모델을 토대로 자신의 텍스트 이론을 전개해 나간다고 선언한다. 이런 비판에도 불구하고 이후 언어기능을 구분하기 위해 제안된 많은 분류 모델들은 언어를 도구로 보고 이를 이용하여 생산자는 수용자와 이 세상의 사물에 대해 의사 소통을 하는 K. Bühler의 도구 모델과 접목되어 전개된다. 결국 이러한 전개 과정을 텍스트언어학적 견지에서 살피면, K. Bühler의 도구 모델에서 중요한 것은 이 모델이 바로 훗날 텍스트언어학이 출범하고 난 후 중요한 각목으로 떠오른 텍스트기능과 텍스트유형 분류의 토대가 되었다는 점이다. 하나의 텍스트가 기능을 가지고 있다는 사실은 그 텍스트가 어떤 과제나 목적을 가진다는 것을 의미한다. 그래서 K. Brinker는 텍스트기능을 "어떤 텍스트가 의사소통 과정에서 얻게 되는 내포 의미(Sinn, 진의) 또는 어떤 텍스트가 의사소통 상황의 테두리에서 실현되는 목적(Zweck)"(K. Brinker 1985: 77)이라고 이해한다. 물론 하나의 텍스트가 하나 이상의 기능을 가지는 것을 인정하지만, 결국 보통의 텍스트라면 하나의 지배적 의사소통기능(die dominierende Kommunikationsfunktion)을 갖는 것으로 간주된다. (K. Brinker 1985: 116 참조). 바로 이러한 '목적' 개념이 언어에 대한 Platon의 『Kratylos』의 도구 개념과 맞물린다고 보는 것이다. K. Brinker가 텍스트기능을 정립하기 위한 이론적 바탕으로서 언어 행위 개념에 대해서 설명하고 구체적으로 행위론에서 유래한 발화수반구조에 대해서 언급하지만, 결국 그가 내리는 결론은 "텍스트기능을 구분하기 위하여 지금까지 제안된 거의 모든 분류 모델들은 그 어떤 형식에서 K. Bühler의 도구 모델과 접목"(K. Brinker 1985: 93)된다는 것이다. 예를 들어 J. R. Searl(1968)의 화행 분류가 '화행의 발화수반 목적(illocutionary point)'과 '발화 내용과 사실 간의 적정성 방향(direction of fit)'에 의해서 다음과 같이 다섯 가지로 구분되지만, 결국 이러한 분류도 K. Bühler의 세 가지 기본 기능에서 파생되었음을 알 수 있다. 왜냐하면 제시 행위는 서술 기능에, 정표 행위는 표현 기능에 그리고 지시 행위는 호소 기능과 어느 정도 유사성이 있기 때문이다. (K. Brinker 1985: 94 이하 참조).

a) 발화수반행위의 목적(der illokutionäre Zweck, illocutionary point)

제시 행위(Repräsentative): 사태를 서술한다(참이나 거짓, 옳거나 옳지 않음)
지시 행위(Direktive): 청자는 뭔가를 행하기 위해 동요되어야 한다.
책무 행위(Kommisive): 화자는 미래의 행위에 대해 책임을 지며, 특정한 행동을 결심한다.
정표 행위(Expressive): 명제에 표명된 사태에 대한 화자의 심리적 입장 표현
선언 행위(Deklarative): 성공적으로 수행되면 결과적으로 명제 내용과 현실이 일치하게 된다. 선언 행위는 '단지 성공적으로 수행된 상태에 의해서 언급될 대상이나 대상들의 상태나 정세 변화를 야기한다. 이 변화는 선언의 이러한 특징을 다른 범주들과 구분시켜준다.' 선언 행위는 보통 제도적 틀 속에서 고정된, 의례적 어법으로 수행된다는 점에서도 확실히 독특한 위치를 차지한다.

b) 발화 내용(낱말)과 사실(세계)간의 적정성 방향(Entsprechungsrichtung, direction of fit)

제시 행위에서 낱말과 세계가 일치해야 한다면, 지시 행위와 책무 행위에서의 세계는 낱말에 걸맞게 변화되어야 한다. 정표 행위의 경우, J. R. Searle에 따르면 세계와 낱말의 배열 방향이 성립하지 않는다. 왜냐하면 명제의 진리가 자명한 것으로 전제되기 때문이다. (이를 테면, '당신의 생일을 축하합니다'에서 상대방이 생일이라는 사실). 선언 행위의 경우 낱말과 (제도적) 사실이 일치한다. 수행 방향은 '낱말이 세계로'와 '세계가 낱말로' 두 가지 이다. 선언의 수행은 낱말과 세계가 서

로 일치하는 경우에만 성공한다. (K. Brinker 1985: 94 이하 참조). 따라서 이러한 다섯 가지 J. R. Searle의 화행 유형에서 유래된 K. Brinker의 텍스트기능 유형은 다음과 같은 다섯 가지로 압축되며, 결국 이러한 텍스트기능은 텍스트 주제와도 관련성을 가지게 된다. (K. Brinker 1985: 98 이하 참조).

1) 제보 기능

생산자는 자신이 수용자에게 지식을 전달하고 싶어한다는, 곧 무엇에 관하여 제보하고 싶어한다고 수용자를 이해시킨다. 제보 기능은 다음과 같은 바꿔쓰기를 통하여 설명될 수 있다: "나(생산자)는 너(수용자)에게 사태 X에 관하여 제보한다." 직접적 시점에서 제보적 텍스트기능은 '제보하다', '전달하다', '알리다', '개막하다', '보고하다', '수업하다'와 같은 명시적 수행 공식을 통하여 표시될 수 있다. 제보 기능은 흔히 생산자가 텍스트 내용의 진리를 소유하고 있다거나(소유하고 있다고 자처하는) 지식의 신뢰도, 개연성의 가치와 관련된 주제적 입장과 연결된다. 그래서 생산자는 주체화된 사태를 시의적인, 곧 다소 개연적이거나 새로운 것이라고 명시할 수 있다.

2) 호소 기능

생산자는 어떤 사실에 대하여 일정한 입장을 받아들이고/거나(의견, 감화), 일정한 행위를 수행하도록(행동 감화) 수용자의 마음을 움직이고 싶다고 수용자를 이해시킨다. 호소 텍스트기능은 다음과 같은 바꿔쓰기를 통하여 이해를 쉽게 할 수 있다: "나(생산자)는 너(수용자)에게 입장(의견) X를 떠맡을 것을/행위 X를 수행할 것을 요청한다." 호소 텍스트기능은 '요청하다', '지시/지령하다', '명령하다', '부탁하다', '조언하다', '추천하다', '질문하다', '신청하다', '청구하다', '주문하다' 같은 동사를 가진 명시적 수행공식을 통하여 암시될 수 있다.

3) 책무 기능

생산자는 수용자가 특정한 행위를 수행할 의무가 있음을 수용자에게 이해시킨다. 책무 기능을 가진 텍스트유형으로는 계약서, (문서상의) 합의서, 보증서, 서약서, 선서 상품 전단 등이다. 일반적으로 다음과 같은 설명식 바꿔쓰기를 설정

할 수 있다: "나(생산자)는 (수용자에 대해) 행위 X를 행할 의무가 있다." 자책적인 텍스트들(Selbstverpflichende Texte)은 보통 엄격하게 제도화되어 있다. 그래서 이에 속하는 텍스트들은 대부분 텍스트기능이 직접 표출된다는 특징이 있는데, '약속하다', '의무를 지다', '맹세하다', '떠맡다', '동의/찬성하다', '보증하다', '내기하다', '제공하다' 같은 동사를 가진 명시적 수행 공식을 통해 표출된다.

4) 접촉기능

생산자는 자기가 문제 삼고 있는 것이 수용자와의 개인적 관계(특히 개인적 접촉(친교)을 만들고 유지하는 일)임을 수용자에게 이해시킨다. 접촉 특유의 기능은 직접적 관점에서 다음과 같은 동사나 동사구를 가진 명사적인 수행 공식을 통하여 표출된다: '감사하다', '사과하다', '축하하다', '불평하다', '환영하다', '조의를 표하다', '저주하다' 등.

5) 선언 기능

생산자는 수용자에게 주어진 텍스트가 새로운 현실을 창조하고 있음을 텍스트의 (성공적인) 발화가 일정한 사실을 도입하고 있다는 의미를 이해시킨다. 선언 기능은 다음과 같은 풀어쓰기를 통해서 구체화 된다: "나(생산자)는 이로써 X가 Y로 간주되도록 야기한다". 선언 기능을 기본 기능으로 갖는 텍스트유형들로는 임명장, 유언장, 유죄 판결, 전권 위임, 증명서 등이 있다.

하나의 텍스트가 가진 텍스트기능이 하나일 수도 있지만 이보다 많을 수 있다. 그럼에도 불구하고 그 텍스트를 지배하는 핵심기능이 그 텍스트의 주기능이라고 할 수 있다. 위에서 본 것처럼, 이러한 텍스트기능의 출발점은 Platon의 『Kratylos』이고, 이를 언어기능의 전신으로 받아들였던 20세기 초반의 언어학자가 K. Bühler이다. 결국 텍스트기능 개념이 1960년대 텍스트언어학의 전개시기에 갑자기 등장한 것이 아니라, 이전부터 존재했다는 사실이 텍스트언어학사적으로는 아주 중요하다.

4.4.2 S-F 시스템

K. Bühler를 이해하는 대부분의 언어학자들은 그의 주저 제목에 적시된 '언어기능'만을 떠올리게 되지만, 사실은 직시장(Zeigfeld)과 조응어(Anaphora) 또는 연결의 법칙성과 관련된 항목도 그가 관심을 기울였던 테마에 속한다. 이러한 사실은 K. Bühler가 『언어이론. 언어의 서술 기능』의 서론에서 레데의 순수한 합성이 일어나는 곳에 합성 규칙과 구조 규칙이 있다는 것을 언급하기 위해 애써 E. Husserl을 인용했던 것을 보면 단박에 알아차릴 수 있다: "모든 연결, 특히 균일한 영역에 한정된 모든 물질적 연결은 법칙의 지배를 받는다. 균일한 영역에 한정된 모든 물질적 연결에서는 그 연결의 결과도 연결된 각 부분들과 동일한 영역에 속하게 된다. 결코 우리는 개개의 모든 단위를 개개의 모든 형태로 통일시킬 수 없고, 단위들의 영역에 의해 가능한 한 형태의 수가 한정되고 그들의 법칙성도 규정된다. 이러한 사실이 일반적이라고 해도 주어진 각각의 영역에서 형태와 법칙성을 보여 주고 형태와 법칙성을 드러내 주는 법칙을 밝혀야 하는 의무에서 자유로운 것은 아니다." (E. Husserl 1901 II: 307, K. Bühler (1934/1982: 11)에서 재인용). 우리는 이러한 K. Bühler의 관심을 텍스트언어학과 관련된 어떤 것으로 간주한다. 결국 텍스트언어학의 주된 임무를 언어 단위의 연결 규칙과 통합 규칙을 규명하는 것으로 확대해석해도 무방하기 때문이다. 그러나 이에 대한 반박으로 제5장 '낱말과 문장, 언어 유형의 S-F시스템(D)(Wort und Satz. Das S-F System vom Typus Sprache(D))'의 '언어 개념의 특징(Die Merkmale des Begriffes Sprache)'에서는 K. Bühler가 낱말과 문장 개념에만 천착했다는 사실을 들 수 있다. 예를 들어 K. Bühler는 언어 구성의 주요 단위를 낱말과 문장으로 간주했으며, 이러한 두 단위는 서로 긴밀한 의존 관계에 있고, 자연 언어의 체계는 "단어 선택과 문장 구성이라는 두 개의 추상적으로 분리될 수 있는 단계 속에서 모든 완벽한 [...] 서술을 구성"(K. Bühler 1934/1982: 73)해 내고, 단어 부분에서는 "세계를 조각 조각으로 나누거나 사물과 과정 등의 부류로 분류하거나 추상적 계기로 분해해서 각각에게 하나의 기호를 부여하는"(K. Bühler 1934/1982: 73) 작업이 이루어지고, 문장과 관련해서는 "[서술되는] 동일한 세계를 구성하는데 이런 저런 관계에 따라 기호적 수단을 준비하는"(K. Bühler 1934/1982: 73) 일

이 진행된다는 것이다. 이때 단어와 문장은 "인간 언어의 단 하나의 상태에서 나타나는 상관적인 계기이기 때문에 문장이 단어보다 앞 설 수 없고 단어가 문장보다 앞 설 수 없다 [...] 단어가 채워지지 않은 순수한 문장 도식은 기초가 존재하지 않은 관계처럼 지속될 능력이 없는 계기이다." (K. Bühler 1934/1982: 74 이하). 그러나 - K. Bühler에 의하면 - '한 단어'를 사용하는 어린이의 말이나 이와 유사한 기능을 하는 신호 담당 선원의 깃발[5] 등이 문장과 유사한 과제를 수행한다는 것은 '한 단어' 텍스트(레데)를 상정하는 W. Prozig (1950/1975)의 언어 사상과도 연관 지을 수 있다. 다시 말해서 K. Bühler의 텍스트언어학적 발상은 이미 이러한 '한 단어 문장' 개념 속에 내재 되어 있다고 추정할 수 있다: "'한 단어 문장'이란 용어는 아동 심리학자들의 궁색한 표현에 지나지 않는다. 이 표현은 현상들의 문장과 마찬가지로 어휘로도 똑 같이 고려해 볼 수 있으며, 현상들이 한 어휘로 표현되나 원래는 '여전히' 단어임과 동시에 문장임을 의미하는 것이다." (K. Bühler 1934/1982: 72 이하); "그와 동시에 강조하여 주시한 사실은 문장의 의미 조직은 우선 단어에 의해 획득된 의미의 내용과 정확성을 단어에 부여하고 있다는 것이며, 이러한 사실은 19세기 심리학자나 언어학자들로 하여금 다음과 같은 명제를 정립하도록 하였다. 즉, 태초에 문장[로고스]이 있었으며, 문장만이 있었던 것이지 단어는 없었다는 것이다. 또는 단어가 아닌 문장만이 언어의 진정한, 파악될 수 있는 의미 단위나 개념 단위라는 것이다. 보다 예리하게 해석해 보면 올바른 것이 나타날 수도 있지만, 완전히 근거 없는 주장이 나타날 수도 있다 [...] 단어가 문장이 있기 전에 존재하지 않았던 것처럼 문장도 단어가 있기 이전에 존재할 수 없다. 왜냐하면 단어와 문장은 인간 언어의 동일한 (아마도 진보된) 상태에 존재하는 서로 상관있는 요소이기 때문이다." (K. Bühler

5) K. Bühler는 - 비록 언어와 다른 신호 시스템이지만 - 세 가지 기본적인 형태(원, 삼각형, 사각형)로 이루어진 소통시스템을 설명하기 위해서 Austro-Ungarica의 통상기호 체계를 언급하는데, 여기서는 이러한 세 가지 반복되는 기본 형태를 가지고 복합기호를 만들 수 있고, 이로써 그는 소통의 가능성에 대해 이야기하고 있다: "○△ 당신은 위험에 처해있음. △○ 식량이 부족하며, 기아로 시달리고 있음. ○□ 화재 또는 누수. 즉각적인 도움이 필요함. □○ 좌초. 즉각적인 도움이 필요함. △○□ 멈추거나 감속하시오. □○△ 전보나 뉴스가 있습니까? ○□△ 예. ○△△ 아니오." (K. Bühler 1934/1982: 71). 그러나 이러한 유사 문장으로 이루어진 신호 시스템도 현대 텍스트언어학적 입장에서 보면 한-문장 텍스트로 분류될 수 있다.

1934/1982: 74 이하). 또한 'und- 연결'을 설명하기 위해 등장하는, 20세기 초반 독일에서 출발한 '형태심리학이론(Gestalttheorie)'도 K. Bühler가 문장을 초월하는 텍스트를 이미 상정하고 있었다고 주장할 수 있는 증거가 될 수 있다. 왜냐하면 K. Bühler는 텍스트언어학의 핵심 개념 중의 하나인 합계를 초월하는 '초과 합계(Übersummativität)'에 대해서 지대한 관심을 가지고 있었기 때문이다: "언어 합성 규칙에서는 분명히 und를 통해서 임의의 성분이 다른 임의의 성분과 묶여질 수 있으며, 그러한 묶음을 바로 Leibniz의 의미에서 총체 또는 집적이라고 한다. 형상화된 모든 것은 이와는 달리 '합계 그 이상'으로 나타난다. 따라서 언어 합성에서는 A에 대립되는 non-A를 발견할 수 있을 것이다. 즉, 형상에 대한, 다시 말해 초과 합계의 특성에 대한 이른바 Ch. v. Ehrenfels의 첫 번째 기준(erste EHRENFELS-Kriterium)이 적용되는 않는 어떤 것이 나타날 것이다" (K. Bühler 1934/1982: 315). 사실 이러한 형태심리학적 발상은 이미 W. v. Humboldt에서 제시된 적이 있다. (이 책의 4.1장을 참조할 것). 이를 테면, 형태심리학에서는 단위들의 구성요소의 개별 합보다 큰 총계가 산출된다는 것이 중요한데, 이것은 총체성/통합성 및 전체성이 가진 특징이며, 낱말과 문장과는 달리 텍스트가 가진 가장 독창적인 성질 중의 하나이다.

4.4.3 관사 기능과 코헤지온 수단(Kohäsionsmittel)

관사가 텍스트코헤지온 수단의 기능을 한다는 사실은 현대 텍스트언어학자들에게는 이미 잘 알려져 있다. 예를 들어서 H. Vater에게 있어서 관사는 반복(Rekurrenz) 등과 함께 텍스트소(Textem)들을 묶어주는 중요한 역할을 하고 있고(H. Vater 1992: 32 이하 참조), H. Weinrich 역시 텍스트 총체성의 임무에 관사의 역할이 지대함을 자신의 논문 "독일어에서 관사의 통사론에 대하여(Zur Syntax des Artikels in der deutschen Sprache)"에서 언급하고 있다. (H. Weinrich 1969). 그런데 관사가 지니고 있는 이러한 텍스트언어학적 기능은 이미 K. Bühler에게서도 예견되었다. K. Bühler는 『언어이론. 언어의 서술기능』의 '제4부 인간의 레데 구조: 구성 요소와 합성(Aufbau der menschlichen Rede: Elemente und Kompositionen)'의 '제20장 관사의 기능(Die Funktionen des Artikels)'에서 관사가 가진 사물 지칭 단어의 성 표시 이상의 기능에 대해서 말하고 있다. 즉, "독일어의 'das Pferd'(그 말)라는 단어[군]가 화자의 눈 앞에서 풀을 뜯고 있는 고유한 이름을 갖고 있는 말과 동물학적으로 말의 종류에 속하는 말 둘 다 의미할 수 있다면, 어떻게 정관사를 '개별적인 어떤 개체'에만 부여할 수 있는 특별한 기호라고 간주할 수 있겠는가?"(K. Bühler 1934/1982: 306)라고 질문하면서 "바로 눈앞에 있는 말은 직시에 의해, 동물학적 종인 '말'은 개념적으로, 즉 정의에 의해 서로 혼동되지 않도록 확정되는 것"(K. Bühler 1934/1982: 306)이라면서 관사의 중의적 용법을 밝혀낸다. 그리고 K. Bühler는 이것을 관사의 구문론적 기능과 의미론적 기능이라고 이름 붙인다. (K. Bühler 1934/1982: 306 참조). 이와 더불어 관사의 어원으로 간주되는 그리스어 'articulus'가 '접사(Gelenkwort)'라는 의미를 지녔다는 사실 자체도 관사가 '조응적(anaphorisch)'으로 사용될 수 있음에 대한 훌륭한 근거가 된다고 말하고 있다. (K. Bühler 1934/1982: 307 참조). 또한 K. Bühler가 제시하는 관사에 대한 J. Wackernagel의 견해도 관사가 소유하고 있는 구문적 또는 통사적 기능에 대한 좋은 근거가 된다: "J. Wackernagel은 체계적으로 그리스어와 독일어에서 (그리고 그가 최소한 부차적으로라도 관찰했던 로만어에서) 관사가 사용되는 세 가지 경우에 대해 언급하였다. 그 중 처음 두 가지 경우는 상당히 직시적인데, 이 둘 간의 유일한 차이는 다음과 같다. 즉, 첫 번째의 경우는 이미 언급된 것을 (매우 '미약하게' 지시하고 있지만) 지시한다는 것이고, 두 번째의 경우는 언급되지 않았지만 말 속에서 이미 '화자와 청자가 알고 있는 것'을 지시하고 있다는 것이다 [...] 독일어에서는 관사의 조응적이고 기억 의존적인 직시 용법이 사라지지 않고 부수적 기능으로 유지되고 있다." (K. Bühler 1934/1982: 308 이하). 이러한 관사의 통사적 기능과 유사한 기능을 가진 단어로서 'so'가 있는데, K. Bühler는 이 낱말을 관사와 '유사 구조'를 가진 것으로 파악하고 있다. 예를 들어 "er ist so König, wie nur das Märchen den König kennt. (그는 동화에 나오는 왕의 모습을 그대로 가지고 있는 그런 왕이다)"(K. Bühler 1934/1982: 313)같은 경우가 그러하다.

4.4.4 직시(Deixis)

우선적으로 K. Bühler의 직시를 이해하기 위해서는 M. Scherner의 다음과 같은 예가 필요하다.

"텍스트 a): [...] 자전거가 길 가운데서 이쪽 방향으로 왔습니다. 갑자기 그는 여기서 왼쪽으로 핸들을 돌리려고 했습니다. 그러자 그는 그 자리에서 추월하고 있는 차에 말려들었고, 저기까지 끌려갔습니다 [...]

텍스트 b): [...] 자전거가 역전 거리 가운데서 시내 쪽으로 달려왔습니다. 갑자기 그는 역전 거리의 로터리에서 남쪽 순환로 쪽으로 좌회전하려고 했습니다. 로터리 가운데 있는 운하 덮개 근처에서 그는 추월하는 자동차에 빨려 들었고, 인도로 끌려들었습니다." (M. Scherner 1974: 20).

동일한 사건에 대해서 우리들은 경찰서에서 위와 같이 상 이하게 진술할 수 있다. 인용된 예시 문 a)에서는 증인에게 있어서 자신이 관찰한 것을 기술하게 되는 역전 거리에 있는 사건 현장인 구체적인 지각 공간이 중요하다. 따라서 그 증인은 모든 것을 '언어화' 시킬 필요가 없고, 단지 '가리키는 낱말들'('지시어')을 가지고도 충분하며 때에 따라서는 가리키는 몸짓으로 사실진술을 도울 수 있다. K. Bühler는 이러한 영역을 '직시장(Zeigfeld)'이라고 명명했다.

멀리는 A. Dyskolos에서 시작하여 P. Wegener로 이어지는 직시 또는 지시 영역에 관한 연구는 K. Bühler에 이르러 꽃을 피우게 된다. 그래서 『언어이론. 언어의 서술기능』의 핵심 관점 중 하나가 직시장과 상징장(Symbolfeld)의 구분이라고 할 수 있다: "직접적인 언어 교류가 이루어지는 언어의 직시장은 주관적 기준 설정의 지금-여기-나의 체계이다 [...] 언어 작품에서의 언어적 상징장은 문맥이라는 이름으로 종합할 수 있는 구성과 이해를 보조하는 두 번째 부류이다. 간단하게 말해, 상황과 문맥은 어떤 경우에서든 언어 발화의 정확한 해석이 이루어지는 두 원천인 것이다." (K. Bühler 1934/1982: 149). 만약 K. Bühler의 장이론(Feldtheorie)이 "모든 기호는 그 기능을 수행할 수 있는 바탕 즉 일정한 장이 필요하다는 점과 자연 언어의 기호가 활동하는 데에는 상징장과 직시장이라는 단 두 개의 장이 존재한다는 점을 함축"(진정근 2007: 190)했다면, 이러한 '장' 개념을 텍스트 개념으로 대치할 수 있는 약간의 여지는 가능하다. 어쨌든 '장' 개념이 언어의 이해와 소통 또는 해석을 위한 기본 전제가 되기 때문이다. K. Bühler가 상정하는 두 개의 장 중에서 텍스트언어학과 좀 더 연관성이 있어 보이는 직시장은 현장 직시(demonstratio ad oculos et aures)와 조응(Anaphora) 그리고 상상 직시(Deixis am Phantasma)로 구성된다. 또한 거리의 이정표에 비유되는 직시 기호에서 '좌표의 출발점(Koordinantenausgangspunkt)' 또는 '방향 설정의 체계(Orientierungssystem)'로 불리는 '여기-지금-나(hier-jetzt-ich)'라는 직시의 오리고(Origo)가 중심에 자리하고 있다: "이 도식이 인간 언어의 직시장을 재현한다고 하면 오리고의 자리에 여기, 지금, 나 등의 직시어 세 단어가 설정되어야 한다고 나는 주장한다." (K. Bühler 1934/1982: 102). 여기서는 공동 지각 영역이 현존하고 있어서 현장 직시가 외적인 눈과 귀로써 대상을 확인하는 일이 가능한 반면(K. Bühler 1982: 124 참조), 조응은 "레데라는 구성물 내에서의 일정한 자리"(K. Bühler 1934/1982: 121)를 지시하는 현상을 일컫는다. 이와는 달리 상상직시는 "충분한 기억과 건설적인 판타지 세계에서"(K. Bühler 1934/1982: 123) 일어난다. 예를 들면 다음과 같은 경우이다: "Homer에 나오는 격투기 같이 어떤 행동을 묘사한다고 치면 청자는 사건 현장에 있지 않다. '나는 여기 - 그는 저기 - 저 곳에 시냇물' 이렇게 이야기꾼은 지시하는 제스처와 함께 이야기를 시작하고 무대의 설치가 끝나게 된다. 현재의 공간이 무대로 탈바꿈 되는 것이다." (K. Bühler 1934/1982: 139).

이러한 지시나 직시관련 연구가 심리학이나 철학 그리고 언어학에서 다양하게 연구되어 왔는데, 이런 성질을 가진 다양한 품사들(이를 테면 대명사, 동사, 부사 등)이 텍스트언어학에서도 코헤지온 수단으로 간주되는 것을 보면 K. Bühler가 텍스트언어학의 선구자 중의 한 사람으로 간주되기에 부족함이 없어 보인다. 특히 텍스트언어학의 태동기에 가장 영향력 있는 표준적인 이론가 중의 한 사람인 R. Harweg의 『대명사와 텍스트구성(Pronomina und Textkonstitution)』(1968)의 핵심도 이러한 지시와 직시에 관련된 것임을 보면 K. Bühler의 텍스트언어학과 관련된 선구적 업적은 놀랄만하다. 예를 들어, R. Harweg에 있어서 텍스트구성을 이루는 세 가지의 지시로 텍스트 내부 지시 관계와 텍스트 외부 지시 관계 그리고 텍스트 상호 지시 관계를 상정한다. 이 중에서 조응과 근접대치(Kontiguität-Substitution)는 텍스트 내부 지시 관계에 속하고, 텍스트 외부 지시 관계에 직시가 속하고, 텍스트 상호 관계와 관련 있는 것은 거시 조응이다. 근접 대치와 거시 조응은 K. Bühler에게 잘 알려지지 않았지만 텍스트 내부 지시 관계와 텍스트 외부 지시 관계를 엄밀히 구분했다는 차원에서 K. Bühler의 공이 컸다고 말 할 수 있다.

4.5 L. Hjelmslev의 『랑가쥬 이론 서설』

L. Hjelmslev의 『랑가쥬 이론 서설(Omkring sprogteoriens grundlæggelse)』은 1943년에 덴마크에서 출간되었고, 그로부터 10년 후에 F. J. Whitfield에 의해 『언어이론 서설(Prolegomena to a Theory of Language)』이라는 제목으로 영국에서 그리고 동일한 제목으로(『Prolegomena zu einer Sprachtheorie』, 1972) 독일에서도 번역되었다. 그의 이론은 P. Schmitter(2003: 46 이하 참조)에 의해서 W. v. Humboldt와 F. de Saussure에 비견되는 낱말 모델을 포함하고 있다고 논의되는 것 외에도[6] 몇몇의 텍스트언어학자들에게는 텍스트언어학사에서 간과될 수 없는 이론 중의 하나로 꼽힌다.[7] 우선 그에 있어서 랑가쥬(언어)는 인간이 활동할 때 항상 인간과 공존하는 도구이고(L. Hjelmslev 2000: 9 참조), "목적이 아닌 수단"(L. Hjelmslev 2000: 11)이다. 또한 과거의 언어학이 구체에서 추상으로 옮아가는 귀납법의 형식을 띄었다면, 그 반대의 과정인 연역법의 형태로 언어가 연구되어야 한다는 사실에서 텍스트언어학적 발상이 보여진다: "과거의 언어학이 주로 개별 음에서 음소로 (음의 분류), 개별 음소에서 음소의 범주로, 다양한 의미에서 일반적이고 기본적인 의미로, 그리고 의미의 범주로 이어지는 개념의 위

---

6) P. Schmitter는 언어기호에 대한 자신의 영향력 있는 저서 『페터 슈밋터의 언어기호론』(2003)에서, F. de Saussure의 기호 구상이 두 가지 "무형질 덩어리(masses amorphes)", 즉 소리 덩어리와 표상 및 사고 측면의 덩어리에서 출발하여, 언어를 통해서 비로소 기표(signifiant)와 기의(signifié)가 되는 것과 관련있는 반면에, L. Hjelmslev는 언어 기호의 양쪽 측면에 "형식"이 있다고 보고, 언어기호를 "내용 형식과 표현 형식의 단위"(L. Hjelmslev 1972: 6, P. Schmitter 2003: 47에서 재인용)로 간주한다. 이런 측면에서 볼 때, 언어 기호 구상과 관련된 논의에 있어서 L. Hjelmslev는 W. v. Humboldt와 함께 아주 중요한 자리를 차지하고 있음을 알 수 있다.

7) 예를 들어 P.-L. Völzing(1979)의 경우가 그러하다. 고영근에서도 R. Harweg(1968)의 텍스트 이론은 L. Hjelmslev의 랑가쥬 이론에서 출발하고 있음을 언급한다: "예름슬레우의 언어이론에서 텍스트 개념은 시스템(System)과 대조, 상보의 관계를 이루고 있다. 텍스트는 통합적인 연속관계(Nacheinanderbeziehung)에, 시스템은 계열적인 대치관계(Statteinanderbeziehung)에 각각 기대어서 그 특징이 규정된다. 예름슬레우는 두 개념을 문장의 단어 사이뿐만 아니라 범위를 넓혀 총체로서의 언어에 대하여도 적용하였다. 곧 특정한 언어는 거대한 시스템과 텍스트를 형성하고 있다고 보았다. 그러나 하르베크는 예름슬레우의 이 견해가 너무 넓다는 생각을 가지고 있다. 같은 언어 가운데서도 통합적이 아닌 계열적으로 존재하는 무한수의 텍스트가 존재한다고 반론을 제기하였다." (고영근 1994: 463).

계를 구축하는 것으로 특징지어진다. 따라서 언어에서 귀납법을 언급하는 것이 관례이다. 귀납법은 부류(classe)에서 부문(composantes)으로가 아니라, 부문에서 부류로의 이행으로 간략하게 정의될 수 있다. 그것은 분석하는 대신에 종합하고, 특수화하는 대신에 일반화하려는 움직임이다 […] 경험이 암시하는 여건에서 출발한다면, 정확히 반대의 방식이 요구된다. 여건에 대하여 말하자면 (우리는 이것을 인식론적 의미에서 말하는 조건이라고 본다), 언어학자에게 있어서 이 여건들은 절대적이고 분석되지 않은 총체로서의 텍스트이다. 텍스트의 기초를 이루는 체계를 밝히기 위하여 유일하게 가능한 방법은, 텍스트를 부문으로 분석할 수 있는 부류로서 간주하는 분석방법이다." (L. Hjelmslev 2000: 20 이하). 따라서 L. Hjelmslev가 분투 노력하고 있는 랑가쥬 이론의 궁극적 목적은 "주어진 텍스트를 모순되지 않고 철저하게 기술하여 텍스트를 파악하는 방식을 가르쳐 주는 데 있다. 그런데 동일한 방법으로 이론은 우리에게 이러한 텍스트에 사용될 수 있는 도구를 제공하면서, 암시된 동일 성격의 다른 텍스트를 어떻게 파악할 수 있는지를 보여주어야 한다. 우리는 랑가쥬 이론에서 그 이론은 모순되지 않고 철저할 뿐만 아니라 실제로 모든 프랑스어 텍스트, 그 뿐만 아니라 그 텍스트들을 지금까지 고려해 온 텍스트만큼 암시된 성격을 지니고 있는 동안 가능하고 허용될 수 있는 프랑스어 텍스트 – 가까운 미래의 텍스트와 불투명한 미래의 텍스트조차 – 를 모순되지 않고 철저하게 기술할 수 있어야 한다. 랑가쥬 이론은 실제로 있는 프랑스어 텍스트들에 근거하여 이러한 요구를 충족시킨다." (L. Hjelmslev 2000: 26 이하). 따라서 그의 랑가쥬 이론의 분석 형태는 텍스트의 부분이라고 불리는 사항들의 '의존성' [현대 텍스트언어학의 관점에서 볼 때 이것은 '코헤렌쯔'와 유사하다]의 관계를 수립하는 데 있으며, 모든 방식이 분석된다는 것은 이러한 "사항들과 사항들의 총체 (다시 말해서 텍스트) 사이에도 역시 관계가 있다는 데에 근거한다 […] 발견된 대상들(부분들)이 총체(즉 텍스트)는 외부가 아닌 내부의 것으로 간주될 수 있게 하고, 총체와 부분들 사이에서 의존성과 총체와 다른 총체들 사이의 의존성을 구별하여 특징짓는 개별 요인은 의존성과 동질인 것(homogénéité)처럼 보인다." (L. Hjelmslev 2000: 43) 이러한 텍스트의 분석 형태를 면밀히 고찰하면, 여기에서는 총체와 다른 총체, 즉 어떤 텍스트와 또 다른 텍스트의 의존성도 엿보이는 데, 여기서는 임의의 발화를 의미있는 하나의 텍스트로 만들어주는 텍스트성(Textualität)의 한 유형인 상호 텍스트성(Intertextualität)이나 기생 텍스트(Paratext)[8]의 존재를 어렴풋이나마 짐작할 수 있는 대목이 될 수 있다. 이러한 총체가 현대 텍스트언어학에서 보여지는 가장 전형적인 텍스트 정의임은 다음 인용에서 살펴 볼 수 있다: "분석의 첫 번째 역할은 과정을 분할하는 데에 있다. 텍스트는 하나의 연쇄이고, 더 이상 분석할 수 없는 부분들을 제외하고 모든 부분들(절, 단어, 음절 등)은 역시 연쇄들이다." (L. Hjelmslev 2000: 43). 또한 현대 텍스트언어학의 중요한 핵심 술어 중의 하나인 '코헤지온(cohésion)'도 '쌍무성(réciprocité)'과 함께 등장한다: "몇 가지 경우에서 우리는 두 종류의 기능인, 그의 기능소들 가운데 하나가 불변항(constant)인 상호 의존성과 한정을 합하여 부를 명칭이 필요할 것이다. 우리는 그것을 코헤지온이라 부를 것이다. 우리는 또한 한 종류의 기능소(fonctif)를 갖는, 즉 불변항만을 연결하는 상호 의존성과 가변항만 연결하는 점멸을 합하여 부를 명칭이 필요한데, 이를 쌍무성이라고 부를 것이다. 한정과는 반대로 이 두 기능들은 '방향 유도'가 되지 않음을 보여주는 용어이다." (L. Hjelmslev 2000: 51). 특히 저서의 제20장 "분석의 규격들"에서 '텍스트' 또는 '텍스트 분석'이 쉬임없이 등장하는데, 이 개념이 우리들이 관심을 가지는 문장초월적(transphrastisch) 개념이라 확신할 수 있는 이유는 다음 구절 때문이다: "절차의 진행 단계에서 보다 큰 텍스트의 부분들은 전제의 관계를 기반으로 하여, 다시 작품, 저서, 장, 단락으로 나누어질 것이다. 그리고 나서 같은 방법으로 구문, 절로 나누어 지는데, 이 분할은 전제와 결론이 있는 삼단논법으로 분석하기에 이르는 분할이다." (L. Hjelmslev 2000: 123). 이러한 모든 것을 차치하고서라도 텍스트 분석이 언어학자에게 숙명이라는 것은 다음 인용문에서 분명하고 적절하게 드러난다: "우리가 여기서 제기하는 질문은 작업의 분할에 대한 문제가 아니고, 대상의 정의들에

---

8) '기생 텍스트'는 G. Genette의 'Paratext'에 대한 한국어 번역어인데, 이 용어는 이외에도 '곁텍스트', '곁다리텍스트', '준텍스트', '페리텍스트'와 같은 다양한 역어를 가지고 있다. G. Genette는 텍스트의 안과 밖 사이의 경계지점에 존재하는 영역의 의미로 『문턱들(Seuils)』(1987)이라고 칭해진 글에서 문학작품이라는 대상에는 작품의 본문과 더불어 저자명, 책제목, 서문, 삽화, 표지에 쓰인 글과 같은 텍스트가 존재하는데, 이 또한 본문 텍스트의 연장물의 한 종류로서 'le paratexte'로 칭할 수 있음을 주장한다.

따라 대상의 위치 설정에 관한 문제이다. 이러한 관점에서 언어학자에게 텍스트 분석은 – 가장 넓은 범위의 텍스트 부분에 대한 분석과 마찬가지로 – 언어학자에게 피할 수 없는 의무이다.” (L. Hjelmslev 2000: 122). 이러한 연유로 인하여 L. Hjelmslev의 『랑가쥬 이론 서설』은 Z. S. Harris의 업적과 더불어 현대 텍스트 언어학의 ‘이정표(Meilensteine)’(P.-L. Völzing 1979: 17)로 칭송될 수 있었다.

4.6 K. L. Pike의 문법소론(Tagmemik)

"기호가 없는 수학은 기호가 있는 것보다 덜 유용할 것이다.
로마 숫자를 아라비아 숫자로 바꾸면 곱셈 연습이 달라진다.
이론뿐 아니라 연습도 세상을 변화시킨다.
어떤 종류의 기호가 언어의 관점을 바꾸는데 도움을 줄 수 있는가?
곧 언어란 단어의 고립소로 이루어졌다거나
(문법 전체를 구성하는 고립소의 내부 구조와 함께),
또는 문장이라는 고립소로 이루어졌다고 보는 관점
(문장을 넘어서 그 이상엔 문법이 없다고 생각하는 견해)으로부터,
어떤 단위든지 모두 포함 맥락이나 맥락의 집합과 관련이 있을 때만
그 단위가 상관성이 있다고 인식될 수 있다는 견해로 바꾸는 것을 말한다.
또는 전체로서의 언어조차도, 문화 전체 밖의 항목에 의존함 없이
'독립 과학으로'(나의 몇몇 선생님들의 꿈이셨던)
고립될 수 없다는 견해로 바꿀 수 있도록
도움을 주는 기호는 무엇이겠는가?"
(K. L. Pike 1994: 89 이하).

오랫동안 꾸준하게 자신만의 독특한 언어학 연구의 한 분야를 개척했던 K. L. Pike의 학문적 출발점은 1940년대 초반으로 거슬러 올라간다. 그는 『음성학(Phonetics)』(1943), 『미국 영어의 억양(The Intonation of American English)』(1945), 『성조 언어들(Tone Languages)』(1948), 『인간 행위 구조의 통일론과 관련되는 언어(Language in Relation to a Unified Theory of the Structure of Human Behavior)』(19672), 『문법 분석(Grammatical Analysis)』(19822), 등의 저서를 홀로 또는 E. V. Pike와 함께 저술하고, 1982년에는 이러한 연구 업적들을 요약한 『Linguistic Concepts(언어개념)』로, 1983년에는 『텍스트와 문법소(Text and Tagmeme)』로 연구의 정점을 찍는다. 그런데 마지막에 언급된 저서 『텍스트와 문법소』는 제목에서뿐만 아니라, 그 내용에 있어서도 텍스트언어학과 관련 있다는 주장들이 더러 있어왔다. 특히 E. Gülich/W. Raible는 『언어학적 텍스트모델(Linguistische

Textmodelle)』(1977)에서 "문법소론의 텍스트모델(Das Textmodell der Tagmemik)"이라는 하나의 장을 K. L. Pike를 위해 할애한다.

이 장에서는 『언어개념』에 등장하는 K. L. Pike의 핵심개념들을 추려서 이것들이 어떤 방향에서 현대 텍스트언어학과의 접점을 이루고 있는지를 좀 더 구체적으로 살피는 것이 관건이다. 이러한 관련성이 드러난다면, 1940-50년대의 K. L. Pike도 이미 언어연구에 있어서 텍스트언어학적 연구방식의 필요성을 염두에 두고 있었다고 말 할 수 있다.

K. L. Pike는 특정한 대상의 탐구에 대한 복수 관점(multiple perspektive)을 선호하는 데, 이러한 이유는 한 가지 관점만을 가지고 질서정연하게 구분하는 것은 "사실을 사실로부터, 사람을 사람으로부터, 관점을 관점으로부터, 혹은 사람을 사실과 관점으로부터 고립시키는 것"(K. L. Pike 1994: xi)이 인생이 아니기 때문이다. 이 부분은 언어를 유기체라는 은유로 특징지웠던 W. v. Humboldt나 민담(요정담)을 하나의 유기체로 간주했던 V. Y. Propp의 논의를 상기시키는데, 어쨌든 '유기체'와 '인간'은 상호 관련이 있기 때문이다. K. L. Pike는 이러한 복수 관점의 필요성을 한 장의 명확한 그림으로도 설명하고 있다: "남쪽 창문을 내다볼 때 보는 경치와 북쪽 창문을 내다볼 때의 경치는 다르다. 양쪽 다 우리 주변에 대해 부분적인 통찰력을 주지만 방향이 다르다. 그러나 때로는 두 군데 창문을 통해 같은 경치를 보기도 한다. 이와 마찬가지로 서로 다른 이론이 언어 패턴의 본질에 대해 각각 다른 통찰력을 줄 수 있다. 다른 이론을 통해 같은 자료를 볼 때 한 가지 패턴의 서로 다른 면을 볼 수도 있다." (K. L. Pike 1994: 3).

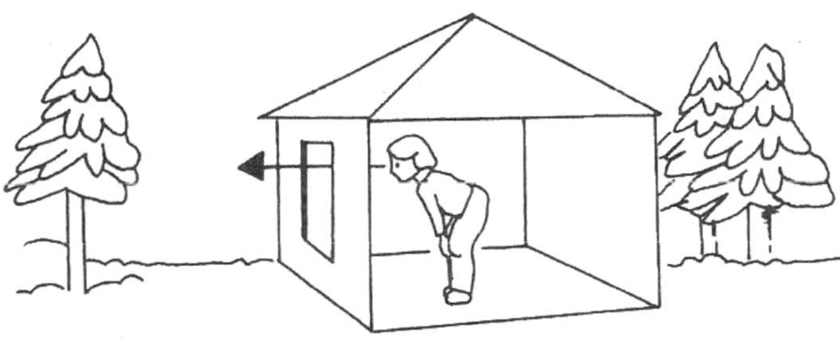

이론은 창문처럼 자료의 일부만을, 그리고 한 번에 한 방향만을 볼 수 있다.

이러한 언어 연구에 대한 복수관점을 등에 업고, 우리들은 언어 연구에 있어 텍스트의 중요성에 대한 뉘앙스를 풍기는 K. L. Pike의 언어 연구를 위한 강령들을 저서의 곳곳에서 찾아 낼 수 있다. 결론적으로 말해서 K. L. Pike의 언어 연구에서는 '텍스트' 개념이 우선되어야 한다는 것이다.

우선 K. L. Pike의 관심은 연구의 단위를 규정하는 일이다. 그래서 그는 언어 연구에 있어서 다양한 계층을 구분한다. 이러한 예로서, 원자에 대해 연구한 희랍인들 보다 현대의 연구가들이 원자에 대해 더 깊이 탐구한 것처럼, 후세의 연구가들이 지금 우리들 보다 더 많은 사실들을 탐구해 낼 수 있음을 간파한다. 따라서 전체(the whole)는 그 부분(parts)의 단순한 집합과 같을 수 없다는 경구와 함께 함께 계층(hierarchy)이 필요함을 역설한다. (K. L. Pike 1994: xi 참조). 이러한 견해는 W. v. Humboldt의 언어연구의 총체성(Totalität) 또는 전체성(Ganzheit)의 선취 개념과도 비견되고, K. Bühler의 '초과합계(Übersummativität)'(1934/1982: 257, 315, 349, 355)도 연상시킨다. 또한 이러한 전체성 개념은 훗날 텍스트언어학의 사상적 근원 중의 하나를 형태심리학(Gestaltpsychologie)으로 추정하는 계기가 되기도 할 것이다. 어쨌든, 형태심리학에서는 부분의 합보다는 더 큰 전체성이 상정되기 때문이다. 이어서 K. L. Pike에 등장하는 것은 연구 층위의 구분이다: "그러면 어느 분야의 학문이든지 인간 임의로 즐거움이나 이로움을 위해 선택하는 대로 어느 층위로나 시작해서 들어갈 수 있다. 복잡성을 늘여가며 계층의 머리 위로 쌓아나갈 수도 있고, 복잡성을 줄여가며 밑으로 내려 갈 수도 있다. (내려간다고 해서 궁극적인 단순함으로 가는 것은 아니니다. 왜냐하면 부분이란 체계와 구조 속의 인간만이 볼 수 있기 때문이다. 인간 관계와 문화상적/추상적(emic) 관계에 있는 인간이, 인간조직 속에서 추리하는 대로 부분을 볼 수 있다. 이러한 것들은 결코 단순한 것이 아니다.) 생물학에서는 살아있는 세포를 첫 시작점으로 선택하여 들어간 후, 예를 들어서 위로는 인간의 층위로 올라갈 수 있고, (아래로는) 광합성(photosynthesis)이나 또 다른 층위로 내려갈 수도 있다. 언어학에서는 나 개인적으로는 문장(sentence)의 층위로 들어가지도 않고, 소리의 자질 - 예를 들어서 유성성(voicing) 같은 자질 - 로 들어가지도 않고, 인간과 인간의 사회적 상호작용(social interaction)의 층위로 시작하며 들어간다. 그러면 대화(dialogue)와 개인 응답(personal response)으로 직접 연결되며, 문장 정의를 대화와 관련지어 내리게 된다." (K. L. Pike 1994: xi

이하). 언어 연구에서 소위 말하는 보텀-업의 연구 방식 이전에 탑-다운 방식의 연구 관점을 취했다는 사실은 텍스트를 "첫 번째 언어기호(das erste sprachliche Zeichen)"로 가정했던 P. Hartmann(1968: 212)의 텍스트언어학적 연구 방식과도 유사성을 가지고 있다. 왜냐하면 텍스트언어학의 시원으로 간주되는 P. Hartmann의 "텍스트, 텍스트들, 텍스트부류들(Text, Texte, Klassen von Texten)"(1964)에서도 탑-다운 방식이 중요했기 때문이다. 또한 이러한 K. L. Pike의 주장에서 명확하게 나타나는 텍스트/대화의 차원은 문장의 차원보다 한 층 더 복잡한 층위이며, 이러한 층위가 결국 사회적 상호 작용과 연관된다는 사실은 1970년대 중반 정태적 텍스트언어학적 관점에서 탈피한 하나의 연구 경향으로서 많은 진전이 있었던 S. J. Schmidt (1973)의 행위중심 텍스트 개념들과도 닮아 있음을 알 수 있다. 왜냐하면 S. J. Schmidt의 '텍스트(이)론(Texttheorie)'에서는 '의사소통적 행위놀이(die kommunikative Handlungsspiele)'가 기본범주(Basiskategorie)로서의 역할을 하기 때문이다. (S. J. Schmidt 1973: 43 이하 참조). K. L. Pike가 언어 연구의 중심에 문장 또는 명제 자체의 연구에 국한하지 않고, 명제가 자기 스스로가 아닌 전체 - 우리들의 입장에서는 '텍스트' - 속에서 가지는 가치의 중요함을 주장하기 위해 S. K. Langer의 인용에 기대는 것을 보아도 그의 언어 연구에 대한 텍스트 중심 연구 방향은 뚜렷해 보인다: "우리는 더 이상 단순 명백하고 일반적으로 용납된 명제(proposition)에만 국한하지 않는다. 꽤 복잡하고 놀라운 명제라도 우연히 포착하여 아주 간단한 것들이 뒤따른다면 복잡한 것을 가정으로 삼고 다른 것들을 유도하는 것이 아주 정당화될 수 있다." (S. K. Langer 1953: 185); "대수공식의 목적은 언제나 최다수의 중요한 명제에 빨리 이르는 데 있다. 어떤 명제가 '중요'한가는 대수를 쓰는 사람의 용도에 달려 있다". (S. K. Langer 1953: 308). 그리고 어떤 명제가 중요하다는 사실은, 명제들의 더미에서 중요하지 않은 명제가 있음도 암시하고 있다. 그래서 그의 문법소론은 "문맥 단위(unit in context)"(K. L. Pike 1994: xiii)와 관련 있음에 틀림없다. 따라서 연구에 있어서 관찰자를 중요시하는 K. L. Pike의 연구 원칙은 체계 중심적 또는 구조중심적 텍스트언어학의 방향보다는 행위 중심적 또는 통보중심적 텍스트언어학의 연구 갈래로 보는 것이 합당해 보인다. K. L. Pike의 연구에 있어서 언어 또는 텍스트를 생산하고 수용하는 인간이 배제되어서는 안 되기 때문이다: "II부에서는 단위 그 자체가 강조된다. 그러나 여기서도 과학적인 초연한 입장이나 객관성을 위해서 관찰자를 제거하려고 하는 것은 불가능하고 오직 참담함을 초래할 뿐이다. 단위란 경험되거나 관찰되거나 추론되거나 상상되어야 한다. 언어에서는 감각이나 기억, 연관, 상상의 집합과 시종일관한 무슨 목적이나 의미, 관련성, 의의가 인간에게 있을 때에만 자질(feature)이 모여서 단위를 이룬다." (K. L. Pike 1994: ix); "인간은 '물체'를 연구할 때 자신의 일부를 그 물체의 정의에 끌어들인다. 의자에 아무도 앉을 사람이 없다면 의자란 과연 무엇인가? 나팔을 불 사람이 없다면 나팔은 과연 무엇인가? 청중이 없는 음악회는? 목수가 없는 톱은? 물체의 관련성이나 용도는 우리가 경험하는 바 대로 그 본질의 일부이다. 이 성분은 물체의 고안자나 사용자가 더하거나 관찰자가 추리해 낸다. 언어 연구의 한 접근법에서는 인간이 언어 사용자로서 언어단위의 본질에 영향을 미친다는 것을 강조한다. 언어에 대한 인간 자신의 반응이 언어 연구를 위한 자료의 일부가 된다. 그것은 자신이 어떻게 반응할까 하는 기대가 언어구조 정의의 일부이기 때문이다." (K. L. Pike 1994: 2). 결국 K. L. Pike의 이러한 논의의 말미에는 다음과 같은 결론이 따르게 된다: "물체의 목록이나 종류는 다른 이론을 도구로 써서 단위를 찾으면 현저히 달라질 것이다. 이론은 즉 관찰자의 일부이다". (K. L. Pike 1994: 1). K. L. Pike는 『언어개념』에서 "문법소론(tagmemics)의 개관"이라는 장을 자신의 언어 이론에 대한 총론적 설명을 위해 할애하는데, 중요한 것은 다음과 같은 개념들이 하나로 연결된 덩어리의 전체와 같아서 결코 분리되어 연구되면 안 된다는 사실이다.

개념적 도구

- 상호 보완하는 관찰자의 견지로서의 관점(perspectives)
  - 입자(particle)로 본 요소
  - 파동(wave)으로 본 요소
  - 장(field)으로 본 요소
- 구조물로서의 단위(units)
  - 대조확인성분, 자질(contrastive-identificational components, features)
  - 변이형(variant manifestations)

- 류(class), 순서(sequence), 체계(system)에 해당되는 분포(distribution)

• 전체의 일부로서의 단위 계층(hierarchies)
  - 음운 계층
  - 문법 계층
  - 지시 계층
• 관련된 것으로의 맥락(contexts)
  - 형식-의미 합성(form-meaning composites)
  - 변화(change)
  - 담화우주(universe of discourse) (K. L. Pike 1994: 9 이하).

우선적으로, '관점의 상호보완성'은 K. L. Pike가 이미 언급했던 관찰을 위한 복수관점과 유사해 보인다. K. L. Pike는 이 개념을 위해서 물리학에서 이미 유명해진 빛의 성질인 '입자'와 '파동' 그리고 '장' 개념을 이용한다. 연구를 위해 이 세 가지 개념을 한꺼번에 적용할 때, 훨씬 더 훌륭한 분석을 해낼 수 있다고 그는 확신한다: "무심한 관찰자에게는 사진 두 장이 똑같이 보일 수 있다. 그러나 만약 이 사진들을 몇 인치 떨어진 두 곳에서 찍었고 입체적 시설을 통해 눈으로 하나씩 관찰한다면 두뇌는 이들의 영상을 삼차원적 체험으로 합성해낸다. 이와 비슷하게 언어학에는 세 가지 견해가 있는데 이들은 대략 같은 재료를 다루고 어떤 점에서는 서로 비슷하나 또 한편으로는 다르기도 하다. 그래서 언어학자가 이 세 가지 견해를 같이 사용하면 한 가지만을 쓸 때보다 훨씬 다양하고 풍부한 경험을 할 수 있게 된다. 입체경이 주는 삼차원적인 체험의 일부는 사실상 관찰자가 첨가하는 것이고 어떤 의미에서는 평면적인 사진 자체에 내재하는 것이 아니다. 이처럼 언어 자체에는 생생한 사실이 없고 사실들이란 관찰자의 수용과정을 통하여 걸러진다. 또 관찰자의 사실성에 대한 체험은 관찰자 자신의 관점에 의해 영향을 받는다." (K. L. Pike 1994: 10 이하). 이것은 마치 3D 입체 동영상을 보는 것이 흑백 TV를 보는 것보다 더욱 더 다양하고 풍부한 경험을 제공해 주고, 화면들 사이에 끊어지는 간격이 있었던 무성 영화시대가 이들의 시대보다 훨씬 더 세계를 불편하게 반영했다는 것과 유사하다. 또한 이것은 빛의 성질에 입자와 파동이 모두 해당된다는 지금의 물리학적 상식과도 맞물린다. 이러한 그의 주장은 다음과 같은 그림으로 한층 더 선명해 진다.

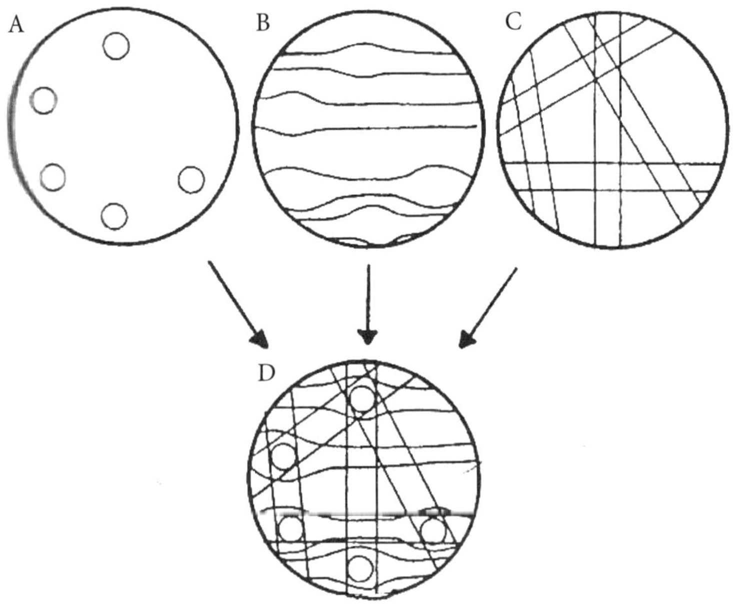

한 단순한 모형 안에 다른 관점이 모일 때 서로 다른 디자인이 어떻게 같은 단위를 지적하는지 보여준다. 단위는 각각 고립된 입자로(A) 볼 수도 있고, 흐르는 파동의 정점으로(B) 볼 수도 있고, 또는 서로 만나는 직선의 교차점으로도(C) 볼 수 있다. 이 세 가지가 포개졌을 때(D) 같은 단위의 집합을 볼 수 있다. 이 복합체는 우리 삶의 체험을 더 풍요롭게 한다. (K. L. Pike 1994: 11).

또한 텍스트언어학의 전체성 개념과 관련되는 항목도 두드러지게 눈에 띄는데 이것은 W. v. Humboldt에서 등장했던, 전체성 개념의 이전에 개성이 있어야 함을 언급하는 대목과 비교 가능하다: "인간은 주위의 세계가 단위들로 만들어졌다고 체험한다. 한 요소가 단위로 간주되려면 그 요소는 나머지 다른 단위와 다르다고 (대조된다고) 생각되어야 한다. 한 단위를 다른 단위와 다르게 하는 특징만이 그 단위를 식별 확인해 내는데 쓰일 수 있다." (K. L. Pike 1994: 12). 이러한 전체성은 교향곡을 하나의 단위처럼 간주하고, "언어란 단어가 연결되어 모인 것이라고 생각"(K. L. Pike 1994: 22)하는 것과 관련 있다.

음운계층과 관련되는 부분에서는 텍스트언어학에서 텍스트의 자율성 또는 독립성을 위해서 할애되었던 R. Harweg(1968: 152 이하)의 텍스트시작문장(Textanfangssatz)과 텍스트계속문장(Textfortsetzungssatz)에 버금가는 텍스트 시작문장과 관련된 의미 있는 언급이나 텍스트의 종결신호와 관련되는 서술도 텍스트언어학적의 발상을 위한 증거로서 아주 중요하다: "그리고 시 전체를 큰 소리로 낭송할 때 끝 부분의 발음을 듣고 그 시가 곧 끝나리라고 하는 것을 알 수 있는 관계로 시 전체도 음운계층 전체에서 하나의 발음단위를 이룬다는 것을 알 수 있다." (K. L. Pike 1994: 14 이하); "예를 들어, That skunk smells bad(그 스컹크는 냄새가 지독하다)와 that bad-smelling skunk(그 지독한 냄새가 나는 스컹크) 사이의 차이를 살펴보자. 첫 번째 것은 형식적으로 그 상태가 참인 것을 단언한다. 두 번째 것은 신중하게 긍정의 형태로 나타내려는 것이 아니라, 단순히 그것을 언급하기 위한 특징을 이름 붙이는 것이다. 첫 번째 것으로 대화를 시작할 수 있을 것이다(Hello 등으로 인사가 끝난 후). 그러나 두 번째 것으로는 보통 대화를 시작하지 않을 것이다." (K. L. Pike 1994: 80). 또한 K. L. Pike에 의하면 어떤 시의 첫 구절만 들어도 그 형식은 예측 가능할 수 있는데, 이는 바로 5행으로 이루어진 속요 가락(limerick)에서 그러하다: "There was a young lady from Clyde(클라이드에서 온 젊은 숙녀가 있었다)에서 강세가 was, lady, Clyde에 있어서 다음에 올 음운 패턴을 짐작할 수 있다. 단어 there와 young의 선택이 우리로 하여금 예측을 시작하게 한다. was가 there 다음에 오는 문법구조와 lady 또는 그 비슷한 명사의 선택이 예측의 실마리가 된다. 둘째 줄 who ate some green apples and died (푸른 사과를 먹고 죽었다)를 더한 후에는 아마 속요가락일 것이라고 거의 분명히 확신하게 된다. 줄끝 Clyde와 died가 각운이 서로 맞는 것과 리듬 그리고 애처로운 맛 모두가 이러한 짐작을 하게 한다 [...] 이 속요가락에서는 cider와 (in)side'er의 말장난으로 그 즐거움이 고도에 달하게 된다. 속요가락 전체가 하나의 입자로 단일성이 없다면, 형식의 예측이나 그것을 찾아내는 즐거움은 있을 수 없다." (K. L. Pike 1994: 24 이하). 위 인용의 마지막에 등장하는 단일성 개념은 우리들이 텍스트언어학의 중요한 강령으로 간주하였던 텍스트의 전체성과 유사한 개념으로 볼 수 있고, 특정한 텍스트종류에 대한 지식(R.-A. de Beaugrande/W. Dressler(1981)에 의하면 '상호텍스트성(Intertextualität)')과 관련있다고 추정할 수 있다. 또한 K. L. Pike에 있어서 '선과 공간 순시성의 입자'

나 '장(field)' 개념은 당연히 전체성 개념에 통합될 수 있으며, 더 나아가 '연속된 음의 합병'에서는 텍스트언어학의 거시통사적(makrosyntaktisch) 차원에서 다루어진 "nacheinander(잇달아, 차례 차례)" 개념이 더욱 더 도드라져 보임을 알 수 있다: "언어가 음의 입자들로 구성되어 있다면, 왜 그렇지 않은가? 물론 언어를 서로 떨어진 덩어리로 분석하는 것은 어떤 면에서는 오류이다. 어떤 목적을 위해서는 유용하고 또 다른 목적을 위해서는 어색한 모델이다."; "기계를 써서 보면 음이 사실상 연이어 발음된다는 것을 알 수 있다. 한 음은 다음 음이 시작되기 전에 끝나지 않는다. 이런 면에서 언어는 인쇄체라기보다는 막 흘려 쓴 초서와 같다. 한 예로 bee와 boo의 차이는 거울을 보면 볼 수 있다. boo의 /b/는 다음 모음 준비를 하는 동안에 입술이 동그래진다." (K. L. Pike 1994: 27). 그리고 이러한 "nacheinander"의 개념은 수평적 차원에만 머무르는 것이 아니고 수직적 차원과도 관계된다. 다시 말해서 어떤 특정한 문장은 그 밖의 다른 문장들보다도 더 높은 곳에 위치하고 있다는 것이다. K. L. Pike는 이를 '핵'과 '주변'으로 처리한다: "구조의 결정적인 핵 부분을 중심으로 앞뒤에 덜 중요한 요소들이 핵을 수식할 경우 문법 파동이라고 부를 수 있다. 그러한 파동이 단어일 경우 핵은 어간이고 주변은 접두사나 접미사로서 inactive나 singing이 그 예이다. 절보다 작은, 두 단어로 구성된 구일 경우에는 'my(내)'(주변) 'alligator(악어)'(핵)처럼 머리(head)와 수식어일 수 있다. 한 문장에 두 개의 절이 있을 때 하나는 독립절 핵이고 다른 하나는 종속절일 수 있다: 'The doctor treated the boy(의사가 소년을 치료했다)'(핵), 'after he broke his leg on a skate board(스케이트판에서 다리를 부러뜨린 후)'(주변). 마찬가지로 'Will you come?(오겠습니까?)', 'Perhaps.(아마.)'라는 문답은 상층위의 핵-주변 관계를 나타낸다. 음운 파동은 음 하나처럼 짧을 수도 있고 장의 전체처럼 클 수도 있다." (K. L. Pike 1994: 30 이하). 또한 문장에서 일어나는 특정한 낱말의 강세 현상을 단락으로 확장시켜 문장의 강세로 대체하면서 '문장초월적(transphrastisch)' 개념의 중요성을 암시하기도 한다: "강세 발음은 문장의 한 부분을 강조하거나 두드러지게 하기 위해 쓰여지는데 'I said THEY must go!(그들은 가야한다고 내가 말했다!)'와 같은 경우이다. 문법에서도 'It is indeed the CAT that swallowed the RAT(쥐를 삼킨 것은 정말 고양이다)'의 문장에서 'It is indeed'가 'CAT'에 초점 맞추기를 강요할 수 있다 [...] 단락 전체를 다룰 때에는 조점핵이 되는 첫 문장을 화제(topic)라고 부를 수 있다.” (K. L. Pike 1994: 30). 따라서 결국에는 문장보다 훨씬 큰 단위인 ‘장 구조’를 상정하고, 이러한 개념을 바탕으로 시에 대한 연구가 되어야 함을 그는 다음과 같이 노골적으로 표현한다: “문장보다 훨씬 큰 단위를 장 구조로 연구하는 것도 흥미롭다. 한 가지 예로 Browning의 시 ‘기억할 만한 사건들’(Memorabilia 1985)을 보기로 하자. 이 시가 기억 속에 잡다한 입자의 장을 나타낸다고 해석할 수도 있다. 이 장 속에 두 가지 사건이 묘사되어 있다. 첫째는 Browning이 Shelley를 만났던 사람을 만나는 것을 다루고 있다. 이 사건의 충격이 Browning을 창백하게 하는데, 그것은 그토록 위대한 사람인 Shelley와의 간접적 접촉도 그를 동요시키는 일이었기 때문이다. 두 번째 사건은 깃털을 찾은 것을 다루고 있다. 어떤 의미에서 각 사건은 체험으로부터 추상화된 듯 마치 전과 후의 시간과 관계가 없는 듯이 느껴진다. 그리하여 그 사건들은 불변하기 때문에 이상하게 느껴지고 마치 그리스 항아리에 새겨 얼어붙은 인물처럼 어쩐지 영원히 새롭게 보인다.” (K. L. Pike 1994: 40 이하). K. L. Pike의 이러한 입자, 파동, 장 개념은 다음과 같은 세 가지 낱말의 집합으로 모아질 수 있다: “정적, 동적, 관계적; 항목, 과정, 관계; 점, 줄, 공간; 목록, 규칙, 패턴; 확인하는, 만드는, 조직하는; 추상, 융합, 상호작용; 반복, 변화, 통합.” (K. L. Pike 1994: 42). 결국 여기서는 우리들의 관심사와 파이크의 ‘관계적’, ‘관계’, ‘공간’, ‘패턴’, ‘조직하는’, ‘상호작용’ ‘통합’과의 연관성이 중요하고, 이는 마치 텍스트언어학의 궁극적 연구가 ‘구조중심적’(R. Harweg(1968) 또는 W. Dressler(1973)), ‘행위중심적’(W. Heinemann/D. Viehweger(1991)) 연구 방식이 ‘통합적’(K. Brinker(1985)) 등의 집합으로 모아지는 현상과도 유사해 보인다. 다시 말해서 텍스트 분석에 있어서 연구자는 때때로 한 특정 단위를 구조중심적 방식으로 생각하기 쉬운 반면에, 다음 순간에는 같은 단위를 행위중심적 형태로 변하는 것으로, 또 다른 순간에는 통합적 연구방식에 적합하다고 생각할 수 있다는 것이다. 결국 하나의 텍스트는 다양한 관점 하에서 연구되고 결국에는 이러한 모든 방식이 통합되어 분석되어야 함을 의미한다고 말 할 수 있다.

K. L. Pike에서 ‘단위의 인지’ 같은 경우는 W. v. Humboldt의 개성을 인지하기 위해서 전체성을 염두에 두어야 하다는 취지와 상통하는 면이 있다. 관찰자에게는 전경과 배경이 필요한데, 이러한 토대가 있어야지 단위가 인지된다는 것

이다. 어떤 단위가 인지되기 위해서는 동일성이 확인되어야 하고 이를 위해서는 대조가 되어야 함은 당연하다. 그럼으로 "인지는 고립되어 있는 단위의 동일성 확인뿐만 아니라 단위 사이의 대조도 다룬다." (K. L. Pike 1994: 46). 전체성이 필요한 이유가 여기에 있고, 이는 텍스트언어학에서 텍스트유형을 인지하는 방식이기도 하다. 그래서 이러한 전체성은 더 큰 전체성으로 나아가기도 한다: "수레바퀴 속에 있는 수레 바퀴나 전체와 부분 사이의 계속적인 포함 같은 관련 있는 구조적 포함은 우리의 접근방법의 중요한 성분이다. 이 때 그 전체는 다시 더 큰 전체의 한 부분이 된다." (K. L. Pike 1994: 78). 이러한 K. L. Pike의 이론이 R. Harweg(1968: 143)에 의해서 언급되었던 '텍스트우주(Textkosmos)', R.-A. de Beaugrande/W. Dressler(1981)의 인지 중심 텍스트언어학의 핵심 개념이었던 '코헤지온'과 '코헤렌쯔', 텍스트 정의의 근원적 핵심인 '씨줄과 날줄' 등과 비교된다면, 그것은 텍스트언어학의 선구적 업적으로 간주됨에 있어 손색이 없음을 말하는 것과 진배없다.

> "좌표의 원점은 어디엔가는 있기 때문에 좀 더 큰 세계 안에서 우리 자신의 위치를 알 수 있도록 해 준다. 우리 주변 가까운 범위를 훨씬 넘어서 우리가 어디에 있는지 가르쳐 주는 것이 있어야 한다. 인간, 사물, 단어의 의의를 알려면, 점차적으로 커지는 발생의 패턴(pattern of occurrence)과의 관련, 더 큰 담화우주와의 관련이 필요하다. 내가 내 코 뒤에 있다는 것을 아는 것이 도시로 가는 길을 나한테 가리켜 주지 않는다. 더 큰 맥락, 우주 - 혹은 담화 - 에 관련하여 방향을 맞출 필요가 있다." (K. L. Pike 1994: 68).

> "문법소의 네 가지 자질은 부분적으로 독립적 변수이며, 또한 서로 의존적이어서 맞물리는 성분과 정의가 있다. 일반적으로 이 네 가지 성분은 모든 사람에게 잘 알려진 질문에 대답하는데 도움이 된다. (1) 직접구조 환경의 어디에 (어떤 빈칸으로) 몇 가지 구체적 부분이 나타나는가? (2) 단위의 어떤 집합(류)이 똑 같은 장소에서 더 큰 (포함하는) 단위의 부분이 될 수 있는가? (3) 왜 (why) 단위 집합의 모든 원소가 같은 구조에 있는 다른 빈칸의 단위 집합과 관련 (의미) 있는가? (4) 어떻게 (how) 계층의 이런 저런 층위에 있는 일반

화된 참고 기준이 각 부분들이 서로 묶여질 수 있도록 반영하거나 통제하는가 (응집(cohesion)을 주는가)?" (K. L. Pike 1994: 84).

"틀과 제약(응집): 어떤 종류의 일관성 있는 전체 속에서 무엇인가가 단어를 함께 묶어야 한다. 그렇지 않으면 이야기와 그 이야기에 의해 나타난 세상의 인식은 제멋대로 된 혼란한 장면이 될 것이다." (K. L. Pike 1994: 88).

"여러 가지 요소가 행위 단위의 분포를 통제한다. 예를 들면 언어통제(linguistic control)는 어휘적, 음운적, 문법적, 혹은 (문체나, 사회적 담화 우주의 일관성(coherence)까지 포함하는) 지시적 요소를 동반한다." (K. L. Pike 1994: 72 이하).

"관찰자는 자신이 관찰하고 보고하는 듯한 패턴의 날줄과 씨줄에 들어간다" (K. L. Pike 1994: 77).

4.7 Z. S. Harris의 '대화 분석(Discourse Analysis)'

미국의 분류적 구조주의의 창시자로 추앙받는 Z. S. Harris의 언어이론은 텍스트언어학과 어떤 관련을 가질 수 있을까? 이러한 문제 제기를 가능하게 하는 근거는 다음의 인용에 등장하는 문장보다 더 큰 단위가 유의되어야 한다는 그의 주장 때문이다.

> "첫 번째 문제는 기술언어학을 한 번에 단일 문장의 한계를 넘어서 계속 진행시키는 문제이다. 다른 하나는 '문화'와 언어, 즉 비언어적 행동과 언어적 행동을 상관시키는 문제이다. 첫 문제는 기술언어학이 일반적으로 문장 경계에서 멈추기 때문에 제기된다. 이것은 사전 결정에 의한 것은 아니다. 언어학의 방법은 그 길이가 어떠하든, 언어행위(speech)의 연속을 연구하도록 구성되어 있다. 그러나 모든 언어에서 거의 모든 결과들은 우리가 문장이라고 부르는 비교적 짧은 연속에 귀착된다는 것이 판명된다." (Z. S. Harris 1952: 1).

그러나 홍승우가 정확하게 파악하고 있듯이, 이 인용에서 문장보다 더 큰 단위가 중요하다는 사실이 언급되어 있지만, 결국은 문장이 최종 단위라는 그의 입장이 드러난다. 다시 말해서 Z. S. Harris는 분류적 구조주의의 독특한 연구방법인 분할과 분류 그리고 분포 조사에 의거하여 보다 작은 단위로 분석해 나가는데, 그러므로 Z. S. Harris의 궁극적인 언어 연구의 의도가 텍스트가 관건이 아니라는 사실이다. (홍승우 1991: 412 참조). 그럼에도 불구하고, Z. S. Harris를 텍스트언어학의 선구자 무리에 포함시키려는 시도들이 있어왔다. L. Völzing(1979)의 경우가 그러한데, 그는 『텍스트와 행위(Text und Handlung』(1979)에서 W. v. Humboldt 그리고 L. Hjelmslev와 함께 Z. S. Harris를 텍스트언어학의 선구자 무리들 중에서 비교적 앞 켠에 위치시키고 있다. 왜냐하면, Z. S. Harris는 문법을 계산 가능하게 하기 위해서 문장을 뛰어넘는 발상을 해야 한다고 주장했기 때문이다. 이를 테면, 그는 "낱말들이 반복"되거나, "여러 번 출현"하는 경우, "이러한 것들이 종종 그 텍스트의 핵심 낱말이 된다."(Z. S. Harris 1952/1964: 35)라고 이야기 한다. 우리들은 여기에서 텍스트언어학의 핵심개념인 대명사화, 코헤지온 수단, 코헤렌쯔 수단, 공지시(Koreferenz) 개념을 쉽게 떠올릴 수 있다. 미국 구조주의에서 L. Bloomfield가 문장을 초월하는 조응(Anaphora)의 문제를 알았음에도 불구하고 구조적-기술적 언어학을 위해서 이를 무시한 것에 비해서, Z. S. Harris는 문장을 초월하는 어떤 단위의 분석이 있어야 된다는 사실을 분명히 알고 있었다. 그래서 그는 "어떤 담화(discourse)이든지 발화(utterances)의 연속으로 기술된다."(Z. S. Harris 1964: 39)고 주장했다.

사실, Z. S. Harris가 텍스트언어학의 이전사로 편입될 수 있는 가장 큰 이유는 그가 언어학에서 언어와 문화(culture), 행동(behavior), 사회적 상황(social situation)과의 관계를 중시했던 점에서 찾을 수 있다. 또한 그는 분류적 구조주의의 기제인 분절(Segmentation), 분류(Klassifikation), 분포(Distribution)와 같은 방법론에만 머문 것이 아니라, 'occurrence', 'recurrence', 'combination', 'arrangement'와 같은 텍스트 차원을 고려한 기본 개념에 몰두한 것을 보면, 그는 텍스트언어학사에 편입되고도 남음이 있다. (H. Kalverkämper 1981a: 259 참조).

4.8 W. Porzig의 '본질적 의미 관련(wesenhafte Bedeutungsbeziehungen)' 과 '레데(Rede)' 개념[9)]

통상적으로 독일어권의 일반언어학 공간 내에서 W. Porzig는 '본질적 의미 관련(wesenhafte Bedeutungsbeziehungen)'이라는 낱말의 붙이구조 이론의 창시자로서 많이 알려져 있다. 그런데 필자는 - 이러한 명성에 가려서 인지는 몰라도 - W. Porzig가 텍스트언어학의 선구적 역할을 했다는 사실을 홍승우를 제외하고는 - 한국에서뿐만 아니라, 독일에서도 – 별로 들어 본 적이 없다. 홍승우는 자신의 주저 『언어학의 의미론 입문』(1988a)[10)]에서 이미 W. Porzig를 텍스트언어학의 선구자 중의 한 사람으로 간주하고 있다. 왜냐하면 홍승우는 '3.3.1. 텍스트언어학의 발생' 다음에 '3.3.2. W. Prozig'라는 장을 할애하여, W. Porzig의 텍스트언어학적 단초들을 열거하고 있기 때문이다.[11)] 본고는 텍스트언어학에서 핵심 개념이 될법한 W. Porzig의 몇 가지 논의들을 현대 텍스트언어학의 다양한 주장들과 비교, 분석하면서 홍승우의 견해에 좀더 힘을 싣기 위함이 목적이다.

---

9) 이 장은 졸고 『'텍스트'의 선구로서 '레데(Rede)'. W. Porzig의 '언어의 경이'를 중심으로』(2004e)를 다시 깁고 다듬은 것이다.

10) 예를 들어 홍승우는 "텍스트언어학 입문서에서 언급조차 되지 않은, 그러나 필자의 견해에 의하면 이 방향의 본래의 창시자인 W. Porzig의 연구"(1988a: 155)를 해야한다고 주장한다. 본고는 위와 같은 홍승우의 주장에 힘입은 바 크다.

11) 홍승우(1988). 홍승우는 중요한 텍스트언어학의 입문서들, 이를테면 W. Dressler의 『Einführung in die Textlinguistik』, Tübingen: Niemeyer, 1973; W. Kallmeyer 등의 『Lektürekolleg zur Textlinguistik』, 2. Bd., Frankfurt a. M.: Fischer, 1974; R.-A. de Beaugrande/W. Dressler의 『Einführung in die Textlinguistik』, Tübingen: Niemeyer, 1981; E. Coseriu의 『Textlinguistik』, Tübingen: Narr, 1980에서 조차도 W. Porzig가 단 한 번도 언급되지 않았음을 애석해 한다: "그런데 텍스트언어학에 대한 입문서에서 언급조차 되지 않는, 그러나 필자의 견해에 의하면 이 방향의 본래의 창시자인 W. Porzig의 연구가 이하에서 고찰의 중심이 된다." (홍승우 1988a: 155). 주로 영미권의 텍스트언어학을 연구하는 김태옥/이현호(1995: 3) 또한 텍스트언어학의 이전사로서 간략히 E. Coseriu를 언급할 뿐, 대다수의 언어학자들이 텍스트언어학에 주목하지 않았다고 주장한다. 그러나 우리가 다루게 될 W. Porzig 뿐만 아니라, 더 멀리는 W. v. Humboldt에서도 텍스트언어학적 단초들이 많이 발견되는 것을 보면, 김태옥/이현호의 주장은 약간 수정되어야 할 것 같다.

4.8.1 본질적 의미관련, 어휘 연대(lexikalische Solidarität), 텍스트코헤렌쯔

W. Porzig의 '본질적 의미관련'은 "모든 낱말들은 어느 정도 힘의 영역(Kraftfeld)을 자기 주위에 가지며, 이것들은 내용적으로 이 영역에서 적합할 때에만 다른 낱말들과 결합할 수 있음"(W. Porzig 1950/1975: 124)을 의미한다. 다시 말해서 W. Porzig의 언어 연구는, 각 낱말들은 대체로 일정한 다른 낱말들과 함께 출현한다는 인식에서 출발한다. 따라서 '가다(gehen)'는 '발(Fuß)'을, '잡다(greifen)'는 '손(Hand)'을, '보다(sehen)'는 '눈(Auge)'을, '듣다(hören)'는 '귀(Ohr)'를, '핥다(lecken)'는 '혀(Zunge)'를, '입맞추다(küssen)'는 '입술(Lippe)'을 전제한다. 요약하자면, 이들 각각의 두 낱말 사이에는 붙이구조[12]가 성립한다. 이러한 사실은, 변형 생성문법의 가장 중요한 개념 중 하나인 '선택제약(Selektionsbeschränkung)' 또는 '종범주화규칙(Subkategorisierungsregel)'[13]도 W. Porzig의 '본질적 의미관련'에 빚지고 있음을 의미한다.[14] 이러한 W. Porzig

---

12) 붙이구조는 등급구조 및 갈이구조와 함께 이해되어야만 한다. S. Ullmann에 의해서 "언어 견해에 있어서 코페르니쿠스적 전회"(1962: 5)로 평가된 낱말 영역론(Wortfeldtheorie)에서는 "언어의 기본적 본질은 분절이므로, 분절의 결과인 개개의 구성요소, 그러므로 최종 구성요소는 본질과 작용에서 그 언어의 전체에서의 분절성에 의하여, 그 위치가치에 의하여 규정되어 있다 [⋯] 즉 낱말은 구성되고 분절된 어휘의 전체에서 분절되어 나오고, 반대로 어휘는 개개의 낱말로 분절되어 간다." (J. Trier 1934: 429). 이러한 낱말영역의 분절은 한 언어에서 평면적으로 행해지는 것이 아니라, 상위에서 하위로 일어난다. 이것을 등급구조(이를테면, 동물-가축-소-암소 [...])라 하고, 또한 낱말영역은 갈이구조로 되어 있다. 그래서 낱말 영역을 정확히 알려면, 한 영역 전체와 이 구조가 마음에 떠올라야 한다. 자주 인용되는 예로서, "Ich fahre mit dem Auto/Zug/Fahrrad."에서 '자동차' 대신에 자전기, 배, 전차 등이 올 수 있다. 즉 '탈것'을 표현하는 영역의 각 구성요소들은 잠재적인 실현가능성으로 언어에 살아 있다. 홍승우(1988a: 78 이하)를 참조할 것.

13) 예를 들어 형용사에 대한 종범주화규칙 적용 예를 살펴보면, 'tot(죽은)' [-Grad]의 특징이 있으므로 *Der Hund ist töter als die Katze.(*이 개는 저 고양이 보다 좀더 죽었다.) 라는 문장이 만들어질 수 없다는 것이다.

14) 사실, W. Porzig는 J. Trier가 '낱말 영역론(Wortfeldtheorie)'을 구상하던 시기인 1928년도 경에 이미 이러한 구상을 하고 있었던 것으로 여겨진다. 왜냐하면, 그는 A. Marty와의 논쟁에서 언어연구에서는 한 낱말이 속하는 관련, 그것이 쓰인 문장의 직접적인 관련, 동일한 의미 영역들의 다른 낱말 가운데서 차지하는 그 위치, 끝으로 해당 언어의 어휘 전체와의 그 결합, 즉 어원을 묻는다라는 견해를 이미 가지고 있었기 때문이다. 홍승우(1988a: 117)를 참조할 것.

의 '본질적 의미관련'을 언급하게 되면, E. Coseriu의 '어휘 연대(lexikalische Solidarität)'를 지나칠 수 없다. 확실한 물증은 없지만, 이러한 '어휘 연대' 개념에 힘입어서 훗날에 텍스트언어학 입문서 중에서 가장 출중한 한 권을 E. Coseriu가 쓸 수 있었는지도 모르겠다. (E. Coseriu 1981). E. Coseriu의

> "'어휘 연대'란, 한 낱말이 하나의 집합이나 한 원어휘소 또는 한 어휘소에 의하여 내용적으로 규정되는 현상으로, 일정한 집합, 일정한 원어휘소 또는 일정한 어휘소가 해당 낱말의 내용에서 구분 특징으로 기능 한다. 달리 말하면 최소 의미 차이의 차원에서, 부류나 원어휘소, 어휘소가 해당하는 낱말 내용의 정의에 속한다는 사실이 중요하다 [...] 말하자면 연대란 방향이 잡힌 관계이다. 이를테면 '나무(Baum)'는 '쓰러지다(fallen)'의 내용에 포함되지만, 역은 성립하지 않는다." (E. Coseriu 1974: 78).

물론 이러한 정의는 W. Porzig의 '본질적 의미관련'과 근본적으로는 유사하나, 명시적 관점에서는 해당 언어현상을 훨씬 적합하게 표현하고 있다.[15] E. Coseriu는 이러한 '어휘 연대'가 W. Porzig의 '본질적 의미관련'에 힘입은 바 크다는 사실을 자신의 논문 초입에서 다음과 같이 명백하게 밝히고 있다: "어휘 연대는 우선적으로 W. Porzig가 1934년에 저술한 그의 논문 '본질적 의미관련(독일 어문학사를 위한 기고)(Wesenhafte Bedeutungsbeziehungen (Beiträge zur Geschichte der deutschen Sprache und Literatur))'과 관계 있다." (E. Coseriu 1974: 75).

---

15) E. Coseriu는 자신의 '어휘 연대'가 W. Porzig의 '본질적 의미관련'과 차이 있음을 다음과 같이 명시적으로 밝히고 있다: "W. Porzig가 언급한 예들의 대부분은 필자의 '연대' 정의와 일치되는데, 이 정의는 W. Porzig의 다른 여러 보기들이, 실제로는 동일한 현상에 속하지 않는다는 것을 보여 준다. 예를 들어 W. Porzig는 '스페인사람들이 처음으로 *미국에 올 때 가져온 말을 팔 수 없다*. 그리고 *팔려야 할 말을* 스페인 사람들은 *미국으로 가지고 올 리*가 없다. 팔리다와 같은 동사는 항상 일정한 종류의 목적어만 가진다. 즉, 동물의 종족이라는 개념은 이 목적어에 속하지는 않는다'고 했다. (『언어의 경이』 제2판 120). 그러나 위의 현상들은 *이-씹다, 나무-쓰러지다*와 동일한 현상에 속하지 않으며, 더욱이 W. Porzig의 의미로도 그렇지 않다. 왜냐하면 *가지고 오다*나 *팔다*는 *말*의 내용에 포함되어 있지도 않고, 반대로 *말은 가지고 오다*와 *팔다*에 포함되어 있지 않으며, 단지 여기서는 *가지고 오다*와 *팔다*류의 동사가 갖는 부류소상의 상이성이 나타나는 문법 현상만이 중요하다." (E. Coseriu 1967/1974: 79).

포르찌히 (이재원作, 2018)

그런데 필자의 견해에 의하면, 이것은 텍스트언어학에서 텍스트코헤렌쯔의 핵심 수단이 되는 동위소(Isotopie)의 선구적 개념이 될 수 있다는 사실이다. 왜냐하면, 그의 '어휘 연대'를 지칭하는 "그러한 내용적 결합성들(solche inhaltlichen Verbundenheiten)"(E. Coseriu 1974: 75)이라는 표현이 주는 어감이 동위소 개념과 별반 다를 바 없기 때문이다. 원래 자연과학적 의미에서 은유화 된 언어학의 술어 '동위소'란 의미특징(Sem)의 반복 출현으로 간주되는데, 예를 들어 A. J. Greimas는 의미 자질을 표현하기 위해서 '의미 특징'이라는 술어를 사용한다. 따라서 동위소는 의미 특징의 반복(Semrekurrenz)으로 정의된다. 다시 말해서 한 텍스트 안에서 최소한 두 개의 어휘가 동일한 자질을 가지게 되면, 동위소가 생겨나게 된다. (A. J. Greimas 1974: 126 참고). 이러한 동위소는 훗날, 텍스트언어학에서 텍스트응집성을 위한 중요한 수단이 된다. 따라서 '본질적 의미관련'과 '어휘 연대' 그리고 '동위소'와 '텍스트코헤렌쯔'사이의 관계를 다음과 같이 간략한 도표를 이용해서 설명할 수 있다.

본질적 의미관련 ⊃ 어휘 연대 ⊃ 동위소 ⊃ 텍스트코헤렌쯔

위의 개념들 사이의 밀접한 관련은, '어휘 연대'의 국어 번역이 한편으로 '어휘 결속'으로, 그리고 다른 한편으로 텍스트응집성이 '텍스트결속성'으로 번역된 사실로만 보더라도 알 수 있다. 이로써 '본질적 의미관련'은 텍스트언어학의 초창기뿐만 아니라 현재에도 텍스트언어학의 핵심개념으로 간주되고 있는 '텍스트응집성'과 관련 있음을 짐작할 수 있다. 이러한 낱말의 붙이구조들이 텍스트언어학의 핵심 개념이 되어버린 것은 텍스트구성을 위한 R. Harweg(1968)의 '붙이적[통사적] 대체(syntagmatische Substitution)'를 보더라도 쉽게 알아 낼 수 있고, W. Porzig나 E. Coseriu의 붙이구조와 J. Trier의 갈이구조(낱말 영역론(Wortfeldtheorie))가 '텍스트언어학'의 핵심 개념인 '텍스트'를 지칭하는 '직조'의 메타퍼와도 비견될 수 있다는 사실에 있다. 왜냐하면 '직조' 또한 어떤 형태로든지 '붙이'와 '갈이'를 축으로 이루어지기 때문이다.

4.8.2 '본래의/첫 번째의(orignär/primär)'와 '최상의(oberst)'

W. Porzig는 자신의 주저 『언어의 경이』(1975)에서 '레데, 문장, 낱말'이라는 독립된 장을 설정하고, 낱말 또는 문장에 관한 설명보다 레데에 관한 서술을 우선했다.[16] 다시 말해서, W. Porzig는 낱말과 문장보다 레데를 더 중요시했다. 우선, 레데에 대한 W. Porzig의 명확한 정의를 직접 인용하는 것이 앞으로 우리들의 논의를 위해서 필요하다.

> "모든 언어 발화(Äußerung)가 어떤 목적, 다시 말해서 파트너의 반응을 불러일으키는 목적을 가진다는 견해는, 사람들이 하는 대화의 풍부함 속에서 첫 번째 분지인 최상의 단위(eine oberste Einheit)를 인식하는 것을 가능하게 한다 [...] 파트너가 듣고 이해했음에도 불구하고 의도적으로 반응하지 않은 것도 당연히 일종의 반응이다. 다시 말해서, 무대답도 대답이다. 이러한 단위를 우리들은 레데라고 한다." (W. Porzig 1950/1975: 95).

W. Porzig에 기대면, 모든 발화는 상대방의 반응을 불러일으키는데 최종적인 목적이 있으며, 이 목적의 완수를 위해 상위에 위치한 언어 단위로서 레데를 설정해야 한다. 따라서 그는 이러한 단위, 즉 레데가 낱말이나 문장에 우선되는 언어 단위임을 이미 텍스트언어학 초창기 이전에 간파하고 있었다. 이것은 – 일반적으로 – P. Hartmann을 텍스트언어학의 시조로 삼는 '텍스트언어학의 시작은 1964년도'라는 주장과 비교해 보면 14년이나 앞선 일이다. 이러한 W. Porzig의 '최상의'라는 표현은 훗날에 또다시 등장한다.

> "따라서 레데는, 무한히 이어지는 인간의 대화에서 우리들이 이해할 수 있는 최상의 단위(die oberste Einheit)이다." (W. Porzig 1950/1975: 98).

---

16) 'Rede'를 '텍스트'로 번역할 수 있는 가능성은 충분히 있지만, 혼동을 피하기 위해서 '레데'로 사용한다.

일견 이것은 P. Hartmann의 유명한 일절인 "텍스트는 본래의 언어 기호이다"(P. Hartmann 1969: 69)를 닮아 있다. 왜냐하면 텍스트가 '본래의 언어 기호'라고 하는 것은, 언어 기호가 낱말이나 문장에서 시작하는 것이 아니라, 그 상위 단위인 텍스트에서 시작된다는 것을 의미하기 때문이다. 또한 텍스트가 - W. Porzig의 말대로 - "우리들이 이해할 수 있는 최상의 단위"라면, 이것은 P. Hartmann의 주장("언어는 텍스트 형식 이외의 어떤 형식으로도 나타나지 않는다")과 매우 흡사해 보인다. 더욱이 텍스트언어학의 초창기부터 여전히 왕성한 학문적 활동을 멈추지 않는 Hamburg 대학의 K. Brinker는 그 옛날의 W. Porzig와 동일한 술어를 사용하여 텍스트를 규정하고 있다.

> "지금까지 언어학은 문장을 가장 큰 언어 단위(eine höchste sprachliche Einheit)로 간주하고 오직 문장의 구조를 기술하고 분석했다. 특히 문장영역에서 언어 단위들의 분할과 분류에만 한정시켰다 [⋯] **최상의 독립적 언어 단위(die oberste und unabhängigste sprachliche Einheit)**는 문장이라기 보다는 텍스트이다. 언어는 일차적으로 텍스트 형태로 나타난다. 그러므로 텍스트는 '언어학적으로 중요한 **오리지널한 언어 기호(Originärzeichen)**'이다. 그것은 무엇보다 언어 연구에 직접 주어져 있는 것이다 [⋯] 따라서 문장은 언어 연구에 있어서 지금처럼 최고의 자리를 차지할 수 없다. 그 결과 언어학이 마침내 텍스트언어학으로 정립되기에 이른다. (K. Brinker 1971: 217)." [이재원에 의해서 강조됨]

아무런 인용부호 없이 주어진 K. Brinker의 이러한 주장은 이미 이전의 P. Hartmann의 견해와 정확히 일치함을 알 수 있다. 왜냐하면 텍스트언어학이 언어학의 한 분과로 출발한지 몇 년 후에 간행된 이 논문에서 K. Brinker는 '레데' 정의를 위해 도입된 W. Porzig의 '최상의'라는 형용사와 P. Hartmann의 '본래의'라는 수식어를 사용하여 위와 같이 텍스트를 정의하고 있기 때문이다. 이것은 또한 W. Dressler가 주장한 텍스트란 "첫 번째 언어기호(das primäre sprachliche Zeichen)"이고, "언어의 기본 단위(die grundlegende Einheit der Sprache)"(W. Dressler 1973: 3)와도 유사하다. 그럼에도 불구하고 이들에게 있어서 W.

Porzig는 (의도적이든 그렇지 않든 간에) 전혀 낯선 이방인이었다.

4.8.3 레데의 시작과 레데의 끝

W. Porzig에 의하면 이러한 레데 단위는 외면적으로 소리에 의해서 알 수 있는데, 대부분은 명확한 휴지에 의해서 시작과 끝을 알 수 있다는 것이다. 이것 이외에도 W. Porzig에 기대면, "신사 여러분!(meine Herren!)", "얘, 내 말 좀 들어봐!(Du, hör mal!)", "어휴, 죄송합니다.(Ach, verzeihen Sie.)"라는 표현에 의해서 레데는 시작하고, "감사합니다, 신사 여러분, 안녕히 계십시오(Danke, meine Herren, Aufwiedersehen)"라는 표현에 의해서 레데가 끝난다. 그럼에도 불구하고 W. Porzig에게 있어서 분명하게 레데 단위를 표시해 주는 것은 말의 템포와 휴지이다. (W. Porzig 1950/1975: 98 이하). 다시 말해서 레데를 하나의 총체적 단위로 이해하고, 이를 위해 발화의 형식보다도 템포와 휴지를 더 중요시하는 경향 또한 엿보인다. (W. Porzig 1975: 99). 그러나 텍스트 경계 설정을 위한 템포와 휴지의 중요성은 그다지 명백한 텍스트 경계 설정의 자질이 아닐 수 있다. 예를 들어, 훗날 W. Dressler가 Antonín Dvořak을 인용하면서 텍스트 경계 설정의 어려움에 대해서 말하는 경우가 있기 때문이다. 이를테면 작곡가인 Antonín Dvořak이 Praha에서 비인으로 친구와 기차여행을 하는 도중에, 같이 여행하는 친구가 지독하게 모기에게 뜯기는 것에 대해서 기차에서 불평을 늘어놓았을 때, Dvořak은 비인에 도착하고 난 후에야 비로소 친구에게 "그것은 웅덩이에서 온 것이라네"라고 언급하는 경우, 텍스트 경계 설정을 휴지로 고정시키면 문제가 생길 수 있다는 것이다. (W. Dressler 1973: 12).[17] 또한 텍스트 서두를 암시해주는 표식으로서 W. Dressler가 '후조응적(kataphorisch)'이라는 술어를 사용(이를 위해서 W. Dressler는 "옛날에 한 왕이 살았습니다"라는 문장에 기대서 설명하고 있는데, 이를 테면

17) 글말에서도 이러한 현상이 종종 나타남을 알 수 있다. 예를 들어 조선일보에서 발췌한 '테디베어' 광고텍스트는 A13면에서 "분당에서 애들이 사라졌어요"라면서 전면광고를 시작하여, A14면을 통상적인 신문기사 텍스트에 할애하고 A15에 이르러서야 "엄마, 아빠! 우리 여기 있어요. 분당 테디베어 개습"로서 미무리 짓는다. 따라서 이제는 글말에서 공간적인 거리 문제 또한 텍스트 통일성을 방해하지 못하는 경우도 있다. (조선일보. 2004년 3월 23일).

위의 문장을 듣거나 읽고 난 후에 청자나 독자는 이 텍스트가 계속 진행될 것이라는 화용적 기대를 갖게 된다는 사실이다. 만약 이 경우에 화자/서술자가 그 다음에 아무런 것도 언급하지 않으면 속았다는 느낌을 가질 수 있다.)하고(W. Dressler 1973: 57 이하), 이러한 후조응 대명사류들이 문장 내에서 사용되면, 그 문장은 텍스트의 말미를 장식할 수 없다는 등의 주장과 비교해 보면, 레데의 경계분야에 대한 W. Porzig의 이론은 별로 섬세하지 못하다. 그러나 사실 텍스트 서두나 결말을 언어학적으로 유형화시킨다는 것은 현대 텍스트언어학의 관점에서도 결코 쉬운 일이 아닐진데, 당시의 상황에서 그것을 기대한다는 것은 너무나도 무리한 요구일 것이다. 왜냐하면 당시의 텍스트언어학에서는 세분화된 텍스트문법적인 세밀한 여러 가지 코헤지온 장치들조차 연구되지 않은 상태였기 때문이었을 것이다.

4.8.4 레데의 길이와 레데의 양

또한 W. Porzig의 레데는 길이나 양과는 무관하다. 즉 '들어와(Herein)!' 같은 짧은 표현으로 상대방을 반응토록 한 레데와 법정에서 피고를 변호하기 위해 수 시간 동안의 장황한 표현으로써 상대방의 반응을 얻어낸 변호사의 레데는 모두 동일한 차원의 완전한 레데이다. 또한 "너 어디 가니?" "시장에"라고 교체되어 쓰인 레데는 상호간에 추구하는 이해의 목적이 달성되었음으로 완전한 레데가 된다. (W. Porzig 1950/1975: 96 이하). 이것은 텍스트언어학의 초창기에 텍스트를 '문장의 연쇄' 정도로만 정의 내렸던 H. Isenberg 등의 텍스트 개념을 극복한, 텍스트의 '총체성'이 중요시되고 있는 현대 텍스트언어학의 텍스트 개념과도 일맥 상통하는 내용이다. 예를 들어 초창기 텍스트언어학에서 텍스트는, 하나의 복잡한 구성체로 간주되고, 텍스트는 문장으로 구성된다. 이로써 텍스트는 "두 문장으로 이루어진 사슬에서부터 소설이나 학술 논문 그리고 법전 등과 같은 큰 등급에 이르는 모든 것으로 간주된다." (E. Lang 1973: 288). 이러한 견해는 텍스트의 구조적 단위로서 문장을 관찰하는 것이 주임무라는 사실과 관련 있다. 이 견해의 중심에 있었던 H. Isenberg는 텍스트의 개별적인 문장들이 다음과 같이 확장되는 것으로 간주하고, 뒤이어 E. Lang과 W. Heinemann/D. Viehweger는 이것을 간략하게 형식화한다.

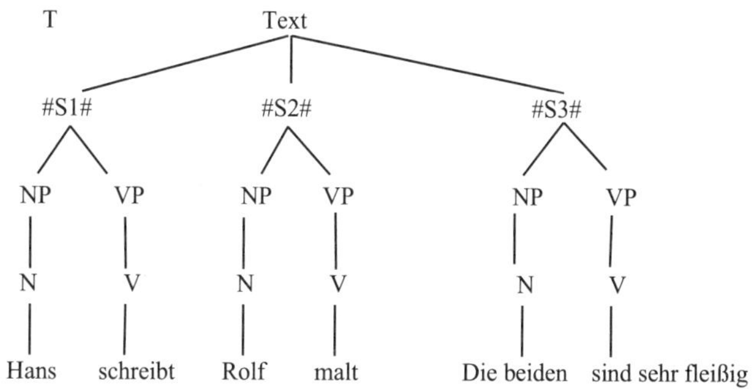

(H. Isenberg 1968/1974: 206).

TEXT → (#S#)n (1≤n<∞)
(E. Lang 1973: 288).

(i) T → (#S1#,#S2#,#S3# ...)
(ii) S1 → NP, VP
(iii) VP → V(NP), (NP)
(iv) NP → (Art), (Adj), N
(W. Heinemann/D. Viehweger 1991: 27).

텍스트언어학의 발생 초기에 나타난 텍스트에 대한 이러한 견해는 텍스트를 단지 문장의 외형적 상위 단위로만 보았기 때문에 '텍스트문법(Textgrammatik)'이라고 불려졌다. 이것은 '문장문법(Satzgrammatik)'에 대한 단순한 유추로서 형성된 개념이었다. 이러한 텍스트문법은 텍스트의 범위를 축소시킨다. 이 방향의 연구가들이 텍스트를 문장보다 큰 단위로만 여긴 것은 변형생성문법의 영향에 기인함이 틀림없다. 그러나 이러한 견해는 텍스트가 담화 참여자들의 인지절차에 의해 생산, 수용된다는 경향이 강한 지금의 주류적 견해와는 상충된다. 예를 들어 M. Halliday에 따르면,

"문장이 통사적 단위(syntactic unit)인 데 반해 텍스트는 조작적 단위(operational unit)이다. 문체 연구에 적합한 단위는 극도로 긴 문장이 아니라 텍스트이다. 텍스트는 기능-의미론적 개념으로서, 길이로 정의될 수 있는 것이 아니다. 그러므로 텍스트적 기능이란 문장들 간의 관계를 확립하는데 있지 않다. 이는 문장들의 내적 구성과 그 의미뿐만 아니라 그늘이 봉화하는 전

언 및 전언과 맥락간의 관계로부터 나오는 것이다." (M. Halliday 1973: 107).

U. Oomen 또한 이러한 입장을 대표하는데, "텍스트를 그 부분들의 합 이상이라고 정의하는 것은 텍스트에 어떤 총체적인 특성이 있음을 뜻하는 것이다." (U. Oomen 1979: 274). 더 나아가 그는 텍스트에는 다음과 같은 변별적 자질이 있음을 간파한다.

"1) 텍스트는 의사소통의 과정이지만, 문장은 문법 단위이다.
2) 텍스트는 동적(dynamic) 과정인데 반해, 문장은 정적(static) 단위이다.
3) 텍스트는 총체적 특성을 지니는 반면에, 문장은 분해 절차를 통해 분석될 수 있다." (U. Oomen 1979: 274).

이러한 여러 가지 사실에 견주어 볼 때, W. Porzig가 주장하는 레네가 가신 총체성의 개념은 후자와 아주 닮아있다. 다시 말해서 어느 정도 진보된 현대의 텍스트 이론들과 유사하다는 사실이다.

4.8.5 한-문장 레데과 다문장 레데

이제 W. Porzig의 레데는 한 문장으로도 이루어질 수 있으므로, 구성 단위를 기준으로 볼 때, 레데에는 다음과 같이 두 종류가 있을 수 있다.

"더 이상 분절되지 않는 레데들이 있다. 이러한 레데들은 단 하나의 형태로 구성되어 있고, 아주 분명한 상황에서 발화되고, 대화 상대방으로 하여금 일정한 반응을 불러일으킨다. 이를테면, *정지!(Halt!), 들어와!(Herein!), 조심해!(Vorsicht!), 도와주세요!(Hilfe!), 아웃!(Aus!) 끝났니?(Fertig?)* 그리고 수술 시에 외과 의사가, 가위!(Schere!), 솜!(Tupfer!), 바늘!(Nadel!) [...] 이러한 레데들은 상이한 과제를 가지고 있다. 이러한 레데들은 요구하고, 전달하고, 묻고, 입장을 취한다. 그러나 이러한 레데들은 언제나 상황 내에서, 무엇을 요구하고, 무엇을 전달하고, 무엇에 대해서 묻고, 어떤 의미에서 입장을 취하는

지, 충분할 정도로 분명하게 말한다." (W. Porzig 1950/1975: 109).

이와 유사한 주장은 훗날 텍스트언어학의 장에서도 논의된 바 있다. 이를테면 H. Isenberg는 한-낱말 레데를 기술하는데 필수적인 요소는 의사소통기능[18]이며, 이러한 의사소통기능으로 다음과 같은 것들을 상정했다: 요구(Afforderung), 보고(Nachricht), 직시(Deixis), 통보(Kundgabe), 참여(Partizipation). 그런데 좀 더 중요한 것은, W. Porzig에 있어서는 이러한 개별적인 소리들이 특정한 상황에서뿐만 아니라, 정해지지 않은 많은 상황에서도 자신의 역할을 수행한다는 사실이다. 이를테면, "정지!"라고 말하면서 걷을 수 있고, 말이나 차를 타고 가는 사람을 세울 수 있고, 외과 의사가 수술 시에 "솜!"이라고 외치면서 솜을 달라고 할 수도 있고, 상황에 따라서 솜을 치우라고 할 수도 있다. 이것은 동일한 소리(Lautung)가 시공간과 대화 참여자 그리고 사건에 의한 여러 가지 상황에 따라서 완전히 상 이하게 사용됨을 의미한다. (W. Porzig 1950/1975: 109 참조). 따라서 레데의 역할(의의, Sinn)과 그 레데를 존재하게 하는 소리의 역할(표현)은 아주 다르며, 레데는 소리 이상이라는 사실이다. 다시 말해서 "레데는 어떤 상황에서 작용하는 힘(eine wirkende Kraft)이다. 소리는 레데 밖에서는 아무 것도 아니다. 그러나 소리는 어떤 한 레데에 묶여있지 않고 여러 레데에서 동일한 임무를 수행한다. 레데는 음정에 의해서 비로소 레데가 된다. 이와 달리 소리는 상이한 레데 음정 하에서도 자신의 명칭 가치를 갖는다." (W. Porzig 1950/1975: 110). 예를 들어 *끝났어?(Fertig?)*와 *끝났어!(Fertig!)*는 한편으로는 물음이고 다른 한편으로는 전달로서 서로 상 이하지만, '*fertig*' 라는 소리에 있어서는 동일하다는 사실이다. W. Porzig는 이러한 소리를, 레데와 상관없이 임의적인 상황하에 놓여있는 '낱말'이라고 부른다. 따라서 W. Porzig에 있어서 낱말과 레데의 관계는 부분과 전체의 관계가 아니라 동일한 소리의 상이한 역할이며, 양자는 분리될 수 없다. W. Porzig는 이와 같은 레데를 '한 낱말-레데(Ein-Wort-Rede)'라고 한다. (W. Porzig 1950/1975: 110). 위와 같은 W. Porzig의 레데 개념은 J. L. Austin에 앞서서 언어행위의 이론적 토대로서 충분한 기능을 할 수 있었지만, 왜 이러한 획기적

18) "한 문장의 대구조 및 소구조로 된 여러 텍스트 성진들의 총체성을 '의사소통 기능'이라 한다."(H. Isenberg, 1976: 52)

발상이 언어 행위론의 역사 안에서는 거의 소개가 되지 않았는지 의문이다.

W. Porzig에 의하면 한-낱말-레데와는 달리 여러 개의 낱말로 구성된 레데가 있다. 이러한 레데의 의의(Sinn)는 사실관계에 있는 다수의 개별 성분으로 이루어져 있다. 이를테면 '요구'로서 "설탕 5킬로 주세요!(Fünf Kilo Zucker bitte!)", '전달'로서 "다음 길에서 오른쪽으로 가시면 됩니다!(Die nächste Straße rechts!)", '의문'으로서 "와인 드시겠어요?(Nehmen Sie Wein?)", '입장 표명'으로서 "멋진 가을이네요!(Ein wundervoller Herbst!)" 등이다. 그런데 위와 같이 여러 낱말로 이루어진 레데 또한 한 낱말로 이루어진 레데와 마찬가지로 어떤 상황하에서 실행해야할 과제를 가지고 있다. 실행해야할 과제가 있다는 사실은, 여러 요소로 구성된 레데라고 할지라도 하나의 좀 더 큰 단위로 결속되어야 함을 의미한다. 즉 레데가 통일성을 가져야 한다는 사실이다. 예로서, 화자가 말을 하다가 중단하게 되는 경우 레데가 하고자하는 과제를 수행할 수 없다. 이를테면 "여기서 역으로 가는 다음 길(Der nächste Weg von hier nach zum Banhof)"은 어떤 사건을 정확히 나타내지만, 화자가 더 이상 말을 하지 않을 경우에, 청자는 이로써 어찌해야 될지 모른다. 이러한 발화는 길을 가는데 걸리는 시간으로도 이해할 수 있고, 길에 대한 설명으로도 이해할 수 있다. 다시 말해서 레데의 의의가 고정되어 있지 않다는 것이다. 그래서 레데의 의의는 레데를 완전하게 듣고 난 후에야 이해될 수 있다. 예를 들어 기차를 기다리다가 안내방송이 나오는 경우, 누구나 긴장되는 불쾌한 감정을 경험했을 것이다. "10시 06분, 계획대로 출발하여 칼스루에, 프랑크푸르트, 바젤로 가는 고속열차는 [...] 지금 2번 플렛포옴으로 들어옵니다" 라는 레데는 마지막 단위들이 말해 졌을 때 비로소 승객은 안도감을 내쉴 수 있을 것이다. (W. Porzig 1950/1975: 111 이하 참조). 이러한 레데의 '의의'와 레데의 '통일성' 또한 현대 텍스트언어학의 핵심 개념이다. 예를 들어 반듯한 텍스트와 삐딱한 텍스트를 선별하는 기준으로서 가장 많이 논의되는 것이 텍스트 전체를 관통하고 있는 통일성이다. 통일성의 결여로서 (이웃하는 문장들 사이에 상호 미시적 관련이 있음에도 불구하고) 전체적으로 텍스트가 되지 못하는 발화들로서 다음과 같은 유명한 예가 있다.

"그녀의 노래에 마음을 빼앗기지 않는 사람이 없다. 우리 여가수 이름은 죠세

핀이다. 노래는 4개의 자모로 이루어진 낱말이다. 여가수들은 말을 많이 한다."(M. Bierwisch 1965, H. Vater(1992: 18)에서 재인용).

따라서 어떤 임의의 문장연쇄를 텍스트로 이해할 수 있기 위해서 충족되어야하는 필요 조건으로서 "a) 지시 관련의 통일성 (전조응적 그리고 후조응적 관계들), b) 어휘화의 통일성, c) 전달 양상의 통일성, d) 시제 구성의 통일성, e) 상위에 위치하는 관점들의 통일성"(B. Goretzki 등 1971: 145) 등을 내세울 수 있다. 이러한 텍스트 정의는 점점 발전하여 결국에는 "하나의 거시적 구조를 가진 문 연속만을 (이론적으로) 텍스트로 지칭"[19]하기도 하고 심지어 최근에는 '응집성'이 '통일성'[20]으로 번역되기도 한다. W. Porzig가 중요시하는 텍스트의 '의의' 또한 E. Coseriu(1981)나 M. Scherner(1984) 그리고 R.-A. de Beaugrande/W. Dressler(1981)와 같은 학자의 텍스트언어학에서 핵심 술어이다. 예를 들어, 필자에 의해서 가장 훌륭한 텍스트언어학의 입문서 중의 하나로 간주되는 『텍스트언어학. 입문(Textlinguistik. Eine Einführung』(1981)에서 E. Coseriu는 언어학의 세 가지 대립되는 방향을 구분한다: 1. 구조, 기능언어학, 2. 생성·변형언어학, 3. 텍스트언어학. 그에 따르면, 이러한 언어학들이 대상으로 삼는 것은 '파롤(보편적 차원: 일반언어학의 대상)', '개별언어(역사적 차원: 개별언어학의 대상)', '텍스트(텍스트 차원: 텍스트언어학의 대상)'이다. 이러한 언어학의 세 방향은 다음과 같은 세 개의 차원에 대응한다. 즉 구조·기능언어학은 의미(Bedeutung), 생성·변형언어학은 지시(Bezeichnung), 텍스트언어학은 의의(Sinn) 규명이 관건이다. 또한 W. Dressler(1973)나 R.-A. de Beaugrande/W. Dressler(1981)에서도 어김없이 '의의(Sinn)'가 등장한다. 예를 들어: "전체로서의 텍스트만이 완결된 의의를 가진다"(W. Dressler 1973: 12); "의미가 지식의 표상과 전달을 위한 한 언어 표현의 가능 요

---

19) T. A. v. Dijk(1980: 41). T. A. v. Dijk는 이 장의 바로 전 부분에서 개별문장과 이 문장들이 가진 명제들 사이의 연결[미시구조(Mikrostruktur)]은 일차적으로 주목하지 않고, 텍스트 전체에 바탕하고 있거나 여하한 경우라도 텍스트의 보다 큰 단위에 기초하고 있는 연관성에 관심을 기울이는데, 그는 이러한 총괄적 구조를 '거시구조(Makrostruktur)' 라고 명명했다.

20) 이은희(2000: 45). "cohesion과 coherence에 관해서는 다양한 번역용어들이 사용되고 있는데, 본 연구에서는 교육과정의 용어법에 따라 cohesion을 '응집성'이라는 용어로, coherence를 '통일성'이라는 용어로 번역해서 사용한다."

인(즉 잠재적 의미)을 가리킨다면, 의의는 텍스트 상에 나타나는 표현들에 의해서 실현적으로 전달되는 지식을 가리키는데 사용될 수 있다." (R.-A. de Beaugrande/W. Dressler 1981: 88). 따라서 G. Frege의 '의의'('의미'의 상대어로서의 '의의')가 아닌 위와 같은 내용의 '의의'의 사용 또한 W. Porzig를 텍스트언어학의 선구로서 간주함을 주저하지 않게 만든다. 결국, W. Porzig의 텍스트구성 단위는 다음과 같이 요약될 수 있다.

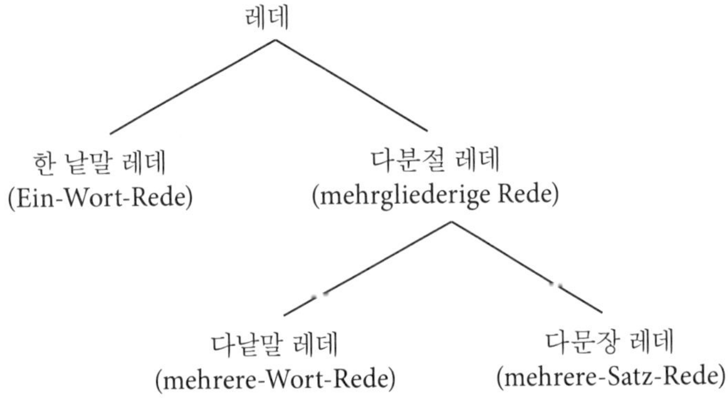

W. Porzig에 있어서 '레데'는 인간이 무한하게 가질 수 있는 대화에서, 인지할 수 있는 한 언어의 '최상의 단위(oberste Einheit)'로 설정된다. 이것 또한 자세히 살펴보면 일반적으로 텍스트언어학의 선구라고 일컫는 P. Hartmann의 텍스트 정의와 별반 다를 바 없다. 또한 이 '레데'는 상대방의 일정한 행동을 일으키도록 의도하고 있으므로 내용(Inhalt)이다. 따라서 이러한 견해는, 홍승우가 이미 파악한 것처럼(홍승우 1988: 157), J. L. Austin의 언어 행위론적 발상의 전제로서도 충분히 연구될 만한 가치가 있다. 또한 많은 이들은 이러한 텍스트의 문장초월적 성질을 텍스트언어학의 태동기 이전의 Z. S. Harris의 '담화분석'에서도 발견하지만 (예를 들어 Z. S. Harris에 기대면, "언어는 개별적인 낱말이나 문장형태로 나타나는 것이 아니라 서로 연관성 있는 텍스트 형태로 나타난다 - 한 단어로 된 발화에서부터 10권 짜리 저작까지, 독백에서 유니언 스퀘어광장에서의 논쟁에 이르기까지" (W. Heinemann/D. Viehweger(1991: 24)에서 재인용)) 이것은 이미 W. Porzig 이후의 일이다. 그러나 W. Porzig의 레데 이론에서 현대 텍스트언어학에서 중요시되는 텍스트소

(Textem) 사이의 다양한 연결의 양상들과 화·청자의 인지적 기제들이 자세하게 다루어지지 않았다는 약점은 있다. 그럼에도 불구하고 그는 당시의 인식으로는 이미 많은 텍스트언어학적 중요개념들을 설명하고 있었던 셈이다. 사실, 텍스트언어학의 궁극적인 시작을 W. Porzig로 보아야 하는가에 대한 필자의 확고한 믿음은 없다. 그럼에도 불구하고 그가 여러 가지 텍스트언어학적 중요 개념들을 텍스트언어학이라는 패러다임 이전에 이미 알고 있었다는 사실과 함께, Aristoteles를 인용하면서 본고를 마무리하겠다: "발견된 모든 것들 중의 일부는 선구자들의 작업을 후세 사람들이 점진적으로 발전시킨 것이다. 새로 발견된 부분은, 비록 그 성장이 미미하다 할지라도, 후대에 추가된 부분보다 더욱 더 가치가 있다. 그래서 시작이 전체 중 가장 크고, 가장 어려운 부분이라고들 한다. 시작이 발견되면, 모자란 부분을 보충하고 보완하기란 훨씬 쉬운 일이다 [...] 실마리를 찾은 사람은 아주 조금 나아갔을 뿐이지만, 지금 이름 있는 사람들은 전승되던 것을 단계적으로 발전시킨 많은 선구자들의 가르침을 받아들여 그 성장을 도와 온 것이다." (양태종(1999: 123)에서 재인용).

4.9 H. Brinkmann의 텍스트중심 품사론[21)]

인간 또는 인간관계를 '형식주의'나 '이상화된 추론'보다 이론적으로 선행한다고 철석같이 믿고 있는 K. L. Pike는 복수관점(multiple perspective)에 가치를 둔다. 왜냐하면 그는 한 가지 관점만으로 어떤 사건과 사태의 부분들을 구분하게 되면, (혹 질서정연하게 구분한다고 하더라도) 사실을 사실로부터, 사람을 사람으로부터, 관점을 관점으로부터, 혹은 사람을 사실과 관점으로부터 고립시킨다고 생각하기 때문이다. (K. L. Pike 1994: viii 이하 참조). 그래서 '이론'은 방에 나 있는 '창문'과 같다는 그의 개념을 받아들이면, 개개의 이론들은 연구대상의 일부만을, 즉 한 번에 한 방향만을 볼 수밖에 없는 것이다. (K. L. Pike 1994: 2 이하 참조). 그러나 우리들은 집밖의 전체 풍경을 조망할 여러 방향으로 나있는 다양한 창들이 필요하다. 즉 우리들은 특정분야를 위한 다양한 이론이 필요하다.

지금까지 언어학의 품사론에는 여러 가지 방향이 있었다. 그러나 그 중에서 텍스트언어학 방향의 창으로 나있는 품사론에 대한 논의는 자세히 볼 수 없었다. 아마도 그 이유는 1960년대 중반 이전에는 아예 창이 나 있지 않았을 것이고 ('텍스트언어학'이라는 명칭은 1950년대 후반 E. Coseriu(1981: 6)에 의해서, 그리고 본격적으로는 1964년경 독일 Münster대학의 P. Hartmann으로부터 시작된 것으로 간주하는 것이 일반적 견해임), 그 이후에는 창이 나 있음에도 불구하고 너무나 이른 새벽이라서 (이를테면 본고의 중심이 되는 H. Brinkmann의 이론들이 시대를 앞서 갔음을 의미함), 두터운 커튼에 가려서 (초창기 텍스트언어학은 텍스트소의 연결, 소위 텍스트통사론 부분에만 집착한 경향이 있음), 창이 너무나도 비좁아서 (텍스트언어학에서는 품사론을 대수롭지 않게 간주함. 왜냐하면 당시까지 품사론은 한 문장 내에서의 언어 현상이라는 견해가 지배적이었으므로), 또는 심한 안개 때문에 (품사론 자체가 지니고 있는 만만치 않은 복잡성 또는 언어권마다의 독특한 자기만의 고유한 품사론 때문에) 밖의 경치를 식별할 수 없음에 연유할 것이다. 본고는 밖의 경치를 위해 이러한 커튼을 걷어 젖히는 것, 또는 창을 넓히는 것이 목표이다. 이를 위해서 필자는 H. Brinkmann의 '레데(텍스트)이

21) 이 장은 졸고 "텍스트중심 품사론 - H. Brinkmann의 '레데 이론'을 중심으로"(2004c)를 다시 깁고 다듬은 것이다.

론'에 기댔다. 왜냐하면 그곳에는 커튼을 걷어 젖히거나 장을 넓힐 수 있는 많은 도구들이 들어 있었기 때문이다.

4.9.1 레데의 정의

19세기 전반, F. Bopp에 의해서 일반언어학이 독자적 학문으로 자리잡은 이후, 언어학의 가장 큰 연구단위는 문장으로 인식되어 왔다. 이를 위한 가장 유명한 예는 L. Bloomfield에서 유래한다. 그에 따르면, 문장은 "어떠한 문법 구조에 의해서도 어떠한 큰 언어형식에 포함되지 않은 독립된 언어형식"(1933: 170)으로 정의된다. 그러나 60년대 초반, 텍스트언어학이 본격적으로 태동하던 이전 시기부터, H. Brinkmann에 있어서는 언어 연구의 마지막 단위가 문장이 아니라 레데가 언어 연구의 최종단위로 설정된다. H. Brinkmann은 문장을 '닫힌 문장(geschlossener Satz)'과 '열린 문장(offener Satz)'으로 구분하는데, 여기서 열린 문장이란 독자적으로 이해 가능한 문장이 아니라, 선행 문장과 후속 문장의 관계에서만 이해 가능한 문장을 일컫는다. 이와는 달리 문맥이나 이전 문장 또는 후속 문장과 관련 없이도 이해될 수 있는 문장은 닫힌 문장이다. 이를테면 의문문은 후속 문장인 대답문을 요구하고, 역으로 대답문은 바른 대답을 위한 선행 문장을 요구한다. 따라서 이런 경우, 하나의 문장을 넘어서 문장이 연속적으로 나타나면서 언어 연구의 최종 단위인 '레데'를 이루게 되며, 이것이 의사소통 단위(kommunikative Einheit)가 된다.[22] H. Brinkmann은 텍스트라는 술어

22) H. Brinkmann (1962/1971: 704 이하). 이전 문장과 이후 문장 또는 문맥을 요구하는 '열린 문장(offener Satz)'과 이러한 것들을 전혀 요구하지 않는 '닫힌 문장(geschlossener Satz)'을 상정하면서 시작되는 H. Brinkmann의 『독일어 문법』의 '레데' 장은 이미 '텍스트언어학적'이다. 이와 유사한 견해는 텍스트언어학의 장에서 R. Harweg의 '텍스트시작문장(Textanfangssatz)'과 '텍스트연속문장(Textfortsetzungssatz)'에서도 발견할 수 있다. 전자는 선행 문장 없이도 이해될 수 있는 문장 (이를테면 전조응 요소/전조응어/전방지시대명사가 없는 문장), 후자는 그 반대의 경우를 가리키고 있다. R. Harweg (1968: 152 이하). 이러한 R. Harweg의 문장 개념 또한 - 이성만이 올바르게 지적했듯이 - 극히 '텍스트언어학적'이다: "이들[텍스트시작문장과 텍스트연속문장]을 문장 유형(평서문, 의문문, 명령문, 주문장, 부문장, 복문 등)과 비교해보자. 전통 문법의 구분에 공통적인 것은 무엇이며, 이런 문장 유형학이 R. Harweg가 말한 TAS[텍스트시작문장], TFS[텍스트연속문장]의 구분과 무엇이 다

대신 줄곧 레데를 고집했다. 이유는 레데가 입말과 글말을 모두 포함하는 것임에 반해서, 텍스트는 언어학의 한 부문 영역의 술어로 정착되기 이전에는 오로지 글말에만 (일상적인 뜻에서는 오늘날에도 여전히) 적용되었기 때문에, 레데라는 표현에서 글말만을 오해할 여지를 제거하려는 데 있다. (홍승우 1988: 164을 참조). 이것은 레데라는 술어 사용이 - 훗날 이런 사용법에 의해서 텍스트언어학의 주류에서 소외되는 불이익을 당하게 되지만 - 무척이나 '고심한 흔적'의 결과임을 드러내는 일면이다. H. Brinkmann의 레데는 빠롤을 지향하는 것이 아니라, 언제나 대화 파트너를 고려한 개념이고, 이것은 불어의 'discours', 그리고 영어의 'discourse'와 유사한 개념이다. 다시 말해서 H. Brinkmann에 의하면 레데는 '랑그'에 대립되는 시현 된 언어로서의 '빠롤'을 지칭하는 것이 아니라, 전체 발화(Gesamtäußerung)의 구성과 분절(Aufbau und Gliederung)을 말한다. 이를테면 레데는 행해지는 말 자체가 아닌 전체 발화가 있게 하는 사전 조건이며, 대부분의 문법에서 최대의 통사적 단위로 간주되는 문장은 레데의 종속 단위일 뿐이다. (H. Brinkmann 1965: 157 참조). 따라서 그는 "레데를 구어적, 문어적으로 된 언어 단위로 칭한다. 레데는 더 이상 [자신보다] 더 높은 언어단위의 구성 요소가 아니다." (H. Brinkmann 1962/1971: 723). 이 인용문에는 이미 레데가 가장 상위에 위치하는 언어 단위라는 사실이 내포되어 있고, 바로 이것은 - 방식에 있어서는 - 위에서 언급한 미국 구조주의의 출발점인 L. Bloomfield의 문장 정의와 매우 유사하다. 왜냐하면 L. Bloomfield에 있어서는 문장이 가장 큰 단위였기 때문이다. (L. Bloomfield 1933/1976).[23] 여기서 주목해야할 부분은 제일 마지막 문장

른가? 전통 문법의 구분에 공통적인 것은 이들이 문장언어학적인 성질의 것이라는 점이다. 주문장(주절)과 부문장(종속절), 단문과 복문의 구분은 텍스트에서 이 문장들의 위치나 기능을 묻는 것이 아니다. 평서문, 의문문, 명령문의 구분은 순전히 문장의 기능을 묻는 것이기는 하지만, 역시 텍스트언어학적 기준에 따른 것이 아니다. 즉, 어떤 문장이 평서문이나 의문문이나 명령문인지는 각 문장의 텍스트 맥락을 목표로 삼은 기준들에 기대어 정해진 것이 아니다. TAS, TFS의 구분은 텍스트에서 문장들의 위치나 기능을 묻는 것이다. 다시 말해서, 일차적으로 통사론적 성질이 있는 전통적인 구분은 개별문장들의 내부 구조를 겨냥한 것이고, TAS, TFS의 텍스트언어학적인 구분은 문장들의 내부 구조를 넘어서 개별 문장을 뛰어넘는 구조를 목표로 삼은 것이다." (이성만 2000: 168).

23) 문장이 언어연구의 가장 큰 단위라고 주장하는 대표적 언어학자로서는 L. Bloomfield가 종종 언급된다. 다음의 장소가 그를 문장언어학의 주창자로 간주하는 근거이다: "각각의 문장

이며, 경우에 따라서 레데는 하나의 문장으로도 성립될 수 있다. (H. Brinkmann 1962/1971: 724 참조). 그러나 이러한 주장을 H. Brinkmann이 처음으로 한 것은 아니다. 왜냐하면 이전에 이와 유사한 견해를 W. Porzig가 이미 개진했었고(이재원 2004e를 참조), 보다 이전에는 W. v. Humboldt 또한 그와 비슷한 주장들을 제기한 흔적들이 있기 때문이다. (이재원 2004a를 참조). 그러나 이것은 본고의 주제에 비껴남으로 훗날의 과제로 미루고, 다시 H. Brinkmann의 레데 개념으로 돌아가 보자.

4.9.2 레데의 기본 요소

H. Brinkmann에 의하면, 전체적인 언어 현상인 레데를 이해하기 위해서는 다음과 같은 세 가지 모멘트가 필요하다.

1) 지평(Horizont)
2) 상황(Situation)
3) 레데 사슬(Redefolge)

이에 관해 간략히 살펴보자.

4.9.2.1 지평

H. Brinkmann의 레데를 이해하기 위해서는 위의 세 가지 개념에 대한 우선적인 이해가 선행되어야 한다. 먼저, '상황'이나 '레데 사슬'에 비해서 '지평'이라는 술어가 이채롭다. 이것은 일찍이 H. Glinz(1959)에 의해서 제기된 개념이며, 문예학에서 '기대(Erwartung)'라는 개념과 유사하게 사용되는 술어이다. 그러나

은 어떤 문법구성에 의하여 어떤 보다 큰 언어형태에 포함되어 있지 않는 독립적인 언어형태라는 단순한 사실에 의하여 발화(utterance)에서 문장들이 구분된다는 것은 명백하다." (L. Bloomfield 1933/1976: 409).

H. Brinkmann의 지평은 '그때마다 수행되는 레데의 각 파트너들에게 알려져 있는 것' 또는 '각 파트너들이 그때 그때마다 생각하는 것'으로 이해된다. 따라서 지평은 형태화되거나 명시적인 언어표현을 필요로 하는 것은 아니다.[24] 대화파트너들이 각자 소유하고 있는 자신만의 지평은 대화가 진행되면서 보편적인 지평으로 합치되기도 하고,[25] 자기만의 지평을 고집하게 되면 서로 이해가 불가능해져서 대화가 중단될 수도 있다. 대화를 진행하는데 본질적인 것은 지평의 교환 여부와 어떻게 그 교환이 생겨나는가에 달려 있다. 따라서 갑자기 대화에 끼여든 사람은 이해하는 도중에 어려움을 느끼게 된다. 즉, 대화에 갑자기 끼어 든 사람은 테마화 되어있는 일정한 말들을 순간적으로 정리할 수가 없고, 따라서 그는 이해할 수 없다. 그러나 이미 대화하고 있던 사람들이 테마화 된 모든 것들을 털어놓거나 또는 이미 그런 테마에 대해서 일정한 선지식이 있으면 비로소 이해가 가능해 진다. (M. Scherner 2002a: 30 참조). 여기서 지평을 언급하는 이유는 화자와 청자와 관계, 저자와 독자와의 관계를 정확히 규정하기 위해서이다. 우리들은 지평 속에서 상대방이 알고 있는 것이나, 상대방이 시시각각 생각하는 것을 이해하려 한다. 화자는 적절한 발화를 사용해서 청자를 자신의 지평으로 끌어들인다. 그런 후 서로의 지평이 드러나면서 대화가 진행된다. (H. Brinkmann 1967: 78을 참조).

4.9.2.2 상황

H. Brinkmann의 '상황'은 언어 외적으로 현존하는 모든 것을 뜻한다. 다시 말해서, 각각의 레데에서는 언어적인 것과 언어 외적인 것이 만나게 되는데, 언어 외적으로 주어져 있는 것이 상황이다. 이러한 상황은 상대방이 가리키고 지시하는 모든 것을 포함하며, 레데가 계속되는 가운데 지시영역(Zeigfeld)으로 존

---

24) "그것[지평]은 커뮤니케이션 파트너들이 '생각하고 있는' 모든, 서로간에 관계, 이들의 사회적 역할, 경험, 기억, 기대 그리고 당연히 '사전지식'도 포함하고 있다." H. Brinkmann (1962/1971: 70).

25) 여기에 관한 자세한 예는 "단화(短話) '밤에는 쥐들도 잠잔단다'의 텍스트언어학적 분석"(이재원 2003a)에 자세히 나와 있다.

재하는 모든 것을 뜻한다. 지칭하는 모든 것(나, 너, 여기, 저기 등)은 지시영역을 이룬다. 이러한 상황은 대화에 참여하는 상대방에게 이야기의 실마리를 제공한다. (H. Brinkmann 1966: 381을 참조). 상황과 지평이 있기 때문에, 대화 파트너들은 상대방과 자신에게 공통적으로 알려져 있는 것을 언어로 나타낼 필요는 없다. 따라서 화자는 언어 수단을 절약할 수 있다. (H. Brinkmann 1966: 383을 참조). 예를 들어보자.

1)

자전거가 길 가운데서 이쪽 방향으로 왔습니다. 갑자기 그는 여기서 왼쪽으로 핸들을 돌리려고 했습니다. 그러자 그는 그 자리에서 추월하고 있는 차에 빨려들었고, 저기까지 끌려갔습니다.

2)

자전거가 역전 거리 가운데서 시내 쪽으로 달려왔습니다. 갑자기 그는 역전 거리의 로터리에서 남쪽 순환로 쪽으로 좌회전하려고 했습니다. 로터리 가운데에 있는 운하 덮개 근처에서 그는 추월하는 자동차에 빨려 들었고, 인도로 끌려갔습니다. (M. Scherner 2002b: 32 이하).

예시문 1)과 2)는 교통사고가 발생한 후에 교통사고를 목격한 증인이 사건 경위에 대해서 경찰에게 말하는 내용인데, 1)은 사고 지점에서, 2)는 동일한 교통사고를 경찰서에서 조서로 꾸미는 과정이다. 1)에서는 증인 자신이 관찰한 것을 기술하게 되는 역전 거리에 있는 사건현장의 구체적 지각공간이 중요하다. 따라서 증인은 모든 것을 '언어화'시킬 필요가 없고, 단지 '지시어'로서 충분하며, 경우에 따라서는 몸짓으로 사실 진술의 도움을 얻을 수 있다.[26]

26) 이와 유사한 예들은 김종갑에 의해서 - 다음과 같이 - '비유적, 부르조아적'과 '직설적, 프롤레타리아적'이라는 술어로 정리되는데, 그러나 필자가 보기에는 이것은 너무나 많이 나아간 것이고, 우리에게 있어서는 이 두 가지의 차이가 '상황의 유무' 정도의 선에서만 머무는 것이 타당하겠다: "동일한 사건을 서술하는 노동 계층의 언어와 중류층의 언어의 차이를 예로 들어보자. 1) One boy kicks the ball and it goes through the window. 2) He kicks it and it

4.9.2.3 레데 사슬

상황이라는 것이 언어외적으로 주어져 있는 것인 반면에, 레데 사슬은 실제로 주어진 또는 실현된 언어 현상을 일컬으며, 대화가 일어나는 시간적인 선후 관계는 레데 사슬이란 개념으로 이해된다. 따라서 레데의 구성소인 문장들은 독립적으로 존재하는 것이 아니라 다양한 방식으로 연결되어 있다. 이러한 레데의 3가지 기본요소는 H. Brinkmann의 수제자인 M. Scherner에 의해서 훗날에 다음과 같은 커뮤니케이션 모델로서 발전한다. (M. Scherner 2002b: 124).

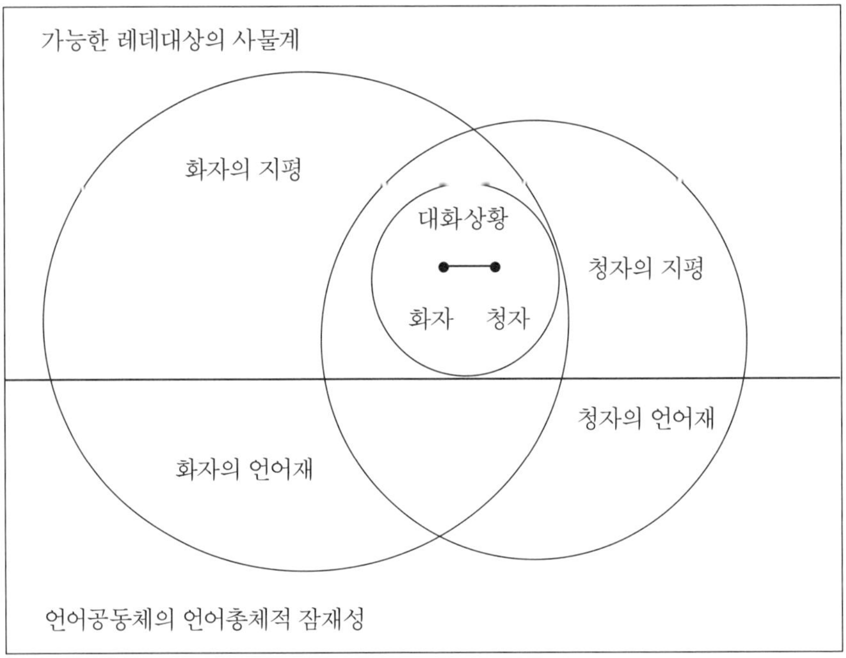

---

goes through there. 이 두 문장의 차이는 무엇보다도 언어 외적 상황에 대한 의존성의 정도와 지시대상의 현존에 대한 전제의 유무에 있다. 노동계층은 이미 존재하는 […] 상황을 구태여 명시할 필요를 느끼지 않기 때문에 '거시기'라는 대명사 하나로 사건을 총망라해서 서술할 수 있다. '거시기가 거시기를 차서 거시기가 거시기를 넘어갔다.' 이점에서 실재계는 거시기의 장에 역동적으로 위치한 화자들과 상황의 상호 관계라고 할 수 있으며, […] 하지만 중류층의 언어는 실재계적 통합의 성향과 대립적으로 상징계적 차별화, 분리화, 분절화로의 특징을 보여준다." (김종갑 2004: 7).

여기서 상황은 언어 외적으로 주어져 있는 어떤 것이고, 지평은 상대방의 언어 능력에 잠재적으로 이용될 수 있는 것이며, 레데 사슬은 실현된 텍스트 현상이다. 이러한 모델은 커뮤니케이션 모델의 일방향성을 비판하는 P. Schmitter의 주장과도 상통한다. (P. Schmitter 1981: 190).

4.9.3 레데 기본 구성요소의 필요성

H. Brinkmann이 레데의 이해를 위해서, 도대체 왜 이 세 가지 요소만을 핵심적인 카테고리로 상정했는가에 대해서 살펴보자. 그는 R. Harweg의 교수자격논문인 『대명사와 텍스트구성(Pronomina und Textkonstitution)』(1968)에 대해 자신의 주저 『독일어(Die deutsche Sprache)』의 1971년 개정판에서 간략히 언급하고 있다. 이를테면 그는 그 유명한 R. Harweg의 일절인 "텍스트란 언어단위를 병렬적으로 구성하기 위한 끊임없이 이어지는 대명사 사슬"(R. Harweg 1968: 148)에서 '대명사 사슬'을 자신의 '레데 사슬'과 유사한 것으로 간주했다. (그러나 엄밀하게 말하자면 H. Brinkmann은 R. Harweg의 논문이 발표되던 1965년(출간은 1968년) 이전에 벌써 이와 유사한 자신의 견해들을 피력했다). 이런 와중에, 텍스트언어학의 초창기에 많은 기여를 했던 H. Weinrich가 『시제. 논의세계와 서사세계 (Tempus. Besprochene und erzählte Welt)』(1964)에서 '말하기 상황(Sprechsituation)'을 언급하게되는데, H. Weinrich에 기대면, '말하기 상황'은 "모든 통사적인 것들의 척도"(H. Weinrich 1964: 289)이며, "두 질서의 단면이며, 그 속에서 언어와 세계는 조우한다." (H. Weinrich 1964: 24). 그래서 이 두 명의 초창기 텍스트언어학자들은 훗날 텍스트언어학의 요람 중의 한 곳이 된 Bochum대학에서 행해진 토론에서, '말하기 상황'과 '레데 사슬'이 각각 텍스트구성에 필수적임을 인정한다. 이로써 - 필자의 견해에 의하면 - H. Brinkmann은 H. Weinrich의 '말하기 상황' 또한 레데 이해를 위한 필수적인 기본 요소로 간주함에 있어 주저함이 없었을 것이다. 덧붙여서, 이러한 구체적인 말하기 상황은 대화 파트너가 지시 영역으로서 어떤 것을 마음대로 할 수 있는가에 대한 물음을 포함하고 있으므로, 지평 또한 레데 이해의 기본이 되는 중요 요소가 되는 것이다. 지금까지 간략하게 살펴본 H. Brinkmann의 '지평', '상황', '레데 사슬'은 레데를 구성하는 세 가지 모멘트로서, 이러한 레데 구상을 위해서

는 다음과 같은 많은 언어 요소들이 관여한다.

4.9.3.1 레데구성

비록 문장 내에서 나타나지만, 문장을 넘어가는 텍스트를 위하여 형성된 여러 가지 언어 수단이 있음은, 이제 텍스트언어학에서 별로 새로울 것이 없는 하나의 공리화 된 주장이며, 때로는 진부하다. 그러한 언어수단 중에서도 가장 중요한 것이 '허사(虛辭)'라는 사실을 H. Brinkmann은 이미 오래 전에 간파하고 있었다. 다시 말해서, H. Brinkmann은 레데를 구성하는 가장 중요한 요소로서 전통적 의미에서의 대명사와 접속사 그리고 불변화사에 대해서 언급하고 있다. 일반적으로 대명사는 '내용이 비어있는' 이라는 특징을 가지고 있다. 이를테면 명사는 일정한 내용과 관련 있는 것을 전달하는 반면에, 대명사는 텍스트를 통해서야 비로소 알려지는 여러 내용들을 위해서 열려있다는 것이다. 이로써 대명사는 '실사(實辭)'인 명사나 형용사와 구분된다. 그러나 허사라고 해서 별로 중요하지 않다는 것은 아니다. 다음의 인용문만 보더라도 허사의 중요성을 감지할 수 있다.

> "의사소통에 있어 토씨는 별로 중요하지 않고, 명사나 동사와 같은 것들만이 중요하다는 것이다. 이러한 오해는 이름에서도 나타나는데, 전자를 허사(虛辭)라 하고 후자를 실사(實辭)라 하는데서도 알 수 있다. 허사는 과연 허깨비인가? 실사만이 실(實)한 것인가? 예를 들어보자. '철수가 때렸다'와 '철수를 때렸다'라는 두 문장은 토씨만 다르고 실사는 똑같다. 그런데도 두 문장의 의미는 완전히 다르다." (장영준 2001: 15).

독일어에는 여러 가지 대명사(인칭 대명사, 소유 대명사, 부정(不定) 대명사, 의문 대명사, 부정(否定) 대명사, 지시 대명사, 관계 대명사)와 허사류들이 있지만, 이들 각각의 대명사들은 - 비록 '대명사'라는 하나의 명칭에 묶여있음에도 불구하고 - H. Brinkmann의 텍스트구성적 차원에서 따져보면 각기 상이한 기능을 가지고 있

음을 알수 있다. 이들을 하나씩 살펴보기로 하자.[27]

4.9.3.1.1 대화 상황(역할 분담)과 연관된 언어요소

4.9.3.1.1.1 인칭 대명사

통상적으로 일컫는 '대명사'는 자체로서 내용적으로 규정되어 있지 않다. '윤곽어(Umrißwörter)'로 이해되는 H. Brinkmann의 대명사는 구체적인 내용을 제시하는 것이 아니라, 단지 지시한다. 이것은 '명명어(Nennwörter)'로 일컬어지는 기존의 품사명인 명사나 형용사와는 기능이 다르다. (H. Brinkmann 1971: 743 참조). H. Brinkmann이 대명사를 윤곽어로 명명한 것은 기존의 품사명을 텍스트 언어학적 개념을 이용하여 재명명한 것으로, 이것은 문장 안에 출현하지만 자신의 그때마다의 규정성을 어떤 문장 내에서 얻는 것이 아니고, 문장들로 구성된 레데 내에서 획득함을 의미한다. 왜냐하면 대명사의 지시범위는 곧잘 문장을 넘어가기 때문이다. 그래서 이러한 윤곽어는 자신의 규정성을 지평이나 상황 또는 레데 사슬에 의해서 획득할 수밖에 없다. 좀 더 구체적으로 말하면, 대명사는 명사를 대신하는 것이 아니라, 명사와 관사를 합친 것을 지시한다.[28] 일

---

27) 사실 H. Brinkmann은 명사와 형용사 그리고 동사와 같은 실사도 레데 구성에 입각해서 설명하고 있다. 그러나 이러한 품사들이 레데 구성의 미치는 역할은 미미할 뿐만 아니라, 이러한 품사들은 "내용적으로 규정되어 있고", "[텍스트가 아닌] 문장 안에서 일정한 자리를 확보"(H. Brinkmann 1962/1971: 742)하고 있기 때문에 레데 구성에 대한 영향력이 미약하므로 본고에서는 자세히 다루지 않겠다.

28) 이를테면 황종인에게서도 이러한 주장을 발견 할 수 있다: "우리는 누구를 한 사람으로, 모두를 모든 사람으로 늘여 볼 수 있다. 이와 같이 셈말 하나와 명사 하나로 늘여 볼 수 있는 낱말들을 부정대명사(indefinite pronoun)라 하는데, 이것은 사람의 언어생활을 지배하는 경제의 원칙 때문에 자연스럽게 생겨나는 것이다. 예컨대 프랑스말의 'au'와 도이치말의 'zum' 같은 토는 전치사와 관사가 하나씩 들어간 낱말 사슬이 줄어 붙어서 만들어져서 겉으로 보기에만 낱말처럼 보이지 실제로는 낱말이 아니다. 부정대명사 '누구'도 이들처럼 보기에만 낱말처럼 보이지 실제로는 낱말이 아니다. 부정대명사 '누구'도 이들처럼 품사가 다른 낱말 둘이 녹아 붙어서 하나로 된 것이기 때문에 엄격히 보면 낱말이 아니다. 누구만 아니라 모든 부정대명사가 다 그렇다. 나는 이와 같은 낱말 아닌 낱말들을 가리켜 옷가방말(portmanteau word)이라고 부른다."(황종인 1996: 257). 따라서 "부정대명사 'jemand'의 부정형인 'niemand'는 세 가지 단위가 합쳐진 것이고, 이러한 현상은 한국말과 비교하면 분

견, 이것은 별 것 아닌 단순한 사실 같지만, 텍스트언어학적 차원에서는 아주 중요하다. 왜냐하면 이때 명사와 결합하는 관사는 이전 정보(정관사) 또는 이후 정보(부정관사)를 포함하고 있으므로, 대명사를 문장 초월적(transphrastisch) 언어 요소로서 간주할 충분한 이유가 있기 때문이다. 이러한 - 전통적 의미에서의 - 대명사들을 H. Brinkmann의 레데 구성의 세 가지 모멘트에 의거해서 나눠볼 수 있다. H. Brinkmann에 기대면, "인칭 대명사와 소유 대명사는 하나의 문장이나 명사 또는 명사적으로 표현된 개념이 화자에 해당되는가 또는 청자에 해당되는가를 진술한다. 양자는 동사의 인칭형처럼 화자와 청자의 관계, 즉 의사소통에서의 역할과 관계가 있다." (H. Brinkmann 1967: 81). 다시 말해서 화자(ich/wir)는 잠재적 청자(du/ihr/Sie)이고, 반대로 청자는 잠재적 화자이다. 또한 하나의 대명사로 늘 동일한 사람을 지칭하는 것은 아니다. 이와 같은 역할 교체는 대화 중에 수시로 일어난다. (물론, '나-서술문(Ich-Erzählung)'에서 '나'는 동일한 대상을 지칭할 수 있다). 따라서 H. Brinkmann에 의하면, 인칭 대명사는 역할어(Rollenwörter)에 속한다. 역할어인 인칭 대명사에게 제공된 '윤곽'은 대화에서의 역할이다. 대화 도중 이러한 역할을 소유하고 난 후에야, 역할 소유자에게 교체되는 내용이 제공된다. 그러나 이러한 1, 2인칭 대명사와는 달리 역할어가 아닌 3인칭 대명사 'er'는 대화 파트너 상호간에 대화 관련 요소가 이미 알려져 있는지의 여부를 확인해 준다. (H. Brinkmann 1962/1971: 743 참조). 이런 식의 정의는 인칭 대명사에 대한 전통적인 정의와는 판 이하게 다른, 텍스트언어학적 방식을 취한 인칭 대명사의 정의이다. 이러한 역할어는 독일어에서 성 구분을 가지지 않는다. 그렇지 않은 언어도 있겠지만 독일어에서 '나(ich)'와 '너(du)'는 성 구분이 없이 사용된다. 그것은 아마도 실제 커뮤니케이션에서 상대의 (자연적인) 성을 어려움 없이 구분할 수 있음에 연유하겠다.

명해 질 수 있다. 왜냐하면 한국말에서는 이들이 '아무도 (누구도) [...] 안' 같이 허리가 끊겨 나타나기 때문이다." (황종인 1996: 251).

4.9.3.1.1.2 소유 대명사

소유 대명사 'mein, dein, sein, ihr'는 - 엄밀하게 정의하자면 - 소유를 표시하는 것이 아니라, 명사 내지 명사무리 앞에서 그것을 한정한다. 즉, 홀로 출현하지 않고 명사 내지 명사무리의 앞에 위치한다. 따라서 소유 대명사 앞에는 관사가 올 수 없다. 왜냐하면 소유 대명사의 역할이 관사의 역할과 거의 유사하기 때문이다. 그래서 혹자는 전통적인 학교 문법에서 사용하는 '소유 대명사'라는 명칭을 '소유 관사'(임우영 외 2001: 25) 또는 '관사적 대명사'(김기영 1989: 5)로 바꿔 부르기도 하는데, 이것은 충분히 받아들여질 수 있는 주장이다. 따라서 H. Brinkmann에 의하면, 소유 대명사 역시 인칭 대명사와 마찬가지로 역할어에 속한다. 이것들은 대화 도중에 '말하고 듣는 역할'과 관계 있다. 따라서 이미 언급한 인칭 대명사(1인칭과 2인칭)와 소유 대명사는 대화 상황과 관련 있다. (H. Brinkmann 1962/1971: 745 참조).

4.9.3.1.2 지평과 연관된 언어요소

'대화 상황' 또는 '역할 분담'과 관련 있는 '인칭 대명사' 또는 '소유 대명사'와는 달리, 레데 구성의 세 가지 모멘트 중에서 지평과 관련된 언어 단위들이 있는데, 부정 대명사(Indefinita), 부정 대명사(Negativa), 의문사, 몇 개의 접속사와 불변화사가 여기에 속한다.

4.9.3.1.2.1 부정 대명사(Indefinita)와 부정 대명사(Negativa)

부정 대명사(Indefinita)는 범주(Kategorie)는 있지만, 대표자(Repräsentant)가 없다. 다시 말해서 화자가 그때마다 관계를 맺는 범주와 지평이 언어로 주어진다는 전제 조건이 있다. (H. Brinkmann 1967: 79을 참조). 예를 들어 화자가 부정 대명사 'man'을 선택하게 되면, 화자는 상황 내에서의 의미실현을 피하고 청자에게 그 선택을 넘긴다. 따라서 부정 대명사 'man'은 청자의 지평과 관련 있다. 그러나 부정 대명사 'jemand'가 'er-대명사 (er, es, sie)'류로 재 진술 될 수 있는 반면,

'man'이 재 진술 될 경우에는 또 다시 'man'으로 단지 자신을 반복해야만 한다는 사실에 의해서 역할어에서 온전한 부정 대명사로의 전이 과정에 있다고 할 수 있다. 이와 달리 부정 대명사(Negativa)는 언어 지평에 주어진 카테고리를 제공하기보다는 구체적인 상황에서 그에 들어맞는 대표자의 선택을 배제한다. (H. Brinkmann 1962/1971: 746 참조).

4.9.3.1.2.2 의문사

성과 수에 대해서 중립적인 의문사(여기서는 의문사를 의문 부사, 의문 형용사, 의문 대명사를 포함하는 일반적 개념으로 사용한다)의 성과는 시시각각 다르게 나타난다. H. Brinkmann에 의하면, 의문사는 범주 표시인 의문사로 나타나는 위치가 상대방에 의해 채워지기를 기대하고 있다. 이것은 대리 선택이 수신자에게 자유로운 부정 대명사(Indefinita)의 기능과는 다르다. 다시 말해서 부정 대명사는 수신자 자신이 대리를 선택할 권한을 갖고 있는 반면에 의문사는 수신자로부터 대리자의 명명을 바란다. 또한 의문사는 언어의 지평에 이미 준비되어 있는 범주에 관해 알려 준다. 그래서 대화 파트너로부터 이 범주 내용 규정과 정보를 종결짓는 답을 기대하게 한다. 따라서 의문사는 언제나 대화문(교대 레데)에서 성취감을 찾는다. 그때 선행 문장이었던 의문사는 원하는 정보를 알려주는 후행 문장을 야기한다. 또한 대화를 함에 있어서 의문사는 윤곽을 지음으로써 언제나 중요하게 대두되는 카테고리를 제공한다. (H. Brinkmann 1962/1971: 749 참조). 이러한 경우 결국 - 의문사는 이후 정보만을 끌어내는 것만이 아니라 - 질문이라는 것은 이전 정보와 이후 정보의 교량 역할로 이해된다. 청자의 이해를 보증해주는 문맥이나, 지평이 미약할 때, 청자는 화자가 되어 이전의 레데를 이해하기 위한 부족한 정보를 보충하기 위해 다음과 같이 질문할 수 있다.

페터는 자기 친구 클라우스를 찾아간다.
페터: "야 클라우스! 생각해봐! 원숭이가 바나나를 먹었어!"
클라우스: "어떤 원숭이가?"
페터: "아하, 나 오늘 동물원에 갔었어. 그리고 거기서 […]" (M. Scherner

2002a: 47).

다시 말해서 의문문은 - 정상적인 경우 - 계속적인 언어행위, 즉 그 의문문에 대한 대답을 필요로 한다. 이런 형태의 문장들은 계속 이어지는 레데에 영향을 미친다. 왜냐하면 이러한 문장들은 대화자와 공통성을 만들어 유지하려는 목적을 갖기 때문이다. 이런 의미에서 의문 대명사는 상대의 지평과 연관을 가진다. H. Brinkmann에 의하면, 레데 내에서 레데의 한 부분으로서 문장은 한 번 사용되고 난 후에 끝나는 것이 아니라, 한 번 제시된 문장의 영향이 계속 유지되거나 보완되면서 이어진다. 다시 말해서 레데에는 문장 항상성(Satzkonstanz)[29]이 존재한다. "문장은 자신이 함축하고 있는 관련들, 문법적 구조 그리고 선택된 문장모형을 통해서 자신을 넘어서 작동할 수 있는 있다"(H. Brinkmann 1962/1971: 705)는 의미를 가진 이러한 문장 항상성 개념은 H. Brinkmann 레데 이론의 핵심이다.

---

29) '항상성'은 원래 생물학에서 유래했는데, 베르나르는 외계의 변화에도 불구하고 자신의 내적 환경을 될 수 있는 한 일정한 상태로 유지할 목적으로 기능 하는 것이 생물체라는 독특한 논리를 전개하였다. 예컨대 기온이 10도 상승한다고 해서 체온이 10도 올라가지 않고 발한 작용에 의해서 체온이 조절되는 것처럼, 생물체는 안정적인 내적 환경을 유지하기 위한 조절기능을 갖고 있다는 사실을 맨 처음 강조하였다. 다시 말해서 대상으로부터 받는 감각 정보가 수시로 변화함에도 불구하고 대상이 안정된 특성을 갖고 있는 것으로 지각하는 것이 항상성이다. 예컨대 어떤 여자가 눈앞에 다가오더라도 그녀의 몸이 더욱 커지는 것으로 보이지 않는다. 즉 대상이 위치한 거리에 상관없이 그 크기를 항상 같게 지각[크기 항상성]한다. 창문이 열렸다가 다시 닫히기까지 여러 모양으로 변하지만 같은 모양을 가진 창문으로 보인다. 즉 관찰자의 시각방향에 관계없이 항상 같은 모양을 가진 것으로 지각[모양 항상성]한다. 빨간 사과는 아침이건 저녁이건 빨간 색으로 보인다. 즉 주변의 조명 조건에 관계없이 같은 색깔을 가지고 있다고 보는 경향[색채 항상성]이 있다. 우리가 머리를 좌우로 움직인다고 하더라도 방안에 걸린 액자의 위치가 바뀌지 않는다. 즉 관찰자가 움직이더라도 대상 그 자체는 다른 대상들과의 관계에서 항상 움직이지 않는 것으로 지각[위치 항상성]된다. (이인식 1992: 70, 216)을 참조할 것. 이로써 유추해 보면, H. Brinkmann의 '문장 항상성'이란, 문장사슬이 이어지면서 여러 가지 상황과 정보가 수시로 변함에도 불구하고 청자는 그러한 레데를 (자신이 이해할 수 있을 정도의) 안정적인 특성을 가지는 것으로 지각하게 된다는 것으로 추정할 수 있다. 그래서 문장 항상성이 없다면 인간은 의사소통에 적응할 수 없고, 이는 곧 환경에 적응할 수 없음을 의미하고, 더 나아가 생명을 유지할 수 없음을 의미한다. (H. Brinkmann 1962/1971: 713) 참조).

4.9.3.1.2.3 접속사와 불변화사

일반적으로 접속사는 '두 개 이상의 낱말, 구, 절, 문장을 연결하는 낱말'로 이해되고 있지만, H. Brinkmann의 접속사들은 단순히 레데 사슬을 이어주는 '대등적 연결(koordinierende Verbindung)' 기능만을 하는 것이 아니라, 청자의 지평에 토대를 둔 기대를 표현하기도 한다.

> "화자는 그것[접속사]들을 가지고 자신의 지평을 표현하고 상대방의 지평을 고려할 수 있다. 그리고 그는 이미 주어져 있는 지평을 상호 관련지을 수 있다." (H. Brinkmann 1962/1971: 776).

따라서 H. Brinkmann에 있어서 - 우리들이 통상적으로 이해하는 - 접속사의 문장 연결 기능은 부차적이다. 왜냐하면 접속사는 파트너의 지평에서 만들어진 기대감을 표현하기 때문이다. H. Brinkmann은 접속사를 다음과 같이 4가지로 크게 분류한다.

> "1) 문장에서의 독특한 서두 역할을 하며, 뒤에 휴지가 따른다: ja, nein, bewahre, na, na ja 그리고 감탄사인 hm, ah, ach, oh, oha, pa 등. 이러한 낱말들은 화자의 입장을 표현하고, 독자적인 발화로 나타날 수 있다. 하나의 문장을 대표하는 이러한 단위들처럼, 대화의 단위로서 접속사나 연결어들이 출현할 수도 있다: und? (계속을 요구하는 질문) aber! (방어적), also! (확정적), oder? (다른 가능성에 대한 질문), doch (부정하는 단위를 가진 의문문에 대해 부정하는 대답), so? (이미 제시된 정보에 대한 놀라움).
> 2) 문장 내에서 영가 자리(Nullstelle)를 차지하는 낱말들: und, oder, denn, allein, jedoch(doch).
> 3) 영가 자리뿐만 아니라, 문장 내에서도 출현할 수 있는 낱말들: aber, doch, also.
> 4) 문장 내에서 첫째자리에 위치하는 연결어들. 보통은 이전문장과 이후문장을 연결하는 기능만을 가진다: auch, so, dann, da." (H. Brinkmann

1962/1971: 761 이하).

이것은 접속사의 통사론적 분류방식이라고도 할 수 있는데, H. Brinkmann의 궁극적 관심은 이것이 아니고, 이러한 다양한 접속사들이 상황과 지평 그리고 레데 사슬 중에서 어느 것과 좀더 깊은 관련을 맺고 있는가를 살피는 것이다. 또한 여기서는 통상적으로 접속사로 분류되지 않는 낱말들도 눈에 띄는데, 그래서 H. Brinkmann 자신도 좁은 의미에서 접속사는 2)와 3)뿐이라고 언급한다. 왜냐하면 1)은 문장 서두로서의 역할을 하고, 4)는 der-대명사류와 동일한 기능을 하기 때문이다. 다시 말해서 4)에 있는 auch는 접속사가 아니라 문장연결(레데 사슬) 기능만을 가지고 있다는 것이다. (H. Brinkmann 1962/1971: 762 이하 참조). H. Brinkmann에게 있어서 접속사 und, oder, allein(=aber), sondern, denn은 청자의 일정한 기대를 일깨우고, 청자의 기대를 고려하고, 청자의 주의를 끈다. 이를테면 und는 기대의 계속을 표현하고, 독자적인 발화들을 서로 연결시켜주고, oder는 이전의 것에 대한 선택적 기대를 표현한다. allein으로 시작되는 문장은 기대감에서 끌어내진 것인데, 기대감에게 대항한다. sondern은 독자적인 문장의 초입에는 거의 나타나지 않고, 긍정의 진술문에서 부정의 문장과 대립각을 세운다. 일반적으로 denn은 복합문장 안에서 자신의 자리를 차지하고 있는 것으로 가정된다. 그러나 실제로 denn은 언제나 이전 문장의 특별난 이유로서 문장을 달고 다니기도 한다. 다시 말해서 denn 뒤에 하나의 온전한 문장이 따르게 된다. aber로 문장이 시작되면, 이것은 문장의 영가 자리를 차지하고, 어떤 새로운 계기를 선언하는 역할을 한다. 그렇지 않으면 새로운 계기로서 aber가 문장 안에서 독자적인 자리를 차지하는 것이 두드러져 보인다. (H. Brinkmann 1962/1971: 499 참조). 이러한 접속사들은 시간 분절에 영향을 주지 않으므로, H. Brinkmann은 이것을 '문장가교(Satzbrücke)'라고 불렀다. (H. Brinkmann 1962/1971: 499 이하, 760 이하 참조). 이러한 접속사들 이외에 H. Brinkmann의 불변화사 또한 대화 파트너와의 지평과 결합한다. E. Hentschel의 양상 불변화사에 대한 정의도 이와 유사하다.

"양상 불변화사는 언어 외적 현실에서의 개체를 나타내지 않고, 지칭되는 객체나 사태들 사이의 관계, 또는 지칭되는 객체나 사태들과 화자 또는 청자 사이의 관계를 나타낸다." (E. Hentschel 1986: 120, 김희자 2002: 225에서 재인용).

또한 doch를 설명하기 위해서 화용론적 선행 텍스트를 상정하는 G. Diewald나(G. Diewald 1997: 77, 김희자 2002: 225 참조), 이를 한국어로 번역하기 위해서 언어로 실행되지 않는 화용론적 이전 텍스트와 관여적인 발화 상황을 연상해야 되는 김희자(2002)에 있어서도 H. Brinkmann과 유사한 발상들이 엿보인다. 그러나 위와 같은 접속사나 불변화사 자체가 대부분 하나 이상의 기능을 하기 때문에 엄밀하게 하위 분류하기란 결코 쉽지가 않다. 이를테면 김희자는 doch가 지니고 있는 세 종류의 동음이의성을 다음과 같은 예로서 기술하고 있는데,

"(a) Haben wir keine Getränke mehr im Haus? Doch.
(b) Er wollte baden gehen, doch es regnete.
(c) Es war ihm verboten zu schwimmen, er hat es doch getan."

(김희자 2002: 227)

(a)에서는 문장 등가어인 응답 불변화사로 사용되었으며, (b)는 등위 접속사, 그리고 (c)는 강세를 받는 부사로 사용된 것으로 간주한다. 따라서 (c)와 같은 경우는 대화 파트너의 지평과 관련 있는 것이 아니고, 단지 - 다음 장에서 설명하게 될 - 레데 사슬과 연관 짓는 것이 훨씬 자연스럽다. 왜냐하면 이런 경우 doch는 dennoch나 trotzdem으로 다시 쓰기 할 수 있기 때문이다. (김희자 2002: 227 참조). 따라서 일방적으로 doch를 뭉뚱그려 대화 파트너와 지평과 연관된 언어요소로만 간주하는 P. Hartmann의 방식은 충분하지 못하다. 이러한 문제점은 다음 장에서도 여전히 대두된다.

4.9.3.1.3 레데 사슬과 관련된 언어요소

4.9.3.1.3.1 전조응 대명사(anaphorische Pronomina)

H. Brinkmann에 의하면, 전조응 대명사, 다시 말해서 학교문법에서 말하

는 'er-대명사류(er, es, sie)'와 'der-대명사류(der, das, die ...)'는 레데 사슬과 관련 있다. 왜냐하면 이러한 낱말들은 언제나 후속 문장에 등장하여, 동일한 낱말의 반복을 저지하는데 도움을 주기 때문이다. 따라서 이러한 대명사류는 언제나 선행 낱말(또는 문장)을 가지고 있다. er-대명사류는 자신이 새로운 이름으로 대치될 때까지 어떤 개념을 동일화시켜 기억하는데 사용된다. 그래서 H. Brinkmann은 이러한 대명사류를 '기억 대명사(erinnernde Pronomina)' 또는 '기억어(Erinnerungswort)'라고 이름 지었다. 따라서 H. Brinkmann에 의하면 er-대명사류는 - 원칙적으로 - 문장의 초입에 위치할 수 없다. 그럼에도 불구하고 문학텍스트에서는 종종 er-대명사류로 시작되는 경우가 있는데, H. Brinkmann에 의하면 이러한 경우는 "들어가기 효과(Einstiegseffekt)"[30]를 발생시키기 위해서이다. 그러나 H. Brinkmann의 이런 식의 주장은 너무 포괄적이고 신빙성이 떨어질 우려도 다분하다. 그래서 훗날의 텍스트언어학적 기제들은 이를 위해서 다음과 같은 합리적인 설명을 준비하고 있다: 문학 텍스트는 허구이다. 허구 텍스트는 넌픽션 텍스트와 의사소통구조가 다르다. Platon의 『Kratylos』에 기댄 K. Bühler에 의하면, 언어에 의한 의사소통 모델은 의사소통 도구로서의 '언어', '송신자', '수신자', '대상들과 사건들'로 구성되어 있다. 그러나 픽션 텍스트는 그 구조가 조금 복잡하다. 사실 문학 텍스트를 허구 텍스트라고 하였지만 이것은 정확한 표현이 아닐 수도 있다. 문학 텍스트의 저자는 '작가'이고, 읽는 사람은 '문학 텍스트 독자'이므로, 이 두 사람 사이에서 의사소통이 이루어진다. 때문에, 우리들이 읽는 '장길산'이라는 소설은 그 내용(사건)은 허구지만, 소설 자체는 현실이다. 왜냐하면 우리들은 창비에서 출간된 12권짜리 대하소설을 지금 읽고 있기 때문이다. 현실세계와 허구세계는 서로 다른 세계이기 때문에 왕래할 수 없다. 그러므로 현실세계의 작가는 소설을 쓸 수는 있지만 허구의 세계로 가서 허구의 인물을 볼 수 없다. 그러면 허구의 이야기를 하는 사람은 누구인가? 소설의 작가는 허구의 세계에서 이야기하는 허구의 서술자를 창조하고, 이

30) H. Brinkmann (1962/1971: 752). 그러나 이것은 - 엄밀히 말하자면 - H. Brinkmann의 술어가 아니라, Th. Mann의 소설 『법(Das Gesetz)』의 첫 구절 "그의 출신은 너저분한 것이었다(Seine Geburt war unordentlich)"을 분석하기 위해 사용했던 R. Harweg (1968: 166)의 것이다.

와 유사하게 현실의 독자는 허구의 서술자를 창조한다. 허구의 서술자와 허구의 독자는 서사내용과 현실의 저자와 독자 사이에 존재하는 또 다른 화자와 청자이다. 소설에서 'er-대명사류'가 초입에 나온다고 할지라도 현실의 독자는 그것에 대해서 의구심을 품으며 '왜'라고 질문하지 않는다. 왜냐하면 현실의 독자가 창조한 허구의 독자는 이미 'er-대명사류'의 선행어를 알고 있기 때문이다. 다시 말해서 현실의 독자가 읽기 이전에 허구의 서술자와 허구의 독자 사이에 이미 이야기가 시작되었기 때문이다.[31] 이렇게 되면, H. Brinkmann의 추상적 표현인 'er-대명사류'를 텍스트의 초입에 사용하면서 얻게 되는 '들어가기 효과'를 보다 설득력 있게 설명할 수 있다. 그러나 이보다 심각한 것은, H. Brinkmann이 주장하듯 "'er-대명사류'가 단지 레데 사슬을 위한 역할만을 지니고 있는가?"라는 물음이다. 예를 들어 'er-대명사류'에 대한 다음과 같은 진정근의 주장이 어느 정도 신빙성을 가지고 있다면, H. Brinkmann이 정의하는 'er-대명사류'의 정의는 너무나도 협소하다.

> "상황 1: 화자가 지시대상을 제시, 소개하는 상황. 이 경우에는 청자의 주의를 환기시키기 위해 흔히 제스처라든가 장소부사와 같은 언어표현도 동반되어 나타난다. 또한 사용되는 대명사는 강세를 동반하게 된다. 예를 들어 동네 골목에서 아이들이 공놀이를 하다가 어느 집의 창문을 깨뜨리게 되었는데, 이때 집주인이 손에 공을 들고 나와 아이들에게 누가 그랬는지를 묻는 말에 한 아이가 손가락을 다른 아이를 가리키며, "Ér war's/ist's"라고 말하는 경우.
> 상황 2: 지시대상이 눈에 현저히 띄는 상황. 지시대상 자체가 대화상대자들의 주목을 끄는 상황을 가정할 수 있는데 이러한 경우 지시대상이 갖는 이목이 제스처와 강세를 불필요하게 만든다. 예를 들어 타지마할을 산보하면서 "Mann! Er scheute bestimmt keine Kosten."이라는 발화에서 대명사 er에 제스처가 수반되는 것은 불가능하고 강세는 놓여있지 않다.
> 상황 3: 대화파트너가 지시대상에 같이 초점을 맞추고 있는 상황. 아버지와 아들이 백화점의 장난감 코너에서 이런 저런 장난감을 보고 있다고 상정하자.

31) B. Lindemann (1978: 13), 안인경(2002: 470), 이재원(2003b: 157 이하)을 참조할 것.

아비지는 아들이 처음에는 로봇을 다음에는 나무로 만든 기차를 또 다음에는 모형비행기를 손에 쥐는 것을 본다. 이때 아버지는 차례로 "Gefällt er/sie/es dir?"라고 아들에게 물어본다.

상황 4: 지시대상을 기다리고 있는 상황. 학교에서 한 학생이 시끌시끌한 교실 앞에서 선생님이 오시는지를 망을 보면서 하는 말이 "Er kommt!"인데, 이때 er의 지시대상이 학생들 주위의 공간에 존재하지 않지만 그 대상이 무엇인지는 분명한 것이다.

상황 5: 지시대상을 상기하는 상황. 어느 모임에서 부인이 바로 전에 어떤 여자와 유난히 흥분하여 대화를 나눴던 남편에게 그 여자가 다른 곳으로 가버린 뒤 "Na, gefällt sie dir?"라는 질문을 던지는 상황에서 대명사 sie의 사용이 바로 이러한 경우이다." (진정근 1999: 191 이하).

C.-P. Herbermann에 기댄 위와 같은 진정근의 주장은 H. Brinkmann의 것과는 전혀 다른 양상을 보인다. 왜냐하면 상황 1)과 2) 그리고 3)에서의 er-대명사류는 H. Brinkmann의 레데 사슬이 아닌 대화상황과 관련되는 용법이고, 4)와 5) 역시 지평과 관련된 용법이기 때문이다.[32] 따라서 위와 같은 er-대명사류가 정확하게 사용되려면 "해당 지시대상을 청자가 어떤 경우에라도 분명하게 확인할 수 있어야 한다. 지시대상의 확인성은 화자가 대명사를 발화하면서 청자를 위해 확보해야만 하는 조건이다." (진정근 1999: 193). 사실 er-대명사류의 '전조응적 성질'에 대한 H. Brinkmann의 주장은 그 동안 일반적으로 받아들여져 온 것이지만, 비록 er-대명사류의 핵심성질이 아닌 예외적인 것으로 치부되는 위와 같은 진정근의 논의 (통틀어서 말하자면, er-대명사류의 직시적(deiktisch) 성질) 또한 중요하며, 전조응어로 불리는 er-대명사류가 레데 사슬에 관련 있을 뿐만 아니라 동시에 선행사와 함께 언어외적 현실 세계의 대상을 공지시(Koreferenz) 할 수 있다는 주장도 있고 보면, er-대명사류를 단지 레데 사슬에만 관련짓는다는

32) M. Scherner 역시 이것을 지평과 연관된 것으로 간주했음은 확실해 보인다. 왜냐하면 쉬는 시간이 끝난 후 학생들이 교실로 돌아올 때, 갑자기 늦게 들어오던 한 학생이 "그가 오고 있어" 또는 "그녀는 오늘 회의에 갔어"라고 말하게 되면, 학생들의 지평에서는 '그' 또는 '그녀'가 수업을 할 선생님이라는 것을 모두 알기 때문이다. (M. Scherner 2002a: 57 이하).

것은 그리 간단한 문제로 간주되지는 않을 성싶다.[33] 또한 er-대명사류의 이러한 상이한 두 가지 용법을 통합하여 er-대명사류의 레데 사슬에 관여하는 기능을 상황 또는 지평의 기능에 하위 기능으로 두는 C.-P. Herbermann의 주장에 이르면 그 복잡함은 더욱 커져간다. 그러나 이것은 우리의 논의를 벗어남으로 더 이상 관여하지 않는다.

기억 윤곽어인 er-대명사류와는 달리 - H. Brinkmann에 의하면 - der-대명사류는 '동일화(Identifizieren)'라는 자질을 소유하고 있다. 왜냐하면 이것은 어떤 상황 내에서 익숙한 상대나 이전에 이미 레데(대화, 언어적 발화)를 통해서 알려진 사실을 동일시하기 때문이다.[34]

4.9.3.1.3.2 접속사와 불변화사

H. Brinkmann에 의하면, 접속사와 불변화사는 단지 대화 파트너의 지평과 관련될 뿐만 아니라, 레데 사슬에 관여하기도 한다. 이에 해당되는 낱말이 da, dann, deshalb, auch 등이다. 이들은 연결어(Anschlußwort)로 불리어 지는데, 문장의 첫째 자리에 위치하면서 이전 문장을 지시하며, 레데를 만들어 내는데 아주 중요한 역할을 한다. 이를테면 문장을 결합하는 und나 oder 등과 달리 auch는 선행문장과 후행문장을 연결해 주는 기능만을 가지기 때문에 이들과 다른 부류로 선별되어야 함이 마땅하다. 그래서 다음 예문에서 auch는 außerdem의 가치를 가지면서 단지 문장을 연결하는 기능만을 한다는 것이다.

"Von Zeit zu Zeit fühlte Tonio, wie der Drang zu weinen ihm prickelnd

33) 이런 연유로 해서 김기영(1989: 26)에 있어서는 'ich, du, er, sie, es'가 함께 '손가락질 대명사(특정한 무엇을 가리키는 손가락질 관사와 명사가 줄어 붙은 옷가방말로서 카리키는 대상이 상황 안에 있음)'로 분류되었을 것이다.

34) H. Brinkmann(1962/1971: 755). 그래서 서로 안면이 있는 사람과 대화하는 도중에 말하는 역할이 상대방의 일반적 지평을 통해 익숙할 때, er-대명사류는 der-대명사류로 대치된다: "Du, damit I's nit vergiß: dasch isch denn also großartig gsi, wo de do gsait hesch, dä Film (du, damit ich's nicht vergesse: das ist dann also großartig gewesen, was du da gesagt hast, dieser Film)." (H. Brinkmann 1962/1971: 752).

in die Nase stieg; auch hatte er Mühe, sein Kinn in der Gewalt zu behalten [...]" (H. Brinkmann 1961/1971: 767).

그러나 이러한 주장은 일반화의 오류와 관련 있어 보인다. 왜냐하면 G. Helbig에 의해서 뉘앙스 불변화사(Abtönungspartikel, 또는 양상불변화사(Modalpartikel))로 분류되는 auch는 '1) 평서문에서, 2) 결정의문문에서, 3) 보충 의문문에서: 부정적 수사적 질문, 반어법, 4) 보충 의문문 형식의 감탄문에서: 화자의 부정적 입장, 5) 명령문에서 6) 독립부문장 daß-절에서' 등과 같이 다양한 사용법에 의한 다양한 기능이 존재하기 때문이다.[35] 아마도 위와 같은 경우들도 H. Brinkmann의 텍스트언어학 중심 품사론의 틀 구조에 따라 자세히 살펴보면 레데 사슬과의 관련뿐만 아니라, 지평이나 상황과의 관련도 부인 할 수 없을 것이다. 따라서 H. Brinkmann의 분류방법이 어느 정도의 문제점을 포함하고 있는 것은 사실이다. 그러나 위와 같은 양상 불변화사가 "대부분 단음절의 짧은 단어"이며, "변화하지 않으며", "문장성분을 이루지 못하며", "문장의 첫째 위치에 오지 못하며", "강세를 지니지 않으며", "질문에 대한 대답으로 사용될 수 없으며", "부정될 수 없고 추상적이며 부분적으로 모호한 의미와 기능을 가진다."(G. Helbig 1994: 33, G. Diewald 1997: 73 이하, 김희자 2002: 224)는 것은 무엇을 의미하는가? 필자의 견해에 의하면, 김희자의 설명대로 양상 불변화사의 '모호한 의미와 기능'은 '화용론적 강화' 즉 '상황'과 '시제'에 의해서 풀려질 수 있고, 이것은 언어로 표현되지 않으므로 화용론적이며 동시에 언어로 표현할 수 있는 것이기에 앞선 것 혹은 이미 주어진 사항에 관여하기 때문에 선행 텍스트와 필연적인 관련을 맺지 않을 수 없다. (김희자 2002: 225 참조). 따라서 어찌되었건, 접속사나 불변화사의 이해에는 필연적으로 상황과 대화 파트너의 지평 그리고 레데 사슬 기제들이 참여한다는 사실이다. 그러므로 비록 H. Brinkmann의 접속사나 불변화사의 분류법 자체가 엄밀하지 않을 지라도, 이러한 여러 가지 모멘트들을 텍스트 이해에 상정했다는 것은 텍스트언어학 초기의 인식으로서는 상당한 것이었다.

---

35) 이것에 대해서는 곽병휴 (1995)에 자세히 나와 있음.

4.9.4 H. Brinkmann의 텍스트 중심 품사론의 의의

H. Brinkmann은 위에서 언급한 기존의 품사들을 텍스트언어학적으로 재분류 한 것 이외에도 텍스트종류의 분석에 많은 노력을 기울였다. 그의 1972(1961)년 판 『독일어. 형태와 성능(Die Deutsche Sprache. Gestalt und Leistung)』에 '문장사슬의 종류(Arten der Satzfolge)'라는 독립된 장을 설정한 것만을 보더라도 그것을 알 수 있다. 텍스트종류의 구분이 중요하다는 사실은 H. Brinkmann 뿐만이 아니라, 텍스트언어학의 효시라고 일컬어지는 P. Hartmann의 논문 "텍스트와 텍스트들 그리고 텍스트부류(Text, Texte, Klassen von Texten)"(1964) 제목에서도 충분히 짐작해 낼 수 있다. 그래서 필자는 추정하건대, 위와 같은 H. Brinkmann의 텍스트 중심 품사 분류는 텍스트종류를 구획 짓기 위한 좋은 방법론이 되었을 것이다. 왜냐하면 H. Brinkmann은 언어상황에 따라서 '선적 레데(Lineare Rede, 화자 불변을 전제로 일정한 개별화자에 의한 텍스트)'와 '대안 레데(Alternative Rede)'를, 그리고 전자에서 '수신자 중심 텍스트(Empfängerbezogene Rede, 식사, 인사말, 설교)', '구속 레데(Verbindliche Rede, 명령, 지시)', '주모자 규정 레데(Urheberbestimmte Rede, 일기장, 약속)', '내용 중심 레데(Inhaltbezogene Rede, 목록표, 사용지침서)', 후자에서 '접촉 대화(Kontaktgespräche, 담화, 만남)', '방향성 있는 대화(Gerichtete Gespräche, 안내, 심문)', '다면적 대화(Pluralistische Gespräche, 의견교환, 학술토론, 세미나)' 등을 이해하고 있기 때문이다. (H. Brinkmann 1962/1971: 768 이하 참조). 따라서 H. Brinkmann에 있어서 텍스트종류의 구분에 대한 종차(genus proximum)는 '상황'과 '지평' 그리고 '레데 사슬'이다. 이 뿐만 아니라, 텍스트언어학은 자신의 연구대상인 '텍스트'에서 '텍스트 의의(Textsinn)' 규명이 목표이다. 이러한 텍스트 의의는 지평, 상황, 레데 사슬이 복합적으로 작용하여 나타난다고 할 수 있다. 이것은 E. Coseriu의 '의의의 언어학으로서 텍스트언어학'(1980)과 유사한 방식이다. 따라서 H. Brinkmann의 텍스트언어학에서는 지평, 상황, 레데 연속에 대한 상호 이해가 필요한 것이다.

4.9.5 결론

지금은 조금 달라졌지만, 전통적으로 품사에 관한 연구는 음운론, 문장론과 함께 언어연구에 있어서 중요한 부분이었고, 이중에서도 품사론이 가장 핵심 영역이었다. 이러한 주장과는 약간의 차이는 있지만, H. Brinkmann에게 있어서도 언어연구의 목적은 독일어에 각인된 형태(Gestalt)의 차이점들을 규명하는 것이고, 이를 위해서는 품사들이 결정적인 역할을 한다는 것이다. (H. Brinkmann 1962/1971: 서문 참조). H. Brinkmann은 문장에서 나타나지만, 문장을 넘어서 레데의 구성에 참가하는 언어 요소들이 있으며, 이러한 요소 중에서도 가장 중요한 범주가 대명사와 접속사 그리고 문장 불변화사임을 알고 있었다. 이제 H. Brinkmann의 이러한 품사들은 문장 성분이 아니라, 레데 성분이 되었다. 그는 『독일어. 형태와 성능』의 서문에서 자신의 책이 이론을 지향하는 것이 아니라, 대상의 적합한 기술을 위해 쓰여졌다면서 겸양어법을 취하고 있지만(H. Brinkmann 1962/1971: 1), 이미 그의 많은 이론적 편린들은 텍스트언어학적 단초들을 배태하고 있었다. 예를 들어, 기존의 술어들과 차별화 되는 역할어, 기억어, 문장가교, 관계어, 항상성 같은 H. Brinkmann의 독자적인 술어들은 이미 훌륭한 텍스트언어학적 맹아들이다. 또한 불변화사에 대한 가치폄하적인 명칭인 '양념어(Würzwörter)'와 '색채어(Farbwörter)' 그리고 마치 수사학의 정의를 연상하게 하는 '허사/장식어(Füllwörter)'를 사용하지 않았음을 보더라도 H. Brinkmann의 술어들은 이미 훌륭하다. 왜냐하면 불변화사는 언어학의 화용론의 시대에 접어들면서 그 중요성을 인정받고 있기 때문이다.[36] 사실, H. Brinkmann의 대명사 분류법과 유사한 방식은 한국어와 독일어의 번역계산을 목표로 하는 황종인(1983: 5 이하)과 김기영(1989: 25 이하)의 글에서도 볼 수 있다. 이를테면 이들에 있어서 대명사는 옷가방말 (품사가 각기 다른 두 개 이상의 낱말이 붙어서 하나의 낱말로 된 것)이기 때문에 이것이 관사와 명사로 나타나도록 두 낱말

---

36) 김희자(2002: 224). G. Helbig 또한 불변화사의 중요성을 다음과 같이 요약한다: "외국인이 독일어를 배우나 만일 불변화사를 자기 것으로 만들지 못한다면 그의 독일어는 독일어권의 모국어 화자의 독일어와는 본질적으로 다른 것이고 '어색한' 독일어인 것이다." (G. Helbig 1988: 13).

이상의 길이로 늘일 수 있는데, 이때 그 관사가 1) 불특정한 것이나 셈말인 경우, 2) 특정한 무엇을 가리키는 손가락질말인 경우 그리고 3) 앞에 나온 말을 단순하게 받는 경우를 분류해서 셈 대명사, 손가락질 대명사 그리고 받는 대명사로 칭한다. 그러나 H. Brinkmann과 차이점은 이들의 궁극적인 목적이, 일상생활에서 사용되는 자연언어의 모호함이 오해를 불러일으킴으로써 이를 형식화시키기 위한 일환으로 대명사 분석을 시도했던 것임에 반해서, H. Brinkmann에게 있어서는 어떤 발화의 무리를 하나의 레데(텍스트)로 만드는 장치들이 중요했다는 사실이다. 또한 독일어 불변화사의 한국어 번역가능성을 시도한 곽병휴(1995)나 김희자(2002)의 연구는 미세한 부분에 있어서 H. Brinkmann의 기술보다 훨씬 정교하고 발전된 기술 형식이다. 그러나 H. Brinkmann이 - 비록 느슨한 부분들이 많이 눈에 띄지만 - 이러한 자신의 사상을 60년대 초반부터 전개해 왔다는 사실은, 우리들이 일반적으로 텍스트언어학의 선구자 격으로 추앙하고 있는 'P. Hartmann', 'R. Harweg', 'W. Dressler', 'S. J. Schmidt' 등의 학자들 보다 이른 시기에 텍스트언어학적 논의를 펼쳤음을 시사한다.[37] 비록 그의 수제자인 M. Scherner가 이를 위해 고군 분투하고 있음에도 불구하고, 그의 이론이 학계에 거의 소개되지 않고 그저 변방에만 머무르는 이유는 아마도 '레데'라는 용어 사용에서 유래한 불운, 그리고 뮌스터 교육대학(Pädagogische Hochschule in Münster)의 '독어교육과'에 재직하고 있었던 연유로 인해 자신의 이론을 계승할 제자의 부족 때문이지 않은가라고 필자는 조심스레 추측해 본다.

본고의 관심은, H. Brinkmann의 레데(텍스트)연구가 텍스트언어학의 발생시점(1964)과 거의 동등하게 또는 더 이른 시기에 행해졌으나 결코 그것에 합당한 대접이 주어지지 않(았)음에 대한 호소이며, 텍스트언어학적 시각에서 보는 품사론도 가능하다는 하나의 시도이다.[38] 따라서 그의 텍스트 이론이 어느 정도

37) 비록 H. Brinkmann의 마지막 장 '레데' 부분이 1971년 재판 본에 추가되었다고 할지라도, 그것의 대부분은 이전에 발표된 논문들의 부분들이다. 이를테면, '레데' 장의 첫 번째 절인 '문장과 레데(Der Satz und die Rede)'도 1966년에 『Wirkendes Wort』에 게재되었던 논문이었다.

38) 1964년을 텍스트언어학의 발생시점으로 보는 것이 일반적 견해이지만, 이 보다 시기를 훨씬 당겨서 이 책에 등장하는 W. v. Humboldt를 텍스트언어학의 출발점으로 보는 견해도 있다.

소개되어 이해되고, 그곳에 내재하는 몇 가지 문제점 또한 논의되었다면, 본고는 그 목적이 이룬 셈이다.

부설: H. Brinkmann: '지평(Horizont)' - 언어적 '지식체계(Kenntnissystem)' 인가? - 인지언어학에서 새로운 발전을 토대로 한, 두 개의 텍스트 이론적 개념 형성에 대한 비판적 비교[39]

0. 테마에 대해서

주목할 만한 가치가 있는 소견을 확인하는 것이 다음과 같은 고민에 대한 출발점에 해당된다. 이미 25년 전에 H. Brinkmann은 당시 P. Hartmann 그리고 R. Harweg과 함께 텍스트언어학의 발생지 중의 하나인 Münster에서의 선구자적 작업을 함에 있어서 (H. Brinkmann 1965) 기술 개념인 '지평'을 언어학적 토론의 장으로 끌어 왔다. (더 이전에 있었던 이 개념의 사용에 대해서는 M. Scherner(1974)를 참조하고, 이에 대한 대안적 개념에 관해서는 M. Scherner(1979)를 참조하라). 이에 대해서 특히 학문적 관점에서는 두 가지 시각이 두드러 진다. 첫 번째는 텍스트 이해를 위해서는 '문맥' 그리고/또는 '상황'도 고려 대상으로 삼을 수 있다는, 옛부터 전승되고 또한 오늘날에도 널리 퍼져 있는 그러한 견해이다. 여기서는 우선 '지평'의 차원이 세 가지 관련 장으로 확장된다. 우선적으로 '상황'과 '문맥'을 명확히 구분하면서 이러한 차원을 연구함에 의해서, 텍스트를 생산하는데 있어서 동일하게 토대가 되는 화·청자에게 있어서 언어적으로 작동하는 의식 차원이 텍스트 이론적 개념으로 파악된다. 이로써 인지 언어이론적 중요성, 다시 말해서 언어를 교환함에 있어서 참여하게 되는 의식 과정들의 중요성이 언어사용모델의 실제 요소로서 아주 강조된다. 이로써 우리들은 현대에 비로소 언어학과 심리학에서 소위 말하는 '화용론적 전환점' 그리고 특히 '인지적 전환점'의 결과로서 새로운 길이 시작되었다는 것을 인식하게 된다. 오늘날 우리들이 언

39) 이 글은 H. Brinkmann의 90회 생일기념 논문집 "Die deutsche Sprache - Gestalt und Leistung" Hennig Brinkmann in der Diskussion. Zu seinem neunzigsten Geburtstag. Herausgegeben von Roland Harweg, Shoko Kishitani, Maximilian Scherner"(1991)에 실린 그의 수제자 M. Scherner 교수의 논문이다.

어 사용의 모델화로 평가되는 '지식체계'라는 개념에서 파악되고 있는 것은 분명하게 '지평' 개념에서 학문사적 선구자들을 포함하고 있다. 따라서 학문사적 관점에서 보면, 언어학 술어인 '지평'과 '지식체계'의 개념 내용들 사이의 관계에 대한 물음은 가치 있다.

우선, H. Brinkmann에 있어서 '지평' 개념이 어떻게 규정되고 있는지 문서로서 증명되고 분석적으로 밝혀질 것이다. (제1장). 이것과 연결되어 여러 가지 다양한 '지식체계들'의 상호 작용에 대한 개념(W. Motsch/M. Reis/I. Rosengren 1990)이 언급된다. (제2장). 그리고 이미 언급된 양자의 텍스트 이론적 개념들에 대한 비판적 비교가 뒤따른다. (제3장). 이어서 인지학의 새로운 발전의 토대에서 학문 이론적인 시도로 이 논문은 끝을 맺게 된다. (제4장).

1. H. Brinkmann의 '지평' 개념

1.1 중요한 인용 장소에 대한 자료

다음의 자료는 완벽하지는 않다. 그러나 틀 내에서 우리들의 테마와 직접 관계 있는 '지평' 개념이 어떤 모습을 하고 있는지를 설명하고 있다. 따라서 여기에는 우선적으로 H. Brinkmann 글의 몇 구절이 인용된다. 이 구절에는 '지평' 개념이나 H. Brinkmann의 개념 내용적 기본 개념들에 대한 정의적 규정이 있다. 우리들은 H. Brinkmann의 전체 이론이 들어있는 『독일어 문법(Die deutsche Sprache)』(1962/1971)의 소품들뿐 만 아니라, 중요 저작도 다루고자 한다. 이에 일치하는 구절들은 시간적 순서로 그리고 계속되는 표식(B1, B2 등)으로 언급된다.

이미 위에서 언급한, 『쥐들은 밤에도 잔다(Nachts schlafen die Ratten doch)』라는 W. Borchert의 단편에서 유래한 텍스트 부분의 예시적 분석과 관련된 논문 "레데 구성(Die Konstituierung der Rede, H. Brinkmann 1965)"에는 다음과 같은 두 구절이 있다.

(B1) 두 파트너 사이의 지평은 상 이하다. 그러나 대화 과정에서 노인은 소년

의 지평을 알게되고, 반대로 소년은 노인의 지평을 알게된다. (H. Brinkmann 1965 (1981: 71)).

동일한 논문에서 H. Brinkmann은 다음과 같은 개념적 경계를 세운다.

(B2) 참가자들이 그들의 만남과 관련 없이 공동으로 소유하고 있는 것을 우리들은 '지평'이라고 부른다. 다시 말해서 그때마다의 대화상황에서 ('지시장'으로서) 구체적으로 현실화되어 있는 것을 우리들은 '상황'이라는 개념으로 파악한다. 즉 대화가 이루어지는 시간적 병렬이 바로 '레데사슬(Redefolge)'이다. (H. Brinkmann 1965 (1981: 61)).

(B3) 즉흥적 대화는 언어 외적 요소, 즉 상황과 지평에 의해서 아주 강하게 규정된다. (H. Brinkmann 1965 (1981: 61 계속)).

이러한 개념적 이해는 1년 후에 발간된 H. Brinkmann의 논문 "문장과 레데(Der Satz und die Rede)"(H. Brinkmann 1966)에서 더욱 분명해진다.

(B4) 언어적인 것과 언어 외적인 것이 모든 레데(다시 말해 모든 언어 위)에서 함께 나타난다. 언어 외적으로 주어진 것이 상황인데, 상황 안에서 인간들은 만난다. 상황은 파트너가 손가락질하면서 지시할 수 있는 모든 것, 레데 중에서 지시장으로서 현재화되어 있는 모든 것을 포함한다. 드라마에서 상황은 지문을 통해 전달된다. 일상생활 대화를 포함하고 있는 소설에서는 서술자 메모가 상황을 전달한다. 상황은 [...] 지시장으로서 [...] 지속적으로 현재에 놓여 있다. (H. Brinkmann 1966 (1981: 97)).

(B5) 상황에서 인간이 언어적으로 서로 만나고 있는 '세계'의 한 단편이 주어지는 반면, 파트너의 '지평'은 상황과 관련되지 않고 현재화된 모든 것을 포함하고 있다. 즉 이것은 경험들, 견해들, 기대들이다. 지평은 드라마에서 아주 중요한 역할을 한다. 하나의 장면에서 파트너의 지평이 공표되고 발전된다. 사람

들은 대화 도중에 공동의 지평으로 하나가 될 수 있다. 그러나 사람들은 자신들이 자신들 공동의 지평에서 움직이고 있지 않기 때문에 이해를 할 수 없을 수도 있다. (H. Brinkmann 1966 (1981: 97)).

(B6) 따라서 지평은 파트너에게 알려진 모든 것을 포함하고 있고, 그래서 어떤 시기에든 언어적으로 마음대로 할 수 있다. [...] 사람들은 어떤 순간이든지 실제적이 될 수 있는 대화의 소유재로서의 언어재를 가지고 있다고 말할 수 있다. (H. Brinkmann 1966 (1981: 100)).

H. Brinkmann은 이 개념에 대해서 Mannheim에 있는 독일어연구소에서 강연했고, 『현대 언어(Sprache der Gegenwart』(1967) 시리즈의 첫째 권으로 출간된 『레데 통사론(Die Syntax der Rede)』이라는 제목의 강연도 하였다.

(B7) (대화상황) 개념은 언어 외적인 것이다. 이 개념은 언어 외적으로 레데에서 현재화 되어있는 모든 것을 의미한다. 지평이 그때 그때마다 언어적으로 마음대로 할 수 있고, 기술할 수 있는 어떤 것을 포함하는 것이라면, 상황의 지시장은 그러한 레데가 시작될 때 파트너에게 현재 지시하고 있는 모든 것을 의미한다. 이것은 당연히 상호과정에서 변하는 어떤 것을 포함하고 있다. (H. Brinkmann 1967: 79).

(B8) '지평'에서 우리들은 레데 파트너에게 알려지거나 파트너가 그때 그때마다 생각하고 있는 어떤 것을 이해한다. 여기서 의미하는 것은, 이들에게 알려진 어떤 것 그리고 항시 언어적으로 대치할 수 있고, 그래서 어느 정도는 이러한 지평이 간접적으로 언어적 의미를 지니고 있다는 사실이다. 지평은 형식적이고, 명시적인 언어적 현존을 요구하지 않고, 커뮤니케이션에서 파트너가 그때 그때마다 주어진 어떤 것과 관련된다. (H. Brinkmann 1967: 78 계속).

결국은 H. Brinkmann의 전반적 견해가 실려있는 그의 책 『독일어(Die deutsche Sprache)』(1971)에서 지평은 다음과 같이 요약되어 해명되고 있다. 아주 많은 분량(1962년의 제 1판에는 수록되지 않았음)으로 이루어진 제6장 '레데(die Rede)' (704-887쪽)에서 위와 관련된 H. Brinkmann의 소품들을 볼 수가 있다.

> (B9) [...] 대화자들이 대화로 무엇을 가지고 오는지 그리고 대화가 파트너들 사이에서 어떻게 진행되고 있는지는 대화자들의 지평에 달려있다. 지평은 대화자들끼리 관계를 맺어주고, 이들의 사회적인 역할, 이들의 경험과 회상 그리고 기대, 그리고 당연히 이들이 무엇을 생각하고 있는지에 대한 이들의 '사전지식' 또한 포함하고 있다. 전체적으로 보면 이것은 대화자들에 있어서 잠재적으로 사용될 수 있는 이들의 언어재와 때마다 현실화될 수 있는 어떤 것이다. (H. Brinkmann 1971: 730).

1.2 '지평' 개념의 일정한 기본단위

위에서 살펴본 구절에 의해서 다음과 같이 H. Brinkmann의 '지평'개념을 위한 기본 조건들과 기본 개념이 생겨난다.

1. H. Brinkmann은 인간이 사용하는 레데의 기본 모델을 '대화상황' (B7; '대화': B1, B3, B5, B9; '대화상황': B2; '커뮤니케이션': B8)에서 출발하고 있다. 이러한 언어출현의 기본적인 경우, 순수하게 현상학적으로 다음 세 가지 요소가 구분될 수 있다.
   a) (커뮤니케이션-)'파트너' (B1, B4-B9); '참여자': B2; (만나는) '사람': B4, B5; '대화의 소유재': B6).
   b) 구체적인 시·공간적 '상황' (B2-B5), 여기서 커뮤니케이션 파트너들은 반대편에 위치하고, 이것은 '지시장'으로서의 자신들의 시의적인 감각 공간을 포함하고, '직시(Deixis)'의 도움으로 소여성과 관련 지워질 수 있다. '직시'의 사정거리의 경계는 '상황'의 경계와 동일하다. (B4)를 참조할 것.
   c) 이러한 '상황'(b)의 틀 안에서 커뮤니케이션 파트너(a)에 의해서 언어적으로 언급된 것. 다시 말해서 언어의 출현에 의해서 이것이 지각 될 수 있다. (그리고 이것은 외부에 존재하는 분석기에 의해서 관찰될 수 있

다). 이것을 H. Brinkmann은 '레데사슬'(B2) 또는 경우에 따라 '레데'(B8)라고 말한다. 이로써 오늘날 국제적인 학술 분야에서 '텍스트'로서 명명되는 것을 이해할 수 있고, 우리들이 실현형식을 구분하려 한다면, (구어적 레데인) '담화(Diskurs)'와 '텍스트'(문어적으로 구성된 레데)라는 술어를 사용하게 된다. 놀라운 사실은 H. Brinkmann이 물질적으로 주어진 텍스트인 레데행위(Redeakte)의 결과를 명백히 했을 뿐만 아니라, 레데사슬이라는 술어를 가지고 [텍스트의] 생산과정과 수용과정에서 '레데'의 연속을 뚜렷하게 부각시키고, (그밖에 이것은 명백하게 "변할 수 있는"(B7) 것으로 이해되는 '상황'에도 해당되는 것과 마찬가지로) 이로써 역동적 과정의 관찰상을 받아들였다는 점이다.

2. 커뮤니케이션 파트너들의 '대화상황'이 그때 그때마다 새롭게 구성될 수 있음에도 불구하고, 이러한 대화상황은 결코 아무 것도 없는 '무'의 상태에서 시작되는 것이 아니라, 커뮤니케이션 파트너들이 자신들의 앞에 놓여있는 어떤 것과 관련되거나 항상 어떤 것을 파악하게 된다. 이것은 '커뮤니케이션 파트너들'이 그때마다 정신적으로 '백짓장과 같은 마음의 상태(Tabula rasa)'에서 '대화상황'을 설정하는 것이 아니고, 항상 어떤 것을 언어적-커뮤니케이션적으로 실행시킨다는 것이 가능하다는 사실이다. 이를 위해서 H. Brinkmann은 '지평' 개념을 도입했던 것이다. 이러한 개념의 일차적인 일반 규정은 다음과 같은 H. Brinkmann의 확신에서 생겨난 것이다.

그는 '지평'으로 다음과 같은 것을 표현하고 있다: "파트너들이 대화에 가져오는 것"(B9), "주어진 어떤 것처럼 파트너들이 관련짓는 어떤 것들"(B8), "상황과 관련이 없이 파트너들에게 현재화되어 있는 것"(B5), "파트너들에게 알려진 어떤 것"(B6, B8), "그때마다 언어적으로 이용가능하고, 언어적으로 형성 가능한 것"(B7), "이들이 [파트너들이] 그때마다 생각하고 있는 것"(B8), 모든 이러한 것에서 명시적으로 (단지 B7에서만 함축적으로) 그때마다의 구체적 주어로서 어떤 규정된 '지평'이 아주 독특하게 나타나는 '커뮤니케이션 파트너'와 관련짓는다는 사실이 아주 중요하다. 이로써 '지평'은 원칙적으로 주체에 의존하는 카테고리로 규정된다. (B1으로부터, '지평'이 명백하게 개별 인물에게 할당되어 있다는 것을 참조할 것).

이제 '커뮤니케이션파트너'의 '지평'이 어디에 존재하는가? '상황' 개념을 규정하기 위하여 H. Brinkmann이 B5에서 필요로 한 말을 지평개념에 대입시켜 보면, 개인이 지금까지 삶의 역사에서 정신적으로 이용할 수 있는 '세상의 단면(Ausschnitt an Welt)'이 중요하다. 이것은 E. Husserl 현상학의 전문 술어로 '인간의 태도(Habitus)'이다. 현실화된 인지학의 언어에서는 "머릿 속에 있는 세계(die Welt im Kopf)"(E. P. Fischer 1985)라는 표현과 만난다.

그러나 H. Brinkmann에 있어서 개별적 변이항이지만 복잡한 것으로 보이는 커뮤니케이션파트너들의 이러한 정신적 지평의 '세계'는 - H. Brinkmann의 낱말 형성에 대한 상호 관련성들을 비교하게 되면 - 내적 구조화를 제시하고 있음을 알 수 있다. 여기서 최소한 세 가지의 개념적 반대항들이 서로 펼쳐져 있다. 즉, 첫 번째는 '커뮤니케이션파트너들'이 자신들의 '지평'에서 그때 그때마다 개별적으로 이용할 수 있는 그 무엇과, 커뮤니케이션파트너들 사이에 존재하는 공감각적 영역에 해당되는 어떤 것 사이가 구분되어야 한다. (B2). 두 번째로는 '대화'가 시작되기 전 '지평'의 존재와, 대화가 끝난 후 '지평'의 존재 사이가 구분되어야 한다. 이에 대해서 H. Brinkmann은 문학 텍스트를 분석한 장소에서 수많은 예들을 제공하고 있다. (H. Brinkmann 1965; 1971: 731 이하 참조). 세 번째로 개별 '지평'에서 그때마다 무엇이 활성화되었는지에 대한 것과, 그때마다 의식의 집중 내에서 무엇이 존재하는가(B5, B8) 그리고 이러한 배경에는 무엇이 존재하고 있는지(B6, B8) 구분되어야 한다.

1.3 '지평'의 분절과 범위

지평 개념의 이러한 일반적 규정에 따라서, 그리고 지평의 내적 구조에 따라서, H. Brinkmann에 있어서 어떤 정신적 개별 영역들이 특별한 내용적 지평의 차원들로 구분되는가에 대한 물음이 제기되어야만 한다. 이에 대해서는 다음에 H. Brinkmann이 (B5)와 (B9)에서 언급한 많은 규정들을 이끌어올 수 있고, 계속해서 자신의 총괄적 리스트에 기재되지 않은 H. Brinkmann의 세밀한 분석으로부터 파생 가능한 관점들을 이끌어 올 수 있다. H. Brinkmann에 기대면, 커뮤니케이션파트너들의 '지평'은 다음과 같은 영역들을 포함하고 있다.

(1) 이들의 관계 (B9)
(2) 이들의 사회적 역할 (B9)
(3) 이들의 경험 (B5, B9)
(4) 이들의 회상 (B9)
(5) 이들의 기대 (B5, B9)
(6) 이들의 견해 (B5)
(7) 이들의 사전 지식 (B9)
(8) 이들이 생각하고 있는 모든 것 (B9)
(9) 이들의 언어재의 모든 것 (B9)

이러한 리스트에서 살펴보자면 동시에 개별적인 정신 영역의 의미에서 어떤 체계화도 되어 있지 않다는 사실을 알 수 있다. 오히려 여기서는 커뮤니케이션파트너라는 '인물'에서 공동의 관련이 보여질 수 있는, 다시 말해서 커뮤니케이션파트너가 자신의 생물학적 연대기에서 발전을 이룩한 것과 같은, 정신적 영향 요소에 대한 열린 목록이 제공되고 있다고 추측을 할 수 있다. 동시에 만약 사람들이 이러한 복잡한 영향 요소를 함축적인 개별영역으로 구분하려고 하게 되는 것은 잘못된 것이 아니다. 따라서 (5)의 예에서 '기대'는 최소한 다음과 같은 차원으로 구분될 수 있다.

1. 레데/텍스트의 언어적 계속성과 관련된 기대. 이러한 기대는 커뮤니케이션파트너의 언어 지식에 토대를 두고 있다.
2. 레데/텍스트의 내용적 (다시 말해서 명제적 할당량에 일치하는) 계속성과 관련이 있는 기대.
3. 커뮤니케이션파트너의 (다시 말해서 행위의 행렬들과 의도된 발화 수반력의) 언어적 또는 비언어적 반응과 관련되는 기대.

이러한 한에 있어서, 이미 이러한 사실들로부터 복잡한 정신적 요소인 '기대'의 세 가지 영역이 파생될 수 있고, 오늘날 이것들은 '언어지식', '사물지식' 그리고 '행위지식'으로 구분될 수 있다.

H. Brinkmann에 있어서 의도된 주체 중심의 관련들이 중요함에도 불구하고, 거의 대부분 H. Brinkmann에 의해서 명명된 영향 요소들이 이 세 가지 지식 영역을 정리하고 있다. 따라서 (3) '기대'와 (4) '회상' 그리고 (7) '사전지식'은 오늘날 '사물지식', '백과사전지식', '세계지식' 또는 '개념지식' 등으로 알려져 있다. '상호 교환 가능한 관계'(1)와 '사회적 역할'(2)이라는 관점은 '행위 체계' 또는 '발화수반 지식'이라는 지식과 관련 있다. 중요한 사실은 '견해'(6)라는 영향 요소를 가지고 위에서 언급된 세 가지 지식영역에서 여전히 파악되지 않는 영역이 언급되고 있다는 점이다. 다시 말해서 그것은 모든 삶의 현상들 저편에서 전체적으로 선호도를 조건 지우는 개인의 동기, 감정 그리고 정서의 영역이다. H. Brinkmann에 의하면, 이러한 차원에 대한 조사는 특히 그의 세밀한 텍스트 분석에서 볼 수 있다. 여기서 몇 개의 예들을 살펴보기로 하자: "불변화사 '그래'를 통해서 그는 […] 자신의 인내심 없음을 표현하고 있다", "그는 실망스럽게 돌아본다", "그는 자신의 놀라움을 표현했다." (H. Brinkmann 1965 (1981: 73계속)). 기술함에 있어서 이런 식의 차원으로 전체 대화 분석을 끝까지 해내고 있다. 이러한 전체 대화 분석에서, 그때마다 말하는 이의 감정적 견해를 기술하는 것은 일치되는 행위들과 관련을 맺고 있다. (여기에 대해서는 아래를 참조할 것). '이들이 생각하고 있는 모든 것'(8)을 가지고 실제적으로 전체적인 '머릿 속 세계', 즉 커뮤니케이션파트너의 인지적 영역의 총체가 재 진술되었고, 따라서 모든 언급된 인지적 차원들에 대한 정돈이 가능하게 되었다.

전체 개념 '지평'에 있어서 결정적인 것은 다음과 같은 규정 (9)이다: "이들의 언어재의 모든 것". H. Brinkmann은 여기서 전통적으로 어휘와 문법에 따라서 분류된 개별 언어들을 제압하기 위해서 사용되고, 실제적으로 이것을 넘어가는 개념 내용이 들어있는 '언어재'라고 받아들여진 술어를 사용했다. 왜냐하면 언급된 모든 '지평' 요소들이 '언어재'에 속한다면, 여기에 토대가 되는 언어 개념은 모든 삶과 관련된 것들에 의해서 추상화된 공시적 언어 체계를 받아들이는 구조주의 전통의 언어 개념과 동일하지 않을 수 있기 때문이다. 이에 반해서 H. Brinkmann은 '언어재'를 자신의 '지평' 개념과 동일시하고 있고, 이러한 방식으로 단호하게, 그것이 고립되고 추상화된 체계의 표상을 제외하고 이 대신에 개별적 인간들(개인이 아닌 사회적 실체로서의 인간들)의 인생사에서 고정된 것을 강조하는 복잡한 전일적(holistsch) 언어 개념을 대표하고 있다는 사실을 분명히 하고 있다. 단지 그러한 언어 개념의 전제하에서만이, 왜 H. Brinkmann이 항상 커뮤니케이션파트너에게 있어서 "언제나 언어적으로 사용가능 한 알려진 것"(B8, B6) 그리고 이것이 동시에 "형성 가능하다"(B7)라는 사실을 강조했는가라는 것을 이해할 수 있다.

H. Brinkmann은 '언어'에 대한 다양한 연구 과정에서 이러한 기본적 견해들을 알게 되었다. 최소한 이것은 그의 확신들 중 몇 가지와 관련 있다. 따라서 그는 (B3)에서 다시금 '지평'뿐만 아니라 '상황'에 있어서 '언어 외적 요소'도 중요하다는 사실에서 출발한다. (B6)에서 그는 자신이 위에서 제시한 기본 견해들에 더욱 더 가까이 가고 있고, 반면에 그는 이러한 견해를 가질 수가 있다는 가능성을 언급하고 있다: "그것[지평]은 대화의 소유재로서의 언어 재료를 포함하고 있다고 말할 수 있다." 독일어에 대한 그의 거대한 통합적인 논의가 '언어재'와 '지평'을 하나로 묶는 궁극적인 형성에서 발견된다.(B9).

그러나 H. Brinkmann은 '머리 속에 있는 세계'를 만들 수 있다는 관점에 제한한 것이 아니고, '지평'의 기능과 작동방식을 기본적으로 자신의 고민꺼리로 끌어들인 것이다. 그러나 이것은 그가 위에서 증거한 개념을 규정하고 있는 구절에서도, 자세하게 작성해 놓은 대화 분석에서도 더욱 더 분명하게 드러난다. 따라서 맨 먼저 대화의 진행(예를 들면 1965(1981)과 1971년에 쓴 예시 텍스트에서)이 커뮤니케이션파트너가 상호 교체되면서 이루어지는 행위 행렬들의 조직으로서 기술된다는 사실이 아주 놀랍다. H. Brinkmann의 텍스트 분석을 이러한 관점에서 좀 더 정확하게 연구하는 것이 가치 있는 과제라고 할 수 있을 것이다. 즉 여기서 그의 대화 분석이 기본적으로 인간 사이의 행위를 기술하는 것이라는 언급만으로 충분하다. 다시 말해서 영미권의 언어 행위론이 수용되었던 그 시기에 언어행위를 다룬 포괄적 이론을 계획하는 것이 언어학적 홍미 이면에도 있었다는 사실이다. 그러나 여기서 우리들에게 있어서 학문사적 우선성의 문제를 제시하는 것이 관건이 아니라, '행위' 차원이 명백하게 H. Brinkmann에 의해서 모든 언어 사용의 기본적인 층으로 여겨졌다는 사실이 중요하다. 그런 한에 있어서 커뮤니케이션파트너의 행위 능력은 그에게는 '언어재'에 속하고 이것은 언어 행위 가능성에 대한 처분으로서 '지평'의 실제적인 단위이다.

1.4 '지평'의 기능에 대해서

지금까지 언급된 '지평' 영역의 기능은 '대화 상황에서' 나타나는 언어 발화들의 상호 이해를 가능하게 하는 것에 있다. 그러나 H. Brinkmann은 '지평'의 영향을 순수한 언어 이해의 차원에만 제한하지 않고 이것을 뛰어넘고 있다. 그러면서 그는 '머릿 속에 있는 세계'의 파악, 그리고 이러한 세계의 변화에 대해서 '인간' 그리고 '사회적 실체'로서의 인간 존재에 대한 기본적 의미를 부여하고 있다. 특히 H. Brinkmann의 '대화 분석'이 결코 순수한 발화 이해를 설명하는 차원에만 머무르지 않고, 항상 커뮤니케이션 참가자를 위한 존재론적이고 삶의 실습적인 의미에 대한 인식으로 향해간다는 사실을 알 수 있다. 따라서 H. Brinkmann은 (B1)에서 대화 파트너가 가진 '지평'의 상이함을 중요시하게 되고, 대화가 진행되면서 그때마다 낯선 '지평'을 서로 알게되고, 결국에는 이러한 지평이 변화하면서, 존재론적 의미는 두 명의 커뮤니케이션파트너 중의 하나가 "다시금 그 삶으로 이끌려 들어갔다"라는 방식으로 인정된다. (H. Brinkmann 1965/1981: 70).

2. '지식 체계' 개념

2.1 학문론적 틀로서의 '인지 언어학'

H. Brinkmann 자신이 '지평'이라는 개념을 가지고 이해하려고 했던 것과 동일한 개념이 최근 연구의 장에서는 학문론적으로 다르게 정착된 언어학적 이론 형성과 관련을 맺고 있다. 특히 이러한 것은 '언어 지식'의 좁은 영역을 기술하는 것에 제한하지 않는 한에 있어서, '인지 언어학'내에서 중요한 역할을 한다. (M. Bierwisch 1987, G. Grewendorf/F. Hamm/W. Sternfeld 1987 참조). 전체적인 '머릿속 세계'를 언어학적으로 분석하는 것과 관련된다는 필수성은 특히 텍스트언어학적 연구에서 나타난다. 다시 말하면 유별나게 텍스트코헤렌쯔의 판단이 문제 되는 곳에서 나타나거나, 일반적으로 텍스트성이 역동적 모델 형성의 틀 내에서 "비교적 텍스트 생산 과정과 텍스트 수용 과정"에 대해서 분석되고 있는 곳에서 나타난다. 따라서 "화자와 청자는 구체적 행위 조건하에서 텍스트 생산과 텍스트 해석을 위해 어떤 지식 체계를 활성화시키는가?"(D. Viehweger 1987: 4)라는 질문이 아주 중요하게 된다.

'인지 언어학'의 발상에 대한 결정적 요소는 '머릿 속 세계'의 모듈화 된 조직을 기본적인 것으로 수용하는 것이다. 이것은 사람들이 '머릿 속 세계'의 모든 지식 영역 또는 능력 영역을 위해서, 체계로서 다른 모듈에 의존하지 않고, 자신의 고유한 구조를 따르는 고유한 모듈을 상정한다는 것을 의미한다. 다시 말하면 모든 개별 체계들은 상호 결합되어 있다. 그러나 사람들은 모든 부분 체계들을 자율적 기능 단위로 기술할 수 있다는 사실을 포함하고 있지 않다.

2.2 '언어지식' 모듈

그때마다의 개별 언어들이 자율적으로 기술될 수 있다는 사실은 구조주의 이래 아주 중요한 가정이다. 이러한 '언어 지식'(N. Chomsky에 기대면 "언어의 묵계적 지식(tacit knowledge of language)") 체계는 이제 인지언어학에서 하위 모듈 또는 재현체계(Repräsentationssystemen)의 일련으로 세분화되고 있다. 이에 따르면 '언어 지식'

N. Chomsky (이재원 作, 2017)

전체 체계는 다음과 같은 하위 체계로 이루어져 있다. (G. Grewendorf/F. Hamm/W. Sternfeld 1987: 38 이하 참조; W. Motsch/M. Reis/I. Rosengren 1990: 114 이하 참조).

- 통사론 체계
- 의미론 체계
- 음운론 체계
- 형태론 체계
- 어휘론 체계

2.3 확장될 수 있는 '지식 체계들'

계속되는 인지 체계의 많은 수는 '언어 지식'의 이러한 가시적 체계의 반대편에 위치하고 있다. 이 체계들에 대한 발상은 '언어 지식'의 자율성에 대한 가정을 유추한 것이다. 언어 습득을 설명하기 위해 (N. Chomsky에 기댄) 선험적이고 보편 문법적인 형식주의(Schematismus) 가정이 어떠한지는, 계속되는 다른 인지 체계들의 구성으로 이끌어 가는 인지의 다른 영역의 기능과 습득에 있어서 선험적이고 보편적인 원칙들의 의해서이다. 그러한 가능성 있는 인간 인지의 부분 체계들을 첫 번째로 열거한 이들이 M. Bierwisch (1981, 1987도 참조)와 관련된 W. Motsch/M. Reis/I. Rosengren (1990: 37)이다. 이들은 그곳에서 다음과 같이 모듈로서 기능하는 능력과 지식 체계들을 구분하고 있다.

- 지각 체계: 이 체계는 지각의 영역을 자율적이고, 스스로 다시금 모듈적으로 조직된 행동 체계로서 밝혀내게 된다.
- 운동 체계: 이 체계는 효율적 기관(器官, 예를 들면 조음 기관, 제스처)과 이것들의 내적 조종에 있어서 자율적인 영역을 공준한다.
- 동기 부여 체계: 이 체계는 우리들의 행동 과정을 목표와 부분 목표들이 구조적으로 위계적인 질서에 의해서 구성된 것으로 조직되어 있다고 간주한다. 이러한 목표와 부분 목표들의 최상에 존재하는 두드러진 특징은 근본적이고, 계통 발생학적으로 형성된 욕망들과 충동 내에 존재한다.

만프레드 비어비쉬 (이재원作, 2017)

- 개념 체계: 이 체계는 우리의 내면적이고 개념적으로 구조화된 환경의 모델에서 차별과 관련을 위해서 선천적으로 타고난 자율적 원칙을 가정하고 있다.
- 사회적 상호 관련 체계: 이 체계는 사람들 사이의 관련과 행동 과정의 형식, 조건 그리고 연쇄를 규정하고 있음에 틀림없고, 동시에 확실히 어떤 고유한 모듈 조직을 가정함에 틀림없다. 왜냐하면 이 체계는 이미 커뮤니케이션 체계를 부분영역으로 받아들였기 때문이다.
- 정서 체계: 이 체계는 행위의 정서적이고 감정적인 측면에 있어서 고유한 원리 원칙에 의해서 규정되고 특별한 방식으로 대표성을 지니고 있는 구조화를 가정한다. 우리들은 다음과 같은 체계들을 계속적으로 열거할 수 있다. 이것은 잠재적으로 화용 능력과 관련 지워질 수 있는 체계들이다. 예를 들면 논리적이고 수학적인 체계, 미학적 가치체계, 윤리적 가치체계, 음악 체계 등.

모듈의 가정이 정당한지 아닌지와 관계없이, 이런 식으로 열거하는 것은 언어를 이해하는데 있어서 '문맥'과 '상황'을 고려하는 것이 필수적이라는 전통적인 논증의 이면에, 어떠한 다양성이 서로 다른 영향 요소에 숨겨져 있는가를 아주 분명하게 할 수 있다. 물론 인지 언어학내에서는 '언어 지식' 체계 이외에, 이러한 부분 체계들 중의 어떤 것이 언어학적 영역에 해당하지는지에 대해서는 아직 일치되는 견해가 없다. G. Grewendorf/F. Hamm/W. Sternfeld(1987)가 언어학을 한정짓기 위해서 '언어 지식'의 핵심영역으로서 '문법'을 주장하고 있는 반면, W. Motsch/M. Reis/I. Rosengren(1990) (D. Viehweger 1987도 참조)은 텍스트 이론적 관점에서 실제적인 '언어 지식'의 바깥쪽에 놓여있는 지식 체계와 능력 체계를 언어학 분석에 있어서 필연적인 것으로 간주하고 있다. 이것을 H. Brinkmann의 '지평' 개념과의 비교해 보면, 어떤 출발점이 생겨나게 되고, 그래서 다음에는 W. Motsch/M. Reis/I. Rosengren(1990)의 견해가 제시될 것이다.

2.4 W. Motsch/M. Reis/I. Rosengren(1990)의 견해

W. Motsch/M. Reis/I. Rosengren(1990: 100 계속)은 H. Brinkmann과는 달리, 당연해 보이는 두 명의 커뮤니케이션파트너가 공동의 감각 공간의 현존에 제한

되면서 언어 사용의 기본 경우를 대신하는 커뮤니케이션 상황을 상정하는 것이 아니고, "사람 p는 일정한 시간 t에서 텍스트 u를 만들어낸다"라는 사실 속에 존재하는 - 여기서 사람 p는 (N. Chomsky의 전통에서) 이상적인, 즉 다시 말해서 수행적 양상들에 의해서 영향을 받지 않는 '화·청자'(W. Motsch/M. Reis/I. Rosengren 1990: 101)로 정의되는 - 만들어진 모델 구성을 출발점으로 선택한다. 이러한 구성의 추상성은 그때마다 '화자'로서, 또는 '청자'로서 기능하는 상이한 '인물'에서 측정되는 것이 아니라, 양 측면이 하나 되는 추상화에 의해서 높아진다.

이러한 모델 상황과 관련하여, 이러한 틀에서 어떤 '지식 체계'가 생산된 텍스트 발화가 실현되는데 참가하는가라는 물음이 제기된다. 이러한 물음은 사물에 따라서 H. Brinkmann이 여러 가지 집합 개념인 '경험', '지식' 등과 같은 것으로 이해되는 복잡한 인지적 영역의 구분에 달려있다. 이 두 개념을 비교하기 위해서 다음에 W. Motsch/M. Reis/I. Rosengren(1990)에 의해서 지금까지 알려져 있는 '지식 체계'의 일련이 제시될 것이다.

2.5 '문법 지식' 대 '화용론 지식'

이러한 문제 영역에 대한 출발점으로서 이 저자들은 경험의 형상을 고른 것이 아니고, "사용 체계는 사용되는 것을 […] 전제로 하고"(W. Motsch/M. Reis/I. Rosengren 1990: 100), 따라서 생산물로서의 언어 발화가 있다는 것은 이 생산물을 가능하게 했던 체계를 볼 수 있게 한다는 학문-논리적 숙고를 선택하고 있다. 이것이 '문법 지식 체계'이다. '화·청자'에게 있어서 '언어 지식'의 실제 핵심이 제시된 것이고, 그편에서 보면 다시금 상이한 '대표 차원'(통사론적, 의미론적, 음운론적, 형태론적, 어휘론적 방법. 이에 대해서는 위의 2.2장에서 소개된 '언어 지식'의 분류를 참고할 것)이 구조화 된 것이다. 이 '문법 지식 체계'는 이러한 차원에서 순수하게 가시적으로, 즉 그때마다의 사용-관계에 의해서 추상화된 분지들로서 이해되는 '문장들'의 인지적 구성을 가능하게 한다.

그러한 '문장'이 '발화 상황'에서 (위에서 기술된 방법으로) 실현되는 한, 이 '발화 의미'를 규정하는 계속적인 '화용론 지식체계'가 작동하게 된다. 여기서는 총체적으로 '개념 체계', '일상지식 체계', '백과사전적 지식 체계'(위에서 열거되면서 인용된 W. Motsch/M. Reis/I. Rosengren 참조)라는 세 가지 개별 체계들로 구성된 '체계 구조'가 중요하다. 이 체계들이 "환경의 개념적 구조화를 조종"(W. Motsch/M. Reis/I. Rosengren 1990: 101)하기 때문에, 이 체계들의 도움으로 인해서 순수한 '언어 지식'에 기초하는 '문장' 구조가 그때마다의 사용례와 관련을 맺을 수 있다. 그러면서 문장의 추상성은 그때마다 구체적인 특수화에 의해서 해제된다.

이를 보충하기 위해 W. Motsch/M. Reis/I. Rosengren (1990: 102 계속)에 의해서 '발화 의미'를 구성하는데 참여하는 그 밖의 체계들이 언급된다. 이것은 전체적으로 (내지는 '억양 형태'에 있어서는 부분적으로) (P. Grice에 기댄) '대화격률(Konversationsmaxmen)'에 속하는 '억양 형태(Intonationsmuster)', '관습적 함축(konventionelle Implikaturen)', '대화함축(konversationellen Implikaturen)'이다. 이러한 체계들은 종종 발화 의미 형성에 결정적으로 기여하는 바가 있다. 특히 소위 말하는 '비-언어적' 발화 의미를 규정하는데 있어서 이러한 체계들은 중요하다.

흥미로운 사실은 W. Motsch/M. Reis/I. Rosengren (1990: 103 계속)이 발화의 정보적 가치를 구조화 하기위해서 초점(Fokus)과 배경(Hintergrund)에 따라 독자적 지식 체계를 상정했다는 사실이다. H. Brinkmann에 있어서 이러한 관점은, '정보'의 인지적 구조화와 문법 텍스트구조로서 정보의 언어적 선형화 사이의 복잡한 관련이 문제가 되는 한, '레데 사슬' 분석에 속한다. W. Motsch/M. Reis/I. Rosengren은 지금까지의 테마-레마 연구에서 결코 해결되지 않았던 기술상의 문제점들을, 자율적 법칙성을 따른다기 보다는 구체적 텍스트화의 경우, 상호 작용하는 문법적이고 화용론적인 초점-배경의 구분을 받아들임으로서 해결하려고 노력했다. 이러한 화용론적 초점-배경-구분에 있어서 결정적인 매개변수는 '새로운' 또는 '그때마다의 문맥에서 새롭지 않은'이라는 레데 대상의 대안적 규정이다. 이에 대한 결정은 인지적 작업이 이루어지는 동안에 지금까지의 텍스트 진행 과정에 의해서 형성된 '사전 지식'에 의해서 이루어진다. 좀 더 정확히 말하면, 일반적으로 이 문장과 지나간 문장 단위들 사이에서 그때마다의 수용 위치 또는 생산 위치에서 형성된 관련들에 의해서 이루어진다. 이러한 연결 과정들에 있어서 고유한 '지식 체계'가 상정될 수 있는가 또는 "구조화 원칙"(W. Motsch/M. Reis/I. Rosengren(1990: 107)에 대해서 말할 수 있는가는, 이론 형성에 있어서 사소한 문제가 결코 아니다. 장기 기억과 단기 기억 사이를 구분하는 인지 심리학에 들어오게 되면, 초점-배경-구분은 '단기 기억'에서 대단히 중요한 것 같이 보여진다. 이에 반해서 텍스트 밖에 둥지를 틀고 있는 '지식 체계'는 장기 기억에 저장되어 있다는 것을 알 수 있을 것이다. 그밖에 필자에게 있어서 다음과 같은 저자들의 분명한 언급(W. Motsch/M. Reis/I. Rosengren 1990: 108)이 주목할 만하다. 즉, 문법적 그리고 화용론적 초점-배경-구분은 독점적으로 의미론을 넘어서 전달되는 것이 아니고, 문법의 모든 영역들은 이러한 상호작용에 참여하고 있다. 여기에서 어느 정도 전통적인 테마-레마-연구가 자신의 경계점을 찾아야만 했던 텍스트화의 문제점에 대한 복잡함이 다시금 나타난다.

2.6 '발화수반력 지식'

어떤 발화의 가능한 '커뮤니케이션적 의의'를 기술하기 위해서 지금까지 언급된 지식 체계들만으로는 물론 충분하지 않다. 오히려 "상호작용 지식 체계"가 아주 중요하다. (W. Motsch/M. Reis/I. Rosengren 1990: 108). 상호작용 지식 체계에는 '화자의 생각', '화자의 의도', '화자의 목적' 그리고 '발화의 명제 할당량'을 위한 조건들에 대한 고려가 포함된다. 이러한 '언어행위 형태' 모듈에서 발화수반력 및 발화수반력 유형이 개별 발화를 확정지을 뿐만 아니라, 텍스트에서 아주 영향력 있는 전체 발화수반력 사슬의 형태가 개별 발화를 확정짓는다. 주도적인 발화수반력과 부차적인 발화수반력 그리고 보충적 발화수반력으로 정돈될 수 있는 한, 여기서는 한 사슬의 발화수반력 사이의 위계 관계들이 가정될 수 있다. (W. Motsch/M. Reis/I. Rosengren : 120). '상호 작용적 지식 체계'는 세분화되고 체계적 방법에 있어서 언어 발화의 행위 특징을 이해하는 것과 관련이 있다.

2.7 '과정적 지식'

지금까지 언급된 언어 발화를 형성하고 구조화하기 위한 '문법적', '개념적', '정보구조적' 그리고 '발화수반적 지식'이라는 '지식 체계들'이 총체적으로 권한이 있는 반면에, W. Motsch/M. Reis/I. Rosengren(1990: 116, 121)에 의해서 계속적으로 언급된 '지식 체계들'이 있는데, 화자뿐만 아니라 청자측에서 그때마다 순간적으로 작동되는 텍스트 조작 과정 내지는 텍스트 이해 과정의 대한 연구가 허용되는 한, 의사소통이 실현됨에 있어서 '과정적 과제'가 타나날 수 있다. 화자는 "코멘트하기, 자가교정, 다시 쓰기, 반복, 요약, 사전언급 등과 같은 형성 행위의 도움으로" 자신의 발화가 의사 소통적으로 성공되기 위해 최대한 효율을 높인다. 이 분야에 대한 연구는 아직 초보 수준에 머물러 있다. 그러나 이러한 형성 행위들이 '발화수반력 지식'에 속하는 것이 아니고 어떤 다른 '지식 체계들'과 교류하는 독자적 차원을 제시하고 있다는 사실은 확실하다.

2.8 텍스트종류 지식

마지막으로 W. Motsch/M. Reis/I. Rosengren(1990: 121)은 '텍스트종류 지식' 이라는 '지식 체계'를 상정하고 있다. 커뮤니케이션 현실에서 텍스트의 거시적 구조형태가 의사소통에 있어서 아주 중요하게 인정되고 있고, 언어 생산에도 관여한다는 것이다.

3. '지평' 개념과 '지식 체계' 개념의 비교

W. Motsch/M. Reis/I. Rosengren에 의해서 연구된 '지식체계'의 일련에 대해서 전체적으로 조망하고, 이로써 인지 영역이 H. Brinkmann에 의해서 '지평' 개념으로 이해된 것과 관련 지어보면, 우선적으로 순수하게 연구된 현상들에 방향지워진 비교 차원이 실제적으로 공통점을 지니고 있다. 그러나 이들 사이에 중요한 차이점도 존재한다.

3.1 기본적인 공통점들

이 두 개념에 있어서 기본적으로 언어이론의 중요성과 실제적인 '언어 지식'이라는 좁은 영역에 속하지 않는 인지 영역의 중요성이 승인된다는 사실이 공통점이다. 이로써 오랫동안 지배해왔던 F. de Saussure 이론의 좁은 경계를 극복하면서, 언어학의 영역을 거대하게 확장하는 것이 "실제 언어학(realistische Sprachwissenschaft)"(P. Hartmann)의 발전의 과정에서 궁극적으로 필연적임을 제시하고 있다는 사실은 최근에야 많은 공감을 얻고 있다. (M. Scherner 1984: 161 이하, D. Viehweger 1987: 5 이하 참조).

이 두 개념의 확립은 또한 언어학과 문예학의 관계에서, 전통적으로 이러한 화법이 정확하게 무엇을 의미하는지 분석적으로 명백하게 하지 않고 '상황'과 '문맥'을 고려해야 한다는 필수성에 대한 전형적 견해에 의지하는 통례적인 생각에 반해서 실제적인 진보를 의미한다. E. Coseriu(1989: 109)에 의해서 주어진 설명, 즉 '상황'과 '문맥'의 고려라는 것은 실제적으로 언어 이해를 기술하는데 있어서 '사물에 대한 지식'과 별반 차이가 없다는 설명은 절반의 진실에 지나지 않는다. 왜냐하면 '사물에 대한 지식'은 H. Brinkmann과 W. Motsch/M. Reis/I. Rosengren에 있어서 더 이상 인지적 영향 영역과 구분되지 않기 때문이다.

3.2 일반적인 방식에서의 차이

H. Brinkmann에 의해서 항상 복잡한 단위로 이해되는 '지평' 개념의 반대

편에 W. Motsch/M. Reis/I. Rosengren의 '지식 체계'가 구성상에 있어서 확장되는 구분점을 제시하고 있다. 지금까지 '지평' 개념에서 "복잡한 발견적 개념이 중요했고 이러한 체계적 구분이 여전히 해결되지 않고 있다."(M. Scherner 1974: 1206)면, W. Motsch/M. Reis/I. Rosengren에 의해서 받아들어진 체계화를 구분하기 위한 시도는 이러한 복잡함을 해결하기 위한 하나의 방식으로 인정될 수 있다. '지식 체계들'은 사물에 따라, 여기서 부가적인 관점으로서 예를 들어 과정적 과제를 가진 체계로서 연결짓는 한, H. Brinkmann에 의해서 만들어진 틀을 넘어간다. (위를 참조할 것).

이와는 반대로 H. Brinkmann에 의해서 연구된 아주 중요한 영역들이 존재하는데, 그것은 W. Motsch/M. Reis/I. Rosengren이 보지 못하고 지나친 것이다. 즉 우선적으로는 여기서 '감동(Affektive)'의 영역이라고 불리는 것이 있다. 이것은 '평가(Evaluative)'의 영역에 의해서 보완된다. 이 두 영역은 특히 청자편에서와 마찬가지로 화자편에서도 기본적으로 삶의 실용적인 측면에서 중요하다.

그밖에도 W. Motsch/M. Reis/I. Rosengren에 있어서 한 언어의 직시 표현 체계의 인지적 작업을 위해서 필수적인 것으로 간주되는 '지각 체계(Wahrnehmungssystem)' (G. Grewendorf/F. Hamm/W. Sternfeld 등에 있어서 '지각(perzeptiv) 체계')가 언급되고 있지 않았다는 사실이 놀랍다. H. Brinkmann에 있어서 커뮤니케이션 파트너의 '지각 장'이라는 영역은 독자적이고, '지평'에 이웃하고, 지평과 상호작용하는 영역으로서 '상황'으로 이해된다.

3.3 '지평'과 '지식 체계'의 '언어성(Sprachlichkeit)'에 대한 문제

마지막으로 이 두 개념사이의 궁극적인 차이점으로는 여러 가지 다양한 '지식 체계' 내지는 '지평'의 '언어성'에 대한 상이한 대답을 들 수 있다. W. Motsch/M. Reis/I. Rosengren은 여러 가지 '지식 체계'에 있어서 이 문제를 선별하고, 자신들의 논문에서 이에 대해 비교적 자세하게 결론지었다. (W. Motsch/M. Reis/I. Rosengren 1990: 122). 여기서 여러 가지 '지식 체계들'의 '언어성 등급'의 다음과 같은 층이 주어진다:

1. 좁은 의미에서는 '문법 지식 체계'에 의해서 대표되는 '언어 지식' 만이 '언어적'으로서 간주된다. 이것은 N. Chomsky의 "언어의 묵계적 지식(tacit knowledge of language)"이라는 개념에 이르는 구조주의 언어학의 전통과 일치한다.
2. 넓은 의미에서 "문장의 문법적 구조[문장의 문법적 지식]에 의해서 통사적으로 규정되는" '지식 체계'는 '언어적'으로 간주된다. […] (W. Motsch/M. Reis/I. Rosengren 1990: 122). (예를 들면 '텍스트구조화 지식', '텍스트종류 지식').
3. 실제적 의미에서 '언어 외적 지식 체계'(예를 들면 '겸손 격률'에 대한 체계, '세상 지식')는 그러한 것들과 구분되어야만 한다. 그러나 이러한 것들이 언어적 효력을 가지고 있는 한, 언어적으로도 중요한 것이다. 이러한 등급적인 면이 다음과 같이 분명해질 수 있다:

좁은 의미에서 언어 지식
'하위 체계들을 거느린 '문법지식 체계'

a) 통사론 체계
b) 의미론 체계
c) 음운론 체계
d) 형태론 체계
e) 어휘 체계

넓은 의미에서 언어 지식
'상호 지식의 체계'/'발화수반 지식'
'텍스트를 구성하는 체계들'

a) 형성들을 구조화하는 체계들
b) 이해를 확실히 하는 과정적 체계들
c) 텍스트종류에 대한 지식

비언어적이며, 언어적으로 중요한 지식
개념 체계

일상적 지식
백과사전적 지식
후반부 과정의 능력 체계
P. Grice의 격률

이러한 등급화에 대한 문제점은 '내적 언어' 즉 자율적 언어 체계에 속한다는 의미로 아주 강하게 사용되는 것에서부터, '단지 언어적-커뮤니케이션적으로 중요한'이라는 의미를 지나서, '언어 외적 - 그러나 언어적으로 중요한가'라는 사용에 이르기까지 여러 가지 의미를 가지고 있는 '언어적'이라는 술어의 사용에 있다. 이러한 명확함의 결여가 특히 개별 체계들에 있어서 그리고 모듈 자율성의 구분에 있어서 - 아래에서 계속적으로 언급하고 있는 것처럼 - 문제되고 있다.

H. Brinkmann은 '지평'의 '언어성'에 관한 문제에 있어서 아주 다른 생각을 가지고 있다. 그가 '커뮤니케이션파트너'의 '지평'을 총체적으로 '언어재'와 동일한 것(위를 참조할 것)으로 간주한다면, 그의 '언어재'는 '언어지식'/'언어적 지식'이라는 의미로 사용된 것이 아니고, '커뮤니케이션파트너'의 '머릿속 세계'의 총체성과 관련있다. H. Brinkmann에 의해서 동일한 것으로 간주되는 '지평'과 '언어재'라는 개념은 분명히 개념적인 조응쌍으로 간주되고, 이로써 경험적인 사실이 이해될 수 있을 것이며, 커뮤니케이션파트너는 한편으로는 단지 '머릿속 세계'에 있는 자신의 소유재에 속하는 것을 구성할 수 있고, 언어적으로 발화할 수 있다. 마치 이것은 반대로 커뮤니케이션파트너가 능동적이고 수동적인 '언어수단'을 통해서 자신의 '머릿속 세계'의 변화와 구성에 도달할 수 있는 것과 같은 것이다. 단지 이러한 전체적인 복잡한 측면에 의해서만이 H. Brinkmann이 생각하고 있던 것이 분명해질 수 있을 것이다.

4. 과학(학문)이론적 분류의 시도

두 개로 제시된 개념 사이에서의 차이점은 공통적 대상 영역의 견지에서 보면, 명백하게 그때마다 달리 받아들여지는 경계점과 관련 있을 뿐만 아니라, 그때마다 기저에 놓인 언어개념의 심층적 층과 궁극적으로 그때마다 대표되는 과학(학문)적 이해의 심층적 층을 보여주고 있다. 따라서 여기서는 두 개의 연구개념에 토대가 되는 상이한 사고들인 몇몇 개의 관점들이 제시될 수 있다.

'모듈'로서 상호 작용하는 '지식 구조'와 '능력 체계'라는 술어의 사용은 - 마치 소위 말하는 종종 '인지언어학'이라는 총체적 이름으로 이해되는 인지 학문에서 일반적인 것처럼 - 정신적 과정과 구조들이 컴퓨터 작업 방식이라는 그림 내에서 기술될 수 있다는 모델적 표상에 속한다. 이와 일치해서 W. Motsch/M. Reis/I. Rosengren(1990)은 G. Grewendorf/F. Hamm/W. Sternfeld(1987)와 마찬가지로 M. Bierwisch에 의해서 발전된 '인지언어학'이라는 기본 개념과 관련 있다. (M. Bierwisch 1987). '컴퓨터 은유'를 토대로 M. Bierwisch에 의해서 커뮤니케이션적 언어 관찰 방법의 한 모델이 전개된다. 이것은 발화의 이해와 생성이 알고리듬적 계산방식으로 이해되는 것이고, 여기에 '문법적 지식', '개념적으로 구조화된 환경에 대한 지식' 그리고 '사회적 지식'이 참가한다는 것이다. 이러한 방식의 모델 구성은 최근 F. J. Varela(1990)에 의해서 기술되고 비판적으로 해명된 아주 정통적인 인지주의적 사고방식과 일치한다.

4.1 '모듈 가정'의 문제점

특히 이러한 모듈을 '언어 지식'으로 설명하는 것으로 그리고 커뮤니케이션의 이용에 있어서 모듈의 기능성을 설명하는 것으로 전이시킴에 있어서 특별하게 나타나는 비판적 요소 중의 하나는, 그리고 커뮤니케이션적 사용에 있어서 비판적 요소 중의 하나는 스스로 자율적 체계로 상정되고 있는 여러 가지 모듈들의 상호작용이라는 가정이다. 이것은 몇 개의 예에서 보여질 수 있다.

1. G. Grewendorf/F. Hamm/W. Sternfeld(1987: 38)가 '언어 지식'의 하위

모듈로서 기능하는(2.2장을 볼 것) '형태론 지식'에 대해서 "한 낱말의 형태론 구조에 대한 직감"이라는 방식을 계산에 넣었다면 - 예를 들어 [...] 태양 가리개(Sonnenschutz)는 태양을 가리는 어떤 방어물이지만, 노동 해방지(Arbeitsschutz)는 노동을 가리는 어떤 것이 아니고, 여관(Gasthof)은 Hofgast 등과는 다른 어떤 것이라는 사실 - 이러한 예에서 - 마치 이미 K. Bühler가 언급한 것과 같이 (1934[1965: 65계속]) - '세상 지식'이라는 모듈 단위가 '언어 지식' 모듈로 밀려들어간다는 사실, 즉 자율적인 체계들의 모듈이라는 토대가 되는 이론적 가정이 깨지는 과정이 분명해진다.

2. W. Motsch/M. Reis/I. Rosengren(1990: 114 이하)에 있어서와 마찬가지로 G. Grewendorf/F. Hamm/W. Sternfeld(1987: 41)에 있어서 '어휘 지식'이 '문법 지식'의 하위모델로 이해되고 있다면, 어떤 '정보들이' 사전 기입(Lexikoneintragen)을 포함하고 있어야만 하는가라는 의문이 생겨나게 된다. 꼼꼼하게 다시 질문하자면, 순수하게 언어 내적 지식에 제한되어 있고, 모든 '세상 지식'을 배제하고 있는 사전의 이상은 순수하게 경험적인 할당치를 가지고 충족될 수 있는가? '어휘 지식'의 모델화를 위한 새로운 이론적 발상들이 "일상적 정의"(D. Viehweger 1982; 1983), "전형적 지식", "일반적 지식 도표" 그리고 "확장되는 연상적 지식"(C. Schwarze 1987)을 받아들임으로써, 그때마다의 사전기입에서 항상 '언어 지식'과 '세상 지식'사이가 체계적으로 분리된다. 그러한 과정은 인지학의 발전에 있어서 명백하게 더 이상 정통적인 차원이 아니라 계속 발전되는 '연결주의(Konnektionismus)'의 차원과 일치하고, 이러한 차원은 더 이상 직렬적으로 효과가 있는 분리된 자율적 체계로 간주되는 것에 의해서 표시되는 것이 아니라, 모든 것들이 '인터페이스(Interface)'로서 간주되는 중심적 절단면을 지나서 연결되어 있다는 견해가 지배한다는 것에 의해서 표현된다.

3. W. Motsch/M. Reis/I. Rosengren(1990: 108 계속)에 있어서 언어 체계에서 확고해진, 특히 선언문, 의문문, 명령문이라는 세 가지 문장 유형을 나타내 주는 화용론적 발화수반력에 대한 설명의 문제는 추상적 발화수반력

이 없는 문장 구조가 '문법적 지식'의 영역에서 받아들여지는 방식에 의해서 해결된다. 이와는 달리, H. Brinkmann이 '커뮤니케이션 파트너' 등의 '지평'이 "커뮤니케이션 형식(질문, 요구, 전달)을 선택"하는데 있어서 뚜렷하다고 확신하게 되면(H. Brinkmann 1971: 732), 그는 '명제 할당치'와 '행위 할당치'의 기술은 분리 불가능하다는 사실에서 출발한다. (그러면서 그러한 구조들을 직접 사용하는 것은 간과되지 않는다). H. Brinkmann에 있어서 커뮤니케이션적이고 언어적 실행을 전체적으로 고찰하게 되는 이러한 방식은 유럽의 해석학적 전통에 토대를 두고 있다. 그러나 여기서 F. J. Varela에 의해서 '행위중심 인지학'이라고 인식되고 유럽의 학문 전통과 밀접한 관련을 가지고 발전한 인지학의 세 가지 발전 차원에 대한 공통점과 평행점이 놓여 있다는 사실을 간과하면 안 된다. (그는 예를 들어 H.-G. Gadamer의 『진리와 방법』을 인용한다).

4.2 '오래된' 그리고 '새로운' 인지학을 위한 관련들

마지막으로 인지학의 이러한 발전 과정에서 몇 가지의 기본 사상이 여기서 다루어질 것이고, 이는 H. Brinkmann과 W. Motsch/M. Reis/I. Rosengren의 연구 개념들과 관련된다.

F. J. Varela는 대상 영역의 객관적인, 다시 말해서 주어진 성질이 '대표'라는 인지에 대해서 작업을 하게 된다는 전통적으로 지배적인 이론에서 벗어나고, 따라서 이러한 대상영역을 주체에 의존하지 않게 기술하는 것이 가능하다고 여긴다. 이 대신에 그는 "인지적 능력들은 삶의 역사와 분리되지 못하고 뒤섞여 있다"(F. J. Varela 1990: 110)고 말한다. 따라서 "커뮤니케이션 행위는 송신자에서 수신자에게로의 정보전달"로 간주되지 않고, "오히려 [...] 공동의 행위에 의한 공동 세계의 상호 교환적인 형성과 조형물"(F. J. Varela 1990: 113)로 이해된다. 이에 따르면 지각 과정과 인식 과정은 "외부 세계의 성질을 수동적으로 복사하는 것이 아니고", "삶의 역사의 토대에서 의미를 창조적으로 차원화하는 것"으로 간주된다. (F. J. Varela 1990: 109). 이로써 이 개념의 근저에는 위에서 언급된 H. Brinkmann의 '지평' 개념이 아주 분명히 드러나 있다. 이에 따르면 어떤 '발화'

의 '커뮤니케이션적 의의'는 주체가 없는 상호 작용하는 '모듈'(M. Bierwisch, W. Motsch/M. Reis/I. Rosengren을 참조)을 토대로 한 알고리듬적 계산과정의 결과가 아니고, 주체가 중심이 되고 동화 또는 적응(J. Piajet를 참조할 것)되는 것으로 여러 가지 삶의 역사에서 '지평'으로 이행되는 '의미 복합체'의 총체성으로 간주된다. 이로써 지금까지 언어학으로부터 거의 받아들여지지 않았던 '지평' 개념이 최근에 인지학적인 인간 인식과 인간 지식의 기능 방식에 대한 분석의 견지에서 새로운 활력을 얻고 있다. 특히 '지평' 개념은 대표적 인지주의의 틀 안에서 자체적으로 발전한 '지식개념'보다 계속적으로 발전하고 있는 인지언어학과 아주 커다란 친화력이 있다는 점이다.

참고문헌

Bierwisch, M. (1981). Die Intergration autonomer Systeme. Überlegungen zur kognitiven Linguistik. [Manuskript].

Bierwisch, M. (1987). Linguistik als kognitive Wissenschaft. Erläuterungen zu einem Forschungsprogramm. Zeitschrift für Germanistik 8, 645-667.

Brinkmann, H. (1965). Die Konstituierung der Rede. Wirkendes Wort 15, 157-172. [Wiederabgedr. in Brinkmann (1981: 67-88)].

Brinkmann, H. (1966). Der Satz und die Rede. Wirkendes Wort 16, 376-390. [Wiederabgedr. in Brinkmann (1981: 89-110)].

Brinkmann, H. (1967). Die Syntax der Rede. Satz und Wort im heutigen Deutsch. Jahrbuch 1965/1966 des Instituts für deutsche Sprache. Düsseldorf: Schwann, 74-94. (Sprache der Gegenwart 1.).

Brinkmann, H. (1971). Die deutsche Sprache. Gestalt und Leistung 2. Aufl. Düsseldorf: Schwann.

Brinkmann, H. (1981). Sprache als Teilhabe. Aufsätze zur Sprachwissenschaft. Zu einem achtzigsten Geburtstag ausgewählt u. Hrsg. v. M. Scherner. Düsseldorf: Schwann. (Sprache der Gegenwart 55).

Bühler, K. (1965). Sprachtheorie. Die Darstellungsfunktion der Sprache. Stuttgart: Fischer. [Nachdr. d. 1. Aufl. Jena, 1934].

Coseriu, E. (1988). Sprachkompetenz. Grundzüge der Theorie des Sprechens. Beab. u. Hrsg. v. H. Weber. Tübingen: Francke.

Fischer, E. P. (1985). Die Welt im Kopf. Konstanz: Fands.

Grewendorf, G./Hamm, F./Sternfeld, W. (1987). Sprachliches Wissen. Eine Einführung in moderne Theorien der grammatischen Beschreibung. Frankfurt a. M.: Suhrkamp.

Motsch, W./Reis, M./Rosengren, I. (1990). Zum Verhältnis von Satz und Text. Deutsche Sprache 18, 97-125.

Scherner, M. (1974). Horizont. Historisches Wörterbuch der Philosophie. Band 3, Hrsg. v. J. Ritter. Basel: Schwabe. Sp. 1202-1206.

Scherner, M. (1979). Nichttextualisierte Verstehensvoraussetzungen als sprachwissenschaftliches Problem. Integrale Linguistik. Festschrift für H. Gipper. Hrsg. v. E. Bülow, P. Schmitter. Amsterdam: Benjamins, 319-357.

Scherner, M. (1984). Sprach als Text. Ansätzen zu einer sprachwissenschaftlich begründeten Theorie des Textverstehens. – Forschungsgeschichte - Problemstellung - Beschreibung. Tübingen: Niemeyer. (Reihe Gemanistische Linguistik 48).

Schwarze, C. (1987). Text Understanding and lexical Knowledge. The Pragmatic Perspective. Selected Papers from the 1985 Internationals Pragmatics Conference. Ed. by J. Verschueren, M. Bertuccelli-Papi. Amsterdam, Philadelphia: Benjamins, 587-612.

Varela, F. J. (1990) Kognitionswissenschaft - Kognitionstechnik. Eine Skizze aktueller Perspektiven. Übers. v. W. K. Köck. Mit einem Vorwort v. S. J. Schmidt. Frankfurt: Suhrkamp.

Viehweger, D. (1982). Semantiktheorie und praktische Lexikographie. Zeitschrift für Germanistik 4, 261-270.

Viehweger, D. (1983). Wege zu einem neuen Typ von Bedeutungswörterbüchern. Zeitschrift für Germanistik 4, 261-270.

Viehweger, D. (1987). Grundpositionen dynamischer Textmodelle. Textlinguistik und Stilistik. Beiträge zur Theorie und Methode. Hrsg. v. W. Fleischer. Berlin: Zentralinstitut für Sprachwissenschaft der Akademie der Wissenschaften der DDR, 1-17. (Linguistische Studien A 164).

5. 텍스트언어학과 주변학문

5.1 S. Freud의 '실수 행위들(Fehlleistungen)'에서 텍스트언어학적 흔적들

S. Freud의 『정신분석학 강의(Vorlesungen zur Einführung in die Psychoanalyse)』(1917/2008)에서 텍스트언어학적 흔적들을 찾는 것은 낯선 시도 일 수 있다. 왜냐하면 S. Freud는 심리학자, 좀더 자세히 말하면 정신분석학자로서 자리매김되기 때문이다. 그러나 그의 '강의(Vorlesungen)'에 등장하는 실수의 사례들은 현대 텍스트언어학의 초창기에 관심이 있었던 '문장초월적(transphrastisch)' 개념과 관련이 있어 보인다. 또한 언어에 대한 많은 그의 관심도 그를 텍스트언어학과 연결시킬 수 있는 하나의 분명한 논거가 될 수 있다. 그래서 그는 『정신분석학 강의』의 서론에서 언어에 관한 자신의 견해들을 다음과 같이 늘어 놓았을 것이다: "언어란 원래 마술이었으며, 오늘날까지도 이러한 마술의 힘을 그대로 간직하고 있습니다. 언어를 통해서 어떤 사람이 다른 사람을 행복하게 만들 수도 있고 저주로 내몰 수도 있는 것이며, 언어를 통해서 선생은 자신의 지식을 학생들에게 전수할 수 있는 것이며, 강연자는 모여든 청중들의 마음을 사로 잡을 수도 있고 그들의 판단과 결정을 좌우할 수도 있는 것입니다. 언어는 감정을 불러 일으키며 사람들 사이에 영향을 줄 수 있는 가장 일반적인 수단이기도 합니다. 그러므로 우리는 심리 치료에 이용하는 언어를 평가 절하해서는 안 되고 분

석가와 환자가 주고받는 말들을 들을 수 있는 청취자가 될 수 있는 것에 만족해야 합니다." (S. Freud 1917/2008: 20). 스물 여덟 번이나 되는 자신의 강의 중 첫 번째에서 S. Freud는 언어의 중요성에 대해 피력한다. 마치 언어의 힘, 좀더 구체적으로 말해서 고대 수사학과 관련지을 수 있는 언어가 가진 청중을 설득할 수 있는 힘과 같은 것에 대해서, 더불어 청자 지향의 언어 연구에 대해서 언급하고 있다. 물론 그의 궁극적인 목적은 언어 분석이 아닌, 언어 분석을 토대로 한 정신 분석이었을 것이다. 따라서 S. Freud의 언어 분석은 심리 분석을 염두에 둔 하나의 도구적인 역할에만 머문다고 할 수도 있다. 그럼에도 불구하고 그가 분석하는 '실수 행위들(Fehlleistungen)'에는 텍스트언어학적 편린들이 조금씩 묻어 있다. 그에 의하면, 두 번째 강의의 제목이기도 한 '실수 행위들'에서 어떤 사람이 무엇인가를 말하려고 했는데 그 말하려고 했던 것 대신에 다른 말이 튀어나오는 잘못 말하기(Versprechen), 어떤 사람이 인쇄물로 된 것이나 문서에 쓰여 있는 것을 읽을 때 거기에 쓰인 것과는 다르게 읽으면서 생겨나는 잘못 읽기(Verlesen), 청각 기관에 어떤 기능적 장애가 없음에도 불구하고 다른 사람이 말한 것을 틀리게 들을 때, 즉 잘못 듣기(Verhören)가 일단은 중요하다. 일반적으로 이러한 실수 행위들은 신체적 원인에 의한 것이든 심리적 원인에 의한 것이든 피로와 방심, 그리고 일반적인 흥분 상태가 주는 주의력의 분산 때문에 발생하는 것으로 여겨 왔음을 S. Freud는 애석해 한다. (S. Freud 1917/2008: 35 이하 참조). 덧붙여서 S. Freud는 이러한 실수 행위들을 내 팽개치는 것은 과학적 세계관을 저 버리는 것과 다름 없는 것으로 간주한다: "우리는 이제 정신 분석이 뭔지도 모르는 어떤 사람을 붙들고 그러한 실수 행위를 어떻게 설명할 수 있는 것인지 물어보고자 합니다. 그 사람은 틀림없이 처음에는 다음과 같이 대답할 것입니다. <아, 그런 것은 대답할 가치도 없는 것입니다. 그것은 단순히 작은 실수에 불과한 것입니다>라고. 무슨 생각에서 이 사람은 그런 말을 했을까요? 그는, 이 세상에 일어나는 일련의 서로 연결된 사건들에서 떨어져 나와 그것들과는 아무 관련이 없는 사소한 일들이 존재하며, 이런 사소한 사건들은 현재 존재하는 것과 마찬가지로 존재하지 않을 수도 있다고 주장하는 것입니까? 그런 방식으로 어떤 사람이 자연의 어느 한 부분에서만이라도 인과율을 무의미하게 만들어 버릴 수 있다면, 그는 모든 과학적 세계관을 팽개쳐 버린 것과 다름없을 것입

지그문트 프로이트 (이재원作, 2018)

니다.” (S. Freud 1917/2008: 35). 그는 과학적 세계관에 다가가기 위해 이러한 실수 행위들을 좀 더 자세하게 분석해야 한다고 주장하는데, 우선적으로 S. Freud는 언어학자 R. Meringer와 심리학자 C. Meyer가 잘못 말하기의 문제를 논문 “잘못 말하기와 잘못 읽기, 심리학적-언어학적 연구(Versprechen und Verlesen, eine psychologisch-linguistische Studie)“(1895)에서 순전히 기술적 관점으로 분석한 것에 대해서 비판한다. 우선 이들의 기술적 관점 차원의 잘못 말하기(왜곡현상)의 문제를 살펴보자. (S. Freud 1917/2008: 41 이하 참조).

왜곡현상의 유형

1) 혼동(Vertauschungen): 어떤 사람이 ‘밀로의 비너스’라고 말하는 대신에 ‘비너스의 밀로’(단어 배열의 혼동)라고 하는 경우.
2) 선발음(Vorklänge): <Es war mir auf der Brust so schwer(나에게는 대단히 힘든 일이었습니다)>라고 말하는 대신 <Es war mir 《auf der Schwest》라고 말하는 경우. 원래 <Brust>라고 발음해야 함에도 뒤에 따라올 말인 <schwer>의 영향을 받아 <schwe>가 <Bru> 대신에 미리 발음됨. 이 경우 <schwer(무거운, 힘든)>라는 감정이 앞섰기 때문으로 풀이됨.
3) 후발음(Nachklänge): <Ich fordere Sie 《auf, auf》 das Wohl unseres Chefs 《aufzustoßen》.> 빗나간 축배사의 예. <여러분, 우리 선생님의 행복을 위해 축배를 듭시다(anzustoßen)>라고 할 것을 <트림을 합시다(aufzustoßen)>라고 잘못 발음함. 이때 aufzustoßen이라고 발음하게 된 것은 그전에 <auf>라는 발음이 두 번 나왔기 때문에 이 발음이 뒤의 단어에 영향을 미쳤다는 것을 알 수 있다.
4) 혼합(Vermengungen (Kontaminationen)): 혼합은 혼동이나 선발음 그리고 후발음 보다 훨씬 더 빈번하게 발생함. 예를 들어 거리에서 어떤 신사가 한 숙녀에게 다음과 같이 말을 걸 때; <괜찮으시다면 제가 동행해도 될까요?>라고 말하려는 것을 <Wenn Sie gestatten, mein Fräulein, möchte ich Sie gerne 《begleit-digen》?>이라고 발음하는 경우. 이렇게 혼합된 말 속에는 Begleiten(동행하다)이라는 단어 외에도 Beleidigen(모욕하다)이라는 단어가 숨어 있음.

5) 대치(Ersetzungen): <부화 상자에 표본을 넣어 두겠습니다(Ich gebe die Präparate in den <Brüt》kasten>라고 말하는 대신 <우편함에(in den 《Brief》kasten>이라고 말하는 경우.

그러나 S. Freud는 위와 같은 R. Meringer와 C. Meyer의 설명 방식을 매우 불충분한 것으로 간주한다. 왜냐하면 이들은 한 단어의 소리와 음절이 여러 가지 다른 가치를 가지고 있으며, 더욱 높은 가치를 지닌 요소의 신경 자극이 그보다 낮은 가치를 지닌 요소의 신경 자극을 교란 시킬 수 있다고 생각했기 때문이다. S. Freud는 잘못 말하기의 가장 일반적이면서 주목할 만한 것은 자신의 의도와 정반대의 말을 하는 것인데, 이 경우 R. Meringer와 C. Meyer가 연구한 음운 관계나 유사성 효과가 힘을 발휘하지 못하며, 그 반대 어구가 훨씬 강한 '개념적 유사성'을 띠면서 심리적 연상 작용 속에서 특별히 가깝게 놓여 있기 때문으로 보고 있다. 따라서 잘못 말하기의 원인으로 S. Freud는 음운 관계와 언어 유사성에 덧붙여 '낱말 연상(Wortassoziation)'이라는 또 하나의 기제를 첨가해야 함을 주장한다. 그러나 이것만으로도 충분치 않다. 바로 전에 무슨 말을 했는지, 혹은 무슨 생각을 했는지 함께 고려하기 전에는 잘못 말하기 현상을 제대로 해명할 수 없기 때문이다. (S. Freud 1917/2008: 43 이하 참조). 또한 S. Freud에 있어서 중요한 것은 이러한 잘못 말하기의 영향 자체에 대해서는 지금까지 주목해 보지 않았는데, 그는 "잘못 말하기의 작용도 자기 자신의 고유한 목표를 추구하는 그 자체로서 완전히 유효한 심리적 행위로서 내용과 의미를 지닌 행동 표현으로 파악"(S. Freud 1917/2008: 45)하고 있다. 다시 말하면 잘못 말하기는 그 장의 제목인 "실수 행위들"이 아닌 완전히 "정상적인 행위"라는 것이다. 예를 들어 "국회의장이 국회를 개회한다고 선언하는 대신 폐회한다고 선언했을 때, 우리는 이러한 잘못이 일어나게 된 그 상황을 알고 있으므로 이 실수를 의미 있는 것으로 받아들이게 됩니다. 그는 회의에서 그 어떤 좋은 결과도 예상하고 있지 않았으므로 회의를 즉시 그만둘 수 있었으면 하고 바랐던 것입니다." (S. Freud 1917/2008: 46).[1] S. Freud는 소위 이러한 실수 행위들에게 의미를 부여하기

1) S. Freud는 의학분야가 아닌 풍자 작가의 예로서도 이러한 잘못 읽기가 단순한 실수에 의

위해서 의의(Sinn)와 의도(Absicht) 그리고 경향(Tendenz)에 대해서 언급하고 있는데, 이 경우 그의 실수 행위들에 대한 접근은 텍스트언어학적 모습을 띠고 있다고 할 수 있다. 여하튼 의의나 의도는 텍스트기능을 규정하기 위한 아주 중요한 술어들 중의 하나이기 때문이다. 그는 실수에는 어떤 의도가 있다고 철석같이 믿고 있다. 그래서 실수행위에 대한 S. Freud의 첫 번째 주장은 "실수행위는 우연적인 현상이 아니고 진지한 정신적인 행위이다. 그것은 자신만의 의미를 갖고 있고 두 개의 서로 다른 의도의 합동 작용 - 또는 다소간의 상호 길항 작용 - 을 통해 생겨난 것"(S. Freud 1917/2008: 57)이다. S. Freud에게 있어서 이러한 길항 작용은 특별히 재미있는 질문으로 귀결되는데, 이것은 서로 함께 간섭 작용을 불러일으키며 나타나는 두 개의 경향, 즉 방해 받는 경향과 방해하는 경향을 어떻게 확인할 수 있느냐는 것이다. 이때 방해 받는 경향은 확실한 것이, 실수를 범하는 사람이 알고 있고 그것을 인정한다는 것이다. 또는 은사의 안녕을 위한 축사에서 "트림을 하자"라고 말한 사람의 경우, 선생님을 조롱하고자 하는 의도가 아니었다고 그가 부정한다면 자신의 실수에 어떤 뜻도 담겨 있지 않다고 하는 것에 그 축사자가 매우 강한 개인적 관심을 갖고 있다는 것을 알 수 있는데, 이때 거칠게 반응하는 것은 이상하다는 것이다. 만약 피분석자가 잘못 말하기의 의도를 스스로 인정했을 경우 실수의 의미에 대해 어떠한 의심도 필요하지 않으나, 피분석자가 그것을 거부할 경우 그 의미에 대한 직접적인 증거는 없는데, 그럴 경우 간접 증거에 의존하게 된다. 그렇다면 피분석자의 언명이 실수 행위의 의미를 스스로 밝혀내지 못할 경우, S. Freud는 해석의 근거, 즉 간접 증거를 실수행위를 제외한 현상들과의 유추에 의해서 그 증거를 찾아내는

한 것이 아니라고 주장하고 있다: "의학 분야와는 거리가 먼 사상가 한 사람이 때때로 잘못에 담겨진 의미를 발견해 내고 그것을 밝혀 내려는 우리의 노력을 선취한 적이 있습니다. 여러분들은 모두 기지가 넘치는 풍자 작가인 G. C. Lichtenberg(1742-1799)를 잘 알고 계실 것입니다. 그에 대해서 J. W. v, Goethe는 이렇게 말한 적이 있습니다. <그가 농담을 할 때는 그 속에 문제가 항상 감추어져 있습니다.> 실제로 농담을 통해서 문제의 해결이 이루어질 때가 종종 있는 것입니다. G. C. Lichtenberg는 『유머러스하고도 풍자적인 메모(Witzige und satirische Einfälle)』 속에 다음과 같이 적고 있습니다. <그는 언제나 angenommen(만일)이라고 읽는 대신에 Agamemnon(아가멤논)이라고 읽곤 했다. 그만큼 그는 Homeros의 책을 많이 읽고 있었던 것이다.>" (S. Freud 1917/2008: 51).

것이 가능하다고 간주한다. 또는 그 밖의 단서들은 실수가 일어나는 심리적 상황에서 얻어지거나 실수를 저지르는 사람의 성격과 실수를 하기 전에 당사자가 받은 인상에 대해 우리가 알고 있는 것들에서 얻어진다. 예를 들어 숙녀를 begleitdigen 하려고 했던 젊은 청년은 수줍은 성격의 사람이었을 것이고, 빈의 언론인 협회 총회에서 어떤 젊은 회원이 격렬한 반대를 내세우던 중 원래는 Ausschußmitglieder라고 해야 될 협회 지휘부를 Vorschußmitglieder라고 지칭하게 되는데, 이 낱말은 Vor'stand(의장)과 Aus'schuß(위원회)라는 단어가 합쳐진 말이고, 이 실수에는 Vor'schuß(선불금)와 관계 있는 것을 생각한다는 것이다. 즉 그 회원은 항상 돈 문제로 쪼들리고 있었으며, 연설 시점에 대출 신청서를 제출해 놓고 있었을 것이라고 S. Freud는 예상한다. 또한 어떤 사람이 자기에게 매우 친숙한 고유 명사를 잊어 버릴 때, 혹은 아무리 애를 써도 아주 힘들게만 기억할 수 있을 때, 우리는 그가 이 이름을 기억하고 싶어하지 않다는 것이라고 가정한다. 좋아하는 여자를 잘 알던 X라는 남자에게 빼앗긴 후, 그 X라는 남자의 이름을 자주 잊어버리는 것은 틀림없이 자신보다 행복한 경쟁자에 대해 아무것도 알고 싶지 않았기 때문이기도 하다. (S. Freud 1917/2008: 61 이하 참조).

사실 이러한 논의들을 엄밀하게 분류해서 언어학의 부류로 집어넣을 수 있을까의 문제가 발생할 여지도 있지만, 또는 "설명된 많은 내용들이 진정한 의미의 의도(Absicht) 또는 발화수반행위(Illokution)의 충돌과 관련있는가"의 문제는 있지만, 거친 의미에서의 의도간의 충돌, 숨어있는 하나의 의도가 어떤 상황에 의해서 표출되지 못하면서 발생되었다는 차원, 그로 인해서 발화된 의도는 결국 또 다른 그 이전의 의도와 깊은 연관이 있다는 사실 등으로 미루어 볼 때 텍스트중심 언어 연구와 관련은 있어 보인다.

또한 "이러한 S. Freud의 주장이 잘못 말하기의 모든 경우에 들어 맞는가라는 질문, 즉 다른 종류의 실수들 (잘못 읽기, 잘못 쓰기, 잘못 잡기, 잊어 버리기, 잘못 놓기 등)에도 확대 적용할 수 있을 것인가?" 혹은 "피로나 흥분, 방심, 주의력 분산과 같은 요소들은 실수 행위의 심리적 성격과 관련하여 무슨 의미를 지니는 것인가?"에 대한 S. Freud의 답변은 단호하다. 그는 자신의 주장이 모든 종류의 말실수에 대한 해명이라고 생각한다. 즉 잘못 말하기의 어떤 경우를 연구하더라도 그런 식으로 설명된다는 것이다. 예들 들어 불쾌감, 순환기적 장애, 기력 탈진 등 생리적 소인이 잘못 말하기의 발생과 직접적인 관계가 있다고 인정되기는 하지만, 그것은 실수 행위의 필수 조건은 아니다. 완전히 건강한 상태나 정상적인 상태에서도 말이 잘못 나올 수 있다. 육체적 요소는 원래 정신적 메커니즘인 잘못 말하기를 완화시키거나 조장하는 역할만을 담당할 뿐이고 C. Meyer가 연구한 소리와 어휘 관계도 육체적인 소인들과 마찬가지로 잘못 말하기가 쉽게 이루어지도록 도와줄 수는 있지만 그것을 근본적으로 설명하지 못한다는 것이다. (S. Freud 1917/2008: 58 이하 참조).[2)]

그래서 S. Freud에게 실수 행위란 심리적 행위이며, 두 개의 다른 의도들 사이의 간섭을 통해서 발생한다는 사실, 이것이 정신분석학 최초의 결과라는 사실이 중요하다. 이러한 간섭이 일어날 수 있다는 것과 이에 따라 실수와 같은 현상들이 결과로 나타날 수 있다는 가능성에 대해 심리학은 이제까지 아무것도 알지 못했고, 따라서 S. Freud는 심리적 현상계의 영역을 현저하게 넓게 확장시켰고, 그 이전에는 심리학에 포함되지 않았던 현상들까지도 심리학에 끌어들였음에 대해 자찬한다.

결국, S. Freud에게 있어서 실수 행위란 두 개의 의도들의 간섭의 결과이다. 그는 '이렇게 방해하는 의도는 방해 받는 의도와 어떤 관계가 있는가'라는 질문과 '다른 것에 대한 방해물로 나타나는 이러한 의도란 도대체 어떠한 것인가'라는 질문에 대해서 다음처럼 답변한다: 방해하는 의도가 방해 받는 의도와 아무런 관계가 없다면 그것은 도대체 어디에서 오는 것이며 바로 그 자리에 방해물로 나타나게 만드는 그것은 어디에서 연유하는 것인가? 아마도 방해 작용은 해당되는 사람이 바로 그 전에 몰두했던 사고과정에서 연유하며, 이는 이미 그의 발

2) S. Freud는 잘못 말하기의 원인으로 간주될 수 있는 소리와 어휘의 관계와 반대말과 같은 습관적인 연상의 경우가 자신이 사용하고 있는 말을 방해하고 있지 않는다는 생각에 의해서 이것을 잘못 말하기의 참된 원인으로 간주하기 어렵다는 견해를 피력한다: "이와 같이 소리와 어휘 관계도 육체적인 소인들과 마찬가지로 잘못 말하기가 쉽게 이루어지도록 도와줄 수는 있지만 그것을 설명하지는 못합니다. 셀 수 없이 많은 대다수의 다른 경우에 나의 말은 내가 사용하고 있는 말이 소리의 유사성으로 인해 다른 것을 기억나게 한다든가, 그것의 반대말과 내적으로 긴밀하게 연관되어 있다든가, 또는 습관적인 연상이 그로부터 생겨나기 쉽다든가 하는 상황으로 방해 받지 않는다는 것을 생각해 보시기 바랍니다." (S. Freud 1917/2008: 61).

언 중에 표현되었든지 아닌지에 상관없이 후속 결과가 일어난다는 것을 알 수 있다. 예를 들어 이탈리아 여행 중 만난 부인이 말한, 블라우스, 속옷, 집(Hause) 대신에 블라우스, 속옷, 속바지(Hose)라고 말하는 경우가 그러하다. 이는 여행의 불편함을 표시한 것이라고 볼 수 있다. 또한 방해하는 의도는 방해 받는 의도와 내용적인 관계에 놓여있는데, 방해하려는 의도는 방해 받는 의도와 모순되며 방해 받는 의도를 교정하거나 보완하려고 하는 경우와 더욱 모호하고 흥미로운 경우는 방해하는 의도가 방해 받는 의도와 내용적으로 아무런 관계가 없을 때라는 것을 알 수 있다. 전자에 대한 증거는 쉽게 찾아 볼 수 있는데, 예를 들어 국회의장이 '주저하지 않고' 대신에 '줏대 없이'로 잘못 말하는 경우가 그러하다. (S. Freud 1917/2008: 80 이하 참조). S. Freud는 네 번째 강의 '실수행위들(결론)'에서, 잘못 말하기나 잘못 쓰기 등에서는 순전히 생리적인 이유를 갖는 실수 행위들도 자주 나타날 수 있지만, 결국 실수 행위란 심리적 행위이며, 두 개의 다른 의도들 사이의 간섭을 통해서 발생한다는 사실로 결론짓는다. 따라서 '다른 것에 대한 방해물로 나타나는 이러한 의도란 도대체 어떠한 것인가?'와 '이렇게 방해하는 의도는 방해 받는 의도와 어떤 관계에 있는가?'라는 질문을 던진다. (S. Freud 1917/2008: 80 이하 참조). 만약 이러한 질문에 대한 대답이 합당하다면, 우리들은 S. Freud의 '실수행위들'에 대한 분석을 텍스트언어학과 연관 지을 수 있다. 왜냐하면 실현된 어떤 단일 의도가 홀로 등장한 것이 아니라, 그 이전의 어떤 다른 의도와의 관련성에 의해서 출현한 것으로 간주되기 때문이다.

5.2 V. Y. Propp의 『민담 형태론(Morphology of Folktale)』

러시아 형식주의의 대표격인 V. Y. Propp의 『민담 형태론』은 민담 - 좀 더 정확히 말하면 마법담 - 연구에 있어서 기존 분석 방식의 문제점에 대한 비판과 동시에 새로운 분류 방식을 제안한 중요한 저작 중의 하나로 꼽힌다. 결론적으로 말해서 V. Y. Propp는 텍스트종류 '민담'을 분석하기 위한 중요한 기제로서 정항(좀더 구체적으로 말하면 '기능')과 변항을 상정하는데 민담이 몇 개의 정항으로 되어 있으며, 이들의 계기가 어떤 순서로 정렬되어 있는가에 대한 규칙 정립의 연구로 귀결될 수 있다. 이로써 V. Y. Propp의 민담 연구에서 찾을 수 있는 텍스트언어학적 의미는 민담을 하나의 살아있는 유기체로 간주하는 부분과 민담 구분법이 이 저서가 출간된 지 50여년 후에 비로소 활기를 띠게 되는 텍스트언어학의 텍스트종류(Textsorte) 논쟁과 닮아 있다는 사실, 그리고 민담을 구성하는 31개 기능들의 연결 부분이 텍스트언어학에서 중요시 되는 텍스트 수의 연결 장치들(이를 테면 코헤지온 수단(Kohäsionsmittel)과 코헤렌쯔 수단(Kohärenzmittel)과 관련성이 깊다는 사실에 있다.

5.2.1 유기체와 전체성

우선적으로 민담분석을 위해서 V. Y. Propp에게 중요한 것은 식물학에서 빌려온 '형태론(morphology)' 개념이다. 현대 언어학에서 "의미를 가진 언어의 최소단위"(H. Pelz 1992: 105)인 형태소(Morphem)를 연구하는 언어학의 한 분야로 정의되는 형태론은 원래 J. W. v. Goethe에 의해서 각인된 살아있는 유기체의 구조와 형태에 관한 연구를 의미한다. (H. Bußmann 2002: 450 참조). 다시 말해서 형태론이란 유기체의 구성 부분 상호간의 관계 및 구성 부분과 전체와의 관계에 대해 연구하는 학문이다. 이러한 정의는 '텍스트언어학은 텍스트를 구성하는 여러 가지 텍스트소(Textem)들 사이의 관계 및 이러한 텍스트소들과 텍스트 전체와의 관련성에 관해 연구하는 분야'라는 정의로 유추해서 확장해도 별 무리가 없어 보인다. 이는 (언어학의 '형태론'이 아닌) 식물학의 '형태론'이 가진 '텍스트언어학'과의 깊은 연관 관계를 의미한다. 따라서 V. Y. Propp의 『민담 형태론』에서 보여지는 특이한 서술 기법 중의 하나인, 서론에서부터 거의 매장마다 형태론 또는 유기체 개념과 관련된 J. W. v. Goethe 구절들의 인용도 이러한 이유 때문일 것이다. 이러한 인용은 예외 없이 저서의 서론에도 등장한다: "또한 형태론은 다른 학문 분야에서는 기회되는 대로 가끔씩 다루어지는 것들을 자신의 주된 대상으로 삼고 있는 여러 분야에 흩어져 있는 것들을 한데 모으는, 그리고 자연을 쉽고 편안하게 관찰할 수 있도록 해주는 새로운 시각을 형성시키는 특별한 학문으로 취급되어야 할 것이다. 형태론에서 연구하는 현상은 대단히 중요한 것이다. 현상을 비교할 수 있도록 해주는 형태론의 그러한 지적 작용은 인간적인 자연과 일치하며, 형태론의 기호와도 일치한다. 그렇기 때문에 심지어 실패한 시도조차도 그 안에 이로움과 아름다움을 포함할 수 있을 것이다." (V. Y. Propp 1928/2009: 17). V. Y. Propp가 자신의 이론 정립을 위해서 식물학의 형태론에 기대고, 이러한 형태론에 대해서 언급한 J. W. v. Goethe의 구절들을 인용하는 이유는 민담 분류를 위한 연구 방식의 불완전성을 극복하기 위한 것이라고 말하고 있다. 이를 위해 V. Y. Propp는 식물학자인 C. v. Linné의 분류방식을 언급하는데, 그 이유는 C. v. Linné의 연구 방식, 즉 식물학에서의 식물 분류 방식이 - 연구 방식의 불완전성을 극복할 수 있는 - '과학적'이라는 사실에 있다: "이처럼 우리는 민담의 분류 문제가 충분히 만족할 만한 상태가 아니라는 것을 알게 되었다. 그런데 분류는 연구의 시작이자 가장 중요한 단계 가운데 하나다. C. v. Linné의 과학적 분류가 식물학에서 어떤 중요한 가치를 지녔는가를 기억해 봄 직하다. 우리 학문은 아직 C. v. Linné 이전 단계에 위치해 있다." (V. Y. Propp 1928/2009: 38). 우리들이 이미 W. v. Humboldt의 언어 연구의 총체성(Totalität)과 전체성(Ganzheit) 부분에서 살폈듯이, 언어가 가진 유기체적 성질은 대단히 중요한데, 『민담 형태론』에서의 형태론 개념과 유기체의 이러한 성질들이 서로 연관된다는 사실을 V. Y. Propp도 이미 충분히 인지하고 있었던 것 같다. 왜냐하면 V. Y. Propp은 이러한 형태론 개념과 총체성(전체성) 그리고 유기체 개념을 직접적으로 연관 짓고 있기 때문이다: "'형태론'이란 단어는 형태에 관한 연구를 의미한다. 식물학에서 형태론이란 식물의 구성 부분, 각 부분 상호 간의 관계, 그리고 전체에 대한 부분 관계에 관한 연구, 즉 식물의 구조에 관한 연구를 의미한다. 그렇지만 '민담 형태론'이라는 개념의 가능성에 관해서는

V. Y. Propp (이재원 作, 2017)

거의 어느 누구도 생각해 본 적이 없었다. 그럼에도 불구하고 유기체의 형태론 연구에 적용될 수 있는 그러한 정확성을 가지고 민담의 형태를 연구하는 것 또한 가능하다." (V. Y. Propp 1928/2009: 17). 이 외에도 또 다시 유기체 개념이 등장하는 부분은 31개로 제한된 민담을 구성하는 기능들의 순서를 정하는 장소에서다. V. Y. Propp은 - 다소 과격하게 - 대부분의 민담에 있어서 기능들의 출현 순서가 동일하다고 간주하는데, 이러한 주장의 근거로서 민담이 유기체적 구조를 소유하고 있음을 들고 있다: "사건의 순서에는 자신만의 규칙이 있다. 그리고 예술적 이야기에도, 유기체의 구조에도 그와 유사한 규칙이 존재한다. 도둑질은 문을 부수고 들어가기 전에는 발생될 수 없다. 민담에 대해서 말하자면, 그것은 자신만의 아주 특별하고 독특한 규칙을 지닌다. 요소들의 순서는, 앞으로 우리가 살펴보겠지만, 엄격하게 동일하다. 순서의 자유는 정확하게 증명될 수 있는 지극히 좁은 범위 내에서만 가능하다." (V. Y. Propp 1928/2009: 56). 이와 더불어 모든 민담들이 - 정항(기능)의 측면에서 살피면 - 거의 유사한 형태를 띠고 있다는 사실도 유기체 개념과 맞물려 있다. 결국 유기체들은 자신들과 유사한 또 다른 유기체인 자손들을 생산해 내기 때문이다: "그러나 모든 생명체와 마찬가지로 민담도 오로지 자신과 비슷한 것만을 생산한다. 만일 민담이라는 유기체의 어떤 세포가 민담 속의 작은 민담이 된다면, 그것은 앞으로 보게 되겠지만, 모든 마법담과 동일한 규칙에 따라 구성된다." (V. Y. Propp 1928/2009: 138). 이와 더불어 V. Y. Propp에 있어서 유기체 사상이 전체성을 상정하고 있다는 것도 분명해 보이는데, "제9장 전체로서의 민담"에서 원형식물(Urpflanze)에 관련된 J. W. v. Goethe의 문구가 또 다시 등장하는 것을 보게 되면 그러하다: "원형 식물은 세계에서 가장 놀랄 만한 존재가 될 것이다. 자연조차도 나를 부러워하게 될 것이다. 그러한 모델과 열쇠를 가지고 자연을 향해 나아가면, 연속성을 지녀야만 하는 식물을 무한정으로 얻을 수 있을 것이다. 그것은 비록 현재 존재하지는 않지만, 존재할 수는 있다. 그것은 어떤 시적 또는 회화적 환영도 착각도 아니다. 그것은 내적 진실과 불가피성이라는 속성을 지닌다. 이 규칙은 모든 생물에게 적용될 수 있다. - J. W. v. Goethe" (V. Y. Propp 1928/2009: 158). 아마도 여기서의 원형식물은 유전자 공학에서 논의되고 있는, 다양한 모든 세포로의 분화 이전의 원형 세포에 해당되는 줄기세포 개념과도 같은 것이다. 이러한 원형 식물만 있으면 여러 가지 다양한 식물들을 무한정으로 얻을 수 있는 것이고, 이것은 바로 마법담의 원형만 가지고 있으면 현실에 등장하는 다양한 마법담의 구조를 설명할 수 있다는 사상으로 유추될 수 있다. 민담 분석과 유기체 사상을 연결시키는 이러한 방식은 V. Y. Propp의 또 다른 논문인 "환상적 옛날 이야기들의 변형"(1997)에서도 두드러지게 나타난다: "사람들은 여러 가지 이유로 옛날 이야기들의 연구를 자연 속에 있는 여러 조직 형태들의 연구와 비교할 수 있다. 자연과학자도 그렇지만 많은 민속학자는 여러 가지 다양한 현상들을 다루는데, 그 현상들은 질적으로 동일한 것이다. C. R. Darwin에 의해 제기된 종의 기원 문제는 우리들의 분야에서도 제기될 수 있다. 우리들에게서나 마찬가지로 자연의 왕국에도 여러 현상들의 유사성에 완전히 객관적이고 절대적으로 설득력이 있는 직접적인 설명이란 존재하지 않는다. 직접적인 설명이란 우리들을 하나의 진정한 문제에 직면하게 한다. 이들 경우 하나 하나에는 다음과 같은 두 가지 관점이 가능하다 즉 어떠한 이저인 관계를 갖고 있지도 않고, 또 가질 수도 없는 두 현상에 있어서 그 내적인 유사성이 우리로 하여금 어떤 공통적인 발생론적 뿌리로 도달하지 않게 하겠다는 것을 긍정하든지 - 이것은 종의 독립적인 발생 이론이다 - 혹은 형태학적인 유사성이 어떤 발생론적인 관계의 결과로 해석된다고 주장하는 것이다." (V. Y. Propp 1997: 191 이하). 만약 V. Y. Propp의 이러한 주장들이 변형 규칙의 도움으로 어떤 원인을 거슬러 올라가는 기원의 이론이라고 한다면, 결국 이 구절들의 핵심은 총체성과 전체성이고, 이것이 민담 연구의 주축 개념이라면 텍스트 연구의 핵심 강령에 속하는 속성과도 거의 일치한다고 볼 수 있다.

5.2.2 민담 유형 분류와 텍스트유형 분류

민담의 유기체 개념과 함께, V. Y. Propp의 『민담 형태론』에서 또 한 가지 눈여겨 보아야 할 부분은 - V. Y. Propp 자신이 주장하는 - 소위 '과학적 분류법'이다. 다시 말해서 V. Y. Propp는 민담이 가진 유기체와 통일성을 확정지으려고 식물학에서의 형태론과 관련된 내용들을 언급하는 것 이외에, 민담 유형 분류와 관련된 문제에 대해서도 관심을 가졌다. 결론적으로 말해서 V. Y. Propp의 민담 분류와 관련된 논의는 훗날 텍스트유형 분류에 관련된 여러 학자들의 논쟁과도 연관 지을 수 있는데, 우선 V. Y. Propp의 민담 분류 기준에 대해서 살펴보자. V. Y. Propp에게 있어서 이전에 있었던 1200여개의 민담에 대해서 논의한 『그림 형제 민담 해제』(J. Bolte와 G. Polivka)와 『천일야화』 그리고 400여개의 민담으로 구성된 『아파나시예프 선집』과 531개의 민담이 기록되어 있는 지리학회 민담위원회의 『1926년 연감』 등은 자료의 양이 많음에도 불구하고 그것이 중요한 것이 아니고 연구 방법이 중요하기 때문에 자신의 성에 차지 않는다. 왜냐하면 V. Y. Propp에 의하면 이러한 민담 선집에는 체계적인 분류와 회의를 통해 채택된 단일한 용어, 사제 간에 계승된 완성된 방법론이 없기 때문이다. (V. Y. Propp 1928/2009: 23 이하 참조). 다시 말해서 정확한 분류는 과학적 기술의 첫 번째 관문이 되는 것인데, 특정한 민담의 역사가 어떠한가라는 것이 중요한 것이 아니라, 그 민담의 (내부) 구조가 어떤 체계로 되어 있는가 또는 어떤 기능들로 이루어져 있는가를 살피는 것이 중요하다는 사실이다. 잘못된 민담 분류의 구체적인 예를 들자면, 일반적인 민담 유형 분류인 '환상적 내용의 민담', '일상적 민담', '동물에 관한 민담' 등으로의 구분은 동물에 관한 민담도 환상적 내용의 민담에 속할 수 있기 때문에 과학적인 분류 기준에 속할 수 없다는 것이다. (V. Y. Propp 1928/2009: 26 이하 참조). 이것보다도 진일보했다고 간주되는 W. M. Wundt의 '민족 심리학'에 등장하는 다음과 같은 민담구분 또한 마찬가지이다: "1) 신화적 민담, 2) 순수 마법담, 3) 생물학적 미담과 우화, 4) 순수 동물 우화, 5) 기원에 관한 민담, 6) 익살스러운 민담과 우화, 7) 도덕적 우화." (V. Y. Propp 1928/2009: 28). V. Y. Propp에 의하면, 여기에서의 문제점은 우화와 민담이 섞여 있다는 것이고, 동일한 민담이 영웅적인 것으로 또는 희극적인 것으로 분류될 수 있는 가능성 때문이다. 또한 V. Y. Propp가 슈제트[3]에 따라 민담을 분류하는 방식

---

3) "토마쉡스키에 따르면 '파불라는 상호 관련된, 내적 관계 속에 있는 사건들의 총체'다. 파불라에서는 사건들의 인과적 서술이 중요한 반면, 문학작품은 사건의 연대기적 기술 이상의 것을 요구한다. 토마쉡스키는 이것을 슈제트라 정의한다. '이 사건들을 구분하여, 그것들을 일정한 순서로 세우고 서술하여, 파불라적 재료들로부터 문학적 구성을 만들어 낼 필요가 있다. 작품에서 사건들의 예술적으로 세워진 구분을 작품의 슈제트라 부른다.'" (백용식 2013: 91).

에 대해 비판하는 경우에 까지 이르면, 텍스트유형 분류 문제에 있어서 일상적 유형 분류를 비판하는 E. Rolf(1993)의 비판을 떠올리기에 충분하다. 예를 들어 볼코프의 민담집 등장하는 15가지 슈제트의 의한 환상 민담의 구분(부당하게 박해 받는 사람에 관해, 바보-영웅에 관해, 세 형제에 관해, 용을 물리치는 사람에 관해, 신부 구하기에 관해, 지혜로운 아가씨에 관해, 마법에 걸린 사람에 관해, 부적을 지닌 사람에 관해, 부정한 아내에 관해 등)은 다양한 분류 방식, 즉 '사건의 발단에 따라서' 정해졌기 때문에, '주인공의 특징에 따라서' 정해졌기 때문에, '주인공의 수에 따라' 정해졌기 때문에, '행위 과정 중의 일정 순간에 따라' 정해졌기 때문에 일관적 분류 원칙이 존재하지 않고 따라서 혼란스럽게 느낀다는 것이다. (V. Y. Propp 1928/2009: 30 이하 참조). 이와 같이 V. Y. Propp는 범주, 주제, 모티프, 인물 등을 가지고 다양한 민담의 특징을 이해했던 종래의 방식이 문제 있음을 지적하고 '형태'로서 민담을 이해하려 했다. V. Y. Propp는 민담에 있어서 변치 않는 형태의 추출이 가능하다고 확신했다. 그래서 그는 100편의 러시아 민담을 분석하고, 형태와 관련된 몇 가지 법칙을 발견하고 이를 공리화했다. 이를 뒷받침하는 논거는 민담 속에서 인물 및 인물이 벌이는 행위는 달라질 수 있지만, 그 행위가 달성하는 기능이 같다는 점이다. 이러한 방식은 마치 동일한 표층의 발화가 상이한 언어행위를 표출하고 상이한 표층 발화가 동일한 언어행위를 담지할 수 있다는 J. L. Austin(1962)의 개별 언어행위 규정의 방법론과도 유사해 보인다. 어쨌든 V. Y. Propp에 있어서 이러한 기능의 수는 31개로 한정되어 있다. 이것은 100편의 민담 속에 나타난 기능의 총합이다. 그리고 이러한 기능이 나타나는 위치는 늘 동일하다고 간주하고, 이러한 기능이 이어지는 순서는 다음과 같다. (V. Y. Propp 1928/2009: 60 이하 참조).

1. 가족 구성원 한 사람이 집을 떠나 있다. (정의: 부재, 기호: β)
   1) 어른이 집을 떠날 수 있다. 부모가 일하러 간다 (64). "모르는 사람들 사이에 아내를 내버려 두고, 임금님은 먼 길을 떠나야 했다" (148). "그(상인)는 웬일인지 다른 나라로 떠나간다." (115). 일반적인 부재의 유형으로는 일터로, 숲으로, 장사하러, 전쟁터로, "일이 있어서" 등이 있다. (β1)
   2) 부재의 강한 유형은 부모의 죽음이다 (β2).

3) 때로 젊은 사람이 집을 떠날 때도 있다. 그들은 손님으로 (57), 물고기를 잡으러 (62), 산책하러 (77), 딸기를 따러 (137) 간다. (β3).

2. 금지명령이 주인공에게 내려진다. (정의: 금지, 기호: γ)
3. 금지를 위반한다. (정의: 위반, 기호: δ)
4. 적이 정보를 찾고자 시도한다. (정의: 탐색, 기호: ε)
5. 적에게 희생자에 대한 정보가 제공된다. (정의: 누설, 기호: ζ)
6. 적이 희생자나 그가 가진 것을 획득하기 위해 희생자를 속이려 한다. (정의: 속임수, 기호: η)
7. 희생자가 속임수에 넘어가고, 그로 인해 자신의 의지와 상관없이 적을 돕게 된다. (정의: 방조, 기호: θ).
8. 적이 가족 구성원 가운데 한 명에게 해를 끼치거나 손해를 입힌다. (정의: 가해, 기호: A).
9. 불행 또는 결여가 알려지고, 주인공에게 요청 또는 명령이 내려지면서, 주인공이 파견되거나 출발이 허락된다. (정의: 중개, 연결요소, 기호: B).
10. 탐색자가 저항을 결심하거나, 동의한다. (정의: 대항개시, 기호: C).
11. 주인공이 집을 떠난다. (정의: 파견, 기호: ↑).
12. 주인공이 시험 당하거나, 심문을 받거나, 공격을 받는 등, 마법의 도구나 조력자를 얻는 발판을 마련한다. (정의: 증여자의 첫 번째 기능, 기호: D).
13. 주인공이 미래의 증여자의 행동에 반응한다. (정의: 주인공의 반응, 기호: E).
14. 주인공이 마법의 도구를 손에 넣는다. (정의: 마법의 도구 획득, 기호: F).
15. 주인공이 찾는 대상이 존재하는 장소로 옮겨지거나, 인도되거나, 안내된다. (정의: 두 왕국사이의 공간 이동, 기호: G).
16. 주인공과 적이 직접적인 싸움에 돌입한다. (정의: 투쟁, 기호: H).
17. 주인공이 표지를 받는다. (정의: 낙인, 표시, 기호: J).
18. 적이 패배한다. (정의: 승리, 기호: I).
19. 최초의 불행 또는 부족이 해소된다. (정의: 해소, 기호: K).
20. 주인공이 돌아온다. (정의: 귀환, 기호: ↓).
21. 주인공이 추적당한다. (정의: 추적, 추격, 기호: Pr).

22. 주인공이 추적에서 구조된다. (정의: 구조, 기호: Rs).
23. 주인공이 집이나 다른 나라로 몰래 들어간다. (정의: 도착, 기호: O).
24. 가짜 주인공이 부당한 요구를 제안한다. (정의: 부당한 요구, 기호: L).
25. 주인공에게 어려운 과제가 주어진다. (정의: 난제, 기호: M).
26. 과제가 해결된다. (정의: 해결, 기호: N).
27. 주인공을 인지한다. (정의: 인지, 기호: Q).
28. 가짜 주인공 또는 적의 정체가 드러난다. (정의: 폭로, 기호: Ex).
29. 주인공에게 새로운 모습이 부여된다. (정의: 변신, 기호: T).
30. 적이 벌을 받는다. (정의: 처벌, 기호: U).
31. 주인공이 결혼을 하고 임금이 된다. (정의: 결혼, 기호: W).

사실, 이러한 기능 이전에 이야기의 도입부가 있다. 예를 들어 "옛날 어느 곳에 할머니와 할아버지가 살고 있었다"와 같은 대목이 그것이다. V. Y. Propp은 이것을 기능으로 간주하지는 않지만 소홀히 할 수 없기 때문에 도입 상황(α)으로 규정한다. 또한 출발기능, 중간 기능, 결말 기능에 대해 다음처럼 언급하기도 한다: "형태론적으로 민담은 가해(A) 또는 결여(a)로부터 출발해 중간 기능을 거쳐 결혼(W) 또는 결말로서 작용하는 기타 기능에 이르는 모든 전체를 지칭할 수 있다. 때때로 포상(F), 획득 또는 일반적인 불행의 청산(K), 추적으로부터 구조(Rs) 등이 결말의 기능을 한다." (V. Y. Propp 1928/2009: 158 이하). 비록, '기능'과 '문장'이라는 명칭에서는 차이가 있지만, 연구의 토대인 텍스트를 구성하고 있는 단위들의 연결 측면에서 보면, 이러한 민담의 구성방식은 R. Harweg(1968: 152 이하)의 텍스트시작문장(Textanfangssatz)과 텍스트계속문장(Textfortsetzungssatz)에 대한 논의와 닮아있다. 여하튼 이를 토대로 V. Y. Propp는 러시아 민담에 있어서 다음과 같은 원칙을 추출해 낸다: "I. 어떻게, 누구에 의해서 수행되는가에 상관없이 등장인물의 기능은 민담의 고정, 불변 요소다. 그것은 민담의 주요 구성부분을 형성한다; II. 마법담에서 알려진 기능의 수는 제한적이다; III. 기능들의 순차성은 항상 동일하다; IV. 모든 마법담은 자신의 구조상 동일 유형이다." (V. Y. Propp 1928/2009: 9). V. Y. Propp에 의한 민담 연구의 이러한 거시 규칙은, 텍스트의 분석 단위를 유사(Pseudo) 행위 중심으로 보는 경우(I), 특정한 텍스트유형을 구성하는 텍스트기능들이 하나가 아니라 여러 가지 일 수 있다는 사실(II), 텍스트주제 전개가 임의적으로 실행되는 것이 아니라 어느 정도 순차성이 있다는 사실(III), 토큰으로서의 모든 개별적인 실현텍스트들은 타입으로서의 텍스트유형 중의 하나에 속해있고, 모든 텍스트는 텍스트 인유의 차원에서 '상호텍스트적'이라는 텍스트언어학적 기본 발상들과 맞물린다. 결론적으로 V. Y. Propp는 민담이 단일 유형에 속한다는 사실을 다음과 같은 공식으로 제시하면서 이에 대한 설명을 덧붙인다.

$$\mathrm{ABC}\uparrow\mathrm{DEFG}\quad \frac{\mathrm{HJIK}\downarrow\mathrm{Pr\text{-}RsOL}}{\mathrm{LMJNK}\downarrow\mathrm{Pr\text{-}Rs}}\quad \mathrm{QExTUW}$$

이 경우 H-I를 포함하는 과정은 윗줄을 따라 전개되고, M-N을 포함하는 과정은 아랫줄을 따라 전개된다. 두 쌍 모두를 지니는 과정은 처음에는 윗줄을 따라, 그리고 다음에는 끝으로 가지 않고 아랫줄을 따라 전개된다. H-I도 M-N도 없는 과정은 각 과정에서 독특하게 나타나는 요소는 제외한 채 전개된다. 그리고 V. Y. Propp는 보다 명료하게 나타내기 위해, 총괄적 도식을 한 줄로 제일 앞에 기술한다. 단지 요소 H-I와 M-N은 합쳐지지 않는 것처럼 따로따로 차례로 기술했다. (V. Y. Propp 1928/2009: 182 이하 참조).

5.2.3 기능들의 연결 수단

『민담 형태론』 제5장의 하위 절에 등장하는 "기능들의 상호 연결을 위한 보조 요소들"(V. Y. Propp 1928/2009: 125)은 텍스트언어학적으로 매우 중요하다. 어쨌든 텍스트언어학에서는 전체 발화를 묶어서 하나의 통일된 텍스트기능을 가지게 만드는 전초 작업이 의미 있는데, 부분 텍스트(텍스트소)의 역할을 하는 단위가 기능이나 언어행위 또는 명제이던지 간에 텍스트를 이루는 부분 요소들의 통사적/의미적/화용적 연결(syntaktische/semantische/pragmatische Verknüpfung)이 중요하기 때문이다. 그래서 V. Y. Propp가 민담에 등장하는 두 번째 등장인물이 이전에 일어났던 일을 알고 있어야만 한다는 사실은 텍스트언어학에서 텍스트구성을 위한 상용적 수단으로 간주되는 코헤렌쯔 수단(Kohärenzmittel)이나 텍스트 세계(Textwelt)의 등장 인물의 차원에서 화·청자나 작·독자가 가져야만 하는 동일한 이해의 지평(Horizont des Verstehens)과 견줄 수 있다: "기능들이 늘 직접적으로 연이어서 나타나는 것은 아니라는 것을 관찰할 수 있다. 만일 연이어서 나타나는 기능들을 다양한 등장 인물들이 수행할 경우, 두 번째 등장 인물은 이전에 일어났던 일을 알고 있어야만 한다. 이와 관련해 민담에서는 정보전달의 완전한 체계가, 때로는 예술적으로 대단히 명료한 형태 속에서 고안되었다. 때로 민담은 이러한 정보전달을 생략한다. 그리고 그때 등장 인물들은 기계적으로 행동하거나 또는 모든 것을 다 아는 것처럼 행동한다. 다른 한편으로 정보전달은 그것이 본질적으로 전혀 필요치 않은 장소에 적용되기도 한다. 이러한 정보전달에 의해 행위 과정 속에서 하나의 기능이 다른 기능과 연결된다." (V. Y. Propp 1928/2009: 125). 그런데 이러한 정보전달에 의해 기능들이 연결된다는 것은 1929년 Praha 학파의 V. Mathesius에 의해 기초가 다져진 테마-레마-구조(Thema-Rhema-Struktur, 기능적 문장시점(Funktionale Satzperspektive))와도 관련지을 수 있는데, 어쨌든 V. Mathesius에 의하면 문장은 전달가치 면에서 볼 때 '진술의 출발점(Ausgangspunkt der Aussage)'인 주제부(Thema)와 '진술의 핵심(Kern der Aussage)'인 설명부(Rhema)로 구성될 수 있기 때문이다. 이것은 훗날 F. Daneš(1970)에 의해서 다섯 가지 주제 전개 방식으로 유형화되었다. F. Daneš에 의하면 맥락적 국면에서 중요한 것은 알려진 정보 또는 수용자가 세상지식을 활용해서 검증할 수 있는 정보이다. 이러한 F. Daneš의 주제 전개 모형은 '단순 선형식 전개유형(die einfache lineare Progression)', '주제부 순환식 전개유형(die Progression mit einem durchlaufenden Thema)', '상위 주제 파생식 전개유형(die Progression mit von einem Hyperthema abgeleiteten Themen)', '설명부 분열식 전개유형(die Progression eines gespaltenen Rhemas)', 마지막으로 '주제 비약식 전개유형(thematischer Sprung)'으로 구분되는데(F. Daneš 1970: 74 이하 참조), V. Y. Propp에게 있어서 기능을 연결해 주는 '두 번째 등장인물'이 F. Daneš의 '주제'와 유사한 역할을 한다고 볼 수 있다. 이 외에도 V. Y. Propp의 기능들의 연결 개념은 텍스트언어학적 코헤지온 수단(Kohäsionsmittel), 구체적으로 R. Harweg(1968)의 '대치어(Substituens)'와 '피대치어(Substituendum)'의 역할과도 견줄 수 있다. 예를 들어 "코세이가 납치한 공주를 그에게서 구출한다. 그리고 추적이 이어진다. 추적이 구출에 직접 연이어서 일어날 수도 있지만, 민담은 그 중간에 코세이의 말(馬) 이야기를 삽입한다. '이반 왕자가 와서는, 마리야 모레브나를 데려갔어' 등. 이러한 방식으로 K는 Pr과, 즉 획득은 추적과 연결된다."(V. Y. Propp 1928/2009: 125 이하)라고 했을 때, 삽입되는 정보전달 속에 내재한 '이반 왕자'와 '마리야 모레브나'는 이러한 정보전달문의 이전 기능이나 이후 기능에 있어서 이들의 연결시키는 역할을 하고 있을 것이다. 이것은 텍스트언어학에서 거시적 코헤렌쯔와 관련있는 L. Wittgenstein의 가족 유사성(Familienähnlichkeit)의 개념을 연상시킨다.[4] 어쨌든 이런 방식은 두 개의 단위가 하나의 통합된 단위로 연결되기 위해서 취하는 전형적 기법이다. 이외에도 '줄을 건드림'("마법 사과의 소유자는 벽 위로 줄을 팽팽하게 당겨놓았다. 벽을 뛰어넘어 돌아오는 길에 이반은 줄을 건드린다. 마녀는 도둑맞은 것을 알게 되고, 추적이 시작된다"(V. Y. Propp 1928/2009: 126))과 '조롱'("마녀가 이반 대신에 자신의 친딸을 잡아먹었다. 그러나 그녀는 그 사실을 알지 못한다. 숨어 있던 이반이 그녀를 조롱하면서 그것에 대해 알려준다. 그 후 도주와 추적이 시작된다."(V. Y. Propp 1928/2009: 126)) 등이 기능들을 연결하는 기제가 되는데, 문제는 이러한 기능 연결의 기재들이 기능들의 상호 연결을 위한 동일한 차원에 위치하는 요소인지는 좀 더 세밀한 분석이 필요하다. 다시 말해서 두 기능이 연결되기 위해서 "한 등장 인물이 다른 등장 인물로부터 무엇인가를 알게 되고"(V. Y. Propp 2009: 128), "등장 인물들이 (통보, 엿들은 대화, 음성 신호, 푸념, 비방 등을 통해) 무엇인가를 알아야만 하고"(V. Y. Propp 1928/2009: 128), "망원경"(V. Y. Propp 2009: 128)과 "추트기와 조르키"(V. Y. Propp 1928/2009: 128) 같은 인물을 등장시키는 기법들이 동일한 심급을 가지고 있는지를 의심해 봐야 한다는 것이다.

이러한 기능들의 연결과 함께 텍스트언어학적 차원에서 중요시되어야 하는 부분이 V. Y. Propp의 '동기화'이다. 특정한 사건에 대한 원인으로서 또는 등장 인물의 여러 가지 행동을 야기하는 목표로서 이해되는 V. Y. Propp의 동기화는 텍스트언어학의 코헤렌쯔 개념과 아주 닮아 있다. 왜냐하면 텍스트언어학에서

---

4) L. Wittgenstein의 '가족유사성'과 텍스트 코헤렌쯔의 연관성에 대해서는 "고리적 텍스트응집성 수단들"(이재원 2000)을 참조할 것.

"의의 연속성(Sinnkontinuität)" (R.-A. de Beaugrande/W. Dressler 1981: 88)은 코헤렌쯔의 기본을 형성하는 중요한 개념이기 때문이다. 이를 테면 인과 관계(Kausalität)에 속하는 일련의 예시에서 잘 드러나는 텍스트코헤렌쯔는 "하나의 상황이나 사상이 어떤 다른 상황이나 사상의 조건들에 영향을 미치는 방식에 관여한다. 다음과 같은 보기에서, ('잭이 넘어져서 그의 왕관을 망가뜨렸다'), '넘어지는' 사상은 '망가뜨리는' 사상의 원인이 된다. 왜냐하면 전자는 후자에 대해서 필요조건을 만들어 주었기 때문이다." (R.-A. de Beaugrande/W. Dressler 1981: 6). 다음과 같은 V. Y. Propp의 동기화 개념도 이와 유사한 성격을 가지고 있음을 알 수 있다: "완전히 동일하거나 또는 유사한 행동들이 대단히 다양한 방식으로 동기화되고 있는 것을 여기서 관찰할 수 있다. 쫓아낸다든지, 물에 던진다든지 하는 것은 계모의 증오, 형제지간의 유산다툼, 질투, 경쟁(이반과 상인)에 대한 두려움, 한쪽이 기우는 결혼(농민의 아들 이반과 공주), 부부 사이의 상대방의 부정에 대한 의심, 부모 앞에서 아들의 괄시에 대한 예언 등에 의해 동기화 된다. 이러한 모든 경우에 쫓아내는 것은 적의 탐욕스럽고, 악하고, 시기하고, 의심 많은 성격에 의해 동기화된다. 그 외에도 쫓아내는 것은 쫓겨나는 사람의 나쁜 성격에 의해 동기화될 수도 있다." (V. Y. Propp 1928/2009: 133). 단지 R.-A. de Beaugrande/W. Dressler(1981: 100 이하 참조)에게 있어서 코헤렌쯔를 이루는 요소들이 4가지의 1차 개념(대상물, 상황, 사상, 행위)과 34가지의 2차 개념(상태, 동작주, 피동 객체, 관계, 속성, 장소, 시간, 운동, 수단, 형태, 부분, 실질, 포함, 원인, 실행 가능화, 이유, 목적, 통각, 인지, 감정, 의욕, 인식, 의사소통, 소유, 사례, 명세화, 수량, 법, 의미상, 가치, 등가성, 대립, 공지시성, 회기작용)으로 이루어진 반면에 V. Y. Propp의 동기화에 속하는 단위는 이보다도 상위에 있을 법한 기능이라는 사실이다. 그럼에도 불구하고 V. Y. Propp와 R.-A. de Beaugrande/W. Dressler에 있어서 두 단위가 연결되는 개념연관의 양상은 유사함을 알 수 있다.

5.3 M. Bachtin과 텍스트언어학

"인간의 본질은
개개인에 내재한 고유한 추상성이 결코 아니며,
그 본질의 실재는 인간이 맺는
모든 사회적 관계의 총체이다."
(K. Marx)[5)]

러시아 형식주의의 거장이었던 T. Todorov는 M. Bachtin이 인문과학 분야에서 가장 중요한 러시아 사상가라는 것과 20세기에 가장 위대한 문학 이론가라는 두 개의 최상급 형용사를 부여했다. (T. Todorov 1987: 13 참조). 그러나 우리들은 그에게 또 다른 하나를 추가하여, 그를 20세기에 가장 중요한 텍스트 이론가 중의 한 명이라고 칭할 수 있다. 이를 위해서 당연히 그의 문예 비평적 이론에서 다양한 텍스트언어학적 단초들을 찾아야 함은 물론이고, 만약 그러하다면 그러한 면들을 소상히 끄집어내어 그것이 현대 텍스트언어학의 흐름의 어떤 곳에 위치하고 있는지도 살펴야겠다. M. Bachtin의 이론 중에서는 특히 '텍스트 개념', '다성성', '상호텍스트성' 등의 개념들이 이에 부합하고, 우리 논의의 중심에는 이러한 개념들이 자리하고 있다. 또한 T. Todorov가 명확하고 구체적으로 M. Bachtin의 전체 연구영역을 네 가지, 즉 인식론, 메타(초월적) 언어학, 문학사 그리고 철학적 인류학으로 구분하였을 때, 우리들의 관심은 인식론과 메타언어학 분과이다. 왜냐하면 이 분과가 텍스트언어학과 가장 관련성을 가진 분

5) 이것은 M. Bachtin이 저술한 『프로이트 주의』(2011)의 초반부에 등장하는 K. Marx의 인용문이다. 필자가 이를 또다시 인용하는 이유는, 사회적 관계의 총체 개념과 - 소위 - S. Freud 주의(하나의 발화는 '독립된 발화'처럼 보이지만 그 이면을 잘 살펴보면 어떤 다른 발화에 대한 대답을 위한 발화 일 수 있다는 S. Freud의 『정신문석학 강의』에 등장하는 개념들) 그리고 텍스트언어학의 "statteinander(대신에)"와 "nacheinander(차례로)"(R. Harweg 1968) 개념과의 유사성 때문이다. 아마도 M. Bachtin 역시 자신의 문학 평론을 위한 중요 개념인 '디성성'이나 '대화주의'를 위와 같은 K. Marx의 의미들과 동일선상에 위치한 것으로 확신했을 것이다.

야로 여겨지기 때문이다. 그러므로 텍스트언어학적 시각에서 M. Bachtin을 바라보면, 그의 몇 권의 주저 중에서 1929년에 출판되고 1963년 유형지에서 돌아와 재판으로 출간되면서 수정 보완된 『F. Dostoyevsky 시학의 제(諸)문제』가 우리들의 주된 관심거리이다. 왜냐하면 메타언어학과 관련된 다성음악(polyphony) 소설이나 F. Dostoyevsky의 담론 등이 이 저서의 주된 테마이기 때문이다.

5.3.1 M. Bachtin의 텍스트 개념

조준래 의하면, "M. Bachtin에게서 텍스트는, 비록 그것이 독립된 연구대상으로서의 가치를 가진다고는 볼 수 없으나, 인문과학의 방법론을 정초함에 있어서 반드시 규명되어야 할 중요한 연구대상으로서 평가되고 있다. 왜냐하면 그는 인문과학의 존립을 위하여 절대적으로 필요한 무엇, 또 인문과학의 규율과 사유가 파생되는 출발점으로서 텍스트를 규정하고 있기 때문이다. M. Bachtin이 규정하는 텍스트는 [...] 범위가 넓어서, 문자 텍스트, 구어 텍스트, 예술 텍스트, 잠재적 텍스트(인간의 행위) 등이 이에 포괄된다." (조준래 2004: 311). 이처럼 M. Bachtin의 텍스트 개념이 일반적으로 우리들이 알고 있는 텍스트 개념보다 넓다고 하는데,[6] 그러나 이미 텍스트언어학에서의 텍스트 개념은 외연적으로나 내용적으로 많은 확장을 경험했다. 차라리 텍스트언어학의 초창기부터 텍스트 개념은 이미 넓은 외연을 가지고 있었다고 할 수 있다. 예를 들어, R. Harweg의 경우만 보더라도 텍스트언어학의 초창기에 '텍스트우주(Textkosmos)'(1968) 개념에 대해서 많이 논의했기 때문이다. 또한 다음과 같은 M. Bachtin에 대한 T. Todorov의 논평을 살피면, 1980년대 초에 왕성하게 활동했던 네덜란드의 언어심리학자이자 텍스트언어학자인 T. A. v. Dijk가 '텍스트언어학'이 아닌 '텍스트(과)학 Textwissenschaft'이라는 용어를 고집했던 경우

---

6) 가장 일상적인 텍스트 개념은 K. Brinker가 현대 독일어사전에서 발췌한 다음과 같은 것이다: "- 길고 인쇄된 글; 어떤 글을 이해하고, 낭독하고, 암기하고, 수정하고, 대강 훑어보고, 논평하고, 고치고, 보충하고, 곡해하고, 번역하고 [...] - 어떤 대화의 전문(全文)을 인쇄하고, 읽고 검토하다; 어떤 계약서, 전보문, 드라마 대본 [...] - 그림(도해)에 대한 글을 쓰다 – 성경의 어떤 구절에 관하여 설교하다 – 노래, 가극 등의 가사." (K. Brinker 1985: 11).

와도 닮아있음을 알 수 있다.

> "(협의에서가 아니라 말하자면 '문학' 텍스트보다 훨씬 넓은 의미의) 텍스트 이론가로서 그[M. Bachtin]는 자신의 탐구를 좀 더 풍부하게하기 위하여 심리학과 사회학 영역에서 장시간 연구했다. 거기서부터 그는 인문과학의 연구 질료의 동일성 – 텍스트와 그 방법론 – 에 입각해 인문과학 전체 분야에 대한 일관적인 관점을 구비하는데, 이것은 해석 혹은 그가 상응적(相應的) 이해(la comprēhension ŕepondante)라고 부른 것이다." (T. Todorov 1987: 13).

왜냐하면 T. A. v. Dijk는 심리학을 텍스트 이해와 텍스트 처리를 위해 도입했고, 텍스트학이 학제적 학문의 선두에 서 있음을 강력히 주장했기 때문이다. 위 구절에 바로 뒤이어서 '언어 과학'이 등장하는 것을 보더라도 이들의 상관성을 추정할 수 있을 것이다: "M. Bachtin이 특별히 주의를 기울인 것은 언어 과학에 대해서이다." (T. Todorov 1987: 13). 그래서 우리들은 M. Bachtin의 텍스트 개념과 T. A. v. Dijk의 『텍스트언어학. 학제적 입문(Textwissenschaft. Eine interdisziplinäre Einführung)』(1981)의 서문에 등장하는 '텍스트'와의 유사성은 높은 개연성을 가질 수 있다고 주장할 수 있다. 왜냐하면 T. A. v. Dijk에 의하면 텍스트 기술이나 분석은 고대 그리스와 로마시대 이래로 시학(M. Bachtin 주저의 제목에도 '시학'이 등장한다)과 수사학 그리고 문체론 및 오늘날의 문예학, 또한 특수한 텍스트유형과 관련짓는 법학과 신학 등에서 연구대상이 되고, 심리학과 교육학/교수법에서도 중요하기 때문이다. 또한 T. A. v. Dijk가 텍스트와 정신분석학의 긴밀성을 들먹이는 것은 M. Bachtin이 S. Freud에 관련되는 큰 저작물을 남기는 것과도 닮아 있다. 왜냐하면 M. Bachtin은 이미 1920년대 후반에 『문예학의 형식적 방법』(1928), 『마르크스주의와 언어철학』(1929) 그리고 우리들이 논의의 주 대상으로 삼으려는 『F. Dostoyevsky 창작의 제(諸)문제들』(1929)과 함께 『프로이트 주의』(1927)라는 걸작을 남겼기 때문이다. 결국 이들을 자세히 살펴보면 텍스트와 정신분석학에 있어서는 언어사용과 의사소통(커뮤니케이션)이 중심이 되었음을 알 수 있다. 또한 M. Bachtin은 자신이 연구하는 학문이 기존의 언어학(당시에 있어서는 구조중심의 F. de Saussure 언어학)과 차별된다고 여러 번에 걸쳐 강조한 것

M. Bachtin (이재원 作, 2017)

은 T. A. v. Dijk가 다음과 같이 자신의 저서가 출간되던 1978년대까지의 기존의 언어학을 협소하게 간주했던 것과도 일맥상통한다.

> "비록 텍스트학이 부분적으로 언어학과 중복되거나 적어도 언어학에 바탕을 두고 있지만 언어학은 지금까지, 예를 들면 수사학적, 문체론적, 문학적, 논증적, 설화적 텍스트구조를 전혀 다루지 않고 있거나, 기껏해야 간접적으로만 다루고 있거나, 문의 구조를 기술하고 문장의 쓰임을 기술하는 데 제한되고 있다. 언어사용과 커뮤니케이션 및 상호행위는 무엇보다도 텍스트 형식으로 수행된다는 것을 전제할 때 학제적 텍스트학에서 일상회화, 치료적 대화, 신문기사, 설화, 소설, 시, 광고, 연설, 사용지침, 학교 교과서, 표제와 비문, 법률 텍스트, 규칙 등과 같은 다양한 텍스트류, 텍스트구조와 그 구조의 여러 가지 조건, 기능, 작용을 체계적으로 분석하는 것은 의의가 있는 일이다." (T. A. v. Dijk 1980: VIII).

따라서 이제 T. A. v. Dijk의 논의가 언어학과 텍스트언어학의 핵심적 토론거리 중의 하나가 된 것처럼 M. Bachtin의 메타언어학도 텍스트언어학에서 논의될 가치가 충분하다. 그러나 M. Bachtin의 텍스트언어학적 발상과 현대 텍스트언어학과의 차이는 연구의 주안점이 텍스트기능보다 소설의 작자, 이를테면 F. Dostoyevsky가 가진 정신과 그의 목소리 그의 인격적 실체인 작자성에 대한 천착이라고 할 수 있다. 사실, 텍스트언어학의 초창기에 체계 중심적(systemorientiert) 발상이 극복되고, 내용적으로나 외연적으로 텍스트언어학이 발전을 거듭하면서 가장 먼저 마주한 문제가 텍스트기능(Textfunktion)의 위치잡기 였다. 이를 테면, 텍스트언어학 초창기에 – 텍스트언어학계에서는 그 다지 알려지지 않았던 - S. J. Schmidt의 경우가 그러한데, 그는 자신의 『텍스트(이)론 Texttheorie』(1973)에서 L. Wittgenstein의 '언어놀이(Sprachspiel)'(S. J. Schmidt 1973: 22, 45) 개념을 끌어들이면서 '의사소통 행위놀이'라는 개념을 정립한다. 이러한 논의는 훗날 K. Brinker(1985)나 W. Heinemann/D. Viehweger(1991)에게도 전승되었는데, 이로써 언어기능과 관련된 논의와 이를 적용한 텍스트 분석이 최근까지도 텍스트언어학의 핵심적 위치를 차지하게 되었다. 이에 빈해서

F. Dostoyevsky (이재원 作, 2017)

M. Bachtin의 작사성(authorship)에 대한 논의는 그리 눈에 띠지 않는 편이라고 할 수 있다. 약간 특이한 사실은, M. Bachtin이 랑그와 텍스트를 구분하고 있다는 점이다. 그에 의하면 랑그가 타인에게 완전히 이해될 수 있고, 다른 기호 체계로 번역 가능한 것임에 반해서 텍스트는 그렇게 하기가 불가능한 어떤 것이다.

> "모든 기호의 체계(말하자면 모든 '랑그')는 관습에 의해 그 체계를 채택하는 공동체가 아무리 작다고 해도 원칙적으로는 늘 해독되어 있다. 말하자면 기호의 다른 체계(다른 랑그)들로 번역될 수 있다. 결과적으로 기호 체계들의 일반적인 하나의 법칙, 즉 잠정적이며 단일화된 랑그들을 종합하는 하나의 랑그가 있다(이는 물론 여러 랑그들 중의 한 랑그, 특수하고 구체적인 하나의 랑그는 결코 될 수 없다). 그러나 (수단의 체계로서의 랑그와는 달리) 텍스트는 텍스트들을 종합하는 잠정적이고 단일화된 텍스트가 없기 때문에 결코 완벽하게 번역될 수 없다" (T. Todorov 1987: 48 이하에서 재인용).

그러므로 M. Bachtin의 텍스트는 랑그가 아닌 빠롤 차원에 위치한 어떤 것이라고 추정할 수 있다. 이것을 텍스트언어학적으로 풀어쓰면, '실현적 텍스트'로 이해될 수 있는데, 이는 '잠재적 텍스트'와 구분되는 텍스트 정의 중의 하나이다. (R. –A. de Beaugrande/W. Dressler 1981: 69, 128 참조) 그런데 M. Bachtin이 위와 같은 견해들은 이미 오랜 전에 언어학이나 그것의 주변 학문인 철학과 논리학에서 많이 논의되었다. 이를 테면 번역학적 관점에서 '어떤 것이 번역될 수 있고, 어떤 것이 그럴 수 없는가'에 대한 논쟁이 있었을 때, 전자에 해당되는 것은 전적으로 '정보(Information)'이고, 후자에 해당되는 것은 '의미(Bedeutung)'라는 것이다. 또한 전자에 해당되는 것을 '지시 의미'라고 칭한 적도 있다. 따라서 상이한 두 언어 사이에서 번역 될 수 있는 것을 '언어'로 그렇지 못한 것을 '텍스트'로 구분하는 M. Bachtin의 견해는 – 용어 사용법에 있어서 - 현대 언어학이나 텍스트언어학에서 살피면 약간은 생소하다. 그럼에도 불구하고 언어에 있어서 이러한 두 측면이 있다는 사실에 대해서는 아무도 의심하지 않는다.

비트겐슈타인 (이재원作, 2018)

5.3.2 '다성음악(polyphony)'과 텍스트언어학

M. Bachtin의 '다성음악' 개념은 『F. Dostoyevsky 시학의 제(諸)문제』의 첫 번째 장 제목에 등장하는데, 이로써 M. Bachtin에 의한 F. Dostoyevsky의 소설 분석에서 이 개념이 얼마나 중요한지 가늠 할 수 있다. M. Bachtin에 의하면, F. Dostoyevsky는 "다성음악 소설의 창시자"(M. Bachtin 2011: 9)이다. 왜냐하면 F. Dostoyevsky 소설은 "독립적이며 융합하지 않는 다수의 목소리들과 의식들 그리고 각기 동등한 권리를 지닌 목소리들의 진정한 다성음악"(M. Bachtin 2011: 8)의 특징을 가지고 있고, 그의 대표적 주인공들이 "실제로 그의 창조적 구상 속에서 작가 담론의 객체가 될 뿐만 아니라 독자적이고 직접적으로 의미하는 담론의 주체가 되기"(M. Bachtin 2011: 8 이하)때문이다. 이러한 다성음악적 성격을 가진 소설의 주인공들은 전통적 의미의 주인공상이 아니고, 나름대로의 독자적 소견과 세계관을 가진 새로운 성격의 주인공들이다. M. Bachtin의 이러한 주장은 – 다른 비평가의 주장에 기대서 또는 다른 비평가의 그러한 주장을 보충 설명하거나 수정하면서 - 이 책의 여러 군데서 무수히 반복되는데, 그 중에서도 우선 F. Dostoyevsky 소설에 대한 L. Grossman의 논평이 중요하다.

> "L. Grossman은 인습적 법전에 요구하는 소재의 유기적 통일성을 깨트림으로써, 통일된 소설 구조 속에 있는 극히 다양하고 양립시킬 수 없는 요소들을 합일시킴으로써, 유일하고 완전한 서술 조직을 파괴함으로써 F. Dostoyevsky 시학의 근본적 특성을 발견했다. L. Grossman은 다음과 같이 말한다. '양극적으로 양립불가능한 서술의 요소들이 철학적 구상의 통일과 사건들의 격렬한 운동에 예속시키는 것이 그의 소설 구성의 근본적 원칙이다. 하나의 예술적 창조 속에서 철학적 고백들을 심리적 사건들과 결합시키는 것, 종교적 드라마를 길거리식 이야기의 줄거리에 포함시키는 것, 모험적 서술의 모든 급변을 새로운 미스터리의 계시로 인도하는 것과 같은 이 모든 예술적 과제가 F. Dostoyevsky에게 주어졌으며 그를 복잡한 창조적 작업으로 불러들였다'." (M. Bachtin 2011: 19).

또한 궁극에 있어서 M. Bachtin은 F. Dostoyevsky 소설을 Einstein적 '복잡한 단일성'이라는 개념으로 통일시키기도 한다.

> "실제로 F. Dostoyevsky의 재료 속에 있는 가장 양립하기 어려운 요소들이 몇몇 동등한 권리를 가진 의식들 사이에 나뉘어져 있다. [...] 속요의 세계는 Schiller적 찬가의 세계와 결합하고, 스메르자꼬프의 시야는 드미뜨리와 이반의 시야와 결합한다. 이와 같이 다양한 세계성 덕분에 소재는 그것의 독창성과 특유성을 마지막까지 발전시킬 수 있는 동시에 전체의 통일을 깨뜨리지도 않으면서 그 통일을 기계화시키지도 않을 것이다. 마치 여러 계산 체계들이 이곳 Einstein적 우주의 복잡한 단일성 속에서 통일되는 듯하다." (M. Bachtin 2011: 21).

일단은 M. Bachtin의 이러한 언명이 제기되던 당시인 1920년 말경의 상황에서 A. Einstein의 상대성 이론의 근본이 되는 "거시적 통일성"을 언급한 것이 놀라울 따름이고, '다양성'이 가진 발산적 상황을 거시적 차원에서 조금이라도 묶어두려는 M. Bachtin의 노력이 엿보인다. 이러한 상대성이론적 경향은 다음과 같은 "높은 질서의 통일성" 개념에서도 확고하게 드러난다: "다성음악의 본질은 다성음악에서 목소리들이 각기 독립적으로 남아 있다는 사실과 그러므로 목소리들이 단성악에서보다 높은 질서의 통일 속에서 결합된다는 사실에 있다." (M. Bachtin 2011: 28 이하). M. Bachtin은 다성음악이나 단성음악(monophony) 등과 같은 용어들을 음악학에서 빌려왔는데, 가끔은 위에서 말하는 다성음악의 "통일성" 개념이 혼동되기도 하는 모양새다. 왜냐하면 다음에 인용되는 구절에서 다성음악은 통일성을 벗어나는 현상으로 지칭되는 경우도 있기 때문이다: "우리가 F. Dostoyevsky의 소설과 다성음악을 자주 비교하는 것은 비유적 유추의 의미만 지녔을 뿐이지 더 이상 아무 것도 아니라는 점을 주시해야 한다. 다성음악과 대위법의 이미지는 음악에서 하나의 목소리가 그 영역 밖으로 벗어날 때와 같이 소설의 구조가 인습적인 독백적 통일성의 영역을 벗어날 때 나타나는 새로운 문제만을 가리킨다. 그렇지만 음악과 소설의 소재가 너무나 다르기 때문에 비유적 유추, 단순한 은유 외에는 언급할 만한 것이 없다. 하지만 우리는 이런 은유를 '다성음악적 소설'이라는 용어로 돌려버리고 있다. 왜냐하면 우리는 보다 더 적합한 기호를 찾아낼 수 없기 때문이다." (M. Bachtin 2011: 29). 그러나 M. Bachtin은 '높은 질서의 통일'과 '인습적인 독백적 통일성'과 같은 '통일성'을 수식하는 형용사구의 차이점을 가지고 이러한 모순을 피하려 하는 것으로 간주되기도 한다. 어쨌든 '다성음악'뿐만 아니라 '대위법'도 간간히 등장하는 것을 보면, M. Bachtin의 용어들은 음악에서 유래했음이 틀림없다. 음악사에서 다성음악은 이미 고대부터 존재했던 '다른음악(heterophony)', '단성음악(homophony)', '단선음악(monophony)' 등의 개념과 달리 9세기경에 등장하는 것으로 추정된다. 예를 들어 "작곡가들은 음악을 보다 조직화하고 체계적으로 쓰려는 시도와 함께 기존하는 단선율을 두 개 이상으로 조합하여 하나의 통일된 음악을 만들어 내었다. 초기 다성부 음악은 이렇게 시작되었다." (홍세원 1995: 57). 언어학과 관련해서 아주 흥미로운 사실은 이러한 다성음악이 고대 그리스어에서 '도구'의 의미를 가지고 있는 '오르가눔(organum)'으로 불려졌다는 사실이다. 언어학사에서 오르가눔은 중요한 개념 중의 하나이며 오랜 역사적 전통을 가지고 있다. 이 개념은 이미 Platon의 중기 저작인 『크라틸로스(Kratylos)』에서 사용되었고, 이것을 20세기 초 언어학의 중요한 시기에 K. Bühler는 자신의 『언어이론(Sprachtheorie)』(1934/1982)에서 연구의 토대로 삼았던 기호모델의 근간이 되는 개념으로 부활시켰기 때문이다. 어쨌든 중세 음악사에서 오르가눔은 '병행오르가눔(parallel organum)', 이것의 일종인 복합오르가눔(composite organum), 수정된 병행오르가눔(modified pararell organum), 자유오르가눔(free organum) 그리고 멜리스마오르가눔(melismatic organum) 등으로 구분된다. 그래서 추정컨대 F. Dostoyevsky 소설의 다성음악적 성격은 – 음악에서의 다양한 오르가눔처럼 - 다양한 모습으로 출현할 터인데, 이러한 오르가눔의 다양성을 비교, 분석해서 좀 더 구체적으로 다성음악적 소설구성을 구분하는 작업도 생각해 볼 수 있다. 어쨌든 한 목소리에서 다양성을 읽어내는 재주나 창조하는 재주가 F. Dostoyevsky에게 있었으며, 이를 알고서 논평했던 M. Bachtin이 있었다는 사실이 중요하다.

"F. Dostoyevsky는 보통사람이 한 가지 사상만 보았던 데서 두 가지 사상, 주

분열을 발견하고 감촉할 줄 알았다. F. Dostoyevsky는 일반인이 하나의 질(質)만 보았던 데서 그 질과 상반되는 또 다른 질의 존재를 밝혀냈다. 단순하게 보였던 모든 것이 그의 세계에서 복합적이고 복잡하게 되었다. 하나하나의 목소리 속에서 그는 논쟁하는 두 목소리를 들을 줄 알았으며, 하나하나의 표현 속에서 또 다른 상반된 표현으로 옮겨갈 수 있는 준비성과 균열을 찾아낼 줄 알았으며, 하나하나의 몸짓 속에서 확신과 불확신을 동시에 포착했다. 그는 형상 하나하나의 심오한 양의성(兩意性)과 다의성을 지각해 냈기 때문이다." (M. Bachtin 2011: 40).

언어 또는 언어학의 특정한 개념을 음악 용어에서 빌려와서 은유화한 것은 M. Bachtin에게서 뿐만 아니라, M. Bachtin이 여러 번에 걸쳐 정태적 언어학이라며 비판적 입장을 견지했던 F. de Saussure의 『일반언어학 강의(Grundfragen der Allgemeinen Sprachwissenschaft)』(1915/1967)에도 등장한다. 바로 그 장소가 M. Bachtin이 강조했던 빠롤 언어학(die Wissenschaft vom Sprechen)과 F. de Saussure가 중요시 했던 랑그 언어학(die Wissenschaft von der Sprache)이 구분되어 설명되는 장이다.[7]

"발성기관은, 모르스 알파벳을 전사하는데 사용하는 전기 기계가 그 알파벳과는 무관한 것처럼, 언어와 무관하다. 그리고 발성, 즉 청각 영상의 수행은 체계 자체에 아무런 영향을 미치지 않는다. 이 점에서 볼 때 언어를 교향악(Symphonie)과 비교할 수 있는 바, 교향악의 실제는 연주 방법과 무관하다. 교향악을 연주하는 사람들이 범하게 되는 실수는 이 실재를 전혀 손상시키지 않는다. […] 랑그는 각 개인의 뇌 속에 축적된 인상의 총체적 형태로서 사회에 존재하게 되는데, 이는 동일한 사전의 한 부씩을 각 개인이 소장하는 것

7) F. de Saussure의 『일반언어학 강의』의 제4장 제목은 독일어 번역본에서는 "Die Wissenschaft von der Sprache und die Wissenschaft vom Sprechen"인 반면에, 한국어 번역본에서는 "언어(langue)의 언어학과 화언(parole)의 언어학"으로 되어 있다. 따라서 독어본이든, 한국어본이든 F. de Saussure의 번역본을 볼 때, '언어'가 도대체 무엇을 뜻하는지 항상 주의 깊게 살펴야 한다.

과 대개 흡사하나 […] 1+1+1+1 … (집단적 형태) […] 빠롤 현상은 개인적이며 순간적이다. 여기에는 다음과 같은 공식에서 보듯이 모든 개별적 경우의 총합만이 있을 뿐이다. (1+1'+1''+1''' …)" (F. de Saussure 1915/1967: 23).

동일하게 언어에 있어서의 어떤 개념을 음악에 비유했으나, F. de Saussure와 M. Bachtin의 차이는, F. de Saussure가 교향악의 실재(즉, 랑그)의 중요성과 이러한 연주 방법의 도구이자 산물인 빠롤에 대해서 말하는 반면, M. Bachtin은 교향악 실재가 다의성 또는 다성(음악)성을 가지고 있다고 주장하는 곳에 있다. 이 때 M. Bachtin의 주장은 마치 재즈 음악의 제각기 다른 연주 버전들이 독자적인 음악 작품으로 취급 받는 현상과 유사해 보인다. 이러한 모든 것을 어느 정도 인정한다 하더라도 언어학적 측면에서 관찰하면 M. Bachtin의 다성음악 이론은 - 이기웅(2001: 322 참조)의 주장처럼 - 그리 썩 정교한 편이 아니다. "지하 생활자의 고백"이라는 제목이 붙여질 뻔 했던 F. Dostoyevsky에 의한 고백체 1인칭 소설 『지하 생활자의 수기』 첫머리부터 등장하는 주인공의 격렬한 내면 대화를 분석한 M. Bachtin의 글을 보게 되면, 이러한 사실을 쉽게 짐작할 수 있다.

"'나는 병자다 ... 나는 심술궂은 사람이다. 나는 남에게 호감을 주지 못하는 인간이다.' 이와 같이 고백이 시작된다. 생략부호(...)와 그 뒤의 갑작스런 어조의 변화는 의미심장하다. 주인공은 약간 처량한 어조로 '나는 병자다'라고 시작했지만 즉시 자신의 이러한 어조에 화를 내고 그것은 마치 그가 불평을 토로하며 동정을 필요로 하는데, 그 동정을 다른 사람에게 찾으며 다른 사람을 필요로 하고 있는 듯이 보인다! 여기서 '수기'의 전체적 양식의 특징인 전형적 악센트와 굴절, 대화적 급진전이 발생한다. 주인공은 다음과 같이 말하고 싶어 하는 듯하다. '여러분은 아마 첫 마디부터 내가 여러분의 동정을 구하고 있다고 상상했을 것이다. 그런데도 나는 심술궂은 사람이고, 남에게 호감을 주지 못하는 인간이다.' 여기서 특징적인 것은 예상되는 타인의 반응에 영향을 받아 (상대방에게 악의를 갖는) 부정적 어조가 점점 더 심해져 가는 것이다." (M. Bachtin 2011: 303).

이러한 M. Bachtin의 모호한 면을 이기웅은 다음과 같이 언어학적 분석 방법을 사용하여 구체화 시킨다.

(10) "나는 병든 사람인데[나는 병자다] ... "
(10') "나는 당신에게 이야기 한다; 나는 자신을 병든 사람으로 여기고 있다 ... "
(11) "나는 악한 사람이다.[나는 심술궂은 사람이다.]"
(11') "나는 당신에게 이야기 한다; 나는 당신이 나를 악한 사람으로 여기기를 원한다."
(12) "혐오스러운 사람인 것이다. 나는.[나는 남에게 호감을 주지 못하는 인간이다.]"
(12') "나는 당신에게 이야기 한다; 나는 당신이 나를 '전적으로' 혐오스러운 사람으로 여기기를 원한다."

발화 (10)의 분석인 (10')에서 보듯, 이 발화는 [{서술자=의사소통 주체}=양상주체]인 단성적인 발화이다. 반면 그 다음 발화인 (11)과 (12)는 그에 대한 분석인 (11')와 (12')에서 보듯 [{서술자=의사소통 주체=양상 주체1} ≠ 양상 주체2]인 다성적 발화이다. 이처럼 <지하 생활자의 수기>에서 주인공의 말 중 다성적인 발화들은 내부 구조에 있어서 두 개의 시점의 불일치, 즉 [{'나'=양상 주체1}≠{'타자'=양상 주체2}]를 특징으로 하고 있다. 그리고 이러한 불일치 속에서 주인공은 소설 전체에 걸쳐서 의식의 끊임없는 자기 운동, 즉 ['나'='나']를 지향하는 의식의 부단한 운동을 말로써 우리에게 보여준다. 그런데 '인간이 결코 자기 자신과 합치되지 못하는 이상'(M. Bakhtin 1929, p. 69), 이러한 운동은 부정적인 양상을 보일 수밖에 없다. 왜냐하면 그것은 '내가 과연 누구인지'를 긍정적으로 알지 못한 채로 끊임없이 '타자'가 아닌 바로서의 '나', '타자'의 부정으로서의 '나'를 설정하는 운동이 되기 때문이다." (이기웅 2001: 330 이하).

텍스트언어학적 연구의 장에서 이러한 다성음악 이론을 이용한 분석과 유사한 소설 분석은 홍명희의 『혼불』을 고찰한 고영근(2011)에서 엿보인다. 고영근은 최명희의 『혼불』을 분석하면서 이를 하이퍼텍스트적이라고 주장하는데, 그 이유는 『혼불』에 등장하는 강모가 첫날 저녁에 그대로 잠자리에 드는 것을 보고 신부 효원이 갖는 심리적 갈등을 묘사한 부분 때문이다.

(1) 그렇지만 효원은 꼼짝도 하지 않고 기어이 견디어 내고 있다.
(2) 그대로 앉아서 죽어버리기라도 할 태세다.
(3) 그네는 파랗게 질린 채 떨고 있었다. 그만큼 분한 심정에 사무쳤던 것이다.
(4) 손가락 하나도 움직이지 않으리라.
(5) 내 이 자리에서 칵 고꾸라져 죽으리라.
(6) 네가 나를 어찌 보고 .....
(7) 이미 새벽을 맞 이하는 대숲의 바람소리가 술렁이며 어둠을 털어내고 있는데도 효원은 그대로 앉아 있었다.
(8) 그네는 어금니를 지그시 맞물면서 눈을 감는다.

(1. 44, 고영근 (2011: 287)에서 재인용).

고영근(2012: 15)에 의하면, "첫날 저녁의 잠자리 묘사는 지문과 독백, 그리고 대화가 그 경계를 분명히 하지 않은 채 뒤섞여 있다. 이는 『혼불』의 하이퍼텍스트적 특성을 가장 극명하게 드러내는 작가의 책략으로 해석된다. 서술자와 등장인물이 하나가 되었다는 것은 독자로 하여금 그만큼 작품의 이해와 감상에 개방성을 부여한다고도 해석할 수 있다. 이렇게 문학 작품은 [...] 중의적 측면이 있어 독자는 그러한 점에 매료되어 문학의 세계에 몰입하는지도 모른다 [...] 『혼불』은 관점에 따라 독자에게 여러 가지로 읽힐 수 있다. 먼저 서사적 축에 기대는 구조적 읽기이다. 청암 부인의 서사와 남자 주인공인 강모의 서사가 일치하는 부분도 있지마는 격리되어 있는 부분이 많다. 이는 작자가 근대적 삶의 가치를 표방하기보다 전통적인 가치의 조명에 역점을 두고 있기 때문이다. 둘째는 다양한 민속지 자료를 통한 문화적 읽기이다. 『혼불』에는 수많은 민속지 또는 전통문화들이 생생하게 재현되어 있다. 『혼불』에는, 앞에서 본 바와 같이, 교직적 구성을 보여 줌으로써 독자들에게 해석과 감상의 개방성을 부여하여 주기도 하고 섬세한 묘사와 응축된 문체는 한 편의 서정시를 읽는다는 착각을 일으킬 때가 많다. 위의 세 가지 요소들이 응결되고 응집되어 명편으로 군림한 것으로 보인다." (고영근 2012: 15). 고영근에 의해서 '교직적'으로 지칭되는 위와 같은 소설의 구성 방식은 M. Bachtin의 F. Dostoyevsky 분석에서도 중요한 역할을 한다. 이를 테면 M. Bachtin이 L. Grossman의 주장에 기대서 – 텍스트언어학적으로 관찰하면 - 다양한 텍스트유형 또는 소재의 극단적 다양성을 소설 속에서 추구하는 했다고 주장할 때가 그러하다: "그[F. Dostoyevsky]의 과제는 예술가에게 있어 아주 커다란 난관을 극복하는 일, 다양한 가치를 지닌 극히 여러 가지 소재들로부터 유일하고 완전한 예술적 작품을 창조하는 일이다. 그렇기 때문에 욥서, 요한 계시록, 복음서, 시메온 성자전, 그리고 F. Dostoyevsky 소설들의 지면을 채워 주며 여러 장(章)의 어조를 전달해 주고 있는 모든 것은 신문, 희화화, 패러디, 거리 풍경, 그로테스크 혹은 팜플렛과도 결합하게 된다." (M. Bachtin 2011: 19). 또한 이러한 텍스트의 구성 방식은 '교직적'이라는 개념을 넘어서 텍스트언어학의 표준 이론이라고 할 수 있는 R. Harweg의 "텍스트구성(Textkonstitution)"이론에서 핵심 역할을 하는 텍스트코스모스(Textkosmos) 또는 텍스트군집(Textgemeinschaft)의 개념과도 아주 닮아 있다: "체계, 텍스트 그리고 텍스트코스모스는 한 개별언어의 세 가지 상이한 존재형식, 더 정확히 말하면 정렬방식(Anordnungsformen)이다. 그들이 가지는 상이한 특징들을 순서대로 보자면 언어 체계는 <… 대신에(Statteinander)>라는 관계이며, 텍스트는 <… 에 연이어(Nacheinander)>라는 관계이고, 끝으로 텍스트코스모스는 <… 와 나란히(Nebeneinander)>라는 관계이다. 특히 이 세 개념의 전개에서 출발점인 동시에 기준이 되는 것은 바로 <… 에 연이어>라는 관계이다." (R. Harweg 1968:143). 여기서 '... 대신에'란 '어떤 성분이 똑같은 자리에서 그것을 대신하는 다른 성분으로 대체되는 계열체(paradigmatische Größe)나 낱말밭(Wortfeld)'을 의미하고, '... 연이어'는 '앞 문장의 성분이 뒤 문장에서, 다시 연속적으로 계속하여 다른 성분으로 대체'(연어적/통사적 연결(syntagmatische Beziehung))되는 것을 의미하며, '... 나란히'는 그야말로 '공존'이나 '병행' 또는 '병렬'의 의미이다. 이런 의미에서 '교직적'이라 함은 '계열체'와 '연어적 연결' 현상이 동시에 발현됨을 말한다.

어쨌든 이러한 구체화된 다성성 개념 외에도 텍스트언어학을 연관시킬 수 있는 단초는 M. Bachtin의 주저 『F. Dostoyevsky 시학의 제(諸)문제』의 제2장 "F.

Dostoyevsky 창작에서 주인공에 대한 작가의 입장과 주인공"에서 M. Bachtin이 규명하려는 세 가지 중요한 명제의 나열을 보게 되면 정확히 간파될 수 있다: "우리 명제의 세 가지 측면을 차례로 다루어 보겠다. 그 첫 번째는 다성음악적 구상의 여러 조건에서 주인공과 주인공의 목소리가 누리는 상대적 자유와 독립성이고, 두 번째는 그러한 구상에서 사상이 차지하는 독특한 위치이며, 세 번째는 소설 전체를 형성하는 새로운 연결 원칙들이다." (M. Bachtin 2011: 59). 특히 이 부분에서 텍스트언어학적으로 중요한 것은 '소설 전체를 형성하는 새로운 연결 원칙'이라는 개념이다. 왜냐하면 이러한 구상은 텍스트언어학의 초창기에서부터 가장 중심이 되는 텍스트언어학적 핵심기제인 "…에 연이어(Nacheinander)"에 해당되는 개념이기 때문이다.

5.3.3 메타언어학과 텍스트언어학

언어학사에서 화용론의 근간이 되는 K. Bühler의 기호모델이나, L. Wittgenstein의 『철학적 탐구(Philosophische Untersuchungen)』 그리고 J. L. Austin의 『우리는 말로서 무엇을 할 것인가(How to do things with words)』 등이 그러하듯, M. Bachtin의 메타언어학도 순수한(?) 언어학의 분과에서 탄생했다기보다도 철학과 사회학 그리고 심리학과 문예비평 등의 경계에서 발생했다. 그럼에도 불구하고 M. Bachtin은 초기 저작 『언어예술 창조에서의 내용, 질료 및 형식의 문제』(1924)에서 이미 언어의 중요성을 간파하고, "문화는 언어 현상"(1924: 127)이라는 주장을 하며, 이후에 출간되는 『F. Dostoyevsky 창작의 제(諸)문제』(1929)에서 이를 메타언어학이라는 개념으로 정의하고 있다. 우선, '메타' 개념이 언어학사에서 대두된 중요한 장소는 라이온스 J. Lyons(1977: 5)의 대상언어(object language)와 메타언어(meta language)를 구분하는 곳이다. 그는 자연언어의 두드러진 특징 중의 하나를 자기 지시 기능으로 간주한다. 다시 말해서 인간의 자연언어는 언어외적 대상을 지시/지칭하기도 하지만, 자기 스스로를 지시할 수도 있다는 것이다. 이를 테면, "Socrates has eight letters.(Socrates는 여덟 글자로 이루어져 있다)"(J. Lyons 1977: 5)에서 'Socrates'는 2400여 년 전 고대 그리스 시대에 살았던 특정 인물을 지칭하는 것이 아니라 'Socrates'라는 이름 자체를 가리킨다는 것이다. 이러한 메타 개념은 나중에 메타 언어행위 등으로 그 외연을 확장했다. 그러나 M. Bachtin의 '메타' 개념은 언어학에서 일반적으로 알려진 것과 약간의 차이가 있다. 그는 이 개념을 1929년의 저술에서 당시에 융성했던 F. de Saussure의 구조주의와 이와 비슷한 방향의 이론적 노선을 견지하고 있었던 러시아 형식주의에 대한 비판을 위해 사용했다. 더불어 자신 보다 앞선 시기에 이미 명성을 얻었던 L. N. Tolstoy 소설작법을 '단성음악 monophony'적이라고 칭하며 F. Dostoyevsky의 그것과 거리를 두었다. 그것은 아마도 그때까지 M. Bachtin이 보았던 언어학이 현대언어학에 비해서 협소한 연구영역을 가졌으므로 그렇게 주장했을 것이다: "완벽하게 비(非)비판적인 방법으로 형식주의자들은 시적 작품들의 구성상의 특수성들을 언어 체계 속에 투사하며, 같은 방법으로 언어학적 요소들을 직접적으로 시적 구성 속에 전위시킨다. 이는 비밀리에건, 공공연하게건 다소간 많은 부분의 시학을 언어학의 방향으로 잘못 인도하는 결과를 낳는다. [...] 이 같은 시도의 저변에는 전혀 증명되지 않은 가정이 놓여 있는데, 그 가정에 의하면 랑그의 언어학적 요소와 작품의 구성적 요소는 당연히 일치한다는 것이다. 우리는 그 두 현상이 두 개의 상이한 지평에 의존하고 있기 때문에 일치하지 않으며, 일치할 수 없음을 제시하는 바이다." (M. Bachtin 2011: 47). 그래서 그는 자신이 전개해 나갈 F. Dostoyevsky의 소설 분석은 (F. de Saussure 등에 의한 구조주의) 언어학적이 아니라 메타언어학적이며, 이는 '살아 숨쉬는 총체적 언어'에 대한 분석이라고 주장한다: "우리가 이 장의 제목을 'F. Dostoyevsky의 담론'이라 붙인 이유가 있다. 그것은 담론이 구체적으로 살아 숨쉬는 총체적 언어이지, 언어학이 정도(正道)의 대상으로 삼는 총체적 언어의 특정한 측면이 아니기 때문이다. 그렇지만 언어학이 대상으로 삼는 특정한 측면이야말로 우리의 목적에 있어서 제1차적 중요성을 갖는다. 하지만 엄밀한 의미에서 앞으로 해나갈 분석은 언어학적이라고 할 수는 없다. 그것은 메타언어학이라 할 수 있다. 메타언어학은 언어학의 영역을 뛰어넘는다(그것도 완전히 합법적으로). 메타언어학은 말 또는 담론이 살아가는 다채로운 측면을 연구하지만 아직 독립된 학문으로 확립되지는 않았다." (M. Bachtin 2011: 239). 또 다른 그의 저서에서도 기존의 언어학에 대한 이런 류의 비판이 자주 등장한다. 이를 테면: "언어학은 언어체계내의 요소들간의 관계, 즉, 순전히 잠재적인 것만을 연구하며 발화들 간의 관계, 발화와 현실, 발화와 화자(작가)간의 관계는 다루지 않는다." (M. Bachtin 1986: 314, 이인영 1988: 485에서 재인용); "언어, 말 – 이것은 인간사의 거의 모든 것이다. 그러나 이 포괄적이고 다면적인 현실이 언어학만의 대상이고 언어학적 방법으로만 이해될 수 있다고 생각해서는 안 된다. 언어학의 대상은 질료, 즉 말에 의한 커뮤니케이션의 수단만을 다룬다. 그것은 말에 의한 커뮤니케이션 자체, 발화, 발화의 대화적 관계, 커뮤니케이션의 형태, 말의 장르는 다루지 않는다." (M. Bachtin 1986: 313 이하, 이인영 1988: 485에서 재인용). 그러나 언어학에 대한 그의 이러한 비판은 현대에 동일하게 적용되기는 어려워 보인다. 왜냐하면 F. de Saussure 사후 100여년이 흐르는 동안 (일반)언어학은 내용적인 면과 형태적인 면에서 엄청난 확장을 경험했기 때문이다. 예를 들어 현대에 들어와서 언어학은 M. Bachtin이 말하는 순전히 잠재적인 것만을 연구하지 않으며, 현대의 화용론과 텍스트언어학에서는 '발화들 간의 관계', '발화와 현실', 발화와 화자(작가)간의 관계'도 연구 테마가 되고 있다. 특히 텍스트언어학의 장에서는 커뮤니케이션의 형태 및 말의 장르 (텍스트언어학적으로 보면 '텍스트 유형/종류/부류') 문제는 가장 핵심적인 연구 테마 중의 하나에 속하며, 최근에 N. Luhmann의 체계이론(Systemtheorie)에 기댄 C. Gansel의 『텍스트종류의 언어학(Textsortenlinguistik)』(2011)이라는 저서가 출간된 것만을 보아도 그러하다. 그래서 M. Bachtin의 언어 이론에 대한 별칭인 '열려진 체계', '초(超)체계성', '반(反)체계성', '반언어학적', '무정부주의적'(S. Stewart 1981: 42), '반정전적(反正典的)' 그리고 그를 '이교도' 또는 '이교도의 교주'(G. S. Morson 1978: 408)라고 몰아치는 것(이인영 1988: 485 이하 참조)은 오늘날의 언어학적 입장에서 보면 그리 합당한 것은 아니다.

어쨌든 메타언어학이라고 칭해진 M. Bachtin의 언어이론에 대해서 좀 더 구체적으로 살펴보자. 계속적으로 주장되는 것이지만, M. Bachtin에게 있어서 '언어학'은 현대언어학의 중요 핵심분과가 되어 버린 '담론/대화(언어학)'을 포함하지 않는다: "문제는 순수한 언어학적 가치기준에 따른 특정한 언어 양식, 사회적 방언 등의 존재여부에 있는 것이 아니라, 그것들이 어떠한 대화적 각도에서 대비되거나 대치되는가에 있다. 이 대화적 관계는 담론의 영역에 속해 있지, 순수한 언어학적 연구의 영역에 속해있지 않다. 대화적 관계는 (자신의 담론에 대한 화자의 대화적 관계까지 포함해) 메타언어학의 대상이다. […] 언어학의 대상이 되는 언어에는 어떠한 대화적 관계도 있을 수 없다. 그 관계는 언어체계 중의 여러 요소 사이에도 (예를 들어 사전 속의 낱말들 사이나 어휘들 사이에서) 있을 수 없으며 엄밀한 언어학적 접근을 한 '텍스트'의 여러 요소 사이에도 있을 수 없다." (M. Bachtin 2011: 240 이하). 반면에 M. Bachtin의 F. Dostoyevsky 소설에 대한 메타언어적 분석에서는 F. de Saussure에서 간과되었던 화자의 문제가 중요하게 대두된다. 왜냐하면 담화 또는 "발언은 […] 모두 자신의 주인"(M. Bachtin 2011: 242)을 가지고 있기 때문이다. 이러한 M. Bachtin의 메타언어학에 있어서는 양식화(stylization)와 패러디 그리고 화자서술(skaz/구어, oral speech (M. Bachtin 2011: 251))과 대화(응답으로서 구성된 대화)가 중요하다. 『F. Dostoyevsky 시학의 제(諸)문제』(2011)에는 M. Bachtin에 의한 도스토예프스키 소설 속의 담론 분석의 기초가 되는 "F. Dostoyevsky 담론"이라는 장이 등장하는데, 여기서 M. Bachtin은 소설 속의 담론을 타자의 말에 대한 관계에 따라 세 가지로 구분한다. 이를 테면, 담론의 "제1유형은 직접적인 대상의 이해를 계산에 둔 직접대상을 향한 담론, 즉 이름짓고, 전달하고, 표현하고, 묘사하는 데 사용하는 말이고 제2유형의 담론은 묘사되었거나 객체화될 말이다. 묘사되는 객체적 말의 가장 전형적이고 가장 널리 쓰이는 형태는 주인공이 직접 하는 말이다." (M. Bachtin 2011: 246). 이러한 단일 음성적 말과는 달리, 양식화와 패러디 그리고 화자서술과 대화는 제3유형으로서 이중음성적인 말이다. 이러한 제3유형의 담론에서 "작가는 자신의 목적에 따라 타인의 담론을 사용할 수가 있다. 그것은 이미 자기의 독자적인 지향성을 간직하고 있는 담론에다가 작가가 새로운 의미적 방향을 덧붙이는 방법으로서 행해진다. 이때 그러한 담론은 자신의 과제에 따라 타인의 담론으로서 느껴지지 않으면 안 된다. 하나의 담론 속에서 두 개의 의미적 지향성, 두 개의 목소리가 나타나는 것이다. 패러디의 담론이 그렇고 양식화가 그렇고 양식화된 이야기가 그렇다." (M. Bachtin 2011: 249). 또한 제3유형의 담론도 세 가지로 나뉘는데, 그 중에서 첫 번째가 작가의 의도와 그 의도를 위해 도입된 타자 말의 지향성이 일치하는 '단일 방향의 이중적 목소리를 가진 담론이고', 두 번째는 이 두 목소리가 분열되려고 하는 '다방향성 이중적 목소리의 담론'이며, 세 번째 유형은 '숨겨진 논쟁' 또는 '숨겨진 대화'로 일컬어지는 타자의 말은 재현되지 않고 단지 작가에 의해 고려되기만 하는 '능동적 유형(반영된 타인의 담론)'이다. M. Bachtin은 이러한 유형들을 일목요연하게 다음과 같이 도식적으로 표현하고 있다.

I. 화자의 최종적 의미의 단계를 표현한 것으로서 직선적이고 직접적으로 대상을 향해 있는 담론

II. 객체적 담론 (묘사된 인물의 담론). 객체성의 다양한 정도를 나타냄
  1. 강한 사회적 전형
  2. 강한 개인적 전형

III. 타인의 담론을 지향하는 담론 (이중적 목소리의 담론)
  1. 단일 방향의 이중적 목소리를 가진 담론: 객체성이 저하될 때 목소리들을 융합시키려 한다. 즉, 제1유형의 담론을 지향한다.
    a. 양식화
    b. 화자 서술 (이야기꾼의 이야기)
    c. 작가의 구상을 전해주는 (부분적으로) 주인공의 비객체적 담론
    d. 1인칭 서술(Icherzählung)
  2. 다방향성의 이중적 목소리의 담론: 타인의 사상의 객체성과 활성화가 약화될 때 내적으로 대화화되고 제1유형의 두 담론(목소리)으로 분열되려 한다.
    a. 모든 뉘앙스를 가진 패러디
    b. 패러디풍의 서술
    c. 패러디풍의 1인칭 서술
    d. 패러디 풍으로 묘사된 주인공의 담론
    e. 악센트를 바꾼 타인의 담론 전달
  3. 능동적 유형(반영된 타인의 담론): 타인의 담론은 밖에서부터 작용한다. 타인의 담론과 가장 다양한 상호관계의 형식이 가능하며, 그 담론을 다양한 정도로 탈 형식화시키는 영향력이 가능하다.
    a. 숨겨진 내면적 논쟁
    b. 논쟁적으로 채색된 자전과 고백
    c. 타인의 담론을 계산에 넣는 모든 담론

d. 대화의 응답

e. 숨겨진 대화 (M. Bachtin 2011: 261 이하).

이와 더불어 M. Bachtin의 메타텍스트 개념은 – T. Todorov가 지적하는 것처럼 – 상호텍스트와도 닮아있다: "인문과학의 텍스트를 속기부호로 다시 표기하는 것, 이는 늘 특수한 종류의 대화형식의 속기부호이다. 그것은 텍스트(연구와 사고의 대상)나 그 텍스트를 둘러싸고 있는 사람들이 (질문을 던지고 반박하는 등으로) 만들어내는 맥락, 학자의 인식과 가치평가적 사고가 실현되는 이 맥락과 복합적인 상호연관성이다. 그것은 두 텍스트의, 이미 주어진 텍스트와 그에 대한 반응으로 형성되는 텍스트와의 만남이다 – 그러므로 결과적으로는 이는 두 주체의 두 저자의 만남이 된다. 다른 텍스트와 관계를 맺는다는 의미로서의 이해, 하나의 새로운 맥락(나의 맥락, 내 시대의 맥락, 미래의 맥락)에서 재해석한다는 의미로서의 이해이다. [...] 문학에서 그리고 문학연구에서 진정한 이해는 늘 역사적이며 개성적이다." (T. Todorov 1987: 44에서 재인용). 그러나 M. Bachtin이 기존의 언어학을 단순히 비판한 것만은 아니다. 경우에 따라서는 당시까지의 언어학적 성과에 대해서 인정한다: "물론 메타언어학적 연구는 언어학을 등한시할 수 없으며, 언어학의 성과를 수용하지 않으면 안 된다. 언어학과 메타언어학은 구체적이고 대단히 복잡하고 다각적인 하나의 현상인 말만 똑같이 연구하지만 그 현상을 다른 측면에서 그리고 다른 시각에서 연구한다. 언어학과 메타언어학은 상호 보완해야 하나 그렇다고 혼동해서는 안 된다. 물론 양자의 경계선이 실질적으로 대단히 자주 침범되고 있는 것도 사실이다." (M. Bachtin 2011: 239). 그래서 M. Bachtin이 F. de Saussure의 언어학을 계속적으로 비판했다는 사실은 잘 알려져 있지만, 다음과 같은 M. Bachtin의 장소를 자세히 살펴보면, 그러한 F. de Saussure에 대한 비판이 합당한 것인지에 대한 의문은 여전히 남아 있다: "세계를 이해한다는 일은 F. Dostoyevsky에 있어서 그것의 모든 내용을 동시적 내용으로 사고하는 것이자, 한 순간의 단면에서 그 내용들의 상호관계를 추측하는 것이다. 모든 것을 나란히 그리고 동시에 보여 주고 지각하려는 대단히 집요한 F. Dostoyevsky의 이러한 열정은 그로 하여금 주인공을 자신의 분신, 악마, 자신의 다른 나(alter ego), 자신의 희화화(이반과 악마, 이반과 스메르자꼬프와 스비드리가일로프 등)와 함께 대화하게 하면서 한 인간 발전의 내면적 단계조차 공간 속에서 극화시키고 있다" (M. Bachtin 2011: 37). 왜냐하면 M. Bachtin의 이 구절들에서 '모든 내용을 동시적 내용으로 사고하는 것", "한 순간의 단면에서 그 내용들의 상호관계를 추측하는 것", "모든 것을 나란히 그리고 동시에 보여주고 지각하려는 것" 등은 구조주의 언어학이 가지고 있는 '공시성'이나 '단면'과 같은 중요한 특징들에 해당될 수 있기 때문이다. 또한 그가 말한 다음 구절을 보면 이러한 공시성이 더욱 더 구체적으로 드러나 보인다: "F. Dostoyevsky는 한 인간의 내면에 있는 하나하나의 모순을 극화시키고 그것을 광범위하게 전개시키기 위해 두 인간을 만들려 한다고 볼 수 있다. 이러한 특성은 다수의 무대에 대한 F. Dostoyevsky의 집착 – 실질적 개연성을 자주 희생시키면서도 가능한 한 많은 인물과 주제들을 한 장소에 그리고 한 순간에 가능한 한 최대의 질적인 다양성을 동시에 집중시키려는 열정 – 속에서 외적으로 표현되고 있다." (M. Bachtin 2011: 37 이하). 여기서 말하는 '한 장소'와 '한 순간'이 그러하고, 또한 이러한 공시적 특징은 "통시적 축이 아니"라는 구체적인 개념으로서도 등장하고 있다: "그렇기 때문에 F. Dostoyevsky는 고독한 의식 속에 있는 사상들의 생과 사상들의 상호관계가 아니라 사상들의 영역에 있는(그러나 단지 사상들뿐 만은 아니지만) 의식 들의 상호작용을 묘사해 왔다. F. Dostoyevsky의 세계 속에 있는 의식은 그것의 생성과 성장의 길에 놓여있지 않다. 다시 말해 그 의식은 통시적 축이 아니라, 다른 의식들과 나란히 있는 공시적 축에서 존재함으로써 그것은 자신과 자신의 사상에, 그리고 그 사상 속에 내재하는 논리적 발전에 집중할 수 없으며, 다른 의식들과 상호작용으로 빨려 들어 간다. F. Dostoyevsky의 의식은 무엇에도 속박 당하지 않을 때가 전혀 없으나 사뭇 다른 의식들과의 긴장 관계 속에 처해 있다." (M. Bachtin 2011: 42). 또한 M. Bachtin은 이미 1941년경에 텍스트언어학에서도 여전히 관심꺼리인 언어행위론과 충분히 관련될 수 있는 다음과 같은 주장도 하고 있다: "사물에 대한 인식과 인간에 대한 인식, 이 둘은 서로 다른 것으로 특징지어야 한다. 순수하고 죽어 있는 사물은 외면성일 뿐이며 타자를 위해서만 존재하고, 이 타자(인식의 주체)가 일방적인 행위를 통해서 완전히, 끝까지 밝혀낼 수 있는 것이다. [...] 두 번째 경계는 인간에 대한 인간의 사고와 대화, 질문, 청탁이다. 이는 사고와 실천(행위)의 두 가지 경계 혹은 관계(사물, 인간)의 두 가지 유형이다. 인간이 심층적이며 심층적일수록 다시 말해서 인간적 경계에 다가가면 다가갈수록, 일반화 경향의 방법들을 적용하기 힘들게 된다." (M. Bachtin 2011: 38). 그러나 그의 이론은 아주 독특하여 기존에 우리들이 알고 있는 언어행위론에 접목시키기가 그리 쉽지는 않아 보인다. 왜냐하면 그는 '작가의 시야에서 주인공의 시야로' 또는 '작가와 주인공과의 대화' 같은 - 텍스트언어학의 입장에서 보면 낯설기만 한 - 주장들을 내세우기 때문이다: "주인공 자신의 현실뿐만 아니라 그를 둘러싼 외부 세계와 일상생활도 자의식의 과정 속으로 빨려 들어가 작가의 시야로부터 주인공의 시야로 옮겨간다. 그것들은 더 이상 주인공과 동일한 평면에 있지도 않고 주인공을 한정시키는 인과적 요인이 될 수 없을뿐더러 작품의 설명적 기능도 수행할 수 없게 되었다." (M. Bachtin 2011: 63); "F. Dostoyevsky의 다성음악 소설에서 주인공에 대한 작가의 예술적 태도는 진지하게 실행되고 일관된 대화적 자세이다. 그것이야말로 주인공의 독립성, 내면적 자유, 미완결성, 미결정성을 입증해 주는 것이다. 작가에게 주인공은 '그 남자'나 '나'가 아니라 완전히 독립적인 '너', 즉 또 다른 타인의 자립한 '나'이다. 주인공은 극히 진지한 현재의 대화적 태도에 있어서 주체가 되고 있지, 수사적으로 연출되거나 문학적으로 지어진 대화적 태도에 있어서 주체가 되고 있지 않다. 이 대화는, 전체적으로 소설의 '커다란 대화'는 과거가 아닌 지금, 즉 창작 과정의 현재 시점에 벌어지고 있다. (각주: '살고 있다'라는 의미는 '어제', '오늘', '내일'이라는 시간, 즉 주인공이 '살았고' 작가의 전기적 생활이 흘러가는 종류의 시간 속에 있지 않다.) 그것은 다 끝나버린 대화의 속기록이 전혀 아니다. 작가가 이미 그 대화에서 빠져 나와 보다 높은 자리에서 어떤 결정만 내리게 되는 위치에 있지 않다는 말이다. 만약 작가가 그러한 위치에 있다면 미완결된 진정한 대화는 모든 독백적 소설에서 흔히 볼 수 있는 객관화되고 완결된 대화의 이미지로 변해버릴 것이다. F. Dostoyevsky에게서 이 커다란 대화란 바로 문턱에 서있는 닫혀지지 않은 인생의 전체로서 예술적으로 조직되어 있다. […] F. Dostoyevsky의 구상에서 주인공은 자립적인 말을 하는 자이지 작가가 하는 말의 소리 없는 대상이 되는 벙어리가 아니다. 주인공에 대한 작가의 구상은 담론에 대한 구상이다. 때문에 주인공에 대한 작가의 담론도 담론에 대한 담론이다. 그것은 마치 담론에게 지향되어 있듯이 주인공에게 지향되어 있으므로 주인공에게 대화적으로 말을 건네고 있는 것이다. 소설의 모든 구조로 볼 때 작가는 주인공에 관해서 이야기하는 것이 아니라 주인공과 같이 대화를 나누고 있는 것이다. [⋯] 모든 것이 주인공을 자극하고, 도발하고, 다그치고, 논쟁으로 끌어내 조소까지 하게 해야 한다. 모든 것은 주인공 자신을 향하게 하고 그쪽으로 돌려져야 된다. 모든 것은 실존하고 있는 자에 대한 담론으로서 느껴져야 되지, 부재하고 있는 자에 대한 담론으로 느껴지면 안 된다. 즉 '3인칭'이 아닌 '2인칭'의 말로서 느껴져야 되는 것이다. 주인공의 고정된 이미지를 만들어내는 '3인칭'의 의미적 시점은 그런 분위기를 깨뜨릴 수 있다. 그렇기 때문에 이 시점은 F. Dostoyevsky의 창작 세계 속으로 들어오지 못한다. 그것은 이 시점이 그의 창작 세계로 접근할 수 없어서가 아니다. (예를 들어 주인공의 자전적 성격이나 작가의 극단적 논쟁으로 인해) 그 시점이 작가의 창작적 구상 속으로 들어가지 않는 것이다." (M. Bachtin 2011: 82 계속). 그럼에도 불구하고 기본적으로 M. Bachtin이 텍스트를 중시했다는 점에서 보면, 어쨌든 그는 현대 텍스트언어학과 커다란 관련을 맺고 있다고 할 수 있다: "우리는 인문과학의 특수성에 관심을 가지는데, 인문과학은 타자에게서 기인하며 그리고 단지 학자에게만 텍스트라는 형태로 나타나고 제공되는 사고들, 의미, 의미작용들 등으로 향하고 있다. 모든 학문의 분야(언어학, 문헌학 그리고 문학연구) 그리고 문헌학적이고 인문학적인 모든 과학(그 원천에 신학-철학적 사고까지를 포함한 과학)의 일차적 자료는 텍스트이다. 텍스트란 이 같은 학문의 분야, 이 같은 사고가 구성해주는 즉각적 현실성(사고와 경험들의 현실성)이다. 텍스트가 없는 곳에는 더 이상 연구와 사고의 대상도 없다." (T. Todorov 2011: 37에서 재인용); "인문과학은 특수성을 지니고 있는 인간의 과학이지 목소리 없는 한 사물 혹은 한 자연현상의 과학이 아니다. 인간적 특수성 속에서 인간은 늘 스스로를 표현하고(말하고), 말하자면 하나의 텍스트(그것이 잠정적이라 할지라도)를 창조한다. 인간이 텍스트 밖에서 연구되고 텍스트와 독립적으로 연구되는 분야는 더 이상 인문과학의 영역이 아니다(해부학과 인간생리학 등)" (T. Todorov 1987: 37에서 재인용); "인간의 행위는 하나의 잠재적인 텍스트이며 정신의 과학이다. 정신(나의 것뿐만 이 아니라 타자의 것도)은 사물(자연과학의 즉자적 대상처럼)로 주어질 수는 없고 단지 자신에게 그리고 타자에게 가치가 있는 기호를 통한 표현, '텍스트'를 통한 실현에 의해서만 주어질 수 있을 뿐이다" (T. Todorov 1987: 38에서 재인용)

5.4 논증 텍스트 분석의 출발점: S. Toulmin의 논증구조[8]

철학자 또는 수사학자로서의 S. Toulmin이 텍스트언어학사에 등장할 수 있는 이유는 이미 고전이 되어버린 그의 저서 『논변[논증]의 사용(The Use of Argument)』"(1958/2006) 때문일 것이다. 이 저서에 의해서 S. Toulmin은 텍스트언어학의 중요 각목인 '논증 구조' 또는 '논증형 주제 전개' 항목에 단골로 등장하는 논리학자 중의 한 사람이 되었다. 우리들은 그의 저서에서 '제3장 논증의 구조'만이 텍스트언어학과의 관련성이 클 것 같이 생각되지만, 초판 서문에 이미 그가 가진 또 다른 텍스트언어학적 발상이 침잠되어 있음을 알 수 있다. 이를 테면 S. Toulmin은 자신의 저서인 『논변의 사용』이 별로 독창적이지 못하다는 고백을 하게 되는데, 그 자체는 이미 상호텍스트적으로 간주될 수 있다: "이 책의 의도는 급진적이지만, 그 안에 있는 논변들은 대개 독창적인 것이 아니다. 나는 사유에 있어 많은 부분을 동료들에게서 빌려왔고 그것들을 나 자신의 목적에 이용했다. 그것이 얼마나 많은지는 끝에 나온 참고문헌에서 아주 분명해질 것이다." (S. Toulmin 1958/2006: 11). 심혈을 기울였을 자신의 저서가 독창적이지 못하다는 S. Toulmin의 고백은 자신의 저서에 포함된 내용들이 다른 여러 텍스트와 관련되어 있기 때문이고, 이는 '모든 텍스트는 상호텍스트적'이라는 J. Kristeva의 언명과도 맞물리기 때문이다. 이와 더불어 S. Toulmin이 『논변의 사용』 개정판 서문에서 Aristoteles의 저서 『토피카(topica)』와 '오르가논(organon)' 개념에 대해 언급한 것을 보면, 그의 관심은 논증뿐만 아니라 텍스트 기능과도 관련 있음을 알 수 있다. 왜냐하면 우리들은 오르가논 모델이 텍스트 기능의 시원으로서의 중요한 역할을 했음을 이미 알고있기 때문이다.

텍스트언어학적 견지에서 보면, 텍스트는 특정한 주제 전개 형태를 복합적으로 가질 수 있고, 그러한 주제 전개 형태로는 '기술형(deskriptiv)', '서사형(narrativ)', '설명형(explikativ)' 그리고 '논증형(argumentativ)'이 있으며, 이러한 기본 형태를 토대로 텍스트 실현에 있어서 '기술적(deskriptiv)-사실

---

8) 이 장의 S. Toulmin 관련 부분을 제외한 나머지는 이재원(2015a) "텍스트언어학과 수사학 사이 - 논증의 경우 -"를 다시 깁고 다듬은 것이다.

상조형(sachbetont) / 기술적-의견강조형(meinungsbetont)' / '합리적(rational)-설득형(überzeugend) / 권유적(persuasiv)-설득형(überedend)' 등이 있다는 K. Brinker(1985: 137 이하 참조)의 주장은 텍스트언어학계에서는 이미 널리 알려진 사실이다. 따라서 K. Brinker가 논증형 주제전개를 기술하기 위해 S. Toulmin의 논증모델을 빌려와 약간의 보완을 거쳐 제시하는 것도 이해할 만하다. 그런데 여기서 중요한 것은 하나의 텍스트란 어느 정도의 결론(광의의 의미에서 '텍스트기능')이 있고, 이러한 결론을 정립할 수 있는 방식이 논증 구조라는 것이다. 그래서 S. Toulmin에 있어서 "논증은 하나의 유기체"(S. Toulmin 1958/2006: 157)와 같다. 사실 유기체에 대한 비유는 W. v. Humboldt가 언어를 보는 견해에도 그리고 V. Y. Propp의 민담 분석에도 들어있다. 우리들은 W. v. Humboldt의 언어나 V. Y. Propp의 민담이 유기체 성질을 가지고 있다는 것에 의해서 텍스트언어학과 관련지었다. 왜냐하면 유기체는 통일성과 전체성을 가지고 있기 때문이다. 이러한 입장에서 보면 논증 또한 통일적이고 전체적인 성질을 가질 수 있다. 만약 논증이 S. Toulmin의 주장대로 유기체 성질을 포함하게 되면 그러하다. 이제 S. Toulmin의 "논증은 해부학적 구조와 좀 더 섬세한 구조 즉 생리학적 구조 양자 모두를 갖는다. 모든 세부 사항을 명시적으로 제시하면 논변은 많은 페이지를 차지하거나 아마도 전달하는 데 최소한 15분이 걸릴 수도 있을 것이다. 그리고 이 시간이나 공간 내에서 우리는 해결되지 않은 많은 문제에 대한 최초의 언명에서 하나의 최종적인 결론의 제시까지 이르는 논변의 진행을 표시하는 주요 국면들을 구분할 수 있다." (S. Toulmin 1958/2006: 157). 그런데 S. Toulmin은 "전통적으로 내려오는 대전제와 소전제 그리고 결론으로 이루어진 삼단논법이라고 불리는 표준적인 논증 형식이 분명한가" 또는 "대전제와 소전제라는 통상적인 전제들이 단일한 명칭으로 묶을 만한 유사성이 있는가"라는 물음에서 출발하여 표준적 논증 형식을 좀더 세분화하기에 이른다. 그래서 그의 논증형식에는 '자료(date, 논거)'가 '주장(claim, 결론)'되고, 이것이 좀 더 명확해지기 위해 '정당한 이유(warrants)'가 추가된다. 예를 들어 - 이를 텍스트언어학적 방식으로 고찰하면 - 텍스트는 어떤 주장을 담을 수 있고/있어야만 하는데, 거칠게 말해서 이를 텍스트의 거시기능(Makrofunktion), 거시화행(Makroillokution), 거시명제(Makroproposition) 등으로 간주한다면, 이러한 주장의 정당함이 입증되어야 할 것이다. 즉, 그 주장이 제멋대로 행해지거나 무책임하게 행해지지 않았다면 그 주장을 지지할 수 있는 몇 가지 사실들이 있어야 할 것이다. 그는 이것을 자료(논거)라고 하며, 이러한 자료들을 출발점으로 이루어진 주장으로의 이행이 적절하고 정당한 것이라는 점을 보이는 것이 중요했다. 바로 이 지점에서 필요한 것이 자료와 주장의 다리 역할을 하는 보편적, 가언적 언명들인데, 대개 이것의 형식은 'D이면 C이다'의 형식을 띠며 'D와 같은 자료들이 우리가 C와 같은 결론들을 내리거나 C라는 주장들을 할 자격을 부여한다'라는 의미를 갖는다. 이것이 '정당한 이유들'(W)이다. 이러한 세 가지 관계 범주에 따라 다음과 같은 간략한 미니 텍스트가 만들어 질 수 있다: '해리는 버뮤다에서 태어났다'(자료) - '그래서 해리는 영국국민이다'(주장) - '왜냐하면 버뮤다에서 태어난 사람은 영국 국민일 것이기 때문이다'(정당한 이유/추론규칙(inference-licences)) (S. Toulmin 1958/2006: 163 이하 참조). 이 때 '정당한 이유'라고 지칭되는 것은 텍스트성 연구에서는 보통은 코헤렌쯔 수단으로 간주되는 것이다. 즉, '왜냐하면'이라는 코헤지온 수단의 도움을 받아서 텍스트소(Textem, Textteile) 사이의 '의의의 연관성(Sinnkontinuität)'(R.-A. de Beaugrande/W. Dressler 1981: 88)이 만들어졌다고 보기 때문이다. 이를 S. Toulmin식 논의의 도움으로 도표로 그리면 다음과 같다 (S. Toulmin 1958/2006: 165).

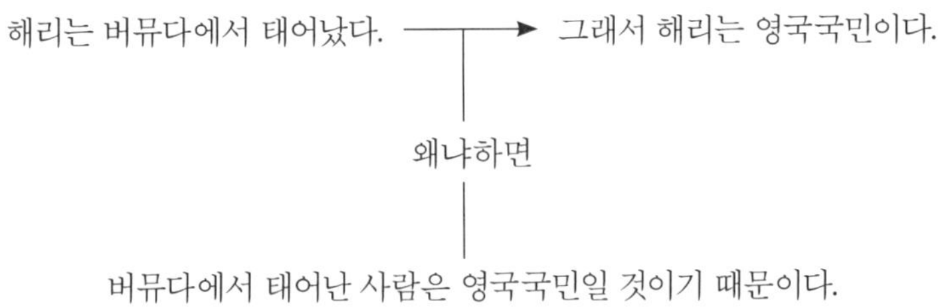

그러나 S. Toulmin에 있어서는 논증구조를 위해서 이 세 가지 관계 범주만으로는 불충하다. 왜냐하면 하나의 정당한 이유가 특정한 경우에 적용될 수 있는지 혹은 어떤 조건에서 적용될 수 있는지에 대한 해결책이 있어야하기 때문이다. 그래서 그는 이러한 문제를 해결하기 위해서 '추측컨대', '아마도'라는 양상어를 제공하는데, 이는 다양한 정당화 이유가 상이한 정도의 힘을 결론에 제공한다는 것과 상관있다. (S. Toulmin 1958/2006: 167 참조). S. Toulmin은 이러한 양상어의 존재를 다음과 같이 설명한다: "어떤 정당한 이유들은 적절한 자료들이 주어지는 경우 하나의 주장을 분명하게 수용하도록 허용한다. 이러한 정당한 이유들은 해당되는 경우에 '필연적으로'라는 부사로 결론을 한정 지을 수 있게 한다. 다른 정당한 이유들은 우리의 자료로부터 결론으로의 이행을 임시적으로 만들거나, 아니면 그 이행을 조건, 예외, 한정들에 종속되게 한다. 이러한 경우들에는 위와 다른 양상적 한정어들 즉 '아마도'나 '추측컨대(presumably)'와 같은 것이 나타난다." (S. Toulmin 1958/2006: 167). 이러한 양상적 한정어들(qualifiers)은 주장의 앞에 위치하여 주장의 범위를 한정하고, 일반적 권위가 인정되지 않는 상황들과 관련 있는 반박 조건들(rebuttal, R)은 주장의 하위에 위치한다. 마지막으로 지지작용(Backing)에 대한 S. Toulmin의 설명을 들어보면, 지지작용은 정당한 이유에게 좀 더 확실한 힘을 실어주기 위해서 등장한다는 것이다: "하나의 정당한 이유가 특정한 경우에 적용될 수 있는지 혹은 어떤 조건들에서 적용될 수 있는지에 대한 물음에 덧붙여 우리는 이러한 정당한 이유가 일반적으로 왜 권위를 가진 것으로 수용되어야 하는지에 대한 질문을 받을 수 있다. 즉 하나의 주장을 옹호하기 위해 우리가 자료, 정당한 이유 및 관련된 제한과 조건들을 제시할 수 있지만 여전히 도전자는 만족하지 못할 수 있다. 왜냐하면 그 도전자는 이러한 특정한 논변에 관해서뿐만 아니라 그 정당한 이유(W)가 도대체 수용될 수 있는지 하는 좀 더 일반적인 문제에 대해서도 의심할 수 있기 때문이다 [...] 정당한 이유들 배후에 있고, 그것들이 없이는 통상 정당한 이유들 자체가 어떠한 권위도 지니지 못하거나 통용되지 못하게 되는 다른 보증들(other assurances)이 있을 것이다. 이러한 다른 것들을 우리는 정당한 이유들에 대한 지지작용(Backing)이라고 지칭할 수 있다." (S. Toulmin 1958/2006: 170 이하). 그래서 '해리는 영국 국민이다'라는 주장은 다음과 같은 '자료'와 '정당한 이유' 그리고 이를 위한 '지지작용', 그리고 '한정어'와 '반박근거'를 가질 수 있다.

그러나 이러한 논증구조는 텍스트언어학의 공간에서 T. A. van Dijk (1980)나 K. Brinker (1985) 그리고 W. Heinemann/D. Viehweger (1991)에 의해 약간씩 변형되어 제시된다.

해리는 버뮤다에서 태어났다. → 그래서, 어쩌면, — 해리는 영국국민이다.

왜냐하면 / 다음과 같은 경우가 아니라면

버뮤다에서 태어난 사람은 일반적으로 영국국민일 것이기 때문이다. / 그의 부모는 외국인이었다/ 그는 귀화한 미국인이 되었다/ ...

다음을 근거로 해서

다음과 같은 법조항과 법적 규정들 (S. Toulmin 1958/2006: 173).

우선, T. A. v. Dijk의 논증구조는 "텍스트유형을 표시해 주는 총괄적 구조"(T. A. v. Dijk 1980: 128)인 초구조(Superstruktur)에 속한다. 서사구조와 함께 초구조 유형 중의 하나로 간주되는 T. A. v. Dijk의 논증 구조에는 (T. A. v. Dijk 스스로 구체적으로 이를 언급하고 있지는 않고 있지만) 고대 수사학(Antike Rhetorik)의 흔적이 묻어 있다. 왜냐하면 T. A. v. Dijk의 논증구조는 다음과 같은 특징을 가지고 있기 때문이다: "따라서 텍스트의 논증구조는 역사적으로 접근할 경우 설득적 대담이라는 배경 하에서 보아야 한다. 직접적인 주장과는 달리[논거 없이 주장만 하는 경우], 여기서의 과제는 주장을 그럴듯한 것으로 해준다든지 그러한 주장이 나올 수 있는 가정을 내세움으로써 주장의 정당성이나 진실성을 청자에게 설득시키는 것이다. 엄밀한 논리학적 의미에서의 증명과는 달리 일상적인 (또한 학문적인) 논증에서는 가정과 결론간의 필연적 관계(즉 함축)가 거의 또는 결국 중요하지 않고 오히려 개연성이나 신빙성들이 중요하다. 그럼에도 불구하고 우리는 다음처럼 논증구조를 가정과 결론간의 관계에 의해서 세분화할 수 있다." (T. A. v. Dijk 1980: 149). 고대 수사학의 핵심 개념 중의 하나인 '그럴듯한 주장'이나 가정과 결론간의 필연적인 관계가 중요하지 않은 '개연성' 그리고 '신빙성'과 '설득'을 들먹이는 것과, 인용문의 마지막 문장에서 '그럼에도 불구하고'라는 양보의 구문은 마치 '수사적 연역법/논증법(enthymēma)'과 '수사적 귀납법/예증법(paradeigma)'을 함축하고 있는 듯이 보인다. Aristoteles에 의하면, 전자에 대해서는 정확한 정의를 내리지 않고 단지 수사적 증명법과 동일시되는 것으로 자신의 논증을 펼치고(Aristoteles 1995: 9 이하 참조), 후자에 대해서는 두 종류를 언급하고 있다: "하나는 앞서 일어난 사실들을 인용하는 것이며, 다른 하나는 예증 자체를 만들어내는 것이다. 후자의 경우에 있어서 한편으로는 우의(parabolē)와 다른 한편으로는 이솝이나 리비엥 식의 우화들을 구분해야 한다[일종의 유추에 의한 논증]."(Aristoteles 1991: 133 이하)고 말하고 있다. 예를 들어, 페르시아 황제에 맞서서 군사준비를 갖추어야 하고, 그가 이집트를 정복하지 못하도록 해야 한다는 것을 주장할 때 예시를 사용할 수 있다. 이러한 예증의 활용은 로고스적 설득에서 필수적 요소이다. 예증은 여러 가지 상황과 결과의 조합으로, Aristoteles가 밝히는 것처럼 갖가지 상황에 대한 유비추론에서 발생한다. 연설자가 알고 있는 그 상황은 현재의 상황과 어떻게 연관이 되며, 어떠한 결과를 얻었는지를 예증을 통해 보여주는 것은 청중으로 하여금 같은 결과를 예상하도록 만든다. (김윤희 2012: 278 참조). 결국, T. A. v. Dijk는 소전제와 대전제 그리고 결론을 구분한 고전적 논증이론을 보다 더 세분한다고 하면서 여기에 추론규칙을 더한다. 그러나 여기서 잊어서는 안 될 사실은, 각 경우에 사태들 간의 이러한 조건적 관계는 보다 일반적인 성격을 가진 암묵적 가정을 전제하고 있다는 점이다(가령 규칙이나 법칙성). Peter가 평점 4로 시험에 합격하지 못했다는 것은 그 시험에 평점 4는 불충분하며, 충분치 못한 성적을 받은 사람은 누구나 떨어지게 된다는 사실 때문이기도 하다. 달리 표현한다면 우리가 논증구조를 밝히고자 한다면, 추론관계와 이 추론이 근거하는 여러 사태 간의 조건적 의미관계가 이루어질 수 있는 바탕이 있어야 하는 것이다. 이러한 범주를 누군가가 특정한 결론에 이르도록 자격을 부여해 주는 '보증' 또는 '정당성'이라 부를 수도 있을 것이다(영어식 표현에서는 종종 이런 논증범주에 대해서 'warrent(보증)'가 사용되기도 한다). (T. A. v. Dijk 1980: 146 참조). 그래서 등장한 T. A. v. Dijk의 논증모델은 다음과 같은 범주를 가진다 (T. A. v. Dijk 1980: 147).

여기서의 '출발점'은 S. Toulmin의 '추론규칙'에 해당되고, '정당성'과 '지지'는 '지원근거'에 해당된다고 볼 수 있는데, '정당화'를 '논거'로 가정하면 S. Toulmin의 '추론규칙'과 '지원근거'가 T. A. v. Dijk에 있어서는 '정당화'의 하위 범주로 간주되고 있음을 알 수 있다. 이러한 T. A. v. Dijk의 주장이 그럴듯한

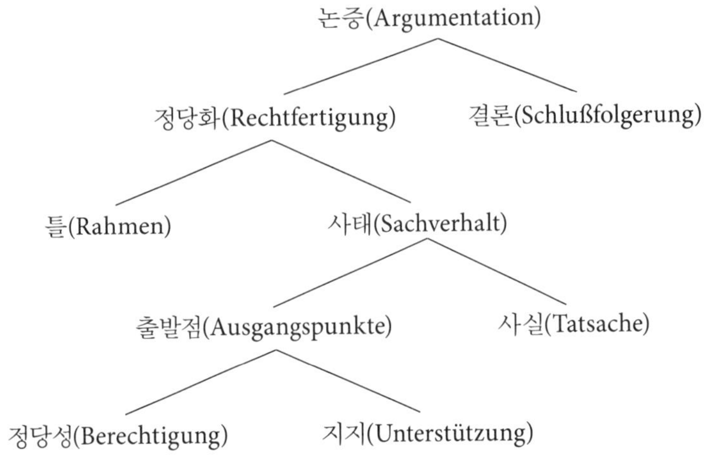

지에 관해서는 좀 더 논의가 필요하지만, 어쨌든 이러한 논증모델은 '잠정적 모델'이며, 논증의 유형에 따라서 변형이 이루어질 수 있다는 사실, 좀 더 자세하게 말해서 생략이나 변형된 논증구조가 실현될 수 있다는 것도 '수사학적'이다: "이들 범주 명칭은 잠정적인 것이며 경우에 따라 다른 것으로 대체될 수도 있고, 특히 논증 유형에 의해서도 좌우될 수 있다. 논증유형은 증명의 제도적 맥락에 따라 좌우되기도 한다. 왜냐하면, 일상어에서는 어떤 주장의 정당화를 위해 단지 근거가 되는 사태들을 피상적이거나 일반적으로 열거하는 것만으로 충분할 수 있겠지만, 법정에서나 특히 형식논리학에서는 정당성, 배경 및 그 밖의 모든 범주들을 엄밀하게 규정하지 않으면 안된다." (T. A. v. Dijk 1980: 233). 결국, 이러한 T. A. v. Dijk의 논증모델을 '수사학적'이라고 간주하는 결정적 근거는 Aristoteles의 생략삼단논법(enthymeme)과의 관련성 때문인데, 이는 설득을 목표로 하는 수사적 상황에서 필요한 논증 방식이며, 논리학의 삼단논법과는 달리 형태적으로 변형이 용 이하고 유연한 논증 방식으로 여겨지기 때문이다. 이러한 논증 모델을 토대로 T. A. v. Dijk는 네덜란드 신문에 실린 셀 회사의 광고문을 분석한다.

(i) 셀-벤진을 사시오 (결론)

(ii) 셀-벤진은 ASD를 함유하고 있습니다 (사실)

(iii) ASD는 모터를 정화해 줍니다 (정당성)

(iv) 깨끗한 모터는 벤진을 덜 소비합니다 (지지)

(v) (iii)-(iv)는 실험으로 입증되었습니다 (논승 2, 사실)

(vi) *벤진이 적게 들면 유지비가 저렴합니다 (지지)

(vii) *당신은 경제적으로 차를 운전하고 싶습니다 (동기=정당성)

(viii) *당신은 이유 없이 많은 돈을 지출하고 싶지 않습니다 (정당성 3)

(ix) *당신은 자가 운전자이십니다 (틀) (별표는 일반적인 출발점으로서 암묵적임) (T. A. v. Dijk 1980: 148 이하).

이것을 T. A. v. Dijk의 논증 수형도에 끼워 맞추면 다음과 같은 결과를 얻게 될 것이다.

논증

정당화 결론
(셸 벤진을 사시오)
틀 사태
*(당신은 자가 운전자이십니다)
출발점 사실
(셸-벤진은 ASD를 함유하고 있습니다)
("ASD [...]"와 "깨끗한 [...]"은 실험으로 입증되었습니다)

정당성 지지
(ASD는 모터를 정화해 줍니다) (깨끗한 모터는 벤진을 덜 소비합니다)
*(당신은 경제적으로 차를 운전하고 싶습니다)
*(당신은 이유 없이 많은 돈을 지출하고 싶지 않습니다)

위와 같은 T. A. v. Dijk식의 논증구조를 K. Brinker(1985)의 논증구조와 비교해 보면, 전자가 좀 더 복잡하다는 사실을 알 수 있다. 일단 T. A. v. Dijk 자신도 인정하고 있듯이 '정당성'과 '지지' 사이의 차이가 명확하지 않아서 '지지'라고 했던 범주를 '정당성'으로 바꿔 부르기도 한다: "이 논증에서 (iv)는 (iia)

ASD-벤진은 보다 경제적이다라는 암묵적 결론에 대해 설명적인 정당성을 나타내고 있다." (T. A. v. Dijk 1980: 149). 따라서 T. A. v. Dijk의 '정당성'과 '지지'는 K. Brinker(1985)의 지원근거 정도로 보는 것이 무난할 것이다. 사실 중요한 것은 '결론'을 지탱해주는 S. Toulmin의 '논거'에 해당하는 '셀-벤진은 ASD를 함유하고 있습니다'라는 '사실'일 것이다. 그러나 이러한 '사실'은 필연성을 가지고 있지 않다. 왜냐하면 셀-벤진만이 ASD를 함유하고 있으라는 법은 없기 때문이다. 이것은 "덕을 가르키는 것이 가능한가?"와 같은 이론적이고 보편적인 주제가 아닌 "내일 함대를 보내야만 하는가?" 또는 "이 사람은 죄가 있는가?"와 같은 실제적이고 특별한 경우와 관련된다. 전자에서 대중을 상대하는 수사학은 그와는 다른 방식을 가진다는 사실을 함유하고 있기 때문이다. (E. C. Krabbe 2002: 35 참조). 여하튼, 이 대목에서 개연성이 출몰하는데, T. A. v. Dijk는 이러한 사실을 '불완전한' 것으로 간주한다. 그리고 비판적 텍스트학으로 논의를 건너뛴다: "그러나 우리를 오도할 수 있는 이 광고의 마지막 예를 통해서 동시에 정확한 증명을 할 수 있는 명백한 전제들이 있다는 사실을 분명히 알 수 있다. 어떤 논증 구조가 결론에 부정적 영향을 끼칠 수 있는 사태를 생략해 버리고 정당성이 가진 일반적인 효력을 보증하지 않는다든지, 이 경우에서처럼 특별한 지지가 없음으로 인해 그 효력이 비관적일 경우 부정확한 논증구조가 될 수 있는 것이다 [...] 언어 사용자들에게 이러한 관계를 의식하게 하는 것을 비판적 텍스트학의 가장 중요한 과제들 중의 하나로 간주한다." (T. A. v. Dijk 1980: 236). 이 부분이 바로 텍스트언어학의 논증과 수사학의 논증이 만나는 부분이다. 결국, "텍스트 생산이 우선인가" 또는 "텍스트 분석이 우선인가"의 문제는 남아있지만, '개연성'의 문제와 관련있다는 점에서 두 분야는 접점을 가진다. 그렇지만 수사학이 어떠한 경우라도 설득을 위한 논증의 수단을 제공하는 것이 목표인 반면, 텍스트언어학에서의 논증은 가치중립적인 개념과 상관있다는 것이 차이점이다. 즉, 텍스트언어학에서는 '좋은 논증' 개념의 중요성이 수사학에서 보다도 떨어진다고 할 수 있다. 결국 이러한 '좋은 논증'의 핵심은 수사적 상황에 '적합한 토포스(topos) 찾기'와 다름 아니다. 그래서 M. T. Cicero는 이를 연구의 최상위에 위치 시켰을 것이다. 수사학과 동의어로 쓰이기도 했던 고대 그리스의 수사학자 M. T. Cicero의 논증관련 논의는 그의 『화술과 논증(Topica)』(2006)이 출발점이다. 그는 논증을 다루면서 중요하게 생각하는 것이 두 가지가 있는데, 하나는 어떻게 설득적인 논거를 찾아내어 논증형식과 연결시키느냐 하는 것이고, 하나는 그것을 어떻게 법학자에게 설명하느냐는 것이다. (양태종 2006: 9 참조). 논증과 관련된 이러한 M. T. Cicero의 논의는 텍스트언어학의 논증 연구와는 차이가 있다. 바로 논거를 찾는다는 사실이 그러하다. 이것은 Aristoteles의 '토포스(topos, 말터)'와 관련되는데, M. T. Cicero는 이를 'locus'라고 했으며 『화술과 논증』의 원제목도 『Topica』, 즉 토포스에 대한 이론이다. 이러한 내용은 『화술과 논증』의 첫 부분에 바로 등장한다.

> "사랑하는 가이우스 트레바티우스 [...] 함께 서재에서 각자 마음에 드는 책을 골라 읽고 있었을 때, 자네는 Aristoteles의 『토피카』라고 하는 책을, 그가 여러 곳에서 언급했던 그 책을 우연히 손에 쥐고, 제목에 매료된 나머지 대뜸 내용을 물었지. 그 책에는 Aristoteles가 발견한 절차, 즉 어떤 잘못된 길로도 들어서지 않고, 계획에 맞춰 논거에 이를 수 있도록 해주는 절차가 들어있다고 설명했더니, 자네는 그 책을 옮겨 달라고, 정말이지 아주 재치 있게 부탁했네." (M. T. Cicero 2006: 17).

또한 논증하는 방법에서 논거를 찾아내는 방법이 평가하는 방법보다 더 중요하다는 사실은 다음의 인용문에서 분명하게 드러난다.

> "그럼, 내가 하려던 일을 시작해 보겠네.
> '논증하는 방법'은 어떤 것이나 논거를 찾아내는 방법과 평가하는 방법을 포함한다고 했을 때, 적어도 나는 Aristoteles가 이 두 영역에서 으뜸가는 권위를 갖고 있다고 생각한다. 그러나 스토아학파 사람들은 두 번째 부분에만 전념한다. 왜냐하면 그들은 지식의 영역에서 판단하는 방법인 dialektike에만 신중하게 매달리고 있기 때문이다. 그러나 실제에 있어서는 논거를 찾는 방법인 topike가 더 중요하고, 자연적인 순서로도 틀림없이 먼저 나오는 데에도, 이 방법에는 전혀 관심을 두지 않고 있다." (M. T. Cicero 2006: 19).

그래서 M. T. Cicero는 『화술과 논증』(2006)의 출발점을 '논거 찾는 방법'으로 보고 있다. 그리고 이를 위해 토포스를 알아내야 하는데, 이것은 논거가 숨겨져 있는 곳이 표시되어 있는 것과 관련 있다. 그래서 M. T. Cicero에 의하면 토포스는 '논거의 소재지'이고 '논거'는 '논쟁 대상에 신뢰를 주는 수단'이다. (M. T. Cicero 2006: 19 참조). 결국, 『화술과 논증』의 전체를 아우르는 핵심 내용들은 다양한 말터의 분류와 개별 말터들의 적용 예의 기술과 관련 있다.

텍스트언어학에서 가장 널리 알려진 K. Brinker의 '논증'은 우선 S. Toulmin(1958/2006)에 기댄 그의 주제 전개 개념에 등장한다. K. Brinker는 텍스트 기능과는 구별되는 텍스트구조를 설명하면서 이러한 텍스트구조가 문법적 층위와 주제적 층위로 구분됨을 언급하는데, 논증형 주제전개 모형은 텍스트 주제에 속하게 된다. 다시 말해서 논증형 주제전개는 기술형 주제전개 모형과 설명형 주제전개 모형과는 다른 구조를 가진다는 것이다. 이를 설명하기 위해 그는 S. Toulmin에 등장하는 '자료(Datum, Argument)'와 '결론(These, Konklusion)', '추론규칙(Schlußregel)'과 '지원근거(Stützung)' 그리고 '예외조건(Ausnahmebedingung)'같은 개념들을 빌려와서 다음과 같이 논증 텍스트를 구조화 한다. (K. Brinker 1985: 69 참조).

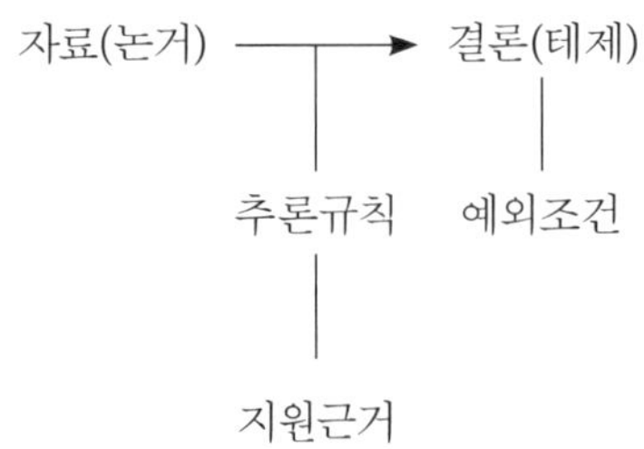

사실, 주제전개의 하위 범주라고 간주되는 이러한 단위들이 실제로 '주제'와 밀접한 관련을 맺고 있는지는 의문이다. 왜냐하면 이러한 범주들은 주제보다는 담화학(Sprechwissenschaft) 또는 K. Brinker 자신이 구조적 관점과 대비되는 항목으로 배치한 의사소통적-기능적 관점(kommunikativ-funktionaler Aspekt)에 속할 수 있기 때문이다. 다시 말해서 K. Brinker의 주제적 층위는 기본형태(기술형, 서사형, 설명형, 논증형)와 실현형태(기술적-사실강조형, 기술적-의견강조형, 합리적-설득형,

권유적-설득형)가 있는데, 이미 실현형태들이 주제전개의 층위가 아니라 '의사소통적 국면'에 속하는 텍스트기능 층위에 속할 수 있다는 추정 때문이다. 어쨌든 K. Brinker에 의한 S. Toulmin이 상정하는 논증 텍스트의 구조화를 위한 간단한 예를 살펴보면 다음과 같다.

자료(논거) ──────► 결론(테제)

(한스는 독일에서 태어났다) (한스는 독일 국민이다)

추론규칙
(누군가 독일에서 태어났다면
그 사람은 대개 독일국민이다)

예외조건
(부모가 둘 다 외국인이었다)

지원근거
(다음 법규에 의하여 ...)

이러한 예에 대해서 K. Brinker는 S. Toulmin의 논증구조가 텍스트가 아닌 문장에만 응용되었으며, 적용 규칙들뿐 아니라 비공식적인 변형 기술들을 제대로 제시해 주지 못했음을 비판한다. (K. Brinker 1985: 70). 다시 말해서 K. Brinker와 같은 텍스트언어학자의 경우, 명제 내용들 간에 귀결관계를 문제 삼는 S. Toulmin의 논의를 넘어 복합명제들 간의 연결 관계뿐만 아니라 더 나아가서 복합화행 연속체간 연관관계를 논의하는 방향으로 나아가야 한다는 것이다. 이것은 텍스트언어학자로서의 K. Brinker가 가지는 당연한 의문이기도 하다. 왜냐하면 텍스트언어학자는 텍스트소(Textem, 이를 테면 '문장')와 텍스트소사이의 미시구조(Mikrostruktur)뿐만 아니라 텍스트 전체를 아우르는 거시구조(Makrostruktur)나 총괄구조(Hyperstruktur) 또는 거시발화수반행위(Makroillokution)나 거대텍스트(Makrotext)에 관심을 가져야 하기 때문이다. 그래서 그는 S. Toulmin의 이론을 텍스트에 응용시키기 위해서 다음의 예를 끌어다가 분석한다. (K. Brinker 1985: 72 이하 참조).

도대체 왜 국가에 염증을 느끼는가?

[1] 10년 전부터 Bonn의 사민당원들은 통치 책임을 떠 맡고 있다.

[2] 시작은 거대 연립 내각이 등장한 1996년부터였다.

[3] 통치하고 있는 기민당원들을 대결을 통해서라기보다는 오히려 유연한 포옹 전략을 통하여 서서히 그러나 확실하게 승부를 내겠다는 Herbert Wehner의 계산은 맞았다.

[4] 두 번째 막은 그 다음에 1969년 사민당 수상을 필두로 한 사회-자유 연합이었다.

[5] 처음으로 연방 공화국이 성립한 이래 의회정치적인 교체 메커니즘이 기능을 해 왔기 때문에, 그 당시 민주주의 시스템의 존속 검증 시험에 관하여 이야기한 사람은 오늘날 지난 10년을 회고해 볼 때 피부로 느낄 수 있을 정도로 국가 염증 현상이 팽배하고 있다는 기민당 당수 Willy Brandt의 최근의 경고에 동조하고 있음에 틀림없다.

[6] 이 경고는 물론 정치 정당들이 자신들의 피부에 와 닿는다고 느낄 때 비로소 올바른 번지수를 찾은 셈이다.

[7] 왜냐하면 요컨대 이미 우리 곁에 와 있으므로, 그것이 생겨나는 데 대해서 경고 받을 필요조차 없는 국가 염증 현상의 진원지는 도대체 어디일까?

[8] 의회 민주주의는 근래에 신뢰를 얻지 못하고 있는데, 본에서 야당으로서 정부를 통제해야 할 두 정당들, 곧 기민당과 기사당원들이 서로 백병전을 벌여왔고, 또 자기네들의 의회 정치적인 과업들을 지각할 만한 상태에 있다고 보기 어렵다는 단지 그 이유 때문이다.

[9] 그리고 정부 여당인 사민당과 자민당원들은 자기네들의 연금 정책으로 유권자를 기만하는 것을 가로막기 위한 대중의 단호한 저항과 부딪히지 않을 수 없었다.

[10] Willy Brandt가 경고하고 있는 국가 염증 현상의 기반은 정치 정당들 스스로가 지금 보다 더 진지하게 국가와 의회 민주주의를 받아들일 경우에만 제거될 수 있을 것이다.

그런 후 K. Brinker는 "Brandt, 새로운 국가 염증 현상을 경고하다"라는 위에서 제시한 특파원 보고에서 다음과 같은 논증 구조를 파악한다.

테제(결론):

시민들의 국가 염증 현상에 대한 책임은 정당들에게 있다. ([6], [7], [10] 참조).

논거들(자료들):

(a)+(b) 정치 정당들은 국가와 의회 민주주의를 충분할 만큼 진지하게 받아들이고 있지 않다.

(a) 야당은 서로 싸우고 있는 두 정당들로 구성되어 있는데, 자기네들의 의회 정치적인 임무들을 거의 지각하지 못하고 있다. ([8] 참조).

(b) 정부 여당은 자기네의 연금 정책으로 유권자를 기만하려 했다. ([9] 참조).

추론규칙:

정당들이 의회 민주주의를 만족할 만큼 진지하게 받아들이지 않는다면, 이들은 국가 염증 현상을 야기한다. ([10]에 전제되어 있음).

비록 K. Brinker는 자신이 S. Toulmin의 논증모델을 이용해서 논평 텍스트인 특파원보고서의 논증적 주제전개 유형을 분석하고 있지만, 위의 예에서 S. Toulmin의 모델에 등장하는 논증모델에 할당할 수 없는 분절문 [1]-[5]까지를 문제 삼는다. K. Brinker에 의하면 이 부분은 논증적 주제전개가 아니라, 기술적 주제전개 형태에 속한다는 것이다. 왜냐하면 [1]-[4]까지는 SPD가 정권을 잡은 지난 10년(1966-76)에 대한 간략한 개관에 해당되고 [5]에서는 논평의 동기가 중요하기 때문이다. 그래서 K. Brinker는 논증형 주제전개에 속하지 않는 이 부분을 '자료삽입항'이라고 명칭을 구분하여 제시하면서, 이것이 자신만의 독특한 텍스트 분석법임을 주장한다: "논평의 특징은 S. Toulmin의 모델에는 없는 다른 범주인 '자료삽입항'인데, 이는 논리적으로 보면, 테제, 논거들과는 느슨한 관계에 있기는 하지만, 뉴스의 기초를 형성할 (보고와 논평을 중재해 줄) 뿐 아니라 테제 외에도 논거들을 특정한 맥락에 편입시키는 역할을 한다. 따라서 자료삽입항은 논증 가능성을 한정시킴으로써 논증을 '지원하는 기능도 갖는다." (K. Brinker 1985: 75). 그래서 등장한 것이 다음과 같은 S. Toulmin의 변형된 모델이다. (K. Brinker 1985: 75).

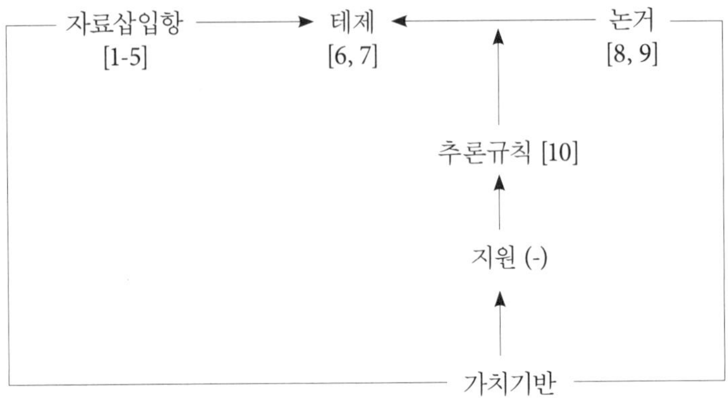

그러나 이런 식의 자료 삽입항을 추가하면서 S. Toulmin의 모델을 개선했다고 여기는 K. Brinker의 주장은 그리 새로운 것은 아니다. 왜냐하면 논증구조가 하나의 구조로서 다양한 텍스트종류에 속해있고, 위에서 예로 든 텍스트가 '특파원보고서'라는 텍스트종류에 속하고 있으므로, 이 보고서의 - 수사학적 용어에 의하면 - 핵심본론(probatio)이 아닌 예비본론(narratio)에서 자료 삽입항이 등장한다는 것은 당연한 것으로 받아들여지기 때문이다. 또한 이러한 예비본론의 존재는 거의 모든 텍스트가 가진 특징으로 이해되고, 논증 부분만이 아닌 전체 텍스트를 분석 재료로 간주하는 텍스트언어학의 연구재료에는 당연히 속하기 때문이다. 사실, 위와 같은 논증구조 분석에서 더욱 더 중요한 것은 주장의 세분화 또는 논거의 세분화일 것이다. 왜냐하면 논거를 위한 또 다른 주장이 있을 수 있기 때문이다. 다시 말해서 테제 [6], [7]과 논거 [8], [9]에서 이들끼리의 위상을 정하는 것이 훨씬 더 중요하다는 것이다.

W. Heinemann/D. Viehweger(1991)의 논증에 관한 논의는 '글말텍스트의 전략, 구조, 표현방식(Schrifttexte-Strategien-Strukturen, Formulierungen)'이라는 장에 속해있다. 즉, "글말 의사소통에 쓰이는 텍스트가 어떻게 작동하고 그 구조는 어떠하며 또 어떤 표현방식으로 작성되는지 그리고 또 특히 어떻게 실현되고 수용되는지"(W. Heinemann/D. Viehweger 1991: 209)와 관련 있다. 일단 W. Heinemann/D. Viehweger는 글말 텍스트와 입말 텍스트와의 차이를 장황하

게 설명하고 있지만, 화·청자 뿐 만 아니라 작·독자 사이의 상호작용도 여전히 중요함을 인식하고 있다. 또한 이들에게 있어서 텍스트 생산 전략뿐만 아니라 텍스트 해석 전략도 관심꺼리인데, 우리의 관심사인 논증은 양자와 관련된다. 다시 말해서 논증 텍스트를 생산하는 화자전략 중의 하나가 텍스트구조와 텍스트 표현 방식이고, 이러한 텍스트구조의 여러 패턴 중의 하나가 논증이며 독자는 자기 앞에 놓여 있는 텍스트의 의사소통적 의의를 밝혀내는 전략을 도출하는 출발점이 논증과 같은 텍스트구조라는 것이다. 여기서의 화자전략이나 청자전략 같은 개념은 텍스트를 생산하는 화자계획이나 텍스트를 수용해야 하는 청자계획과도 유사한 것으로 간주된다. (W. Heinemann/D. Viehweger 1991: 213 참조). 따라서 W. Heinemann/D. Viehweger식으로 관찰하면 "훌륭한 말재주(ars bene dicendi)"(M. F. Quintilianus 1988 11: 17)를 가지고 청중을 설득하려는 목표를 가진 고대 수사학에서의 연사(Orator)의 의도는 '전략적(strategisch)'으로 간주될 것이다. 결국 상대의 잠재적 행위를 예견하여 이것을 토대로 계획을 짜는 것이 중요하기 때문이다. 이러한 전략 개념은 고대 수사학에서 중요시하는 청자중심 커뮤니케이션과도 밀접한 관련이 있음을 알 수 있는데, 그럴 경우 텍스트언어학과 수사학이 '청자중심'이라는 요목에서 동일한 입장을 취한다는 이재원(2004f)의 주장도 의미있다. 이러한 논의를 바탕으로 고전수사학의 효과목표인 설득하기와 유사한 개념인 요청하기에 대한 다음과 같은 W. Heinemann/D. Viehweger의 전략적 틀은 고대 수사학의 설득과 같은 방향성을 가진다.

"가령 필자는 '가치 상승화 전략'으로서 근거 제시하기를 사용하여 자신이 원하는 행위가 개인이나 집단에게 각별히 중요한 행위라고 설명하려는 부차적 목적을 추구할 수 있다." (W. Heinemann/D. Viehweger 1991: 225).

왜냐하면 W. Heinemann/D. Viehweger의 '근거 제시하기'의 경우, 고대 수사학에서 토포스(topos)와 많은 관련점을 가진 것으로 여겨지기 때문이다. 사실, 청중을 설득하기 위한 좋은 논증이라는 평가를 얻기 위해서는 좋은 논거(근거)가 제시되어야 한다. Aristoteles는 문장의 형식을 통해 하나는 전제가 되고, 하나는 결론이 되는 생략삼단논법(enthymema)을 중시한다. 이때 통념처럼 전제가 되는 것들은 이를 모아두고 저장해둔 토포스로 표현된다. (Aristoteles 1995: 7

참조). 예를 들어 연설가는 연설로서 청자를 설득시키기 위해서 '논거들'이 저장되어 있는 토포스로 가야한다. Gorgias와 같은 초기 수사학자들을 기원으로 간주하는 토포스 개념은 '장소'와 관련이 있는데, Aristoteles의 『변증론』이나 M. T. Cicero의 『화술과 논증』(2006) 그리고 『생각의 수사학』(2007)에는 엄청나게 많은 토포스들이 실려 있다. 예를 들어 Aristoteles는 『수사학』(1995) 제2권 23장에서 논증에 사용될 28가지 토포스를 제시하고 있고, M. T. Cicero와 M. F. Quintilianus에 있어서도 토포스의 분류가 수사학 연구의 핵심과제가 되고 있다. 따라서 수사학에서는 논증구조의 모형화가 중요한 것이 아니라, 청자를 설득시키기 위해 '어떤 토포스를 찾을 것인가' 또는 '어떤 토포스를 적용할 것인가'가 중요하다. 왜냐하면 수사학의 최종목표가 설득이기 때문이다. 결국 다음과 같은 W. Heinemann/D. Viehweger의 텍스트 서술 전략은 고대 수사학의 토포스 개념 또는 토포스 찾기 개념과 닮아 있음을 짐작할 수 있다.

> "텍스트 산출자가 주목적을 달성하는 데 가장 적합하다고 여기는 단위 및 정보체계의 원형을 인지 기억장치에서 선택하고, 활성화하고, 평가하기. - 이 단위들을 그 논리적 소속 범주에 따라 정돈하기. - 적합한 수단과 원형을 언어로 재현할 수 있도록 준비하기. - 문법적 문장과 텍스트를 조직하기 위해 언어수단을 사용하기." (W. Heinemann/D. Viehweger 2001: 215).

왜냐하면 서술전략에서 중요시되는 '주목적 달성'은 '설득'으로, '가장 적합하다고 여기는 단위 및 정보체계의 원형을 인지 기억장치에서 선택하고, 활성화하고, 평가하기'를 '설득에 적합한 말터찾기'로 환치 시킬 수 있기 때문이다. 물론, '정돈하기'를 적합한 말을 말터에서 찾은 후에 정돈하는 '배열(dispositio)'로, '언어수단 사용하기'를 웅변가의 능력 중에서 배열 후에 등장하는 '표현(elocutio)'으로 상정할 수 있다. W. Heinemann/D. Viehweger의 서술전략 외에도 텍스트언어학에는 이미 이와 유사한 범주가 있다. 이를 테면,

> "R.-A. de Beaugrande/W. Dressler가 추구하는 텍스트적 커뮤니케이션(textuelle Kommunikation)의 구성적 원리(kostitutive Prinzipien)에

대비되고, 텍스트적 의사소통을 규정하기 보다는 제어하는 제어적 원리(regulative Prinzipien)는 충분히 '수사학적(rhetorisch)'이라고 가정할 수 있다. 애초에 서얼(J. R. Searle)의 화용론에서 논의된 구성적 원리와 제어적 원리는 R.-A. de Beaugrande/W. Dressler의 텍스트 이론에 재수용되는데, 이들은 텍스트적 커뮤니케이션에 작용하는 이 두 원리를 모두 추구하는 것을 목표로 삼는다. 따라서 통칭해서 텍스트성(Textualität, 어떤 임의적 발화를 텍스트이게끔 하는 성질)으로 불리는 구성적 원리는 일곱 가지 개별 텍스트성(응결성(Kohäsion), 응집성(Kohärenz), 의도성(Intentionalität), 상황성(Situationalität), 수용성(Akzeptabilität), 정보성(Informativität), 상호텍스트성(Intertextualität))을 지칭하고 있으며, 효율성(Effizienz), 유효성(Effektivität), 적절성(Angemessenheit)으로 구성되어 있는 제어적 원리도 이들의 텍스트 이론에서 아주 중요한 역할을 하고 있다. 이 제어적 원리가 수사학과 관련될 수 있는 부분은 이 개념의 정의들이 수사학에 등장하는 개념[적합한 토포스 찾기]과 유사하기 때문이다." (이재원 2013f: 255).

좀 더 구체적으로 살펴보면, W. Heinemann/D. Viehweger의 논증은 "복합적 전략 원형을 토대로 한 텍스트 산출"의 한 유형 또는 특정 텍스트의 "구조상의 전형적 기본원형"(W. Heinemann/D. Viehweger 1991: 235)이자 "총괄적 원형"(W. Heinemann/D. Viehweger 1991: 237)과 관련 있음을 알 수 있다. 사실, 이러한 기본 원형들은 H. F. Plett의 주장처럼 수천 년을 거치면서 그 효용성이 입증되었음에 의해 인정받고 있다: "분석 대상은 일단 규범 수사학이 정한 바에 따라 만들어진 텍스트이지만, 수사범주를 이용한 분석에 알맞은 텍스트들도 그 대상이 된다. 이 범주들은 수천 년을 거치면서 이론과 실제에 있어 그 효용성이 입증되었기 때문에, 최소한 유럽이나 유럽의 언어와 문화의 영향을 받은 곳에서는 상수의 지위를 얻고 있다."(H. F. Plett 2002: 20). 이에 따라 W. Heinemann/D. Viehweger에 의하면 논증의 원형도 다음과 같은 도표로 제시된다. (W. Heinemann/D. Viehweger 1991: 249).

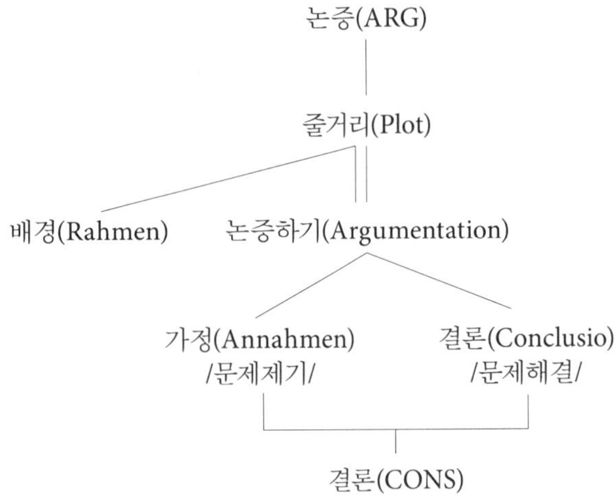

이 도표와 더불어 논증에 관한 이들의 견해("논증이란 논리 규칙이 아니라 실제 의사소통 과정에서 주장이나 동기, 관심에 대한 근거를 제시할 때 사용하는 온갖 종류의 증명 과정을 말한다 [...] 의사소통 참여자에게는 논리적 함축관계는 그다지 문제되지 않고 개연성을 이해시키는 것, 곧 적절한 문제 해결 방법을 찾을 때 대체로 간단한 방법으로 상대방으로 하여금 '납득하도록' 만드는 것이 문제인 것이다."(W. Heinemann/D. Viehweger 1991: 249))를 자세히 살펴보면 여기서도 수사학의 핵심 개념들이 논의되고 있음을 알 수 있는데, "논리 규칙이 아니라"와 "개연성" 그리고 "납득하도록"이라는 표현이 그러하다. 원래, 변증법은 논리적이고 객관적인 근거로 말의 타당성을 확인할 때 사용되는 논증이지만, 수사학에서의 논증(즉, 로고스)은 논리적인 지식을 가지지 못한 일반 청중에게도 효과적으로 말을 전달하기 위한 논리적 증명 방법이다. (W. M. A. Grimaldi 1972: 89 참조). 따라서 로고스는 개연성(eikos)을 지닌다. 개연적 증명에 의해 연설가가 청중을 설득하는 것이 바로 로고스적 입증 방식이다. 개연적이라고 하는 것은 '일반적으로 일어나는 것', '대체로 그러한 양태를 띠는 것'을 의미하는 것으로 단순하게는 '그럴 듯함'으로 나타나기도 한다. 그럴 듯하다는 것은 항상 그러한 것은 아니나 대체로 그러하다는 의미이다. (R. Wardy 1996: 78 참조, 김윤희 2012: 276 이하 참조).

또한 도표의 하위에 위치한 '문제제기'와 '문제해결'도 "착상은 관련 쟁점을 정의하고, 연설을 뒷받침하는 주장을 만들고, 입장을 뒷받침하는 증거를 찾는 것"(박삼열 2011: 354)이라는 '착상'의 거시적 정의와 닮아있다.

어쨌든 이러한 W. Heinemann/D. Viehweger의 (비교적 단순한) 논증구조의 틀은 T. A. v. Dijk에서 유래했음이 틀림없다. 이들 스스로 각주에서 이 사실을 명확하게 언급하고 있기 때문이다: "더 세밀한 논증구조에 관해서는 T. A. v. Dijk(1980: 147)를 참조하라"

5.5 H.-G. Gadamer의 변증법적 또는 해석학적 텍스트언어학

철학 분야의 해석학적(hermeneutisch) 방향에서 큰 영향력을 행사했던 H.-G. Gadamer를 텍스트언어학에 끌어들인 것은 순전히 M. Scherner(1974) 덕분이다. H.-G. Gadamer는 독일 Heidelberg대학에서 교수직을 수행하면서 많은 저작물을 발표하였지만 그의 중심 사상은 60세때 완성된 『진리와 방법(Wahrheit und Methode)』(1975)에 녹아있다. 여기서의 핵심 문제는 '이해(Verstehen)'이다. 이러한 텍스트 이해와 관련지어 H.-G. Gadamer는 P. Celan의 연작시 『입김(Atemkristall)』에 대한 해석판을 출판하였는데, 그는 작자 후기에서 텍스트 이해에 대한 방법론적 관점을 자신의 (독특한) 해석학적 관점(hermeneutische Aspekte)에 따라 소개했다. 텍스트언어학은 텍스트구성(Textkonstitution)뿐만이 아니라 텍스트 이해(Textverstehen)와 텍스트 분석(Textanalyse)에 대해서도 많은 관심이 있을 터이므로, 당대의 유명한 철학자의 시 분석 방법이 현대 텍스트언어학의 개념들과 어느 정도의 유사성과 차이점이 있는지를 살펴보기 위해 우선적으로 그의 해석학적 텍스트 이해 방식에 대해서 귀를 기울여 보자.

> "여기서는 시인이 생각하고 있는 명료함을 전달하는 것이 관건이 아니다. 결코 그것이 아니다. 또한 시 구절이 말하고 있는 '의의/전의(Sinn)'의 명료함을 확정지으려는 것도 아니다. 시가 되살려 놓았던 그리고 독자의 임의적이고 수의적인 자유 공간이 아닌, 이 시가 요구하는 해석학적 노력의 대상인 불확실함과 다양함의 의의(Sinn des Vieldeutigen und Unbestimmten)가 오히려 중요하다. 이러한 과제 설정의 어려움을 아는 사람은, 시적 형성체의 이해를 어렴풋이 떠올리게 하는 모든 부수 의미들(Konnotationen)을 이름이 알려지게 만드는 것이 중요한 것이 아니고, 텍스트와 관련되는 조망이 불가능한 부수 의미들이 자신의 의의-지지기반을 발견함으로써 언어적 통일체로서 그 텍스트에 걸맞은 의의-통일체를 가능한 한 가시적으로 만드는 것이 중요하다는 사실을 알고 있다 […] 나 스스로 - P. Celan을 읽는 대부분의 독자와 마찬가지로 – P. Celan의 세계가 멀리 떨어져 있는 근원들을 소유하고 있다는 사실을 알고 있다. 나는 유대인 신비주의와 유대교 일파인 하시딤(Chassidim)

그리고 특히 P. Celan에 있어서 분명한 이유가 있었던 동방적 유대 풍습의 오리지널한 전문 지식(P. Celan 역시 이것을 Buber로부터 알았다)을 가지고 있지 않다. 또한 나는 놀랍게도 P. Celan의 자세한 성격에 관한 것도 알지 못하고, 종종 사람들은 근본적으로 가르침에 있어서 이러한 방향으로 또는 저러한 방향으로 생각할 수 있었을 것이다. 그러나 그러한 가르침은 또한 미심쩍을 수 있었을 것이다. 사람들은 어떤 위험 지역으로 빠져들곤 한다. 다시 말해서 P. Calan이 가지지 못했던 지식들에 사람들이 힘을 쏟는 경우들이 발생할 수 있다. 때때로 P. Celan은 그러한 지식의 열광에 대해서 경고했다. 지식과 심지어는 시인 자신에게서 유래하는 정보들이 우리들에게 도움을 제공함에도 불구하고, 그러한 도움의 정당성은 시의 끝 무렵에서 결정된다. 이 도움은 '잘못'될 수 있고, 만약 시가 이러한 도움을 완전히 약속하지 못하면 이 도움은 '잘못된' 것이다. 더욱이 모든 시인들은 어떤 확실한 훈련을 하게 된다. 그래서 여기에서 작품의 문맥에서 나온 시인의 '언어' 역시 결코 완전히 해결되지 않는다. 아마도 P. Celan의 시에서 얻어진 준비 단계가 계속해서 도움을 줄 것이다. 그러나 이것 자체도 Hölderlin의 예가 우리에게 가르쳐 준 것처럼 결코 명확한 것은 아닐 것이다. 예컨대 학자에게 있어서는 시가 학술적 암호문으로 여겨지는 것이 아니고, 언어 공동체에 의해서 공유되는 세계 - 이러한 세계에서 시인은 자신의 청자와 독자처럼 편안함을 느낀다 - 의 구성원을 위해서 정해진 것이라는 원리 원칙은 건강해 보인다. 시인이 자기 내면에 있는 언어적 형성체를 만드는 것에 성공했을 때, 시인의 귀는 개별적 지식에 의존하지 않으면서 개별적 지식의 저편에서 몇 가지를 분명하게 할 수 있고, 이로써 시인의 열린 비밀인 암호 같은 상세함에 다가갈 수 있다.

물론 시를 이해하는 방법은 한 가지 유일 차원으로는 이루어지지 않는다. 오히려 다음과 같은 차원이 존재한다. 그것은 낱말의 차원이다. 낱말을 이해하는 것이 최우선이다. 여하튼 관련된 언어를 사용하는 모든 이들이 무지하다는 것은 절대로 불가능한 일이다. 시의 낱말들은 레데/텍스트(Rede)의 통일체, 호흡의 통일체, 목소리의 통일체이기 때문에, 의미가 이해되어야 하는 완전히 개별적 낱말인 것만은 아니다. 오히려 낱말의 정확한 의미는 레데/텍스트를 형성하는 의의상(Sinnfigur)의 통일체에 의해서 규정된다. 이것은 시라는 레데/텍스트의 의의상이 가지고 있는 여전히 어둡고, 긴장되고, 거대하고, 잘게 부서지고, 파손된 통일체 일 수 있다. 낱말의 다의성은 레데/텍스트의 의의가 완성되면서 확정되고, 이것은 의미의 울림을 그치게 하고 다른 의미들을 함께 울리게 한다. 여기에 필수적으로 모든 언어행위 있어서 특유한 명백함이 존재한다. 이것은 자명한 사실이고, 필자에게 있어서 모든 낱말들이 모두 자신의 의미를 정확하게 구체화시키면서 레데/텍스트로 이해될 필요가 없다는 사실과, 이해에 대한 이러한 최우선적 차원을 더 이상 뛰어 넘으면 안된다는 사실은 완전히 부인할 수 없는 것처럼 보인다. 이것은 완전히 P. Celan에게 해당되는 것이다. 그에 있어서는 개별 낱말이 아주 구체적이고 명시적으로 말해지고 있다. 레데/텍스트가 시가 되게 하는 말하여 진 것의 실제적인 정밀함이, 이러한 낱말들, 낱말들의 의미 기능, 낱말들의 명명 기능 그리고 레데/텍스트의 통일체라는 첫째 차원에서 충족되지 않게 되면, 레데/텍스트가 '우선적으로' 무엇을 말하는지에 대해서 사람들은 정확하게 검토할 수 없다. 실제로 우리는 그러한 차원을 취할 수 없다. 왜냐하면 항상 여러 가지 차원들이 서로 맞물려 있기 때문이다. 이것이 이해라는 과제를 아주 어렵게 만든다. 시 또한 - 대화에 있어서 모든 낱말과 마찬가지로 - 방금 말하지 않았던 것을 우연히 듣게 되는, 그러나 의의에 대한 - 바로 이것에 의해서 시가 눈을 뜨게되는 - 기대감으로 전제되는 반대말적 성격을 가지고 있다. 아마도 이것은 기대에 뒤따르기 위해서 일 것이다. 이것은 특히 P. Celan의 시 같은 오늘날의 서정시에서 지켜지는 것처럼 보인다. 이것은 시적 설명을 통일적인 관련 틀 안에서 유지하고 신화적-도상적-의미론적으로 공통적 소여성을 소유하고 있는 바로크 시대의 서정시와는 일치하지 않는다. P. Celan의 어휘 결정은 언어적 부수 의미들이 엮인 것이다. 이러한 언어적 부수 의미들의 숨겨진 통사론은 시 자체에서가 아닌 어느 다른 곳에서는 학습할 수가 없다. 이것은 해석에 대해서 자신의 길을 지시한다: 텍스트에 의해서 코헤렌쯔가 보증되는 의의세계(Sinnwelt)가 지시되는 것이 아니다. 의의의 단편들(Sinnfragmente)은 서로 맞물린 쐐기처럼 되어있다. 사람들은 단순하게 의도(생각)했던 차원(Ebene schlichten Gemeintseins)으로부터 실제적으로 말한 것(Ebene des eigentlich Gesagtseins)이라는 두 번째 차원으로 변용의 길(der Weg der

Transposition)을 갈 수 없다. 차라리 실제적으로 말한 것은 레데가 생각했던 것과 기술하기는 힘들지만 항상 여전히 동일한 것이다. 이해에 있어서 어떤 일이 발생하느냐는 것은 변용 가능성의 끊임없는 실현으로서의 변용 - 즉 사람들이 이것을 통해서 긍정적인 의미에서 '지양(aufhebt, 止揚)'하고 받게 되는 첫 번째 차원의 모든 '실증성(Positivität) - 이 아니다 [...]
여기서 시도되는 것은 다음과 같은 것이다: 특별한 종류의 아무런 정보 없이 P. Celan 시의 순환성을 해석한다는 것은 확실히 위험을 내포하고 있다. 그러나 필자는 '특별한 종류'라는 표현을 반복한다. 왜냐하면 모든 독자가 스스로 가져오게 되는 정보 덩어리는 자체적으로 여러 가지 관점에서 이미 '특별화' 되기 때문이다. 어떤 사람이 단지 책을 통해서 알고 있는 것을, 다른 사람은 이미 경험했다. 어떤 사람은 독일계 슬라브족 동구라파 주민들, 심지어 유대인의 종교의식 또는 헤브라이족의 신비 의식에 대해서 알고 있고, 다른 사람들은 이러한 것들에 대해서 사전에서 알게되거나 힘겨운 강독에 의해서 알게 된다. 이와 마찬가지로 이미 말한 것과의 대립어적 관련도 존재한다. 어떤 사람은 George와 Rilke가 시인으로서 귓속에 남아있거나 심지어 시인으로서 프랑스어와 시가 귓속에 남아 있는 반면에, 다른 사람들은 그렇지 않다. 어떤 사람은 시인에 의해서 사용된 전문 표현을 자신의 독자적인 언어사용에서 알 수 있고, 다른 사람들은 그것을 힘들게 알아야만 한다. 그러한 특별함은 여전히 중요하다. 그런 한에 있어서 시인 편에 있는 개별적인 정보를 제시하는 특별한 특수성 역시 결코 완전히 어떤 특별한 것이 아니다. 기회의 특별함이 기회의 일반화로 고양될 때, 모든 개개인에 있어서의 이해가 존재한다. 이것은 다음과 같은 것을 말하고 싶어한다: 사람들이 증인으로서 또는 직접 시인에 의해서 학자로서 알 수 있는 규정된 일회적인 사건이 아닌 것이 시에서 언어화된다. 그것은 모든 독자가 언어 표현을 통해서 생각나는 것으로 받아들일 수 있는 것이다. 그는 모든 독자들이 시를 지각할 수 있다는 것을 자신의 고유한 체험으로서 보충해야만 한다. 이것은 바로 다음과 같은 것이다: 시를 이해하기." (H.-G. Gadamer 1973: 110 이하).

우선, "시가 요구하는 해식학적 노력의 내상인 불확실함과 다양함의 의의"가 가진 중요성은 H.-G. Gadamer가 구어 텍스트가 아닌 문어 텍스트에 대한 중요성을 강조하고, 그것이 해석학의 대상이 된다는 사실과 유사해 보인다: "문자로 된 텍스트가 해석학의 본연의 과제이다. 문자로 된 텍스트는 자기 소외(Selbstentfremdung)이다. 이러한 자기 소외를 극복하는 일이, 다시 말해서 텍스트를 읽는 일이 이해 문제에 있어서 최고의 과제이다." (H.-G. Gadamer 1975: 368). 왜냐하면 구어가 – 문어와는 달리 - 초분절 음소(Suprasegmentale Phoneme, 억양, 휴지, 강세 등)의 도움으로 텍스트의 의미를 좀더 고정시켜주는 방향에 서 있다면, 이런 요소를 포함하지 않은 문어(즉, 텍스트)는 좀 더 다의성을 가질 수 있기 때문이다. 그래서 그에게 있어서는 "언어 통일체로서 그 텍스트에 걸맞는 의의-통일체를 가능한 한 가시적으로 만드는 것이 중요"한데, 이때 텍스트의 이해를 '의의-통일체'로 간주한다는 것은 바로 현대 텍스트언어학의 핵심어인 '텍스트성(Textualität)'을 떠오르게 한다.

또한 H.-G. Gadamer는 시의 이해를 위해서 낱말 차원이 중요하다고 생각하지만 – 그는 당연히 그럴 것이다. 왜냐하면 그의 해석학이 '언어의 대화적 본질'을 중시하기 때문이다 –, 그러나 레데/텍스트'의 통일체, 호흡의 통일체, 목소리의 통일체가 궁극이다. 거기에다가 레데/텍스트를 형성하는 의의상(Sinnfigur)의 통일체에 이르면, 이것은 우리들이 텍스트언어학의 출발점으로 명시했던 W. v. Humboldt의 레데 개념과 매우 유사함을 알 수 있다. 또한 시 텍스트의 의의상이 "어둡고, 긴장되고, 거대하고, 잘게 부숴지고, 파손된 통일체"라고 한 것은 텍스트종류 '시'가 소유한 코헤지온 또는 코헤렌쯔의 톡특함에 기인할 것이다. 예를 들어 H. Vater는 시텍스트의 정보성을 논하는 자리에서 다음과 같은 C. Morgenstern의 시를 예로 들었는데, 이것은 시 텍스트의 의의상의 극점이라고도 할 수 있을 것이다.

Das große Lalula (C. Morgenstern)
Kroklokwafzi? Semememi!
Seiokrontro – prafriplo:
Bifzi, bafzi; hulalemi:
Quasit basti bo …

Lalu lalu lalu lalu la!

Hontraruru miromente
Zasku zes rü rü?
Entepente, leiolente
Klekwapufzi lü?
Lalu lalu lalu lalu la!

Simarar kos malzipempu
Silzuzankunkrei(;)!
Marjomar dos: Quempu Lempu
Siri Suri Sei [ ]!
Lalu lalu lalu lalu la! (H. Vater 1992: 56).

또한 텍스트의 의의가 완성되면서 확정되었다는 것은 모든 텍스트가 – K. Brinker(1985)의 견해를 빌리면 – 텍스트테마를 갖는 것을 의미하거나, 또는 – T. A. van Dijk(1980)의 견해를 빌리면 – 모든 텍스트가 거시 명제를 갖는 것을 의미한다. 이것은 텍스트언어학에서 중시되는 테제 중의 하나이다. 그래서 결국 H.-G. Gadamer에 있어서, 개별 낱말이 아주 구체적이고 명시적으로 말해지고 있다는 것은 텍스트 내에서 낱말이 이해되고 있다는 사실과 다름아니다. 따라서 "텍스트에 의해서 코헤렌쯔가 보증되는 의의세계(Sinnwelt)가 지시되는 것은 아니다"라는 H.-G. Gadamer의 주장은 좁은 차원의 코헤렌쯔, 즉 문법적 코헤지온 수단의 소여성을 의미한다고 할 수 있다.

6. 텍스트언어학의 전개

6.1 P. Hartmann 의 "첫 번째 언어기호(primäres sprachliches Zeichen)"로서 의 텍스트

1957년 N. Chomsky의 『통사구조(Syntactic Structures)』가 출간되고 1960년대에 접어들면서, 언어학 분석 대상으로서의 언어 단위에 대한 다음과 같은 문제의식이 생겨나게 된다. (H. Kalverkämper 1981: 261 참조).

1) 항상 그렇게 보여 왔듯이 문장은 한 눈에 조망될 수 있는 길이 안에 존재하고, 어휘적, 형태적 언어 기호의 기능적 조화로 구성되어 있다.
2) 그렇다면, 이미 미니 텍스트로 간주되는 두 문장 또는 문장 고리의 연관들이 생겨나기 되고,
3) 결국, 이전에는 언어적 연구 흥미를 주지 못했던 문장 사슬의 복잡성 또는 포괄적 텍스트라는 개념이 생겨나게 된다.

이러한 견해가 결국에는 하이퍼통사론(Hyper-Syntax), 수퍼통사론(Super-Syntax(Praha 학파)), 초통사론(Supra-Syntax(영미권 언어학자들)), 거시통사론(Makro-Syntax), 텍스트언어학(Textlinguistik (독일어권 학자들)), 초월통사론(Transphrastik

(A. J. Greimas와 프랑스 기호학자들)) 등의 술어로 대변되는 연구 방향을 생겨나게 했다.

언어 연구에 있어서 이러한 새로운 방향 전환이 이루질 수 있었던 배경은 독일 Konstanz 대학의 언어학자인 P. Hartmann이 행한 연설 "텍스트중심 언어학의 유용성(Nutzen einer textorientierten Linguistik)"에 있다: "이제 여기서 무엇을 기대할 수 있을까? 언어학은 텍스트구조(Textaufbau)와 텍스트구성(Textkonstitution)에 대한 지식을 다른 분과의 처분에 맞기기 위해서 무엇을 유용하게 제공할 수 있을까? 이러한 시점에서 바로 자체적으로 권한이 있는 주변 학문에서, 지금까지 언어학적 측면에서 어떤 것이 제공되거나 어떤 것이 이용되는 커다란 경향이 없었다고 말할 수 있고, 동시에 없었다고 말해야만 한다. 이유는 문예학에서는 설명의 가치가 설명의 형식과는 아주 다르게 평가된다는 사실, 완전한 이해를 위해서는 역사라는 모멘트를 피할 수 없다는 사실, 문예학자들이 스스로 최대한 어디에서 시인은 오리지널하고 유일한가라는 것을 알고 있어야만 했다는 사실, 시인은 실제적으로 무엇을 생각하는가 등에 대해서 알고 있어야만 했다는 사실에 있다. 그러나 이에 반해서 언어학에서 유래하는 실제적 인식이 제공 될 수 있다. 이것은 최소한 다음과 같은 견해에 의해서이다: 문예학자는 자신의 기본적 확신에 있어서 규범적일 수 있고 개별적일 수 있는 직관적인 언어 감각과 같은 방식에서(사람들은 다음과 같이 말할 수 있을 것이다: 자신의 언어 공간에서 유래한 전체 경험의 재고량에서) 출발해야 한다는 사실이다. 그리고 거기서부터 문예학자는 시인의 개성과 문체의 개성 등에 대해서 판단한다. 그러나 언어학적 경험, 특히 그 중에서도 가장 최근에 이루어진 언어학적 경험은 예를 들어 어떤 언어의 문장 구성에 있어서 그리고 문체의 문장 구성에 있어서 '규범'을 확정짓기 위하여, 즉 그 규범을 어느 정도 예감하기 위해서가 아니라 검증할 수 있고 명시적으로 해명할 수 있기 위하여 아주 많은 양의 자료들을 필요로 한다는 사실을 가르쳐 준다. 이것이 오늘날에 있어서 가능한 기계적 데이터 작업이 결정적으로 중요하게 될 것이라는 사실이다. 오늘날 사람들은 많은 자료 없이는 더 이상 '그것을 알고 있다'라고 말할 수 없다. 왜냐하면 우리들이 알고 있는 것만으로는 중요하다는 것이 증명될 수 없기 때문이다. 다시 말해서 언어에서와 같은 서로 다르고 이종적인 자료 영역에서 더 이상 모든 학문의 디음과 같은 기본 문제에 대해서 답할 수 없다: 우리가 알고 있는 그것을 우리는 어떻게 아는가. 그리고 바로 종종 다양하게 해석되는 문예학은 더 이상 학문이 아니고 기껏해야 주목할 만하고 방향을 제시해주는 모방 작품이라는 여러 관점들이 생겨난다. 이러한 논의만으로도 언어학은 우선적으로 몇 가지의 언어학적 가능성들을 이용하는데 기여할 수 있다. 다시 말해서 언어학은 개별성을 발견하는데 있어서 - 이해되기 위해서 언어는 개별적인 것들을 항상 전달해야만 한다 - 어떤 것을 구분하면서 도울 수 있다. 언어학자가 이러한 기회를 진실되게 받아들이고 분석을 위한 출발점으로서 텍스트에 노력을 기울이게 된다고 가정해 보자: 우리들은 이것으로부터 무엇을 얻을 수 있을까?

아마도 좁은 의미에 있어서 언어학의 대상에 대한 새로운 관점이 생겨나게 될 것이다 [...] 수많은 언어학적 구성과 성과는 소위 텍스트, 즉 주어진 텍스트에서 존재와 배분 그리고 기능에 대해서 질문할 수 있음에 의해서 새로운 차원을 얻을 수 있다. 따라서 사람들은 큰 단위에서 작은 단위로 또는 새로운 위계 구조인 '위에서 아래로' 받아들이기는 하지만, 직접적으로 이해된 의미론에서만 출발하지 않는다는 사실이다. 오히려 사람들은 훌륭한 언어학적 실습인 형식, 즉 객관적인 형태들, 그러한 형태들의 결합과 의존성 등에서 출발할 수 있을 것이다. 새로운 관찰 영역으로서 궁극적으로 텍스트구성이 생겨날 것이다. 단지 텍스트만이 실현될 수 있고, 텍스트의 여러 가지 종류가 다양한 방법으로 실현되는 방식들에 대한 통찰이 생겨난다. 이러한 기본 현상은 전조응, 후조응 다시 말해서 이미 언급된 것 또는 아직 기대되는 것과 같은 전조응적 텍스트와 후조응적 텍스트의 내적 관련 망이다. 텍스트를 이해한다는 것은 기대와 그 밖의 전제와 아주 깊은 관련을 맺고 있다. 그러나 기대한 것과 일치하는 실제적 전달 가치나 일치하지 않는 실제적인 전달 가치는 그러한 틀에서 실현될 수 있어야만, 다시 말해서 수행될 수 있어야만 한다. 이러한 목적을 위해서 모든 텍스트는 의미 있는 연쇄라는 확실한 형태를 따른다. 이와 마찬가지로 문예학에 있어서도 이러한 새로운 견해가 생겨날 수 있다 [...] 사람들은 넓은 언어 영역을 양적으로 관찰함에 의해서 확실하게 검증 가능한 견해에 도달할 수 있을 것이다. 이러한 넓은 영역에서는 다음과 같은 것들이 있다: 일반적-규범적 그리고 개별적-효과적 양상, 예를 들면 텍스트구성, 텍스트 진행, 텍스트 분절, 문장 정돈, 문장

길이, 문장 수(예를 들면 고대 일본에서 황제가 내린 포고령(새미오, Semmyō))은 한 쪽 분량의 한 문장으로 구성되어 있다), 문장 구성, 예를 들면 낱말 정돈, 낱말 선택, 음운 선택 등. 이로써 순수하게 의미론으로 구성되어 있고, 대략적으로 낱말의 출현 위치를 표시할 수 있고, 반대로 어떤 것들은 표시할 수 없는 일정한 낱말에 대한 저자의 선호도를 알게 되는 것과 같은 지금까지의 분석들을 포기 할 수도 있을 것이다: 예를 들면 다른 낱말들이 출현하지 않음으로서 어떤 결과가 발생할 수 있겠는가에 대한 증명 같은 것이다.

오늘날의 문화 언어와 같은 이런 식으로 구분되는 다양한 대상에 있어서의 어려움은 '정상적'=(아직-)비-문예학적 언어 사용의 비교의 토대와 출발점의 설명과 규정에 있다. 이것을 저자들은 다른 것으로 특히 시적으로 특징 지웠음에 틀림없다. 왜냐하면 궁극적으로 해석된 텍스트에서 언어적 형식에 대한 정확한 인식은 (1) 관습적인 문학 해석자 - 그 밖의 모든 독자들 - 가 주어지고 만들어진 텍스트의 도움으로 어떤 것을 이해하고 알아차리기 때문에, (2) 문예학에 있어서 어떤 관련 내에서 전달된 (텍스트) 내용을 위한 상징이 존재하는가를 확정적으로 말할 수 있다는 것은 훨씬 더 학문적이기 때문에 필요하다." (P. Hartmann 1966: 56 이하). 우리들은 이러한 P. Hartmann의 강연에서 문예학과 텍스트언어학의 긴밀한 연관성을 찾아 볼 수 있고, 이로써 '가장 문예학에 가까운 언어학적 이론이 텍스트언어학'이라는 가정도 해 볼 수 있다. 또한 텍스트언어학이 어떤 기능을 떠 안을 수 있는가에 대한 문제와 텍스트구성과 텍스트구조, 텍스트언어학의 철학적 함의와 관련지워 P. Hartmann의 가장 혁신적인 사고로 간주되는 "위에서 아래로의 새로운 계층 구조"가 등장하고, '전조응(Anapher)'과 '후조응(Katapher)'과 같은 텍스트문법의 핵심 개념도 논의되고 있다. 어쨌든 텍스트를 문장 이상의 언어단위로 설정하고 이것이 언어연구의 새로운 방향이 되어야 한다고 체계적이고 구체적으로 주장한 최초의 언어학자는 P. Hartmann이다. 그는 낱말과 문장이 나름대로의 의미가 있다고 하더라고 궁극에는 텍스트에서 그 의미가 실현되거나 또는 정해지고, 언어의 실제적인 사용은 텍스트 내에 있는 여러가지 요소들 사이의 결합을 통해 실현된다고 주장한다. P. Hartmann에 있어서 우선적 관심은 '이제 까지의 언어학의 주된 관점은 무엇'이고, '그것은 어떻게 체계화' 되었으며, '그것의 분석 방법은 무엇'이었나라는 것이다. 그후에 그는 '사물중심(sachbezogen)' 협력이라는 소박한 형식에서 벗어나 '주제중심(themenbezogen)' 협력을 발전시켜야 한다고 주장한다. 이로써 언어 연구의 중심과제는 체계중심에서 탈피하여 언어의 기본 기능에 적합한 연구로 전환하여야 한다는 것이다. (P. Hartmann 1968a: 66 이하 참조). 결국 그에 의하면, 어휘나 문법과 같은 규칙을 통하여 언어 요소간의 관계를 밝히는 것은 일반적인 언어현상에 대한 추상적 고찰에 불과하므로 언어학자는 언어의 기본 기능 연구로 방향을 돌려야 한다는 것이다. (P. Hartmann 1968a: 70 이하 참조). 이러한 연구방향은 텍스트 중심 언어학의 기본틀이 되고 급기야 P. Hartmann에 있어서 (언어)기호는 일정한 언어기능이나 작용(Wirkung)을 나타내는 기호로 간주된다. (P. Hartmann 1968: 211 참조). 이제 낱말들은 텍스트에서 의미를 얻고, 역으로 낱말은 어떤 의미를 텍스트에 가지고 오는 것이고, 화자는 텍스트로 말을 한다. (P. Hartmann 1968: 212 참조). 그래서 P. Hartmann에 있어서 텍스트는 "첫 번째 언어기호(das primäre sprachliche Zeichen)"(P. Hartmann 1968: 212)이자, "오리지널한 언어기호(das originäre sprachliche Zeichen)"이다. 다시 말해서, "언어가 표명된 출현 형식에서 나타날 원칙적인 가능성으로서 이해된 텍스트, 따라서 그때마다 기능할 수 있는 언어의 표명된 개별현상으로서의 일정한 텍스트가 오리지널한 언어기호를 만든다. 이때 언어적으로 가능한 모든 기호담지자가 물질적 단위를 형성할 수 있다." (P. Hartmann 1971: 10).

이제 이러한 텍스트를 한정짓는 것도 중요하다. P. Hartmann은 텍스트의 시작을 제한할 수 있는 반면, 텍스트 말미를 제한하는 일은 쉽지 않다고 생각한다. 왜냐하면 텍스트는 언제나 확대될 수 있으므로 텍스트 말미를 한정하는 것은 텍스트 내재적 구조 개념으로는 한정이 어렵기 때문이다. 그러므로 텍스트 외적 관점이 들어오는 텍스트 말미는 언어학자의 주된 관심꺼리가 아니다. P. Hartmann은 텍스트가 어떻게 시작하는 지를 알기 위해서 '구조적(strukturell)' 텍스트 개념과 '사실적(faktisch)' 텍스트 개념을 구분하는데, 이는 문학텍스트의 경우가 후자에 속하며 전자에 속하는 것으로는 시 작품을 들고 있다. (P. Hartmann 1968: 215 이하 참조). 이러한 구분은 K. L. Pike(1964)의 'emic'과 'etic'의 구분, R. Harweg의 'textintern'과 'textextern'의 구분과 유사해 보인다. R. Harweg(1968)은 P. Hartmann과 같이 구조적 기준으로 정의되는 'emisch'와 언어외적 기준으로 정의되는 'etisch'의 개념 구분에 많은 장소를 할애했다. 예를 들어, 자신의 주저인 『대명사와 텍스트구성(Pronomina und Textkonstitution』(1968)의 제III부 2장 '텍스트코스모스 내 단위로서의 텍스트구성과 한정(Delimitation und Konstitution eines Textes-als-Element-im-Text)'에서는 이 개념이 중요한 역할을 한다. (R. Harweg 1968: 150 이하 참조). 이러한 텍스트 시작과 텍스트 진행은 '전조응적(anaphorisch)'과 '후조응적(kataphorisch)' 개념의 도움으로 설명될 수 있는데, 텍스트는 이들 사이에 존재하는 정보를 효과적으로 전달해 줄 수 있는 순서관계(Abfolgezusammenhang)로 이해할 수 있으며, 텍스트구성소 사이의 이러한 관계는 필연적이다. 예를 들어 텍스트의 서두는 후조응적이고 텍스트의 중간은 후조응적일 뿐 아니라 전조응적이다. 이러한 개념들은 R. Harweg에 의해서 좀더 정교화되면서 내재적 텍스트 서두(emische Textanfänge)와 외재적 텍스트 서두(etische Textanfänge) 등과 같은 개념을 낳았다. (R. Harweg 1968: 152 이하 참조). 그러나 텍스트 말미가 한정되기 어렵다는 P. Hartmann 이나 R. Harweg의 주장(R. Harweg 1968: 170 이하 참조)은 훗날 W. Dressler에 의하여 의문이 제기되기도 한다. 예를 들어, W. Dressler에 의하면 Tirol지방 한 오르간 연주자의 다음과 같은 비문에서는 이 후의 텍스트 진행이 기대되지 않는다는 것이다.

> "여기 부인과 아이를 때리고 오르간을 쳤던 M. Krug 잠들다. (Hier liegt Martin Krug, der Kinder, Weib und Orgel schlug). (W. Dressler 1973: 58)."

이 예문 이후의 문장을 기대할 수 없는 이유는, 이 문장에서는 전조응적 요소뿐만이 아니라 후조응적 단위도 결여되어 있기 때문이다: "정의에 따르면 이러한 텍스트 유사 문장들은 후조응적 단위를 포함하고 있지 않을 뿐 아니라, 전조응적 단위도 포함하고 있지 않다. 그러나 직시단위는 가지고 있다. 그 밖에도 한 문장으로 이루어진 이런 식의 비문은 결코 확장되는 명사구를 지배하지 않는 명사구 내에 있는 고유명사를 포함하고 있다." (W. Dressler 1973: 58). 이와 더불어 W. Dressler는 문장말미가 정의될 수 없다는 R. Harweg의 대치 모델의 결점을 다음과 같은 여러가지 예를 가지고 주장한다.

1) (정의에 의하면) 부정관사의 범주는 텍스트 말미에 올 수 없지만, 다음과 같은 텍스트 말미가 가능하다: "그래서 그는 멋진 결말을 찾았다. (Und so fand er ein schönes Ende)."

2) 텍스트의 마지막 문장은 '다음과 같은(folgender)', '인사형식' 그리고 다음과 같은 의문문을 포함할 수 없다: "그런데 그가 도대체 무엇을 했습니까? (Und was tat er dann?)"

3) 텍스트 말미에 새로운 인물이 등장하는 것도 이상해 보인다: "그리고 그곳에서 그는 옛 친구 X씨를 만났다. (Und dort traf er einen alten Freund/Herrn X)."

4) 임의적 마무리 형식들은 텍스트 말미에 등장할 수 있다: "이제 됐어요. (Das wäre's)", "이제 그만 끝 (Und damit Schluß)", "아멘 (Amen)". (W. Dressler 1973: 62 참조).

5) "텍스트에서 소리의 높낮이 과정은 변별적, 경계적 기능을 가진다. 여기서 절대적 소리 높이 보다는 소리 높이의 교체와 소리 높이 교체의 즉흥성이 중요하다. 언어 멜로디가 문장의 유형을 한정 짓는 한, 언어 멜로디는 변별적 성질을 가지고 있다. 이것은 텍스트언어학적으로도 매우 중요하다. 소리 높낮이 과정은 경계적이다. 왜냐하면 이것은 텍스트 단편을 경계짓기 때문이다. 그래서 목소리는 단락의 끝에서 강해지고, 새단락의 초입에서는 강하게 강조된다. (J. O. Morgan 1967: 124). 특히 이것은 문어 텍스트의 처음과 서두에 특징적이다. 그래서 누가 말하는 소리를 듣게 되면 발화의 마지막 전에 이미 이 발화가 끝이 나게 되는지 또는 아직도 계속되는 문장들이 계획되어 있는지에 대한 많은 음절들, 종종 낱말들과 문장성분들을 듣게 된다.[1] 화자에게 있어서 자신이 계획했던 텍스트를 여전히 확장하거나 화

---

1) 음악에서도 이와 유사한 논의가 있다. 크게 보아서 곡을 만드는 것이나 글을 생산하는 것이나 같은 맥락이라는 것이다: "일단 시작되면 음악은 올라간다. 즉 고조된다. '생일 축하합니다/생일 축하합니다/사랑하는 OOO/생일 축하합니다'를 불러보면 '사랑하는'에 이르기까지 세 번에 걸쳐 음악이 올라가는 것을 알 수 있다. 그 다음엔 방향을 바꾸어 마지막 '축하합니다'까지 내려온다. 짧지만 시작과 정점과 해결을 모두 갖춘 음악이다. 우리는 삶에서 안정을 추구하지만 안정적인 일상은 드라마 감이 되지 못한다. 걱정거리가 없는 어떤 직장인의 평탄한 삶을 보러 영화관이나 극장을 찾는 사람은 없다. 연극적 흥미가 발생하는 것은 문제가 돌

자가 단순히 음조를 틀리게 되면, 당연히 청자에게서의 이러한 기대는 실망스러워진다." (W. Dressler 1973: 79 이하).

그럼에도 불구하고 텍스트언어학적 견지에서 P. Hartmann을 높이 평가할 수 밖에 없는 이유는 그가 텍스트연구의 초창기에 선포했던 '텍스트언어학 강령(textlinguistisches Manifest)'(1971)[2]과 위에서 언급한 텍스트와 관련된 결실있는 다양한 정의들 때문이다.

출할 때부터다. 예컨대 그 직장인이 갑자기 자신의 삶에 권태를 느낀다거나 솔깃한 제안에 욕심이 생겨 거액을 투자하는 때부터다. 셰익스피어의『맥베스』에서 예를 들자면 용맹한 충신 맥베스가 마녀로부터 '너는 스코틀랜드의 왕이 될 것이다'라는 불온하면서도 떨쳐내기 어려운 예언을 들은 때부터다. 교향곡이나 소나타처럼 긴 곡에서 음악은 다소의 곡절이 있지만 클라이맥스에 이르기까지 점점 더 긴장이 고조된다. 고조의 방법에는 여러 가지가 있다. 음높이를 올리는 것, 강한 소리를 내는 것, 더 빠르게 움직이는 것, 더 빽빽하게 음을 채우는 것 등. 그중에서도 가장 중요한 것이 조성의 중심을 흔드는 것이다. 처음에 안정되었던 조성은 빈번하고도 예상치 못한 조바꿈으로 점점 혼란 속으로 들어간다. 그에 따라 음악의 긴장이 고조된다. 이와 더불어 앞에서 우아하게 제시되었던 주제선율들이 변형되면서 토막이 난다. 곡의 정점에 가까워지면 그 토막 난 단편들 중에서 덜 중요한 것들은 탈락하고 가장 핵심이 되는 아이디어만 남는다. 연극이 진행될수록 등장인물들 사이에는 갈등이 깊어진다. 연극적 긴장감도 따라서 높아진다. 갈등과 대립이 노골화되면서 감추어져 있던 속 내용들이 들추어지고 드라마는 혼돈의 극으로 치닫는다. 카타스트로프다. 여기에 이르면 가장 깊은 곳에 감추어졌던 것들이 드러난다. '오페라의 유령'의 가면이 만인 앞에서 벗겨지고 남편보다 더 악독했던 맥베스 부인이 나약한 몽유병자가 되어 헤맨다. 여기에서 제대로 문제가 파헤쳐지지 않은 채 드라마가 봉합이 되면 사람들은 카타르시스(정화의 희열감)를 느끼지 못한다. 처절해도 상처의 근원이 파헤쳐진 후에야 비로소 청중은 긴장을 풀며 안도의 한숨을 내쉰다. 혼돈의 극에 와서는 오히려 드라마가 분명해진다. 추리극이라면 이 부분에서 범인이 밝혀지는 것이고 할리우드 영화라면 이 부분에서 주인공과 악당이 정면 대결을 한다. 이제 관객은 안다. '악당은 제거되고 곧 안정된 일상이 회복될 것이다'. 조성의 방황이 그 끝에 이르렀을 때 작곡가들은 처음의 안정된 조성으로 돌아가게 하는 화음을 준비한다. 딸림화음이다. 딸림화음은 으뜸화음을 유도하는 기능을 가지고 있는데 이 화음을 혼돈의 끝에 나타나게 해서는 오래 유지한다. 어떤 작곡가는 발전부의 후반을 모두 이 화음으로 채우기도 한다. 원래의 조성으로 돌아가게 하는 화음이라고 해서 이것을 '고향의 딸림화음(home dominat)'이라고 부른다. 이 화음이 들리기 시작하면 청중들은 머지않아 안정된 조성이 회복되리라는 것을 알고 기대한다. 이것이 음악의 클라이맥스다." (이건용 2016).

2) P. Hartmann의 '텍스트언어학 강령'에 대해서는 이 책에 실려있는 "2.4 '텍스트언어학적'이란 무엇인가"에 자세히 설명되어 있다.

6.2 R. Jakobson의 확장된 언어기능과 '반복'

일반적으로 R. Jakobson은 문학과 언어학의 가교역할을 하는 형식주의(Formalismus) 바탕의 학자로 널리 알려져 있지만 그의 시학관련 이론(이를 테면 '반복(Wiederholung)'이나 '병행구문(Parallelismus)' 등과 관련된 논의)을 들여다 보면 그곳에 텍스트언어학적 견해들이 숨겨져 있음을 알 수 있다. R. Jakobson은 1958년 미국 Indiana 주립대학에서 개최된 문체에 대한 학술 대회 발표초안을 근거로 1959년에 완성하여 1960년에 T. A. Seboek(편) 『언어에서의 문체(Style in Language)』에 게재한 논문 "언어학과 시학(Linguistics and poetics)"에서, "무엇이 언어적 메시지를 예술 작품으로 만드는가?"(R. Jakobson 1960/1971: 143)라는 물음에 답하는 것을 과제로 삼는다. 그는 이를 해결하기 위해 "종종 시학은 언어학과는 달리 가치(Wertung)에 관심을 둔다"(R. Jakobson 1960/1971: 144)는 주장에 의문을 제기하면서 "시학을 언어학과 분리하려는 노력은 언어학의 영역이 지나치게 제한되어 정의될 때, 예를 들어 일부 언어학자들이 문장을 가장 큰 분석 단위로 생각한다든지, 언어학의 영역을 오로지 문법이나 자유로운 변이형들을 고려하기 않고 단지 외적인 형태의 비의미론적 물음들 또는 지시적 방식의 나열로 한정시키는 경우에나 가능"(R. Jakobson 1960/1971: 145 이하)하다고 말하며, K. Bühler의 세 가지 언어기능(표현기능, 호소기능, 서술기능)을 더 세분화시킨다. 일단 이 대목에서 R. Jakobson이 관심을 가졌던 시학 논의의 출발점으로, 문장을 분석 단위의 최정점에 위치시키는 견해에서 탈피하여 '문장초월적(transphrastisch)' 단위에 대한 텍스트 중심적 열망을 엿볼 수 있다. 어쨌든 R. Jakobson은 K. Bühler의 언어기능을 언어 전달 행위에 나타나는 구성요소, 즉 '발신자(Empfänger)', '메시지(Nachricht)', '수신자(Sender)', '상황(Kontext)', '접촉(Kontakt)', '약호체계(Kode)'에 귀속시켜 세분화하였다. R. Jakobson에 의하면, K. Bühler의 세 가지 기능이 이러한 여섯 가지 요소로 세분화되는 이유는 다음과 같다: "이러한 [언어] 기능들의 윤곽을 알기 위해서 어떤 발화 행위나 어떤 언어 전달 형식에서의 구성 요소들에 대한 명확한 개관이 필요하다. 발신자는 수신자에게 메시지를 보낸다. 그것이 효과적이 되기 위해서, 메시지는 상황이 필요한데, 이러한 상황은 메시지와 관련있다. (약간은 중의적인 명사로 표현하면 '지시(Referenz)'가

될 것이다). 그리고 이러한 상황은 수신자가 이해 가능한 것이어야 하고 언어라는 형식을 취하거나 언어화 될 수 있는 것이어야 한다. 그 다음은 발신자와 수신자(다른 말로 하면 메시지를 약호로 전달하는 자와 그 해독자)에게 완전하게 아니면 적어도 부분적으로 공통적인 약호 체계가 필요하다. 마지막으로 필요한 것은 발신자와 수신자간의 물리적 회로 및 심리적 연결이 되는 접촉으로서 양자가 의사 전달을 시작하여 이를 지속할 수 있게 하는 요소이다." (R. Jakobson 1960/1971: 146 이하). 그래서 발신자에게는 '감정표시 기능(Emotiv)', 수신자에게는 '능동적 기능(Konativ)', 상황에는 '지시 기능(Referentiell)'을 부여하면서 K. Bühler의 언어기능과 유사하게 구성하였고, K. Bühler에게는 나타나지 않았던 세 가지 요소인 메시지에는 '시적 기능(Poetisch)', 접촉에는 '친교 기능(Phatisch)', 약호 체계에는 '메타언어적 기능(Metasprachlich)'을 부여하였다. 이 모델은 발신자가 수신자에게 '메시지'를 보내는데 메시지가 전달되기 위해서는 '상황'이 수신자가 이해 가능하고 언어화될 수 있는 것이어야 하고, 이를 위해서는 발신자와 수신자가 '공통된 약호 체계'를 가지고 있어야 하며, 물리적 및 심리적으로 연결이 되는 '접촉'으로 양자가 의사 전달을 해야 한다는 것이다. 이 모든 언어 행위에 등장하는 구성 요소들과 관련된 언어기능을 도식화하면 다음과 같다. (R. Jakobson 1971: 146, 152 참조).

상황(지시 기능)

메시지(시적 기능)

발신자 ---------------------------------- 수신자
(감정표시 기능) (능동적 기능)

접촉(친교 기능)

약호체계(메타언어적 기능)

이러한 여섯 가지 요소와 이에 해당하는 기능을 구체적으로 살펴보면, 언어 메시지는 대상을 지향하는 '지시 기능'을 가지고 있고, 발신자는 자신의 태도

R. Jakobson (이재원 作, 2018)

를 직접 표현하는 것을 목적으로 삼는 A. Marty의 '감정표시 기능', 수신자는 호격, 명령법 등으로 발신자로부터 행위하게 하는 '능동적 기능'을 갖는다. '시적 기능'은 "I like Ike[ay layk ayk]"처럼 첫 낱말이 뒷 낱말 속에 내포되어 있어 좋은 감정을 느끼게 하는데 이런 시적 기능 때문에 더욱 강한 인상과 효과를 얻을 수 있다고 하며 R. Jakobson은 이 기능을 중요하게 여겼다. (R. Jakobson 1960/1971: 152 이하 참조). '친교적 기능'은 원래 인류학자인 B. K. Malinowski가 원시인들이 사용하는 언어에서 '의미' 추출 문제를 생각하며 사용한 것으로, 메시지 중에 의사 전달을 성립, 연장, 중단시키면서 회로가 제대로 기능을 하고 있는지를 점검하고 상대방의 주의를 끌기위해 그의 주의가 지속됨을 확인하기 위한 것이다. 예를 들어 전화통화 중 '여보세요? 제 말 들리세요?'등의 발화를 통해 점검한다든지, '듣고 계세요?'나 전화통화 끝에 '네!, 네!' 처럼 주의가 지속됨을 확인하는 것이다. 이런 친교 기능은 인간만이 공유하는 면인 동시에 어린 아이가 최초로 획득하는 기능이기도 하다. '메타언어적 기능'은 정확한 이해를 위해 표언에 관해 말하거나 표언된 것을 다른 말로 재현하는 기능이다. 이를테면 대화중 상대방이 "잘 모르겠습니다. 무슨 말씀이신가요?"라고 묻거나 W. Shakespeare의 표현처럼 "당신에게 말씀하시는 것은 무엇인지요?(What is't thou say'st?)"하는 식의 물음이 그 예이다. (R. Jakobson 1960/1971: 146 이하 참조). 그런데 이러한 기능들이 서로 다른 위계 순위를 형성하는 것이 중요하므로 지배적 언어기능이 관건이라는 R. Jakobson의 주장은, 훗날 텍스트기능의 위계성이나 지배적 텍스트기능이 중요시되는 텍스트언어학적 주장과 그 의미가 유사해 보인다.

> "발언의 다양성은 이들 몇몇 기능 중 하나만이 독점적인 기능 발휘에서가 아니라 이들이 서로 다른 위계 순서(hierarchical order)를 형성하는 데서 비롯된다. 메시지의 언어 구조는 무엇보다 그 지배적 기능이 무엇이냐에 따라 달라진다." (R. Jakobson 1960/1971: 146).

> "텍스트는 하나 이상의 의사소통 기능을 보여줄 수 있다. 그러므로 이를 테면 요리법은 제보적 기능과 호소적 기능을 갖지만, 지배적 기능인 호소적 (더 성

확히 말하면: 교시적) 기능은 흔히 직접 특정한 언어 구조(예: 명령형, 이른바 공손형, 부정사형)를 통하여 표시된다 […] 뉴스를 살펴보자. 이것은 제보적 텍스트기능이 지배적이기는 하지만, 생산자가 청자에게 특정한 사태의 존속에 관한 정보를 전달하는 데 목적이 있다. 그러나 뉴스 방송은 고도의 인기가 있기 때문에, 이 텍스트유형에 어느 정도의 오락 기능이 완전히 결여되어 있다고 말하기는 어렵다. 왜냐하면 뉴스는 '개인 상호간의 담화, 곧 대화에 적합한' 사건들을 주제로 삼기 때문이다." (K. Brinker 1985: 71).

이러한 언어기능의 문제를 텍스트언어학에서 가장 유심히 관찰 한 이가 바로 E. Coseriu였다. E. Coseriu의 독특한 텍스트언어학적 연구방향이 실려 있는 『텍스트언어학. 입문』(1981)에서 그가 언어기능을 자세하게 다루었던 이유는 "의의의 언어학으로서의 텍스트언어학(Textlinguistik als Linguisitk des Sinns)" (E. Coseriu 1981: 55)에 관심을 가졌기 때문이고, 그런 연유로 K. Bühler의 오르가논 모델을 '의의의 언어학'과 가장 관련이 있는 분야로 보았기 때문이다. 그러나 R. Jakobson이 K. Bühler의 모델에서 추가한 세 가지의 언어기능은 진정한 의미의 확장이 아니라고 E. Coseriu에 의해 비판적으로 평가되었다. 예를 들어 '친교 기능'은 발신자가 수신자에게 언어 기호를 받아들이고 해석할 준비를 요구하는 것이기 때문에 넓게 보아 '호소 기능'에 포함된다고 할 수 있고, '메타언어적 기능'은 K. Bühler의 '서술 기능', 즉 R. Jakobson의 다른 언어기능 중 하나인 '지시 기능'의 특별한 경우에 속한다고 볼 수 있다는 것이다. 다시 말해서 이 경우에는 가리키는 대상이 언어 자체가 되는 것이다. 또한 '시적 기능'은 K. Bühler의 세 가지 유형의 기능들과 같은 층위에서 다루어질 기능이 아니라 E. Coseriu가 말한 '개별언어적 기능'에 속한다고도 할 수 있다. 다시 말해서 '시적 기능'은 의사소통상에 생성되는 사용상의 의미가 아니라 잠재적으로 존재하는 '기호 내적 기능'이라는 것이다. '시적 기능'에서 R. Jakobson이 예로 든 "I like Ike[ay layk ayk]"는 정치적인 슬로건이었기 때문에 이는 '시적 기능'이 아니라 '설득 기능'에 초점을 맞춘 것이라고 볼 수 있으며, 사실 예술성과는 거리가 먼 것이라고도 할 수 있다. E. Coseriu에 기대면, 작품에 예술성을 부여하는 것은 기법, 즉 '어떻게'가 아니라 작품의 내용인 '무엇'이 중요한 문제이며, 언어의 근본 기능은 '의사소통'에 있다는 것이다. (E. Coseriu 1981: 51 이하 참조). 결국 '시적'으로 처리된 텍스트에서도 그 무엇인가가 전달되어야 의사소통이 일어나는 것이다. 이런 비판들로 인해 R. Jakobson의 모델은 K. Bühler의 모델을 확장시켜 어떤 새로운 언어의 기능을 밝힌 것이 아니라는 주장이 설득력을 얻게 되었다. 그럼에도 불구하고 K. Bühler에서 기호 기능은 기호 자체의 기능이었으나 R. Jakobson에서는 기호가 사용될 때 '쓰임 기능'에 더 초점이 맞춰져 있어 정보전달체의 역할을 한다는 사실을 더 자세히 드러냈다고 할 수 있다. 이 즈음에서 고대로부터 전승되어온 언어기능과 텍스트기능은 조우하게 된다. 왜냐하면 텍스트기능은 "어떤 텍스트가 의사소통 상황의 테두리에서 실현되는 목적"(K. Brinker 1985: 77)이라고 정의되기 때문이다. K. Brinker는 텍스트기능 혹은 의사소통적 기능을 텍스트 주제와 구분지으면서 텍스트기능 분류에 골몰하게 된다. 그래서 그는 단순히 '지배적이고 의미론적인 문장 유형들'에서 텍스트기능이 인식될 수 있다는 E. U. Große(1976: 72)의 입장에는 별로 관심이 없다. 왜냐하면 E. U. Große의 '의미론적 문장'이라는 것은 하나의 상위 명제적 근저와 하나의 명제로 구성되어 있기 때문이다. (E. U. Große 1976: 14 이하 참조). 좀더 자세하게 부연하면 다음과 같은 이유 때문에 E. U. Große의 기능 분류는 문제가 있다는 사실이다: "텍스트기능의 운용에 관한 E. U. Große의 제안에서 특히 지배성의 개념을 양적, 정태적으로 파악한 점은 문제가 있다. 이러한 견해는 이미 정해진 한 유형의 의미론적인 문장들이나 평가적인 기능을 갖는 텍스트구성소들의 빈번한 출현을 지배적인 텍스트기능의 표지로 간주하고 있다는 점에서 분명히 나타난다. 그러나 이러한 입장은 개개 표현들을 텍스트 맥락을 고려하지 않고 고립적으로 고찰할 위험에 빠지게 할 수 있다. 이 점은 특히 호소 요인의 개념에도 적용된다. (긍정적이거나 부정적으로) 평가적인 언어적 형태들의 빈번한 출현이 반드시 호소적(설득적) 텍스트기능의 표지인 것은 아니다. 제보적 기능이나 접촉 특유의 기능(예: 서평이나 사회 표명)이 지배적인 텍스트에서도 언어적 평가 행위와 수사적 문제들이 빈번하다." (K. Brinker 1985: 89). 그래서 K. Brinker는 텍스트가 그 자체로 응집력이 있고 전체로 인식될 수 있는 의사소통 기능을 나타내는 언어기호의 연속체라는 정의에 기대서 텍스트기능을 구분하려고 시도한다. 그에게는 텍스트에 대해 그 기능을 구별하려는 여러 학자들의 노력들이 있었으나 통일적이 아닌 상이한 기준을 근거로 두었음이 아쉬운 대목이었을 것이다. 그래서 K. Brinker는 나름대로의 통일적 기준을 세우고 이에 따라 텍스트의 기본 기능들을 파악하려고 시도한다. 그는 텍스트 작성자가 텍스트 수령자에 대해 텍스트로써 표현하는 의사소통적 접촉방식에 의거해 텍스트기능들을 한정짓고자 하였다. 그래서 K. Brinker는 J. R. Searle의 화행 유형 분류를 바탕으로, 사람들 사이의 의사소통적·기능적 관점을 고려하여 텍스트기능을 제보기능, 호소기능, 책무기능, 접촉기능, 선언기능으로 나누었다. 이러한 텍스트기능을 구체적으로 살펴보면, 제보기능은 생산자가 수용자에게 정보를 전달하는 것을 임무로 삼는다. 이 기능은 직접적으로는 '알리다, 제보하다, 전달하다, 보고하다, 통고하다, 가르치다'와 같은 동사를 통하여 표시될 수 있다. 제보기능은 뉴스보도, 안내문, 진단서, 신간소개, 교통주의/교통지시표지, 상호, 기관명 등의 텍스트에서 지배적으로 확인된다. 호소 기능은 텍스트 생산자가 텍스트 수용자에게 어떤 사실에 대하여 일정한 관점을 받아들이도록 하거나 아니면 일정한 행위를 수행하도록 움직이는 것을 임무로 삼는다. 호소 기능은 상품광고, 요리법, (공구)조작법, 표어, 교통규제 표지와 같은 텍스트에서 지배적으로 나타난다. 호소 기능은 '요구하다, 지시하다, 명령하다, 조언하다, 추천하다, 질문하다, 신청하다, 청구하다, 주문하다' 등의 동사를 통하여 표시할 수 있다. '책무기능'은 텍스트 생산자가 텍스트 수용자에게 자기가 일정한 행위를 수행할 의무가 있음을 알려 주는 것을 임무로 삼는다. 책무 기능은 혼인서약서, 선서문, 맹세문, 품질보증서, 계약서 등의 텍스트에 특징적이다. 책무 기능은 '약속하다, 의무가 있다, 맹세하다, 서약하다, 떠맡다, 동의하다, 찬성하다, 보증하다, 내기하다, 제공하다' 등의 동사를 통하여 표시할 수 있다. 접촉 기능은 생산자가 문제삼고 있는 것이 개인적 관계(특히 개인적인 접촉을 만들고 유지하는 일)임을 수용자에게 이해시키는 것을 임무로 삼는다. 접촉 기능은 '감사하다, 고마운 인사를 드리다, 사과하다, 축하하다, 환영하다, 조의를 표하다'와 같은 동사나 동사구를 통하여 표현된다. 접촉 기능은 참여 텍스트에 지배적으로 나타나는데 사실은 생산자가 수신자와 교감하고 있는 것이다. 선언기능은 생산자가 수용자에게 해당 텍스트가 새로운 현실을 창조함을, 다시 말하면 그 텍스트의 성공적 발화가 어떤 일정한 사실을 도입하고 있다는 사실을 이해시키는 것을 임무로 삼는다.

(K. Brinker 1985: 93 이하 참조). 이러한 K. Brinker의 텍스트기능 분류는 텍스트 생산자의 정서적 표현에 관련된 기능은 빠져 있으며, 다섯 가지 기능이 모두 공통적인 분류 원칙을 찾기 어렵다는 단점을 가지고 있다. 또한 통일적인 기준을 세우고 텍스트기능을 파악하려 했으나 하나의 텍스트를 하나의 기능만을 가진 것으로 구분하기는 어렵기에 텍스트와 그에 적합한 기능에 대한 논의는 지속되고 있다.

R. Jakobson에 있어서 이러한 기능의 세분화가 훗날 텍스트언어학의 텍스트기능에 영향을 미쳤음은 차치하고서라도, 시 텍스트에 시적 기능을 부여하기 위한 인접성과 유사성의 개념은 텍스트언어학의 코헤렌쯔 수단을 연상케하기 충분하다. R. Jakobson에 의하면, 시적 기능에 대한 경험적인 기준을 선택(Selektion)과 결합(Kombination)으로 간주한다. 예를 들어 '어린이'가 메시지의 주제라면 화자는 (완전한 동일성을 갖지는 않을 지라도) 동일한 의미를 갖는 어린이, 아이, 젊은이, 꼬마 등에서 하나를 선택하고 그 다음에는 이 주제에 대해서 언급하기 위해서 동족관계의 동사들, 이를 테면 '자다', '졸다', '끄덕끄덕 졸다', '낮잠자다' 등에서 하나를 선택한다. 이렇게 선택된 두 낱말은 실제의 상황에서 발화된다. 이 때 선택의 근간은 등가성, 유사성, 상이성, 동의어, 반의어 등이고 결합, 곧 배열의 구성을 이루는 바탕은 인접성이 된다. 그래서 그가 내리는 최종적 결론은 "시적 기능은 등가의 원리를 선택의 축(die Axe der Selektion)에서 결합의 축(die Axe der Kombination)으로 투사"(R. Jakobson 1960/1971: 153)하는 것이다. 그래서 "하나의 어강세는 다른 어강세와, 무강세는 다른 무강세와 등가로 된다. 작시법상의 모든 장음은 장음끼리, 단음은 단음끼리, 어경계는 어경계까지, 그리고 어경계의 부재는 또한 그 부재끼리 등가이다. 통사적 휴지는 통사적 휴지끼리, 휴지의 부재 역시 그들끼리 등가를 이룬다"(R. Jakobson 1960/1971: 154). 그래서 그는 시적 언어를 학문적으로 정의한 G. M. Hopkins (1959)의 유명한 일절을 인용하기도 한다: 운문은 "동일한 음형상이 전적으로 혹은 부분적으로 반복되는 발화"(G. M. Hopkins 1959, R. Jakobson 1960/1971: 154에서 재인용)이다. 또한 접속사 생략 현상이라는 코헤지온 수단으로 잘 알려져 있는 M. T. Cicero의 일절 "veni, vidi, vici(왔노라, 보았노라, 이겼노라)"가 R. Jakobson에서는 동일한 어두 자음(Anlautkonsonant)을 가진 이음절 동사의 대칭성과 동일한 어미 모

음(Auslautvokal) 반복이 가지는 간결성에 의해서 메타언어적 기능을 수행한다고 하지만, 현대 텍스트언어학적 관점에서는 이 부분도 결국은 반복이라는 코헤지온 수단이 텍스트성에 기여하는 좋은 예로서 이해될 수 있다. (R. Jakobson 1960/1971: 153 참조, J.-W. Lee 2002: 107 이하 참조).

이와 더불어 세르비아의 서사시에 등장하는 휴지법(Pause)이 중요한 시텍스트구성 수단의 하나로 등장하는데, 이것도 휴지법이 현대 텍스트언어학에서 코헤지온의 수단으로 등장하는 양상과 닮아있다: "세르비아 서사시에서 시행은 예외 없이 정확하게 10음절을 갖고 통사적 휴지가 따른다. 또한 다섯번째 음절 직전에서 반드시 어경계가 있고 네번째와 열번째 음절 직전에는 어경계가 와서는 안된다. 더욱이 이 운문은 음량적이고 강세적인 아주 중요한 특질을 갖추고 있다. 세르비아 서사시의 이러한 휴지법은 비교 운율학의 성과로 제시된 유사한 여러 실례와 더불어 휴지와 통사적 휴지를 동일시하는 오류에 대한 설득력있는 경고이다." (R. Jakobson 1960/1971: 161). 그러나 R. Jakobson에 있어서 이보다도 더욱 더 중요한 텍스트언어학적 성찰은 소리의 반복성이나 "운율은 언어 밖의 체계로 존재한다"는 S. Chatman(1990)의 비판을 불러올 수도 있는 휴지의 중요성뿐만 아니라, 의미의 반복성에 대해서도 언급했다는 사실이다. 다시 말해서 언어의 체계 밖에 존재한다고 여겨졌던 운율을 체계언어학(텍스트언어학도 체계 언어학의 한 유형으로 볼 수 있으므로) 또는 – R. Jakobson의 말을 빌리자면 – '언어학적 현상(linguistische Phänomen)'으로 편입시켰다는 사실이 중요하다. 그는 시에서 율격(Metrum), 두운법(Alliteration), 압운법(Rhythmus)과 같은 음형상의 반복 뿐아니라 의미 반복의 중요함을 "[시는] 소리와 의의사이에서 머뭇거리는 것(Zaudern zwischen Klang und Sinn)"(P. Valéry: 1958, R. Jakobson 1960/1971: 165에서 재인용)이라는 P. Valéry의 구절을 빌어 말하고 있다. 그래서 R. Jakobson에게 있어서 시텍스트를 이루는 구성 단위들의 소리 관점뿐만이 아니라 의미적 상관 관계도 중요하다: "정의상 압운은 동일한 음소 또는 음소군의 규칙적 반복을 밑바탕으로 하지만 그것을 단지 소리 관점에서만 다루는 것은 불건전하고 지나친 단순화에 해당된다. 압운에는 압운 단위(G. M. Hopkins의 표현을 빌면 '압운패(rhymefellows)')간의 의미적 상관 관계가 필연적으로 개재된다. 압운의 분석에서 우리는 이것이 유사한 파생접사 그리고/혹은 굴절접사끼리 대면된 유어미법(예를 들어 congratulations-decorations)인지 아닌지, 또는 운을 이루는 낱말이 동일한 문법 범주에 속하는가 아닌가의 문제에 직면하게 된다. 이처럼, 예를 들어 G. M. Hopkins의 4중운은 두 명사 – kind와 mind – 가 압운을 밟고 동시에 blind라는 형용사와 find라는 동사가 대조를 이룬다. dove - love, light – bright, place – space, name – fame의 경우처럼 운을 이루는 낱말 단위에서 의미적 근친성 즉 일종의 직유 관계가 존재하는가? 운의 구성어가 동일한 문법 기능을 갖는가?" (R. Jakobson 1960/1971: 165). 또한 R. Jakobson은 압운이 곧 병행구문의 한 유형이며, 시에 있어서 근본적인 시 형성의 규범으로 보고 있으며, 또 다시 다음과 같은 G. M. Hopkins의 시 구조에 대한 분석을 "천재적인 통찰력"이라는 표현으로 칭찬하고 있다: "시의 작위적 부분 – 모든 작위적인 것들이라고 말해도 되겠지만 – 은 스스로를 병행의 원칙에 잡아가둔 것이다. 시의 구조라는 것은 히브리 시에 나타나는 기술적인 소위 대구법이나 교회 음악의 응답 송가에서부터 복잡한 희랍, 이탈리아, 영국의 운문에 이르기까지 모두 연속적인 병행성의 구조라고 말할 수 있다. 하지만 병행성에도 그 대립이 분명히 드러나는 경우와 전이적이거나 변색적인 것, 이렇게 두 종류가 필히 존재한다. 분명한 대립을 보이는 첫번째의 병행성만이 운문의 구조와 관련이 있으니, 음절의 일정한 배열의 반복인 리듬에서, 리듬의 일정한 배열의 반복인 운율에서, 두운에서, 모음운에서 그리고 각운에서 그러하다. 이 반복의 힘은 이번에는 낱말이나 생각 속에서 이에 상응하는 반복 혹은 병행을 낳는 것이며, 대체로 말해서 또는 불변의 결과라기 보다 일반적인 경향으로 말해서 정교하게 잠재해 있건 강조해서 두드러지건 구조의 병행이 현저하면 현저할수록 말이나 의미상의 병행 역시 현저해진다 [···] 사물의 유사성에서 효과를 구하는 은유, 직유, 수화 등과 비유사성에서 구하는 대구법과 대조법 등은 이러한 현저한 또는 급격한 병행에 속한다." (G. M. Hopkins 1959: 85, R. Jakobson 1960/1971: 166 이하에서 재인용). 이 내용들은 훗날 W. Dressler(1973: 20 이하)에 의해서 반복이나 다시쓰기 같은 의미적 코헤지온 수단(Mittel der semantischen Kohäsion: Rekurrenz und Paraphrase)이나 R.-A. de Beaugrande/W. Dressler(1981: 51 이하)에 의해서 코헤렌쯔 수단으로 간주되는 문장초월적 현상으로 제시되는 현상들과 진배없다. 반복이나 병행구문 이외에도, '텍스트' 정의에 등상하게 된 R. Harweg의 '담화우주

(Textkosmos)'(1968: 143) 개념도 이미 R. Jakobson에 등장하고 있음을 알 수 있다. R. Jakobson에 의하면, 회화 분석이 회화 구조를 다루는 것처럼 시학도 언어를 다룰 수 있다는 것인데, 이 때 이러한 주장에 대한 반론으로서 담화우주 개념이 등장한다: "[시학은 언어학의 필수불가결한 한 분야로 간주될 수 있다는 주장에 대한] 두 번째 반론도 역시 문학에만 특수하게 적용되는 것은 아니다. 곧 말의 세계와의 관계라는 문제는 언어 예술뿐만 아니라 사실상 모든 종류의 담화와 관련있다. 언어학은 담화와 '담화우주(Universum der Rede)'간의 관계가 제기하는 모든 가능한 문제를 탐구할 것이다. 곧 우주의 어느 부분이 주어진 담화에 의해 언어화되는가 또 그것이 어떤 방식으로 언어화되는가 등이 그것이다. 그런데 진리치는 어디까지나 '언어외적 실재'이니만큼 시학이나 일반 언어학의 영역을 분명히 벗어나 있다." (R. Jakobson 1971: 144 이하).

J. Jakobson을 텍스트언어학사의 한 부분으로 언급하는 이유는 텍스트기능의 역사에 대해 서술하는 장소에서 특히 두드러진다. 그러나 그의 주장들을 자세히 살펴보면, 이 장소를 넘어서 그가 언급했던 여러가지 반복의 기제들이나 시를 체계언어학적으로 분석하기 위한 다양한 언어학적 수단들에서도 텍스트언어학적 흔적이 드러나 있음을 알 수 있다.

6.3 A. V. Issatschenko의 생략과 대명사화(Pronominalisierung)

A. V. Issatschenko의 문장초월적(transphrastisch)인 텍스트언어학적 연구방식은 I. Nye의 경우와는 조금 다르지만, '대명사화'를 문제 삼았다는 것 자체로 R. Harweg의 교수자격논문(『대명사와 텍스트구성(Pronomina und Textkonstitution)』(1968))의 제목과 닮아있다. 기존에 문장중심 언어학에서 탈피하려는 그의 연구는 '관사 선택', '낱말 위치', '문장 강세' 같은 문법 요소를 분석하기 위해서는 문장을 초월한 문맥이 필요하다는 사실을 출발점으로 삼고 있다. (A. V. Issatschenko 1965/1978: 79 참조). 이는 바로 텍스트언어학의 핵심개념 중의 하나인 전체성을 염두에 둔 발상이라고 할 수 있는데, 그는 이를 자세히 설명하기 위해 텍스트언어학사의 이른 시기에 등장했던 '텍스트(이)론(Texttheorie)'이라는 술어도 사용하고 있다: "우리들이 일정한 통사적 구조에 대한 범례로서 인용하기를 좋아하는 '그 학생은 씁니다(Der Schüler schreibt)'와 같은 문장들은 고립적 통사 단위로서 나타나지 않는다. 왜냐하면 정관사 '그' 가 등장한 것은 이전에 등장한 문장 구조에 의존되어 있기 때문이다. 따라서 독일어에서 총괄적인 문법은 문맥과 결합된 모든 통사적 현상들을 설명할 수 있어야한다. 지금까지 이 방향에서 단지 첫 번째 단계만이 실행되었다. 특히 우리들은 일반적 텍스트(이)론의 중심 부분을 형성해야만 하는 어떤 사용가능한 문맥 이론을 가지고 있지 않다. 우리들은 텍스트를 가지고 언어 내에서 행위 할 수 있어야 하는데, 그러한 텍스트들은 결코 임의적 문장들의 우연적인 연결 고리들이 아니다. 직관적으로 우리들은 다음과 같은 사실을 알 수 있다: 두 개의 서로 이웃하는 (즉 단락, 문단, 장 등에 의해서 서로 분리되지 않은 큰 조각들인) 문장들은 만약 그것들이 의미적 그리고 문법적으로 어떤 방법에 의해 서로 관련되어 있다면 텍스트에 속하는 것으로 간주된다." (A. V. Issatschenko 1965/1978: 79 이하). A. V. Issatschenko는 이러한 텍스트 중심 언어 연구의 출발점을 문장 쌍들에 대한 연구, 가장 간단하게 "물음과 대답의 결합을 통한 대화(Dialog durch die Verbindung von Frage(F) und Antwort(A)"(A. V. Issatschenko 1965/1978: 80)에서 찾고 있다. 이유는 물음과 대답은 명백히 하나의 텍스트에 속하고, 대답이란 물음에 의존하기 때문이다. 이에 대한 A. V. Issatschenko의 예들을 다음과 같다. (A. V. Issatschenko 1965/1978: 80

이하 참조).

1) '예' 또는 '아니오'로 대답해야 하는 결정의문문에서 질문 당하는 사람은 승낙과 거절의 선택권을 가지고 있지만, 그것이 선택되면 대답문의 구조는 물음문의 역변형(Rücktransformation)에서 파생된 것이다.

물음: 페터는 그 편지 받았니?
긍정의 대답: 응, 페터가 그 편지 받았어.
부정의 대답: 아니, 페터는 그 편지 받지 않았어.

2) 보충의문문(W-의문문)에서, 답하는 이는 보충의문문의 토대가 되는 서술문을 다시 재 진술해야 된다.

물음: 누가 전화했니?
대답: 페터가 전화했어.
물음: 페터는 어디 있니?
대답: 페터는 집에 있어.

3) '물음-대답'으로 구성된 문장 쌍에는 대명사끼리의 상관관계가 존재한다.

물음: 너 어디 가니?
대답: 나 강의에 가.

4) '물음-대답'으로 구성된 문장 쌍에는 이러한 역변형의 경우도 있지만 생략의 경우도 빈번하다. 그럼에도 불구하고 이러한 생략 현상은 두 문장을 연결해서 하나의 단위로 만들어주는 역할을 하고 있다.

물음: 누가 전화했니?
대답: 페터가.

5) 보충의문문이 두 개의 W-의문사를 포함하고 있다면 대답 문에는 해당되는 두 개의 낱말만 있으면 된다.

물음: 누가 어떤 선물을 받았니?
대답: 내 동생이 차를.

6) 모든 언어에는 대답문에 생략이 가능한 통사적 단위를 확정하는 확고한 규칙이 존재한다. 예를 들어 헝가리어 물음문에서는 술어에 분리가능한 동사전철이 있으면 단순히 전철만을 반복하여 긍정문을 만들 수 있다.
물음: 너 그 책을 읽었니? (Megnézted a könyvet?)
대답: 읽었. (Meg.)

7) 완료형 결정의문문의 경우 러시아어에서는 대답문에 제1동사 또는 제2동사만 출현할 수도 있다.

물음: 페터는 강의 갔었니? (러시아어를 독일어로 번역: War Peter in der Vorlesung?)
대답: 갔었. (War).

물음: 너 그 신문 가져왔니? (러시아어를 독일어로 번역: Hast du die Zeitung gebracht?)
대답: 가져왔. (Gebracht.)

결국, A. V. Issatschenko가 위와 같은 예문들을 사용해서 물음에 대한 대답의 다양한 생략 현상들을 설명하였던 의도는 "이전문[물음문]과 이후문[대답문]이 얼마나 통사적으로 서로 연관이 있는가"(A. V. Issatschenko 1965/1978: 92)를 살피기 위해서였고, 이것은 비록 초보적이기는 하지만 문장을 초월하는 문법 기술의 출발점이 되었다는 측면에서 텍스트언어학사에서는 아주 중요하다. 특히 '두 문장에 존재하는 대명사끼리의 상관관계'라는 표현이나, '생략이 두 문장을 하나로 만들어주는 역할을 한다'라는 주장은 텍스트언어학의 기본개념인 텍스트코헤지온 수단, 이것의 기본 개념인 대용형의 개념으로 손색이 없다. 이로써 텍스트언어학의 이른 시기에 물음과 대답 사에에 존재하는 통사적-의미적 연관성을 탐구하였던 A. V. Issatschenko에게 텍스트언어학사의 한 권을 제공하는 것은 의미있는 일이다.

6.4 H. Weinrich의 『거짓말의 언어학(Linguistik der Lüge)』과 사용의미 (Meinung)

H. Weinrich[3]는 1964년 독일 Darmstadt에 있는 '독일어문학학회(Die Deutsche Akademie für Sprache und Dichtung)'가 『언어가 사고를 감출 수 있는가?(Kann Sprache die Gedanken verbergen?)』라는 제목으로 제시한 현상 공모에서 1등상을 받았고, 이를 토대로 1966년에 『거짓말의 언어학』을 출간했다. 이 저서와 더불어 『시제 - 논의 세계와 서사 세계(Tempus - Besprochene und erzählte Welt)』(1965) 그리고 그가 말년에 저술했던 『독일어 텍스트문법(Textgrammatik der deutschen Sprache)』(1993)은 텍스트언어학적으로 많은 시사점을 던져주고 있다.

『거짓말의 언어학』 내용 중에는 '낱말과 텍스트'라는 제목을 가진 장(章)뿐 만이 아니라, '비유반대자들에 맞서', '예와 아니오', '아이러니'를 다룬 장에서도 그의 텍스트언어학적 발상들이 엿보인다. 우선 그에게 있어서 '거짓말'은 낱말이 아닌 텍스트와 관련되어 있다는 점이 중요하다. 그가 F. Kainz를 들먹이면서 "모든 거짓말은 언어 진술이며, 따라서 언어의 큰 영역에 속하다는 확신"(H. Weinrich 1966/2006: 10)을 신뢰했다면, 이러한 "언어의 큰 영역(der große Bereich der Sprache)"이 텍스트를 의미할 여지는 충분하다. 또한 거짓말과 관련되는 현상들을 "완곡어법(Euphemismen), 과장법(Hyperbeln), 의미불명(Amphibolien), 존대어법 형태와 형식들, 강조어법(Emphase), 반어법(Ironie), 금기어(Tabuwörter), 의인법(Anthromorphismen) 등"(H. Weinrich 1966/2006: 11)과 같은 수사학의 무늬 종류에서 찾는다면, 이는 벌써 거짓말의 언어학과 텍스트언어학의 연관성을 내

---

3) H. Weinrich가 텍스트언어학 초창기에 미친 영향은 지대하다. 그 중의 하나가 그의 기념비적 저작인 『시제. 논의세계와 서사세계』(1964)인데, 이곳에서 그는 언어 연구에서 텍스트 중심 연구의 중요성을 이미 다음과 같이 간파하고 있었다: "텍스트는 분명히 모든 것이 연관되어 있는 전체(Ganzheit)이다. 문장들은 의미있게 배열되어 연속되고 그래서 모든 이해된 문장들은 뒤따르는 문장을 의미있게 이해하는데 기여한다. 다른 한편으로 뒤따르는 문장이 자신의 입장에서 이해되었다면 이 문장은 다시 이전 문장의 이해에 역작용하며, 따라서 이전 문장을 더 잘 이해하게 된다. 이렇게 우리들은 하나의 텍스트를 이해한다. 그래서 모든 문장은 스스로 이해될 뿐만 아니라 또한 다른 문장의 이해에 기여하고자 하는 한, 다른 모든 문장에 종속된다. 이 사실은 개별 문장 및 전체 텍스트는 그 부분들이 서로 연대 관계에 있는 결정 구조(Derterminationsgefüge)임을 보여준다." (H. Weinrich 1964: 212).

포하고 있음을 추정할 수 있다. 왜냐하면 수사학은 – 그 중에서도 특히 무늬(수사법) 종류는 - 텍스트언어학의 선구로서 이미 많이 알려져 있기 때문이다. 그러나 이 책에서 핵심 구절은 거짓말이 어떤 차원에서 발생하는가에 대한 의문이다: "거짓말은 낱말을 가지고 하는가? 문장을 가지고 하는가? 거짓말이라는 현상은 의미론이 다룰 관심사인가? 아니면 통사론이 다룰 것인가?" (H. Weinrich 1966/2006: 11). 이에 대한 대답으로서 그는 우리들이 낱말이 아니라 문장과 텍스트로 거짓말을 한다는 사실에 주목한다: "언어가 기호체계라면, 아마도 다음과 같은 과정을 상상해 볼 수 있을 것이다. 화자와 청자가 있고, 화자가 'Feuer(불)'이라는 낱말 기호를 청자에게 전달함으로써 두 사람 사이에 언어적 소통이 일어나고 있다고 하자. 그리고 여기에 문맥이 없다고 가정해 보자. 또한 소통이 일어나고 있는 주변에 실제 생활과 관련한 구체적인 상황도 존재하지 않는다고 하자. 그렇다면 이러한 소통은 완전히 허구적인 것이고 모형으로서의 가치만 지닐 뿐이라고 말해도 될 것이다. 우리는 일반적으로 고립된 낱말이 아니라 문장이나 텍스트로 말을 하며, 이러한 말은 상황과 맞물려 있으니까 말이다." (H. Weinrich 1966/2006: 14). 결국 고립된 낱말만 문제시 했던 기존의 '광범위하고(weitgespannt)', '모호하고(vage)' '사회적이고(sozial)' '추상적인(abstrakt)' 의미론은 비판받게 되고, 현대 텍스트언어학에서 중요시된 '청자'가 등장하게 된다. (H. Weinrich 1966/2006: 15 이하 참조). 그래서 H. Weinrich의 궁극적 발상은 L. Wittgenstein의 견해("의미라는 낱말을 사용하는 - 모든 경우에 그런 것은 아니지만 - 대부분의 경우에서는 그 낱말을 이렇게 설명할 수 있다. 한 낱말의 의미는 해당 언어에서의 쓰임새이다" (L. Wittgenstein 1953: 20))도 아니고, Platon적 이데아의 세계도 아니고, 바로 정(These)과 반(Antithese)으로부터 합(Synthese)을 도출할 수 있는 "변증법적 의미론(dialektische Semantik)(H. Weinrich 1966/2006: 19)"이며, 이의 토대가 되는 것이 "낱말은 문장, 텍스트, 상황 속에 포함되어 있는 것"(H. Weinrich 1966/2006: 19)이라는 명제이다. 이러한 주장은 좀더 구체적으로 제기되기 시작하는데, 거짓말을 분석하기 위한 토대로서 텍스트의미론이라는 분과가 중요하다는 다음과 같은 확신이 그러하다: "텍스트 속 낱말들의 의미론은 고립된 개별 낱말들의 의미론과는 근본적으로 다르며, 이 낱말 의미론은 텍스트의미론을 통해 보완되어야 할 것이다. 이전의 의미론은 거의 다 낱말 의미론이었다. 그래서 낱말의 경계

H. Weinrich (이재원作, 2018)

를 넘어 문장으로 들어서는 것들은 모두 통사론에 귀속시켰다. 하지만 통사론은 성격이 전혀 다른 것이어서 텍스트의미론을 넘어선 다른 편에서 시작된다." (H. Weinrich 1966/2006: 19). 따라서 광범위하고, 모호하고, 사회적이고, 추상적인 낱말 의미는, 텍스트에서 듣거나 읽게 되면, 그것은 협소하고, 명확하고, 개인적이고, 구체적인 사용 의미(Meinung)와 구분되는데, 따라서 문장은 의미와 사용 의미를 연결시키는 다리 역할을 한다는 것이다. (H. Weinrich 1966/2006: 20 참조). 이 경우, H. Weinrich는 문장과 텍스트의 구분을 혼용해서 사용하는데("따라서 낱말이 먼저냐 텍스트(문장)가 먼저냐 […]" (H. Weinrich 1966/2006: 24)), 그럼에도 불구하고 결국은 언어 이해에 있어서 텍스트의 필연성을 강조하고 있음은 두 말할 나위 없다. 왜냐하면 텍스트와 유사 개념으로 사용되고 있는 문맥(Kontext)에 대한 다음과 같은 설명이 어떤 한 문장과 이웃한 문장들 사이의 관련을 내포하고 있기 때문이다: "어쨌거나 문맥이 한 날말의 의미로부터 그 사용 의미를 만드는 것을 보고 있는 것이다. 문맥은 말하자면 넓은 의미로부터 문장의 이웃 의미들과 화합할 수 없는 부분들을 잘라낸다고 할 수 있다. 이 모든 자르기가 끝난 뒤 남게 되는 것이 바로 사용 의미이다." (H. Weinrich 1966/2006: 23). M. Scherner(1974: 27 이하)도 H. Weinrich의 『거짓말의 언어학』에서 텍스트언어학적 단초를 볼 수 있음을 다음과 같은 질문으로 제시하고 있다.

1. 이 논의의 중심에는 어떤 개념이 존재하는가?
2. '의미'와 '사용의미' 사이의 차이점을 기술하라.
3. 이 두 개념 사이의 차이점을 책의 형태인 "사전"과 "이야기 책"을 사용하여 설명하라.
4. '한정'이라는 전문술어는 무엇을 의미하는가?
5. 독자적인 예를 사용해서 한정 과정을 기술하라.
6. 여기서는 어떤 언어 단위가 중요한가?
7. '낱말'-'문장'-'텍스트'의 순서에서 '질적 도약'은 어느 장소에 있는가?
8. '의의(Sinn)'개념을 설명하라.
9. 다음 어휘들을 설명하라: 텍스트, 의미, 문장, 낱말, 생각, 의의
10. 9번에서 언급된 개념들과 '문맥'과의 관계에 대해서 설명하라.

11. 외국어 교육에서 번역하던 경험을 토대로 해서 '경험'을 설명하라.

그래서 H. Weinrich에 있어서 낱말이 먼저냐 텍스트가 먼저냐의 해묵은 논쟁은 쓸데 없고, 분명한 사실은 "낱말이 텍스트 속에 존재"한다는 것과 우리들은 "낱말의 노예가 아니라, 텍스트의 주인"(H. Weinrich 1966/2006: 24)이라는 것이다. 그래서 번역에 있어서도 낱말을 번역하는 것이 아니라, 우리가 번역해야 하는 것은 문장과 텍스트이다. 낱말 번역은 – 그것이 가지고 있는 다의적 성향 때문에 – 번역이 불가능하지만 텍스트는 번역될 수 있기 때문이다: "낱말 의미가 한 언어에서 다른 언어로 넘어갈 때 일반적으로 서로 합치하지 않는 것도 문제가 되지 않는다. 텍스트에서 결정적인 것은 어차피 의미가 아니라 사용 의미이다. 사용 의미는 언어 사이에서 서로 맞출 수가 있는데, 문맥만 적합하게 조정하기만 하면 되니까 말이다. 따라서 텍스트는 원칙적으로 번역될 수 있다." (H. Weinrich 1966/2006: 24). 더불어 텍스트를 필요로 하는 것은 낱말 의미뿐 만 아니라, 개념도 그러하다: "결국 의미론자는 학문적 개념이 정의를 통해, 다시 말해 단지 정의를 통해서만 형성된다는 점에서, 무엇보다도 개념이 문장을 통해, 다시 말해 단지 문장을 통해서만 형성된다는 사실을 추론하고자 할 것이다. 따라서 개념은 어휘 의미론이 아닌, 텍스트의미론에 귀속된다. 정의는 개념이 속한 문맥이다. 개념은 고립된 낱말이 아닌, 텍스트 안에서 낱말이 갖는 의미적 위상인 것이다." (H. Weirich 1966/2006: 29). 또한 "비유 반대자들에 맞서"의 장에서 텍스트 내에서의 문제라면 은유에 대해서도 폄하할 수 없다고 H. Weinrich는 주장한다. 이어서 "예와 아니오"의 장에서는 이와 같은 대답을 야기하는 동사 결정소인 단어 형태소에 주목한다. 그가 H.-G. Gadamer에 기대서, 모든 진술문은 질문과 대답이라는 변증법을 내포하고 있고, 따라서 진술문은 그 진술을 야기한 질문에 대한 대답이자 동시에 또다시 질문이 된다고 주장한다면, 이것은 이미 '문장을 넘어가는(transphrastisch)' 언어 현상들이 중요하다는 사실을 방증하는 좋은 자료가 된다. (H. Weinrich 1966/2006: 50 이하 참조). 하잘것없어 보이는 '예' 또는 '아니오' 같은 문장의 성질을 가진 낱말이 독립적으로 사용되는 것이 아니라, 어떤 진술에 대한 대답이라는 점에서 충분히 텍스트언어학적 분석일 수 있다는 견해도 가능하다. 결국 거짓말을 분석하기 위한

H. Weinrich의 확고한 신념은 다음과 같은 일절에서 구체적으로 파악될 수 있다: "고립된 낱말은 허구적 낱말이다. 텍스트 속의 낱말만이 진정한 낱말이다." (H. Weinrich 1966/2006: 50). 이것은 텍스트언어학의 현대적 창시자로서 추앙받는 P. Hartmann의 구절들, 이를 테면 "어쨌든 텍스트로만 말하며", "제1의 언어 기호는 텍스트"(P. Hartmann 1968: 212)이며, "텍스트가 원래의 기호를 만든다" (P. Hartmann 1971: 10)는 구절들과 매우 유사하다. 그러나 이러한 여러가지 논의들은 차치하고서라도, 우리들이 H. Weinrich의 『거짓말의 언어학』을 텍스트언어학과 연결지을 수 있는 결정적인 근거는, 이 책이 저술되고 35년이 지난 후에 - 독일에서 텍스트언어학이 한창 꽃을 피울 무렵 - 간행된 제6판에 덧붙여진 '후기'에 들어 있다. 우선은 제목에서 'Sprachwissenschaft(언어학)'가 아닌 'Linguistik(언어학)'을 취한 이유가 '거짓말(Lüge)'과의 두운법을 염두에 두었음에 있고, 자신이 35년전에 용어화 시켰던 '텍스트의미론(Textsemantik)'이 결국은 훗날의 '텍스트언어학'이었고, 그래서 결국은 낱말언어학이나 문장언어학이 아닌 텍스트언어학의 탑다운적 고찰이 유용하다는 주장이 그러하다: "본인의 견해에 의하면 텍스트언어학에서 바로 이와 반대되는 것이 일어나야 한다. (L. Wittgenstein의 의미에서) 주어진 '언어놀이(Sprachspiel)'에서 입말 또는 글말로 발화된 '상황에 나타나는 텍스트'는 텍스트언어학이 출발점으로 간주된다. 상황에 나타난 텍스트로부터 텍스트언어학적 분석은 단지 통사론뿐만 아니라 텍스트통사론과 단지 어휘론뿐만 아니라 텍스트의미론의 각각의 상이한 언어 구조들이 시야에 들어오면서 '탑-다운적'으로 언어 고찰의 확정된 단위로 전향하게 된다. 본인의 집필 의도는 『거짓말의 언어학』이 당시 언어학적인 고찰 범위 밖에 놓여 있고 어떤 대상에 이러한 새로 구상한 텍스트언어학의 능력을 시험해 보는 목적 또는 부차적인 목적을 갖고 있었다." (H. Weinrich 2006: 81).[4]

H. Weinrich의 이러한 연구는 아마도 그가 텍스트언어학 초창기에 부르짖었던 "언어학의 텍스트언어학화"라는 Bochum의 토론이 영향을 미쳤을 것이다. 그는 이후에도 독일어의 관사를 텍스트언어학적 관점에서 고찰한다

4) H. Weinrich의 『거짓말의 언어학』이 텍스트언어학과 밀접한 관련이 있음은 이 책에 대해서 자세하게 설명한 이재원의 논문에도 나와 있다. (이재원 2011a 참조).

면서 정관사는 청자에게 이전정보(Vorinformation)을, 부정관사는 이후정보(Nachinformation)를 제공한다는 사실을 밝혔다. (H. Weinrich 1969: 66 참조). 이러한 일련의 연구들이 다음과 같이 그를 텍스트언어학사의 주요인물로 편입시키는 근거가 된다: "텍스트언어학에 관한 거의 대부분의 기술에서 본래의 텍스트언어학은 P. Hartmann과 H. Weinrich에 의해 시작되었다는 데 견해를 같이 한다." (홍승우 1988/1991: 413).

6.5 체계중심 텍스트언어학의 선구로서 R. Harweg의 『대명사와 텍스트구성 (Pronomina und Textkonstitution)』

P. Hartmann의 지도 하에 독일 Münster대학 철학부의 교수자격논문으로 통과되고, 1968년도에 간행된 R. Harweg의 『대명사와 텍스트구성』은 텍스트 언어학의 정전으로 전혀 손색없는 저작이다. 그가 서문에서 밝힌 것처럼, 이 책의 초고가 1962년에서 1963년 사이에 쓰여진 것이라면, 현대 텍스트언어학의 출발점으로 간주되는 그의 스승인 P. Hartmann의 구상 보다도 이르다고 할 수 있다. 크게 가름해서 그의 저서는 세 부분으로 이루어져 있다. 첫 번째 부분은 "통사적 대치어로서의 대명사(Pronomina als syntagmatische Substituentia)"이다. 우선 여기서는 대명사(Pronomina)의 부류가 정의되고, 문장 연쇄에서 대체할 표현인 통사적 대치어(Substituens, Substituentia)의 규정은 대체되어야 할 표현인 통사적 피대치어(Substituendum, Substituenda)의 한정과 관련있음이 언급되고 있다. 세부적으로 살펴보면, 대명사의 대체적 해석에 대한 토대(제1장)와 대체의 중요 유형이 구분되고 난 후(제2장) 통사적 대체와 경쟁하는 해석 현상인 한정과 직시(Limitation und Deixis)가 구분된다. (제3장과 제4장). 그 이후의 장에서도 통사적 대체와 구분되는 특수화(Spezifikation 제6장), 한정(Bestimmung 제7장), 반복(Wiederholung 제8장)이 논의된다. 두 번째 부분에는 "품사론 내에서 대명사(die Pronomina im Rahmen einer Theorie der Wortarten)"라는 제목이 부여되었는데, 이곳에서는 전통 개념의 품사들이 통사적 대체와 어떤 연관이 있는지를 규명하는 것이 관건이다. 전체적으로 보면 R. Harweg은 "대치어와 피대치어가 어떻게 텍스트구성(Textkonstitution)을 위해서 작동 하는가"에 대한 구체적인 메커니즘을 제시하고 있는데, 그는 모든 대체 요소들, 이를 테면, 'dort(그곳에서)', 'damals(그 당시에)', 'darum(그것에 관해서)', 'dafür(그것을 위해서)' 같은 전조응적 기능을 부사들뿐만 아니라, 환유와 대유 같은 요소들도 대명사로 이해하면서 전통적 대명사 개념을 새롭게 확장시킨다. 그래서 그는 텍스트를 "끊임없는 대명사적 연계"(R. Harweg 1968: 148)를 통해서 구성된 언어 단위의 연속(문장 단계)으로 정의한다. 그리고 마지막의 "대명사에 의한 텍스트구성(Textkonstitution durch Pronomina)"에서는 "텍스트 개념", "텍스트코스모스에서 단위로서 텍스트구성

과 한정(Delimitation und Konstitution eines Textes-als-Element im Textkosmos)" 그리고 "텍스트의 분류" 등이 관건이고, 텍스트구성이라는 관점하에서 몇 가지 텍스트(신문, 편지, 전집류)에 대한 구체적 분석이 중요하다. 이들을 좀더 자세하게 살펴보자.

R. Harweg은 대체의 중요 유형으로 통사적 대체(syntagmatische Substitution)와 계열적 대체(paradigmatische Substitution), 그리고 이차원적 대체 유형, 일차원적 통사적 대체 유형, 혼성(kontaminiert) 대체, 이항(zweigliedrig) 이상의 대체, 대치어가 낱말 연쇄로 구성된 이차원적 대체를 언급하며 다음과 같은 예로서 설명한다. (R. Harweg 1968: 20 이하 참조).

1)

한 소년 (ein Knabe)
한 남자 (ein Mann)
계열적 한 (백발의) 노인 (ein Greis) : 그 (er)
한 선생님 (ein Lehrer)
한 인간 (ein Mensch)
등

통사적

2) 2차원적 대체 유형

한 포유류 (ein Säugling)
한 소년 (ein Junge)
계열적 한 남자 (ein Mann) : 그 (er)
한 인간 (ein Mensch)
등

통사적

3) 일차원적 통사적 대체 유형

파리 (Paris) : 파리 (Paris)

또는:

그 인간 (der Mensch) : 그 인간 (der Mensch) (generell)

모든 인간 (alle Menschen) : 모든 인간 (alle Menschen) (universell)

4) 혼성 대체 유형

	하인리히 (Heinrich)	
	프리드리히 (Friedrich)	
계열적	리하르트 (Richard)	: 그 (er)
	그 남자 (der Mensch) (일반적)	
	등	
		통사적

5) 두 분지 이상의 대체

한 남자 (ein Mann)	이 사람 (dieser)
	이 남자 (dieser Mann)

6) 대치어가 낱말 연쇄로 구성된 이차원적 대체

베를린 (Berlin)	
파리 (Paris)	: 이 도시 (diese Stadt)
로마 (Rom)	
등	

이러한 것들 이외에도 여러가지 세부 유형들이 있다. R. Harweg에 기대면, 하나의 텍스트는 – 구조적(emisch) 텍스트의 경우 - 이러한 대체에 의해서 빈틈없이 연결되어 있는 어떤 것이다. 그런데 이러한 대체와 엄격하게 구분되어야 하는 것이 바로 직시(Deixis)이다. 고대 그리스의 문법학자인 A. Dyskolos를 언급하면서 R. Harweg은 대명사를 조응(Anapher)과 직시로 하위 구분한다. 전자

가 텍스트 내에서의 두 텍스트소 사이의 관련인 반면, 후자는 텍스트소와 언어외적 대상과의 관련을 일컫는다. 이에 대한 R. Harweg의 예는 다음과 같다. (R. Harweg 1968: 42 이하 참조).

Ein Mann ging …… Er(dieser) trug …… (한 남자가 …… 갔다. 그는(그 남자는) …… 입고 있었다.)
(조응)

"Dieser Mann (hier) ist mein Bruder ("(여기) 이 남자는 나의 형이다")
"에서 'dieser'(이)
(직시)

『대명사와 텍스트구성』의 두 번째 장에서 중요한 것은 그에 의해서 새롭게 정의되는 대명사(Pronomina)이고, 이러한 대명사에 의해서 대체가 이루어 진다는 것이다. 예를 들어, 전통언어학에서 품사의 한 종류로서 대명사의 정의는 "낱말의 부류로서 이해된 품사인 부류형성어(eine Klassenbildung, die als Wortklasse verstanden wird)." (R. Harweg 1968: 125)이다. 그러나 R. Harweg에 의해서 새롭게 정의된 대명사는 "이차원적 대치어로서 의도적으로 새롭게 정의된 부류(die als zweidimensionale Substituentia intensional neudefinierte Klasse)"(R. Harweg 1968: 129)이다. 여하튼 대명사는 텍스트구성을 위해서 아주 중요한 역할을 하는데, 문법에서 말하는 인칭대명사, 소유대명사, 지시대명사, 재귀대명사, 상호대명사, 관계대명사, 부정대명사 등이 문장 연속의 문제에 있어서 어떤 역할을 하는지 좀더 구체적으로 살펴보자. 부정대명사 jemand는 텍스트첫번째 언급으로 사용되지만, man은 중립적이다. 재귀대명사 및 상호대명사는 관계대명사처럼 동일 문장에서는 서로 관련을 맺고 있지만, 문장들의 연결에는 이용되지 않는다. 인칭대명사의 경우에는 3인칭 대명사만 문장 연결 기능이 있고, 일인칭 대명사와 이인칭 대명사는 man 처럼 텍스트첫째언급과 텍스트계속언급에 대해 중립적이다. 소유대명사와 지시대명사도 그러하다. (Harweg 1968: 88 이하 참조, 이성만 2000: 171 참조).

다음에는 대명사 연쇄, 즉 이차원적 대체의 다양한 경우들이 조망된다. R. Harweg은 대명사 연쇄 유형의 가장 상위에 위치한 구분으로서 한편으로는 1. 이항(zweigliedrig) 대명사 연쇄 유형을, 다른 한편으로는 2. 다항(mehrgliedrig) 대명사 연쇄 유형을 제안하고 있다. 이를 전체적으로 살펴보면 다음과 같다. (R. Harweg 1968: 178 이하).

1. 이항 대명사 연쇄 유형

1.1 이항 대명사 연쇄의 사전학적 유형

1.11 텍스트-동형-대체

1.111 체계-동형-대체

1.112 체계-유사형-대체

1.1121 (유의어에 의한) 언어적-의미적 체계-동형-대체

1.11211 정상적 유의어에 의한 체계-동형 대체

1.11212 해석적 유의어에 의한 체계-동형 대체

1.112121 저자의 편에서 해석된 유의어에 의한 체계-유사형-대체

1.112122 텍스트의 (공동-)등장인물의 편에서 해석된 유의어에 의한 체계-유사형-대체

1.1122 논리적 체계-유의-대체

1.1123 존재론적 체계-유의-대체

1.1124 상황적 체계-유의-대체

1.113 체계-중화-대체

1.12 텍스트-유사-동형-대체

1.13 텍스트-비동형-대체 = 텍스트-근접-대체

1.131 체계-근접-대체

1.1311 논리적 체계-근접-대체

1.1312 존재론적 체계-근접-대체

1.1313 문화적 체계-근접-대체

1.1314 상황적 체계-근접-대체

1.1.32 체계 비근접-대체 = 1.314

(1.133 *체계-불가능-근접-대체 = 텍스트-비근접-대체)

1.2 이항(zweigliedrig) 대명사 연쇄의 위상(topologisch)

1.21 통사-위상(통사적) 대체

1.211 동형 통사적 대체유형

1.212 이형(hetero)통사적 대체유형

1.22 거리 위상적 대체유형 (광의의 의미)

1.221 접촉위상적(kontakttopologisch) 대체유형

1.2211 대치어와 피대치어 사이에 직접 접촉을 가진 접촉 위상적 대체유형

1.2212 대치어와 피대치어 사이에 간접 접촉을 가진 접촉 위상적 대체유형

1.222 좁은 의미의 접촉 위상적 대체유형

1.3 이형 대명사 연쇄의 숫자적 유형

1.31 결함 연쇄(대체)의 경우

1.32 단순 대체 유형

1.321 명시적 단순 대체

1.322 함축적 단순 대체

1.3221 함축적 대치어를 가진 단순 대체

1.3222 함축적 피대치어를 가진 단순 대체

1.33 다중(이중) 대체 유형

1.331 명시적 이중 대체

1.3311 유일관용구(uniphrasal) 대체 부분 명시적 이중 대체

1.33111 융합 유일관용구 대체 부분 명시적 이중 대체

1.331111 분리적 융합 유일관용구 대체 부분 명시적 이중 대체

1.331112 비분리적 융합 유일관용구 대체 부분 명시적 이중 대체

1.33112 비융합 유일관용구 대체 부분 명시적 이중 대체

1.3312 다중관용구 대체 부분 명시적 이중 대체

1.33121 필수적 다중관용구 대체 부분 명시적 이중 대체

1.33122 임의적 다중관용구 대체 부분 명시적 이중 대체

1.332 함축적 이중 대체

1.333 부분적으로는 명시적, 부분적으로는 함축적인 이중대체

1.3331 함축적 피대치어를 가진 부분적으로는 명시적, 부분적으로는 함축적인 이중대체

1.3332 함축적 대치어를 가진 부분적으로는 명시적, 부분적으로는 함축적인 이중대체

1.4 이항(zweigliederig) 대명사 연쇄의 유사 유형

1.41 차원교환에 의한 유사 대체

1.411 일반화 차원교환에 의한 유사 대체

1.412 특수화 차원교환에 의한 유사 대체

1.42 메타언어적(유사-) 대체

2. 다형 대명사 연쇄 유형

2.1 비교체적 다형 대명사 연쇄 유형

2.11 다중 또는 다형(mehr- oder vielgliederig) 대치어 연쇄에 의한 비교체적 연쇄

2.12 다중 피대치어 연쇄에 의한 비교체적 연쇄

2.2 교체적 다형 대명사 연쇄의 유형

이러한 방식을 고려하면, R. Harweg의 텍스트언어학은 전형적인 구조중심의 방향을 취하고 있음을 알 수 있다. 제3장에서는 - 일반적으로 '텍스트' 개념이 이론의 초반부에 논의되는 것과는 달리 - 텍스트 개념이 소개되는데, R. Harweg은 L. Hjelmslev의 개념을 빌어다가 '텍스트'와 '체계'를 구분했다. 예를 들어, 언어는 텍스트일 뿐 만 아니라 체계이며, 이 둘은 서로 상보적인 관계를 이루고 있다는 것이다. 그에 의하면 텍스트는 통합적 연속관계(Nacheinander)에 의해 규정되고, 체계는 대체관계(Statteinander)에 의해 정의된다. 그래서 확장된 이웃관계(Nebeneinander)의 개념 관계내에서 존재하는 모든 텍스트들은 총체적 차원에서 하나의 텍스트코스모스(Textkosmos)를 형성한다. 그래서 "체계, 텍스트 그리고 텍스트코스모스는 세 가지의 상이한 존재형식(Existenzformen) 내지, 좀더 정확히 말하면 개별 언어 요소들의 정돈형식(Anordnungsformen)들이다. 이들의 구별되는 특징은 순서에 따라, 대체관계, 연속관계, 이웃관계이다. 이 세 가지 개념 전개에서 가장 중요하고 핵심적인 점은 연속 관계 개념이다." (R. Harweg 1968: 143). 그래서 이제 "텍스트는 텍스트코스모스 내에서의 단위이고 형식적-언어적 규정(Der Text als Elemente im Textkosmos und seine formal-linguistische Bestimmung"(R. Harweg 1968: 147)으로 정의된다. 그는 텍스트코스모스 내에 있는 단위로서 텍스트(Text-als-Element-im-Textkosmos)를 끊임없는 대명사의 연결을

통해 구성된 언어단위의 연속관계로 간주하고 유사텍스트(Pseudo-Text)를 정상 텍스트와 구분하는 작업을 하기도 한다. (R. Harweg 1968: 148 이하 참조).

R. Harweg에 있어서 대체개념 규정 다음으로 중요한 것은 텍스트의 경계를 확정하는 일이다. 그는 텍스트의 시작과 중간과 말미를 정의하기 전에 우선적으로 K. L. Pike의 문법소론(Tagmemik)에서 끌어온 '텍스트 내적(emisch, emic)'과 '텍스트 외적(etisch, etic)' 개념을 설명한다. 이는 우리들에게 '음운론(phonemics)'과 '음성학(phon-etics)'의 전범으로 잘 알려진 개념이다. 이 개념을 토대로 '통사적 피대치어를 통한 텍스트 한정(Textdelimitation durch syntagmatische Substituenda)'이라는 절에서 R. Harweg은 다음과 같은 다양한 텍스트서두(Textanfang)와 텍스트말미(Textschluss)를 설명한다. (R. Harweg 1968: 152 이하 참조).

1) 텍스트 외적 텍스트서두와 텍스트 내적 텍스트서두
2) 텍스트 내적 텍스트서두의 규정방법
3) 텍스트 내적 텍스트서두의 예
4) 동시에 텍스트 내적이지 않은 텍스트 외적 텍스트서두의 예
5) 텍스트말미의 한정에 대해서

여기서는 텍스트시작자질(Textanfangsmerkmale)과 텍스트계속자질(Textfortsetzungsmerkmale)이 중요시되는데, 전자는 부정대명사 'jemand', 부정부사인 'einmal', 'ein Man', 'zwei Frauen' 등과 같이 부정 관사나 기본 수사에 의해서 도입되는 경우를 말하고, 후자는 전조응사, 정관사, 지시대명사를 앞세운 공통지칭항을 말한다. R. Harweg은 이런 자질의 도움으로 텍스트시작문장과 텍스트계속문장을 구분하는데, 다음과 같이 예외가 되는 것들에 대해서도 설명하고 있다. (R. Harweg 1968: 158 이하 참조).

"An den Ufern der Havel lebte, um die Mitte des sechzehnten Jahrhunderts, ein Roßhändler, namens Mihael Kohlhaas, Sohn eines Schulmeisters, einer der rechtschaffensten zugleich und entsetzlichsten Menschen seiner Zeit. (16세기 중반에 Havel강 어귀에 당대에 엄청나고 대

단한 사람 중의 하나이자 어떤 초등학교 교장의 아들인 Michael Kohlhaas라는 한 말상인이 살고 있었다.)”

이것은 H. v. Kleinst의 소설 『Michael Kohlhass』의 첫 문장이다. 여기서는 ‘ein Roßhändler(한 말상인)’와 ‘eines Schulmeisters(어떤 초등학교 교장의)’라는 명백한 피대치어가 있고, 대치어인 ‘(an den Ufern der Havel(하벨강의 어귀에)’과 ‘(um die Mitte) des sechzehnten Jahrhunderts(16세기 (중반에))’가 있다. 사실, 이 문장은 R. Harweg의 정의에 따르면 텍스트시작문장이 될 수 없다. 왜냐하면 정관사로 한정되는 낱말들과 소유관사가 있기 때문이다. 그러나 Elbe강의 지류인 Havel강과 das 16. Jahrhundert(16세기)는 유일개념이므로 정관사가 올 수 있다는 것이다. 텍스트 서술자는 일반적으로 알려져 있다는 것에 근거를 두어서 텍스트시작문장임에도 불구하고 정관사를 부여했을 것이다. ‘den Unfern(어귀)’와 ‘die Mitte(중반)’의 경우는 근접대치(Kontiguitätssubstitution)에 해당된다. 다시 말해서 모든 강에는 ‘Ufer’가 있고, 모든 세기에는 ‘Mitte’가 있다는 식이다.

R. Harweg은 텍스트언어학적 개별 문제에 관심을 가지면서 초기의 이런 사상의 범위를 점점 더 넓혀가기 시작한다. 그는 이후에 “Wieder의 텍스트학적 지위에 대하여”(1969), “강세에 대하여”(1971), “문어와 구어에서 텍스트 시작에 대하여”(1968), “부정관사와 정관사의 일반적인 기능에 대하여”(1969), “daß-문장의 텍스트학에 대해(1972)”, “텍스트의 분지”(1974), “문장 연쇄와 코텍스트 연결”(1988) 등의 논문으로 자신의 초기 이론을 보완한다.

그러나 R. Harweg이 텍스트를 “중단없는 대명사의 고리를 통해서 구성된 언어적 단위의 연쇄”로서 이해하게 되면, R. Posner의 다음과 같은 비판에 직면할 여지는 충분하다: “자신의 언어를 말하는 인간이 살아가는 한, 텍스트가 닫힌 것(abgeschlossen)으로 간주되어서는 안된다. 인간이 우연히 텍스트내에서 다루어진 대상물들을 언급하는 한, 텍스트의 그 문장들은 자동적으로 증대되기 때문이다.” (1968, H. Kalverkämper의 1981a: 268에서 재인용). 그래서 이러한 R. Harweg의 이론은 크게 세 가지 구성 단위로의 확장을 거듭한다. 여기에서는 이를 테면, 텍스트의 연쇄에 해당되는 통사적 대체와 문장들 사이의 직접적인 이웃 관련뿐만이 아닌 거시 텍스트 부분의 이웃 관련이 중요하다. 이를

'미시적 대체(Mikro-Substitution)'(R. Harweg 1968: 54)와 구분되는 거시 통사 단위(makrosyntaktische Komponente)라고도 부를 수 있다. (E. Gülich/W. Raible 1977: 115 이하 참조). 그 중에서도 텍스트가 거시 통사 단위의 차원에서도 고찰되어야 한다는 발상의 출발은 텍스트가 언제나 직조의 메타퍼로서 기능한 것에서 연유한다. 이를 테면, 직조물에 있어서는 수평적 연결뿐만 아니라 수직적 연결도 중요하기 때문이다. R. Harweg에 의하면, 이 둘의 관계는 서로 배타적인 아니라, 보충적인 관계이다: "하나의 텍스트를 만들어내는 것은, 위에서 아래로만의 독점도 아니고 왼쪽에서 오른쪽으로의 독점도 아니고, 부분적으로는 왼쪽에서 오른쪽으로, 부분적으로는 위에서 아래로 가야만 하는 것 같다." (R. Harweg 1973: 69). 왼쪽에서 오른쪽으로의 텍스트 진행이야 끊임없는 텍스트소 연결고리의 문제이고, 어떤 임의의 발화가 텍스트가 되기 위한 어느 정도의 조건, 즉 직조의 전단계에 해당되는 실잣기와 비교될 수 있는 반면, 위에서 아래로의 진행은 만들어진 실을 가지고 그야말로 다양한 직물을 만드는 과정과 관련있다. 예를 들어 위에서 아래로의 텍스트구성에 따라 커튼이나 식탁보가 결정되는 것이다. 따라서 위에서 아래로의 텍스트 형성은 텍스트부류(Texttyp)와 밀접한 관

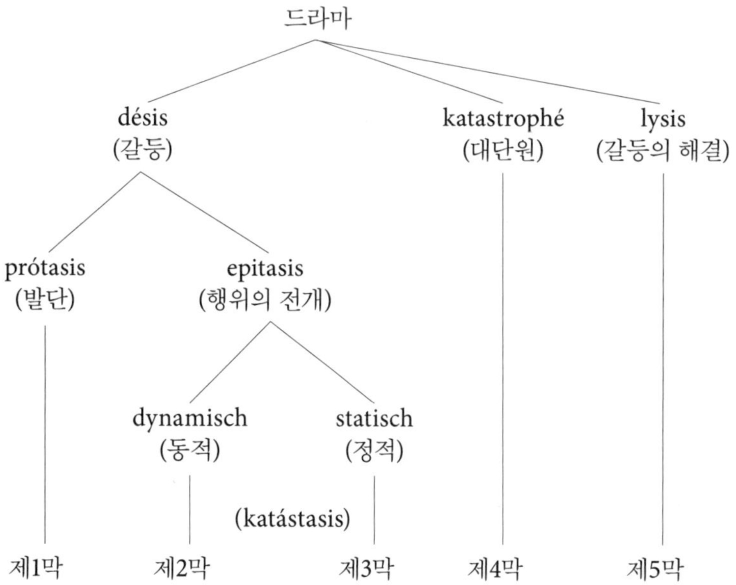

전 드라마의 거시구조

련을 가진다. 이러한 예를 - R. Harweg에 의하면 - 텍스트종류 '고전 드라마'의 거시구조에서 볼 수 있다. (R. Harweg 1973: 69).

R. Harweg에 의하면, 텍스트종류 고전 드라마의 구조는 세 개의 주요부분으로 구성되어있는데, 갈등, 대단원, 갈등의 해결이 바로 그것이다. 그 중에서 갈등은 다시 발단과 행위의 전개로 나뉘고, 행위의 전개는 다시 동적, 정적으로 나뉜다. 이것이 바로 고전 드라마의 거시구조라고 할 수 있고, 이것이 곧 R. Harweg의 의미에서 위에서 아래로의 국면에 해당된다고 할 수 있다. 다시 말해서 위에서 좀더 추상적인 국면은 아래로 내려올수록 덜 추상적이 된다. 이에 반해서 왼쪽에서 오른쪽으로의 진행은 구체적이고 상호 연관된 문장들의 고리로 이루어진 발단으로부터 시작되는 전개이다.

이러한 R. Harweg의 구상은 T. A. v. Dijk가 1970년대에 설계했던 텍스트 초구조(Superstruktur)의 초창기 모델처럼 보이기도 한다. 왜냐하면 드라마와 같은 서사구조가 주축을 이루는 텍스트에서 이러한 구조가 어떻게 구성되어 있는가를 살피는 것이 관건이기 때문이다. 그러나 T. A. v. Dijk가 자신의 『텍스트학』(1980)에서 이러한 서사구조에 대해서 구체적으로 언급하지만, 그의 이 책은 출간 당시 보다 이전에 이미 네덜란드어로 쓰여졌고, 이 책이 쓰여지기 이전에도 그는 서사 텍스트의 이론분야에서 많은 연구를 하였으며(1972b, 1972c, 1976a, 1976b), 그 또한 이 분야의 선구자로서 여러 사람들을 언급하는 것을 보면, R. Harweg의 체계언어학의 확장도 충분히 이해될 만 하다: "이야기 이론 분야에 관해서는 T. A. v. Dijk(1972ab, 1976ab)을 참조할 것. 여기서 우리는 소위 구조주의적 이야기 이론을 생각하는데, 이 이론은 V. Propp(1928, 1968)의 작품에 의해 발달된 이후 인류학이라는 우회로를 거쳐 구조주의적 문예학에서 유행하게 되었다." (T. A. v. Dijk 1980: 140).

7. '텍스트성(Textualität)'의 역사

텍스트언어학에서 '텍스트'가 중요하다면, '어떤 임의적 발화(들)를 텍스트로 만들어 주는 것이 무엇인가?'의 문제는 '텍스트성' 개념으로 간단하게 요약된다. 물론 우리들이 살펴본 텍스트언어학의 숨겨진 이전사에서는 이런 호기심에 대한 다양한 논의들이 있었음을 알 수 있다. 그러나 그러한 호기심이 '텍스트성'이라는 용어로 정착된 것은 - 마치 텍스트 연구에 대한 학문적 호기심이 있었음에도 불구하고 '텍스트언어학'이라는 용어가 1957년 E. Coseriu에 의해서 또는 1967년 H. Weinrich에 의해서 처음 사용된 것처럼 - 그리 오래 전의 일은 아니다. 이 개념은 R.-A de Beaugrande/W. Dressler(1981)에 의해서 1980년대에 이르러서야 유명한 개념이 되어 버렸다. 그러나 다음에서 보는 것처럼 텍스트성 개념은 1973년에 출간된 S. J. Schmidt의 『텍스트 (이)론(Texttheorie)』에도 자주 언급되었었다. 여하튼 이러한 텍스트성은 어떤 생산물과 관계가 있는 반면에, '텍스트화(Vertextung)'(Z. Wawrzyniak 1980)와 과정으로서의 텍스트(Text als Prozeß)는 텍스트 조직(Textaufbau)이나 텍스트 형성(Textbildung) 또는 텍스트구성(Textkonstitution)과 관련있는 것으로 파악되기도 한다. (H. Vater 1991: 31 참조). 사실, 텍스트성이 텍스트구성과 유의미한 관련 또는 긴밀한 관련이 있거나 거의 유의어로 간주된다면, 자신의 교수자격 논문 제목에 '텍스트구성(Textkonstitution)'을 넣어 버렸던 R. Harweg의 텍스트언어학에 관한 모든 논의들이 '텍스트성'에 포함될 수도 있다. 그러나 대부분의 우리들은 '텍스트성'에서 R.-A. de Beaugrande/W. Dressler(1981)만 생각하고 이들의 일곱 가지 텍스트성만을 기억에 떠올린다. 이런 현상은 학문사에서 빈번히 발생했다. 다음 논의들은 이러한 '텍스트성' 개념이 S. J. Schmidt(1973)와 R.-A. de Beaugrande/W. Dressler(1981) 그리고 K. Brinker(1985)와 H. Vater(1990)를 거치면서 어떻게 변해왔으며, 또한 다양한 학자들이 사용하는 이 개념에서 어떤 의미 특징(Sem)이 두드러지게 나타나는지를 밝혀 줄 것이다.

텍스트언어학의 '텍스트성 Textualität'의 개념 규정을 위한 기고
(S. J. Schmidt(1973), R.-A. de Beaugrande/W. Dressler(1981), K. Brinker(1985), H. Vater(1990/1992)의 논의를 중심으로)[1)]

I. 서론

텍스트언어학 입문서에 기대서 텍스트언어학의 전반적 이론과 실제를 강의할라 치면 당황스러운 상황에 마주치는 경우가 부지기수이다. 이를 테면 동일하고 유사한 용어들이 이와 동일하고 유사한 언어외적 실제를 투영하는 듯하면서도, 좀 더 자세히 관찰하면 이 보다도 훨씬 더 복잡한 여러 개념들로 얽혀있음을 알 수 있다. 예를 들어서 가)라는 학자가 A라는 개념을 가지고 현상 a를 지칭했다면, 나)라는 학자가 A라는 개념을 가지고 b를 지칭하는 경우가 있고, B라는 개념을 가지고 a를 칭하는 경우도 있다. 본고의 연구대상인 '텍스트성' 개념도 이러한 현상에서 비껴갈 수 없다. 이러한 경우 전문 술어들에 대한 명확한 규정이 이루어지지 않으면 초학자들이 겪는 어려움은 말할 나위가 없을 것이다. 본고는 텍스트언어학에서의 여러 가지 핵심 개념 중에서 특히 '텍스트성'을 연구대상을 삼는다. 왜냐하면 이 개념은 그 중요성 때문에 많은 논의가 되어야 함에도 불구하고, 특정한 학자(이를 테면, R.-A. de Beaugrande/W. Dressler)의 특정한 주장만이 비판적 성찰없이 난무하기 때문이다. 텍스트성 개념 연구를 우선적으로는 입문서 중심으로 살펴보지만, 좀 더 나아가서 텍스트언어학적 심층연구에서 등장하는 이 개념의 다양한 개념적 양상도 논의하기로 한다.

1) 이글은 필자가 2012년도에 『독어학』 26집에 기고했던 동일 제목의 논문을 다시 깁고 다듬어 재수록한 것이다.

II. 본론

언어학의 특정 개념을 독일어권에서 살펴볼라 치면, 가장 먼저 떠오르는 것이 H. Bußmann의 『언어학 사전(Lexikon der Sprachwissenschaft)』(2002)이다. 이 사전에 등장하는 표제어 '텍스트성'의 설명항은 다음과 같다.

> 텍스트성 ① 텍스트가 되는 기호사슬의 특성. ② → 코헤지온(Kohäsion)이나 → 상호텍스트성(Intertextualität)과 같은 전형적 텍스트의 성질(DE BEAUGRANDE & DRESSLER [1981]을 참조할 것)중에서 실제적이고 궁극적으로 유일한 《텍스트다움》의 기준은 내용적 의의(Sinn) 결합인 코헤렌쯔이다. ③ 더욱이 화용적 성질인 상황 관련(→ 텍스트 상황)과 행위 목표(→ 텍스트기능)는 실용 텍스트에 있어서 본질적이다. ④ 전형적인 문학 텍스트는 이 두 가지의 성질 없이 나타난다. ⑤ 일반적으로 의도적 의의[화자가 의도한 텍스트 의미]와 수용적 의의[청자가 받아들이는 텍스트 의미]가 동일하지 않기 때문에 텍스트는 고정된 언어적 형성물 안에서 단지 잠재적으로 놓여있는 인지적 형성물로 이해된다. ⑥ 기호학적 광의의 의미에서 보면, 텍스트는 다양한 의사소통적 매체 내에서 (예를 들어 흉내, 언어) 두드러지게 나타날 수 있는 의사소통적 상황들의 구조적 특징에 해당된다. 이러한 텍스트 형성 방식과 이웃하는 개념은 → 텍스트구성(Textkonstitution)이다. (H. Bußmann 2003: 694).

그러나 H. Bußmann의 언어학 사전 1983년판에는 표제어 '텍스트성'이 등장하지 않았다. 그 이유는 이 용어가 R.-A. de Beaugrande/W. Dressler의 『텍스트언어학 입문(Einführung in die Textlinguistik)』(1981)이 출간되면서 널리 알려지게 된 술어이기 때문일 것이다. R.-A. de Beaugrande/W. Dressler 이전에 이 술어를 사용하는 학자들이 있었지만 (이를 테면 1973년도 S. J. Schmidt 의 경우) 그 당시의 텍스트언어학적 상황에서 텍스트성 개념은 어느 정도 낯선 것이다. 그렇다면, 우선적으로 R.-A. de Beaugrande/W. Dressler(1981)의 텍스트성 개념을 간략히 살펴보고, 이러한 H. Bußmann의 텍스트성 개념 설명과 비교해 보기로 하자. R.-A. de Beaugrande/W. Dressler에 있어서 텍스트성이 가장 핵심 개념이었다는 사실은 다음의 인용문에서 구체적으로 살필 수 있다.

> "텍스트는 텍스트성의 일곱 가지 기준[코헤지온, 코헤렌쯔, 의도성(Intentionalität), 용인성(Akzeptabilität), 정보성(Informativität), 상황성(Situationalität), 상호텍스트성(Intertextualität)]을 충족하는 통보적 발화체라고 정의된다. 이 기준들 가운데 어느 것 하나라도 충족되지 않으면, 그 텍스트는 통보적(kommunikativ)이지 않다. 따라서 비통보적 텍스트는 비텍스트(Nicht-Text)로 취급된다." (R.-A. de Beaugrande/W. Dressler 1981: 3).

그러나 이러한 텍스트성 개념은 자신들 스스로 '절차적 접근방식'이라고 주장하는 R.-A. de Beaugrande/W. Dressler의 텍스트언어학적 모토와 상충되기 때문에 이재원(2001b)에 의해 비판당한다. 또한 R.-A. de Beaugrande/W. Dressler의 위와 같은 주장은 자신들의 모토인 "문법성(Grammatikalität)"과 "적격성(Wohlgeformtheit)" 보다도 "용인성(Akzeptabilität)"과 "적절성(Angemessenheit)", "논리적 증명(logische Beweise)"보다 "인간의 사유과정(Prozesse menschlichen Urteilens)"이 더 필수적이라는 사실과 상충되는 느낌도 지워버릴 수 없다. 이재원(2001b: 298 참조). 그렇다면 이러한 R.-A. de Beaugrande/W. Dressler의 텍스트성 정의를 이미 언급한 H. Bußmann 사전에서의 텍스트성 설명항과 비교하면서 둘 사이의 유사점과 차이점을 구체적으로 살펴보기로 하자. H. Bußmann의 텍스트성 정의 ①항인 "텍스트가 되는 기호 사슬의 특성"이라는 부분은 텍스트언어학적으로 볼 때 조금은 낯설어 보인다. 왜냐하면 텍스트성을 정의하기 위해서 '기호'라는 개념이 등장했기 때문이다. 그러나 그렇다고 해서 기호 개념이 텍스트언어학에 전혀 등장하지 않았던 것은 아니다. 텍스트언어학의 창시자로 알려진 P. Hartmann의 '텍스트' 정의 "텍스트는 첫 번째 언어기호(Text als das primäre Sprachzeichen)", 텍스트는 "언어의 원초적 기호 (das originäre Zeichen der Sprache)"(P. Hartmann 1968: 212)에도 기호라는 개념이 사용되었다. 그래서 "텍스트가 되는 [또는 될 수 있는] 기호 사슬의 특징"이라는 H. Bußmann의 텍스트성 정의는 R.-A. de Beaugrande/W. Dressler의 텍스트성 정의와 유사함을

부쓰만선생님 (이재원作, 2018)

알 수 있다. 왜냐하면 이들의 텍스트성은 "텍스트는 텍스트성의 일곱 가지 기준에 부합되는 통화성 발화체라고 정의되고 이 기준들 가운데 어느 것 하나라도 만족되지 않으면 그 텍스트는 통화성이 결여된 것"(R.-A. de Beaugrande/W. Dressler 1981: 6)이기 때문이다. 또한 이들에게 있어서 이러한 비 통화성 텍스트는 비텍스트로 취급된다. 그러므로 텍스트성 개념은 텍스트의 실제적 존재 여부를 가늠하기 때문에 아주 중요하다. 이러한 텍스트성이라는 술어가 유행된 것은 순전히 R.-A. de Beaugrande/W. Dressler(1981) 덕분이지만, 좀 더 엄밀하게 말하면 - 위의 인용문에서 보는 바와 같이 - 이들은 텍스트성에 대한 명확한 정의를 내린 적이 없고, 이들에게 있어서 텍스트성 개념은 단지 '텍스트'를 정의하기 위해 부차적으로 만들어진 개념일 수도 있다고 추정된다. 그럼에도 불구하고 H. Bußmann의 텍스트성 정의 ①은 - 전체적으로 보면 - R.-A. de Beaugrande/W. Dressler의 정의와 유사하다.

그러나 텍스트성 정의 ②에서 H. Bußmann이 코헤지온과 상호텍스트성을 전형적인 텍스트 또는 전형적인 텍스트성의 성질로 간주하는 것은 R.-A. de Beaugrande/W. Dressler의 견해와 일치하지 않는다. 왜냐하면 R.-A. de Beaugrande/W. Dressler의 어느 곳을 보아도 텍스트성을 위한 이 두 가지 기준이 '텍스트의 전형적인 성질'이라는 주장을 찾을 수 없기 때문이다. 물론 그 이후에 출간된 이들의 텍스트성과 관련된 다양한 문헌에서도 마찬가지다. 아마도 이것은 사전 편찬자인 H. Bußmann의 사적 견해일 가능성이 농후하다. 따라서 R.-A. de Beaugrande/W. Dressler를 들먹였음에도 불구하고 H. Bußmann이 자신만의 이러한 주장을 펼치는 것은 문제 있어 보인다. 혹시라도 "코헤지온과 텍스트성의 여타 기준들은 반드시 상호 작용해야 한다"(R.-A. de Beaugrande/W. Dressler 1981: 5)는 R.-A. de Beaugrande/W. Dressler의 구절에서 코헤지온이 텍스트성의 전형으로 유추될 수 있고, "표층 텍스트의 코헤지온과 텍스트 심층 세계의 코헤렌쯔는 텍스트성을 판정하는 데 가장 명백한 기준들"(1981: 118)이라고 R.-A. de Beaugrande/W. Dressler는 주장하지만, 곧바로 이러한 주장은 이들 스스로의 다음과 같은 반박에 의해서 약해진다: "그러나 이들[코헤렌쯔와 코헤지온]은 실제 통화상에서 텍스트와 비텍스트를 구분 짓는 절대적 경계선을 제공해주지 못한다. 사람들은 다양한 동기에서 코헤지온과 코헤렌쯔를 완전히 만족하지 못하는 텍스트를 사용할 수도 있고 또한 실제로 사용한다." (R.-A. de Beaugrande/W. Dressler 1981: 118). 이러한 연유로 R.-A. de Beaugrande/W. Dressler에게 텍스트성의 또 다른 카테고리인 의도성과 용인성이 등장하는 것이다. 이외에도 상호텍스트성이 텍스트성의 전형이라는 구절은 R.-A. de Beaugrande/W. Dressler의 어느 곳에도 찾아 볼 수 없다. 이와 함께 코헤렌쯔를 유일한 텍스트다움의 기준으로 간주한 사실도 자세히 살펴야 한다. R.-A. de Beaugrande/W. Dressler의 코헤렌쯔 정의는 독일의 심리언어학자 H. Hörmann (1976)에 기댄 '의의 연속성(Sinnkontinuität)'에서 연유하는데, 이러한 의의 연속성이 "코헤렌쯔의 기반"(R.-A. de Beaugrande/W. Dressler 1981: 88)이 된다는 것이다. 그러나 곧바로 이러한 의의 연속성도 텍스트의 전제 조건인 텍스트성으로서의 의미가 약화된다: "따라서 의미 있는 텍스트를 만들어내는데 가장 명료하고 액세스 가능한 공헌을 하는 것은 표층 텍스트 표현의 의의들이지만, 그 의의가 전부일 수는 없다." (R.-A. de Beaugrande/W. Dressler 1981: 89). ③에서도 텍스트성 정의에 대한 H. Bußmann의 문제점이 드러난다. '화용적 성질인 상황 관련 (텍스트 상황)'은 R.-A. de Beaugrande/W. Dressler의 '상황성'이고, '행위 목표(텍스트기능)'는 이들의 '의도성'을 함의할 터인데, '행위 목표'를 '텍스트기능'과 관련짓는 것은 이해할 수 있지만, 이 두 가지가 "실용 텍스트에 있어서 본질적"이라는 사실은 도대체 무엇을 의미하는가? 문제는 R.-A. de Beaugrande/W. Dressler(1981)의 이론 구축을 위한 예문들이 구체적인 실용 텍스트와는 별로 관련이 없고, 저서의 후반부로 가면 문학 작품으로 간주되는 허구 텍스트들이 대부분이기 때문이다. 특히 의도성의 경우는 더욱 그러하다. 그럼에도 불구하고 H. Bußmann이 "상황성과 의도성이 실용텍스트에 있어서 본질적"이라고 주장하는 것은 화자와 상황이 가져다주는 구체성을 염두에 두었기 때문일 것이다. 그러나 이러한 성질은 가상 세계에서도 나타나는 법이다. 다시 말해서 문학텍스트에도 등장인물이 있는 것이고, 이러한 등장인물은 구체적인 상황 내에 놓여 있을 것이다. 따라서 전형적인 문학 텍스트가 '텍스트 상황'과 '텍스트기능'과 관련 없다는 ④도 R.-A. de Beaugrande/W. Dressler의 주장과는 상이하다. ⑤의 경우는 R.-A. de Beaugrande/W. Dressler가 누차 주장했던 바이고, ⑥의 경우는, 갑자기 텍스트성을 정의하다가 텍스트 정의로 옮아간 느낌을 주고 있다. 결론적으로 말하면, R.-A. de Beaugrande/W. Dressler에서 단편적으로 흩어져 있는 텍스트성 정의와 H. Bußmann의 언어학 사전에 등장하는 텍스트성의 정의는 유사점과 차이점이 공존한다. R.-A. de Beaugrande/W. Dressler가 텍스트성의 정의를 직접적으로 내린 적은 없지만, "텍스트는 텍스트성의 일곱 가지 기준에 부합하는 통화성 발화체"라는 텍스트 정의에 기대고, "텍스트는 어떤 기준을 만족시켜야 하며, 어떻게 생산되고 수용되는가, 또한 주어진 발화 환경에서 사람들은 어떤 목적으로 텍스트를 사용하는가를 우리는 밝혀야 한다."(R.-A. de Beaugrande/W. Dressler 1981: 3)는 저술의 목적에 기대면, 이들의 텍스트성 정의는 "텍스트성은 텍스트의 전제조건"으로 요약될 수 있다. 왜냐하면 이들의 저서 전체가 일곱 가지 텍스트성의 규명에 있기 때문이다.

R.-A. de Beaugrande/W. Dressler(1981)의 전편이라고 할 수 있는 W. Dressler(1973)의 『텍스트언어학 입문(Einführung in die Textlinguistik)』에는 텍스트성이라는 개념이 전혀 등장하지 않는다. 단지 반복(Rekurrenz)과 다시쓰기(Paraphrase)의 상위 개념인 코헤지온만이 등장할 뿐이다. 차라리 - 비록 한국 독자들에게는 거의 소개가 되지 않았지만 - S. J. Schmidt (1973)의 『텍스트이론(Texttheorie)』에 등장하는 텍스트성 개념이 우리들의 논의에 많은 시사점을 던져 준다. S. J. Schmidt는 텍스트언어학사의 이른 시기에 이 책을 저술하게 되는데, 이 책은 비록 입문서임에도 불구하고 그의 이론 전체를 지탱하는 주요 개념들인 J. R. Searle의 "언어행위(Sprechakt)", N. Luhmann의 "체계이론(Systemtheorie)" 그리고 이를 언어학에 도입하려고 노력했던 U. Oomen(1969)의 『텍스트 체계이론(Systemtheorie der Texte)』"에 대한 심층적 연구가 돋보이는 저작물이다.

S. J. Schmidt의 텍스트 이론에서의 가장 중요한 관심사는 "언어소통(Sprachkommunikation)과 사회적 소통(Sozialkommunikation)이 어떻게 상호 결합되어 있는지에 대한 해명"(S. J. Schmidt 1973: 144)이다. 그는 책의 말미에 등장하는 '텍스트 이론에서 텍스트 개념과 텍스트 산출'이라는 장에다가 '텍스트와 텍스트성' 그리고 '텍스트성과 텍스트코헤렌쯔'라는 절을 추가하면서 자신만의 텍스트성을 정의한다. 여기에 등장하는 S. J. Schmidt의 텍스트성은 R.-A. de Beaugrande/W. Dressler(1981)의 인지 중심 텍스트성과는 사뭇 다르다.

"최근의 다양한 연구들(이를 테면 U. Oomen과 P. Hartmann)과 사회학에서 연구된 논의들(J. Frese)은 텍스트를 순수한 언어 현상으로 간주하는 것이 아니라 '텍스트성'이라는 관점에서 출발해야 한다는 사실을 알게 만들었다. 여기서는 다음과 같은 연구 가설이 전개될 수 있다: 텍스트성은 언어적 관점뿐만 아니라, 사회적 관점 하에서 연구되어야 하는 구조에 대한 명칭이다." (S. J. Schmidt 1973: 144).

S. J. Schmidt의 텍스트성 정의에 '구조(Struktur)'가 들어간 것이 조금 마음에 걸리기는 하지만, 여하튼 그의 텍스트성은 언어 차원뿐만 아니라, R.-A. de Beaugrande/W. Dressler(1981)에서는 강조되지 않았던 사회적 관점이 핵심으로 등장한다. 그가 '사회적'을 강조하는 이유는 '행위놀이(Handlungsspiel)'와 '사회적-소통적 행위(sozio-kommunikatives Handeln)'라는 L. Wittgenstein에게서 유래된 개념을 강조했던 것과 관련 있을 테고, 이로써 N. Luhmann의 체계이론에 대한 설명도 뒤따랐을 것이다. 우선적으로 S. J. Schmidt는 텍스트성의 명확한 정의를 위해서 '기능(Funktion)'과 '코헤렌쯔'를 끌어들인다. 이를 테면 그의 다음과 같은 구절이 그러하다: "현재의 논의에서 보면, 이러한 연구의 가정은 최소한 '기능'외에 '텍스트성' 정의를 위한 두 번째 카테고리가 '코헤렌쯔'인 것만은 분명해 보인다." (S. J. Schmidt 1973: 154). 그렇다면 도대체 그가 말하는 기능과 코헤렌쯔가 무엇인지를 살펴야 우리들의 연구 목표인 텍스트성 규명의 실체가 드러날 수 있다. S. J. Schmidt는 기능을 '소통적 기능(kommunikative Funktion)'으로 일컫는데, N. Luhmann의 '텍스트 체계이론'에 기댄 이 개념은 텍스트의 전달기능(Mitteilungsfunktion)과 유사하다. 왜냐하면 U. Oomen에게 있어서의 텍스트는 언어 사용의 과정으로 정의되는데, 여기서 텍스트의 언어적 특성은 "우선적으로 문법적 구성들과는 독립된 것"이고 "텍스트의 언어적 특성들은 텍스트의 토대에 놓인 문법적 특성이 아니라 텍스트 과정의 특성"(U. Oomen 1969: 16)이기 때문이다. 마치 이 부분은 R.-A. de Beaugrande/W. Dressler(1981)에서 강조되어 하나의 장으로 할애된 '제3장 절차적 접근(Der prozedurale Ansatz)'을 떠올리기에 충분하다. 그리고 U. Oomen의 다음과 같은 모토는 R.-A. de Beaugrande/W. Dressler의 텍스트성 정의인 "어떤 임의의 발화를 텍스트로 만

들어주는 것이 텍스트성"이라는 주장과도 거의 일치한다: "소통적 기능 없이는 어떤 텍스트도 존재할 수 없다" (U. Oomen 1969: 19); "그때마다의 소통 기능은 텍스트 과정의 특별한 진행을 조종한다." (U. Oomen 1969: 19); "텍스트는 질적으로 문법적 단위들과는 구분되는 대상들로서 구성된다. 따라서 텍스트는 언어사용의 과정을 모사한다." (U. Oomen 1969: 30). 따라서 S. J. Schmidt의 텍스트성을 정의하기 위한 기능 개념은 R.-A. de Beaugrande/W. Dressler(1981)의 텍스트성의 하위 부분인 수용성과 의도성 그리고 정보성과도 비교가 가능하다. 왜냐하면 S. J. Schmidt에 있어서 텍스트가 존재하기 위한 텍스트성을 위해 '커뮤니케이션 파트너'의 역할이 중요하게 대두되기 때문이다.

그렇다면 텍스트성을 위한 두 번째 카테고리인 코헤렌쯔는 S. J. Schmidt에 있어서 어떻게 규정되는지를 살펴야 한다. 그렇게 함으로써 S. J. Schmidt의 텍스트성 개념이 명확하게 드러나기 때문이다. S. J. Schmidt는 이 개념을 E. Lang (1973)에게서 빌린 것으로 보인다. 왜냐하면 텍스트성을 정의하기 위해서 코헤렌쯔를 설명하면서 다음과 같이 비교적 긴 E. Lang의 인용문을 제시하기 때문이다.

> "문장(이것이 얼마나 복잡하든지 간에)의 코헤렌쯔가 문장 의미를 위해서 통사적으로 카테고리화 되고 어휘적으로 끼워진 구성소들이 융합되는 규칙을 따르는 반면에, 텍스트코헤렌쯔는 포괄적 단위들에 대한 문장 의미의 통합에 의해서 규정된다. 문장 의미는 - 단순하게 말해서 - 사건들을 대표하고, 이 사건들의 언어적인 발현은 최소한 부분적으로나마 개별 언어 규칙의 지배를 받고 있다. 텍스트를 구성하는 복합성을 위한 문장 의미들의 통합은 사건들 사이의 관련들을 대표한다. 여기에 일치하는 조작들은 일반적인 인지적 성질인데, 다시 말해서 이것은 보편적이다." (E. Lang 1973: 36 이하).

결국 E. Lang의 코헤렌쯔 개념은 - 비록 구체적이지는 않지만 - 큰 범위에서 보면 R.-A. de Beaugrande/W. Dressler(1981)의 코헤렌쯔 개념과도 닮았다고 말할 수 있다. R.-A. de Beaugrande/W. Dressler의 코헤렌쯔가 철저하게 인지중심적이고, 따라서 이들의 코헤렌쯔는 개별 언어의 차원을 넘어서는 어떤 것이기 때문이다. 이러한 E. Lang의 코헤렌쯔 개념이 텍스트성을 정의하기 위한 S. J. Schmidt의 텍스트코헤렌쯔 개념에 어떻게 접목되는지를 살펴보자. S. J. Schmidt는 자신의 텍스트코헤렌쯔를 '논리적-의미적 텍스트 심층 구조(logico-semantische Texttifenstruktur)' 그리고 '문맥(Kontext)과 화자의 의도(Intention des Sprechers)'와 연관 짓는다. 그래서 그는 R. Harweg(1968)의 '대명사적 대체 관계(pronominale Substitutionsverhältnisse)'나 W. Dressler(1973)의 전조응 대체와 후조응 대체(ana- und kataphorische Substitution), 접속(Konjunktion), 불변화사(Partikel), 서술어의 상구조와 시제구조 그리고 서법구조, 어순(Wortstellung) 등과 관련되는 구조 중심 텍스트코헤렌쯔를 단호하게 거부하고, 지시 동일성에 의해서만 규정되는 텍스트코헤렌쯔가 아닌 텍스트 단위의 논리적-의미적 구조를 통해서 보장되는 텍스트코헤렌쯔를 주장하는 I. Bellert(1970/1974) 그리고 '전국적 의미원칙'으로 대표되는 초창기 T. A. v. Dijk(1972) 모델을 따르게 되는데, 궁극에 가서는 화자의 연상 활동 공간이나 화·청자의 감각 공간 등과 관련되는 W. Kummer(1972)의 좀 더 과격한 텍스트코헤렌쯔 개념도 인용하고 있다.

이러한 S. J. Schmidt의 텍스트코헤렌쯔 내용들은 R.-A. de Beaugrande/W. Dressler(1981)에서도 유사하게 드러난다. R.-A. de Beaugrande/W. Dressler가 자신의 저서 '제5장 코헤렌쯔'에서 논의하는 많은 부분들이 '개념들 사이의 의의 연속성', '전국적 패턴', '기억', '지식공간의 의미적 망'인 것만을 봐도 그러하다. 그러나 S. J. Schmidt와 R.-A. de Beaugrande/W. Dressler의 결정적인 차이점은 커뮤니케이션 파트너들(의 의도)을 코헤렌쯔 범주에 넣어서 설명했던 S. J. Schmidt와는 달리 R.-A. de Beaugrande/W. Dressler(1981)는 이것을 의도성과 용인성이라는 또 다른 텍스트성의 하위 카테고리로 분류시켰다는 사실이다. 여하튼 이러한 전체적인 논의를 요약하면서 S. J. Schmidt는 다음과 같이 텍스트와 텍스트성을 정의한다.

> "(1) 커뮤니케이션 파트너들 사이/의 사회적-의사소통적 (그리고 언어적) 행위의 구조적 자질로서의 텍스트성. (2) 구조의 구체적 실현인 텍스트와 특정한 의사소통적 매체 내에서의 '텍스트성'. 이 규정에 따르면 텍스트는 텍스트성 내에 존재한다. 즉 텍스트는 사회적-소통적으로 기능하고 발화된 언어기호의

집합이고, 의사소통적 행위 놀이를 포괄하고 있는 틀 내에서의 기능-내-텍스트(Text-in-Funktion)이다. 따라서 텍스트는 언어적이고 사회적으로 규정되고 정의될 수 있다. 따라서 텍스트는 언어적으로 정의될 수 있는 순수한 언어적 구조들로 이루어져 있지 않다." (S. J. Schmidt 1973: 145).

이 정의의 많은 부분은 R.-A. de Beaugrande/W. Dressler의 텍스트성 정의와 부합한다. 그러나 R.-A. de Beaugrande/W. Dressler의 텍스트성이 일곱 가지 하위 텍스트성으로 세분화·명세화 되어 있는 반면에 S. J. Schmidt의 텍스트성은 때로는 언어적, 사회적-의사소통적이지만, 때로는 언어적인 것 보다 사회적-의사소통적 특성이 더 중요하게 나타나고, R.-A. de Beaugrande/W. Dressler에서 보이는 텍스트성의 하위 범주 중의 하나인 상황성은 분명하게 드러나지 않고, 텍스트가 정보성을 가져야 한다는 주장도 강조되어 있지 않으며, 상호텍스트성의 흔적은 거의 찾아 볼 수 없다는 점이 특징이다.

이와는 달리, R.-A. de Beaugrande/W. Dressler의 텍스트성에 대해서 가장 비판적인 사람 중의 하나였던 H. Vater는 이들의 텍스트 정의 중에서 "일곱 가지의 개별 텍스트성이 지켜졌을 때만 텍스트가 나타난다"와 "이러한 일곱 가지 텍스트성 중에서 하나라도 결여되면 그것은 통보적이지 않다" 그리고 "통보적이지 못한 텍스트는 비텍스트"라는 일련의 명제 고리들의 타당성 판정에 골몰한다. (H. Vater 1992: 32 참조). 우선적으로 R.-A. de Beaugrande/W. Dressler의 코헤지온과 코헤렌쯔의 구분에서 H. Vater가 제기하는 의문은 "코헤지온이 표층 텍스트의 문법적 관계"이고 "코헤렌쯔가 심층 텍스트의 의미 또는 의의 연속성"이라는 코헤지온과 코헤렌쯔에 대한 R.-A. de Beaugrande/W. Dressler의 좁은 개념 구분이 유명 무실하다는 것이다. 예를 들어 H. Vater는 다음의 예시문을 가지고 독자적 텍스트성의 기준으로서 코헤지온의 부당함을 지적한다.

(2-03)

a. Paul hat mit Fritz gesprochen. Er kommt morgen. (Paul은 Fritz에게 말했다. 그는 내일 올 것이다.)

b. Paul hat einen neuen Roman geschrieben. Er ist wirklich spannend.
(Paul은 새로운 소설을 저술했다. 그것은/그는 아주 흥미진진하다.)

c. Paul ist mit Floki zum Tierarzt gegangen. Er hat ihm eine Spritze gegeben.
(Paul은 Floki와 동물병원에 갔다. 그는 그에게 주사를 놓아주었다.)

(2-03)a는 화자와 청자의 특수한 사전 지식에 의해서만 명확하게 해석될 수 있으며, (2-03)b는 서술어 spannend(흥미진진한)가 인간보다는 오히려 소설과 관계있다는 일반 지식을 통해 올바르게 해석될 수 있다. (2-03)c에서는 두 번째 문장내의 공지시가 sich에 의해서만 표현될 수 있다는 점을 고려한다면, 이 문장을 여섯 가지로 읽을 수 있다는 점에서 두 대명사는 이론적으로 각각 세 가지 해석이 가능하다. 그러나 우리들의 세상 지식에 의하면, 인간만 주사를 놓을 수 있고 개는 그럴 수 없다. 따라서 er는 두 개의 선행사, 곧 Paul과 Tierarzt를 더 가질 수 있다. 텍스트 결속관계(Textzusammenhang)에 의하면, Paul은 선행사로 불가능할 것이다. 이 선행사는 개에게 주사를 맞히지 않기 위해 동물 병원에 가는 경우는 거의 없을 것이기 때문이다. 그는 주사 맞히는 일을 집에서도 할 수 있기 때문이다. 언급된 관계 내용은 지시 관계이다. 이것은 물론 의미·화용론적(인지적) 관계로서 일종의 코헤렌쯔이다. (H. Vater 1992: 35).

다시 말해서, R.-A. de Beaugrande/W. Dressler(1981)에 있어서 코헤지온을 지지해주는 위와 같은 코헤지온 수단인 대명사화도 H. Vater에 있어서는 코헤렌쯔와 관련 있다는 것이다. 사실, 텍스트 처리를 세상 지식에 기댄다는 사실 자체가 코헤지온 보다는 코헤렌쯔와 관련 있음을 암시한다. 그래서 H. Vater는 코헤지온과 코헤렌쯔를 한데 묶어 설명하는 M. A. K. Halliday/R. Hasan(1976)의 코헤지온에 대해서 장황하게 설명했을 것이다. (H. Vater 1990: 32-35 참조). 그러나 필자에게 있어서 R.-A. de Beaugrande/W. Dressler(1981)에 대한 H. Vater(1990)의 비판 중에 아쉬운 점은, H. Vater가 '코헤지온' 개념만을 일관성 있게 사용한 것이 아니라, '코헤지온 관계(Kohäsionsbeziehung)'와 '코헤지온 수단(Kohäsionsmittel)'이라는 또 다른 개념을 비판 의식 없이 혼용하고 있음을 들 수 있다. (H. Vater 1992: 33). R.-A. de Beaugrande/W. Dressler의 코헤지온이 코헤렌쯔 수단에 의해서 산출된 텍스트 처리의 결과물 또는 과정이라면, 코헤지온 관계란 무엇을 의미하는지에 대해서 H. Vater는 명시적으로 언급해야 할 것이다. 또한 코헤지온 수단 '반복(Rekurrenz)'이 필수적으로 공지시 관계를 나타내는 것에만 적용되지 않는다는 아래와 같은 H. Vater의 주장에 대해서, 필자가 추측컨데 R.-A. de Beaugrande/W. Dressler(1981)는 "반복은 코헤지온 수단이지만, 반복에 의해서 형성된 텍스트기능은 다양하고, 결국 반복에 의해서 다양한 텍스트기능을 제시했다는 그 자체가 코헤지온이다"라고 말할 수 있을 것이다. 다시 말해서 코헤지온 수단은 출현한 구체적인 텍스트에서 찾을 수 있는 어떤 것이지만, 코헤지온이란 그 수단에 의해서 형성된 의사소통 파트너의 인지적 결과물이라고 R.-A. de Beaugrande/W. Dressler는 주장할 것이다.

S. J. Schmidt(1973)와 R.-A. de Beaugrande/W. Dressler(1981) 그리고 H. Vater(1992)의 텍스트성에 대한 연구에 뒤지지 않는 많은 논의를 거듭한 학자가 '재수용(Wiederaufnahme)'과 '주제 전개' 개념 등으로 텍스트언어학계에 잘 알려진 K. Brinker이다. 그는 "텍스트성의 조건들(Bedingungen der Textualität)"(1988)이라는 자신의 논문에서 "텍스트가 되기 위해서 하나의 언어적 형성물은 어떤 일반적 조건들을 충족시켜야 하는가?"(K. Brinker 1988: 6)라는 질문에서 출발하여, 이러한 조건들이 텍스트성이라고 불려 왔음을 주지시키고 있다. 텍스트성에 대한 K. Brinker의 이러한 정의는 한편으로는 이미 언급된 학자들의 텍스트성 정의와 유사하지만, R.-A. de Beaugrande/W. Dressler(1981)의 텍스트성에 대한 강한 정의인 "텍스트성을 이루는 하위 범주들이 하나라도 충족되지 않으면 통보적이지 않고, 통보적이지 않으면 비텍스트"와 유사한 부분은 찾아 볼 수 없다. K. Brinker는, 이러한 텍스트성은 텍스트언어학의 초창기에는 문법적으로만 정의되어 왔지만 (이를 테면, 문장의 통사적 의미적 연결), 언어학의 화용론적 전환이 있었던 1970년대에 들어오면서 의사소통 파트너들이 참여하는 언어 행위론적 개념들이 등장하면서 그 외연이 넓어졌음을 간파한다. 그래서 K. Brinker에게 있어서의 "텍스트성의 범주와 특성(Kategorien und Merkmale der Textualität)"은 코헤렌트(응집적)하고 또한 문법적이고 테마적인 문장 사슬로만 이루어진 것이 아니고, 이러한 것들이 의사통적 기능을 통해서 그리고 의사소통적 상황 내

에서 문장연쇄가 이루어져야 함을 역설하고 있다. (K. Brinker 1988: 7 참조). 그래서 그의 텍스트성은 다음과 같은 비교적 장황한 사용역을 가지고 있다.

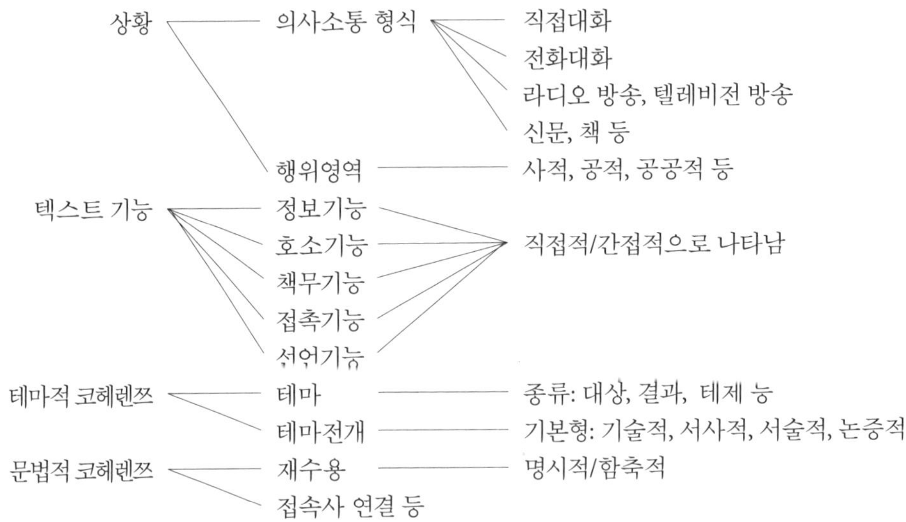

이러한 K. Brinker의 텍스트성 카테고리들은 1985년에 출간된 자신의 저서 『언어학적 텍스트 분석』에 등장하는 다음과 같은 "언어학적 텍스트 분석의 범주와 기준들"이 발전된 형태이다. (K. Brinker 1985: 137).

<table>
<tr><th colspan="2">기술국면</th><th colspan="2">분석 범주</th><th>분석 기준</th></tr>
<tr><td colspan="2">의사소통적·
기능적 국면</td><td colspan="2">텍스트 기능</td><td>제보적 직접표명된
호소적
책무적
접촉적
선언적 간접표명된</td></tr>
<tr><td rowspan="4">구조적
국면</td><td rowspan="4">주제적
층위</td><td rowspan="3">주제</td><td>종류</td><td>사건, 대상, 테제 등</td></tr>
<tr><td>처소적 방향결정</td><td>- 생산자/수용자와 관련된 방향설정
- 생산자/수용자와 무관한 방향설정</td></tr>
<tr><td>시간적 방향결정</td><td>- 과거적, 현계격, 미리적 방향설정,
무시간적방향설정</td></tr>
<tr><td>주제
전개</td><td>기본형태</td><td>기술형
서사형
설명형
논증형</td></tr>
<tr><td rowspan="2">구조적
국면</td><td rowspan="2">문법적
층위</td><td>주제
전개</td><td>실현형태</td><td>기술적 - 사실장조형/의견 강조형,
합리적 - 설득형/권유적-설득형 등</td></tr>
<tr><td colspan="2">문법적 코헤렌쯔</td><td>재수용 명시적 재수용
함축적 재수용
시제의 연속성
접속사적 연결
의미론적 텍스트화
유형틀 등</td></tr>
</table>

위에 등장하는 K. Brinker의 텍스트성 범주들은 얼핏 보기에 R.-A. de Beaugrande/W. Dressler(1981)의 그것과 매우 유사해 보인다. 예를 들어 상황을 상황성으로, 텍스트기능을 의도성과 수용성으로 문법적 코헤렌쯔를 로헤지온으로 대체하는 경우가 그러하다. 그러나 이들 각각의 텍스트성 개념은 텍스트를 바라보는 출발점에서부터 현격한 차이를 나타내고 있다. 왜냐하면 R.-A. de Beaugrande/W. Dressler(1981)의 텍스트는 "통화성 발화체"(1981: 3)이고, 이들에게 있어서 "언어의 모든 계층은 그것의 사용이라는 관점에서 기술되어야 하고"(1981: 32), 기존의 체계 중심적 연구 방식을 취하게 되면 "결합가능성의 폭발적 증가"(1981: 34) 때문에 텍스트 연구에 있어서 "절차적 접근방식"(1981: 34)을 채택해서 "텍스트 생산에 적용되는 언어 체계가 사용되는 동안에 그 단위와 패턴을 이루는 인지적 조작들"(1981: 34)을 규명해야 하기 때문이다. 이에

반해서 K. Brinker의 텍스트에서는 화자/저자와 청자/독자가 중심 개념이 되어 있는 - 자칭 - 언어 행위중심(sprachliche Handlung) 또는 의사소통 관련 중심(kommunikative Beziehung)이 중요하다. K. Brinker는 스스로 자신의 이러한 텍스트 개념을 "통합적 개념"(1985: 24)이라고 하지만 그것이 진정한 텍스트 개념에 대한 통합적 방식인지는 의심의 여지가 있다. 그가 "언어 체계지향적 방향과 의사소통 지향적 방향은 대안 개념이 아니라 상보적 개념으로 보아야 하고, 이 둘을 서로 밀접하게 연관시킬 필요가 있고, 이때 의사소통적·화용론적 방향이 - 이미 암시하였듯이 - 이론적·방법론적 지배원리가 되어야 할 것"(1985: 17)이라고 강조하지만, 텍스트성과 관련된 그의 주장을 살펴보면, 그저 체계중심적인 텍스트성 개념과 언어 행위 중심적인 텍스트성 개념을 단순히 축적시켜 놓았음에 불과함을 알 수 있기 때문이다. 다시 말해서 R.-A. de Beaugrande/W. Dressler(1981)에서는 다양한 하위 텍스트성들 사이의 상호 관련성이 자주 언급되지만, K. Brinker(1985)의 개별 텍스트성들은 각각이 어느 정도 독립되어 있다는 느낌을 지울 수 없기 때문이다.

III. 결론

사실, 다음과 같은 H. Vater의 주장에 기대서 텍스트성을 좀 더 유연성을 가지고 수용한다면 지금까지의 대부분의 텍스트언어학적 연구들은 '텍스트성 중심적(textualitätsbezogen/textualitätorientiert)이다: "텍스트성 (또는 [M. A. K. Halliday/R. Hasan] 'Textur')이 형성물 또는 생산물로서의 텍스트와 관계가 있다면, '텍스트화(Vertextung)' (Wawrzyniak(1980) 참조)는 과정으로서의 텍스트구성(Textkonstitution)과 관련이 있다." (H. Vater 1992: 31). H. Kalverkämper도 텍스트성을 텍스트코헤렌쯔, 텍스트다움(Texthaftigkeit), 텍스트존재(Textsein), 관련(Zusammenhang) 등과 유의어로 상정한다. (H. Kalverkämper 1981: 333 참조). 아마도 텍스트성 개념의 복잡성은 이에 연유했을 것이다. 그럼에도 불구하고 R.-A. de Beaugrande/W. Dressler의 인지중심적 관점, S. J. Schmidt의 사회학적-의사소통적 관점, K. Brinker의 (자칭) 통합적 관점의 텍스트성은 구체성에 있어서의 상이점뿐만 아니라 "어떤 임의의 발화를 텍스트로 만드는 것"이라는 기본 방향의 유사점이 존재한다. 아무튼 본고에 의해서 '텍스트성'이라고 했을 때, R.-A. de Beaugrande/W. Dressler(1981)의 일곱 가지 텍스트성만을 고집하는 편협함을 제거하는 데 조금이라도 도움이 되었으면 하는 바램이 이루어졌으면 좋겠다.

8. 텍스트문법

텍스트문법(Textgrammatik)이라는 용어는 텍스트언어학이 출발하면서 줄곧 인기리에 회자되었던 용어이자, 가장 손쉬운 텍스트언어학의 접근 방법 중의 하나였다. 그러나 P. Hartmann(1964)과 R. Harweg(1968)의 초창기 논문과 저서에는 이 용어가 거의 사용되지 않았고, W. Dressler(1973)에 이르러서야 나름대로의 넓은 사용역을 가지게 되었다. 이를 테면, W. Dressler는 코헤지온 수단(Kohäsionsmittel)과 의미적 근접대치(semantische Kontiguität)뿐만 아니라 텍스트테마 그리고 행위 역할과 등장 인물(Handlungsrollen und daramatis personae)에 관련된 내용들도 이에 포함시켰다. W. Dressler에 의하면, 텍스트문법은 텍스트화용론과 더불어 텍스트언어학의 큰 각목 중의 하나이다. 그러나 W. Dressler의 텍스트문법 범주는 너무나도 광범위한 것이었다. 그래서 훗날 텍스트의미론 개념이 나오면서, 의미적 근접대치(semantische Kontiguität)와 논리적 포함 관계와 함축관계(semantische Inklusion und Implikation) 등은 텍스트의미론의 분야로 넘어가기도 했다. 또한 텍스트문법에 속해있던 텍스트테마에서의 '신정보(Thema)'와 '구정보(Rhema)' 개념은 텍스트화용론의 범주에 포함시키는 것이 좀더 합당해 보이기도 한다. 왜냐하면 이러한 범주들은 '신정보'와 '구정보'에 사용됨에 의해서 의사소통 참가자와 관련되기 때문이다. B. Sowinski도 이런 식으로 자신의 간략한 텍스트언어학사를 전개했다.[1] 그러나 그가 했던 방식의 문제는 '텍스트언어학사'의 뒷장에 연결되는 '텍스트언어학의 연구영역'에서 금새 드러난다. 우리들은 여기서의 텍스트문법을 텍스트의미론 및 텍스트화용론과 구분되는 어느 정도의 좁은 의미로 이해하고 코헤지온 개념과 이와 관련된 하부 개념들에 대해서 살펴본다.

---

1) 그러나 B. Sowinski가 텍스트언어학의 연구분과를 텍스트문법, 텍스트의미론, 텍스트화용론으로 구분하면서, '텍스트언어학의 역사'의 장에서 텍스트문법과 관련된 연구 범주를 '해석적 텍스트문법'(H. Brinkmann과 M. Scherner 등과 서사텍스트 연구), '구조주의적-분석적 텍스트문법'(H. Weinrich의 시제연구, R. Harweg의 텍스트구성, P. Wunderli의 텍스트총서(Textpatitur) 등), '생성변형적-생성의미론적 텍스트문법'(H. Vater의 관사선택 등), '형식-논리적 텍스트기술'(J. Petöfi의 텍스트론), '의사전달적-화용론적 텍스트 기술' 등을 텍스트문법에 포함시킨 것은 너무나도 텍스트문법을 광범위하게 바라본 것이다: "텍스트문법이란 말은 분석적 혹은 모델이론적 형태로 텍스트들의 구성소들 혹은 부분텍스트들 및 텍스트 전체를 연구하고, 그 실제적 혹은 가능한 규칙성을 기술하는 모든 연구들을 의미한다. 텍스트문법적 연구에서는 무엇이 하나의 텍스트를 텍스트로 만들며, (H. Weinrich, in: Stammerjohann 1975: 492), 무엇이 한 텍스트의 텍스트성을 형성하는가를 해명해야 한다. 상이한 언어학적 방향과 방법론처럼 다양한 언어학적 수준에 따라 여기서도 또한 아주 분화된 구상들이 발전되어 왔다. 언어학적인 수준에 관련시켜 볼 때 텍스트의미론과 텍스트주제, 텍스트통사론, 텍스트형태론과 텍스트음운론 및 텍스트화용론으로 구별할 수 있다. 언어학적 방향과 그 방법론과 관련지어 볼 때 오늘날 해석적 텍스트연구, 구조주의적-분석적, 생성변형문법적, 생성-의미론적, 논리적-형식론적, 그리고 의사전달적-화용론적 텍스트문법 연구로 나눌 수 있다." (B. Sowinski 1983: 35). 이러한 사실은, B. Sowinki 자신이 '텍스트언어학의 연구영역'의 장에서 이들을 텍스트의미론과 텍스트화용론에 분산시켜 놓은 것을 보아도 알 수 있다. (B. Sowinski 1983 참조).

8.1 코헤지온[2)]

텍스트문법에 속하는 여러 가지 개념 중에서 '텍스트'와 가장 유사한 개념은 코헤지온 또는 텍스트코헤지온이다. 왜냐하면 H. Bußmann의 『언어학 사전(Lexikon der Sprachwissenschaft)』에 의하면 코헤지온은 라틴어 'cohaerere'의 분사 'cohaesum'에서 유래한 것으로 '연결되다(zusammenhängen)' 또는 '관계되다'의 의미를 가지고 있기 때문이다. (H. Bußmann 2002: 352 참조). 이러한 의미는 '텍스트'의 어원인 '직조하다(weben)'와 유사한 개념으로 간주될 수도 있다. 어쨌든 '직조하는 것'은 실(Textem, 텍스트소)들을 연결해서 하나의 옷이나 장식보 또는 커튼과 같은 완성품으로서의 텍스트를 만들어내기 때문이다. 이런 연유로 코헤지온은 텍스트성(Textualität, "어떤 임의의 발화를 텍스트로 만들어주는 특성")과 거의 동의어로까지 사용되기에 이르렀다.

코헤지온의 유사개념으로서는 변형생성문법에서 사용되는 중요개념인 'binding(결속)'이 있는데, 이는 하나의 문장 내에서 동일지시 관계를 가리키는 현상을 지칭하는 것으로 일반적으로 정의되고 있다. 반면 코헤지온 개념에서는 문장을 넘어선 문장초월적(transphrastisch) 관점이 중요하다.

위에서 본 코헤지온의 개념적 정의를 참조하면, 이 용어는 1960년대 중반 텍스트언어학의 태동기에 이미 등장해야 함이 마땅하다. 왜냐하면 코헤지온의 정의가 텍스트 정의의 핵심 부분을 공유하고 있기 때문이다. 그러나 "텍스트언어학의 창시자로 추앙 받는 P. Hartmann의 많은 저작물에서 - 텍스트 미시구조(Mikrostruktur) 연구에서 가장 핵심으로 간주되는 - 코헤지온 개념은 등장하지 않는다. 또한 가장 체계적인 '텍스트언어학적(textliguistisch)' 저술로 간주되는 R. Harweg의 『대명사와 텍스트구성(Pronomina und Textkonstitution)』(1968)에서도 이 용어를 찾을 수 없는 것을 보면(이와 유사한 '대체(Substitution)' 또는 '대명사(Pronomina)' 개념이 그의 이론의 핵심이다), 코헤지온은 W. Dressler(1973)에 와서야 비로소 사용되기 시작한 것으로 보인다. 그러나 이 용어가 등장하지 않았다

---

2) 이 절에 등장하는 내용들 중의 많은 부분은 필자의 논문 "'코헤지온' 연구"(2013f)에 실린 것이다.

고 해서 이 용어가 지시하는 언어적 현상이 텍스트언어학의 초창기에 논의되지 않았다는 것은 아니다. 예를 들어, R.-A. de Beaugrande/W. Dressler(1981)는 R. Harweg(1968)이 코헤지온이라는 용어를 사용하지 않았음에도 불구하고 그가 추구했던 텍스트소의 연결을 위한 '대명사적 텍스트구성(pronominale Textkonstitution)'이 코헤지온과 코헤렌쯔(Kohärenz)와 관련된 연구라고 다음과 같이 규정하고 있다: "R. Harweg(1968)은 텍스트구성에 관한 최초의 대규모 연구에 공헌했다. 그는 텍스트가 '대체(Substitution, 한 표현이 동일 의미나 동일 지시 대상을 갖는 다른 한 표현을 뒤따름으로써 코헤지온과 코헤렌쯔를 만족하는 관계를 형성하는 것')라는 인지적 기제를 통해서 유지된다고 가정했다." (R.-A. de Beaugrande/W. Dressler 1981: 24). 우선, W. Dressler(1973)의 코헤지온은 텍스트의 의미적 코헤렌쯔와 구분되는 문장의 의미적 코헤지온으로 불리운다. "텍스트의미론의 과제는 개별 문장들의 의미 구조를 초월한 텍스트 또는 텍스트단편의 의미 구조와 의미 관계를 설명하는 것이다. 이것은 텍스트의 의미적 코헤렌쯔 내지는 문장의 의미적 코헤지온의 기본 문제로 하위 구분된다." (W. Dressler 1973: 16). 이때 W. Dressler가 생각하는 의미적 코헤지온 수단은 '반복(Rekurrenz)'과 '다시쓰기(Paraphrase)', '공지시(Koreferenz)', '대용형에 의한 전조응어(Anaphora durch Pro-Formen)', '특수성과 한정성(Spezifität und Definität)', '전조응어의 제한(Restriktionen der Anaphora)'이다. (W. Dressler 1973: 20 참조). 이러한 코헤지온 개념은 훗날 R.-A. de Beaugrande/W. Dressler(1981)에서 텍스트성의 하위 항목으로 제시되는 코헤지온과 유사하지만, W. Dressler(1973)에서 특이한 점은 코헤지온 앞에 '문장'이라는 수식이 붙어 있다는 점이다. 이는 위에 언급한 코헤지온 수단들이 이미 문장을 넘어갔다는 차원에서 보면, 일관성이 결여된 주장이라고 할 수 있다. (이재원 2013f: 36 참조). 이러한 W. Dressler의 코헤지온은 이재원에 의해서 다음과 같이 요약된다: "1) 코헤지온은 다양한 코헤지온 수단에 의해서 생긴다. 2) 코헤렌쯔와 함께 텍스트문법의 하위 분과를 형성한다. 3) 코헤렌쯔가 텍스트 중심인 반면, 코헤지온은 문장 중심이다." (이재원 2013f: 38).

그러나 W. Dressler(1973)에 의해서 코헤지온 개념이 중요해졌음에도 불구하고, 그 이후에 등장하는 K. Brinker의 영향력 있는 저서 『언어학적 텍스트 분석(Linguistische Textanalyse)』(1985)에는 코헤지온이 전혀 등장하지 않는데, 이것은 바로 이 용어가 문법적 코헤렌쯔(grammatische Kohärenz)로 대체 되었음에 기인한다. 또는 좀더 구체적으로 말하면, K. Brinker에 있어서 코헤지온은 문법적 코헤렌쯔에 포함되어 있으며, 문법적 코헤렌쯔는 명시적 재수용(explizite Wiederaufnahme)과 함축적 재수용(implizite Wiederaufnahme), 시제 연속성(Tempuskontinuität)과 접속사연결 그리고 의미론적 텍스트유형화(semantische Vertextungstypen) 등으로 재분류 된다. 이는 H. Vater(1992)가 R.-A. de Beaugrande/W. Dressler의 코헤지온과 코헤렌쯔의 구분이 필요 없음을 비판적 시각으로 고찰한 것과 궤를 같이한다고 말할 수 있다.

이와는 달리 R.-A. de Beaugrande/W. Dressler(1981)에 와서는 코헤지온이 텍스트언어학의 문법적 관점을 대표하는 중요 개념으로 다시 대두 된다. 즉, R.-A. de Beaugrande/W. Dressler(1981)의 "코헤지온은 '텍스트 표층'의 구성 요소들, 즉 우리가 실제로 듣거나 보는 낱말들이 서로 연결된 방식과 관계 있다. 표층 구성 요소들은 문법적 형식과 규약들에 의해 서로 의존해 있기 때문에 코헤지온은 '문법적 의존 관계'에 바탕을 둔 것이다" (R.-A. de Beaugrande/W. Dressler 1981: 3 이하). 그런데 중요한 것은 코헤지온과 코헤지온 수단과의 구분이다. R.-A. de Beaugrande/W. Dressler (1981)에서 코헤지온 수단은 문법과 관련되어 있지만 한편으로는 문법을 초월한 어떤 현상이다. 이들에 의하면, 코헤지온은 텍스트가 지니는 안정성(Stabilität)을 도모하는 발화체의 연속성을 위한 통사구조가 갖는 연속성 기능과 관련 있다. (R.-A. de Beaugrande/W. Dressler 1981: 69 참조). 여기서 중요한 것은 코헤지온이 대용형(Proformen), 반복(Rekurrenz), 병행구문(Pararellismus) 등과 같은 문법적 의존 관계 그 자체가 아니라, 이런 현상들을 토대로 해서 (인간 또는 언어 사용자에게) 생겨나는 개념이라는 사실이다. 그런 점에 있어서 R.-A. de Beaugrande/W. Dressler 의 코헤지온은 이미 문법적인 차원을 넘어섰다. 다시 말해서 문법적 의존 관계는 코헤지온의 수단이고, 이러한 문법적 수단에 의해서 인간 또는 언어 사용자에게 최종적으로 생겨나는 개념이 코헤지온인 것이다. 그리고 코헤지온을 이런 식으로 해석하는 것만이 R.-A. de Beaugrande/W. Dressler가 구상했던 다음과 같은 이들의 거시적 학문에 대한 구상에 걸맞을 것이다: ❶ '문장경계를 넘어선 영역을 다루는 언어학과, 인간 상호 작용상에서 텍스트의 생산, 수용, 사용에 대하여 행해진 넓은 범위의 학제간 연구를 통합하고자 했다' (1981: iii 참조). ❷ '최근의 경향은 과거의 방법들을 단순히 새 연구 대상에 확대 적용하는 것이 아니고, 텍스트 과학의 조건을 근본적으로 변경하는 것이었다. 이런 전개는 전통 언어학에 비해서 훨씬 더 학제간 협동의 성격을 띠고 있었다.' (1981: iv 참조). ❸ '개연적 모델은 확정적 모델에 비해서 더 타당성이 있고 현실적이다. 구조 자체에 대한 정적인 기술[예를 들어 코헤렌쯔 수단으로 간주되는 반복과 대용형 그리고 병행 구문 같은 문법적 관계가 여기에 속함]보다는 구조를 구축해 나가는 조작과정을 동적으로 설명하는 편이 더 생산적이다. 우리는 규칙이나 법칙 보다는 규칙성, 책략, 동기, 선호성, 기준치 등을 발견하는 작업을 해야 한다. 엄격한 범주들보다는 좀 더 유연한 범주들이 현실적 분류를 제공해 줄 것이다. 텍스트에는, 문법성이나 형식의 적격성보다는 용인성과 적절성이 더 결정적인 기준이 된다. 텍스트 상에서 지식을 사용하고 전달하는 데에는 논리적 증명보다 인간의 사유과정이 더 필수적이다. 연구대상이 갖는 불명료성을 무시하거나 논박해서 없애기 보다는, 그 불명료성을 체계화하는 일이 과학의 과제인 것이다.' (1981: vi 참조), (이재원 2013f: 41 참조). R.-A. de Beaugrande/W. Dressler의 이러한 코헤지온은 다음과 같은 코헤지온 장치 또는 문법적 의존관계를 토대로 해서 형성된다.

1) 구성 요소나 그 패턴을 단순히 반복 사용하는 회기법
2) 이미 사용한 구성 요소들을 다른 품사나 부류(가령 명사에서 동사로)로 전환해서 사용하는 부분 회기법
3) 하나의 구조를 반복하되 그 구조에 새로운 구성 요소를 넣어 사용하는 병행구문
4) 같은 내용을 반복하면서 다른 표현을 사용하는 환언
5) 독립된 의미 내용은 없으면서 자리만 차지하는 짧은 요소가 의미 내용을 전달하는 요소를 대치하는 대용형
6) 하나의 구조와 그 의미 내용을 반복하되 표층 표현의 일부를 빼고 사용하는 생략법
7) 텍스트가 구성하는 세계의 사상과 상황 간의 관계를 표시하는 시제, 상, 접속표현

8) 의미 내용의 중요성이나 새로움의 정도를 나타내기 위하여 표층 표현들의 배열순서가 정해지는 과정인 기능적 문장관점

9) 억양 (R.-A. de Beaugrande/W. Dressler 1981: 51 이하 참조).

독일어권의 코헤지온 또는 코헤지온 수단 개념과 달리, 영어권에서 널리 알려진 M. Halliday/R. Hasan(1976)의 코헤지온은 의미적 단위로 간주된다: "코헤지온 개념은 의미적 단위이다. 이것은 텍스트내에 존재하는 의미 관련을 지칭한다 [...] 코헤지온은 대화 속의 어떤 요소를 해석하는 일이 다른 요소를 해석하는 일과 의존 관계에 있는 경우에 나타난다. 하나는 다른 하나를 전제하는데, 그것에 의지하지 않고는 효과적으로 해석될 수 없다는 의미에서 그렇다." (M. Halliday/R. Hasan 1976: 4). 이러한 코헤지온 정의를 토대로 M. Halliday/R. Hasan은 코헤지온 체계를 다음과 같은 5개의 코헤지온 유형과 20개의 실현 범주로 구성했다. (M. Halliday/R. Hasan 1976: 333 이하).

1) 지시(reference)
  가) 대명사 지시(pronominals)
    (1) 남성단수(singular, masculine): he, him, his
    (2) 여성단수(singular, feminine): she, her, hers
    (3) 중성단수(singular, neuter): it, its
    (4) 복수(plural): they, them, their, theirs
  나) 지시사 지시와 정관사 지시(demonstratives and definite article)
    (1) 근지시(demonstrative, near): this/these, here
    (2) 원지시(demonstrative, far): that/those, there, then
    (3) 정관사 지시(definite article): the
  다) 비교어 지시(comparatives)
    (1) 동일(identity): same, identical 등
    (2) 유사(similarity): similar(ly), such 등
    (3) 차이(difference): different, other, else, additional 등
    (4) 양 비교(comparison, quantity): more, less, as many, ordinal 등

(5) 질 비교(comparison, quality): as+형용사, 비교급, 최상급 등

2) 대치(substitution)

가) 대명사어 대치(nominal substitution)

(1) 머리명사(for noun head): one/ones

(2) 보어명사어(for nominal complement): the same

(3) 한정어(for attribute): so

나) 동사어 대치(verbal substitues)

(1) 동사(for verb): do, be, have

(2) 과정(for process): do the same/likewise

(3) 명제(for proposition): do so, be so

(4) 동사적 지시(verbal reference): do it/that, be it/that

다) 절대치(clausal substitutes)

(1) 긍정(positive): so

(2) 부정(negative): not

3) 생략(ellipsis)

가) 명사어 생략(nominal ellipsis)

(1) 머리직시어(deictic as head)

(2) 머리수사(numerative as head)

(3) 머리형용사(epithet as head)

나) 동사어 생략(verbal ellipsis)

(1) 어휘 생략(lexical ellipsis) ('오른쪽부터')

(2) 조작사 생략(operator ellipsis) ('왼쪽부터')

다) 절 생략(clausal ellipsis)

(1) 명제 생략(propositional ellipsis)

(2) 서법 생략(modal ellipsis)

(3) 절의 일반적 생략(general ellipsis of the clause)

(4) 절 전체 생략(zero)

4) 접속(conjunction) cf. E=external, I=internal

가) 부가(additive)

(1) 단순(simple): (E/I)

(2) 강조적 중첩(complex, emphatic): (I)

(3) 경감적 중첩(complex, de-emphatic): (I) by the way 등

(4) 병렬(apposition): (I)

(5) 비교(comparison): (I)

나) 역접속(adversative)

(1) 고유의 역(adversative 'proper'): (E/I)

(2) 대조(공언적)(contrastive(avowal)): (I) in (point of) fact, actually 등

(3) 대조(contrastive): (I)

(4) 정정(corretion): (I)

(5) 포기(dismissal): (I)

다) 인과접속(causal)

(1) 일반적(general): (E/I)

(2) 구체적(specific): (E/I)

(3) 도치된 인과(reversed causal): (I) for, because 등

(4) 구체적 인과(causal, specific): (I)

(5) 조건(conditional): (E/I)

(6) 관점(respective): (I)

라) 시간접속(temporal)

(1) 단순(simple): (E)

(2) 최종(conclusive): (E) in the end 등

(3) 상관(correlatives): (E)

(4) 중첩(complex): (E)

(5) 나열적 시간(internal temporal): (I)

(6) 상관(correlatives): (I)

(7) 여기 그리고 지금(here and now): (I)

(8) 요약(summary): (I)

마) 기타(other) (지속적(continuative)): now, of course, well, anyway, sure 등

바) 억양적 접속(intonation)

(1) 음조(tone)

(2) 긴장(tonicity)

5. 어휘(lexical)

가) 동일항목(same item)

나) 동의어 및 유사 동의어(내포어 포함)(synonym or near synonym)

다) 상위어(superordinate)

다) 총칭어(general item)

라) 연어 (collocation)

위와 같은 코헤지온 개념은 – 나중에 다시 논의되겠지만 – 코헤렌쯔와 동위소(Isotopie) 같은 개념들의 총합을 코헤지온으로 보는 방식임을 알 수 있다. 예를 들어 4)의 다)에 등장하는 '인과 접속' 같은 경우는 R.-A. de Beaugrande/W. Dressler(1981)에 의해서는 코헤렌쯔로 분류되고, 5)의 '어휘' 항목 전체는 A. J. Greimas(1974)의 동위소 개념과 흡사하기 때문이다. 이로써 M. Halliday/R. Hasan의 확장된 코헤지온 개념은 독일어권 학자들의 코헤지온 개념과 명확하게 구분됨을 알 수 있다.

1980년대, 코헤지온 개념에 대한 다양한 논의들이 있고 난 후에 1990년대에 들어와서 코헤지온에 대한 H. Vater(1992)의 견해는 오로지 R.-A. de Beaugrande/W. Dressler(1981)의 코헤지온 개념을 비판하기 위해서 정립된 것처럼 보인다. H. Vater는 R.-A. de Beaugrande/W. Dressler의 코헤지온 정의에서 '표층 텍스트(Oberflächentext)'(R.-A. de Beaugrande/W. Dressler 1981: 3 이하)라는 표현에 주목하고, 귀류법을 사용하여 추상적 도식(Schema)이나 화자가 기초한 계획(Plan) 개념으로 이해되는 코헤렌쯔가 '심리적, 인지적' 성질을 띠고 있는 반면, 코헤지온은 '텍스트 단위들 간의 문법적 관계'(H. Vater 1992: 24 참조)와 관련되고 있음을 확신한다. 그런데 문제는 R.-A. de Beaugrande/W. Dressler의 코헤지온을 H. Vater가 코헤지온 관계(Kohäsionsbeziehung)로 대체하여 설명한다는 사실이다. (H. Vater 1992: 24 참조). 이것은 코헤지온과 코헤지온 수단을 혼동하는 것이나 다름없고, R.-A. de Beaugrande/W. Dressler 식으로 관찰하면 코헤지온과 문법적 장치를 구분하지 않는 것과 마찬가지다. H. Vater는 코헤지온을 코헤지온 장치로 대체하고 난 후 M. Halliday/R. Hasan을 인용하고 ("코헤지온 관계란 그 구조가 상호의존적인 텍스트에서 둘 또는 그 이상의 요소들에 관계, 예를 들면 John ... he(그는)와 같이 인칭대명사와 선행사인 고유명사와의 관계를 말한다."(M. Halliday/R. Hasan 1976: 7장)), 이들이 분석했던 다음과 같은 예문들을 전형적인 코헤지온 관계의 예로 설명하고 있다.

1) Paul hat angerufen. Er kommt morgen. (Paul이 전화했다. 그는 내일 온다)
2) Paul hat angerufen. Er sagt, er kommt morgen. (Paul이 전화했다. 그는 자신이 내일 온다고 말한다).
3) Paul hat einen neuen Roman geschrieben. Er ist wirklich spannend. (Paul은 새로운 소설을 썼다. 그것은 정말 흥미롭다).
4) Paul ist mit Flocki zum Tierarzt gegangen. Er hat ihm eine Spritze gegeben. (Paul은 Floki와 동물병원에 갔다. 그는 그에게 주사를 놓았다). (M. Halliday/R. Hasan 1976: 7장 참조).

H. Vater(1992: 26 이하 참조)에 의하면, 1)의 'Paul'과 'er'는 동지시 관계에 있지만 2)에서는 동지시 관계가 성립되지 않을 수도 있다. 왜냐하면 2)의 'er'는 다른 지시대상, 다시 말해서 텍스트소(Textem)의 다른 선행사나 아니면 화자가 청자의 선지식(Vorwissen)에서 전제할 수 있는 지시대상을 가리킬 수도 있기 때문이다. 3)은 서술어 'spannend'가 인간보다는 오히려 소설과 관계가 있다는 일반지식을 통해 올바로 해석될 수 있고, 4)에서는 두 번째 문장 내의 동지시가 'sich'에 의해서만 표현될 수 있다는 점에서 두 대명사는 이론적으로 각각 세 가지 해석이 가능하다. 그러나 세상지식에 의하면 인간만이 주사를 놓을 수 있기 때문에 'er'는 두 개의 선행사 'Paul'과 'Tierarzt'를 가질 수 있고, 그 중에서도 'Tierarzt'를 선행사로 취한다. 그러나 이러한 모든 관계들을 달리 구분하지 않고 코헤지온이라고만 지칭하는 M. Halliday/R. Hasan에 맞서서 H. Vater는 대체(Substitution)와 생략(Ellipse)만이 코헤지온 관계이고 지시(Referenz)는 코헤렌쯔 관계라고 주장한다. 왜냐하면 선지식과 일반지식 그리고 세상지식을 통해서 지

시 관계를 이해했다는 사실은 이미 의미·화용론적 관계를 전제하는 것이기 때문이다. H. Vater는 여기서도 코헤지온이 아닌 코헤지온 관계를 사용하고 있다. 따라서 H. Vater는 M. Halliday/R. Hasan이 코헤지온과 코헤렌쯔를 구분하지 않음을 비판하고 있지만, 자신 스스로도 코헤지온과 코헤지온 관계(=코헤지온 수단)를 명확히 구분하여 사용하고 있지 않거나 아무런 이유 없이 코헤지온을 코헤지온 관계로 대체함으로써 논의의 초점을 흐리고 있음을 알 수 있다. 필자에게 있어서 이러한 구분이 중요한 이유는 코헤지온이 '표층적인가', '문법적인가', '통사적인가', '의미적인가', '화용적인가', '인지적인가', '심층적인가' 라는 다양한 물음에 답할 수 있는 중요한 근거가 되기 때문이다. 결국 H. Vater가 코헤지온에 대해서 "텍스트의 단위들 간에 문법관계"(H. Vater 1992: 24)라고 처음에는 주장했지만 논의가 전개되면서 이 개념은 슬그머니 '코헤지온 수단' 또는 '코헤지온 관계'로 교체되고 있음을 알 수 있다.

H. Bußmann이 텍스트언어학자가 아님에도 불구하고 코헤지온 개념과 관련하여 언급되는 이유는, 그녀의 『언어학 사전 (Lexikon der Sprachwissenschaft)』이 가지는 파급 효과 때문이다.[3] 어쨌든 많은 이들은 텍스트언어학의 전문 술어로서의 코헤지온 개념을 이 사전에 의지하여 습득한다고 가정할 수 있기 때문이다. 2002년에 출간된 『언어학 사전』의 세 번째 수정 증보판에 등장하는 그녀의 코헤지온 개념은 다음과 같다: "[코헤지온은] 텍스트언어학 개념, 특히 텍스트에서 구현되는 여러 가지 특성들을 위한 문법적 개념이다. 이 개념은 텍스트성의 표현(Ausdruck)과 표시(Indiz)가 되고, 텍스트 수용자에게 텍스트 부분들(Textteile)을 연결 짓기 위한 형식적 힌트를 제공한다. 실제로 여기서는 반복(Wiederholung), 대체(Ersetzung), 연결(Verknüpfung), 즉 (a) 테마적 연속성, 예를 들어 반복(Rekurrenz)이나 텍스트 지시수단인 한정표현(Determinatien)과 대용형(Proformen) 또는 생략, (b) 접속사에 의한 접속표현, (c) 평행법(Parallelismus), 대구법(Chiamus), 음운론적-음성학적 두운법과 각운법, 리듬, 억양, 휴지 같은 통사적 형식단위들, (d) 텍스트 직시(Textdeixis), 텍스트 총평(Textkommentierung), 제

3) 이 부분은 이재원(2003)에 실린 내용들이 주를 이루고 있다.

절지시(Gliederungshinweis) 등과 같은 텍스트 경계 표시가 중요하다. 텍스트의 문법적-어휘적 코헤지온은 의미적-인지적 코헤렌쯔의 표지이고, 그러한 한 코헤지온은 하나의 텍스트를 위해 정상적으로 존재해야 하는 것이기는 하지만 코헤렌쯔 형성을 위해서 필수적이지도 않고 충분하지도 않은 것이다. 코헤지온 개념은 초기에는 코헤렌쯔 개념과 분리되지 않았다. (M. Halliday/R. Hasan 1976 참조). 그리고 오늘날 이 개념은 때로는 코헤렌쯔의 문법적 측면을 위한 명칭이기 때문에 불필요한 것으로 설명되기도 한다. (K. Brinker 1985 참조). 그러나 이 개념은 의미적-화용적 관련이라는 표면적 특징으로서 직접 해석될 수 없는 형식적인 텍스트의 특징을 포함하고 있기 때문에, 코헤렌쯔 개념으로 완전하게 동화되는 것은 아니다. 특히 이 두 개념을 구분하는 것이 동일한 표층 텍스트가 텍스트처리에 있어서 부분적으로 상이한 코헤렌쯔 형성을 허용하는 것에 대한 중요한 점을 보여주고 있다." (H. Bußmann 2002: 352). 이 인용문의 첫 번째 줄에 등장하는 정의문에 의해서 H. Bußmann이 이해하는 코헤지온은 R.-A. de Beaugrande/W. Dressler(1981)의 코헤지온과 차이가 있음을 알 수 있다. 왜냐하면 후자의 코헤지온은 문법적 개념이 아니라 인지적 개념이기 때문이다. 코헤지온이 문법적 개념이라고 주장하는 것은 R.-A. de Beaugrande/W. Dressler의 입장에서는 코헤지온과 코헤지온 수단을 철저하게 구분하여 기술하지 못함에 기인한다고 여길 수 있다. 또한 R.-A. de Beaugrande/W. Dressler의 코헤지온은 H. Bußmann이 말하듯 텍스트성을 표현하기 위한 표지가 아니라, 텍스트성 그 자체이다. 다시 말해서 어떤 임의적 발화를 텍스트이게끔 만들어 주는 일곱가지 텍스트성 중의 하나가 코헤지온이다. 텍스트의 문법적-어휘적 코헤지온이 텍스트의 의미적-인지적 코헤렌쯔의 표지가 된다는 H. Bußmann의 주장도 R.-A. Beaugrande/W. Dressler의 그것과 다르다. 또한 코헤지온이 초기에는 분리되지 않았던 것은 M. Halliday/R. Hasan의 이론적 틀에서나 그러하지, 독일 텍스트언어학계에서의 일반적 현상은 아니다. 우리들이 이미 살펴본 것처럼, 1973년의 W. Dressler에서는 이미 이 두 가지 현상을 상이한 용어로서 구분하고 있기 때문이다. 단지 M. Halliday/R. Hasan이 이러한 두 현상을 구분하지 않은 이유는 어차피 이들에게 있어서 인지적 측면은 거론되지 않기 때문에 따로 구분할 필요 없이, 코헤지온의 하위 부분으로서 문법적, 의미적 현상의 구분이 더 타당했함에 있었을 것이다. 다시 말해서 그렇게 하는 것이 일관성이나 통일성에서 훨씬 나아 보였을 것이다. 이러한 이유 때문에 K. Brinker(1985)도 코헤렌쯔의 하위에 '명시적 재수용'이나 '함축적 재수용'과 같은 용어로서 통합하여 설명하였을 것이다. 따라서 이러한 코헤지온은 다음에 등장하는 여러 가지 문법적 관점에 의한 문장연결의 상위개념으로 간주함이 마땅하다.

8.1.1 반복

R.-A. de Beaugrande/W. Dressler(1981)가 텍스트성을 논하기 위해 가장 먼저 등장시켰던 것이 코헤지온이며, 이들은 코헤지온을 만들어내는 가장 첫 번째 코헤지온 수단(장치)이 반복임을 언급하고 있다. 아마도 '반복'의 어원에서도 문장을 넘어가는 텍스트적 성질이 이미 포함되어 있다고 할 수 있다. 왜냐하면 '반복'의 라틴어 어원이 'recurrere'이고, 이에 대한 독일어는 'zurücklaufen(되돌아 달려가다, 역행하다)', 'wiederkehren(돌아오다, 귀환하다)', 'sich wiederholen(반복하다)', 'auf zurückliegedes Bezugnehmen(지난 일을 참고삼아)', 'verweisen(지시하다, 참조하다)'이고, 영어에서는 'recurr(재발하다, 되풀이 되다, 순환하다)' 내지는 'recurrence(재발, 반복, 재현, 회귀)'에 해당되기 때문이다. (A. Linke/M. Nussbaumer 1996: 215 이하 참조).

20세기에 접어들면서, 이러한 반복의 메커니즘은 I. Nye (1912)의 박사학위 논문 "문장 연결 (Sentence Connection. Illustrated Chiefly form Livy)"에 의해서 다시 한 번 언어학의 한 켠에 등장하게 되고, 1952년 N. Comsky의 생성변형문법의 기틀이 된 Z. S. Harris의 "담화 분석(Discourse Analysis)"에서도 중요한 담화 분석의 메커니즘으로 재등장한다. 특히 Z. S. Harris의 이러한 연구방법론이 텍스트언어학의 이전사로 종종 거론되는 가장 큰 이유 중의 하나가 바로 반복 개념 때문이라고 추정할 수 있다.

반복에 다양한 유형이 있다는 사실, 좀더 정확히 말해서 언어의 다양한 차원에 반복이 존재한다는 사실을 적시하고 있는 분야가 바로 수사학이다. 이미 오래 전 고대 수사학(Antike Rhetorik)에서는 설득을 위해서, 구체적으로 언급하자면 웅변가가 가지는 표현 능력에서 반복이 중요하다고 설명하고 있다. 이것은 현대 수사학에서 H. F. Plett이 추구한 '체계 수사학(systematische Rhetorik)'에서 새롭게 구현되는데, 그의 주저 『체계 수사학. 구상과 분석(Systematische Rhetorik: Konzepte und Analysen)』(2000)에 따르면, "수사학은 하나의 예술"이며, "여기서 예술이란 기술(그리스어 τέχνη)을 뜻하고, 이 기술이 생산하는 것은 어떤 인공물이다: 즉 [기술/예술이란] 본성[또는 필연]이나 우연이 아닌 인간의 계획적인 합리성에 기인하는 어떤 것이다." (H. F. Plett 2000: 13). 그래서 H. F. Plett은 "수사학은 체계성(Systemcharakter)을 가진다"라는 주장을 펼치고, 이러한 수사학의 체계성을 수사학의 분야 중에서 표현력(elocutio), 그 중에서도 특히 무늬(figurae)에서 찾으려고 시도했는데, 이것이 H. F. Plett의 체계 수사학이 지닌 전체적 내용이다. 굳이 H. F. Plett이 체계 수사학을 무늬 부분에 우선적으로 한정한 이유는 무늬가 수사학의 전체를 대신하던 시기가 있었을 정도로 중요했기 때문이었을 것이다. H. F. Plett은 300여개나 되는 수사학의 무늬들을 체계적으로 분류하기 위해서 Ch. W. Morris(1972)에게서 빌려온, (기호) 통사((semio-)syntaktisch) 모델이 필요로 하는 두 개의 층위, 즉 '언어차원'과 '언어조작'의 층위를 우선적으로 상정한다. 그리고 난 후 계속해서 언어조작 층위를 '규칙손상(regelverletzend)'과 '규칙강화(regelverstärkend)'의 층위로 나누고, 전자에 '첨가(Addition)', '삭제(Subtraktion)', '대체(Substitution)', '치환(Permutation)' 그리고 후자에 '등가(Äquivalenz)' 층위를 설정한다. 이와 함께 언어차원의 층위도 기존 언어학 연구 분야와 유사한 음운론적, 형태론적, 통사론적, 의미론적, 자소론적, 텍스트적, 간텍스트적 층위로 구분된다. 다음은 이러한 H. F. Plett의 체계 수사학 개념을

언어차원 / 언어조작	규칙손상				규칙강화
	1. 첨가	2. 삭제	3. 대체	4. 치환	5. 등가
1. 음운론적					
2. 형태론적					
3. 통사론적					
4. 의미론적					
5. 자소론적					
6. 텍스트적					
7. 간텍스트적					

간략하게 도표로 표시한 것이다. (H. Plett 2000: 15 이하 참조).

이 도표에서 코헤지온의 중심 수단으로 등장하는 반복은 등가에 속하게 되는데, 따라서 반복의 유형에는 언어조작 차원에 속하는 다양한 형태의 반복이 배치되는 것이다. 그래서 언어조작의 등가무늬(반복)는 '동위음소(Isophoneme)', 동위형태소(Isomorpheme), 동위통사소(Isotaxeme), 동위의소(Isosememe), 동위자소(Isographeme), 동위텍스트소(Isotexteme), 동위-상호텍스트소(Iso-Intertexteme)라고도 불려지는데, 이를 A. J. Greimas의 '동위소(Isotophie)'와 비교해 보면, 수사학에서 반복에 대한 연구가 훨씬 심층적으로 되었음을 알 수 있다.

R.-A. de Beaugrande/W. Dressler의 반복은 "길게 이어지는 텍스트의 경우에는 이미 사용된 구조와 패턴이 어떻게 다시 사용, 수정, 압축될 수 있는가를 보여주는 수법"(R.-A. de Beaugrande/W. Dressler 1981: 57)중에 최상위에 위치한다. 왜냐하면 다시 사용, 수정, 압축 개념에 공통적으로 들어있는 동위소가 반복이기 때문이다. 이러한 반복은 정보성을 저하시키는 기능을 하지만, "계획하는 시간이 짧고 표층 텍스트가 순식간에 사라지는 결과로 어떤 내용을 다시 언급할 필요가 있을 때"(R.-A. de Beaugrande/W. Dressler 1981: 58) 사용되고 화자나 텍스트 생산자가 "자신의 견해를 두드러지게 주장하고 재확인하거나 자신의 견해와 모순되는 발화체에 대한 놀라움을 표시하기 위해서도 사용된다." (R.-A. de Beaugrande/W. Dressler 1981: 58). 또한 "도상성(Inkonizität), 즉 표층 표현과 그 의미내용 간에 존재하는 외견상의 유사성"(R.-A. de Beaugrande/W. Dressler 1981: 59)을 위해서도 사용된다. 이들은 이에 대한 예를 R. Frost(1969: 224)의 시에서 빌려왔다: "And miles to go before I sleep, And miles to go before I sleep. (내가 잠들기 전에 가야할 길이 있다네. 내가 잠들기 전에 가야할 길이 있다네.)" (R.-A. de Beaugrande/W. Dressler 1981: 60).

어쨌든 반복은 다른 여타의 코헤지온 수단보다 상위에 위치하는 것은 분명한 것 같다. 왜냐하면 일반적으로 반복과 같은 층위에 위치하는 것으로 간주되는 코헤지온 수단인 병행구문/대구법 등의 기저에도 결국 반복이 도사리고 있기 때문이다. 따라서 위와 같은 설명은 이것을 부분-반복(partielle Rekurrenz)이라고 칭해도 무방한 이유이다.

8.1.2 병행구문/대구법(Parallelismus)

반복의 한 유형으로도 간주될 수 있는 병형구문은 고대 그리스어의 'parallélismós'에 해당되고, 이는 'Isokolon'으로도 불리운다. (H. Bußmann 2002: 495 참조). 이러한 병행구문은 독일어에 있어서는 Statteinander(대체관계)나 Hintereinander(통사관계)와 구분되는 Nebeneinander(공존관계)와 관련있다. 이것은 문장이나 문장조각들이 반복되는 수사법의 한 유형으로 전해 내려왔는데, 이를 테면 문장이나 문장부분의 통사적이고 평행적인 구조 반복이 그러하다.

R. A. de Beaugrande/Dressler(1981)에게 있어서 병행구문은 "동일한 표층 형식에 다른 의미내용을 채우는 것"(R. A. de Beaugrande/Dressler 1981: 61)을 의미한다. 이들이 예로 드는 것은 미국독립선언서에 등장하는 다음과 같은 부사절과 'for'로 시작되는 전치사구이다.

> "그들은 우리의 바다를 약탈하고, 우리의 해안을 황폐하게 만들었으며, 우리의 마을을 불태웠다. (He has plundered our seas, ravaged our coasts, burnt our towns.)"

> "대부대를 숙영시키기 위해서 […] 그들을 보호하기 위해서 […] 우리의 무역을 단절시키기 위해서 […] 세금을 부과하기 위해서 […] 우리를 약탈하기 위해서 […] 우리를 호송하기 위해서 […] 자유 체제를 폐지시키기 위해서 [등.] (For quartering large bodies of troops […] For protecting them […] For cutting off our trade […] For imposing taxes […] For depriving us […] For transporting us […] For abolishing the free system [etc.].)" (R.-A. de Beaugrande/W. Dressler 1981: 61 이하).

반복과 마찬가지로, 이러한 병행구문에 대해서도 수사학의 등가 무늬에 속하는 동위통사소에서 자세히 다루고 있다. 이것이 중요했던 이유는 병행구문이 작시법의 기본원칙 중의 하나이고, 이러한 병행구문이 "의미의 인접성, 유사성, 동의성, 반의성의 상이한 종류는 물론이고, 끝으로 '고립된' 행들의 서로 다른 유형과 기능"(R. Jakobson 1969: 24)도 함축하기 때문이다. 병행구문은 전체 반복으로서의 동일반복법(Isokolon)과 부분 반복으로서의 동형반복법(Parison) 등으로 나뉘어질 수 있고, 생략법의 한 유형으로 볼 수 있는 1)접속사생략법(Asyndeton)이나 2)접속사첨가법, 반의어를 위한 3)대조적 첨가법과도 관련있다. (H. F. Plett 2000: 138 이하 참조).

1) 왔노라, 보았노라, 이겼노라
   (Veni, vidi, vici)
2) 내일, 그리고 내일, 그리고 내일
   (To-morrow, and to-morrow, and to-morrow). (Shakespeare, Macheth V. v. 19).
3) 친구야 내게 내가 할 수 있는 일을 보여준다면, 적은 내게 내가 해야 하는 일을 가르쳐 준다.
   (Zeig mir der Freund, was ich kann, lehrt mich der Feind.)

이러한 병행구문도 개별 구문에 나타나는 행위들 사이에 어떤 긴밀한 관련성이 존재한다는 의미에서 반복에서 보았던 또 다른 유형의 '도상성'이 돋보이기도 한다.

8.1.3 관사

H. Weinrich는 텍스트언어학의 이른 시기인 1967년도에 독일 Bochum에서 행해진 토론에서 정관사는 이전정보(Vorinformation), 부정관사는 이후정보(Nachinformation)를 가지고 있다는 사실을 간파했으며 (H. Weinrich 1967: 109 참조), "정관사와 부정관사들은 임의로 분포되어 텍스트 안에 흩어져 있지 않다"(H. Weinrich 1976: 168)고 주장한다. 만약 관사들이 임의적으로 분포되어 있다면 관사들의 교환도 가능할 것이다. 그러나 현실은 그렇지 않다. 이에 기대서 B. Sowinski(1983: 111 이하 참조)는 '브레멘 도시음악대(Bremer Stadtmusikanten)'라는

다음과 같은 우화를 분석하면서 관사의 기능에 대한 H. Weinrich의 견해를 지지하고 있다.

> "Es hatte ein Mann einen Esel, der schon lange Jahre die Säcke unverdrossen zur Mühle getragen hatte, dessen Kräfte aber nun zu Ende gingen, so daß er zur Arbeit untauglicher ward. Da dachte der Herr daran, ihn aus dem Futter zu schaffen, aber der Esel merkte, daß kein gutter Wind wehte […]"

이 텍스트의 서두 문장은 – B. Sowinski에 기대면 - 부정관사로 구성되어 있다. 이것은 거의 모든 우화가 그러하고, 대부분의 텍스트 초입이 그러하다. 만약 이러한 부정관사를 정관사로 대치시키면, 우리들에게 이미 알려진 지시체(여기에서는 이를 테면, 'Mann(남자)' 이나 'Esel(당나귀)')로 간주될 것이다. 또한 마지막 문장의 'der Essel(그 당나귀)'을 'ein Essel(한 당나귀)'로 대치하면, 여러 마리 당나귀 중에서 어떤 한 마리를 지시한다고 볼 것이다. 따라서 부정관사는 - 학교 문법에서도 그러하듯이 - 지시물의 새로운 도입을 위해 또는 텍스트 서두를 위해 존재하며, 뒤이어 등장하는 정보가 중요함을 나타낸다. 이와 달리 정관사는 이미 이 지시물이 이전에 등장했음을 보여준다. 그러나 문장의 첫 머리에 정관사가 등장하는 경우도 있는데, 문학에서 '열린 구조'라고 불리는 이것은 어떤 특정한 효과를 위한 것이다. 예비 정보에 대한 암시를 통해 이해 조정에 기여하는 신호들을 H. Weinrich는 지시대명사, 소유대명사 그리고 의문대명사에서도 찾아내고 있다. 이를 테면, 지시대명사는 형태소 'dieser'를 가지고 근접지대의 예비정보를 지시하고, 'jener'를 가지고 원거리 지대의 예비정보를 지시하는데, 이 경우에 그 예비정보는 문맥 및 체험상황을 통해 중재될 수 있다. 소유대명사에 있어서도 관련된 사람에 대한 이전정보가 주어진다. 의문대명사 'welcher' 혹은 'was für ein'은 불확실하거나 혹은 불완전하며 그리고 후행정보에서 보충되거나 혹은 상술되어야 하는 그런 이전정보와 관련이 있다. (B. Sowinski 1983: 112 이하 참조).

텍스트언어학에서 관사가 가진 기능에 대한 자세한 논의들은 R.

Harweg(1968)에서 풍부하고 다양하게 제기되어 있다. [illegible] 텍스트계속문장의 구분에서 그러한데, 만약 문법 교과서에 실려있는 관사의 기능에 일치하지 않은 텍스트가 생산되었을 때 이를 텍스트언어학적으로 설명할 수 있는 기제가 만들어여져야 함은 당연할 것이다. 이를 테면, 독일어의 부정관사 'ein'은 뒤에 등장하는 보통명사와 더불어 텍스트시작문장에 나타나는데, 이는 피대치어(Substituendum)로 기능한다. 이러한 부정관사와 보통명사 뭉치가 다시 나오면 'ein'의 자리에 정관사 'der'가 등장하고 이는 대치어(Substituens)라고 불려진다. 이것이 텍스트언어학적으로 갖는 의의는 'der'와 결합한 보통명사는 - 원칙적으로 - 텍스트시작문장에 등장할 수 없다는 사실이다. (R. Harweg 1968: 20 이하 참조). 이와는 달리 정관사나 소유대명사들은 텍스트시작문장이 아닌 텍스트계속문장에 등장해야 하는 텍스트소이다. 그럼에도 불구하고 이것이 텍스트시작문장에 등장했을 경우 이를 해결해 줄수 있는 텍스트언어학적 분석 기제가 만들어져야 한다. 왜냐하면 텍스트의 첫 문장에 그 문장 내에서 선행어를 찾을 수 없는 대치어가 등장하면 그 문장은 그 텍스트를 읽는 텍스트수용자가 이해하기 힘든 문장이 되기 때문이다. 이러한 문제점을 – 안인경(2001)의 경우 - B. Lindemann의 소설의 의사소통구조에 기대서 해결하려 한다. 이를 테면, 소설이라는 픽션텍스트는 모방된 세계와 픽션의 세계 그리고 현실이 중첩되어 있고, 각각의 세계에는 의사소통의 양자, 이를 테면, 작가와 독자, 허구의 서술자와 허구의 독자, 행위하는 이, 당하는 이가 있고, 이를 통해서 위와 같은 문제점이 해결된다는 것이다. 요약해서 말하자면, 소설의 첫 문장에 대치어가 등장함에도 불구하고 현실의 독자가 불평하지 않는 이유는 자신이 창조한 허구의 독자가 이미 알고 있었기 때문이라는 것이다. (안인경 2001: 183 참조).

사실, 텍스트언어학이 본격적으로 출발하기 이전에 별로 각광을 받지 못하던 문법적 카테고리였던 관사가 텍스트언어학의 출발이후에 많은 관심을 받을 수 있었던 궁극적인 이유는 관사가 가진 텍스트소를 연결하는 기능 때문이었을 것이다.

8.1.4 수와 시제

학교 문법에서와 달리 언어학 이론에서 별로 관심을 끌지 못했던 수(Numerus)와 시제 등이 H. Weinrich에 이르러서는 임의의 발화를 텍스트이게 끔 만들어주는, 즉 텍스트성의 하나인 텍스트 신호로서 중요시된다.

수는 독일어에서 단수와 복수(아랍어나 히브리어 같은 언어에서는 쌍수도 존재한다)라는 대립 관계로 존재하는데, 수와 관련있는 품사인 명사, 대명사, 형용사와 같은 실사에서는 대개 굴절어의 경우 수의 일치가 중요시된다. 예를 들어 텍스트가 전개되는 동안 수가 변화되면, 시각의 변화가 신호화된다는 것이다. B. Sowinski(1983: 114 이하)는 "성모마리아의 아이(Marienkind)"라는 다음과 같은 Grimm 동화의 예에 기대서 수가 가진 텍스트 신호화에 대해서 설명한다.

> "Vor einem großen Walde lebte ein Holzhacker mit seiner Frau, der hatte nur ein einziges Kind, das war ein Mädchen von drei Jahren. Sie waren aber so arm, daß sie nicht mehr das tägliche Brot hatten und nicht wußten, was sie ihm zu essen geben sollten [⋯]"

B. Sowinski에 의하면, 이 동화에서는 단수 "einem großen Walde", "lebte ein Holzhacker", "seiner Frau", "der hatte", "ein einziges Kind", "das war ein Mädchen"이 시종일관 등장한다. 그러다가 "drei Jahren"이 등장하면서 복수로 변환되기 시작한다. 예를 들어 "sie waren", "sie", "wußten", "hatten" 등에서 그러하다. 그런 후 'ihm'에 이르러서 다시 단수로 복귀한다. 독일어에서 동일한 담화에서 수가 변동되는 텍스트 전개가 발생하는 경우는 우리들에게 텍스트언어학적으로 흥미를 가져다 준다.

H. Weinrich에 의하면, 수 뿐만이 아니라 시제 또한 텍스트의 분류화 등을 경계짓는 텍스트언어학적 신호로서 작동한다. 그는 시제의 텍스트언어학적 중요성에 대해서 자신의 기념비적 저서 『시제. 논의세계와 서사세계(Tempus. Besprochene und erzählte Welt』(1964)에서 여러 차례 언급했다. 여기서 그는 시제를 그때마다 다양한 발화 태도를 신호화해야 하는 두 개의 그룹으로 나누고 있는

데, 이는 사건의 직접성을 말을 걸 때 강조하고자 하는 관여된 발화 태도와 화자의 관점을 위한 현재, 현재완료와 미래를 시제그룹 I로, 그리고 사건을 서사(이야기)로서 진술하는 발화 태도와 화자의 관점을 위한 과거, 과거완료와 접속법 제II식을 시제그룹 II로 나누고 있다. 이 그룹 가운데, 제로 시제인 현재와 과거에는 시간 관련이 부여되어 있지 않고, 이 시제들은 단지 발화태도와 화자관점과 관련되어 텍스트상에 작용력만 지니고 있다. H. Weinrich는 이러한 시제 구분을 이용하여, 그때마다의 우세 시제를 감안해서 일정한 텍스트종류를 구분한다. 예를 들어, 대화(Dialoge), 말걸기(Ansprachen), 총평(Kommentare), 호소(Appelle) 등은 I그룹인 "논의세계"에 속하고, 보고(Berichte), 이야기(Erzählungen)", "소설(Romane)", "회상(Erinnerungen)"은 II그룹인 "서사세계"에 속한다. 이로써 H. Weinrich에 있어서 동사의 시제형태소들, 첨가의 시제부사들, 특히 텍스트에 출현하는 시제 변화들은 텍스트를 경계짓는 텍스트언어학적 신호의 역할을 한다. (B. Sowinski 1983: 115 이하 참조). 시제에 대해서 이러한 텍스트언어학적 성질을 부여한 것은 전적으로 H. Weinrich의 공이다. 여하튼 이러한 시제 연쇄와 관련되는 특징도 큰 차원에서 살피면, 결국에는 그 기저에 '반복'의 개념이 포함되어 있다고 말할 수 있다.

8.1.5 텍스트성으로의 텍스트내에서 범주변화(Kategorienwechsel/Übergänge)

위에서 살펴본 관사나 시제 또는 수 같은 문법적 단위뿐만 아니라 전치사 같은 품사들이 텍스트 진행 과정에서 변화하는 경우들이 있을 터인데, 이는 R. Jakobson에 의해서 '이행개연성 개념(Übergangswahrscheinlichkeit)'이라는 술어로서 논의된 적이 있고, H. Weinrich(1972/1976 참조) 또한 이에 대해서 다양한 논의를 전개하고 있다. 예를 들어, "동일한 시제 형태소는 비동일한 시제 형태소보다 더 빠르게 기대된다. 그래서 동일한 이행과 비동일한 이행이 존재한다. H. Weinrich는 동일한 이행들은 동일한 시제그룹 내부에, 즉 논의시제에서 서사시제로, 혹은 서사시제에서 논의시제로 변화할 때, 비동일한 이행들은 이에 대해 서사시제에서 논의시제로 혹은 반대의 경우로 변화 할 때 부여된 것으로 보고 있다. 텍스트 내의 다양한 이행들에 대한 연구가 이행신호들의 분포는 자의적이 아니라 그때마다 일정의 그룹화에 의하여 이루어짐을 밝혀준다. 그래서 동일한 이행은 비동일한 이행 보다 훨씬 더 자주 그리고 보다 완결된 그룹화로 나타난다. H. Weinrich는 이러한 분포규칙을 의사전달적인 근거를 들어 해명하고 있다: 일정한 배열로 되어 있는 동일한 이행들은 텍스트 수신자의 텍스트 이해를 용 이하게 하는데, 왜냐하면 수신자는 이때 새로운 이질적인 정보들로부터 끊임없이 벗어나지 않기 때문이다. 그러한 신정보들을 신호화하는 비동일한 이행들은 텍스트 수용을 활성화시키며 또한 때때로 고도의 주의력을 요구한다. (B. Sownski 1983: 117 이하 참조).

8.1.6 직시

직시는 지시 대상이 대화 상황의 다양한 차원에 종속되어 있는 언어 현상을 의미하고, 그러한 언어 표현을 직시어라 부른다. 직시어에는 인칭 직시에 해당되는 ich(나)와 du(너)가 있고, 장소 직시에 해당되는 hier(여기)와 dort(저기) 그리고 시간 직시에 해당되는 jetzt(지금)와 vorhin(그때)이 대표적이다. 위에서 예로 든 각각의 경우, 전자를 근방직시(Nahdeixis), 후자를 원방직시(Ferndeixis)라고 하고, 전자를 '직시의 원천(Deixis-Origo)'이라고 한다. (K. Bühler 1934/1982 참조). 경우에 따라서 여기에다가 사회 직시를 상정하기도 하는데, du(너)와 Sie(당신)가 이에 해당한다. 이러한 직시어들은 원칙적으로 보충 정보 없이는 무엇을 지시하는지 알 수 없다. 예를 들어, 대치어가 피대치어를 알고 있으면 그 지시대상을 알 수 있는 것과는 양상이 다르다. 다시 말해서 인칭직시어나 장소직시어 또는 시간직시어가 사용될 때, 우리들은 화자가 누구인지 알아야 하고, 어떤 시공간적 상황에서 대화가 진행되는 지 알고 있어야 문제가 해결된다. 그래서 K. Bühler에 있어서 이러한 직시는 외부조응(Exophora)으로 지칭되면서 내부조응(Endophora)과 구분된다. 후자는 '-안으로'의 의미를 지닌 'endo-'에서 유래하는데, 이에 해당되는 것으로 전조응어와 후조응어가 있다. 이러한 모든 것을 체계적으로 언급한 이가 바로 K. Bühler이고, R. Harweg에 의하면 이러한 직시는 큰 틀에서의 대치(Substitution) 중의 하나로 간주된다. 예를 들어, 텍스트 내부 지시 관계로는 '조응(Anapher)'과 '근접대치(Kontiguität)'가 있고, '직시'는 텍스트 외부의 지시 관계에 해당되고, '텍스트 상호 지시 관계'에는 '거시 조응'이 해당된다고 할 수 있다. (이성만 2000: 188 참조). 결국 직시가 대치의 한 유형으로도 가름되는 것을 보면, 이는 텍스트소들을 연관지어주는 중요한 문법적 기제 중의 하나로 간주 되기에 부족함이 없어 보인다.

9. 텍스트의미론

9.1 텍스트코헤렌쯔

H. Bußmann에 등장하는 코헤렌쯔는 '의미적'일 뿐 아니라, 텍스트의 인지적 연결성도 포함하고 있다. 그래서 그녀의 코헤렌쯔는 "개념과 관계로 이루어진 의미망(semantische Netze aus Konzepten und Relationen)"(H. Bußmann 2002: 351)이다. 이와 함께 미시적(lokal) 코헤렌쯔와 거시적(global) 코헤렌쯔도 언급되고 있는데, 전자는 문장 내(satzintern)에서 또는 이웃하는 발화들 사이에서, 후자는 텍스트테마 내지는 의미적·화용적 거시구조에서 만들어지는 텍스트기능을 구성한다고 정의된다. 그러나 '문장 내'라는 개념이 '텍스트적'하고 잘 호응하지 않고, 텍스트테마나 텍스트기능을 텍스트코헤렌쯔와 관련시키면, 이 개념은 너무나도 큰 범위를 가지게 되는 문제가 발생한다. 그래서 코헤렌쯔는 이웃하는 문장 또는 발화들 사이, 텍스트 전체 문장 또는 발화들 사이의 의미적 관련성 정도로 한정해서 이해하는 것이 적합하다.

H. Bußmann(2002)과 달리, 미시적 코헤렌쯔(lokale Kohärenz)와 거시적 코헤렌쯔(globale Kohärenz)를 구분하는 또 하나의 구분 방식이 있다. 예를 들어 J.-W. Lee(2002)의 경우, L. Wittgenstein의 가족유사성(Familienähnlichkeit) 개념에 기대서 고리적으로 무한히 연결되는 코헤렌쯔 수단이 거시적 코헤렌쯔를 형성한

다는 것이다. 이것은 이웃하는 텍스트소들 사이의 연결 방식만 문제삼는 미시적 코헤렌쯔 수단과는 다르다. 그는 다음과 같이 다양한 차원의 거시적 코헤렌쯔 수단을 구분하고 있다. (J.-W. Lee 2002: 106 이하 참조).

1) 어휘 차원의 거시적 텍스트코헤렌쯔

Die Sonne scheint auf dem Schmetterling.
Der Schmetterling sitzt auf der Blume.
Die Blume wächst im Gras.
Das Gras gehört zur Wiese […]
(태양이 나비 위에 비추인다.
나비는 꽃 위에 앉아 있다.
꽃은 풀밭 위에서 자란다.
풀은 초원에 있다 […]).

2) 명제차원의 거시적 텍스트코헤렌쯔

Weil der Nagel fehlte,
Ging das Hufeisen verloren;
weil ein Hufeisen fehlte,
ging das Pferd verloren;
weil ein Pferd fehlte,
ging das Reiter verloren;
weil ein Reiter fehlte,
ging die Schlacht verloren;
weil die Schlacht verloren war,
ging auch das Königreich verloren.
(못을 잃어 편자를 잃었네.
편자를 잃어 말을 잃었네.

말을 잃어 기사를 잃었네.
기사를 잃어 전투에서 패했네.
전투에서 패해 왕국을 잃었네.)

3) 언어행위 차원의 거시적 텍스트코헤렌쯔

Where have all the flowers gone, long time passing?
Where have all the flowers gone, long time ago?
Where have all the flowers gone?
Young girls have picked them every one.
When will they ever learn? [···]
(꽃들은 모두 어디로 갔는가? 오랜시간이 흘렀을 때.
꽃들은 모두 어디로 갔는가? 오래 전에.
꽃들은 모두 어디로 갔는가?
젊은 아가씨들이 모두 꺾어 갔지.
아, 사람들은 도대체 언제쯤 철이 들까? [···]).

Where have all the young girls gone, long time passing?
Where have all the young girls gone, long time ago
Where have all the young girls gone?
Gone to young men everyone
When will they ever learn? [···]
(아가씨들은 모두 어디로 갔는가? 오랜시간이 흘렀을 때.
아가씨들은 모두 어디로 갔는가? 오래 전에.
아가씨들은 모두 어디로 갔는가?
아가씨들은 모두 젊은 청년에게로 갔지.
아, 사람들은 도대체 언제쯤 철이 들까? [···]).

Where have all the young men gone, long time passing?

Where have all the young men gone, long time ago?
Where have all the young men gone.
Gone to soldiers everyone.
When will they ever learn?
(청년들은 모두 어디로 갔는가? 오랜 시간이 흘렀을 때.
청년들은 모두 어디로 갔는가? 오래 전에.
청년들은 모두 어디로 갔는가?
남편들은 모두 군인이 되었지.
아, 사람들은 언제쯤 철이 들까?).

Where have all the soldiers gone, long time passing?
Where have all the soldiers gone, long time ago.
Where have all the soldiers gone?
Gone for graveyards everyone
When will they ever learn? [⋯]
(군인들은 모두 어디로 갔는가? 오랜 시간이 흘렀을 때.
군인들은 모두 어디로 갔는가? 오래 전에.
군인들은 모두 어디로 갔는가?
군인들은 모두 무덤으로 갔지.
그들은 언제쯤 철이 들까? [⋯]).

4) 통보차원의 거시적 코헤렌쯔

Eine Frau und zweiundzwanzig Tiere
Es war mal eine Frau.
Die hatte eine Pfau.
Der Pfau war ihr zu bund.
Da nahm die Frau einen Hund.
[⋯]

(한 부인과 스물 두 마리 동물들
옛날에 한 부인이 살았다네.
그녀는 공작을 한 마리 가지고 있었네.
그 공작은 그녀에게 너무나 화려했네.
그래서 그녀는 개를 한 마리 데려왔다네
[…]

J.-W. Lee에 의해 거시적 코헤렌쯔로 불려진 위와 같은 텍스트 형성 기재들은 원래 별 의미없는 무한정한 반복이 중심이 되기 때문에 온전한 텍스트에 속하지 못하는 것으로 간주되었다. 또한 텍스트를 요약가능하게 하는 텍스트테마의 추출이 이러한 텍스트에서는 용 이하지 않다는 사실도 위의 텍스트들을 비텍스트라고 주장할 수 있게 만들었다. (K. Brinker 1985: 47 이하 참조). 그러나 어찌되었건 위와 같은 유형의 텍스트들이 일상에는 존재한다. 따라서 위와 같은 유형의 텍스트에게 이에 걸맞는 텍스트 형성기재의 명칭을 부여하고 텍스트 형성방식의 하나로서의 역할을 부여하는 것이 중요하다. 이것이 위 텍스트들의 형성 메카니즘을 '거시적 텍스트코헤렌쯔'와 관련지었넌 이유일 것이다.

H. Sitta는 독일의 권위 있는 학술지 『Der Deutschunterricht(독일어 강의)』의 1988년도 IV집을 텍스트코헤렌쯔 특집으로 꾸미면서 G. Beck, A. Linke/M. Nussbaumer, J. Buscha, R. Meraner 그리고 P. Michel이 쓴 다섯 편의 논문을 수록했다. 이 때 H. Sitta가 이해하고 있는 텍스트는 문단과 단락 그리고 문장들이 특별한 방식으로 상호 연결되어 있는 경우와, 텍스트는 통일성을 가진 문장들의 선적인 연결체이며 이로써 텍스트가 하나의 '직조물'로 이해되는 것이다. 그리고 그는 문어 텍스트와 구어 텍스트를 모두 아우르려 생각했으며, 따라서 이 특별호에도 접속사나 부사 그리고 재수용 기능을 가진 대명사는 문어 텍스트에 속하고, 제스처 신호나 억양 신호는 구어 텍스트에 속하는 것으로 간주하고 있다. (H. Sitta 1988: 3 참조). 그러나 이러한 문어텍스트에 속하는 텍스트코헤렌쯔는 우리들이 코헤지온 수단에서 이미 살폈던 것이다. 따라서 학자들에 따라서 코헤지온과 코헤렌쯔가 구분없이 쓰였음을 알 수 있고 코헤지온 수단과 코헤렌쯔 수단 또한 그러함을 알 수 있다.

G. Beck (1988: 6 이하 참조)은 "기능적 텍스트유형과 그것의 내적 연결의 형태들(Funktionale Textmuster und die Formen ihrer internen Verknüpfung)"에서 새로운 기능적 텍스트유형의 정립을 시도하고 있는데, 여기서는 이미 고전이 되어버린 K. Bühler(1934)의 세 가지 언어기능과 언어행위론의 "발화수반력(Illokution)" 그리고 소위 경험적으로 얻어진 텍스트종류 사이의 내적 구조에 따라서 텍스트유형이 존재한다는 사실이 중요시 된다. 다시 말해서 이런 현상들도 코헤렌쯔에 포함시키는 경우가 있다는 것이다.

A. Linke/M. Nussbaumer는 "'전제'을 통한 코헤렌쯔(Kohärenz durch 'Präsupositionen')"(1988: 29 이하 참조)에서 무엇이 어떤 임의의 발화를 – 비록 이들은 '반듯한 텍스트'가 되기 이전의 '임의의 발화'라고 하지 않고 '텍스트'라고 하지만 - 텍스트로 만들어 주는가, 즉 텍스트성(Texthaftigkeit)이란 무엇인가에 대한 대답을 구하는 것이 논문의 목적이었다. 이들은 자신 있게 부분들끼리의 복합적 밀접함을 하나의 전체로 만들어주는 것이 텍스트성이고, 그 중의 하나가 바로 전제라고 확신했다. 그래서 "전제를 통한 코헤렌쯔"에서는 다음과 같은 전제의 유형 분류가 중요했다.

1) 언어체계 중심 전제
1.1) 논리적 내지 의미적 전제
1.2) 함축적 전제
1.3) 혼성적 전제
2) 비언어체계 중심 전제
2.1) 개념적 해석
2.2) 화용적 전제
2.3) 대화함축
2.4) 문장 또는 텍스트구성요소들 사이의 관계

G. Rickheit 편(1991)의 『코헤렌쯔 과정(Kohärenzprozesse)에 등장하는 텍스트와 담화에서 언어처리 모델화(Modellierung von Sprachverarbeitung in Texten und Diskursen)』에서의 코헤렌쯔 개념은 이 저서가 G. Rickheit/D. Metzing(편)의

"심리언어학 연구(Psycholinguistische Studien)" 총서에 속해 있다는 것에서 알 수 있듯이, 심리언어학적 더 나아가 인지언어학적 방향에 서 있다. 또한 '과정' 개념이 보여주듯이, 이 방면의 연구들은 R.-A. de Beaugrande/W. Dressler(1981)의 그것과도 닮아 있다. G. Rickheit(편)의 이 저술은 독일연구재단(DFG)으로부터 5년간에 걸친 지원을 받아서 수행된 독일 Bilefeld 대학의 언어문예학과(Fakultät für Linguistik und Literaturwissenschaft) 연구집단의 연구 결과물인데, 저서에 명기하고 있듯이 이들의 연구목적은 "코헤렌쯔 현상에 있어서 새로운 과정중심 모델관점(eine neue prozeßorientierte Modellierungsperspektive für Kohärenzphänomene)"(G. Rickheit(편) 1998: 1)이다. '과정중심' 또는 '텍스트 생산'이나 '텍스트 수용' 개념이 배태하고 있는 바와 같이, 이들의 연구는 심리학, 인공지능, 언어학 등에 걸쳐있는 간학문적 성격을 띤다. 이들 프로젝트의 4가지 큰 제목은 다음과 같다.

프로젝트 1: 독일 구어에서 코헤렌쯔
프로젝트 2: 초분절적, 음소적 코헤지온
프로젝트 3: 텍스트 생산
프로젝트 4: 코헤렌쓰 과정처리의 경제성

9.2 B. Sowinski의 텍스트구성과 의미적 코헤렌쯔

B. Sowinski(1983: 83 이하 참조)가 이해하는 의미적 코헤렌쯔는 텍스트구성을 위한 필수 조건 중의 하나이다. 그는 H. Weinrich(1964: 212)가 주장했던 "텍스트는 분명히 모든 것이 서로 연관되어 있는 전체"이고 "문장들은 의미있게 배열되어 연속"된다는 것이 의미적 코헤렌쯔에 의한 것이라는 사실을 확신하고 있다. 그래서 그는 임의의 발화뭉치들이 상호간에 의미적 코헤렌쯔를 가져서 청자나 독자의 측면에서 정보의 결손이나 정보의 파괴가 느껴지지 않는다면 그것은 코헤렌트(응집적 또는 의미있는)하다고 주장한다. 그는 서로 다른 저서에서 발췌한 인용문을 엮은 것은 코헤렌트하지 않다(inkohärent)고 말하며, 임의로 문장을 생략할 때 이러한 코헤렌쯔의 존재를 알게되고, 다음과 같은 Brecht의 일화를 예로 실명하면서 문장들의 순서가 뒤바뀌면 코헤렌쯔에도 문제가 있음을 언급한다.

"Mesalliance
1. Sie hatte deshalb ein schweres Leben. 2. Wenn er mit ihr in die Provinz reiste, benahm sich selbst der niedrige Adel ablehned zu ihr. 3. Beinahe das schlimmste aber war es für sie, daß Christian sich beim Essen und auch sonst wie ein Bauer benahm. 4. König Christian der Siebente heiratete eine Haushälterin.
문장 번호는 여기서 제공된 순서가 맞지 않는다는 것을 속여서 알지 못하게 할 수 없다. 1번 문장은 텍스트 시작이 될 수 없다. 왜냐하면 이 문장은 통사적으로 지시를 받는 다른 정보들을 전제로 하기 때문이다. (sie, deshalb). 대신에 4번 문장이 시작문장이 될 수 있다. 이 문장은 나머지 문장들의 토대를 이루는 서두 정보를 제공한다. 만약 우리가 1을 일반적인 진술로서 2와 3의 구체화보다 선행시킨다면, 이 정보가 그 순서를 유지할 수 있을 것이다. Brecht는 2를 여왕의 사회적 멸시에 대한 구체화로 선택하여, 1에서 이 사실을 논평했다. 그래서 3은 일화의 요점을 이루는 종결문장이 된다. 1과 2의 교환성이 보여주듯이, 많은 문장들은 텍스트 안에서 일정 조건하에서 생략할 수 있다." (B. Sowinski 1983: 84 이하)."

이렇게 보면, B. Sowinski가 생각하는 코헤렌쯔는 R. Harweg의 대체개념(위의 예들은 R. Harweg이 자신의 이론을 증명하기 위해서 제공한 개념인 텍스트시작문장과 텍스트계속문장을 위한 예들과 흡사하다)이나 A. J. Greimas의 동위소 개념과도 거의 일치하는 것을 볼 수 있다. 이런 경우들은 언어학 일반의 역사에서 자주 나타나는 현상이다.

9.3 동위소(Isotopie)

9.3.1 A. J. Greimas의 동위소

텍스트언어학의 영향력 있는 저서인 W. Heinemann/D. Viehweger의 『텍스트언어학 입문(Textlinguistik. Eine Einführung)』(1991)에는 A. J. Greimas의 동위소 개념 설명을 위한 절의 부제로서 '텍스트결속성 표지로서의 어휘 자질(Lexikalische Merkmale als Indikatoren von Textzusammenhängen)'(W. Heinemann/D. Viehweger 1991: 38)을 제시한다. 이들의 지적처럼 A. J. Greimas의 동위소 개념은 한 텍스트에 있는 어휘 단위들이 지니고 있는 서로 다른 자질이 조화를 이룬 체계가 텍스트라는 사고에서 비롯된 것이다. 고대 그리스어의 '장소'를 의미하는 'topos'의 '동일하다'는 뜻의 'iso'에서 유래한 동위소는 같은 장소에 위치한 원소라는 뜻을 가진 화학에서 차용된 언어학 용어이다. 이것을 광의의 의미로 고찰하게 되면, '열(Fieber)', '의사(Arzt)', '주사(Sprize)', '병원(Krankenhaus)' 등의 낱말들 사이에 존재하는 근접대치(Kontiguität)와도 관련이 있다.

우선적으로 A. J. Greimas 구상의 출발점은 F. de Saussure의 시니피앙의 층위로부터 시니피에를 분류하는 것이 불가능하고, 그것이 기호와 사물과의 관계에 대해서는 결코 아무말도 할 수 없다는 사실에 있다. A. Matinet(1963)와 B. Pottier(1964/1978) 그리고 R. Jakobson의 변별적 자질에 기댄 A. J. Greimas(1960/1971) 이론은 의미론 층위에서 가장 작은 의미단위인 의미소(Semem)의 기술에 노력한다.[1] A. Martinet는 의미 실체를 지닌 가장 작은 언어의 변별적 단위를 단일소(Monem)라고 정의하며, 이것을 자립성의 여부에 따라 어휘소(Lexem)와 형태소(Morphem)로 구분한다. 이러한 언어 형태면에 대한 A. Martinet의 인식을 토대로 B. Pottier는 의미특징 분석을 위한 필수적 개념으로 '의미특징(Sem)'과 '의미소(Semem)'을 도입한다. 즉, 한 낱말 내용에서 의미

---

1) "희랍어 접미어 -em은 현대의 언어연구가들에게 '단위'의 뜻으로 사용되는데, 우리말에서는 일반적으로 '素'로 번역된다. Lexem '어휘소' (lexis '말'), Morphem '형태소' (morphé '형태'), Phonem '음소' (phōnē '소리'), Monem '단일소' (mónos '홀로의', '개개의'), Semem '의미소' (séma '기호', '특징') 등." (홍승우 1988a: 170).

적으로 중요한 특징들이 의미특징이며, 형태소의 의미특징은 관계적 의미특징, 즉 어휘소 실체들 사이의 일정한 관계를 만드는 의미특징이다. 한 형태소의 관계적 의미특징의 총체를 그는 범주소(Kategorem)라 한다. 이와 달리 각 어휘소들의 일정한 수의 의미특징들로 구성된 의미 내용물이 의미소이다. 즉, 의미소는 변별적인 의미특징들의 한 집단이다. 따라서 의미특징은 언제나 한 의미소에 속한다. (홍승우 1988a: 170 이하 참조). 이러한 의미소 개념을 A. J. Greimas가 받아들이게 되는데, 그는 인간이 구별을 지각하기 위해서 최소한 두 개의 항-대상(Terme-Objekte)이 동시에 존재하여야 하고, 의미란 관계의 존재를 전제로 하기 때문에 이것은 필요 조건이다. 이러한 항-대상 관계를 고려하면 다음과 같은 두 가지 사실이 중요하다: 1) 두 항-대상이 총괄될 수 있기 위하여 그것들은 무엇인가를 공유해야 한다(유사성 내지 동일성의 문제). 2) 두 항-대상이 구별될 수 있기 위하여 그것들은 어떤 방법으로든지 상이해야 한다.(상이성과 비동일성의 문제). 유사성은 지속적 특성을, 상이성은 비지속적 특징을 지니는데, 전자를 내포(Konjuntion), 후자를 선별(Disjunktion)이라 한다. '연방도로(Bundesstraße)':'주도로(Landesstraße)'에서 '도로(Straße)'는 구조를 내포하고, '연방(Bundes)'과 '주(Landes)'는 구조를 선별한다. (홍승우 1988a: 177 참조).

동위소와 텍스트언어학과 관련해서는 이러한 내포를 통한 "의미특징의 접속(Konjunktion der Seme)"(A. J. Greimas 1974: 126)이 중요하다. A. J, Greimas는 'tête'가 쓰인 여러가지 연사에서 공통 의미소와 문맥의미소에 의한 동위소를 다음과 같이 설명한다.

<la tête d'un arbre> : /extrémité/ + /supériorité/ + /verticalité/

<la tête d'un canal> : /extrémité/ + /antériorité/ + /horizontalité/ + /continuitê/

<tête de cortège> : /extrémité/ + /antériorité/ + /horizontalité/ + /discontinuité/

위의 예에 쓰인 <tête>의 의미소 가운데 핵의미소는 /extrémité/와 /supériorité/이다. /supériorité/가 핵의미소로 간주되는 이유는, 수직적일 때의 /supériorité/는 수평적일 때의 /antériorité/에 해당되므로 /supériorité/는 /antériorité/를 포함한다고 할 수 있다. 더불어, <téte d'épingle>, <téte fêlée>

에서의 /supériorité/란 핵의미소가 첨가된다. A. J. Greimas에 의하면 이것이 바로 의미소의 연결이며, 이로써 텍스트가 하나로 연결되는 것이다. 동위소 이론에서는 최소한 두 개의 텍스트소 사이의 “의미적 등가원칙(Prinzip der semantischen Äquivalenz)”이 역할을 한다는 사실이 중요하다. 이러한 원칙 이외에도 화·청자의 사전지식, 문화적 울타리(Gitter) 그리고 화청자의 개인적 변이가 큰 역할을 한다. 또한 이러한 동위소 이론을 텍스트언어학으로 편입시켜야 하는 이유는 이것이 문학기호학, 좀 더 구체적으로 말해서 문학텍스트의 구조적 해석에 기여했기 때문이다. 어쨌든 동위소는 형식적으로 ‘어떤 임의적 언어적 단위가 반복되는 것’이다. (F. Rastier 1974: 126 참조). 그런 차원에서 보면, 동위소란 텍스트의 구성 성분인 다양한 텍스트소들 사이에서 어떤 것이 반복되는 것인데, 그럴 경우 의미소의 유형도 중요하게 대두된다. 여기서 F. Rastier는 의미소 이 유형에 관심을 가지고 “동위소의 체계성(Systematik der Isotopien)”(1974)[2]이라는 논문을 발표한다. 이 논문에서 그는 내용동위소(Inhaltsisotopien)와 표현동위소(Ausdrucksisotopien)를 구분하는데, 실제적으로 그에게 있어서는 전자가 더 중요하고 이는 다음과 같이 세분화 된다. (F. Rastier 1974: 153).

---

2) 이 논문은 『Lektürekolleg zur Textlinguistik II』(W. Kallmeyer 등, 1974)에 실려있는데, 제1권에는 텍스트 내의 지시와 텍스트구성에 대한 글들이 실려있고, 제II권에는 “커뮤니케이션과 텍스트”, “텍스트내에서의 의미구성”, “지시와 텍스트코헤렌쯔”라는 큰 제목 아래에 J. Frese(“Sprechen als Metapher für Handeln”), G. Ungeheuer(“Aspekte sprachlicher Kommunikation”), U. Oomen(“Systemtheorie der Texte), E. Coseriu(“Lexikalische Solidaritäten“), E. U. Grosse(“Zur Neuorientierung der Semantik bei Greimas”), A. J. Greimas(“Die Isotopie der Rede”) , F. Rasier 등의 논문이 실려있다. F. Rastier의 이 논문은 원래 “Systématique des Isotopies”라는 제목으로 1972년에 출간되었고, 이를 K. Netzer가 독일어로 번역하여 1974년도에 재수록한 것이다.

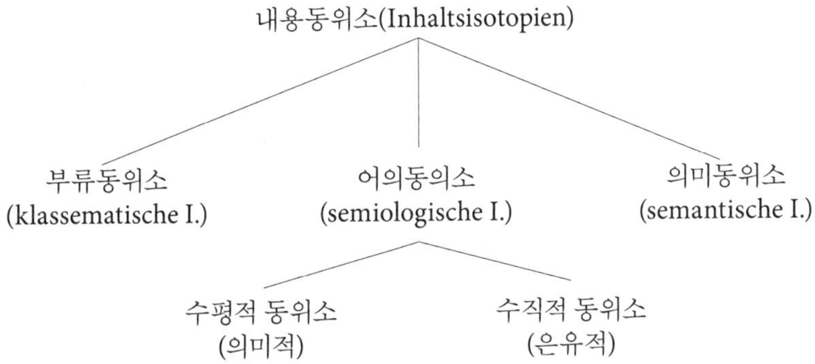

여기서 테마적 텍스트구조를 기술하는데 있어서 수평적 동위소가 중요한 역할을 한다. 이러한 의미특징들이 동일한 의미소를 통해서 상호연결되는 경우, 텍스트내에서 다양한 의미특징들의 발현에 의해서 수평적 동위소가 만들어진다. F. Rastier에 기대면, 수평적 동위소가 텍스트 해석/독법(Lesart)을 만들어내고, 이로써 텍스트의 테마구조를 규정할 가능성이 생겨난다. 만약 이러한 텍스트가 중첩되는 동위소를 포함하고 있다면, 텍스트의 다양한 해석/독법이 가능하다.

F. Rastier는 Mallarmés의 "Salut"라는 시분석에서, 양자가 상호간 뒤엉켜 나타나는 어휘 'banquet(Bankett, Gastmahl)'에 관련된 단위의미적 동위소와 어휘 'navigation(Seefahrt)'에 관련된 두 번째 동위소를 구분하고 있다. (F. Rastier 1974: 160 이하 참조).

그러나 이러한 동위소 개념은 훗날의 텍스트언어학에서는 많은 비판에 직면했다. 가장 큰 이유는 동위소 개념으로서 텍스트의 전체성이나 통일성을 설명할 수 없다는 사실 때문이다. 다시 말해서 동위소 개념이 해당되기 어려운 텍스트에 통일성이 주어질 수 있고, 동위소 개념이 존재하더라도 통일성이 결여된 텍스트가 출현할 가능성이 있기 때문이다. W. Heinemann/D. Viehweger는 이에 대한 두 가지 예를 다음과 같이 제시하고 있다.

1) 은빛 물이 졸졸거리고 귀여운 숲새가 지저귀고 가축의 방울은 딸랑거리며, 다채로운 초록색을 띤 나무는 태양으로부터 황금빛을 받고 있었다. (H. Heine, 하르츠 여행). (W. Heinemann/D. Viehweger 1991: 39).

2) 그녀의 노래에 매료되지 않는 사람은 아무도 없다. 우리 가수 이름은 조세핀이다. 노래는 두 음절로 된 낱말이다. 여가수들은 말이 많다." (M. Bierwisch 1965). (W. Heinemann/D. Viehweger 1991: 40).

1)의 경우 텍스트전체 구성소들이 연관성을 갖는 것은 분명해 보이지만, 이는 A. J. Greimas가 말하는 동위소의 존재와는 상관 없어 보이고, M. Bierwisch의 예에서 '노래'라는 동위소 또는 어휘소의 존재가 분명하게 각 텍스트구성소에서 드러나지만, 이 발화 뭉치들을 하나의 통일된 텍스트로 간주하기에는 무리가 있다는 사실이다. 이러한 한계 때문에 동위소 개념은 텍스트언어학에서는 더 이상 발전하지 못했다.

9.3.2 H. Isenberg의 '텍스트화 유형(Vertextungstypen)'

B. Sowinski(1983: 86 이하 참조)는 동위소 개념과 거의 유사하지만 그런 언급을 전혀 하지 않고 전개되는 H. Isenberg의 텍스트화 유형들을 "의미 자질에 의한 언어적 코헤렌쯔 분석"이라고 자신있게 명명한다. 즉, 다음에 보이는 H. Isenberg의 텍스트화 유형들이 의미론적으로 제약받는 코헤렌쯔라는 것이다. (B. Sowinski 1983: 86 이하 참조).

1. 새롭지 않은 대상들의 테마화

In der Garage stand ein Auto. Der Wagen war frisch gelackt. (차고에 자동차(Auto) 한 대가 서 있었다. 그 자동차(Wagen)는 산뜻하게 칠이 되어 있었다.)

2. 인과적 연결

Die Lampe brennt nicht. Die Stromleitung ist unterbrochen.
(그 램프는 불이 붙지 않았다. 전원이 고장났다.)

3. 동기적 연결

a) Hans ist in den Keller gegangen. Er wird Kohlen holen.

(Hans는 지하실에 갔다. 그는 석탄을 가지고 올 것이다)

b) Komm her. Hier liegt ein Brief für dich!

(이리 와. 여기에 네 편지가 있어!)

4. 진단적 해석

Es hat Frost gegeben. Die Heizungsrohren sind gesprungen.

(서리가 내렸다. 난방관이 파열되었다.)

5. 명세화

Gestern ist ein Unglück geschehen. Peter hat sich den Arm gebrochen.

(어제 불행한 일이 있었다. 페터의 팔이 부러졌다.)

6. 메타 언어적 배열 (상위 테마화)

Mein Bruder hat sich einen Anzug gekauft. Peter ist die Treppe heruntergefallen. Meine Tante hat sich den Arm gebrochen. Dies alles erfuhr ich gestern morgen.

(우리 형이 양복을 샀다. 페터가 계단에서 굴러 떨어졌다. 우리 이모의 팔이 부러졌다. 이 모든 것을 나는 어제 아침에 경험했다.)

7. 시제연결

a. Der Mittelstürmer läuft nach vorn. Ein gegnerischer Verteidiger nimmt den Ball ab.

(센터포워드는 앞으로 달린다. 반대편 수비수가 그에게서 볼을 나꿔챈다.)

b. Peter verließ um 3 Uhr das Haus. Dann klingelte es und ein Mann kam herein.

(페터는 3시에 집을 나선다. 그리고 난후 벨이 울렸고, 한 남자가 안으로 들어왔다.)

8. 전제에 의한 연결
Der Junge ist ins Kino gegangen. Irgend jemand hat ihm Geld gegeben.
(그 젊은이가 영화관으로 들어갔다. 어떤 누군가가 그에게 돈을 주었다.)

9. 부사적 대조화
Peter ist ein netter Mensch. Sein Bruder dagegen ist ein Lügner.
(페터는 친절한 사람이다. 반대로 그의 형은 거짓말장이이다.)

10. 질의-응답-조응
Was hast du gestern abend gemacht? – Ich bin ins Kino gegangen.
(너 어제 저녁에 뭐했니? – 나 영화관에 갔었어.)

11. 비교
Peter hat einen langen Mantel. Einen etwas längeren Mantel besitzt sein Bruder.
(Peter는 긴 외투를 가지고 있다. 그의 형은 좀더 긴 외투를 가지고 있다.)

12. 이전에 언급된 진술들에 대한 수정
Hans hat Maria gesehen. – Nein, Peter hat Maria gesehen.
(Hans는 Maria를 보았다. – 아니다, Peter가 Maria를 보았다.)
(H. Isenberg 1974: 198 이하).

이러한 유형들에 대한 B. Sowinski의 총평을 들어보자. (B. Sowinski 1983: 86 이하 참조):

1) 'Wagen(자동차)'과 'Auto(자동차)' 사이에는 하의관계(Hyponymie)가 성립된다. 따라서 의미론적 자질 측면에서 부분일치(동위소, Isotopie)가 성립된다. 일반적 개념 'Wagen(자동차)'은 반복되면서 특수 개념으로 대체될 수 있다. 두 낱말은 (일상어에서) 동의어로 사용될 수 있다.

2) 첫째 문장의 일상어 표현 'brennen(불에 타다)'은 여기에서 'hat keinen elektrischen Strom(전류를 가지고 있지 않다)'을 함축하고 있다. 이 점에서 두 번째 문장의 'Stromleitung(전선)'(=Leitung, die den Strom zuführt(전류가 흐르는 선))과 의미론적 동위소 관계에 있다.

3) 인칭의 지시동일성(Hans(한스)-Er(그는) 내지는 2인칭 단수-für dich(너를 위해))을 제외하더라도, 첫째 문장의 행위첨가어(in die Keller gehen(지하실로 가다))와 둘째 문장의 결과첨가어(Kohlen holen(석탄을 들고 오다))사이에는, 물론 석탄들은 대개 지하실에 있다는 근거를 두고 있는, 의미론적 동위소가 가정될 수 있다.

4) 인과적 연결에서처럼, 여기에서 제공된 연결은 (Weil(왜냐하면) 문장으로 쉽게 변형시킬 수 있다.) 'Heizung(난방)'에 있어서 [+heiß(더운)=-kalt(추운)]와 Frost(서리)의 [+kalt(추운)]라는 의미적 자질들의 반의어적 동위소에 근거를 두고 있는 의미론적 코헤렌쯔에 근거를 두고 있다.

5) 'Unglück(불행)'과 'Armbrechen(팔골절)' 사이에는 총체개념 'Unglück(불행)'의 의미자질들이 또한 부분적으로 일치하는 모든 있을 수 있는 'Unfälle(사고)'인 한에 있어서, 의미론적 상위관계가 성립되며, 이에 대해 세분화는 또한 첨가적 의미소들을 나타낸다.

6) 사건들의 정보에 관하여 여기에서 'dies alles(이 모든 것)'로 표현된 요약은 뒤에서 다시 논의될 지금까지 고려하지 않았던 세목과 전체와의 의미론적 관계를 전제로 한다.

7) 예 a에서는 이미 전문어 개념(센터포드, 수비수)을 통해 일치하는 의미특징들(Seme)을 내포하고 있는 일종의 의미론적 어휘영역이 신호화된다. 두 번째 문장은 센터포드가 앞질러서 공을 소유한다는 것을 전제하여, 그래서 이 안에 의미론적 일치가 가정될 수 있다. b에서는 시간 수준에서뿐만 아니라 'aus dem Haus(집에서)'와 'in das Haus(집으로)'라는 의미론적 대립을 통해서 연결되고 있다.

8) 여기에서 어휘 'Geld(금)'는 'Bezahlung des Eintritts(입장료 지불)'을 내포하고 있으며, 이것은 다시 어휘소 'Kino(영화관)'와 동위소적이다. 또한 der Junge(소년): ihm(그에게) 사이에 지시동일성이 존재한다.

9) 여기서는 두 개의 의미론적 연결이 성립되고 있는데, 그 하나는 의미론적 축'에 의하여 동위소에 작용하는 형제들의 혈연적 결합이고, 다른 하나는 반의어적 동위소를 나타내는 'netter Mensch(친절한 사람)' : 'Lügner(거짓말 장이)'의 대립을 통해 연결되어 있다.
10) 질의-응답-연결은 의미론적 요소들이 독특한 해석을 요구하는 화용론의 특별한 연구대상이다. 모든 발화행위는 그 명제적 부분행위 안에서 의미론적 가정들에 기초하고 있다. 이러한 가정들은 여기에서 예 3과 유사한 의미관계를 나타낸다. 타인의 행위에 대한 질문(Was […] gemacht?(무엇을 […] 하였습니까?))는 응답에 있어서 세분화를 야기시킨다. (Kino gehen(극장에 가다)).
11) 의미연결은 'Peter(페터)' : 'Bruder(형/아우)' 및 'Mantel(외투)'에 의해 부여되어 있다.
12) 진술의 의미론적-통사론적 부분일치가 성립되는데, 이 경우에 부정은 또한 의미상 부분적으로 일치되는 주어의 교환에 근거를 두고 있다.

텍스트코헤렌쯔에 대한 H. Isenberg와 B. Sowinski의 견해는 – 비록 시간적인 차이가 얼마 나지 않음에도 불구하고 – R.-A. de Beaugrande/W. Dressler(1981)와 큰 차이가 있음을 알 수 있다. 이는 각각이 구조중심의 코헤렌쯔와 인지중심의 코헤렌쯔의 견해를 따르기 때문이다. 학자들 마다 다양한 개념의 코헤렌쯔가 가진 의미는 "언어학 외에서의 응집성[코헤렌쯔]", "체계중심의 응집성", "통보중심의 응집성", "인지중심의 응집성"을 구분하고 있는 이재원의 "응집성, 응집성들"(2001a)이라는 논문의 맺음말에 잘 나타나 있다: "'응집성' 이라는 용어는 원래 자연과학 및 철학에서 사용되었다. 그러다가 1970년대 이후에는 텍스트언어학이 붐을 이루면서 텍스트를 텍스트이게끔 만들어주는 성질인 '텍스트성'과 함께 텍스트언어학의 핵심 술어로서 자리잡게 되었다. 그러나 술어 '응집성'은 각 학파마다 그리고 각 학자마다 어느 정도 내용을 달리한다. 초기 W. Dressler에 있어서 텍스트응집성은 동위소와 구분 없이 사용되고, 이와 유사한 방향에 있는 K. Brinker에 있어서 텍스트응집성은 텍스트의 구조적 차원에서 발생한다. 즉 문법적·주제적 조건들이 텍스트를 응집적이게 하는 어떤 것이다. 이와는 달리 I. Bellert에 오면 전제가 중요한 텍스트응집성의 조건으로 대두되고, A. Linke 등은 텍스트응집성을 위한 - 위에서 열거한 - 이러한 여러 가지 조건들을 이종적으로 선택하여 나열식으로 기술한다. 또한 인지적 텍스트응집성 유형으로 분류된 R.-A. de Beaugrande/W. Dressler와 H. Strohner/G. Rickheit에 있어서의 텍스트응집성은 두 텍스트소가 동일한 의미소를 소유하고 있을 때 응집성을 지닌다는 초기 W. Dressler적 견해와는 상이한 의미를 지닌다. 즉 이들에 있어서 텍스트응집성은 일견 구체적인 언어학적 의미소의 차원이 아니라, 텍스트 수용자와 생산자들이 머릿속에 지니고 있는 지식 또는 개념의 차원, 언어라는 체계 안에서 여러 가지 차원들이 진행되면서 변화되어 가는 과정 자체를 말함이다. 그러나 이로써 응집성의 의미가 모든 학파나 학자들에 있어서 '응집적'이어야 한다는 것을 의미하지 않는다. 다시 말해서 여러 영역에서 술어의 전용은 늘 허용되어 있다. 그러나 각각의 학자들에 있어서 상이한 연구목표들을 위한 술어의 상이한 사용법은 늘 유념해야한다." (이재원 2001a: 185).

9.4 E. Coseriu의 어휘 연대(Lexikalische Solidaritäten)

E. Coseriu는 1981년에 기존의 텍스트언어학자, 이를 테면 W. Dressler(1973)나 S. J. Schmidt(1973) 또는 T. A. v. Dijk(1980) 등과는 다른 성격의 텍스트언어학 입문서를 저술하게 되지만(『텍스트언어학. 입문(Textlinguistik. Eine Einführung)』), 텍스트언어학에 대한 그의 관심은 1967년에 『시학. 어문학지(Poetica. Zeitschrift für Sprach- und Literaturwissenschaft)』 (293-303)에 게재되고 훗날 『텍스트언어학 강독(Lektürekolleg zur Textlinguistik)』. Band 2: Reader, Hrsg. von W. Kallmeyer, W. Klein, R. Meyer-Hermann, K. Netzer, H. J. Siebert, 1974: 74-86에 재수록 된 "어휘 연대"에 잘 나타나 있다. E. Coseriu는 이 논문에서 어휘연대의 출발점을 W. Porzig의 『언어의 경이(Das Wunder der Sprache)』(1950/1975: 68-70)에서 찾고 있는데, 이는 W. Porzig가 말하는 어휘 "내용의 결합성(inhaltliche Verbundenheit)" 또는 "본질적 의미관계(wesenhafte Bedeutungsbeziehungen)"이 자신의 어휘연대와 관련 있다는 것이다. 예를 들어 W. Porzig에 의한 bellen-Hund(짖다-개), wiehern-Pferd(울다-말), blühen-Pflanze(꽃피다-식물), fallen-Baum(벌채하다-나무) 등의 사이에서 확인할 수 있는 관계가 바로 그것이다. 또한

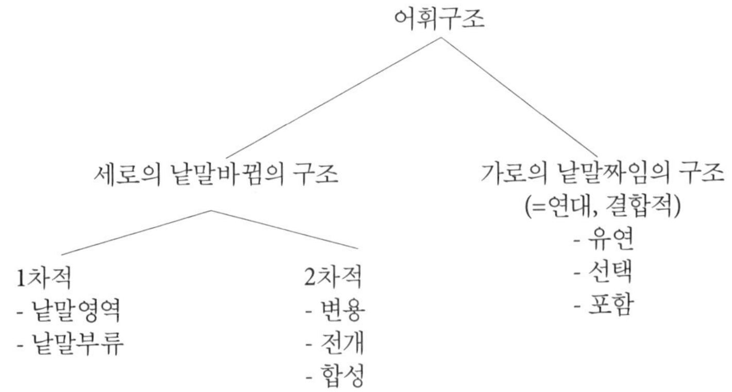

위의 책 2판에서 "'무엇으로써 깨무는가(beißen)?' 물론 이로(Zähne)로. '무엇으로 핥는가(lecken)?' 당연히 혀(Zunge)로. '무엇이 짖는가(bellen)?' 개(Hund)가. '무엇을 벌채하나(fallen)?' 나무(Bäume)를. '무엇이 금발인가(blond)?' 인간의 머리카락(Harr)이" 등의 관계에서 드러나는 어떤 것이다. J. Trier의 병렬개념밭과 조금 다르다는 W. Porzig의 "본질적 의미관련(wesenhafte Bedeutungsbeziehungen)"은 E. Coseriu에 의해서 일이나 물건에 관한 지식(Sachkenntnis)과 언어적 지식을 구분하지 못했다는 비판을 받는다. 예를 들어 W. Porzig의 다음과 주장이 바로 E. Coseriu의 어휘연대를 탄생시킬 수 밖에 없는 구절이라는 것이다: "눈은 희거나 더럽다. 나뭇잎은 푸른색이거나 시들었다. 또는 시들어 있으면 노랗거나 갈색이거나 붉은 색이다. 명사에 의해서 불리워진 대상은 여러 상황하에서 색채나 형태, 크기에 있어서는 대단히 다양하지만 그래도 일정한 범위에 한정된 성질을 가지고 있다." (W. Porzig 1950/1975: 124). 이러한 어휘들의 본질적 의미관련에 관한 사항들은 E. Coseriu에 의하면 이미 W. Porzig 자신이 언급한 'Hund-bellen(개-짖다)' 유형과 상관이 없음에도 불구하고 W. Porzig는 이 둘을 구분하지 않았다는 것이다. 이러한 그의 어휘 내용에 관한 결벽성은 『어휘의 구조적 고찰 입문(Introduction à l' etude structural du lexique. Einführung in die strukurelle Betrachtung des Wortschatzes』(1973)에 근거한 것인데, 이것은 언어의 의미내용 분석을 위한 전제조건으로 내건 여덟 가지의 목록(사물과 언어의 구분, 언어에서 설명어와 1차 언어의 구분, 1차 언어에서 통시태와 공시태의 구분, 공시태에서 되풀이된 말과 말의 방법 구분, 말의 방법에서 역사적 언어와 기능적 언어 구분, 기능적 언어에서 유형, 체계, 규범, 빠롤의 구분, 체계에서 명칭과 의미의 구분)에서 첫 번째에 해당되는 사항이다.

언어내용에 관한 지식과 일·물건에 관한 지식을 구분해야 한다는 E. Coseriu의 주장은 일리 있어 보인다. 여하튼 '눈이 희다'는 것과 '개가 짖는다'는 것과는 차이가 있기 때문이다. 이러한 견해를 토대로 E. Coseriu의 어휘연대는 "한 낱말이 하나의 부류(Klasse)와, 하나의 원어휘소(Archilexem) 또는 하나의 어휘소(Lexem)에 의해서 내용상으로 규정되는 것"(E. Coseriu 1974: 78)이라고 정의된다. 이때 어휘소는 "단일 낱말로서 존재하는 개개의 모든 단위"(E. Coseriu 1974: 76)이고, "한 낱말영역(Wortfeld)의 내용 전체에 상당하는 단위가 원어휘소"(E. Coseriu 1974: 76)이고, "낱말영역의 구조와 무관하고, 하나의 공통된 내용의 의미를 구별하는 특징으로써 관련되는 어휘소의 총체"(E. Coseriu 1974: 77)이다. J. Trier의 "낱말영역" 그리고 W. Porzig의 "본질적 의미관련"과 구분해서 낱말 사이의 의미적 관련성을 탐구하려는 E. Coseriu의 분투 노력은 충분히 이해가능하고 이러한 낱말 사이의 연관성이 텍스트언어학의 코헤지온 수단인 반복(Rekurrenz)이나 부분반복(Partielle Rekurrenz)과 관련성이 있어 보이는 것은 자명하다. 그러나 텍스트소 간의 관련성을 추정할 때 언어적 측면뿐만이 아니라, 논리적 요소 더 나아가 문화적 요소까지 들먹인다면 E. Coseriu의 어휘연대는 중요하기는 하지만 텍스트언어학의 큰 범위에서 볼 때는 제한적 역할 밖에 하지 못한다. 또는 그의 어휘연대가 문장초월적(transphrastisch)인 개념과도 연관을 짓지 못했다는 부분에서 텍스트언어학적 아쉬움이 남는다. 그럼에도 불구하고 그의 어휘소 구조가 다음과 같은 도표로 일목요연화 될 수 있다면(E. Coseriu 1978: 260), 그의 이론은 R. Harweg의 "통사관계(hintereinander)"와 "대체관계(statteinander)"개념과 관련있음에 틀림없다.

10. 텍스트테마

'테마' 또는 '텍스트테마'라는 명칭은 텍스트언어학에서 중의적으로 이해되는 중요한 개념 중의 하나이다. 첫째, '테마' 개념은 체코 Praha 학파의 '테마-레마-구조'에서 출발하여, 1970년도 F. Daneš의 다섯 가지 '테마전개(thematische Progression)' 유형 분류에서 꽃을 피웠던 '진술의 출발점' 또는 '구정보'로서 이해할 수 있고, 둘째로는 우리들이 일상적으로 사용하는 텍스트 '요약' 개념과 관련있다. 이 중에서 후자는 1985년도 K. Brinker에 의해 『언어학적 텍스트 분석(linguistische Textanalyse)』을 위해 사용되면서 텍스트의 구성 유형이 '기술형 주제전개 모형'과 '설명형 주제전개 모형' 그리고 '논증형 주제전개 모형'으로 구분되는 계기를 만들었다.

10.1 테마전개

Praha 학파는 1928년 네덜란드 Den Haag에서 열렸던 제1차 국제언어학자 대회에서 처음으로 알려지게 되었고, 1929년 이래로 기관지 『프라하 언어학 서클 논총(Travaux de Cercle Linguistique de Prague)』을 보유하게 되었다. 그 후에 이 기관지는 잡지 『말과 문학(Slovo a slovesnost)』에 의해서 보완되고, 제2차 세계대전 후에는 브라티스라바 언어학서클(Cercle Linguistique des Bratislava)이 브라티스라바에서 만들어졌으며, 잡지 『말과 형식(Slovo a tvar)』이 잠시동안 간행되었다. 이 학파에 속하는 학자들로는 체코의 V. Mathesius, B. Bavránek, B. Trnka, V. Skalicka가 있으며, 구소련의 학자로는 '음성학과 음운론을 엄격하게 구분'했던 『음운론 원리 (Grundzüge der Phonologie)』(1939)의 저자로 잘 알려진 N. S. Trubetzkoy와 언어학과 문학의 다리 역할 내지는 합방거처를 위해서 무던히도 노력했던 R. Jakobson이 있다. 이들의 강령은 B. Trnka 등이 1929년에 발표한 내용 속에 들어 있는데, 여기에서 언어학은 "어떤 목적에 알맞은 표현 수단의 체계"이며, 이로부터 "언어는 어떠한 요소도 체계 밖에서 관찰될 수 없다"는 사상이 생겨나게 된다. (G. Helbig 1970: 61 참조). F. de Saussure의 구조주의 강령을 추종한 듯한 이들의 이론을 좀더 구체적으로 말하면, 자신들이 발표한 '제1회 국제 슬라브학회의 Praha 언어학 서클의 테제들(Thesen des Prager Linguistenkreises zum I. Internationalen Slawistenkongress)'에서 "기능 체계로서의 언어(Sprache als funktionales System)"를 표방한다: "인간 행위의 산물로서 언어는 인간 행위와 마찬가지로 목적 지향적이다. 우리들이 언어를 행위의 산물로서 또는 의사소통의 산물로서 연구하게 되면, 화자의 의도가 가능하면 분명하고 간단하고 자연스럽게 표현될 것이다. 따라서 우리들은 언어분석에서 기능적 관점을 고려해야 한다. 이러한 관점하에서 언어는 특정한 목적을 지향하는 표현 수단의 체계이다. 어떤 언어적 실체도 이러한 체계의 고찰없이는 존재하지 않는다." (Thesen des Prager Linguistenkreises zum I. Internationalen Slawistenkongress 1929/1976: 43). 언듯 보게되면, 여기에는 그 이전까지 크게 관심을 끌지 못했던 현대 언어학의 화용론적 전환의 전초와 유사함도 스며있음을 알 수 있다. 이러한 과정을 거쳐서 V. Mathesius에 이르게 되면, 문법적 주어와 테마(구정보, 이전

정보)가 구분되는 데, 그에 의하면 테마는 발화의 기초(the basis of utterance)이고 출발점에서 화자에게 익숙한 어떤 것이다. (V. Mathesius 1929/1983: 127 참조). 그는 술어적 진술이 실제적으로 통사적 중요성을 가진다고 보는 반면에 테마를 대화의 중요한 항으로 간주했고, 문장에서 테마로 시작되는 '객관적(objektiv)' 배어법과 레마로 시작되는 '주관적(objektiv)' 배어법을 구분했다. 이러한 이분법이 통사론적이고 텍스트언어학적 흥미거리를 제공하고 있는데, 통사론적으로는 문장이 레마로부터 출발하는 것에 관심이 있고, 텍스트언어학적으로는 테마에서 문장이 출발하는 것과 관련된다. (V. Mathesius 1929/1983: 127 이하 참조). 이로부터 언어의 기능적 관점이 밝혀지게 되었고, 이러한 경향이 Praha 학파의 B. Trnka에 의해 '기능언어학'으로 불려지게 되었다. (G. Helbig 1970/1983: 61 참조). Praha 학파의 언어 기술에 있어서 기능적 방법의 예로서 '기능적 문장관점(Funktionale Satzperspektive)'이 대표적인데, 이에 대한 G. Helbig의 설명을 들어보자: "[기능적 문장관점은] 발화상황의 세 개의 요소(말하는 이, 듣는 이, 대상)와 K. Bühler의 오르가논 모델(Organon-Modell)을 기반으로 하여, V. Mathesius는 문장 전달기능의 목표는 새로운 정보를 전달한다고 하는 전제를 출발점으로 하고 있다. 따라서 문장은 이제 그 형식적 구조(문법적 주어 혹은 문법적 술어라고 하는 존재)에 의해서 분류되는 것이 아니고, 정보를 나타내는 구조에 의해서, 즉 어떤 문장 속에서 이미 알려진 정보가 무엇이고, 또한 새로운 정보가 무엇인가에 의해서 분류된다. 테마란 것은 문장 속에서 이미 알려진 것(즉 말하는 이에게 출발점이 되는 것)이며, 레마는 새로운 정보를 함유하는 것, 말하자면 정보전달의 핵심이 되는 것이다. 따라서 테마와 레마는, 19세기 사람들(G. v. D. Gabelenz와 H. Paul 등)이 심리적 주어와 술어라고 부른 것이 그 후에 발전된 것으로 간주할 수 있다. 낱말의 배어법 – 즉 문장 내에서 테마와 레마의 상대적 위치 – 은 문장의 기능적 투시도에서 가장 본질적인 형식적 표현이다." (G. Helbig 1970/1983: 74 이하).

10.2 테마 전개유형

텍스트를 정보의 단위, 즉 '구정보(Thema)의 연결체'나 '구정보의 고리' 또는 '진술의 출발점의 고리'로 이해하는 방식이 존재 할 수 있다. 즉, 하나의 문장 안에 구정보와 신정보가 혼합되어 있다는 것이다. 이때 구정보가 필요한 이유는 화·청자나 작·독자가 의사소통의 발판을 마련하기 위해서라는 것이다. V. Mathesius에 의해 기초가 다져진 Praha 학파의 기능 문법이 그러한데, 1960년대 말부터 F. Daneš(1968, 1970)는 주제 개념을 어떤 것이 전달되는 것으로 이해했다. 이러한 견해는 F. Daneš 이전에 Praha 학파의 일원이었던 J. Firbas(1964)도 가지고 있었는데, 그는 문장의 테마(구정보)가 텍스트구조 형성을 위해서 특히 중요하다고 생각했다. 왜냐하면 이러한 테마는 '정보부담(Informationsbelastung)'이 적기 때문이다. (H.-W. Eroms 2000: 41 참조). F. Daneš는 이제 텍스트구조를 "주제들의 계기 구조"라고 주장하면서, 문장 중심의 텍스트구조 개념을 거부한다: "이러한 관점에서 모든 텍스트는 테마의 고리로 파악될 수 있다. 텍스트의 실제적 테마 구조는 테마 고리와 연결(Verkettung und Konnexität), 테마의 교체관계(Wechselbeziehung)와 계층구조, 텍스트 단락들과 텍스트 전체 및 상황과의 관계로 이루어져 있다." (F. Daneš 1970: 74). 텍스트에 등장하는 이러한 전체적 복합체를 F. Daneš는 '주제전개(thematische Progression)'라고 명명하고 다섯 가지의 상이한 유형을 구분했다.

(1) 단순 선형식 주제전개

> Alle Stoffe bestehen aus Atomen. Diese kleinen Teilchen der Materie sind aber noch nicht die letzten Einheiten. (모든 물질들(Stoffe)은 원자로 구성되어 있다. 그러나 이러한 물질(Materie)의 가장 작은 단위는 아직도 최종단위가 아니다.)

이 전개유형에서 첫 번째 문장의 레마는 두 번째 문장의 테마가 된다. 이를 도표로 표시하면 다음과 같다.

```
T1 → R1
      ↓
     T2(=R1) → R2
                 ↓
                T3(=R2) → R3
                          [⋯]
```

(2) 주제 관통식 전개유형

Goethe war überzeugt von dem Fortschritt der menschlichen Entwicklung. Er trat für die Erziehung des Menschengeschlechts zur friedlichen Entwicklung ein [⋯] Sein Humanismus ging aus [⋯] Der Dichter nannte sich [⋯] (J. W. v. Goethe는 인간 발전의 진보에 대해 확신을 가지고 있었다. 그는 평화로운 발전에 대한 인류 교육을 위한 발걸음을 내딛었다 [⋯] 그의 휴머니즘은 [⋯] 에서 유래했다. 그 시인은 [⋯] 라고 불리워졌다.)

여기서 전체 문장의 주제는 달라지지 않는다. 각각의 문장에는 새로운 설명부만 추가 된다. 이를 도표로 표시하면 다음과 같다.

```
(T1 → R1)
       ↓
      T2 (=R1) → R2

      T2 (=R1) → R3

      T2 (=R1) → R4
```

(3) 상위주제 파생식 주제전개

Die sozialistische Republik Rumänien liegt [⋯] Die Bodenfläche des Landes beträgt [⋯] Seine Bevölkerungszahl [⋯] Die Staatsgrenze hat eine Gesamtlänge von [⋯] (사회주의 공화국인 루마니아는 [⋯] 위치해 있다. 이 나라의 면적은 [⋯] 에 달한다. 이 나라의 인구는 [⋯] 국경의 길이는 [⋯] 이다.)

여기서는 하나의 상위주제('루마니아')에서 하위 주제들(각 문장의 주제들)이 파생된다.

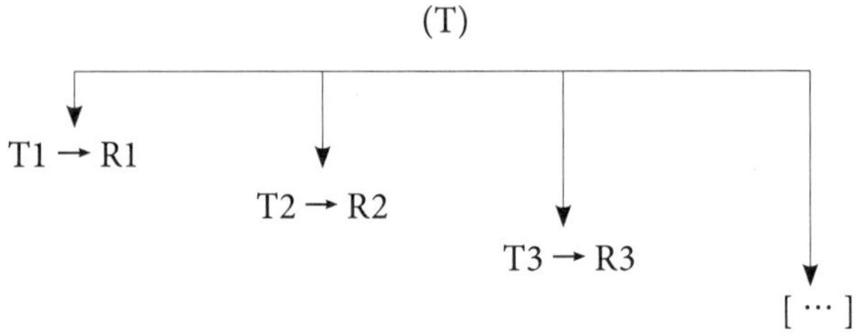

(4) 설명부 분열식 주제구조

Die widerstandsfähigkeit in Fuechter und trockener Luft ist bei verschiedenen Arten pathologener Viren sehr unterschiedlich. Poliomyelitisviren sterben in trockener Luft sofort ab […] bei Grippenviren ist es hingegen umgekehrt. (병리학적 바이러스의 습하고 건조한 공기에서의 생존능력은 아주 다양하다. 급성회백수염을 일으키는 바이러스는 건조한 공기에서는 금방 죽어버린다. 이와 달리 독감 바이러스는 그 반대이다.)

여기서는 형식적이거나 복잡한 레마가 펼쳐진다. 즉, 첫 번째 레마는 두 개 또는 다수의 테마를 잠재적으로 소유하고 있다.

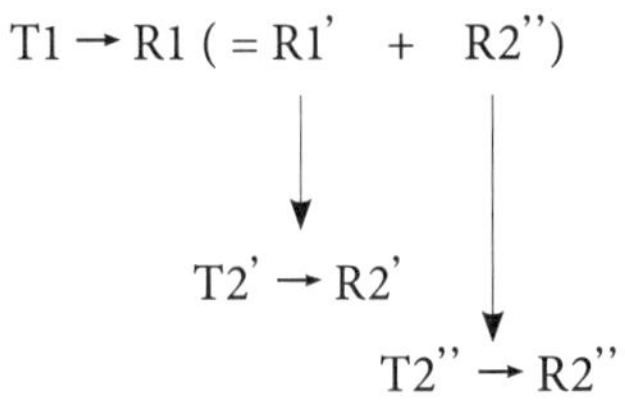

(5) 비약식 주제전개

맥락을 통해서 보충될 수 있는 핵심 주제 성분은 생략된다. F. Daneš 는 이 유형에 대한 예를 언급하지 않았는데, K. Brinker(1985: 46)는 다음과 같은 예를 가지고 이를 보충하고 있다.

> Hans(T1) wurde in ein dunkles Zimmer(R1) geführt. Es(T2=R1) war mir wertvollen Möbeln(R2) ausgeschattet. Die Teppiche(T4) zeigten Farben(R4). (한스(T1)는 어두운 방(R2)으로 안내되었다. 그것(T2=R1)은 값비싼 가구들(R2)로 장식되어 있었다. 양탄자(T4)는 현란하게(R4) 보였다.)

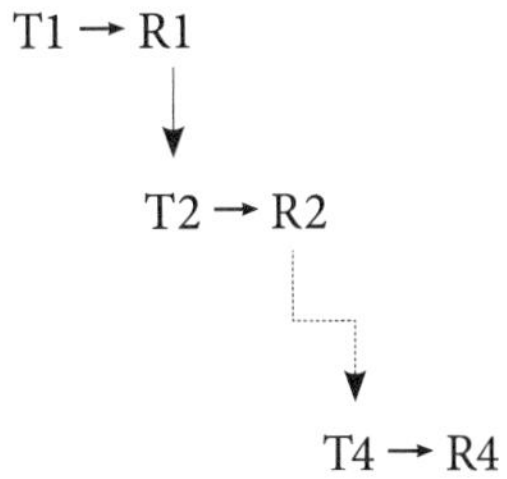

이런 식의 텍스트테마의 전개유형들은 훗날에 많은 비약을 경험하게 되는데, J.-W. Lee(2002: 183 이하 참조)의 논문에서도 그러한 예들이 발견된다. 이를 테면,

(6) 메타 성격의 테마전개 유형 (Thema als Meta-Charakter)

(i) Das Horstmarer Unternehmen Schmitzanhänger [T1] will nach kräftigen Gewinn- und Umsatzzuwächsen „in drei bis vier Jahren börsenfähig sein" [R1].

(ii) Das [T2 (T1 + R1)] kündigte das Unternehmen gestern in Münster an [R2].[1]

---

1) 베스트팔렌 신문(Westfälische Nachrichten): 1977년 11월 28일.

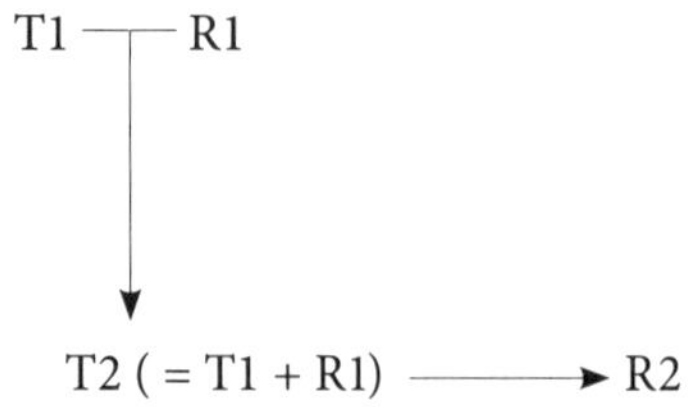

첫 번째 문장 (i)의 테마는 Das Horstmarer Unternehmen Schmitzanhänger 이다. 그러나 뒤따르는 문장 (ii)의 대명사 Das는 테마도 아니고 레마도 아니고, 차라리 첫 번째 문장 전체를 받는 것으로 간주해야 한다. 그래서 이를 '메타 성격의 테마 전개유형'이라고 할 수 있다. 이러한 유형은 신문기사문에서 자주 발견된다.

(7) 전방관련 텍스트전개유형 (Textprogression mit Vorwärtsverflechtung)

이 유형은 어떤 문장이 이전의 텍스트에서 아무런 연관요소가 없지만 후행 문장과 연관성이 있는 경우를 말한다.

(i) Es gleicht einer Satire. (ii) Da erläßt Bonn eine Fahrverbotsregelung [...] (iii) und noch am gleichen Tag gibt das Bayrische Innenministerium Tips für die Umgebung eben dieser neuen Vorschrift.

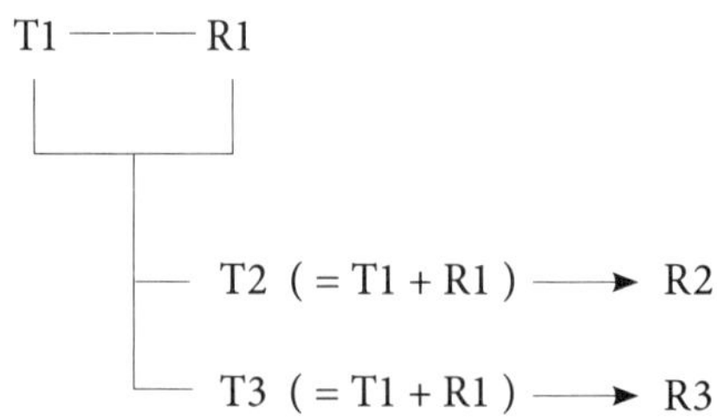

여기서 문장 (ii)와 (iii)의 합이 직접적으로 문장 (i)과 관련되어 있다.

(8) 그 밖의 유형들

이 외에도 E. Morgenthaler(1980)는 F. Daneš에 등장하지 않는 다음과 같은 여러가지 유형들을 소개하고 있다.[2)]

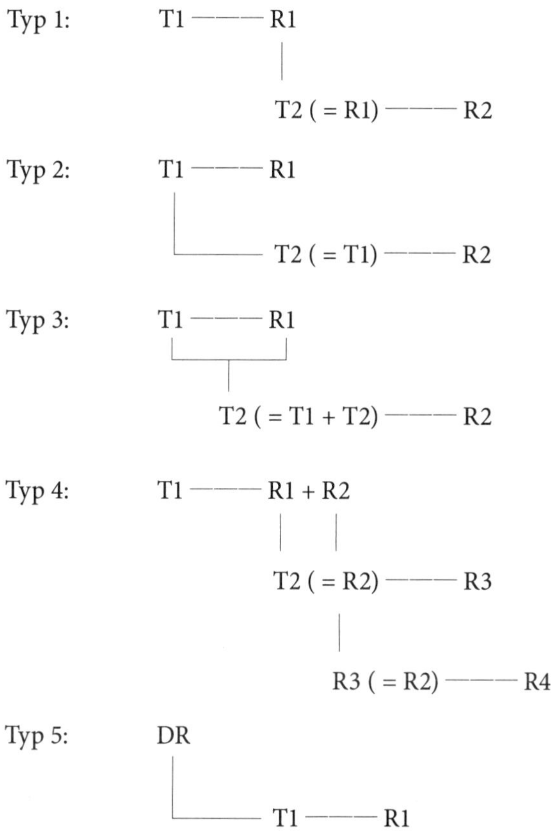

그러나 F. Daneš와 E. Morgenthaler 등은 이러한 테마 전개 유형들이 순수한 형태로 텍스트에 나타나지 않는다는 사실을 잘 알고 있었다. 일반적으로 텍스트의 복잡성에 비추어 볼 때, 이러한 유형들이 다양하게 혼합되어 나타나지만, 그럼에도 불구하고 우리들은 특정한 텍스트유형에서 특정한 테마전개 유형

2) E. Morgenthaler (1980: 146 이하).

이 지배적일 것이라는 것은 추측할 수 있다. K. Brinker(1985: 46 이하 참조)에 있어서도 이러한 생각은 변함이 없다. 그러나 그는 이러한 주제 전개개념이 가진 다음과 같은 많은 문제점을 지적한다. 예를 들어, 이들 유형이 일사분란하게 열을 지어서 텍스트에 등장하는 것이 아니고, 혼재적으로 조합되어 나타난다는 것이 그러하고, 상호주관적으로 주제부와 설명부를 명확히 구분할 수 있는 장치가 마련되어 있지 않다는 것이다. 또한 F. Daneš가 주제부와 설명부를 구분할 수 있는 '보충질문법'을 만들었다지만, K. Brinker에 의하면 이것은 주제부-설명부의 구분을 위해서는 전혀 어울리지 않는다는 것이다.

> "그는 한 동료로부터 그 책을 받았다. – 누구로부터 그 책을 받았는가? (Er bekam das Buch von einem Kollegen. Von wem bekam er das Buch?
> 첫째 문장의 보족어 '한 동료로부터'는 F. Daneš에 따르면 설명부를 이룬다. 반면에 진술의 나머지는 주제부를 서술하고 있다. 그러나 다음과 같은 질문도 가능하다: 무엇을 그는 한 동료로부터 받았는가? (Was bekam er von einem Kollegen?). 이 질문의 '그 책을'은 설명부가 될 것이다." (K. Brinker 1985: 46 이하).

또한 이러한 테마-레마 전개 개념은 E. Gülich/W. Raible(1977)에 의해서도 비판받는데, 이들은 이 이론을 『K씨의 애완동물(Herrn K.s Lieblingstier)』에 적용시켰을 때, "명백하고 추종할만한 정의 기준의 결여는 드물지 않게 주제부-설명부 구조를 찾아내기 어렵게 만들수 있다"(E. Gülich/W. Raible 1977: 83)는 결론을 내리고 있다. '정보' 개념이 명확하게 서 있지 않은 상태에서 F. Daneš의 '주제' 개념은 '의미론적, 의사소통적, 화용론적' 개념이 섞인 것으로 주제 개념의 불분명한 위상에 대한 비판을 받게 됨은 당연할 수 있다. 그래서 K. Brinker(1985)는 F. Daneš(1970)와 구분되는 주제 전개 개념을 들고 있는데, 그것이 바로 "텍스트 내용의 핵심으로서의 주제" 개념이자 텍스트 "내용의 최선의 요약"(K. Brinker 1985: 51)이다. 그래서 K. Brinker 자신이 언급하듯이 텍스트테마는 T. A. v. Dijk의 거시구조와 관련도 있을 수 있다. 그래서 K. Brinker가 중시했던 텍스트테마 추출법의 가장 중요한 기제는 – 우리들이 텍스트코헤지온과 텍스트코헤렌쯔 수단과의 유사성을 가늠했던 – 재수용(Wiederaufnahme) 원칙, 그리고 핵심주제와 주변 주제를 구분할 수 있다는 '유도 가능성의 원칙'과 '양립성의 원칙'이다. (K. Brinker 1985: 50 이하 참조). 그는 이러한 원칙을 사용하여 신문 기사문을 요약하고, 나중에는 주제전개 모형을, 텍스트종류에 따라 기술형, 설명형, 논증형으로 구분한다. 이것을 또 다른 차원에서 견주면, T. A. van Dijk에 의한 텍스트의 초시구조(Superstruktur)와도 비견될 수 있겠다. (K. Brinker 1985: 59 이하).

11. 텍스트화용론

텍스트화용론은 텍스트문법이나 텍스트의미론 그리고 텍스트테마와는 구분되는 영역이지만, 텍스트언어학 초창기에 이러한 개념 구분은 분명하지 않았다. 이를 테면 R. Harweg(1968)에서는 이 개념이 사용되지 않았고, 내용적으로는 텍스트화용론의 방향에 서 있는 S. J. Schmidt의 『텍스트 이론(Texttheorie)』(1973)에서도 이 개념은 등장하지 않았다. 단지 '화용론적 텍스트 개념(pragmatischer Textbegriff)'이라는 술어가 W. Kummer(1971)의 텍스트 이론을 설명하기 위해서 한 번 등장할 뿐이다. (S. J. Schmidt 1973: 159 참소). 그러나 W. Dressler(1973)는 텍스트문법과 동등한 위치에 텍스트화용론을 위치시키는데, 그는 D. Wunderlich(1971)의 논문 "화용론, 말하기 상황, 직시(Pragmatik, Sprechsituation, Deixis)"에 기대서 텍스트화용론을 설명하고 있다. 즉, 화용론과 관련있는 통보상황에는 "송신자, 수신자, 송신 시간, 장소, 송신자의 감각공간, 통사 음운론적 형식 내에서 발화, 인지 내용, 송신자의 지식과 능력에 대한 전제, 수신자의 가정에 대한 송신자의 가정에 대한 전제, 수신자가 있는 장소와 감각 공간에 대한 송신자의 가정에 대한 전제, 더욱이 송신자의 의도와 송신자와 수신자 사이의 상호관계"(W. Dressler 1973: 93) 등이 있다는 것이다. 그래서 그는 통보상황을 설명하기 위해 J. L. Austin(1962/1994)의 언표내적 힘(illocutionary force)과 J. R. Searl(1969)의 화행분류 그리고 P. Grice(1975)의 대화논리(The logic of conversation)와 협력원칙(cooperative principle)에 기대기도 한다. 또한 텍스트 분석을 위해서 동역학(Kinetik)이나 텍스트사회학(Textsoziologie) 또는 텍스트의 사회학(Soziologie der Text)이 필요한 것에 대해서도 언급한다. (W. Dressler 1973: 94 이하 참조). 그럼에도 불구하고 그는 좀더 세분화된 텍스트화용론적 연구 범위를 언급하고 있지 않다. 이와 달리 B. Sowinski(1983)에 이르면 텍스트화용론의 연구범위가 좀 더 구체적으로 드러나기 시작하고, 이 분야가 텍스트의미론과 텍스트문법보다 더 중요시 된다. 이러한 사실은 이 항목이 나머지 두 항목보다도 앞서 설명되는 것에서도 알 수 있다. 그는 우선 R.-A. de Beaugrande/W. Dressler(1981)의 일곱가지 텍스트성에 속하는 의도성(Intentionalität)과 상황성(Situationalität)을 텍스트화용론에 소속시키고, 이를 위해서 의사소통 개념(이를 테면 1940년대 후반에 발표된 C. E. Shannon/W. Weaver의 의사소통모델)을 장황하게 설명하고, K. Bühler(1934/1982)의 오르가논 모델에 대해서도 언급한다. 흥미로운 것은 특정한 언어기능을 암시해 주는 지표를 언급했다는 사실이다. 예를 들어, "만약 'Mir gefällt das Bild im ersten Zimmer(첫 번째 방에 있는 저 그림이 내 맘에 들어)' 혹은 'Ich fahre gerne zur Universität(나는 대학에 가는 것을 좋아해)'처럼 화자가 스스로 주장한다면, '지시적 언어기능'은 '표현적 언어기능' 혹은 '정서적 언어기능'으로 대체된다. 이에 대해 '유발적(conative)언어기능'이나 '직접적 언어기능' 혹은 '호소적 언어기능'의 우세성은, 대화 상대자와 관련이 노출되는, " 'Siehst du das Bild im ersten Zimmer(너 첫 번째 방에 있는 저 그림 보고 있니)?' 혹은 'Fährt Otto zur Universität?(Otto는 대학에 가니?)'와 같은 문장에 있다." (B. Sowinski 1973: 70 이하). 그러나 B. Sowinski가 이 책을 저술할 무렵 (텍스트)언어학의 연구방향이 체계중심 언어학에서 화용론적 언어학 또는 언어학적 화용론으로 이행될 것이라는 정확한 예측을 하였지만, 텍스트화용론의 구체적인 연구 사례들을 언급하지는 않았다. 단지 그는 B. Schlieben-Lange(1975)가 화용론을 삼분한 것(1. 기호사용의 학설, 2. 대화 언어학, 3. 발화행위 이론), P. Hartmann의 텍스트 정의 ("텍스트는 원초적 기호"), L. Wittgenstein과 J. L. Austin 그리고 J. R. Searle의 언어행위 개념 등을 설명하는 것에만 머물렀다. (B. Sowinski 1983: 73 이하 참조). 다시 말해서, 텍스트화용론의 핵심일 수 있는 텍스트가 언어 행위의 연쇄라는 주장에는 아직 이르지 못했다고 할 수 있다. 그러나 이러한 텍스트화용론 또는 행위 중심 텍스트언어학적 연구들은 1970년대 들어오면서 텍스트 연구의 큰 흐름을 차지한다. 특히 다음 절에서 다루어지는 J. Frese나 G. Ungeheuer 그리고 S. J. Schmidt와 같은 텍스트언어학자는 이 시기를 대표하는 행위 중심 텍스트언어학자로 분류된다.

11.1 J. Frese의 언어행위이론

J. Frese는 언어행위이론(Theorie der Sprachhandlung)을 토대로 텍스트언어학의 방향을 잡으려고 시도하는데, 이러한 그의 노력은 사회철학적 문제 제기에서 비롯된다. 그에 의하면 언어적 행위와 비언어적 행위는 사회적 상호작용의 형식(Formen sozialer Interaktion)으로 이해된다는 것이다. 그래서 그의 논문 제목도 "행위하기에 대한 은유로서의 말하기(Sprechen als Metapher für Handeln)"(1974)[1]이다. J. Frese의 문장과 행위에 대한 서술의 비교는 다음과 같은 개념쌍을 형성한다.

행위(하기)(Handeln) – 말하기(Sprechen), 쓰기(Schreiben)
행위(Handlung) – 문장(Satz)
일어난 것(Geschehes) – 말해진 것(Gesprochenes)
상황(Situation) – Textstelle(텍스트 위치)
상황유형(Situationstyp) (예를 들어, 역할나눔(Rollensegment) – 텍스트유형(Texttyp) (예를 들어, 인물, 말터(Topos)[2], 문장구성형식(Satzbauform) 등
흥미(Interesse) – 의도(Intension)

1) 이 논문은 원래 1966년 10월에 독일 Heidelberg에서 거행된 "제8회 독일철학학회(VIII. Deutschen Kongreß für Philosophie)"에서 강연된 것을 글로 옮긴 것이다. P. Hartmann의 "Text, Texte, Klassen von Texten"이 1964년에 출간된 것을 감안하면, 이 발표문은 행위 중심 텍스트언어학의 초창기 논의에 속한다고 볼 수 있다. 논문의 형식으로는 H.-G. Gadamer(1967)가 편집한 "언어의 문제(Das Problem der Sprache)"(45-55)에 수록되었다.

2) 이것은 고대 수사학의 핵심 개념 중의 하나이다. 박삼열은 말터를 다음과 같이 간략하게 정의한다: "연설가가 주제를 갖고 빈틈없이 제한된 명제를 변환시킨다면, 일단 그는 그 주제를 발전시키기 위한 작업을 하게 된다. 만약 연설가가 설득력 있는 화법을 가지고 있다면 다음으로 주제를 발전시킬 '논거들'을 찾아야만 한다. 특히 연설가가 이성적 호소의 사용을 결정한다면 논거를 귀납이나 추론으로 발전시키게 된다. 연설가가 추론으로 주장하려 한다면 변증법적 추론이나 이와 비슷한 엔튀메마에 의지하게 된다. 그가 귀납적으로 주장하려 한다면 그는 변증법의 귀납법이나 혹은 수사학의 실례에 의지하게 된다. 그러나 로고스든 파토스든 호소하는 모든 방식에서 논증하는 사람은 말하려는 실제 내용을 갖고 있어야만 하며, 그것을 찾아내야만 한다. 이 작업이 없다면 실제적인 상황에서 수사추론이 무용지물이 되고 말 것이기 때문이다. 이것은 변증법적 상황에서도 마찬가지다. 그 말하려는 것의 원천적인 역할을 하는 것이 토포스다." (박삼열 2011: 363 이하).

목표(Zweck) – 의의(Sinn)
(J. Frese 1974: 9).

J. Frese의 이런 견해가 등장한 배경에는 행위 유형(Handlungssorte)인 말하기를 행위모델로 선정하려는 것에 있다. J. Frese에 기대면, 말하기라는 행위 유형은 습득행위(Aneigungshandlung)와 교환행위(Tauschhandlung) 같은 경제적 행위 모델과 다른 장점이 있는데, 그것은 바로 말하기 행위유형을 문맥(Kontext)과 연관지어 설명할 수 있다는 것이다. 그래서 그는 '행위'를 광의의 의미에서 '말하기'로 정의한다. 이러한 은유적 정의는 말하기의 기술이나 행위의 기술이 상응하다는 것을 의미한다. 그러나 문장과 행위가 전체적인 말하기와 행동하기에서 고립되어 고찰될 수 있다는 J. Frese의 함축은 텍스트언어학적으로는 받아들이기 힘들다. 왜냐하면 문장의 형태로 존재하지 않는 행위들도 있기 때문이다. 그럼에도 불구하고 J. Frese는 고립될 수 있는 언어 행위단위가 주어진 행위의 가능성들 중의 하나를 실현시키고, "앞으로 또는 뒤로" 지시함에 의해서 문맥을 형성한다고 주장한 사실이 텍스트언어학적으로 중요하다. 그래서 J. Frese에 있어서 어떤 문장의 의의(Sinn)는 비언어적인 행위나 의식행위를 가지고 언어적으로 자기의 문맥 내에서 그 문장을 계속적으로 진행되게 하는 가능성의 전체이다.

11.2 G. Ungeheuer의 언어적 의사소통

J. Frese와는 달리 소통이론가(Kommunkationstheoretiker)인 G. Ungeheuer는 제스처나 흉내와 같은 비언어적 의사소통에는 관심이 없고, 의사소통을 의사소통 파트너의 내적 행동(inneres Verhalten = 감정과 사고)과 외적 행동(äußeres Verhalten = 관찰 가능한 행동(beobachtbare Handlungen))으로 구성된 것으로 이해한다. 따라서 "언어적 의사소통의 양상들(Aspekte sprachlicher Kommunikation)"에서 나타난 그의 작업은 경험론적 토대를 가지고 있다. 후대의 행위론과 텍스트언어학에 견주면, G. Ungeheuer의 이러한 구상에서는 용어사용, 즉 행위와 행동의 명확한 구분이 이루어지지 않은 것으로 여겨진다. 왜냐하면 후대에 와서는 언어학에서 관심 있고, 논의될 가치 있는 것은 '행동'이 아닌 '행위'로 압축되기 때문이다. 여하튼 G. Ungeheuer에 있어서 모든 의사소통은 하나의 과정(Prozeß)이다. 또한 이러한 과정은 고립되어 존재하는 것이 아니고 언제나 사회와 관련되어 존재한다. 이러한 언어행위의 과정적 성질에 대한 견해는 S. J. Schmidt의 텍스트(이)론(Texttheorie)의 토대가 된다. 그의 『텍스트 이론』(1973)은 의사소통 중심 언어학으로 간주될 수 있는데, 그의 관심은 추상적 체계(ein abstraktes System)로서의 언어가 아니라, 사회적 행위 형식(soziale Handlungsform)으로서의 언어이다. 그래서 그의 텍스트는 의사소통 상황에서 등장하는 "기능 내에서의 텍스트(Texte-in-Funktion)"이고 "기능 내에서의 발화들(Äußerungsmenge in Funktion)"이다. 그래서 S. J. Schmidt의 이론은 체계 중심 텍스트언어학의 중요 이슈였던 텍스트를 "문장들의 코헤렌쯔 고리(kohärente Folge von Sätzen)"로 간주하던 당시의 주류적인 견해와 구분되었다. S. J. Schmidt의 이러한 견해는 1971년에 등장하게 되는 N. Luhmann의 이론에 영향을 받은 바가 크다. 왜냐하면 그가 텍스트언어학을 벗어나서 '급진적 구성주의(Der radikale Konstruktivismus)'로 향할 때에도 N. Luhmann의 체계이론(Systemtheorie)은 큰 영향을 미치기 때문이다.

11.3 W. Motsch/D. Viehweger(1981)의 '화용적 연결(pragmatische Verknüpfung)'

W. Motsch/D. Viehweger의 논문 "언어행위와 문장 그리고 텍스트(Sprachhandlung, Satz und Text)"에서는 제목에서 보여지는 것처럼 문장보다 언어행위가 우선이다. 이들의 연구 출발점은 J. L. Austin(1962)과 J. R. Searle(1969/1971)에 의해서 기초가 다져진 언어행위론(Sprechakttheorie)이다. 그러나 W. Motsch/D. Viehweger는 이들이 추구했던 행위 범주와 언어 표현 사이의 관련점을 넘어서 언어행위들이 뭉쳐져 있는, 다시 말해서 연결되어 있는 복합 언어행위가 관심꺼리이다: "복합 언어 행위는 어떻게 구조화 되어 있는가? 문법적 술어 내에서 기술된 어떠한 언어체가 독자적인 행위의 수단으로 이용되는가? 또는 문법적 술어 내에서 기술된 어떤 언어체가 복합 언어 행위의 부분행위로 이용되는가?" (W. Motsch/D. Viehweger 1987: 1). 사실 이러한 견해는 이들에 의해서 최초로 만들어진 것은 아니었다. 텍스트언어학사를 자세히 살펴보면, U. Maas/D. Wunderlich(1972), B. Sandig(1973), H. Isenberg(1974, 1976), D. Wunderlich(1976), W. Koch/I. Rosengren/M. Schonebohm(1978) 등이 이런 방식의 연구에 관심을 가지고 있었음을 알 수 있다. 예를 들어, 스웨덴 Lund 심포지움의 결과물 중의 하나인 W. Koch 등의 연구에는 임의의 발화 뭉치들을 텍스트로 만들어주는 기제에는 순수한 언어 차원과 발화수반의 차원 그리고 테마의 차원이 있어야 한다는 사실이 포함되어 있다. 그러나 그중에서도 W. Motsch/D. Viehweger에 의한 행위 사슬을 이용한 호소문의 분석은 아주 구체적이고 분명하다. 이들은 복합 발화에서 연쇄가 어떻게 이루어지고, 그러한 복합 발화에서 어떤 발화가 가장 핵심발화로 인정되는가를 다음과 같은 예에 기대어 설명한다. (W. Motsch/D. Viehweger 1981: 12).

(a) 너 저기에 그 망치 보이지? (질문)

(b) 그거 원탁 위에 있는데. (진술)

(c) 미안하지만 그걸 내게 좀 갖다줘! (요구)

이러한 문장들은 공지시나 조응어 등에 의해서 하나의 고리가 형성된 미니 텍스트가 될 수 있다. 그러나 이들에게 있어서는 그러한 구조적이고 문법적인 차원을 넘어선 행위의 사슬로 이 발화 뭉치들을 보는 것이 중요하다. 일반적으로 위의 예에서는 '질문'과 '진술'을 하위에 두는 '요구'로 이해하게 되는 특별한 연결형태가 있다는 것인데, 이들은 이것을 '화용적 연결(pragmatische Verknüpfung)'(W. Motsch/D. Viehweger 1981: 12)이라고 구체적으로 명명한다. 다시 말해서 위의 세 가지 행위 사슬에서도 어떤 위계구조(hierarchische Struktur)가 있다는 것이다. 그래서 이들은 화용적 연결과 텍스트의 전체 구조가 완성되는 형태를 다음처럼 설명하고 있다: "텍스트는 문장 복합체나 문장들의 화용적 연결에 의해서 완성되는 구조를 가질 수 있다. 화용적 연결은 부분 발화사이의 연결이다. 이러한 부분 발화는 지배적인 부분 발화의 행위 유형의 토대에서 하위 부분 발화로 파생된다. 다른 말로 표현하면, 텍스트구조는 행위 유형들과 결합된 특정한 전제들이 문장이나 문장복합체에 의해서 명시적으로 파생됨에 의해서 규정될 수 있다. 따라서 텍스트의 전체 목표는 전체 목표를 실현하기 위해서 전제되는 부분 목표에 의해서 실현된다. 화용적 연결의 토대에서 텍스트구조가 세부적으로 어떻게 얻어지는지에 대해서는 오직 폭넓은 경험적 연구만이 말해 줄 수 있다." (W. Motsch/D. Viehweger 1981: 14). 이러한 논의를 토대로 이들은 다음과 같은 하나의 문어 텍스트(호소문)에 기대어 자신들의 가정을 증명하려 든다. (W. Motsch/D. Viehweger 1981: 15 이하).

독일공산당:
새로운 미국 로켓에 의한 커다란 위험
[독일공산당] 당수가 서독에서 공적으로 호소하다

뒤셀도르프. 독일공산당 당수는 4차 회담을 하던 주말에 공적으로 서독에 호소했다. 그 호소문은 월요일 아침부터 거대 공단지역 중심부에, 대학에 그리고 노동자 주거지역에 살포되었다. 그 내용은 다음과 같다.

I

A

(1) 우리나라에 큰 위험이 도래했습니다:

(2) 미국이 신형 원폭로켓을 만들고 있습니다.

(3) 나토는 유럽에 있는 대부분의 국가들이 소련에 반대하는 태도를 취하기로 결정했습니다.

(4) 독일은 나토협의회 결정에 동의했습니다.

(5) 독일은 이웃 국가들에게 압력을 행사했습니다.

(6) 기민당과 기사당 그리고 슈트라우스는 이것을 환영했습니다.

B

(7) 그 결과들은 여러 가지로 위험합니다:

(8) 새롭게 경쟁적인 군비경쟁이 시작됩니다 - 그리고 우리들은 이 댓가를 지불해야 합니다.

C

(9) 전쟁의 위험이 높아집니다 - 그리고 우리들은 위험을 감수해야 합니다.

(10) 신형 원폭로켓들은 '선제 폭격'의 무기입니다. 즉 공격무기입니다.

(11) 피할 수 없는 역습이 우리를 향하고 있습니다.

D

(12) 긴장완화는 저지됩니다.

(13) 군비이익과 '전진전략'에 있어서 긴장완화의 장점들이 위험에 처하게 되고, 냉전으로의 후퇴가 예상됩니다.

II

E

(14) 나토가 '군비증강'을 해야만 한다는 것은 거짓입니다.

(15) 미국과 본 정부의 장성들 그리고 군비 증강 마피아에게는 정치적 숙고가

중요합니다.

(16) 소련이 우리를 위협한다는 것은 거짓입니다.

(17) 소련은 협상카드와 일방적인 자신의 군비 축소안을 가지고 군비축소를 시작하겠다는 기회를 주었습니다.

(18) 이제 협상이 좀 더 쉬워 보일 것이라는 사실은 거짓입니다.

(19) 누가 새로운 원자 무기개발을 결정하게 되면 협상은 결렬됩니다.

(20) 누가 '강자의 입장'에서 협상을 하려고 한다면, 그는 공갈꾼처럼 일을 하는 것입니다.

III

H

(21) 독일연방정부는 미국의 신형 원폭로켓에 대해 긍정함으로써 군비축소를 위한 커다란 기회를 날려버렸습니다.

(22) 기민당/기사당, 사민당 그리고 자민당은 국가 이익에 반하는 행동을 하고 있습니다.

(23) 이들에게는 워싱턴의 소망이 우리의 안전보다도 중요합니다.

IV

I

(24) 독일공산당은 독일에 있는 모든 평화주의자들에게 호소합니다:

(25) 나토의 결정이 실현되지 말아야 합니다.

(26) 우리나라에서 나토의 원자무기는 없어져야 합니다.

V

(27) 이것이 국가 정치입니다.

(28) 이것은 우리의 안전에 기여하고, 이것이 평화에 기여합니다!

(29) 이에 대한 저항이 거세지면, 그리고 평화를 사랑하는 모든 시민이 공동으로 행동하게 되면, 위험한 나토의 계획은 무산될 수 있습니다!

VI

J

(30) 많은 국민들의 저항이 살인적인 중성자탄을 방어하는지에 따라서

(31) 우리들도 퍼싱II 미사일과 크루즈 미사일을 멀리할 수 있습니다!

VII

K

(32) 이러한 것들이 지금 중요시되는 요구입니다:

(33) 미국의 중거리 로켓이 독일에 설치되면 안됩니다!

L

(34) 다른 모든 원자무기들은 우리 영토에서 제거되어야 합니다!

M

(35) 서독은 군사적 긴장 완화와 무기감축을 위한 전유럽 회의의 지체 없는 참가준비에 대해서 설명해야 합니다!

(36) 무기예산안 감축!

(37) 이것이 실행되어야 합니다.

VIII

N

(38) 이를 위해서는 싸우는 것은 의미 있습니다.

IX

O

(39) 공동 행동을 위한 것은 공동의 평화를 사랑하는 것에서 유래합니다!

X

P

(40) 안정과 군비축소를 이룹시다!

40개의 문장으로 이루어진 위의 예에서 하나의 핵심 화행이 추출될 수 있다는 사실은, 이들이 화행의 고리로 연결되어 있고, 화행들 사이에는 위계가 있고, 궁극적으로 "텍스트는 화자가 특정한 행위 목적을 달성하기 위해서 이용하는 복합적 언어 형성물로 이해"되기 때문이다. 그리고 텍스트는 "전체적인 복합 발화의 의사소통 기능을 특징짓는 최소한 하나의 행위유형에 의해서 한정될 수 있다는 사실이 중요"(W. Motsch/D. Viehweger 1981: 16)하기 때문이다. 이러한 모토에 의해서 이들은 위의 텍스트에 대한 다음과 같은 세부 분석을 시도한다: "문장 (1)은 다양한 측면에서 의사소통적으로 규정되는 (큰 위험이 도래하고 있다는) 주장을 제시하고 있다. 서술어의 지시영역은 아주 모호하고, 그리고 아주 일반적인 주장은 근거를 요구한다. 'X는 Y에 대한 위험이다'라는 두 자리 술어는 의미적으로 대략 'X가 있음으로서 예상되는 명백한 결과는 Y에 대해서 아주 부정적인 것이고, Y는 X에 대해서 방어하기 위해서 어떤 일을 해야한다'로 특징 지워진다. 이로써, 청자가 위험에 대해서 협박받고 있는 사람이라면, 술어 '위험'을 포함하는 주장은 경고로 이해된다. (2)는 (1)의 지시영역을 특수화하고 있다. 여기서는 사건의 확언이 관건이다. (3)에서 (6)까지는 동일한 방식으로 분석될 수 있다. (2)에서 (6)까지는 주장(1)과 관련되는 상황을 특수화하고 있다. 개별적으로 있을 수 있는 결론들은 이러한 명시적 주장들과 연관되어있다. (4): 독일은 나토결정의 결과에 대해 해명할 책임이 있다. (5): 이웃나라들 모두가 자발적으로 찬성해야 하는 것은 아니다. (6): 여야는 그러한 특정한 결론들이 무엇을 허용하는지에 대해서 합의되었다 […]" 이러한 세부적 절차를 지나, 위의 호소문은 다음과 같은 '거시화행'을 가지게 되는 도표로 만들어진다.

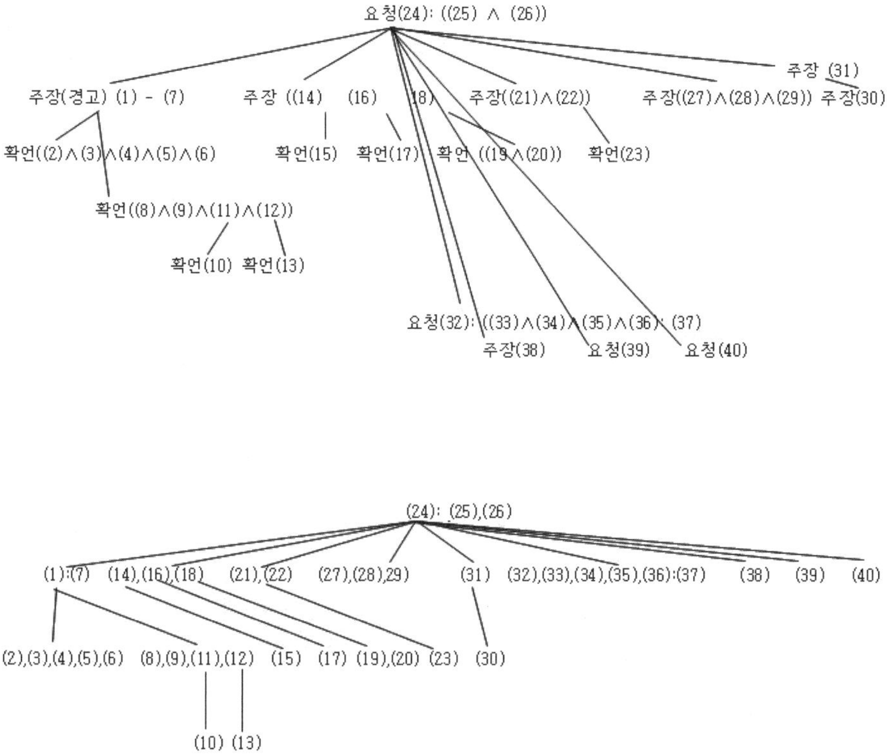

화행의 위계구조

즉 40개의 화행 또는 문장 고리에서 가장 핵심적인 것은 24이고, 이것은 25와 26이 합쳐져서 만들어진 것, 또는 25와 26은 24를 세부적으로 설명한 것이다.

J. L. Austin(1962)과 J. R. Searle(1969/1971)의 언어행위론에 기초한 위와 같은 W. Motsch와 D. Viehweger의 소위 '발화수반행위(Illokution)의 위계화'는 M. Brandt(1983, W. Heinemann/D. Viehweger 1911: 59에서 재인용)에 의해서 다음과 같이 간략하게 도식화되기도 하였다.

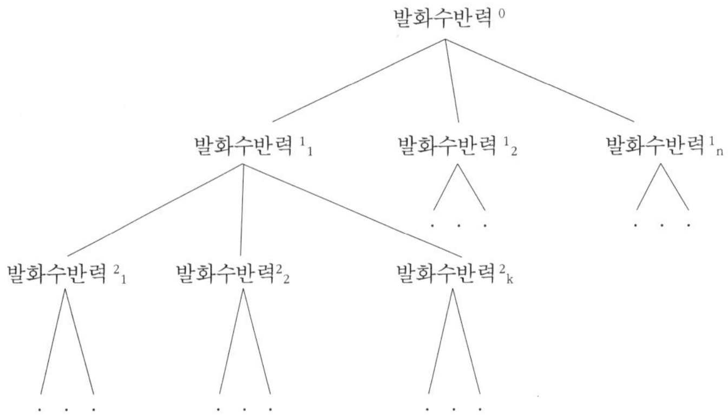

이는 1980년대 초부터 텍스트언어학계에서 널리 알려진 T. A. van Dijk의 거시구조 추출법과도 유사한 방식을 띠고 있음을 알 수 있다. 또한 이러한 연구 경향들은 W. Heinemann/D. Viehweger(1991)에 의해서 다음과 같이 요약된다: "1. '한 언어를 사용한다는 것은 행위를 수행함을 의미한다' (W. Motsch 1983: 490). 언어행위는 사회적 영향을 받은 개인이 의사소통 과제를 해결하기 위해 행하는 사회적 활동으로서 어떤 생각이나 목적, 관심을 교환하는 것과 결부되어 있다. 언어행위는 보다 포괄적인 행위과정의 구성성분이기 때문에 이 행위과정에 의해 규정된다. 2. 언어행위는 언제나 파트너 지향적이기에 사회적 행위이기도 한다. 언어행위는 구체적 조건하에서 사회적 규칙에 따라 사회적 교류의 형태로 이루어진다. 3. 언어행위는 텍스트를 생산하고 수용하는 형태로 이루어진다. 따라서 텍스트는 (텍스트의 명제구조와 긴밀히 결부되어 있는) 언어행위(또는 언어행위의 복합체)의 연속체 혹은 발화의도의 구조로 된 연속체라고 기술 될 수 있다. 4. 다른 모든 행위와 마찬가지로 언어행위도 목적을 달성하는 데 쓰인다. 텍스트의 전체목적은 주 행위유형(요청하기, 약속하기 …)과 청자에게서 예상되는 심리적 반응(가령, 믿기 또는 모욕당하기)에 의해 규정된다. 5. 의식적이고 목적지향적인 언어행위는 행위계획과 전략에 의거하여 일어난다. 여기서 화자는 여러 수단 가운데 선택할 수 있는 가능성을 이용한다. 전체목적을 출발점으로 하여 화자는 일정한 부분목적과 이에 상응하는 부분행위를 - 점점 세분화하면서 - 결정한다. 이렇게 하여 텍스트 발화수반력의 위계가 나타나는데, 발화수반력의 위계는 여러 단계에서 주 행위와 이를 뒷바침하는 행위로 되어 있다. 이해과정에서 청자는 무엇보다도 이 발화수반력의 위계구조도 재구성한다." (W. Heinemann/D. Viehweger 1991: 59 이하). 결국 이러한 방향의 연구방식은 표면적으로는 T. A. v. Dijk의 거시명제 추출방식과 유사한 모습을 보이지만, 위계화를 구성하는 그 대상에 있어서는 '명제'와 '화행'이라는 근본적인 차이가 있음을 알 수 있다. 물론 화행의 위계화가 다음과 같은 문제점을 가지고 있다는 사실은 여전히 미해결인 채로 남아있다: "1. 구체적인 사회적 여건의 범위 내에서 언어행위와 개인의 복합적 활동의 관계가 고려되고는 있지만 그저 시도하는 정도에 불과하다 [⋯] 언어행위에 대한 동기가 활동 영역 내의 개인적 혹은 사회적 조건에 기초를 둔다는 식의 주장은 여전히 너무 일반적이다. 2. '성공 조건'의 이상화도 이와 관련되어 있는 문제이다. 화자가 자신의 심리 상태를 - 그리고 상대편의 심리 상태를 - 올바로 진단할 수 있으며 화자와 청자가 원칙적으로 협동한다는 것 등이 전제되고 있다. 또 상황의 의미도 관습에 의해 주어진 것으로 전제되고 있다." (W. Heinemann/D. Viehweger 1991: 60).

12. 텍스트언어학의 체제 구축과정

12.1 W. Dressler의 『텍스트언어학 개론』

텍스트언어학 이전사로 간주되며, 언어의 의사소통적 기능을 중시했던 Praha 학파, 언어학사의 이른 시기에 대화 분석을 시도했던 Z. S. Harris, 레데/텍스트(Rede) 분석과 관련된 많은 연구 업적을 남겼던 H. Brinkmann 등을 위시해서, 언어 연구의 새로운 패러다임을 제시한 것으로 간주되는 P. Hartmann의 '텍스트언어학 강령(textlinguistisches Manifest)'(1971: 10 이하)과 R. Harweg의 『대명사와 텍스트구성』(1968)이라는 걸출난 저작을 지나 1970년대에 이르면, 텍스트언어학은 언어학의 독자적인 한 분야로 각광 받게 된다. 이때 최초로 등장하는 텍스트언어학 입문서는 『텍스트언어학 개론(Einführung in die Textlinguistik』(1973)이며, 이는 오스트리아 Wien대학의 교수였던 W. Dressler에 의해 저술되었다. 그가 서문에서 밝혔듯이, 이 책은 "문장을 초월하는 관련들, 말하자면 전체 텍스트에 대한 언어학 연구의 중요 문제들에 대한 최초의 짧고 평이한 입문서"(W. Dressler 1973: v)이다. 그는 책의 초반부에 "텍스트란 무엇인가?", "텍스트는 언제 마무리 되는가?", "텍스트의 의의(Sinn)는 무엇인가?"[1],

1) 일반적으로 텍스트의 '의의(Sinn)'에 해당되는 것으로는 문장의 '의미(Bedeutung)'를 들고

"텍스트의 의미는 무엇이며, 텍스트는 어떻게 구성되어 있는가?"라는 자문에 대한 짧은 자답을 마치고 텍스트언어학 연구사에 관심을 기울인다. 그는 텍스트언어학적 방향의 연구사에서 고대 수사학(Antike Rhetorik), (고대) 문체론(Stilistik), V. Propp와 V. Šklovskij 그리고 C. Lévi-Strauss의 신화 분석을 언급하고 체코 Praha 학파의 기능적 문장관점(Funktionale Satzperpektive)과 I. Nye의 불완전성(Unvollständigkeit)과 반복 개념, 마지막으로 Z. S. Harris와 J. S. Petöfi 그리고 T. A. v. Dijk의 연구를 텍스트언어학 분야에서 당시까지의 선구적 업적으로 인정한다.

이후로는 당시까지 텍스트언어학 체계에서 절대 다수를 차지하는 텍스트문법과 텍스트화용론에 대한 설명이 뒤따른다. 그로부터 정확히 10여년 후에 B. Sowinski(1983)가 텍스트화용론과 텍스트의미론 그리고 텍스트문법과 텍스트문체론을 텍스트언어학의 연구 영역으로 구분한 것에 비하면, W. Dressler의 이러한 구분은 구체적인 세분화가 이루어지지 않은 것으로 볼 수 있는데, 이러한 영향은 텍스트문법의 영역 안에 텍스트문법을 넘어가는 현상들을 함께 수록한 것만을 보아도 알 수 있다. 예를 들어 텍스트문법에서 가장 처음에 등장하는 텍스트테마의 경우, "구어 텍스트 또는 문어 텍스트를 일차적으로 작성할 때, 화자·저자는 결코 전체적 의미 기저, 즉 산출되어야 하는 텍스트의 모든 의미적 내용을 구상하지 못한다. 그러나 화자·저자는 최소한 텍스트테마나 자신이 언급하게 될 테마들에 대해서는 알고 있다. 따라서 우리들은 텍스트 단편 또는 텍스트 의미 기저의 핵심으로서 테마를 가정할 수 있다"(W. Dressler 1973: 17)라고 설명되는데, 그렇다면 텍스트테마란 벌써 화·청자가 개입되어 문법을 넘어가는 차원의 어떤 현상으로 보여지기 때문이다. 또한 반복(Rekurrenz)과 다시쓰기(Paraphrase), 공지시(Koreferenz), 전조응(Anaphora)과 대용형(Proform), 이에 대한 제한과 생략, 논리적 포함관계와 함축(이는 A. J. Greimas의 동위소(Isotopie) 또는 E. Coseriu의 어휘연대(lexikalische Solidarität) 개념과 유사), 의미적 근접대치(semantische Kontiguität), 텍스트 서두와 말미, 접속사, 병렬과 접속, 언어 멜로디 등은 전형적인 텍스트문법에서 다루어지는 현상들이지만, '행위 역할과 등

있다. '의의'에 대해서는 E. Coseriu (1981)와 H. Hörmann (1976)을 참조할 것.

W. Dressler (이재원 作, 2018)

장인물(Handlungsrollen und dramatis personae)' 장의 경우는 W. Dressler(1973) 이전과 이후에 텍스트언어학에서 크게 논의 되지 않았던 영역인데, 이 방식은 서사 텍스트의 분석 방식으로 특정한 역할을 할 수 있다. 예를 들어 W. Dressler는 K. Burke(1969: XV 이하, 443)가 제기했던 다섯 가지 '드라마의 핵심용어'를 상정했는데, 이것은 행위(act), 장면(scene), 행위주체(agent), 목적(purpose), 수단(agency)이다. 이를 토대로 한 K. Burke의 전형적 행위 과정의 예는 다음과 같다: "영웅(행위 주체)이 친구(공동 행위자)의 도움으로 화살(도구)을 사용해서 악당(피행위자)을 속였다. 그는 화살을 사용해서 자신이 감금되었던 방에서(상황) 도망가기 위해(목적) 자신의 족쇄를 부수었다(행위)." (K. Burke 1969: XX). 이와 더불어 W. Dressler는 K. Pike(1964: 91 이하)의 상황적 역할(situational roles)과 R. E. Longacre(1970: 197)의 필리핀 사냥에서 중요한 세 가지 역할인 착수자(사냥꾼, 영웅, 화자), 대상(짐승), 소품(장비, 장소, 작전장소)과 1970년대 Ch. J. Fillmore의 심층격 등을 언급하기도 한다. 이런 모델들은 W. Dressler 자신이 말하듯이 "프랑스 구조주의적 신화연구와 동화연구 그리고 문예학 연구 등"(W. Dressler 1973: 93)에서 영향 받은 것으로 볼 수 있다.

계속되는 장에서는 H. Weinrich(1964)의 '논의세계와 서사세계' 그리고 Praha 학파의 '기능적 문장시점'이 관심꺼리이고, 그는 텍스트문법의 말미에서 대화와 화법에 대해서도 논의하고 있다. 그러나 대화가 텍스트언어학에 속한다는 사실은 다음과 같이 분명해 보이지만, 대화가 텍스트문법에 속해야 하는 지는 고려해 보아야 할 것이다: "대화에서 순수한 문장 통사적 분석이 불가능하다는 사실은 비교적 분명한 것 같다. 그래서 대화를 독자적인 긴 문장으로 다루는 것은 불가능하다. 왜냐하면 다수가 행하는 언어적 상호 작용은 한 사람의 전달만으로 만들어지지 않기 때문이다." (W. Dressler 1973: 83). 사실, 대화나 화법에도 텍스트언어학의 문법적 차원(의미적, 통사적 차원)이나 화용적 차원이 함께 포함되어 있다고 보는 것이 적당할 것이다. 현대의 텍스트언어학은 대화언어학과 구분되기도 하는데, HSK(Handbücher zur Sprach- und Kommunikationswissenschaft) 시리즈에서 이 두 영역이 분리되어 있는 것을 보아도 그러하다.

W. Dressler(1973)의 말미에 등장하는 텍스트화용론에서는 "언어 단위와 통

보 상황에서 생산자, 사용자, 그리고 수신자 사이의 관계"(W. Dressler 1973: 92)가 중요하다. 이를 좀더 자세히 말하면, "송신자, 수신자, 송신 시간, 장소, 송신자의 감각 공간, 통사 음운론적 형식 내에서 발화, 인지 내용, 송신자의 지식과 능력에 대한 전제, 수신자의 가정에 대한 송신자의 가정에 대한 전제, 수신자가 있는 장소와 감각 공간에 대한 송신자의 가정에 대한 전제, 더욱이 송신자의 의도와 송신자와 수신자 사이의 상호관계"(D. Wunderlich 1971: 177 이하) 등이다. 이로써 P. Grice의 협력원칙(cooperative principle, 1975)이 간략히 논의되고, 수신자의 의도 또는 기대에 대해서도 논의된다. P. Grice의 협력원칙은 R.-A. de Beaugrande/W. Dressler(1981)의 텍스트언어학에서도 비중있게 다루어졌던 분야이다. 이를 테면, 협력원칙은 이들 저서의 '의도성과 용인성'의 장에서 구체적으로 설명된다. 이와 더불어 제기되는 다음과 같은 전제(Präsupposition) 문제는 텍스트화용론에서 가장 중심되는 각목 중의 하나이다: "1) 전체 텍스트에 대한 전제가 존재하는가? 2) 텍스트 진행 과정에서 전제는 어떻게 변하고, 어떻게 발생하는가? 전제는 텍스트문법적 규칙성에 어느 정도로 영향을 미치는가?" (W. Dressler 1973: 98 이하). 그는 텍스트화용론의 마지막에 이러한 전제가 텍스트와 동급에 속할 수 있을 지경에까지 이르게 된 것에 대해서 그리고 화용론을 연구하면서 언어학자들이 언어학 본연의 바닥을 떠나는 것에 대해서 염려한다 (W. Dressler 1973: 101 참조). 그러나 전제의 문제는 어쨌든 텍스트언어학의 핵심 테마 중의 하나이다. 왜냐하면 전제는 문장을 넘어가는 어떤 현상으로 간주될 수 있기 때문이다. A. Linke/M. Nussbaumer는 "전제를 통한 코헤렌쯔(Kohärenz durch Präsuppositionen)"(1988)에서 다양한 전제의 유형을 구분하고, 이를 텍스트성과 유사한 차원에 위치시켜 놓고 분석했다.

마지막으로, W. Dressler의 이 저서는 "텍스트언어학의 학제적 역할에 대해서"라는 장으로 마무리 되는데, 여기서는 이미 당시에도 텍스트언어학이 다학제적 언어이론으로 간주되었다는 사실이 중요하다. 그는 여기서 G. Ungeheuer(1970)의 통보학(Kommunikationswissenschaft), R. L. Birdwhistell의 동역학(Kinestik)[2], 고전 기호론(klassische Semiotik), M. Bense의 '텍스트의 사회학

2) 동역학은 감정적인 관점표현(흉내내기), 시선의 움직임, 시선의 방향, 몸짓, 태도, 사람 사이

(Soziologie des Texes, "누가 무엇을 언제 왜 읽는가?)'과 '텍스트사회학(Textsoziologie, 사회적으로 중요한 텍스트구조를 이해한다)'의 구분, 프랑스적 전통과 러시아 풍으로 대변되는 신화구조 분석, 고대 수사학의 후예인 '신수사학(Neue Rhetorik) 등에 대해서도 논의하고 있다.

그러나 이러한 모든 논의에도 불구하고 W. Dressler의 1973년 저작이 가진 특징은 미시적 대치현상들, 즉 하나의 문장과 그 문장과 이웃하는 현상들에 대한 것만 - 물론 '행위 역할과 등장 인물'의 장을 제외하면 - 특별히 문제삼았다는 것에 한계가 있다. 왜냐하면 훗날에 등장하는 거시구조, 거시명제, 초시구조, 거시화행, 화행위계, 텍스트테마, 텍스트기능과 같은 거시 현상들이 텍스트언어학에 엄연히 존재하고 때로는 이러한 텍스트 분석기제들이 가장 중요한 것으로 여겨지기 때문이다. 또한 W. Dressler가 이 저서의 의미를 다음과 같이 지정했음에도 불구하고, 텍스트화용론과 다른 학문들과의 관련에 대해서는 구체저으로 논의히지 히지 않았다는 사실이 한계로 지적 될 수 있다: "텍스트언어학의 중심 문제는 텍스트의미론, 텍스트통사론, 텍스트화용론 그리고 이것들과 다른 학문들의 관련이다." (W. Dressler 1973: 18).

의 거리, 공간적 방향 감각 등에 대해서 연구하는 학문분야를 뜻한다. (W. Dressler 1973: 102 이하 참조).

12.2 H. Isenberg와 S. J. Schmidt의 '텍스트 이론(Texttheorie)'

S. J. Schmidt에 의하면, 텍스트는 "통보적 행위 놀이(kommunikatives Handlungsspiel)에서 주제적으로 방향 설정되어, 인식가능한 통보 기능을 실현시키는, 다시 말해 인식가능한 발화수반 잠재력(Illokutionspotential)을 실현시키는 통보 행위의 모든 발화된 언어적 구성성분"(S. J. Schmidt 1973: 150)이다. 여기서는 텍스트가 통보행위 놀이와 관계가 있다는 주장이 핵심인데, S. J. Schmidt는 이러한 '통보적 행위 놀이' 개념을 L Wittgenstein(1958: 19)의 언어놀이(Sprachspiel) 개념에서 빌린 것으로 보인다.[3] 이 개념은 언어적이고 비언어적인 행위로 이루어진 복잡한 커뮤니케이션 단위와 관련있다. S. J. Schmidt의 '기능 속의 텍스트(Text-in-Funktion)'[4]라는 용어가 암시하고 있듯이 여기서는 텍스트가 '과정(Prozeß)'이라는 성질을 가진 것으로도 이해되고 있는데, 이것은 일반적으로 텍스트를 통보과정의 산물(Produkt)로 보는 것과 구분된다. 사실 S. J. Schmidt의 『텍스트 이론(Texttheorie)』(1973)은 텍스트언어학의 입문서라기 보다는 당시의 주류였던 구조주의적 경향의 텍스트언어학 방향에서 이탈된 성격을 띤 텍스트언어학 초창기 저작물이고, 그가 W. Dressler와 함께 1973년도에 『텍스트언어학: 주석된 참고문헌(Textlinguistik: kommentierte Bibliogaphie)』을 저술했음에도 불구하고 W. Dressler의 1973년도 저서와는 완전히 다른 내용과 체계를 가지고 있다. 다음의 목차는 그것을 잘 보여주고 있다.

서론

1. 새로운 언어학적 관점으로서의 텍스트 이론

1.1. 의사소통중심 언어학 연구의 상황

---

3) L. Wittgenstein의 '언어놀이' 개념은 축구경기가 진행되는 운동장에서 떠올렸다고 전해진다. 이를 테면, 축구공 대신에 우리들은 언어를 가지고 놀이를 한다는 것이다. (N. Malcolm 1958: 65 참조).

4) 이런 방식의 용어사용은 S. J. Schmidt의 이전에 R. Harweg(1968)이 자주 만들어서 사용하던 방식과 유사하다. 예를 들어 그는 자신의 교수자격취득 논문에서 텍스트 정의를 위해 'Text-als-Element-im-Textkosmos(서지 우주에서 단위로서의 텍스트)'라는 술어를 사용했다. ''Text-in-Funktion(기능 내의 텍스트)'은 M. Scherner(1984)도 자주 사용했다.

5.4.1.1. '의사소통 능력'

6. 이상화된 의사소통적 행위놀이의 단위모델적 사전작업

6.1. 의사소통모델

6.2. 언어행위모델의 몇 가지 계속되는 발전경향

6.3. 발화수반행위에 대한 규칙

6.4. 발화수반행위의 유형화

6.5. 이상화 된 의사소통적 행위모델의 요소 모델

7. 텍스트 이론적 견지에서 텍스트문법 모델

7.1. 텍스트문법에서 의사소통적 관점에 대한 고찰

7.2. 부록 3: 행위논리학에서 텍스트 이론적 연결장소

8. 텍스트 이론에서 텍스트 개념과 텍스트 생산

8.1. '텍스트'와 '텍스트성'

8.2. '텍스트'를 위한 설명

8.3. 텍스트성과 텍스트코헤렌쯔

8.3.1. 텍스트코헤렌쯔와 텍스트심층구조

8.4. 텍스트코헤렌쯔와 텍스트유형만들기

8.5. 결정과정으로서의 텍스트 생산모델을 위한 제안들

8.5.1. 모델의 출발 가설

8.5.2. 텍스트 생산 모델

이러한 '텍스트 이론'이라는 용어는 1971년(1974년에 W. Dressler 편 『텍스트언어학』에 재수록) H. Isenberg가 처음 제시한 개념인데, 그렇지만 그가 생각하는 '텍스트 이론'은 S. J. Schmidt의 그것과는 전혀 다른 모습을 띠고 있다. 우선 H. Isenberg는 텍스트언어학의 초창기 구조 중심 텍스트언어학 분과에 속하는 여러가지 가정을 언급한다. 즉, 그는 문장들이 모여서 하나의 텍스트가 될 수 있는 가능성은 명시적(explizit)이고 암시적(implizit)인 "명사의 지시(Referenz der Nomina)"(H. Isenberg 1974: 191)에 달려있다고 생각했다. 그는 또한 문법이 문장의 경계를 넘어서 문장과 문장이 연결되어 하나의 덩어리를 이룬 텍스트에도 존재한다고 가정하고 텍스트문법 개념을 상정한다. 왜냐하면 - H. Isenberg에 의하

면 - 문법을 문장에만 한정 시킨다면 다음과 같은 여러 가지 문법 영역들을 다룰 수 없기 때문이다.

1. 전조응사(Anaphorika)
2. 관사선택(Artikelselektion)
3. 문장 성분의 순서(Rheienfolge der Satzglieder)(치환)
4. 대명사화(Pronominalisierung)와 대부사(Pro-Adverbiale)
5. 문장강세의 위치(Lage der Satzakzente)
6. 억양
7. 강조와 대조
8. 접속사 없이 연결된 문장들 사이의 인과관계
9. 한 텍스트의 문장들 사이의 규칙응용에 대한 동화
10. 문장 영역의 경계에 미물시 않는 개별 형태소 내지 어휘 단위의 문맥적 한정들
11. 스페인어에서 직접목적어가 확장되는 형태론적 특징과 같은 알바니아어의 직접목적어를 위한 "목적어 표시체(Objekt-Maker)"
12. 명사의 지시특징(Referenzeigenschaften von Nomina)
13. 시제 연결(Tempusfolge) 등 (H. Isenberg: 1974: 195).

이러한 H. Isenberg의 문장초월적 문법 영역들은 훗날 텍스트언어학의 중요한 연구 각목으로 정착된다. 더불어 H. Isenberg는 다양한 텍스트화 유형(Vertextungstypen)들을 언급 하는데, 이 또한 훗날의 텍스트언어학에서 코헤렌쯔 장치로 지칭된다. 다시 말해서 이것은 앞서 언급한 문법 영역들과는 차이 있는 의미 영역과 관련된다.

또한 J. S. Petöfi는 '텍스트 이론'을 자연어 텍스트들의 총체적 국면기술을 과제로 하는 이론이라고 정의내리고 있다. (E. Gülich/W. Raible 1977: 151 이하 참조). 이런 차원에서 보면, 동일한 전문술어 (이를 테면, '텍스트 이론')의 사용에도 불구하고 전혀 다른 연구대상을 가리키고 있음은 학문의 영역에서 언제나 유의해야 할 사항이다. 물론 위에서 언급했던 S. J. Schmdt와 유사한 방식으로 '텍스트 이론'을 이해하는 학자들도 있다. D. Wunderlich의 경우는 이 개념을 "강한 화

지그프리트 요헨 슈미트 (이재원作, 2018)

용론적 규칙 부분을 갖는 가능한 텍스트구성을 위한 이론"(1974: 38)이라고 정의하면서 S. J. Schmidt의 견해와 궤를 같 이하고 있다. S. J. Schmidt의 텍스트 이론은 크게 보아서 화용론적, 의미론적, 술어논리적 이론들을 근거로 전개 되는데, 그는 H. Isenberg(1971/1974)의 텍스트 이론에서 추구하는 체계언어학적 분석 방법이 아니라, "원칙적으로 사회적 맥락 안에 존재하는 언어적 의사전달 현실에서 출발"하여, "텍스트 이론의 범주안에서 술어상으로 해명되어야 하고 또 그 관계 측면에서 상호간 규정되어야 하는"(S. J. Schmidt 1973a: 234) 복합적인 총체적 현상들로부터 추상적 선별을 하향분석적으로 시도한다. 이것은 일차적인 텍스트 이론의 현상학적-분석적 단계에 해당되고, 이후에는 텍스트 이론의 체계적 단계가 제시된다: "두 번째 조작단계에 있어서 최초의 단계에서 획득된 결과들은 체계화 되어서, 적어도 명시적 기술을, 그리고 난후 비로소 언어적 의사전달에서 발행하는 과정들의 해명을 제공해 주는, 이상적인 언어 의사전달의 이론으로 이행되어야만 한다. (텍스트 이론의 체계적 단계)." (S. J. Schmidt 1973a: 234). 그래서 S. J. Schmidt의 텍스트는 다음과 같다: "[텍스트는] 주제상으로 방향설정되어 있고 인식할 수 있는 의사소통 기능을 충족시키고, 즉 인식할 수 있는 발화수반잠재력(Illokutionspotential)을 (의사전달적 행위놀이 안에서) 실현시키는 의사전달행위를 위해 진술된 모든 언어구성 요소들이다. 언어진술들의 집합은 단지 화자에 의하여 의도된 그리고 의사소통 상대자에 의하여 인식될 수 있는, 의사전달상황 안에서 실현된 발화수반적 기능을 위해 결속력이 있는, 사회적·의사소통적으로 성공적으로 기능화하는 구성적 규칙들을 통해 조정된 텍스트가 된다." (S. J. Schmidt 1973a: 234).

S. J. Schmidt의 『텍스트 이론』과 『독일언어학 사전(Lexikon der Germanistischen Linguistik』(1973) 내에 수록된 그의 논문 "텍스트 이론/화용론"에서 제기된 위와 같은 주장들은 자신의 '텍스트 이론'이 당시까지의 주류였던 구조중심 텍스트언어학보다 상위에 있음을, 그래서 텍스트언어학이 자신이 제창한 텍스트 이론의 부분 이론임을 끊임없이 주장하는 근거로서의 역할을 하게 된다.

12.3 T. A. v. Dijk (1980)

1978년 『Tekstwetenschap. Een interdiscilinaire inleiding(텍스트(과)학. 간학문적 개론)』이라는 제목으로 네덜란드어로 출간되고, 2년 후 Ch. Sauer에 의해 『Textwissenschaft. Eine interdisziplinäre Einführung(텍스트(과)학. 간학문적 개론)』이라는 동일한 제목으로 독일어로 번역 출간된 T. A. van Dijk의 저서는 텍스트언어학의 융성기에 학계에 커다란 영향을 미친다. 특히 그가 제안한 거시규칙(Makroregel)과 거시구조(Makrostruktur) 그리고 초시구조(Superstruktur)는 텍스트언어학의 본고장인 독일에서뿐만 아니라 한국의 텍스트언어학 발전기에 많은 학자들에 의해서 수용되고 비판되었다. 또한 그가 '텍스트언어학(Textlinguistik)'이 아닌 '텍스트 (과)학(Textwissenschaft)'[이하 '텍스트학'][5]을 제시한 의도 역시 서양과 국내의 여러 학자들에게 다양한 측면에서 긍정적으로 받아들여졌다. 예를 들어, 1999년에 출간된 고영근의 『텍스트 이론』은 2011년도에 제2판이 출간되면서 『텍스트 과학』으로 제목이 변경되는데, 이러한 제목 변경에 대한 고영근의 다음과 같은 해명도 T. A. van Dijk의 견해와 궤를 같이 한다고 볼 수 있다: "이번에 얼굴을 내미는 제2판은 우선 책의 이름부터 '텍스트 과학'이라고 고쳤다. 국제적으로 '텍스트언어학'이 통용되고 있지만 이것이 위로는 기호학을 떠받치고 있고 아래로는 언어학을 바닥에 깔고 있다는 점을 중시하여 '텍스트 과학'이라는 명칭을 사용하기로 하였다. '텍스트 이론'이라고 하면 프로그램의 냄새를 풍기고 '텍스트 과학'을 독일어로 'Textwissenschaft'로 부른다는 것도 감안하였다." (고영근 2011: iii). 이러한 '텍스트학'이라는 개념 사용에 대한 T. A. van Dijk의 의도 또한 저서의 제1장에 분명히 드러난다: "《텍스트학"》이라는 개념은 그리 오래된 것은 아니라. 그러나 대략 10년 전부터 확립되어 오고 있다. 불어권 영역에서 《텍스트 과학(science du texte)》, 영어권에서는 《담화 분석(discourse analysis)》이라고 부르고 있다 [...] 텍스트 과학은 일반적

5) 독일어 'Wissenschaft'는 한국어로 번역될 때 중의성을 가진다. '학(문)'과 '과학'이 그것인데, "Kunst und Wissenschaft'라고 할 경우에는 '예술과 학문'이 되고, "Wissenschaft und Technik"이라고 하면 "과학과 기술"이 될터이다. 따라서 "Textwissenschaft"를 '텍스트학'이나 '텍스트 과학'이라는 술어로 양가적으로 해석할 수 있다.

T. A. v. Dijk (이재원 作, 2018)

인 것과 포괄적인 것을 목표로 한다. 즉 한편으로 텍스트학은 모든 가능한 텍스트종류와 이와 관련되는 다양한 맥락과 관계되며, 다른 한편으로는 오히려 이론적, 기술적(deskriptiv), 응용적 접근 방법이 중요시된다.” (T. A. van Dijk 1980: 1). 또한 이 텍스트(과)학에 대한 T. A. van Dijk의 구상은 ‘간학문적 입문(Eine interdisziplinäre Einführung)’이라는 저서의 부제에서도 잘 드러난다. 아마도 이와 같은 그의 성향은 텍스트 처리와 관련된 심리학적 방향을 취하는 텍스트언어학자인 그에게 문체론과 수사학에 관심을 기울이는 계기를 주었을 것이다. (이재원 2015: 262 참조). T. A. v. Dijk가 추구하는 텍스트학은 언어학의 하위 분과가 아니다. 이러한 사실은, 그가 ‘제1장 텍스트학’에서 이와 관련된 다양한 학문분과를 기술한 것을 보면 알 수 있다: “1.2 텍스트학과 언어학, 문예학, 1.3 텍스트학과 인지심리학, 1.4 텍스트학과 사회심리학 그리고 사회학, 1.5 텍스트학과 법률학, 경제학, 정치학, 1.6 텍스트학과 역사학, 1.7 텍스트학과 인류학”. 그에 의하면 텍스트 기술(Beschreibung der Text)이 고대의 그리스의 시학(poetica)과 수사학(rhetorica), 오늘날의 문예학(Literaturwissenschaft)과 문체론(Stilistik) 그리고 신학과 법학 등에서 관심이 있으므로, 이러한 분석의 틀을 (텍스트)언어학적 방법만으로 고정시키는 것이 결코 만족스럽지 못하다. 왜냐하면 이러한 방법론을 가지고는 수사학적, 문체론적, 문학적, 논증적, 설화적 텍스트를 다룰 수 없거나 기껏해야 간접적으로 다룰 수 있기 때문이다. 그래서 T. A. v. Dijk 『텍스트학』의 목적은 ‘텍스트학의 기초’(T. A. v. Dijk 1980: VIII)를 마련하는데 있다. 이를 위해 그는 제1장에서 텍스트학의 개념 정의와 텍스트학과 주변 학문들과의 관련에 대해서 상술하고 있다. T. A. v. Dijk의 『텍스트학』에서는 여타의 텍스트언어학 관련 저작물에 비해서 텍스트와의 관련 학문들이 다양하고 세분화 되어 있는데, 이것은 - 이미 말했듯이 - 그의 이론이 간학문적인 성격을 띠고 있다는 것에 연유한다. 제2장에서는 텍스트와 문법의 관계가 논의되는데, 여기서는 텍스트문법에서 일반적으로 다루어지는 여러가지 문법적 카테고리, 예를 들어 대체, 대용형, 시제, 성, 수, 관사, 접속사 등의 문법 기제에 대한 상세한 설명이 중요한 것이 아니라, 문장연속(Satzsequenz)의 메커니즘이 중요시 된다: “문장의 단어와 단어군 사이에 연관성이 있듯이 발화(Äußerung)의 여러 문장 사이에 일정한 연관이 있다는 사실을 밝히려면, 문법을 통해서뿐만 아니라, 문장

연속도 기술해야 할 것이라고 생각한다" (T. A. van Dijk 1980: 22). 그래서 그는 R. Harweg(1968)의 대체(Substitution)나 K. Brinker(1985)의 재수용(Wiederaufnahme)과 거의 유사하다고 간주되는 '문장연속' 개념을 즐겨 사용한다. 따라서 '그래서(deswegen)'와 같은 대부사(Proadverb)와 명제들을 연결시켜주는 의미적 관련이 중요시 된다. 그러나 T. A. van Dijk는 다음과 같은 미니 텍스트의 예에서 문장연속이 직접적으로 이루어지지 않은 경우들이 있다는 사실을 알아차리면서, 이런 경우들을 문장연속으로 해석할 수 있기 위해서 '함축적 정보(implizite Information)'(T. A. van Dijk 1980: 32)가 필요함을 알아차린다. 예를 들어, 아래 문장연속에서 4와 같은 경우는 여타의 문장들과 직접적인 연관성을 갖지 못하기 때문에 총괄적 주제를 거쳐서 해석된다는 것이다.

> "1. 그는 밤기차를 타고 갔다. 2. 밤기차 여행은 편리하다. 3. 다음날 아침 페터는 그의 휴가지에서 푹 쉬었다. 4. 눈이 왔다. 5. 그 호텔은 변두리에 있었다. 6. 산을 향한 전망이 좋았다. 7. 그는 처음부터 기분이 좋았다." (T. A. van Dijk 1980: 32).

그러나 본인도 인지하고 있듯이, 위와 같은 문장연속을 하나의 통일된 텍스트로 인지하기 위해서는 여러가지 정보가 필요하다. 예를 들어, 6과 같은 것은 겨울스포츠라는 정보구조틀과 관련지었을 때 의미있게 다른 문장들과 관련될 수 있고 (이런 견지에서 보면, '텍스트'가 첫 번째 언어기호라는 P. Hartmann의 정의가 효력을 발휘한다), 6은 7을 위한 약한 전제조건이 되고, 이런 것들은 화자가 텍스트를 구성할 때 세계에 대한 일반지식(구조틀)이 있음을 의미하고, 청자 역시도 그러한 틀을 가지고 이 텍스트를 이해하고 있음을 의미한다. 그래서 - 비록 이 부분이 '텍스트와 문법'이라는 장 제목하에서 논의되지만 - 결국 "인지적으로 완전히 명시적 텍스트 기저가 재구성"(T. A. van Dijk 1980: 33)되어야 할 것이다. 또한 이런 식의 이해 방식을 설명하려면 전제(Präsupposition) 개념이 필요한데, 결국 이 개념 때문에 T. A. v. Dijk는 자신의 텍스트학에서 의미론과 화용론이 뒤섞이고 있음을 본인도 잘 알고 있었다. (T. A. van Dijk 1980: 36 참조). 그럼에도 불구하고 그는 문장연속을 알아차릴 수 있기 위해서는 의미론적 코헤렌쯔가 화용론적 코헤렌쯔보다 더 중요하다고 별다른 근거를 제시하지 않고 주장한다: "이제 우리는 어떤 문장연속을 관련된 것으로 인식케하는 조건과 기준을 대체로 파악할 수 있다. 분명히 드러났던 바와 같이, 흔히 화용론적 코헤렌쯔와 관련되지만 전체적으로 보아서 중요한 것은 의미론적 코헤렌쯔이다. 또한 여기서 다루어진 코헤렌쯔는 선적(linear)이다. 즉, 코헤렌쯔는 어떤 문장 연속 내의 개별 명제와 다른 명제 (혹은 명제무리) 간의 관계를 밝혀준다. 마지막으로, 결속성은(개념 간의 여러 관계 - 개념 영역의 일치성, 비교 가능성, 유사성이 문제될 때) 의미 차원 및 지시(Referenz), 피지시체(Referent) 차원에서 규정된다. 문장연속이라는 것은 문장연속이 가진 각 명제가 문장연속의 다른 명제들에 대한 해석과 관련해서, 혹은 그 해석에 의해서 함의된 특수 명제들이나 일반적 명제들과 관련해서 내포적으로나 외연적으로 해석될 수 있을 때 의미적으로 코헤렌트하게(응집적으로) 된다." (T. A. v. Dijk 1980: 39).

그 이유는 위와 같은 주장이 다음에 등장하는 거시구조(Makrostruktur)를 제공하기 위한 전초 작업이기 때문이다. 거시구조라는 용어를 가장 먼저 명시적으로 사용한 학자는 T. A. v. Dijk이다. 그에 의하면 문장이 원래 단어 이상의 어떤 것인 것처럼, 텍스트도 문장 이상의 것, 즉 문연속, 또는 그 이상의 어떤 것이다. 이제 그에게 있어서는 개별 문들 사이의 연관성이 중요할 뿐만 아니라, 텍스트 전체에 바탕하고 있는 구조가 중요하고 그는 이것을 거시구조라고 부른다. 이러한 거시구조는 문장연속(일차원적 구조)과 비교해서 이차원적 구조라고 할 수도 있다: "그물 조직에서 두 번째 차원, 곧 실가닥들이 독특하게 지나가게 됨으로써 어떤 그물 조직에 독특한 특색을 부여한 특정한 직물 모형이 나타나는 것과 마찬가지로, 텍스트-그물 조직의 두 번째 차원은 '거시구조'라고 부를 수도 있는데, 어떤 텍스트의 텍스트유형-다움(Textsorten-haftigkeit)을 이루게 된다. 이러한 구상에 따라서 텍스트나 텍스트 전체는 의의 단위들로서 텍스트 전체에서 그 어떤 기능을 갖는 부분 전체들(형태론(Gestalt-Theorie)의 의미에서)로 구성되어 있다고 하겠다." (E. Gülrich/W. Raible 1977: 53). 이에 반해서 문장구조와 문장 연속구조는 미시구조(Mikrostruktur)로 불려진다. T. A. v. Dijk에 있어서 이러한 거시구조가 중요한 이유는, 텍스트란 단순한 문연속이 아닌, "하나의 거시구조를 가진 문장 연속"(T. A. v. Dijk 1980: 41)이기 때문이다. 그는 이렇게 정의

함으로써 - 거시구조의 유무와 상관없이 - 일상적으로 문어를 텍스트라고 칭하는 것과 자신의 '텍스트'를 본질적으로 구분한다. 그런데 T. A. v. Dijk의 미시구조와 거시구조의 구분은 형식적으로 되는 것은 아니다. 즉, 거시구조라는 개념은 절대적 개념이 아니라 상대성을 가진 개념이다. 어떤 텍스트에서 미시구조로 간주될 수 있는 것이 다른 텍스트에서는 거시구조가 되는 경우도 있다. 하나의 텍스트에 여러 가지 상이한 거시구조 차원이 존재한다. 그렇지만 텍스트 전체의 가장 보편적이고 총괄적인 거시구조를 T. A. v. Dijk는 그 텍스트의 거시구조라고 지칭한다. 이를 도표로 표시하면 다음과 같다.

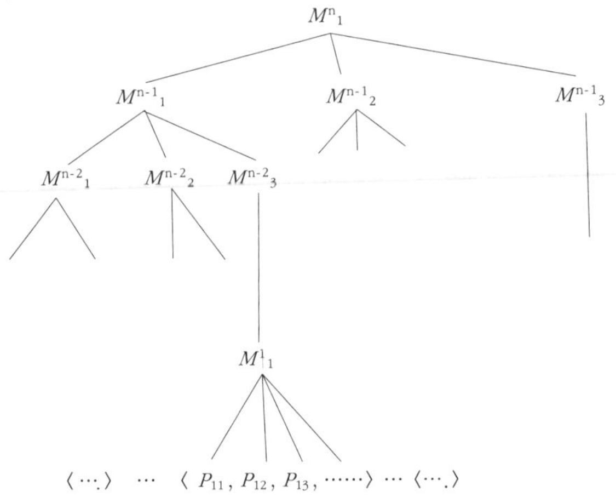

(T. A. van Dijk 1980: 43).

일련의 명제 P_{11}, P_{12}, P_{13}은 거시구조 첫 M^1_1으로 기술되어, 최고층위 M^n으로 거슬러 올라간다. 모든 거시구조는 의미적 연결을 위해서 미시구조 차원에서와 같은 명제간의 조건적 연관성, 지시대상 간의 일치 등의 조건을 만족시켜야 한다. 이러한 미시구조 및 거시구조의 결합을 이루기 위해서는 규칙이 필요한데, 이것이 거시규칙(Makroregel)이다. 거시규칙이란 우리의 언어능력 일부가 재구성된 것인데, 이 언어능력에 의해서 우리는 여러 의미를 더 큰 의미단위로 접합 시킬 수 있는 것이다. 다시 말해서 일견 길고 복잡한 여러 관계에 불과한 것에게 하나의 질서를 부여한다는 것이다. 이러한 T. A. v. Dijk의 거시규칙에는 다음과 같은 4가지가 있다. (T. A. van Dijk 1980: 45 이하 참조).

1) 생략:

잉여적이고, 핵심적이지 않은 정보는 제거된다. "노란 옷을 입은 소녀가 지나갔다"라는 문장은 다음과 같은 여러가지 명제를 내포하고 있다.

가) 한 소녀가 지나갔다.
나) 그녀는 원피스를 입고 있었다.
다) 그 원피스는 노란색이었다.

텍스트를 해석할 때, 그 소녀가 원피스를 입었다거나, 그 옷이 노란색이었다는 사실을 반드시 알아야만 하는 것이 아니라면 생략규칙에 의해서 다음과 같이 축소된다.

라) 한 소녀가 지나갔다.

이때 나)와 다) 같은 정보를 잉여적이고 부른다. 이 말은 이 정보 자체가 중요하지 않다는 것이 아니고, 더 높은 총괄적인 차원에서의 해석이나 의미를 위해서 부차적이라는 것을 의미한다. 인지적 처리를 할 경우, 이런 부차적 명제는 쉽게 잊혀 지게 된다. 또한 생략된 명제는 비핵심적인데, 그것은 소녀가 원피스를 입고 있다는 사실은 소녀란 개념의 본질적 부분이 아니고, 또한 그 옷이 노란색이라는 사실은 원피스의 본질적 특징이 아니다. 그러나 생략규칙을 적용하고 나면 미시정보 중의 일부를 잃게 된다. 그런데 동일한 세목을 다시 얻기 위해 이 규칙을 역으로 적용할 수는 없다.

2) 선택

선택규칙을 생략규칙과 유사하게 볼 가능성도 있다. 예를 들어, 세 개중에서

두 개를 생략한다는 것은, 세 개중에서 하나를 선택한다는 것과 진배없기 때문이다. 그러나 생략규칙과는 달리 동일한 세목을 얻기 위해서 선택규칙은 역으로 적용될 수 있다. 여기서도 생략규칙에서처럼 어느 정도의 정보량이 생략되기는 마찬가지이다.

가) 페터는 자기 차로 갔다.
나) 그는 차에 탔다.
다) 그는 프랑크프루트로 갔다.
라) 그는 프랑크프루트에 도착했다.

선택규칙에 의해서 가)와 나) 그리고 라)가 생략될 수 있다. 왜냐하면 이 명제들은 다)의 구성 요소이거나 전제이거나 결과이기 때문이다. 수송과 자동차 주행에 대한 우리의 일반 지식을 근거로 해서 한 곳에서 다른 곳으로 자동차를 타고 가려면 우선 자동차로 가서 타야 한다는 사실을 잘 알고 있다. 라)가 생략 가능한 이유는 어디든 여행할 때는 도착해야 한다는 것이 자명하기 때문이다. 만약 그렇지 않다면 이 정보는 생략될 수 없을 것이다. 생략규칙과는 달리 선택규칙은 정보가 제한적이나마 복원가능하다. 다시 말해서 페터가 자동차로 프랑크프루트로 갔다는 정보를 가지고 있으면, 이 정보로부터 그가 차에 올라타서 출발했다 등의 사실을 유도할 수 있다.

3) 일반화

일반화 규칙에서는 핵심정보도 삭제된다. 여기서는 어떤 명제를 새로운 명제로써 대체하는 것이 관건이다.

가) 인형 하나가 바닥 위에 놓여 있다.
나) 나무로 된 기차가 바닥 위에 놓여 있다.
다) 쌓기 놀이의 나무토막들이 바닥 위에 놓여 있다.

이러한 명제들은 다음과 같은 하나의 명제에 의해서 대체될 수 있다.

라) 장난감이 바닥 위에 있다.

왜냐하면 명제 가), 나), 다)가 개념적으로 라)를 함의하고 있다고 보기 때문이다. 그래서 일련의 개념은 광범위한 집합으로 규정되는 공통적 초개념에 의해서 대체된다. 예를 들어 '인형', '나무로 된 기차' 그리고 '쌓기 놀이의 나무토막' 등은 '장난감'에 의해서 대체될 수 있다. 생략규칙과의 차이점은, 여기서는 '핵심적 표지'가 제거되는 것이지 '우연적 표지'가 제거되는 것이 아니라는데 있다. 이 규칙은 동사나 형용사의 의한 진술에도 적용된다. 예를 들어서, '약속하다', '추천하다', '안심시키다'는 '말하다'에 의해서 추상화 될 수도 있다.

4) 구성 혹은 통합

이 규칙은 생략규칙이나 선택규칙과 유사하다고 볼 수 있다. 그러나 여기서는 어떤 정보가 새로운 정보에 의해서 대체되지만 제거되거나 선택되지는 않는다.

가) 나는 역으로 갔다.
나) 나는 차표 한 장을 샀다.
다) 나는 플랫폼으로 갔다.
라) 기차는 떠났다.

위와 같은 명제들이 지시하는 상황은 기차를 타게 되면 누구나가 경험하게 되는 절차이다. 그리고 이러한 배열은 더 세분화되어 나누어 질 수도 있다. 여하튼, 위와 같은 경우 다음과 같은 통합된 표현으로 바꾸어도 정보전달에는 아무런 흠이 없다.

마) 나는 기차를 탔다.

이러한 거시규칙은 의미적 정보 축소를 위한 하나의 조작으로도 볼 수 있다. 그런데 이 거시구조가 꼭 있어야만 하는가에 대해서 의문을 가질 수 있다. 그렇지만 만약 거시구조가 없다면, 우리들은 일련의 문장을 들을 때 계속적으로 다음과 같이 물어야 할 것이다: '무엇에 대해 너는 이야기 하는가?', '네가 뜻하는 바는 무엇인가?' 그래서 거시구조는 텍스트의 주제 개념, 또는 대화의 주제 개념과 흡사하다고 할 수 있다. 거시규칙이라 함은 이러한 주제 유도를 형식적으로 재구성한 것이다. 이러한 규칙이 다 적용되면 남는 것은 텍스트 요약이다. T. A. v. Dijk는, 거시규칙은 맥락, 수용자, 인지적 태도에 따라 다양하게 응용될 수 있으며, 이에 따라 같은 텍스트도 다양하게 요약될 수 있다고 하였다. T. A. v. Dijk에 기대면 텍스트 주제라는 것은 하나의 거시명제와 다름 없다. 물론 이는 보통 텍스트에서 명시적으로 잘 드러나지 않는다.

이러한 거시구조 및 거시규칙은 T. A. v. Dijk의 『텍스트학』(1980)이 출간되고 난 후에 등장한 거의 모든 텍스트언어학의 입문서와 전문서에서 다루어질 질 정도로 유명한 이론이 되었다. 그러나 T. A. v. Dijk의 거시규칙과 거시구조는 H. Vater(1991)에 의해서, 중요하지 않는 정보의 생략문제, 하향식(top-down)이라는 거시구조의 가정이 상향식(bottom-up)으로 작용하는 거시규칙과 충돌한다는 이유 등에 의해서 비판받는다: "필자[H. Vater]는 텍스트 거시구조의 가정이 그렇게 유용하며, 이러한 가정이 언어학적 텍스트 분석에 중요하다고 생각한 만큼, T. A. v. Dijk(1980)의 거시규칙에 대해서도 아주 회의적인 생각을 한다. 이러한 축소과정(Kürzungsvorgänge)은 말로 전할 때 중요하지 않은 정보가 생략된다는 점에서 어떤 심리적 실체를 가진다. 그러나 이 거시규칙은 텍스트를 재구성할 때 텍스트에 포함되어 있지 않거나 암시되어 있지도 않은 정보들이 가끔 기여하기도 하는 이유를 설명할 수 없다. 이러한 정보들 - 예를 들면 마술사가 전혀 출현하지 않는 어떤 동화를 재현할 때 마술사를 언급하는 것처럼 - 은 텍스트나 텍스트유형의 토대가 되는 인지적 도식에서 나올 수 있다. 이러한 이유와 그리고 '하향식(von ober)'이라는 거시구조의 가정이 '상향식(von unten)'(미시구조로부터)으로 작용하는 거시규칙과 충돌한다는 이유 때문에, 필자는 거시구조를 축소규칙을 통하여 미시구조에서 얻지 않는 것이 더 의미가 있다고 생각한다." (H. Vater 1992: 92 이하).

이러한 거시구조에 관한 논의가 있고 난 후에 등장하는 T. A. v. Dijk의 중요한 개념 중의 하나가 초구조(Superstruktur, Hyperstruktur)이다. 의미적 개념인 거시구조가 텍스트의 전체적 의미를 뜻하는 반면에, 달리 말해서 텍스트는 총괄적 테마를 가지고 있는 반면에, 텍스트는 하나의 이야기라는 특징을 전체적으로 가지고 있다. T. A. v. Dijk는 이러한 텍스트의 유형을 표시해주는 총괄적 구조를 초구조라고 명명했다. 그러므로 거시구조가 텍스트 내용인데 반해서 초구조는 일종의 텍스트 형식이라고 할 수 있다. 초구조는 텍스트의 총괄적 배열을 확정해 주고 일련의 범주들로 구성되는 일종의 추상적 도식인데, 이 범주들의 조합가능성은 관습적인 규칙에 근거하고 있다. 따라서 다양한 텍스트유형에 따른 다양한 초구조가 있을 수 있는데, T. A. v. Dijk는 제5장에서 다음과 같은 세 가지 초구조에 대해서 언급하고 있다.

1) 우선적으로 서사구조의 초구조가 있다. 여기서 서사라는 것은 일상커뮤니케이션에서 하는 그러한 이야기 외에 익살, 신화, 민담, 우화, 전설 등의 이야기가 있으며 문학에서 단·장편소설이 있다. 이러한 서사 텍스트의 가장 기본적인 특징은 인물의 행위에 관계한다는 것이다. 이러한 서사 텍스트의 초구조를 수형도로 그려보면 다음과 같다. (T. A. v. Dijk 1980: 142)

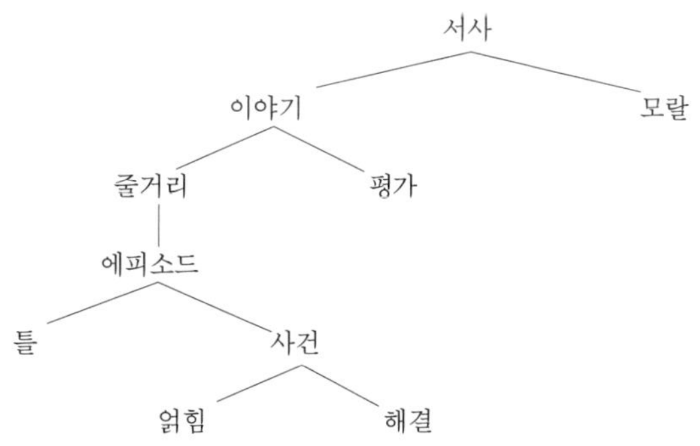

이러한 서사구조의 수형도가 탄생한 이유를 들어 보자. 서사 텍스트의 기본적인 특징은 인물의 행위인데, 어떤 인물에게 특별한 일이 일어나지 않았다면 이러한 것이 서사의 대상이 될 수 없다. 다시 말해서 서사텍스트는 어떤 흥미로

운 행위/사건이 있어야 한다. 여기서 갈등이 일어나고 뒤이어 이 갈등은 해결된다. 이것이 서사텍스트의 핵심인데, 이 둘을 합하면 하나의 사건이 된다. 또한 각 사건은 특정한 시간과 장소에 따라 진행되는데 이러한 상황을 자세히 기술해 주는 서사텍스트의 부분을 '틀(구조틀, setting)'이라고 하고, 이것이 사건과 합해져서 하나의 에피소드를 형성한다. 이러한 일련의 에피소드가 '줄거리'이고, 여기에 대해서 이야기하는 사람은 나름대로 '평가'한다. 이러한 평가와 줄거리는 '이야기'를 만들어낸다. 마지막으로 결말을 가진 텍스트가 많은데 우화가 그중의 하나이다. 우화에는 '모랄'이 결부된다. 이를 통해서 우리는 무엇을 해야 하고, 무엇을 하지 말아야 한다는 교훈을 얻는다. 이야기 구조를 이렇게 그림으로 나타내는 대신에 이 구조의 형성 규칙들을 다음과 같이 생성통사론적 규칙에 의거해서 기록할 수 있다. (T. A. v. Dijk 1980: 143).

서사 → 이야기 모랄
이야기 → 줄거리 평가
줄거리 → 에피소드(들)
에피소드 → 틀 사건(들)
사건 → 얽힘 해결

이 규칙들은 다음과 같이 읽혀진다. 화살표 왼쪽의 범주는 화살표 오른쪽 범주로 대체되거나 다시 씌어질 수 있다. 변수 n을 가진 범주들은 회귀적이기 때문에 여러 번 나타날 수 있다. 여기서는 '(들)'로 표시되어 있다. 본질적으로 중요한 사실은 틀이나 평가, 모랄 같은 몇 가지 범주는 언제나 암시적일 수 있다는 것이다. 즉, 청자는 에피소드가 언제 어디서 일어나는지 이미 알고 있으며, 화자의 평가 내지 실제 커뮤니케이션 맥락에 있어서 결과와 모랄을 예상할 수 있는 것이다.

2) 두 번째는 철학과 논리학에서 가장 많이 논의되었던 논증구조(argumentative Strukturen)이다. 이 구조는 다음과 같은 수형도로 그려진다. (T. A. v. Dijk 1980: 147).

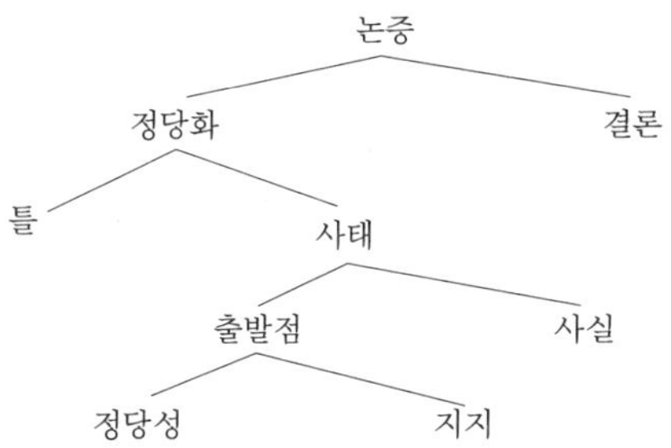

이러한 "논증의 규범적 구조는 변형에 의해 바뀔 수 있다. 어떤 출발점은 (맥락에 따라) 암묵적일 수 있으며, 주장이 화자의 결론이라는 것이 명백할 경우 정당화는 이미 제시된 주장을 따를 수도 있다. 간접적으로 논증할 경우에는 주어진 사태를 들고 더 이상 결론 자체를 말하지 않은 것으로 충분할 수 있다." (T. A. v. Dijk 1980: 147).

이러한 논증텍스트에 관련된 문제는 T. A. v. Dijk 뿐만 아니라, 다른 학자들에게도 늘 관심꺼리이다. 이를 테면, 2015년도에 발표된 이재원의 논문 "텍스트언어학과 수사학 사이 – 논증의 경우 –"는 T. A. v. Dijk와 K. Brinker(1985), W. Heinemann/D. Viehweger(1991)의 논증구조에 관한 연구들이 텍스트언어학이 시원으로 간주되는 수사학의 논증과 어느 정도의 연관성이 있고, 텍스트언어학자들 사이에서도 어떤 유사점과 차이점이 있는가를 논의하는 내용을 담고 있다.

3) 학술논문

학술논문은 이미 설명한 논증적 초구조의 변종으로 간주되는데, 개략적으로 볼 때, "어떤 연구보고서는 한 두 가지의 관찰, 가령 언어사용자는 5페이지짜리 텍스트를 한 번 읽고 난 후 그래도 재현할 수 없다는 그런 사실로부터 출발한다. 그런 다음 기억속에서 일어나는 정보처리의 일반작동을 끌어들여 이러한 사태에 대한 어떤 설명을 찾으려고 애를 쓴다. 이런 일반적인 <특성>은 가설로 표현된다. 이 가설로부터 언어사용자들의 언어행동에서 예상되는 규칙성과 관련된 일련의 기대(예측)를 유도해 낼 수 있다. 이러한 여러 가지 규칙성은 실험으로 검증될 수 있다(테스트). 보통 이러한 실험은 적절성과 같은 일반적인 요구를 충족시켜야 하기 때문에 보고서 역시 이러한 기준들에 주의하지 않으면 안된다. 즉 필요한 피시험자, 실험의 구성, 다양한 연구조건, 실험의 실시, 피시험자의 태도, 실험결과, 결과에 대한 토론 그리고 결론 등의 여러 기준이 있는데, 결론에 근거해서 가설이 입증되거나 그렇지 않기도 한다. 따라서 최초의 관찰에 대한 적절한 설명을 발견했느냐 못했느냐(해결)가 밝혀지는 것이다" (T. A. v. Dijk 1980: 150). 이를 도표로 그려보면 다음과 같다. (T. A. v. Dijk 1980: 151).

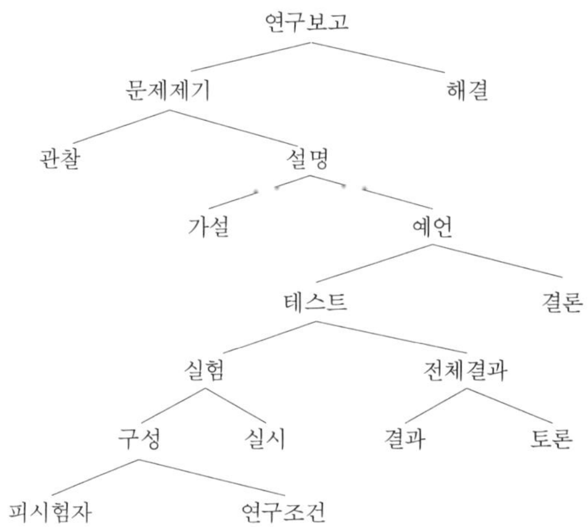

이어지는 화용론의 장에서 T. A. van Dijk는 우선적으로 J. L. Austin과 J. R. Searle의 이론에 기대서, 의미론의 명제가 참과 거짓과 관련있지만 화행론의 화행(Sprechakte)은 일정한 맥락에서 성공(gelingen)과 실패(mißlingen)와 관련있음을 언급하고 있다. (T. A. v. Dijk 1980: 71 참조). 그래서 그는 국지적(lokal) 의미와 거시적(global) 의미를 가진 복합문이나 텍스트와는 달리, 국지적 의도(Intention)와 거시적 의도를 가정하고 이것을 계획(Plan)이라고 부른다. 다시 말해서, 거시적 의미인 거시 명제가 행위론의 차원에서는 계획이 되는 것이다. 결국 이러한 행위도 거시[행위]구조를 가지게 되는데 이것은 거시행위(Makrohandlung)라 불려진다. 이것은 행위들의 사슬로 호소문이 이루어져 있고, 이러한 행위 사슬의 말미에 가장 핵심적인 행위가 도사리고 있다는 W. Motsch/D. Viehweger(1980)

의 이론을 기억나게 하지만, T. A. v. Dijk의 거시행위가 의미론에서의 거시명제처럼 하위 행위가 서로 융복합을 이루어서 생성되는 것인 반면에 W. Motsch/D. Viehweger에서는 전체 행위들 중에 거시행위로서의 특정행위가 존재한다는 차원에서는 서로 구분된다. 다시 말해서 T. A. v. Dijk는 화행론의 후반부에서 거시명제와 유사한 거시화행이 아니라 여러 화행 중에서 주화행이 언어적 거시화행(sprachliche Makrohandlung)이 됨을 말하고 있다. (T. A. v. Dijk 1980: 92 참조).

또한 'stopfen(담배를 파이프에 담다)', 'anzünden(불을 붙이다)', 'an ihr ziehen(빨아들이다)'가 '파이프로 담배피우기(Pfeiferauchen)'의 부분 행위라고 보는 것은 J. L. Austin이 추구했던 우리들이 생각하는 '언어' 행위와는 거리가 있어 보인다. 왜냐하면 '담배피우기'는 언어행위론에서 관심있는 '언어행위'와는 다른 어떤 것이기 때문이다. T. A. v. Dijk의 화용론에는 '직시적 표현(indexikalische Ausdrücke)'도 논의되는 데(T. A. v. Dijk 1980: 82)[6], 이 표현들이 중요시하게 다루어지는 이유는 이것이 맥락과 관계를 맺고 있기 때문이다. 이 표현들은 전통적 텍스트언어학의 장에서 텍스트문법의 영역에 속했는데, 이를 어디로 배치해야 할지는 여전히 논란꺼리다. 그럼에도 불구하고 T. A. v. Dijk의 화행론이 결실있는 것은, 그가 의미론적 차원의 거시구조와 화행론적 차원의 거시화행을 병행해서 설명했다는 것이고, 이러한 두 가지 언어적 차원이 가지는 상호작용에 대해 강조했다는 사실(T. A. v. Dijk 1980: 94 이하 참조)을 살펴보면, 그가 진정한 의미에서 체계 중심(의미론적 거시구조)과 통보중심(화행론적 거시화행)을 결합시키는 통합모델의 중요한 출발점에 서 있었다고 말할 수 있다.

지금까지 보았던 T. A. v. Dijk의 문법 구조(특히 그 중에서 문장연속의 문제와 거시구조), 화용론, 수사 구조와 문체 구조, 초구조와 관련된 논의들의 요약은 '텍스트구조: 요약'이라는 절에 실려 있는데, 이런 방식의 총괄적 요약은 T. A. v. Dijk만의 독특한 설명방식이다.

6) T. A. v. Dijk가 말하는 직시 표현은 "ich, du, hier, dort, hierher, von dort, jetzt, heute, gestern, morgen, der, die, das, dieser, diese, dieses, jener, jenes, derjenige, diejenige"(T. A. v. Dijk 1980: 82)인데, 이것은 K. Bühler(1934)의 그것과 별 차이를 보이지 않는다.

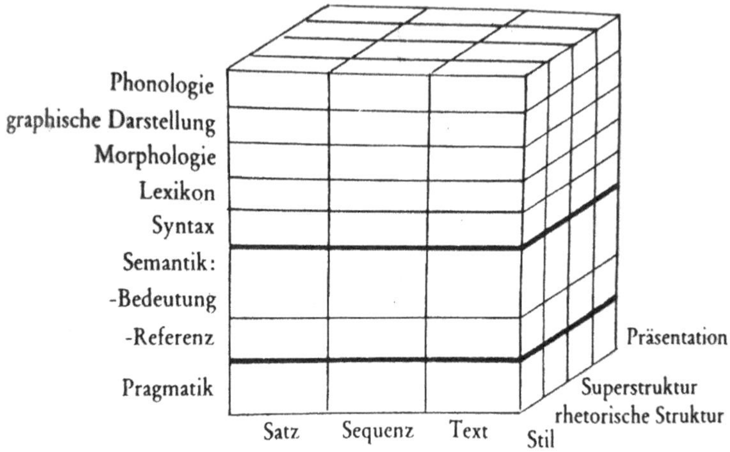

(T. A. v. Dijk 1980: 159).

위의 그림에서 일단 정육면체의 전체를 여러가지 텍스트구조라고 상정하면 이 구조는 세 가지 축으로 나뉘어져 있음을 알 수 있다. 이를 T. A. v. Dijk는 분야(음운론, 자소적 표현, 형태론, 사전 등)와 영역/세력범위(문장, 연속체, 텍스트) 그리고 형식/방법(문체, 수사적 구조, 초구조, 표시)으로 명명한다. 따라서 그에 의하면 도합 총 96개의 다양한 구조가 생겨나게 된다는 것이다. 그러나 이러한 주장은 다음과 같은 여러가지 문제점을 내포하고 있다.

- 문체구조와 수사적 구조는 - 이재원(2015)에서 보듯이 - 유사 개념 또는 수사적 구조가 문체구조를 포함하는 개념이다. 이것은 통합적으로 연구되어야 한다.
- 형태론과 통사론 사이에 '사전'이 포함된 것이 어색하다. '사전'보다 일반적으로 사용하는 '어휘론(Lexikologie)'이 합당하다.
- 문자적 표현은 언어학의 연구 각목에 간간히 포함되는 경우가 있는데, 그렇다고 하더라도 이를 '자소론(Graphematik)'으로 칭하는 것이 더 일반적이다.
- 문장과 (문장)연속체 그리고 텍스트로 구분되는 영역/세력범위의 축에 문장 이하의 단위도 들어갈 여지가 있다. 예를 들어 '절'이나 '구'의 경우가 그러하다.

그럼에도 불구하고 텍스트언어학의 장에서 T. A. v. Dijk의 이름이 끊이지 않고 거명되는 것은 다음과 같은 그의 업적 때문이다.

- T. A. v. Dijk는 텍스트언어학사의 이른 시기, 즉 1970년대 초반부터 이와 관련된 많은 연구를 수행했다.
- 연구의 초반기에는 주로 미국의 전통에서 유래한 생성문법의 갈래에서 텍스트문법적 차원에서 나름대로의 정교한 텍스트 생산규칙이나 요약규칙을 정립하기 위해 노력했다. (이와 관련된 구체적인 연구 업적 중의 하나로는 "Beiträge zur generativen Poetik(생성시학을 위한 기고)"(1972)을 들 수 있다).
- 텍스트언어학의 선구적 전통이라고 일컬어지는 고전 수사학과 텍스트언어학의 자매라고 간주되는 대화분석, 그리고 텍스트언어학의 현대적 버전에서 빠지지 않는 인지언어학에 대해서도 많은 관심을 가지고 있었다. (이와 관련된 구체적인 연구업적으로는 "Narrative Macro-Structures. Logical and Cognitive Foundations(서사적 거시 구조. 논리적, 인지적 토대)"(1976)와 "Context and Cognition: Knowledge Frames and Speech Act Comprehension(맥락과 인지: 지식 틀과 언어행위 이해)"(1977) 등이 있다).
- T. A. v. Dijk의 텍스트 요약을 위한 거시명제(Makroproposition) 개념과 이를 위한 거시규칙(Makroregel), 그리고 텍스트유형 구분의 토대가 되는 초시구조(Superstruktur) 등은 – 많은 허점에도 불구하고 - 현대 텍스트언어학에서 가장 응용가능성과 효율성이 있는 텍스트 분석기재 중의 하나이다.

12.4 E. Coseriu (1981)

E. Coseriu의 『텍스트언어학 입문(Textlinguistik. Eine Einführung)』(1981)은 1977/78년도 독일 Tübingen대학에서 녹음된 E. Coseriu의 강의록을 편집한 것이다. 이 책의 편집자인 J. Albrecht가 밝힌 것을 보면, 그의 텍스트언어학적 견해는 - 비슷한 유형의 입문서와 비교하면 - 텍스트언어학사에서 비교적 이른 시기에 구상된 것이다. (E. Coseriu 1981: 서문 참조). 또한 같은 해 영어와 독어로 출간된 R.-A. de Beaugrande/W. Dressler의 『텍스트언어학 입문』(1981)과 마찬가지로, E. Coseriu의 이 책은 결코 입문적 성격의 개설서가 아닌 텍스트언어학의 전문 영역을 다루고 있는 전문서로 간주함이 합당할 정도로 독톡한 내용들을 담고 있다.[7]

우선 이 책의 아주 특이한 사항 중의 하나는 중요 참고문헌이 간략한 해설과 더불어 책의 첫머리에 등장한다는 사실이다. 여기서 E. Coseriu는 당시까지 간행된 20여권의 텍스트언어학적 연구 방향의 중요 저작들을 간략히 소개한다. 그리고 텍스트언어학을 자신이 주장하는 세 개의 언어학 중에 하나로서, 구조·기능언어학과 변형생성언어학의 뒤 켠에 위치시킨다. 또한 E. Coseriu는 언어 영역을 세 부분으로 구분한다. 다시 말해서 그는 언어의 세 층위가 다음과 같이 구분되는 것이 필수 불가결함을 천명하고, 언어 연구에 있어서도 이러한 구분이 언제나 전제되어야 함을 주장한다.

a) 개개의 언어들의 복수로의 구별 이전의 보편적으로 말하기의 층위 (die Ebene des Sprechens im allgemein)
b) 대개 확인시키는 부가어를 지니고 있는 사적 층위, 사적 개별 언어들의 층

7) 김갑년도 E. Coseriu의 이 저서의 명칭이 입문서와 별 상관이 없다고 말하고 있다: "코제리우는 1980년에 자신의 강의 노트를 토대로 한 『텍스트언어학 Textlinguistik』을 『개론 Einführung』이라는 부제로 출판했다. 그러나 개론서라는 명칭은 필자의 생각에 따르면 잘못된 것이며, 아마도 코제리우는 이 부제를 통해 자신의 이차적 의도를 표명하려고 한 것 같다 [⋯] 개론서에서 기대할 수 있는 균형적 배합은 저자의 확고한 의지, 즉 자신의 이론을 전개하려는 목적 때문에 뒷전으로 밀렸다. 그리고 다른 학자의 이론과 모델은[을] 전적으로 자신의 고유한 이론을 설명하는데 이용했을 뿐이다." (김갑년 2006: 51).

위(die Ebene der Einzelsprachen)

c) 특정한 상황에서 특정한 화자에 의하여 실현되는 텍스트의, 발화 행위의 또는 발화 행위 결합의 층위(die Ebene des Textes) (E. Coseriu 1981: 7).

a)의 '보편적 말하기의 층위'란 한편으로는 사물에 대한 지식, 다른 한편으로는 언어적인 것에 대해 전체적으로 유효한 보편적 사고 원리를 기반으로 하는 언어외적인 것에 대한 기호적 관련(zeichenhafte Bezugnahme)을 의미하고, b)의 '개별 언어들의 층위'란 고유의 구조와 고유의 어휘를 갖는 언어 층위를 말한다. c)의 '텍스트 영역'은 특정한 화자에 의해 특정한 상황에서 구두적으로나 문어적인 형태로 실행되는 화행(Redeakte)으로 정의된다. (E. Coseriu 1981: 7 참조). 이로써 그의 텍스트 개념은 구조적 방향을 넘어서 화용론적 방향에 서 있는 것임을 확실하게 알 수 있다. 이어서 그는 "그가 멍청하다는 것은 진실이 아니다. (Daß er dumm ist, ist nicht wahr.)"라는 문장이 독일어에서는 절대 텍스트의 시작 문장으로 등장할 수 없음에 대해서 말하고, 문법을 파괴하는 전보문이나 속담의 특색에 대해 그리고 질문과 대답 쌍 등에서 문장을 넘어가는 언어현상들과 텍스트유형을 결정짓는 언어 특징을 열거한다. (E. Coseriu 1981: 11 이하 참조).

이러한 E. Coseriu의 텍스트언어학은 전체적으로 세 가지 방향이 있는데, 그 중에서도 "'의의의 언어학'으로서의 텍스트언어학(Textlinguistik als 'Linguistik des Sinns')"과 "'초구절문법'으로서의 텍스트언어학(Textlinguistik als 'transphrastische Grammatik')"이 중요하다. 그는 "의의는 어떻게 생겨나며 우리는 그 의의를 어떻게 이해하는가?"(E. Coseriu 1981: 51)에 대한 답으로 언어기호가 텍스트에서 가질 수 있는 다양한 관계를 상정한다. 이를 테면, 그는 K. Bühler(1934)의 오르가논 모델보다 좀더 확장된 기호 모델을 설정한다. 예를 들어, 대상과 사건(Gegenstände und Sachverhalte) 그리고 기호(Zeichen)의 관계에서 서술(Darstellung), 기호와 발신자 사이에서 생겨나는 통고(Kundgabe), 수신자와 기호 사이의 환기 또는 호소(Auslösung oder Appell), 어떤 기호가 동일한 또는 다른 텍스트의 다른 기호에 대해 갖고 있는 다양한 물질적 내용적 관계와 문맥 관계를 의미하는 주변상황(Evokationen) 등에 대해서 언급한다. (E. Coseriu 1981: 67 참조). 그래서 그는 자신의 텍스트언어학을 '의의의 언어학'이라고 칭했고, 이러한 의의는

"K. Bühler의 기능들인 서술, 통고, 호소, 주변상황의 결합으로 생성"(E. Coseriu 1981: 102)되는 어떤 것이다. 그러나 이러한 E. Coseriu의 텍스트언어학은 당장에 다음과 같은 비판에 직면한다: "그[E. Coseriu]는 텍스트를 이미 언급했듯이 '화행 또는 연관적 화행의 결합'이라 정의한다. 이러한 점에서 텍스트의의 또한 우선 화행의 기능으로 보아야 하는데 [다른 장소에서] E. Coseriu는 다른 견해이다[견해를 가지고 있다]. 그는 한 층위를 되돌아가서 텍스트 정의에 있어서는 기호에 관한 문제가 아님에도 불구하고 의의를 개별기호로부터 해명하려고 한다. 이러한 방식은 E. Coseriu가 명백히 논제화 하지 않음에도 불구하고 특별한 문제를 감추고 있는 낱말의미론과 텍스트의미론이 특정한 연관에 놓여 있다는 가정을 전제로 한다. 텍스트의 의의를 찾아내려고 한다면 E. Coseriu에 의하면 텍스트의 처음부터 끝까지 모든 기호에 대한 모든 관계를 확정해야 한다. 이러한 것은 특히 긴 텍스트에서는 물론 타당치 않다." (김갑년 2006: 64). 그러나 이러한 비판도 여전히 논의의 대상이 되어야 하는 까닭은 텍스트언어학의 기본 모토 중의 하나인 '전체성' 개념은 W. v. Humboldt이래도 텍스트언어학의 핵심 자질 중의 하나이기 때문이다. 어쨌든 이러한 비판은 훗날의 텍스트언어학에서 텍스트를 행위의 '행위의 사슬(Handlungskette)'이나 '의의의 연속(Sinnkontinuität)' 등으로 보는 견해를 떠올리게 만든다. 왜냐하면 텍스트라는 것은 그것을 구성하고 있는 단위들이 - 특별한 경우, 즉 한 낱말 또는 한 문장으로 구성된 텍스트의 경우를 제외하고는 - 계속이어져야 한다는 사실이 전제되어야 하기 때문이다.

12.5 R.-A. de Beaugrande/W. Dressler (1981)

'텍스트성'의 텍스트언어학이라고 대별될 수 있는 R.-A. de Beaugrande/W. Dressler의 『텍스트언어학 입문』(1981)은 텍스트언어학의 장에서 중요하고 독특한 자리를 차지하고 있다. 이에 대한 가장 큰 이유는 이들의 텍스트언어학이 기존의 텍스트언어학자들이 취하는 통상적인 연구 방향과는 달리 오로지 '일곱 가지 텍스트성'이라는 개념에만 주력하기 때문이다. 이러한 개념 이외에 '텍스트언어학의 전개(역사)'와 '텍스트 연구 및 교육'의 장도 할애되지만, 무엇 보다도 그의 이론 중에서 가장 중요한 부분은 '절차적 접근'이라는 연구 토대라고 볼 수 있다. 여하튼 이들의 텍스트언어학적 방향은 텍스트언어학사에서는 거의 정전(Kanon)의 역할을 하게 되는데, 그럼에도 불구하고 다음에 보게 되는 이재원의 논문에서 알 수 있듯이, 여전히 비판적으로 논의되어야 할 부분들도 존재함을 알 수 있다.

R.-A. de Beaugrande (이재원 作, 2018)

드 보그랑데/드레슬러(1981)의 텍스트성에 대한 비판적 고찰[8)]

1. 머리말

'어떤 (텍스트로 판단되기 이전의) 임의적 발화가 텍스트로 간주되는 일반적 조건들이 존재하는가?' 이것은 텍스트언어학의 초창기인 1960년대 중반부터 줄곧 제기되어온 텍스트언어학의 핵심 문제이다. 드 보그랑데(Robert-A. de Beaugrande)와 드레슬러(Wolfgang Dressler)의 공저인 "텍스트언어학 입문(Einführung in die Textlinguistik. Tübingen: Max Niemeyer, 1981)"[9)]의 핵심은 텍스트성(Textualität, textuality)의 규명에 있다.[10)] 즉 이들에 있어서는 텍스트언어학 초기 무렵에 중요 관심사였던 일련의 문장 연쇄로서의 텍스트가 아닌, 하나의 통합적 총체로서의 텍스트 성격이 무엇인가라는 물음의 대답이 관건이다. 본고는 이러한 '텍스트

---

8) 이 장은 동일한 제목으로 이재원에 의해서 2001년도에 기 발표된 논문을 재수록 한 것이다.

9) 한국어 번역본은 김태옥/이현호에 의해서 『담화, 텍스트언어학 입문』이라는 제목으로 1990년 양영각에서 출판되었다. 필자가 아는 한 텍스트언어학과 관련된 저서로는 한국에서 처음으로 번역 출간되었고, 따라서 한국 텍스트언어학계에서는 이들의 이론이 가장 널리 알려져 있다. 이 책은 원래 드레슬러 교수의 『텍스트언어학 입문(Einführung in die Textlinguistik)』 (Tübingen: Niemeyer, 1973)의 개정판을 시도한 것이었으나, 이미 출판된 드 보그랑데의 『텍스트와 담화 그리고 과정: 텍스트의 다학제적 과학을 위하여(Text, Discourse, and Process: Toword a Multidisciplinary Science of Texts』 (Norwood, N. J.: Ablex, 1980)에서 좀더 폭넓게 쓰여진 것을 수용해서 새롭게 쓰여졌다. R.-A. de Beaugrande/W. Dressler(1981: IX)를 참조할 것.

10) 김태옥/이현호는 텍스트성 연구의 출발점을 "코세류(Coseriu)[코제리우]와 같은 학자가 1950년대 중반에 텍스트성을 진지하게 연구해야 한다는 생각을 피력한"(1995: 3) 것에서 찾고 있지만 다음의 코제리우 견해를 자세히 살펴보면 그가 진정으로 '현대적 의미의 텍스트성을 의도'했는지 그리고 지금 통용되고 술어 '텍스트성'을 사용했는지는 명확하지 않다: "내가 텍스트언어학에 대한 나의 독자적인 생각을 스페인어로 기술한 것이 20여 년 이상이나 된다. 그러나 그것은 독일에서 처음 출판되었다: '한정과 주변영역(Determinación y entorno). 말하기[연설] 언어학의 두 가지 문제점(Dos problemas de una lingüstica del hablar)'. Romanistisches Jahrbuch VII (1955/1956), SS. 29-54. 지금 수록되어 있는 곳은: Teoría del lenguaje y lingüística general, tercera edición revisada y corregida, Madrid 1973. 페터슨의 독일어 번역본: Sprachtheorie und allgemeine Sprachwissenschaft, München 1975. 바로 이 논문에서 나는 처음으로 '텍스트언어학(Textlinguistik)', '텍스트의 언어학(Linguistik des Textes)' (lingüística dcl tcxto, 1.2.3장 참조) 개념을 소개했다." 코제리우 (1981: 6).

성에 대한 드 보그랑데/드레슬러의 구분이 타당한가'라는 물음에 향해있다.

2. 텍스트성

우선적으로 "텍스트성이란 무엇인가"에 대해서 논의하기 전에 한국어로 된 두 개의 예시 문을 살펴보자. 우리들은 한국어의 문장 차원에서 다음과 같은 발화를 문법적인 문장이라고 주장 할 수 있다:

1) 나는 바둑을 두러 준철이와 기원에 갔다.

위의 문장은 일반적으로 통용 가능한 한국어 표현이지만

2) *갔다 두러 바둑을 준철이와 기원에 나는.

라는 예시 문은 낱말들 또는 낱말무리들이 무작위로 놓여있기 때문에 반듯한 한국어 문장을 형성하지 못한다. 다시 말하면 문장 2)는 한국어에 있어서 문법성을 충족시키지 못하는 문장, 즉 비문법적인 문장이다. 이것에 의하면 어떤 문장이 구성되기 위해서 그리고 그것이 반듯하기 위해서는 충족되어야 할 조건들이 있음을 알 수 있다. 우리는 2)와 같은 연쇄형을 '비문법적'이라고 칭할 수 있으며, 이것은 문법성의 충족여부와 관련 있다. 이것을 유추해서 텍스트 차원에서도 이와 동일한 구분을 시도할 수 있다. 즉 문장 차원에서 문법성이 논의될 수 있는 것과 마찬가지로, 텍스트 차원에서의 문법성은 텍스트성/텍스트 다움(Texthaftigkeit)/텍스트 같음(Textförmigkeit)[11]으로 불리운다. 즉 텍스트성은 문

11) 이에 대한 상세한 설명은 고영근(1996: 90)과 고영근(1999: 137계속)을 참조할 것. 독일어권에서 "텍스트 다움(Texthaftigkeit)"이라는 술어를 처음 사용한 학자는 하르벡(Roland Harweg)과 같은 큰 학자를 거느렸던 하르트만(Peter Hatmann)으로 여겨진다. 그는 1968년 독일 콘스탄쯔(Konstanz) 대학에서 거행된 강연에서 문장을 넘어가는 (텍스트) 언어학적 발상에 대해서 다음과 같이 언급한다: "Wenn die Sprachwissenschaft in einer objektgerechten Breite und Differenziertheit ausgeübt und entwickelt werden soll, hat sie von der tatsächlichen Objektlage im Bereich der Sprachwirklichkeit

장 차원에서의 문법성과 같은 수준에 있다. 촘스키적 발상을 빌리면, '인간은 자신의 언어능력의 일부로서 문법성뿐만 아니라 텍스트성을 판단하는 힘을 가지고 있다'고 말할 수 있겠다. 문장 언어에서 문법성이 핵심이듯이, 텍스트성은 텍스트언어학의 본질적 분야이며 텍스트언어학의 핵심술어이다. 그리고 이것은 드 보그랑데/드레슬러에 의해서 유행이 된 용어이다.[12] 이 술어가 이들의 연구에 있어서 중추적 역할을 하고 있다는 사실은 이들에 의한 다음의 텍스트 정의에 잘 드러나 있다:

> 텍스트는 텍스트성의 일곱 가지 기준[응결성(Kohäsion), 응집성(Kohärenz), 의도성(Intentionalität), 용인성(Akzeptabilität), 정보성Informativität), 상황성(Situationalität), 간텍스트성(Intertextualität)[13]]을 충족하는 통보적 발화체라고 정의된다. 이 기준들 가운데 어느 것 하나라도 충족되지 않으면, 그 텍스트는 통보적(kommunikativ)이지 않다. 따라서 비통보적 텍스트는 비텍스트(Nicht-Text)로 취급된다.[14]

---

auszugehen. Ausgangspunkt einer Phänomenologisch des linguistischen Objekts ist die Texthaftigkeit des originären sprachlichen Zeichens." 하르트만(1971: 12, 필자에 의해서 강조됨). "텍스트 같음(Textförmigkeit)"은 슈미트(S. J. Schmidt)에 의하여 사용된 용어로서 "텍스트성(Textualität)"과 "텍스트 다움"과 유의어이다. 슈미트(1973. 144)를 참조할 것. 이것 이외에 파터(1992: 31 참조)에서는 "Textur"와 "Textlichkeit"가 텍스트성의 유의어로 등장한다. 그에 의하면 "Textur"는 할리데이/핫산(1976: 2쪽 계속)의 술어이고, "Textur"는 형성물 또는 생산물로서의 텍스트와 관계가 있다.

12) 슈미트(Siegfried J. Schmidt)가 1973년도에 출간된 자신의 저서 『텍스트 이론(Texttheorie)』에서 이미 "텍스트와 텍스트성"(144쪽) 그리고 "텍스트성과 텍스트응집성"(154쪽)이라는 제목으로 두 개의 장을 할애한 것을 보면, 술어 "텍스트성"은 드 보그랑데/드레슬러 이전부터 존재해 왔고, 의미하는 바 또한 유사함을 알 수 있다: "텍스트성은 언어적 관점뿐만 아니라, 사회적인 관점 하에서 고찰되어져야 하는 구조에 대한 표현이다 [...] 의사소통을 하게 되면 '텍스트적(textual/texthaft)'으로 의사소통하게 될 것이다 [...] 텍스트성은 의사소통의 실행을 위한 보편적이고, 모든 언어와 결합되어 있는 사회적 공표방법(Manifestationsmodus)이다." (슈미트 1973: 144쪽 계속).

13) 여러 가지 텍스트성의 기준들에 대한 술어 번역 있어서 다양함이 엿보인다. 예를 들어서 응결성은 '응집구조', '표층결속성', '응집성'으로, 응집성은 '심층결속성', '응집구조', '일관성', '통일성', '응결구조'로(이에 대해서는 이재원(2000)을 참조할 것), 의도성은 '지향성'으로, 간텍스트성은 '상호텍스트성'으로 번역되기도 한다.

14) 드 보그랑데/드레슬러 (1981: 3). 이러한 이들의 텍스트성의 정의는 - 개별적인 텍스트성에 대

통보적 발화체로서의 텍스트의 의미는 인간 상호작용의 범위 안에서 통보적으로 사용될 동안의 텍스트 또는 통보적 사건으로서의 텍스트를 의미한다. 이런 식의 규정은 통상적으로 우리들이 텍스트라고 부르는 구체적인 어떤 것은 비통보적인 것으로 간주되고 따라서 그것은 비 텍스트가 된다. 이러한 전문 술어 텍스트성의 어원을 파터에 기대면:

> 'textuell'(영어: 'textual')이란 말은 'Text'에서 파생된 형용사인데, 이로부터 다시 'Textualität'가 파생되었다. Textualität는 어떤 텍스트를 텍스트로 만드는 모든 특성들의 총체, 곧 'Texthaftigkeit(텍스트 다움)'이라고 이해된다. 할리데이/하산(Halliday/Hasan 1976: 2 이하)은 이를 'texture'라고 불렀는데, 그 뜻은 같다. 'Textualität'(또는 'Textur')가 형성물 또는 생산물로서의 텍스트와 관계가 있다면, 'Vertextung'(텍스트화, Warzyniak(1980)을 참조)은 과정으로서의 텍스트, 곧 텍스트조직(Textaufbau)이나 텍스트형성(Textbildung) 또는 텍스트구성(Textkonstitution)과 관련이 있다.[15]

그러나 위와 같은 파터의 논의 - 한편으로는 유의적으로 사용되는 텍스트성과 텍스트화를 다른 한편으로는 구분하여 "형성물 또는 생산물로서의 텍스트"와 "과정으로서의 텍스트"로 비유하는 것 - 는 드 보그랑데/드레슬러의 텍스트성에 대한 근본적 의도와는 일치하지 않는다. 왜냐하면 후자는 텍스트성의 연구에 있어서 "구조 자체에 대한 정적인 기술보다는 구조를 구축해 나가는 조작과정을 동적으로 설명하는 편이 더 생산적"[16]이라고 주장하기 때문이다. 따라

한 번역 용어상의 혼란은 제외하더라도 - 다음과 같은 무비판적인 또 다른 유사한 정의를 낳았다: "텍스트성이란 언어 발화체를 텍스트로 판정하게 하는 기준으로, 언어 발화체는 응집성[응결성], 결속성[응집성], 의도성, 용인성, 정보성, 상황성, 상호텍스트성[간텍스트성]과 같은 텍스트성의 일곱 가지의 기준을 모두 충족시킬 때 비로소 텍스트로 인정 받는다 [⋯] 이들[텍스트성]이 공통적으로 지니고 있는 자질은 의사소통성이다. 따라서 만일 이들 가운데 어느 하나라도 만족되지 않으면 그 발화체는 텍스트로 인정받지 못한다. 이 기준들은 결국 텍스트를 이루는 구성원리들로, 텍스트는 이 기준에 의해서 텍스트가 형성되는 것이다." 권재일 (1999: 197 이하).

15) 파터 (1991: 23).

16) 드 보그랑데/드레슬러 (1981: xiii).

서 드 보그랑데/드레슬러의 텍스트성은 파터에 있어서의 텍스트화이다.

이러한 드 보그랑데/드레슬러의 텍스트성들은 - 타당성 여부는 차지하고 - 일반적으로 언어적 차원의 응결성과 응집성(텍스트적 요인), 정신적 차원의 의도성과 용인성(심리적 요인), 현실적 차원에서의 상황성과 간텍스트성(사회적 요인) 그리고 마지막으로 통보적 차원에서의 정보성(정보처리적 요인)으로 분류되므로 본고에서도 잠정적으로 이러한 분류에 따라 분석을 시도한다.[17]

2.1 응결성과 응집성

일곱 가지 텍스트성 가운데 제일 첫 번째 범주는 응결성이다. 이 술어는 원래 할리데이(Michael Halliday)와 그의 아내 핫산(Ruqaiya Hasan)에 의해서 널리 통용되었지만, 드 보그랑데/드레슬러의 응집성은 그들과의 차이를 보여준다.[18] 드 보그랑데/드레슬러에 기대면 "이것은 '텍스트표층'의 구성 요소들, 즉 우리가 실제로 듣거나 보는 낱말들이 서로 연결된 방식과 관계가 있다. 표층 구성요소들은 문법적 형식과 규약들에 의해 서로 의존해 있기 때문에 응결성은 '문법적 의존관계'에 바탕을 둔 것이다."[19] 위의 정의를 좀 더 자세히 살펴보면 다음과 같은 유추가 가능하다:

3) 표층구성 요소들의 관계 – 문법적 관계.[20]

---

17) "인간의 의사소통행위 속에 나타나는 텍스트성에는 언어, 정신, 현실 그리고 의사소통의 요소들이 모두 개입되어 있다고 했다. 응집성과 결속성[응결성과 응집성]은 언어, 의도성과 용인성은 정신, 상황성과 상호텍스트성은 현실, 정보성은 의사소통과 관련된다고 했다." 권재일 (1999: 207). "인간의 통화행위[통보행위]속에서 발휘되는 텍스트성의 제국면에는 언어(language)와 인간정신(mind)과 외적 현실(reality), 그리고 통화적[통보적]요소가 모두 개입되며 [...]" 김태옥/이현호(1990: vii).

18) 할리데이(1964), 핫산(1968), 할리데이/핫산(1976)등을 참조할 것. 또한 김용도(1996)를 참조할 것.

19) 드 보그랑데/드레슬러 (1981: 3계속).

20) 따라서 파터는 소위 "명사-대명사"의 관련을 "응결성"이 아니라, "응결성관계(Kohäsionsbeziehung)"라고 표현하는데, 이것은 올바른 표현이다. 파터(1992: 33 이하)를 참조할 것. 이에 반해서 국내학자들의 많은 논문에서는 이러한 부분이 명확하지 않다. 예를 들면: "'결속'Kohäsion(상호 관련된 문장들의 텍스트통사론적 연쇄, 주로 미시구조의 경우)

그러나 일반적으로 정적인 것으로 간주되는 이러한 '문법적' 또는 '표층'이라는 술어는 이들에 의하면 "실제적으로 소리의 원료나 인쇄 기호의 원료가 아니다. 이것은 이미 언어적 표현들이 묘사되었고, 동일시되었다는 것을 전제로 한다. 이러한 동일시가 실제적으로 어떻게 이루어졌는가 하는 문제는 여기서 다룰 수 없는 당연히 절차적 관점에서 아주 중요한 문제가 된다."[21] 따라서 자세히 살펴보면, 표층 또는 문법에 관한 저자들의 정의, 즉 응결성에 관한 정의는 단순히 '응결성은 표층(또는 문법)적 의존관계이다'가 아니고, "표층(또는 문법)적 의존관계를 바탕으로 한 어떤 것"이다. 결국 응결성의 핵심 부분인 '응결성이 어떤 식으로 성립되는가'라는 차원은 '과정적 발상(prozeduraler Ansatz)'에 기댈 수밖에 없다는 사실이다. 따라서 반복(Rekurrenz), 부분적 반복(partielle Rekurrenz), 병행구문(Parallelismus), 다시쓰기(Paraphrase), 대용형(Pro-Form), 생략(Ellipse), 시제(Tempus), 상(Aspekt), 접속형(Junktion), 기능적 문장관점(Funktionale Satzperspektive)과 같은 현상들은 - 응결성 자체가 아닌 - "응결성 수단(kohäsive Mittel)"[22]이며, "텍스트 응결성과 관련 있는 요인들(Faktoren der

---

이 텍스트구성의 판별기준으로 고려된다." 김인자 (1993: 24). "응결성을 제외한 다른 기준들은 실제적으로 텍스트 자체에서 관찰될 수 있는 것이 아니라 [...]" 노은경 (1994: 169). 이러한 주장은 응결성은 텍스트 자체에서 관찰할 수 있다는 것인데, 사실 텍스트 자체에서 관찰될 수 있는 것은 응결성 수단이지 응결성 자체는 아닌 것이다. "흔히 언어학 분야에서 '결속'은 텍스트 표면에 나타난 요소들의 형식적 연결을 결속구조(Cohesion)로 [...]" 노은희 (1999: 263). 이것 또한 드 보그랑데/드레슬러적으로 바꾸면, '[...] 텍스트 표면에 나타난 요소들의 형식적 연결을 토대로 하는 또는 텍스트 표면에 나타난 요소들의 형식적 연결과 관련 있는 결속구조 [...]'로 되어야 한다. "응결성이란 텍스트를 텍스트답게 만들어 주는 형식적인 장치(주로 언어학적 장치)를 뜻하고 [...] 응결성 장치(I) 가. 자소론적 장치, 나. 음운론적 장치, 다. 형태론적 응결장치(품사론/형태, 통사론), 라. 통사론적 응결장치 [...] 응결성 장치(II) 가. 의미상의 등가성에 기댄 응결장치, 나. 기능상의 등가성에 기댄 응결장치". 고영근 (2000: 5 이하) 그리고 고영근(1999: 141 이하)을 참조할 것. 여기서도 응결성과 응결성 장치를 동일한 것으로 간주하고 있다. "회기법[반복], 부분 회기법[부분 반복], 병행구문, 환언(paraphrase: 내용반복)[다시쓰기]과 대용형 사용 등이 이에 속하며 기타 생략법, 접속법, 시제, 상, 억양 등의 뒷받침 역시 텍스트 세계를 구성하는 사상과 상황간의 연속 관계를 나타내는 결속 구조[응결성]이다". 김태호 (1996: 117). 드 보그랑데/드레슬러의 이론을 따른다면 여기서도 '결속 구조'가 아니고 '결속구조 장치' 또는 '결속구조 수단'이라는 표현이 올바르다.

21) 위의 책 4쪽.

22) 따라서 이러한 현상들에게 "응결장치"라는 술어를 부여한 고영근(1999: 141쪽 이하를 참조할 것)의 견해는 정당하다. 응결성과 응결성 수단의 혼동은 한국어 번역본에서도 발견할

Textkohäsion)"[23]이다. 그리고 이러한 응결성 수단들을 통해서 응결성이 "뒷바침 된다(unterstützen)"[24]. 이들에 의하면 이러한 응결성은 텍스트소 사이(소위 문장들 사이)에서는 물론이고 단일 텍스트소 사이(소위 한 문장내)에서도 존재한다: "둘 이상의 구, 절, 문장들 사이의 결속구조보다는 단일한 구, 절, 문장 내부에서의 응결성이 더욱 직접적이며 명백히 드러난다."[25]

드 보그랑데/드레슬러가 언급하는 텍스트성의 두 번째 기준인 응집성은 - 위에서 이미 살펴본 - 응결성과 관련 있는 소위 텍스트 표층적 연결수단들 또는 문법관계들이 포함되어 있지 않다. 이들에 기대면 응집성은 "텍스트 세계 - 즉 표층 텍스트의 기저에 깔려 있는 각 개념과 그들이 이루고 있는 관계의 구성체 - 의 구성성분들이 상호 수용 가능하고 적합성을 띄는 방식에 관여한다."[26] 이러한 응집성을 토대로 하여 '의의 연속성(Sinnkontinuität)'이 규정된다. 이러한 의의(Sinn)는 언어표현의 '가능 요인' 또는 '잠재적 요인'을 가리키는 의미(Bedeutung)와 달리 텍스트상에 나타나는 표현들에 의해서 실제적으로 전달되는 지식을 가리키는데 사용될 수 있는 확정적인 어떤 것이다.[27] 또한 "다소간의 일관성과 통일성을 가지고 회수되거나 활성화 될 수 있는 지식 구성체"[28]로 정의되는 '개념(Begriff, Konzept)'은 '의의'와 마찬가지로 드 보그랑데/드레슬러의 이론에서 아주 중요한 역할을 한다. 왜냐하면 응집성은 텍스트 세계에서의 '개념'과 이것들의 '관계'가 이루어 내는 어떤 것이기 때문이다. 따라서 개념은 "원초적이며 단일 체계적인 단위들(primitive und monolithische Einheiten)"[29]이다. 이에

수 있다. 이를 테면 "Auf diese Weise unterstützt Kohäsion Kohärenz (z. B. durch Pro-Formen)"(드 보그랑데/드레슬러 (1981: 106))의 한국어 번역("이런 식으로 결속구조(예컨대 대용형)는 결속성을 뒷받침한다." 김태옥, 이현호(1990: 97))는 "이런 식으로 (예컨대 대용형에 의한) 결속구조는 결속성을 뒷받침한다"로 수정되어야 만 한다.

23) 위의 책 86쪽.
24) 위의 책 74쪽.
25) 위의 책 52쪽.
26) 위의 책 5.
27) 위의 책 88을 참조할 것.
28) 위의 책 89.
29) 위의 책 90.

따라 드 보그랑데/드레슬러는 4가지의 일차 개념(대상, 상황, 사상, 행위)과 34가지의 이차 개념(상태, 동작주, 피동객체, 관계, 속성, 장소, 시간, 운동, 수단, 형태, 부분, 실질, 포함, 원인, 실행 가능화, 이유, 목적, 통각, 인지, 감정, 의욕, 인식, 의사소통, 소유, 사례, 명세화, 수량, 서법, 의미상, 가치, 등가성, 대립, 공지시성, 회기성)을 상정한다.[30] 그러나 이러한 개념들이 자기 스스로 관계를 맺는 것이 아니고, 연결되기 위해서는 추론이 행해져야 한다. 즉 추론이 응집성의 전제 조건이 되는 셈이다.[31] 따라서 "응집성이란 명백히 단순한 하나의 텍스트 자질이 아니라 텍스트사용자들간의 인지적 처리과정에서 오는 결과(das Ergebnis kognitiver Prozesse)다."[32] 즉 응집성이 단순한 텍스트 자질이 아님에도 불구하고 - 드 보그랑데 드레슬러에 의하면 - "응집성은 텍스트자료에 부과되는 조작들을 지칭하는 텍스트 중심적 개념"[33]이라는 서로 상충되는 주장들이 생겨난다.

또한 이러한 응결성과 응집성의 분류는 당장 여러 학자들의 반대에 부딪힌다. 저자들도 인정하고 있듯이, 만약 응결성의 성립여부가 절차적 접근에 기댈 수

---

30) 위의 책(100 이하)을 참조. 여기서 응결성와 응집성 구분의 모호함을 보여주는 예로서 '회기법(Rekurrenz)'과 '공지시성(Koreferenz)'을 들 수 있다. 드 보그랑데/드레슬러에 의하면 전자는 "동일한 표현이 어떤 한 개념을 활성화시키는 것인데, 한 존재물에 대한 동일지시나 동일의의를 가져야 할 필요는 없다" 그리고 후자는 서로 다른 표현들이 동일한 텍스트 세계의 존재물(혹은 존재물들의 구성체)을 활성화시키는 관계"(위의 곳)라고 정의되는데, 왜 이러한 현상들이 두 개의 텍스트성, 즉 응결성과 응집성의 두 범주를 넘나드는 현상으로 간주되는가에 대한 의문은 여전히 열려 있다. 왜냐하면 응결성에서의 회기법 현상은 "반복적 표현들이 동일한 지시를 유지"하였다고 주장한다면, 이것과 응집성에서의 회기법 및 공지시성 현상과 차이점을 발견할 수 없기 때문이다.

31) '추론'이 응집성의 규정에서 중요한 역할을 한다는 사실은 드 벨데(V. de Velde)도 인식하고 있었다. 그에 기대면 추론은 - 응집성이 이해의 전 단계 역할을 하는 것처럼 - 응집성의 전 단계이고, 응집성의 본질을 규정하는 중요한 역할을 한다. 드 벨데에 있어서 추론은 문법과 대립되는 개념이고, "특히 언어 소여성의 내용적 측면과 관련되는 추론규칙은 '응집성' 개념에 의해서 고려 될 수 있다." (드 벨데 1981: 23). 그러나 이러한 추론이 이성적으로 증명 가능한 결론과 관계가 있는 한에 있어서, 추론은 논리학 또는 인지과학에 속한다. 따라서 드 보그랑데/드레슬러의 응집성은 언어학을 넘어서는 간 학문적 성격을 지니고 있음은 이러한 사실로도 알 수 있다. 반 드 벨데의 추론, 응집성, 이해의 관계를 도표로 표시하면 '추론 → 응집성 → 이해'가 될 것이다. 그러나 드 벨데 자신도 언급하고 있듯이 이러한 질문들에 대한 완벽한 대답은 기대하기 어려울 뿐 아니라, 이러한 질문들의 경계 또한 불명확하고 겹쳐진다. 위의 책 13쪽을 참조할 것.

32) 위의 책 7쪽.

33) 위의 책 9쪽.

밖에 없다는 사실은 '텍스트성의 하위 영역인 응결성과 응집성이 구분되어야 한다'라는 견해에 대한 의문점을 제공한다. 이에 따라 예를 들어 파터는 다음의 예시 문을 가지고 독자적 텍스트성의 기준으로서 응결성의 부당함을 지적한다:

(2-03)

a. Paul hat mit Fritz gesprochen. Er kommt morgen.

b. Paul hat einen neuen Roman geschrieben. Er ist wirklich spannend.

c. Paul ist mit Floki zum Tierarzt gegangen. Er hat ihm eine Spritze gegeben.

(2-03)a는 화자와 청자의 특수한 사전지식에 의해서만 명확하게 해석될 수 있으며, (2-03)b는 서술어 spannend가 인간보다는 오히려 소설과 관계 있다는 일반지식을 통해 올바르게 해석될 수 있다. (2-03)c에서는 두 번째 문장내의 동지시가 sich에 의해서만 표현될 수 있다는 점을 고려한다면, 이 문장을 여섯 가지로 읽을 수 있다는 점에서 두 대명사는 이론적으로 각각 세 가지 해석이 가능하다. 그러나 우리들의 세상지식에 의하면, 인간만 주사를 줄 수 있고, 개는 그럴 수 없다. 따라서 er는 두 개의 선행사, 곧 Paul과 Tierarzt를 더 가질 수 있다 [...] 언급된 관계의 내용은 지시관계이다. 이것은 물론 의미·화용론적(인지적) 관계로서 일종의 응집성이다.[34]

드 보그랑데/드레슬러에 있어서 응결성을 지지해주는 위와 같은 응결성 수단(대명사화)도 결국은 응집성과 관련 있음에 틀림없다. 따라서 드 보그랑데/드레슬러가 언급한 여러 종류의 응결성 수단들이 모두 문법적 차원에, 또는 텍스트 표층의 차원에 귀속되어 있는 특징인가라는 물음은 여전히 열려있다. 또한 - 저자들이 주장하고 있듯이 - 응결성이 응집성의 기초 위에서만 존재("응결성이 기저에 있는 의미의 응집성을 전제"[35])한다면, 응결성은 응집성에 통합되어야만 하는 것

34) 파터 (1992: 34).
35) 드 보그랑데/드레슬러(1981: 83).

이 아닌가? 이런 이유로 응결성과 응집성을 구분하지 않고 하나의 술어로 통일한 - 그것이 응결성이든 응집성이든 - 할리데이/핫산(1976)의 견해는 정당성을 획득한다.

또한 드 보그랑데/드레슬러의 다음과 같은 두 가지 주장은 자신들의 논의의 초반에 이미 주장했던 '일곱 가지 텍스트성이 모두 충족되어야만 반듯한 텍스트가 될 수 있다'는 정의와는 잘 맞아떨어지지 않는다.

> 표층 텍스트의 응결성과 기저에 놓여있는 텍스트세계의 응집성은 텍스트성을 판정하는데 가장 명백한 기준이다. 이들은 텍스트구성 요소들이 어떻게 서로 조화를 이루며 의미를 갖는가를 나타낸다. 그러나 실제 통화상에서 텍스트와 비텍스트를 구분 짓는 절대적인 경계선을 제공해 주지 못한다. 사람들은 다양한 동기에서 응결성과 응집성을 충족시키지 못하는 텍스트를 사용할 수 있고 또한 실제로 사용한다[36]

> 이들[응결성과 응집성]은 텍스트구성요소들이 어떻게 서로 조화를 이루며 의미를 갖는가를 나타낸다. 그러나 실제 통화상에서 텍스트와 비텍스트를 구분짓는 절대적인 경계선을 제공해 주지 못한다[37]

또한 이러한 정의는 파터의 표현대로 "너무 엄격하다".[38] 그러나 응결성이 독자적인 텍스트성의 한 기준이 될 수 있는가의 문제는 열려 있지만, 응집성은 분명 지배적인 텍스트성의 기준에 해당한다. 왜냐하면 이것은 텍스트를 완성하는 데 핵심적인 역할을 하기 때문이다.

36) 위의 책 119.
37) 위의 책 118.
38) 파터 (1992: 17).

2.2 의도성과 용인성

드 보그랑데/드레슬러에 기대면 응결성과 응집성이 텍스트 중심적 개념인 반면에, 텍스트의 의도성과 용인성은 텍스트 사용자(저자/생산자/화자, 독자/수용자/청자)중심 개념이다. 이들에 의하면 좁은 의미의 의도성은 "텍스트 생산자가 지금 생산하고 있는 언어 구성체를 응결성과 응집성을 구비한 텍스트로 만들고자 의도한다는 것이다."[39] 이와 달리 보다 넓은 의미에서의 의도성은 "텍스트 생산자가 의도하는 바를 추구하고 달성하기 위해서 텍스트를 사용하는 모든 방식을 가리킨다"[40]

이때 좁은 의미의 의도성에서 약간의 문제가 발생한다. 도대체 텍스트 생산자가 '어떤 언어적인 구성체를 응결성과 응집성을 구비한 텍스트로 만들고자 의도한다'는 것은 무엇을 의미하는가? 이것은 응집성과 응결성이 의도성과는 다른 차원에 위치하고 있음을 함축하고 있는 것은 아닌가? 다시 말해서 의도성은 텍스트 중심적인 텍스트성들(응집성과 응결성)보다 더 상위의 위치에 하고 있음을 의미하는 것은 아닐까? 그럴 가능성은 충분히 열려 있다. 왜냐하면 드 보그랑데/드레슬러의 위의 인용문은 '응결성과 응집성이 존재할 수 있는 이유는 텍스트 생산자의 의도성이 미리 존재하기 때문이다'라는 강한 뉘앙스를 풍기기 때문이다. 그러나 이러한 추측은 이들이 누누히 강조해 온 '응집성이 텍스트성에 있어서 가장 중요한 범주이다'[41]라는 주장과 상충된다.

또한 이들은 의도성을 위해서 오스틴/서얼의 화행론과 그라이스의 대화함축 개념을 비판적으로 수용하면서, 의도성과 짝을 이루는 개념으로서 용인성을 언급하고 있다. 가장 좁은 의미에서 용인성은 "텍스트 수용자로 하여금, 한 언어 구성체를 응결성과 응집성을 만족시킨 사용 가능한 텍스트로서 수용하게 한다."[42] 이와는 달리 넓은 의미에서 용인성은 "담화에 참여하고 공동의 목표

39) 위의 책 118을 참조.
40) 위의 책 122.
41) 위의 책 118, 133을 참조할 것.
42) 위의 책 135.

를 가지려는 능동적 의지로서의 수용행위를 포함한다."[43] 간략하게 말하자면, 발화 내용이 통보적으로 불완전하고 명확하지 않을 지라도 텍스트 수용자(청자, 독자)는 용인성에 의해서 그것을 완전하고 명확하게 수용하려고 한다는 것이다.[44]

이러한 의도성과 용인성은 텍스트문법이라는 것을 어떻게 검증할 것인가라는 과정에서 배태된 느낌이 있다. 용인성(실제 통화상에서 용인되는 것)은 일반적으로 문법성(추상적 문법에 의해서 규정되는 것)과 대립되는 개념이라는 것이 관례적이다. 우리는 제 2.1절에서 문법성을 텍스트성과 대립시켜 놓았다. 이로써 텍스트성=용인성이라는 형식이 출현 가능하다. 이것은 - 마치 문법성이 문장 문법의 전제이듯이 - '용인성은 의사소통 자체의 전제이다'라는 의미를 함축하고 있는 듯 하다: 즉 텍스트는 그 자체의 근본에 '용인성'을 기초로 하고 있다.

그러나 '관용성(Toleranz)'[45]과 관련이 있는 용인성이나 의도성이 파터가 지적하는 것처럼 "모호한 텍스트 기준"[46]이어서 텍스트성에 속하지 못하는 것은 아니다. 오히려 - 파터가 주장하는 것처럼 - 이러한 성질이 "통보적 출현체(텍스트)의 근본적인 전제조건"이라면, 당연히 텍스트다움(텍스트성)의 성질을 지니고 있을 것이다. 왜냐하면 텍스트성는 이미 언급한 것처럼 "어떤 임의적 발화가 텍스트로 인정되기 위한 어떤 성질"이고 또한 텍스트성은 모든 텍스트가 당연히 지

---

43) 위의 책 139.

44) 이에 대한 재미있는 실험의 예가 있다. 뉜델/슐로트하우스(1978: 22)는 다음과 같은 자의적으로 작성한 비-텍스트를 피실험자들(수업에 참가한 학생들)에게 나누어준 결과 이것을 텍스트로 용인하는 다양한 이유들을 열거했다: "바람은 개천에 뚝뚝 떨어지고 강의 시간표 위로 지나간다. 어제 증권거래소는 1.87미터의 기록을 세웠다. 지렁이가 우선 통행에 주의를 기울이지 않았었나? 그 공무원이 빨래를 삶았음에도 불구하고, 책상에는 돈 냄새가 난다. 모레 그 고릴라는 수집된 발판 로울러를 읽을 것이다." 이러한 비문에 대한 피 실험자들의 견해는 다음과 같다: "- 이러한 비현실적인 연관들은 나에게 아주 우스꽝스럽게 보인다. 그밖에 아마도 우리들은 다음과 같이 생각할 수 있을 것이다. 만약 어떤 사람이 의식을 가지고 그렇게 썼다는 것은 비논리성에 의해서 논리를 더욱 더 분명하게 하려고 했었을 것이다. - 우리들은 위에 기술된 논리가 있는 비논리를 종종 대학교에서 취급한다. - 바람이 [...] 뚝뚝 떨어진다. 이것은 말이 안된다. - 그런데 아주 미친 듯한 것을 포함하고 있는 아주 훌륭한 시 들이 있다. - 이것은 50년대 초, 이오네스코가 했던 것과 같은 부조리 문학이다 [...]"

45) 드 보그랑데/드레슬러 (1981: 118).

46) 파터 (1992: 64).

녀야할 전제조건이기 때문이다. 이러한 주장은 의도성이 텍스트성의 한 기준일 필요가 없다는 파터의 다음과 같은 (드 보그랑데/드레슬러 이론의) 반박에 대한 재반박에 해당된다: "필자가 볼 때 불분명한 것은 의도성이 텍스트성의 기준이어야 할 근거가 무엇이냐는 점이다. 의도성은 - 궁극적으로 의도성을 의식적인 통보행위에 국한시킬 경우 - 필자가 볼 때 모든 종류의 의사소통의 전제가 되는 것이다. 그런 점에서 의도성은 텍스트를 특징짓는 면은 전혀 없으며, 모든 종류의 언어적 통보와 비언어적 통보의 일반적인 전제조건이다."[47]

텍스트성은 '텍스트다움'이다. 텍스트성이 텍스트를 특징짓는다는 것은 텍스트를 비텍스트와 구분해준다는 의미이다. 따라서 어떤 성질이 통보적 출현체(텍스트)의 일반적인 전제조건이라면, 훌륭히 텍스트성의 기능을 수행할 수 있다.

사실 문제의 핵심은 용인성과 의도성이 모호한 텍스트 기준이라는 점에 있는 것이 아니고, 이 둘 사이를 구분 짓는 것에 있다. 단적으로 말해서 용인성과 의도성은 따로 구분할 필요가 없거나, 용인성은 텍스트 수용자의 상황에 따라서 너무나 주관적이므로 텍스트성을 위한 하나의 기준 일 수 없다는 사실이다. 이러한 관점은 "텍스트언어학 입문(1981)"에서 모든 개별 텍스트성을 위해서 낱낱의 장을 할애(4장: 응결성, 5장 응집성, 7장 정보성, 8장 상황성, 9장 간텍스트성)하면서, 의도성과 용인성만을 하나의 장(제 6장)에 함께 묶어놓은 보그랑데/드레슬러의 의도에서도 어느 정도 암시적으로 드러난다. 그러나 보다 더 심각하게 드러나는 문제점은 다음과 같다: 드 보그랑데/드레슬러는 응결성과 응집성 그리고 의도성이 가지는 상호 의존 관계가 복잡한 상황을 야기하는 예를 다음과 같이 들고 있다:

> "자네는 자네 마음속에 있는 바로 그 인상을 말해도 좋아. 그것은 죽어가고 있는 한 남자, 죽어 가면서 정신착란이 되어버린 남자겠지. 사실 나는 왜 저 바다가 그 번식력 왕성한 굴의 한 덩어리 양식장이 아닌지 그 이유를 모르겠어. 아, 나는 방황하고 있다네!"
>
> 물론 홈즈는 자신의 장기적 플랜의 지상목표를 유지하기 위해서, '굴'에 대한

47) 위의 책 50.

재미있는 이야기를 두서 없이 늘어놓으면서도, 자신이 의도하는 화제에서 벗어나지 않으려고 조심하고 있다. 이러한 종류의 의도성 - 기만을 통해서 목표를 달성하는 - 은 철학적 논의에서는 널리 다루어지지 않는다.[48]

텍스트 생산자들(Textproduzenten)[49]은 어떤 지식을 은폐하려다가 그 과정에서 결속성의 혼란과 함께 본심을 드러낼 수가 있다.

"저는 그 큰 사람이 귀머거리에다가 벙어리인 스페인 사람이라는 걸 알았어요 ... 그런데 그 스페인 사람은 그녀 얼굴을 망쳐 놓겠다고 했어요. 바로 제가 이런 말을 당신과 당신의 두 ..."
"뭐라고? 그 귀머거리에다가 벙어리가 그런 말을 다 했다고!"
허크는 또 한 번 끔찍한 실수를 저지른 것이었다!" 이런 종류의 상황은 응집성을 의도했지만 받아들여지지 않은 상황과 구별해야 한다.[50]

그러나 이러한 복잡한 상황은 실제 커뮤니케이션 행위의 참가자(이 예문의 생산자인 소설가 마크 트웨인과 이 소설을 읽는 독자들)의 차원과 텍스트내의 등장인물의 차원(Figurenebene)의 뒤섞임으로 인해서 생겨난 복잡함이다. 이 두 가지 차원이 구분되면 - 일견 모순되어 보이는 듯한 - '응집적이지 않으려고 의도함'이라는 개념은 쉽게 이해된다.[51]

---

48) 드 보그랑데/드레슬러(1991: 109).

49) 드 보그랑데/드레슬러 있어서는 텍스트 생산자가 - 위의 예문(『톰 소여의 모험』에서 발췌한 것임)에서 - 이 글의 작가인 마크 트웨인(Mark Twain)이 아니라, 예문 속에서 발화하고 있는 '허크'라는 등장인물이다.

50) 드 보그랑데/드레슬러(1991: 109).

51) 두 가지 차원이 이런 식으로 혼합되어 기술되는 예는 여기저기서 발견된다. (드 보그랑데/드레슬러(1981: 119, 121)를 참조할 것). 그 이유는 텍스트 분석 재료를 (등장인물 사이의 복잡한 사건들에 관심이 있는) 문학작품에서 끌어왔기 때문이다. 따라서 텍스트 다움은 이 두 가지 차원이 엄격하게 구분되어 연구되어야 성립한다. 이에 관한 상세한 설명은 쉐르너(1974), 쉐르너(1980) 그리고 쉐르너(1984)를 참고할 것.

2.3 정보성

드 보그랑데/드레슬러에 있어서의 "정보성이라는 용어는 [텍스트] 수용자에게 제시된 것이 얼마나 새로운 것인가 또는 얼마나 예상치 못한 것인가라는 정도"[52]를 나타낸다. 즉 모든 텍스트에는 어느 정도 텍스트 수용자가 알지 못하고 있는 - 따라서 텍스트 수용자에 있어서 새로운 - 정보가 들어 있다는 가정이다. 왜냐하면 텍스트 수용자에게 이미 알려져 있는 정보는 굳이 전달될 필요가 없기 때문이다. 이러한 논의를 비판적으로 검토하기 위해서 파터는 알려지지 않은 사실을 끌어들이는 모르겐슈테른(Christian Morgenstern)의 시 "Das große Lalula"가 (사실은 그렇지 않지만) 고도로 정보적이므로 드 보그랑데/드레슬러의 정보성은 문제 있는 텍스트성의 기준이라고 주장한다[53]:

Kroklokwafzi? Semememi
Seiokrontro - prafriplo
Bifzi, bafzi; hulalemi:
quasti basti bo ...
Lalu lalu lalu lalu la!

Hontraruru miromente
zasku zes rü rü
Entepente, leiolente
klekwapfzi lü?
Lalu lalu lalu lalu la!

Simarar kos malzipempu
silzuzankunkrei(;)!

---

52) 위의 책 145.
53) 파터(1992: 56)를 참소할 것.

Marijormar dos: Quempu Lempu
Siri Suri Sei [ ]!
Lalu lalu lalu lalu la!

그러나 이러한 비판은 파터가 드 보그랑데/드레슬러를 자세하게 읽지 않은 데서 연유할 수 있다. 왜냐하면 드 보그랑데/드레슬러는 텍스트 수용자가 정보처리의 양이 많아지면 통화를 해치는 수준에 이른다고 경고하고 있기 때문이다.[54] 오히려 필자에게 있어서 의문시되는 것은 소위 텍스트 응결성 수단인 '반복'이 자주 나타나는 텍스트는 정보성이 떨어진다는 드 보그랑데/드레슬러의 주장이다. 만약 "부서져라, 부서져라, 부서져라"라고 반복되는 테니슨(Tennyson)의 싯구가 있다면, 비록 반복된 두 번째, 세 번째의 언어적 표현 "부서져라"가 새로운 정보를 전달해 주지는 못하지만, 이러한 (장식적인) 반복에서 유추할 수 있는 "생생한 움직임"이라는 새로운 어떤 것을 가져다 주지 않았는가? 사실 응결성 수단인 "반복"은 경우에 따라서 "놀라움", "고집", "주장", "재확인", "생동감", "강조", "웃음" 등의 정보들을 달고 다닌다고 간주할 수는 없는가? 따라서 "똑같은 것을 두 번 말하는 것은 무의미"하다는 그린(Georgia Green)의 주장은 무의미하다.[55] 이와 더불어 중요한 사실은 정보성은 용인성과 서로 반비례 관계에 있을 것이라는 추측이다: 즉 어떤 언어 발화가 용인성이 높으면 (교회 목사님이 신도들이 이미 뻔히 알고 있는 아담과 이브 이야기를 설교 중에 장황하게 늘어 놓는 것) 정보성이 낮고, 용인성이 낮으면 (모르겐슈테른의 시) 정보성이 높다. 이것은 반듯한 양질의 텍스트가 존재하기 위해서는 텍스트성의 두 가지 기준 중에서 어느 하나가 너무 높게 측정되거나 너무 낮게 측정되지 않아야 한다는 사실을 내포하고 있다. 만약 한 쪽으로 치우치게 되면 두 가지 텍스트성이 충돌하여 '딜레마'가 생겨나게 될 것이다. 따라서 개별 텍스트에 국한된 일부의 텍스트성만을 가지고 텍스트를 분석하는 것은 나무를 보고 숲을 보지 못하는 잘못을 범하기 쉽상이므

54) 위의 책 11을 참조할 것. 여기서 수용자에게 부담스러운 양의 정보성이 통화를 해친다는 언급은, 그것이 곧 텍스트성을 위반한다는 것을 의미한다.
55) 그린(1968: 722). 드 보그랑데/드레슬러(1981: 58)에서 재인용.

로, 텍스트성의 여러 기준들 사이를 비교하는 것이 - 다음에 인용되는 이석규의 주장처럼 - 아주 중요하다: "아직 많은 연구들이 하나의 텍스트에서 일곱 가지 텍스트성을 찾는 데만 머물고 있다. 그러나 그러한 텍스트성이 텍스트의 이해에 어떻게 관여하고 있는가 하는 것을 보다 구체적으로 규명해야 한다. 그리고 여러 유형의 텍스트 분석을 통해 새로운 요인의 텍스트성을 찾는 작업도 필요하다."[56]

2.4 상황성과 간텍스트성

상황성은 "한 텍스트를 발화 상황에 적합한 것으로 만드는 요인들에 관여한다."[57] 즉 "천천히 노는 어린이들"이라는 도로표지의 경우 특정한 부류의 텍스트 수용자인 운전자들에게 어떤 특별한 행위를 요청 받을 만한 지점에 설치되어 '천천히'라는 것이 아이들의 정신적 육체적 능력을 알리는 것이기보다도 속도를 줄이라는 요청으로 이해하는 것이 훨씬 더 합리적이라는 사실이다. 보행자들은 이러한 텍스트가 자신에게 적합하지 않다는 것을 알 수 있다. 왜냐하면 자신들의 보행속도가 누군가를 위험하게 할 것이 못되기 때문이다. 따라서 "(천천히 노는) (어린이들)"이라는 해석 가능성은 "(천천히) (노는 어린이들)"이라는 해석 가능성에 밀리게 될 것이다.[58] 이처럼 텍스트의 의미와 용법은 상황에 의해서 결정된다는 것이다. 사실 텍스트의 의미와 용법뿐만 아니라, 용인성의 개념도 상황 속에서 일어나는 텍스트에 적용할 때에만 유용하고 고립된 문장과는 무관한 것[59]이기 때문에 상황성과 용인성은 긴밀한 관련을 가지고 있다. 따

56) 이석규(2001: 78). 그러나 다음 예시 장소를 살펴보면, 텍스트성 기준들 사이의 관련의 중요성을 드 보그랑데/드레슬러도 이미 인지하고 있었음에 틀림없다: "응결성과 텍스트성" (5쪽), "응결성, 응집성 그리고 의도성" (8쪽), "용인성과 정보성" (10쪽), "상황성과 응결성" (12쪽), "간텍스트성과 정보성" (13쪽), "응결성 수단(반복)과 정보성" (58쪽), "응결성 수단(병행구문)과 정보성" (58쪽), "응결성 수단(다시쓰기)과 상황성" (62쪽 계속), "응결성 수단(접속표현)과 정보성" (81쪽), "응결성과 응집성" (83쪽), "응결성과 응집성" (106쪽), "응결성/응집성과 의도성" (118쪽), "응결성과 정보성" (147쪽).

57) 위의 책 12.

58) 위의 책 12를 참조할 것.

59) 위의 책 126를 참조할 것.

라서 교통 표지판으로서 위의 텍스트를 풀어 쓴 다음과 같은 텍스트는 모든 것들을 명확하게 의도 하지만, 상황에 적합하지 않기 때문에 - 왜냐하면 텍스트 수용자들이 도로표지에 대해서 줄 수 있는 시간과 주의력이 제한되어 있으므로 - 상황에 적절하지 않는 텍스트가 되는 것이다: "운전자들은 차를 천천히 몰아야 합니다. 왜냐하면 어린이들이 인근에서 놀고 있으며, 도로로 뛰어들지 모르기 때문입니다. 차는 천천히 움직일 때 세우기가 더 용이합니다."[60]

그러나 이러한 상황성이 임의적 언어 발화를 텍스트로 만드는 텍스트성에 기여하는 역할을 하지만, 상황에 적합하지 않는 텍스트는 텍스트가 아닌가? 예를 들어: "우리는 설교, 강연, 정부 성명서 등에 따라 다음과 같이 말할 수는 없을까?: '그는/그 여자는 아랑곳 하지 않고 말했다(Er/sie hat über die Köpfe der Leute hinweg geredet).' 이런 경우에는 관련 텍스트가 텍스트가 아니었다고 말하지 않고 상황에 적합하지 않았다고 말한다. 물론 그 반대의 경우도 마찬가지이다. 즉, 연사는 자기의 주제에 관해 생각을 했다면 뭔가 할 말도 있다. 그러나 그는 너무 많은 말을 하고, 아담과 이브부터 시작하고 반복한다. 누구든 벌써 무엇이 문제되고 있는지 이해했지만, 연사는 여전히 사건의 핵심을 밀고 나가지 않았다. 여기에서 우리는 연사가 자기 청중을 평가절하했다고, 이를테면 전문 청중들을 향하여 마치 시민교양대학에서 하듯이 연설을 했다고 비난할 수 있다. 그렇지만 그 연사는 텍스트를 생산하지 않았는가?"[61]

드 보그랑데/드레슬러에 있어서 텍스트성의 마지막 범주인 간텍스트성[62]은

60) 위의 곳.

61) 파터(1992: 65 계속).

62) 김주헌에 의하면 이 용어는 크리스테바(J. Kristeva, Desire in Language, Columbia University Press, 1980)에 의해서 처음 사용되었다. 즉 크리스테바는 문학의 언어가 고정된 의미로서의 점이 아니라 텍스트 층위들의 퇴적, 즉 다양한 서술양식들의 대화(dialog) 또는 현존하거나 앞서 형성된 문맥들의 '대화'라는 바흐친 이론을 이 개념을 도입하여 발전시켰다. 그는 텍스트를 생산물이 아니라 생산하는 과정으로 이해하는데 - 이런 한에 있어서 그의 텍스트관은 드 보그랑데/드레슬러와 유사한 면을 지니고 있다 - 이는 한 텍스트가 외부의 다른 텍스트를 흡수, 변형하거나 치환하여 구성된다는 것을 뜻한다. 넓은 의미로 그의 간텍스트성[상호텍스트성] 개념은 언어기호로 이루어진 한 텍스트와 그 밖의 다른 선행 텍스트들 사이의 관계뿐만 아니라 개별 텍스트와 특정한 시대의 다양한 문화형태와의 관계까지도 포

다음과 같은 두 가지 성질을 포함하고 있다.

1. 텍스트유형의 문제.
2. 텍스트 인유(Anspielung)의 문제.

이 성질은 텍스트를 생산하고 수용하는데 있어서 텍스트 사용자들이 다른 모든 텍스트 지식에 의존하는 방식을 포괄하는 개념이다. 그러나 드 보그랑데/드레슬러의 간텍스트성은 간텍스트들[63]에 있어서는 태생적으로 아주 중요한 텍스트성이 되겠지만 - 응집성, 의도성/용인성과는 달리 - 어떤 통보적인 발화체가 텍스트가 되기 위해서 항상 존재해야만 하는 성질은 아니다. 왜냐하면 간텍스트성이 포함되어 있지 않는 텍스트가 얼마든지 있을 수 있기 때문이다.[64] 그

괄한다. 김주헌(1997: 298계속)을 참고할 것.

63) 예를 들면: "Aspielung(풍자), Autotexte(?), Bearbeitung(번안), Burleske(골계극), Cento(절취단장하여 엮은 시가) Collage(콜라주), Digest(다이제스트), Exzerpt(발췌록), Fragment(시가 등의 斷篇), Genotext(심층텍스트), Glosse(주해), Hypomnema(회상록), Imitation(모방), Interpretation(해석), Kommentar(주석), Kontrafaktur(상반모방), Lesart(해설), Mimesis(모사), Montage(짜깁기), Nachdichtung(모작), Original(원본), Parodie(풍자적 희화), Palinodie(비방한 시를 취소하는 시), Paraphrase(의역), Paratexte(Palimpseste: 기생텍스트), Pastiche(혼성모방), Persiflage(빈정거리는 야유), Phänotext(현상/실현 텍스트), Plagiat(표절), Posttext(후텍스트), Prätext(전텍스트), Quelle(원전), Redation(편집), Remake(개정), Reminiszenz(회상록), Resümee(요약), Rezension(서평), Satire(풍사시), Synopse(일람), Travestie(형식개작), Übersetzung(번역), Vorwort(서문), Waschzettel(삽입된 선전문구), Zitat(인용), Zusammenfassung(요약)." 박여성(1995: 84 이하).

64) 텍스트의 형성 틀(Textmuster) 정도는 어렴풋이 존재할지 몰라도 예를 들어 안내서, 청첩장, 요리법, 부고장, 일기예보 등에서는 간텍스트의 흔적을 찾아 볼 수 없다. 박여성(1995: 89)도 드 보그랑데/드레슬러의 간텍스트성을 텍스트성의 중요 성질로 간주하는 것에 의문을 제기한다: "간텍스트성을 텍스트구성을 위한 필요조건으로 보는 데에는 동의하지 않는다. 그것은 간텍스트성이 처음부터 내재하는 일차적인 성질이 아니라, 이차적으로 배태된 성질이기 때문이다. 다만 간텍스트가 일상화될수록 일차적인 속성과 구분하기가 어려워 질 뿐이다. 물론 자신(또는 남)이 산출한 텍스트에 관련하고 그것을 토대로 또 다른 텍스트를 산출하는 능력으로서 간텍스트성은 존재하지만, 그것이 모든 텍스트가 텍스트이기 위해 충족되어야 하는 필요조건은 아니다 [...] 간텍스트성은 잉여적 충분조건이며, 간텍스트화를 위해서 바탕 텍스트가 유명할 필요도 없기 때문에 평범한 텍스트도 얼마든지 간텍스트화 될 수 있다." 위의 책 94도 참조할 것.

럼으로 크리스테바의 다음과 같은 주장은 단지 부분적으로만 참이다.

> 모든 텍스트들은 마치 인용의 모자이크처럼 구성된다. 모든 텍스트는 곧 다른 텍스트의 흡수이자 변형이다.[65]

따라서 간텍스트성은 자신이 필요한 경우에만 진가를 발휘하게 되는 선택적 성질을 지녔음으로 텍스트성으로서는 부차적 역할밖에 할 수 없다.

3. 맺음말

텍스트언어학에서 텍스트성이 중요한 이유는 이것이 텍스트 정의의 가장 중요한 기준이 되기 때문이다. 그러나 절차적 접근방식에 토대를 두고 있다는 드 보그랑데/드레슬러의 주장("일곱 가지 텍스트성들이 모두 충족되어야만 텍스트일 수 있다")은 설득력이 부족하다. 또한 이러한 주장은 자신들의 모토인 "문법성(Grammatikalität)"과 "적격성(Wohlgeformtheit)" 보다 "용인성(Akzeptabilität)"과 "적절성(Angemessenheit)", "논리적 증명(logische Beweise)"보다 "인간의 사유과정(Prozesse menschlichen Urteilens)"이 더 필수적이라는 사실[66]과 상충되는 느낌도 지워버릴 수 없다.

그러나 이러한 비판에도 불구하고 "텍스트성 규명"을 목표로하는 드 보그랑데/드레슬러의 텍스트 이론은 절차적 발상[67]과 간학문적/인지과학적 견해라는 몇 가지 이유 때문에 양적으로 그리고 질적으로 텍스트언어학에 있어서 발전의 기틀 내지는 새로운 패러다임을 마련하는 "이정표(Wegweiser)"[68] 역할을 했다는 사실은 의심의 여지가 없다.

마지막으로: 서양의 텍스트언어학적 이론을 수용하고 비판하는 것도 학문적

---

65) Park(1994: 268)에서 재인용.
66) 드 보그랑데/드레슬러(1981: xiii)를 참조할 것.
67) 이러한 절차적 발상의 견해를 쉐르너는 '구성주의적(konstruktivistisch)'이라고 간주한다. 쉐르너(1984: 234)를 참조할 것.
68) 스갈 (1983: 63).

가치를 지니고 있지만, 이러한 이론을 응용, 모국어 또는 외국어 교수법 및 다양한 문학작품들을 텍스트언어학적 방법론들을 적용하여 분석하는 것 또한 당면한 중요한 과제이다. 이런 관점에서 보면 "텍스트언어학 10집"에 수록된 "언어교육과 텍스트언어학"과 "텍스트언어학의 이론과 응용"과 같은 주제 하에 엮어진 연구들은 위의 과제를 해결하기 위한 중요한 시도들로서 의의 있다.

참고문헌

고영근(1996). "한국 고전 작품에 대한 텍스트언어학적 분석," 새국어생활 제6권 제 1호(1996년 봄호), 89-107.

고영근(1999). 텍스트 이론. - 언어문학통합론의 이론과 실제. 서울: 아르케.

고영근(2000). "텍스트과학과 문예학", 텍스트언어학 8, 1-24.

권재일(1999). "텍스트언어학과 인문학," 권재일, 김윤한, 김효중, 문양수, 허창운, 언어학과 인문학. 서울: 서울대학

교출판부, 197-234.

김주헌(1997). "이상 시의 내적 상호 텍스트성," 국어국문학 118(1997. 3), 295-313.

김용도(1996). 텍스트 결속이론. 부산: 부산대학교 출판부.

김인자(1993). "합성명사의 텍스트 압축기능에 대한 화용론적 고찰", 텍스트언어학 2, 109-138.

김태옥(1996). "텍스트언어학과 현대문학," 새국어생활 제 6권 제 1호(1996년 봄), 108-139.

노은경(1994). "제2언어에서의 텍스트생성능력", 텍스트언어학 2, 165-190.

노은희(1999). "대화의 특성과 지도 방법", 텍스트언어학 7, 255-286.

박여성(1995). "간텍스트성의 문제 - 현대독일어의 실용텍스트를 중심으로," 텍스트언어학 3, 83-122.

이강호(2000). "텍스트 내에서의 언어기호의 기능. – '사용상의 의미' 발생을 중심으로 -, 텍스트언어학 9, 39-66.

이석규(2001). "텍스트성", 이석규외, 텍스트언어학의 이론과 실제. 서울: 박이정, 24-69.

이재원(2000). "고리적 텍스트응집성 수단들", 텍스트언어학 9, 67-90.

이재원(2001). "응집성, 응집성들", 텍스트언어학 10, 153-188.

Beaugrande, R.-A de/Dressler, W.(1981). *Einführung in die Textlinguistik. Tübingen: Max Niemeyer.* (김태옥/이현호 공역), 담화, 텍스트언어학 입문, 서울: 양영각, 1991).

Brinker, K.(1988). "Bedingungen der Textualität. Zur Ergebnissen textlinguistischer Forschung und ihren Konsequenzen für die Textproduktion." In: Hrsg. v. G. August, *Sprachunterricht. Beiträge zu einer Praxis und wissenschaftlichen Grundlegung. III*, 1988. 6-19.

Coseriu, E.(1980). *Textlinguistik. Eine Einführung.* Hrsg. und bearbeitet von J. Albrecht. Tübingen: Gunter Narr.

Halliday, M.(1964). "The linguistics study of literary texts". In: H. Lunt(ed.), *Proceedings Ninth International Congress of Linguists.* The Hague: Mounton, 302-307.

Halliday, M./Hasan, R.(1976). *Cohesion in English.* London: Longmann.

Hasan R.(1968). *Grammatical Cohesion in Spoken and Written English.* London: Longmann.

Hartmann, P.(1964). *Syntax und Bedeutung, 1. Teil: Die syntaktische Bedeutungsmatrix*, Assen.

Hartmann, P.(1971). "Text als linguistische Objekt". In: W. D. Stempel (Hrsg.), *Beiträge zur Textlinguistik.* München, 9-29.

Nündel, E./Schlotthaus, W.(1978). *Angenommen: Agamemnon. Wie lehrer mit texten umgehen.* München: Urban/Schwarzenberg.

Park, Y.-S.(1994). *Übersetzung als interlinguale und interkulturelle Neukonstruktion. Eine textlinguistische Analyse der assertiven Textsorten im Deutschen und im Koreanischen. Ein Beitrag zur interkulturellen Textlinguistik.* Münster: LIT.

Scherner, M.(1974). *Wie Text das Verstehen steuern. Eine Einführung in die Textlinguistik für die Sekundarstufe I.* Dortmund: Crüwell-Komkordia.

Scherner, M.(1980). *Theorie und Technik des Textverstehens.* Düsseldorf: Schwann.

Scherner, M.(1984). *Sprache als Text. Ansätze zu einer sprachwissenschaftlich begründeten Theorie des Textverstehens. Forschungsgeschichte - Problemstellung - Beschreibung.* Tübingen: Niemeyer.

Schmidt, S. J.(1973). *Texttheorie.* München: Fink.

Sgall, P.(1983). "Robert-Allain de Beaugrande und Wolfgang Ulrich Dressler:

Einführung in die Textlinguistik". In: *The Prague Bulletin of mathematical linguistics 40*. 53-70.

Vater, H.(1992). *Einführung in die Textlinguistik. Struktur, Thema und Referenz in Texten*. München: Fink.

Velde, G. de(1981). *Interpretation, Kohärenz und Inferenz*. Hamburg: Helmut Buske.

12.6 B. Sowinski (1983)

텍스트언어학 분야의 전문 학자에 의해 기술된 것이 아님에도 불구하고, B. Sowinski의 『텍스트언어학 입문(Textlinguistik. Eine Einführung)』은 1983년 당시의 언어학적 상황으로 봐서는 텍스트언어학의 융성기에 출간된 중요 저서 중의 하나로 간주된다. 그가 다루는 내용들은 큰 틀에서 보면 W. Dressler(1973)의 그것과 큰 차이가 없지만, 세부적인 부분에서는 구분된다. 우선 제1장에서는 텍스트에 대한 주변 학문들의 관심이 논의되는데, 이를 테면, 텍스트에 대한 신학, 역사학, 법률학, 신문학, 사회과학, 문예학, 텍스트언어학에서의 관심이 그것이다. 텍스트언어학에 대한 이런 류의 설명은 이전에도 있어 왔다. 예를 들어, W. Dressler(1973)나 T. A. v. Dijk(1980) 등이 그러하다. 텍스트에 대한 텍스트언어학의 관심은 당연하다고 할지라도, 신학에서 다루어지는 텍스트로서는 "교조들의 생애와 가르침 그리고 그들의 행위에 대한 서술 텍스트와 더불어 자주 도덕적 교훈 및 과거 사건들에 대한 기술과 미래의 일에 대한 약속이 기록되어 있고, 기도문과 금언, 생활체험 및 역사적인 진술"(B. Sowinski 1983: 11)이 있는데, 이러한 텍스트의 해석이 중요시되는 것은 당연하고, "무엇보다도 예수의 직유 해석과 바울의 성서 해석에서 출발하여 기원후 3세기에 교부 Origenes의 영향하에 있었던 알렉산드리아 학파가 성서 해석론의 일정 방법론을 발전"(B. Sowinski 1983: 12)시킨 것만을 보아도 신학에서의 텍스트에 대한 관심은 말할 나위가 없다. 역사학에서는 지나간 시건들에 대한 의미있는 정보가 중요한데, 그런 한에 있어서 "역사가는 - 신학자, 문헌학자, 문예학자처럼 - 전승된 텍스트의 완결성과 순수성을 중요시해야만 되고, 만일의 경우 전승된 잔여 텍스트에 대해서 힘들게 텍스트 비판적 작업을 통해 완결"(B. Sowinski 1983: 13)시켜야 하므로 텍스트 연구가 중요하게 된다. 이와 더불어 법학에서는 여러가지 법조문과 명령, 발령, 조약 등과 같은 텍스트가 중요한데, 이러한 텍스트의 영향력과 효력을 계산하기 위해서는 텍스트 연구가 중요할 수 밖에 없다. 또한 방송과 언론에서도 텍스트의 중요성은 말할 나위가 없고, 심리학과 사회과학 그리고 전승되어온 문예작품들을 비평하는 문예학에서도 텍스트에 대한 비판은 비껴갈 수 없다. (B. Sowinski 1983: 14 이하 참조).

제2장 1절 '텍스트언어학 이전사'에 해당되는 내용들은 W. Dressler(1973)의 것들과 큰 차이점을 보이지 않는다. 예를 들어, 고대 수사학(Antike Rhetorik)과 문체론(elocutio)[69] 그리고 신화분석(V. Propp, C. Bremond, T. Todorov, C. Lévi-Strauss) 등의 연구물들이 언급되고, I. Nye의 박사학위 논문과 Z. S. Harris의 담화분석, K. L. Pike의 문법소론(Tagmemik) 그리고 최종적으로는 H. Brinkmann의 대명사화 기능이 짧막하게 논의된다. 이러한 이전사를 지나면, 텍스트언어학에 대한 P. Hartmann의 12강령이 소개되고, R. Harweg의 구조주의적 발상, H. Weinrich의 시제연구, 구동독 학자였던 H. Isenberg의 텍스트론(Texttheorie) 그리고 이와 동일한 용어를 사용하는 S. J. Schmidt의 텍스트 이론이 비교된다. (B. Sowinski 1983: 24 이하 참조). 이어서 여타의 입문서에서 볼 수 없는 '텍스트문법 연구'에서는 "무엇이 하나의 텍스트를 텍스트로 만들며, (H. Weinrich, in: Stammerjohann 1975: 492) 무엇이 텍스트의 텍스트성(Textualität)을 만드는가를 해명" (B. Sowinski 1983: 35)하는 것이 과제인데, 이는 이전에 이미 출간된, 입문서라는 제목을 달고 있지만 결코 텍스트언어학 입문서에 해당되지 않은 R.-A. de Beaugrande/W. Dressler의 『텍스트언어학 입문(Einführung in die Textlinguistik)』(1981)의 핵심개념인 텍스트성에서 영향을 받은 것으로 간주된다. 왜냐하면 그 이전에는 텍스트성 개념이 그리 널리 사용되지 않았기 때문이다. 또한 이러한 텍스트성의 문제를 여타의 학자들과는 달리 순수히 텍스트문법의 목록에 위치시켰다는 것이 특징이다. B. Sowinski는 이러한 텍스트문법의 연구를 1) 해석적(interpretative) 텍스트문법, 2) 구조주의적-분석적 텍스트문법, 3) 생성 변형적 그리고 생성 의미론적 텍스트문법, 4) 형식-논리적 텍스트 기술, 5) 의사전달-화용론적 텍스트 기술로 구분하는데(B. Sowinski 1983: 35 이하 참조), 이러한 구분은 텍스트언어학사 기술을 위해서도 유용한 토대가 된다. 1)에는 독

69) 여기서 말하는 'elocutio'는 현대적 의미에서의 문체론과는 약간의 차이가 있다. 고대 수사학에서의 'elocutio'는 '착상(inventio)', '배열(dispositio)', '암기(memoria)', '발표(actio/pronuntiatio)'와 더불어 웅변가가 가져야 하는 다섯가지 능력 또는 텍스트 생산의 다섯 가지 능력의 세 번째에 해당되는 범주이다. 하위 범주로는, 문체 원칙(virtutes elocutionis)과 문체 범주(figurae elocutionis) 그리고 문체 종류(genera elocutionis)가 있다. 이에 대해서는 이 책의 '3.8.3', '3.8.4', '3.8.5'에 자세히 설명되어 있다.

일 Münster 대학 일반언어학과에서 재직했던 H. Brinkmann의 많은 연구들(예를 들어, 레데(Rede, 현대적 의미의 '텍스트')를 조직하는 기능, 레데의 구성 등)과 그의 제자인 M. Scherner의 텍스트 이해와 텍스트 지평(Texthorizont, 이해의 지평)에 대한 연구들이 속한다. 텍스트언어학과 관련된 많은 소개서 또는 연구서에서 H. Brinkmann과 M. Scherner의 연구에 대한 언급이 거의 누락되었음에도 불구하고 B. Sowinski는 이들의 연구에 큰 의의를 두며 하나의 연구 경향으로 독립시켰는데, 이러한 평가는 H. Brinkmann과 M. Scherner의 연구 업적을 감안하면 정당하다고 할 수 있다. 2) 구조주의 중심의 텍스트문법에 속하는 연구 방향으로서 H. Weinrich의 시제연구와 R. Harweg의 대명사와 대치에 관련된 연구, W. Dressler(1973)의 선구적 입문서와 E. Gülich/W. Raible의 "거시구조적 텍스트 분석에 대한 숙고(Überlegungen zu einer makrostrukturellen Textanalyse" (1974)가 언급되는 데, 이것은 텍스트언어학 연구 방법 중에서 가장 전형적인 유형이자 중요한 연구 방법 중의 하나이다. 3) 이 방향에서는 T. A. v. Dijk의 다음과 같은 연구 방식이 핵심이다: "생성-변형적으로 구상된 텍스트문법의 과제는 한 언어의 모든 문법적 텍스트를 명시적으로 세고 구조기술을 제공하는 것을 가능하게하는 규칙을 표현하는 것이다. 이러한 텍스트문법은 잠정적으로 무한한 수의 텍스트를 생성하기 위한 언어 사용자 언어 능력의 형식적 재구성으로 간주될 수 있다." (T. A. v. Dijk 1971/1978: 272). N. Chomsky의 '변형생성문법 강령'에 유추한 이러한 방향의 텍스트언어학은 70-80년대에 유행하다가 점점 더 동력을 잃어가는 추세이다. 4) B. Sowinski는 이 방향에 서있는 학자들로 W. Kummer 등을 언급하고 있는데, 그가 이해한 것처럼 이들은 변형생성 문법적 방향의 텍스트문법 모델을 포기하고 텍스트 관련들이 보다 간략하게 제시된 이 모델들을 수용하는 것이 아니라, 이 두 방향의 이론들이 상호 중첩되면서 서로 구분하기가 용 이하지 않다는 점이 문제라는 사실을 알아야 할 것이다. 5) 사실, 텍스트언어학의 미래는 의사전달적-화용론적 텍스트 기술이 점유하고 있다. 이 방향에 서있는 초창기 텍스트언어학자로서는 P. Hartmann과 텍스트에서 발화수반적 잠재성을 중요시하게 생각하는 S. J. Schmidt가 언급된다. 그의 『텍스트 이론(Texttheorie)』(1973)에는 이 방향에 속하는 많은 기본 개념들이 소개되어 있다.

이러한 연구사가 마무리 되고, 제4장에 이르게 되면, 텍스트언어학의 구체적 연구분야가 확정되어 논의되는데, 그 순서는 텍스트화용론, 텍스트의미론, 텍스트문법 그리고 텍스트문체론이다. 특이한 것은 텍스트문체론을 텍스트언어학의 연구 분과에 포함시킨 것인데, R.-A. de Beaugrande/W. Dressler(1981)에서도 문체론과 문체 원칙이 간간히 논의되는 것을 보면, 이 또한 텍스트언어학 연구 영역에 포함될 여지는 충분하다. 그러나 B. Sowinski가 텍스트화용론의 서두에서, 그 당시에 이미 출간되었던 R.-A. de Beaugrande/W. Dressler(1981)의 일곱 가지 텍스트성 중에서 의도성과 상황성의 자질들을 텍스트화용론의 과제 영역에 속한다고 주장한 것에는 문제점이 있어 보인다. 왜냐하면 의도성과 수용성이 - 단지 화자와 청자의 구분만을 문제 삼지 않으면 - 거의 유사한 개념이기 때문이고, 이러한 의도성과 수용성은 상황성과는 다른 차원에 위치한 텍스트성 개념이기 때문이다. 어쨌든 텍스트화용론에서는 텍스트가 어떤 것(예를 들어 '정보')을 전달한다는 사실이 중요한데, 이를 규정짓기 위해서 B. Sowinski는 K. Bühler(1934)의 '오르가논 모델'을 언급한다. 이 모델은 플라톤의 『크라틸로스(Kratylos)』에 등장하는 모델에서 힌트를 얻었음은 이미 많이 알려진 사실이고, '오르가논'이라는 개념 자체가 '도구'라는 의미를 가지고 있다는 것을 이해하면, 텍스트화용론 연구의 토대에 오르가논 모델이 있음은 당연할 수 있다. 왜냐하면 언어를 정의하는 방식 중의 하나인 '의사소통의 수단' 개념도 '도구' 개념과 유사하기 때문이다. B. Sowinski는 텍스트화용론의 말미에 언어학적 화용론에 대해 언급하면서, C. S. Peirce가 기호 사용에 있어서 기호 사용자의 역할을 강조한 점과 P. Hartmann이 텍스트를 "원초적 언어기호"로 정의내리면서 텍스트와 텍스트 사용자간의 관계를 중시한 점, L. Wittgenstein의 『철학적 탐구(Philosophische Untersuchungen)』에 등장하는 언어행위의 문제와 '언어놀이(Sprachspiel)', 그리고 J. L. Austin의 저서 제목인 『우리는 말로써 무엇을 행하는가?(How to do things with words?)』에 대한 예를 들지만, 현대 텍스트언어학에서 논의되는 이러한 방향의 연구들, 이를 테면 M. Brandt/W. Koch/W. Motsch/I. Rosengren/D. Viehweger(1983)의 '발화수반력 위계(Illokutionshierarchie)'나 W. Motsch/D. Viehweger(1981)의 '화용적 연결(pragmatische Verkettung)' 등과 유사한 발상은 눈에 띄지 않는다. 그럼에도 불구하고 B. Sowinski는 앞으로의 텍스트언어학의 연구방향이 체계언어학의 차원에서 이 방향으로 화용론적 전환을 이룰 것을 확신한다. (B. Sowinski 1983: 73 참조).

텍스트의미론에서는 A. J. Greimas와 F. Rastier의 동위소, 그리고 비록 동위소라고 칭하지는 않았지만 이와 유사하다고 판단되는 H. Isenberg의 텍스트화 유형(Vertextungstypen)을 설명한 후, 곧바로 텍스트 거시구조(Makrostruktur)와 관련되는 것이 논의되는 데, 여기에는 1) 동위소가 텍스트 전체에 미치는 영향에 관련되는 것과 2) T. A. v. Dijk의 초시구조(Superstruktur)에 관련된 내용이 혼재되어 있다. 이를 테면, B. Sowinski(1983: 93 이하 참조)는 전자에 해당되는 경우로는 혈압측정기 사용설명서에서 수 많은 명령형 동사들이 존재하고 (측정하다(messen), 벌거벗기다(entblößen), 주의하다(achten), 옮겨놓다(streifen), 끌어당기다(ziehen) 등), 신체에 관련된 언급들(혈압(Blutdruck), 상박(Oberarm), 팔(Arm), 팔동맥(Armschlagader), 집게손가락(Zeigefinger), 팔꿈치(Ellenbeuge))이 텍스트 전체에 포진하고 있다는 의미에서, 후자의 경우로는 신문, 라디오 및 텔레비전에 등장할 수 있는 텍스트유형 '총평(Kommentar)'이 다음과 같은 거시구조를 가질 수 있다고 주장하기 때문이다.

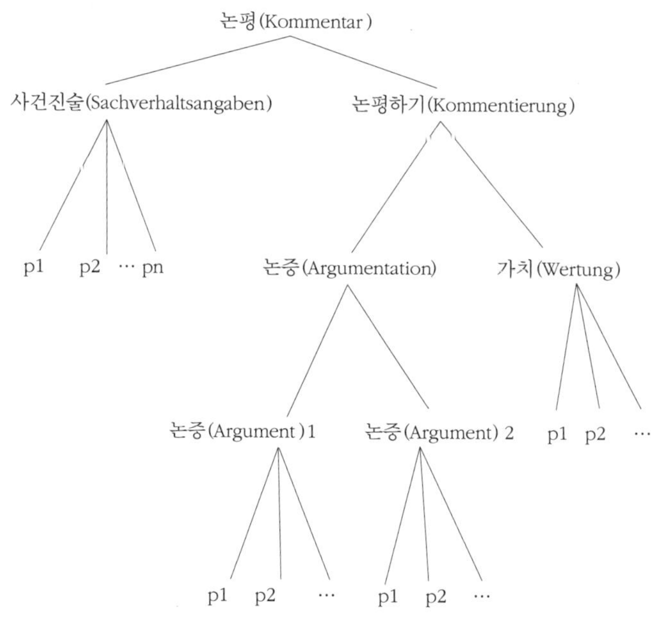

T. A. van Dijk에 의해서 '거시구조(Makrostruktur)'라고도 불리는 후자와 같은 경우는 일반적으로 의미적 구조라고 명명되지 않는다. 그 다음에 등장하는 텍스트의미론의 영역은 T. A. v. Dijk의 거시규칙과 이를 통해서 마지막에 등장할 수 있는 텍스트 주제, 더 나아가 텍스트 제목이 논의된다. 텍스트 제목에 대한 논의는 여타의 텍스트언어학 입문서에는 거의 등장하지 않는다. 그러나 텍스트를 읽거나 듣는 독자와 청자의 경우 본문에 들어가기도 전에 제목이 본문의 내용을 어느 정도 프레임화한다는 의미에서 제목의 역할은 중요하다. 제목과 관련된 중요 정보는 바로크 시대에는 긴 제목을 선호했다는 사실과 "신문들에서는 여러 제목이 등장하며, 이 가운데 큰 제목은 대중들의 흥미를 유발시키려고 하며, 하위제목과 부제목은 좀더 개별화 시켜 [본문에 대한] 사전 정보를 제공"(B. Sowinski 1983: 95)하려고 한다는 정도이다. 이것은 '신문'이라는 텍스트 코스모스에서 다양한 텍스트유형들의 위계적 순서와 관련되는 논의로 짐작할 수 있다.

텍스트 의미적 차원의 마지막에는 1920년대 Praha 학파의 기능적 문장관점을 이어받은 F. Daneš의 테마중심 텍스트 전개방식을 '미시적 텍스트 전개(mikrotextliche Progressionen)'라고 하고, T. A. v. Dijk의 '서사텍스트', '논증텍스트', '연구보고' 등 텍스트의 초시구조(Superstruktur)를 '거시적 텍스트 전개(makrotextliche Progressionen)'라고 칭한 것이 흥미롭다. 이 두 가지를 동일한 선상에 놓고 구분한 이유는 신정보와 구정보가 얽혀서 다양한 모양으로 텍스트가 진행되는 것과, 이 보다 큰 덩어리(서사텍스트의 예에서는 '갈등'과 '해결' 등)가 서로 연관되어서 텍스트가 진행된다는 견해에 기인할 것이다. 그러나 이 두 가지 텍스트 진행 방식은 아주 상이해서 같은 차원에 위치시키는 것이 올바른지는 명확해 보이지 않는다.

텍스트언어학의 연구 분야의 하나인 텍스트문법에서는 문장들을 연결시키는데 기여하는 통사론적, 형태론적 단위들이 논의 대상이다. 이에 대한 H. Kalverkämper(1980: 11)의 다양한 명칭들 - 예를 들어 텍스트조응(Textphorik, (전조응, 후조응)), 텍스트지시(Textverweisung), 텍스트 내의 지시, 대치/대명사화, 공지시(Ko-Referenz), 텍스트적 지시(textuelle Referenz, Textreferenz), 재수용(Wiederaufnahme), 보족어적 코헤렌쯔(aktantielle Kohärenz), 대용형(Proform) - 이 존재하지만, 그는 이 전체를 통합해서 텍스트 조응으로 지칭한다. 그밖에도 H. Weinrich(1976)의 연구 업적에서 두드러지는 '관사 형태의 지시기능'과 '텍스트신호로서 수, 화법, 시제'가 소개되는데, 이러한 연구의 정점은 '텍스트총보(Textpatituren)'에서 소개된다. H. Weinrich(1972/1976)의 텍스트총보란 상이한 텍스트 신호들을 연속되는 텍스트 순서대로 보이거나 혹은 텍스트구성 요소들을 제시하는 개괄적인 기록(die synoptische Registerierung)이다.

B. Sowinski는 텍스트언어학 연구분야의 말미를 문체론으로 간략하게 장식하는데, 문체론이 고대 수사학과 함께 (또는 고대 수사학의 개별 항목에 이미 '표현(문체원칙+문체범주+문체종류, elocutio)이 포함) 텍스트언어학의 이전사로서 많이 거론되어 왔기 때문에 이에 대한 논의를 시작하는 것은 낯설지 않다. 왜냐하면 문체론의 연구대상은 이미 문장을 초월하는 단위였기 때문이다. 그리고 문체가 텍스트언어학에 기여할 수 있는 이유는 "통일된 텍스트의 특징으로 문체 특징들이 전체 텍스트에 골고루 펴져 있거나 일정 텍스트의 부분에 산재해 있다"(B. Sowinski 1983: 123)는 데 있다. 그래서 B. Sowinski에 의하면 문체는 "코헤렌쯔 현상(Kohärenzphänomenen)"(B. Sowinski 1983: 123)이다.

제5장 '텍스트언어학의 응용'에서는 문예학에서 텍스트언어학적 방법론을 가지고 분석하는 다양한 예를 (이를 테면, J. W. v. Goethe의 '달에게', H. Heißenbüttel의 '단문들', K. Marti의 '나폴리를 보다(Neapel) sehen')가 제시되고, 언어교수법과 강의에 있어서 텍스트언어학이 어떻게 적용될 수 있는지에 대한 논의로 마무리 되고 있다.

이러한 B. Sowinski의 텍스트언어학에 대한 전체적 연구분야에 대한 개관은 R.-A. de Beaugrande/W. Dressler(1981)나 W. Heinemann/D. Viehweger(1991) 등의 것보다 텍스트언어학 연구의 장에서 많이 알려지지 않았다. 그럼에도 불구하고 그의 위와 같은 개관이 결실있는 것은, 그가 제시했던 텍스트언어학 연구의 핵심부분, 이를 테면 '텍스트' 정의, 텍스트언어학의 분류, 문장과 텍스트의 구분, 텍스트 생산과 텍스트 수용, 텍스트 심층구조와 텍스트 표층구조, 텍스트언어학의 연구과제와 텍스트언어학의 연구분야인 텍스트화용론, 텍스트의미론, 텍스트문법 그리고 텍스트 문체론 등이 일목요연하게 정리되어 있고,

말미에 텍스트언어학의 응용에 해당되는 시와 산문에 대한 몇 가지 텍스트언어학적 분석이 실려있다는 것에 있다.

12.7 K. Brinker (1985)

K. Brinker의 『언어학적 텍스트 분석. 기본개념과 방법론 입문(Linguistische Textanalyse. Eine Einführung in Grundbegriffe und Methoden』)은 1985년도에 첫 출간되고 난 후 2014년 제8판이 출간된 것에서 알 수 있듯이, 독일어권 텍스트언어학의 스테디 셀러 중의 하나이다. 이 책이 텍스트언어학계에서 주목 받는 이유는 비교적 모든 개념들이 명료하게 정의되고, 분석 요목들이 텍스트언어학에서 가장 관심을 끄는 부분들이고, 특정한 연구 분야에 치중되지 않고 텍스트언어학의 핵심 각목들이 골고루 다루어졌다는 사실에 있다. 이러한 내용은 이 책의 초입에서 관찰될 수 있는데, K. Brinker는 텍스트 개념을 설명함에 있어 '언어체계 지향적 텍스트 개념'과 이에 대립되는 '의사소통 지향적 텍스트 개념'을 구체적으로 설명하고 난 후, K. Brinker 자신만의 것이라고 주장하는 양자를 절충한 '통합적 텍스트 개념'을 배정한 것과 관련있다. 그러나 구조주의 언어학과 변형생성문법에 기댄 랑그의 언어학 또는 체계지향적 언어학과, J. L. Austin과 그의 제자인 J. R. Searle의 화행론적 입장을 기본으로 텍스트를 탐구하는 의사소통적 방향을 통합하는 제3의 방식이 진정으로 그가 말하는 통합적인 방식인지는 좀더 논의가 필요하다. 왜냐하면 K. Brinker는 이러한 두 방향이 상보적으로 협력해야 한다고 말하고 있지만, 궁극에서는 의사소통적, 화용론적 방식이 이론적, 방법론적 지배원리가 되어야 한다고 다음과 같이 가열차게 주장하고 있기 때문이다: "우리는 위에서 소개한 텍스트언어학의 두 가지 기본 입장, 곧 언어체계 지향적 방향과 의사소통 지향적인 방향이 대안 개념이 아니라 상보적인 개념으로 보아야 할 뿐 아니라, 서로 밀접하게 연관시킬 필요가 있다. 이 때 의사소통이자 화용론적인 방향이 – 이미 암시하였듯이 – 이론적이자 방법론적 지배원리가 되어야 할 것이다." (K. Brinker 1985: 17). 사실, 브링커의 이 책이 텍스트언어학에서 가장 기본적이고 모범적인 텍스트언어학의 입문서라는 사실은 이 책의 다음과 같은 목차에서도 확연히 드러난다.

4.3.2. 텍스트기능의 분석적 규정
4.4. 텍스트의 기본 기능들
4.4.1. 지금까지의 분류 제안들
4.4.2. 제보 기능
4.4.3. 호소 기능
4.4.4. 책무 기능
4.4.5. 접촉 기능
4.4.6. 선언 기능
4.5. 텍스트기능과 텍스트구조의 관계: 예시 분석
5. 텍스트유형의 분석
5.1. 문제제기의 설명
5.2. 일상언어에서의 텍스트유형
5.3. 텍스트유형의 언어학적인 개념
5.4. 분류 기준들
5.4.1. 기본 기준으로서의 텍스트기능
5.4.2. 맥락적 기준들
5.4.3. 구조적 기준들
5.4.4. 기준들의 계층화
5.5. 분석 단계의 예시적 서술
6. 요약
6.1. 언어학적 텍스트 분석의 범주와 기준들에 관한 총괄적인 개관
6.2. 분석 단계의 개관

이 저서를 전체적으로 조망하면, '제3장 텍스트구조 분석', '제4장 텍스트기능 분석', '제5장 텍스트유형 분석'으로 단순화 되는데, K. Brinker 자신이 누차 언급한 것처럼 구조와 기능 분석이 어떻게 상보적으로 결합될 수 있는지가 중요하다. 그리고 W. Dressler(1973)에서 대화 텍스트나 짧은 스몰토크도 텍스트언어학의 연구 대상이 되었던 것과는 달리, K. Brinker에 이르면, 이러한 구어들은 '대화분석 또는 담화분석(Dialog- oder Gesprächlinguistik)'에 넘기고 가능하

면 독화 텍스트 또는 문어 텍스트만을 취급하려는 경향과 B. Sowinski(1983)나 E. Coseriu(1981) 그리고 R.-A. de Beaugrande/W. Dressler(1981)에서 연구 대상으로 많이 다루었던 문학 텍스트를 지양하고 비문학적 텍스트, 즉 실용텍스트 분석에 치중한다는 것도 특징적이다: "일상언어적 사용과는 달리, 언어학에서 말하는 '텍스트'는 문자적(문자로 구성 된) 언어 형성체일 뿐 아니라 구두(말로 된) 발화이기도 하다. 물론 의사소통 방향에 따라 어떤 제약이 가해질 수 있다. 즉, 언어학적 텍스트 분석은 주로 '독화' 텍스트(한 명의 저자나 화자)를 연구한다. 반대로 '대화적' 언어 형성체(대화)는 텍스트언어학에서는 거의 연구되지 않고 오히려 언어학의 새로운 부분 원리인 대화 분석에서 활발히 연구되고 있다. 이처럼 논의의 대상을 (문자 형태나 구두 형태의) 독화 텍스트에 한정시킨 이유는 독화 텍스트와는 달리 대화에서는 보통 다수의 의사소통 참가자들의 발화들만 응집력 있는 언어 형성체를 형성한다는 사실 때문이다 […] 3장의 몇 가지 예외를 간과하면 - 비문학적 텍스트 - 이른바 '실용 텍스트'가 주로 논의된다." (K. Brinker 1985: 19).

K. Brinker의 구조 층위는 문법 층위와 주제 층위로 구분된다. 그는 구조를 분석하기 위해서 텍스트의 기본 단위로 간주될 수 있는 문장 정의를 시도하는데 그의 말대로 "언어학자들을 부끄럽게 만드는" 문장 정의를 명시하지 못하고, '텍스트 분절문', '문장', '명제'를 구분하는 것 정도에 그친다. (K. Brinker 1985: 21 이하 참조). 이어서 '텍스트코헤렌쯔의 문법적 조건'과 '텍스트코헤렌쯔의 주제적 조건'이 등장하는데, 이를 통해서 유추되는 사실은, 텍스트코헤렌쯔 개념은 그에게 있어서 텍스트 분절문들이 문법과 주제의 측면에서 어느 정도 용인가능하고 이해가능하면, 그 (부분) 텍스트에서는 텍스트코헤렌쯔가 발생한다는 사실이다. 일반적으로 코헤렌쯔를 문법 차원과 의미 차원으로 구분하는 것이 보통인데, 주제 차원까지 상정했다는 것은 그 개념을 광의로 해석한 것에 따른 것이다. 일단 문법 차원의 텍스트코헤렌쯔에서는 재수용(명시적 재수용(explizite Wiederaufnahme)과 함축적 재수용(implizite Wiederaufnahme))이 중요한데, 이것은 K. Brinker만이 사용하는 용어이다. 이는 텍스트문법에서 중요시 해왔던 여러가지 관련 항목들을 두 가지로 종합한 개념이다. 전자에는 반복과 부분반복, 조응과 동위소, 다시쓰기와 대체, 공지시 등이 있고, 후자의 경우에는 공지시 관계

클라우스 브링커 (이재원作, 2018)

가 성립하지 않는 다음과 같은 삽입(Interpolation)에 의한 방식과 R. Harweg의 근접성 관계(Kontiguitätsverhältnisse)가 다루어진다.

1) 1940년 11월 8일에 나는 스톡홀름에 도착했다. 역에서 나는 드로팅가타에 있는 쉐딘 여관으로 갔는데, 거기에 막스 베른스도르프가 나를 위해 방 하나를 마련해 놓았다. (K. Brinker 1985: 34).

1') 1940년 11월 8일에 나는 스톡홀름에 도착했다. (거기에는 역이 있었다). 역에서 나는 [⋯] (K. Brinker 1985: 35).

- 논리적(개념적) 개념에 기초한 근접성 관계
  패배-승리, 힘든 오르기-내려오기, 문제-해결, 질문-대답

- 존재론적(필연적) 개념에 기초한 근접성 관계
  번개-천둥, 인간-얼굴, 코끼리-코, 아이-엄마

- 문화적 개념에 기초한 근접성 관계
  전차-차장, 도시-역, 교회-탑, 집-문, 병원-과장의사 (K. Brinker 1985: 36).

그는 이러한 정의를 하고 난 후, 재수용관계를 가지고 신문 논평을 분석하는데, 이러한 분석은 단지 텍스트 분절문 또는 문장들 사이의 재수용관계의 형태나 밀도 정도만을 보여주는 방식이라고 할 수 있다. 그러나 이것이 특정한 텍스트종류의 유형을 규정짓는 의미있는 방식인지, 또는 텍스트 수용(이해)이 이러한 방식에 의해서 설명 가능한지는 여전히 의문점으로 남아있다.

텍스트코헤렌쯔의 주제적 조건들에서는 텍스트 주제가 텍스트코헤렌쯔의 문법적 조건(예를 들어 동일 대상의 반복 등)들을 토대로 해서 생성된다는 사실이 중요하다. 이때 그의 주제적 조건이라는 것은 - 비록 K. Brinker가 이 대목에서 Praha 학파의 후예인 F. Daneš의 테마전개 유형을 소개하고 있지만 - 신정보와 구정보로 구성된 Praha 학파의 개념과는 거리가 있고, T. A. v. Dijk의 거시구조(Makrostruktur)와도 구분되는 어떤 것이다. 그의 주제구조는 다음의 신문기사

에 등장하는 '주택화재'의 주제 전개개념에서 보듯이 텍스트의 뼈대를 구성하는 어떤 것이다.

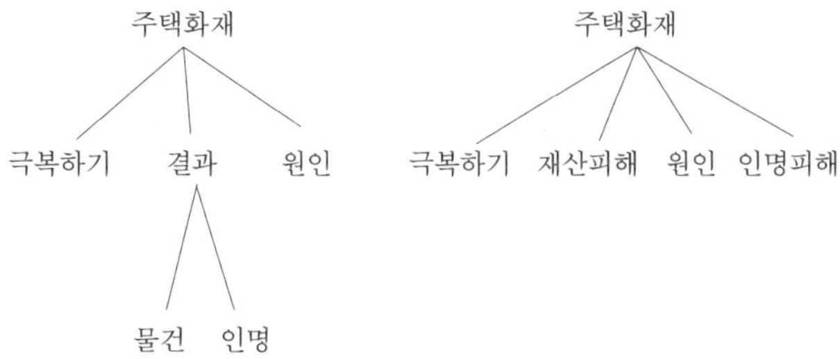

(K. Brinker 1985: 57).

이러한 논의를 바탕으로 K. Brinker는 어떤 텍스트가 어떤 주제 전개 유형(기술적, 서사적, 설명적, 논증적)에 속하는가를 판단하고 이러한 기본적인 주제 전개 유형에서 파생되어 하나의 실현적 주제유형이 생겨난다고 보고 있는 것이다. 이것은 1980년에 발표된 T. A. v. Dijk의 초시구조(Superstruktur)와 유사한 형태를 가지고 있다.

이와 더불어 텍스트를 기능적으로 분석해야 한다는 사실은, 문장을 문법적, 명제적, 의미적으로 이해하는 것이 아니라 의도를 이해하는 것이 중요하다는 언어행위론의 기본 입장과 동일하다. 텍스트기능(Textfunktion)은 어떤 텍스트가 "의사소통 과정에서 얻게 되는 의의(Sinn) 또는 어떤 텍스트가 의사소통 상황의 테두리에서 실현되는 목적이라고 정의"(K. Brinker 1985: 77)되기 때문이다. 그래서 텍스트기능 분석의 장에서는 '언어행위', '발화수반 표지', '발화수반 구조' 개념이 소개되고, 발화수반행위(Illokution) 분류에 기댄 텍스트의 기본 기능 다섯 가지가 소개된다.

제보기능(Informationsfunktion)
호소기능(Appellfunktion)
책무기능(Obligationsfunktion)
접촉기능(Kontaktfunktion)
선언기능(Deklarationsfunktion)

(K. Brinker 1985: 97 이하).

그는 이러한 텍스트의 기본 기능에 대해서 어느 정도 상세한 설명을 덧붙이는데, 아마도 텍스트의 구조적 관점과 화용적 관점이 통합된 자신의 관점이라는 것이, 이러한 텍스트기능 설명에서 약간은 드러나 보인다. 왜냐하면 그는 호소 기능의 경우 명령문이 등장하는 경우나 부정사 구문으로 또는 의문문으로 실현 될 수 있음을 다양한 예를 통해서 보여주고 있기 때문이다. K. Brinker는 저서의 말미에 텍스트 분석을 위한 지금까지 보아온 여러가지 분석 기제들을 일목요연하게 나열하고 있는데, 명시적이고 분명한 이러한 논의 방식이 그의 연구에서 특징적으로 드러나 보인다.

12.8 W. Heinemann/D. Viehweger (1991)

구동독 출신의 W. Heinemann과 D. Viehweger가 장과 절을 번갈아 가면서 저술한 『텍스트언어학 입문(Textlinguistik. Eine Einführung)』은 그것의 저술 시점에서에서 여타 저서들이 당시까지의 연구 동향을 망라하여 대학 강의에 쓸 수 있도록 텍스트언어학의 근본 문제를 서술한 것이 없다는 문제의식에서 출발한다. 그래서 이들은 이 책으로서 텍스트언어학이라는 학문 영역에서 방향을 잡도록 해주는 길잡이 역할을 해 주고 싶다는 목표를 설정한다. (W. Heinemann/D. Viehweger 1991: 10 참조). 이러한 그들의 말처럼, 이 저서에는 텍스트언어학에 대한 다채로운 많은 이론적 정보들이 수록되어 있다. 필자의 견해에 의하면, 지금까지 독일에서 출간된 10여권의 텍스트언어학 입문서 중에서 가장 많은 정보를 포함하고 있다고 해도 틀린 말이 아니다.

이 책은 모두 여섯 개의 장으로 구성되어 있는데, 1장에서는 여러가지 텍스트 이전사들 중에서 의미있었고, 앞으로도 의미있을 것이라는 접근방식들이 소개되고 (예를 들어, 수사학적·문체론적 접근법, 화용론적 전환 개념, 문장초월적 총체로서의 텍스트 개념, 의미중심 텍스트 기술방향, 정신과정의 산물로서의 텍스트, 대화분석), 이 장의 말미에는 "종합적 상황점검, 텍스트언어학이여 어디로 가시나이까?(Quo vadis, Textlinguistik? Summe einer Bestandaufnahme)"라고 의문을 제기하며 다음과 같은 사실을 나열하고 있다.

"• 텍스트언어학은 오늘날 거의 독자적인 학문분과로 국제적으로 자리를 굳혔다. 구조를 지니고 있으며 기능에서 연유하는 특성을 지닌 텍스트는 언어학 연구의 중심 대상이 되었다.

• 많은 개별 문제들이 충분히 설명될 수 있었고, 텍스트가 어떻게 작동하는지에 대해 여러 가지 해결 방식이 제시될 수 있었다.

• 텍스트를 기술하는 것은 학제적 문제 영역으로 보아야 한다. 텍스트 현상을 설명하는 데는 문법이론과 행위이론 혹은 활동이론 외에 무엇보다도 다음과 같은 학문분과가 중요한 역할을 한다. 의사소통연구(특히 대중적 의사소통 문제 탐구), 사회학, 심리학(특히 인시심리학), 교육학, 법학이 그것이다.

여기서 주목할 것은 학제성이란 부분 계획들을 단순히 합친 것이 아니라 이 계획들의 공동작용, 곧 서로 다른 방법론적 구상의 통합이라고 이해할 수 있는 사실이다." (W. Heinemann/D. Viehweger 1991: 83).

이어지는 '제2장 텍스트, 텍스트 산출, 텍스트 해석'은 "이 책의 필자[W. Heinemann/D. Viehweger]가 고안한 텍스트언어학적 기본 접근방식"(W. Heinemann/D. Viehweger 1991: 11)답게, 이전의 학자들에게서는 거의 다루어지지 않았던 내용들이 주를 이룬다. 예를 들면, 텍스트 생산 또는 텍스트 산출의 문제를 논의하기 위해서 지식체계(Wissenssystem)를 도입하는데, 이것은 기존에 우리들이 보아왔던 텍스트문법 기술과는 좀 다른 어떤 것이다. 기존에 방식이 정태적 텍스트 개념이었다면 이들이 염두에 둔 텍스트 또는 텍스트 생산방식은 역동성을 띤 "더 이상 완성된 어떤 것이 아니라 사회적으로 행위하는 개인이 구체적 행위맥락에 통합되어 사회적 목적을 실현하기 위해 행하는 역동적이고 창조적인 활동의 결과"(W. Heinemann/D. Viehweger 1991: 88)이다. 그래서 "텍스트를 생산할 때나 해석할 때 사회적 경험을 사용하고 텍스트의 정신적 표상체를 발화구조로 변형하는 데 쓰는 지식을 활성화하며 그럼으로써 의식의 내용을 전달하는 것이 가능하다는 사실"(W. Heinemann/D. Viehweger 1991: 93)에 기대서, 다양한 지식체계(즉, 언어지식, 백과사전적 지식이나 전문지식, 상호작용에 대한 지식, 일반적 의사소통 규범에 관한 지식, 메타의사소통적 지식, 총괄적 텍스트구조에 관한 지식)를 설명한다. 그럼에도 불구하고 이들은 스스로 자신의 이러한 텍스트 텍스트 산출 또는 이해 방식이 완결된 텍스트 이론 모형이라고 하지는 않는다: "현재 연구 상태에서는 아직도 (학제간의 협력에 의해서만 고안해 낼 수 있는) 텍스트 이론의 많은 부분영역은 경작되지 않았거나 혹은 충분히 경작되지 않은 들판이나 다름없다고 보아야 한다. 따라서 우리가 생각하기에 복합적인 텍스트 이론 모형을 제시는 것은 현재로서는 아직 가능하지 않다." (W. Heinemann/D. Viehweger 1991: 11). 이어지는 제3장에서는 텍스트의 유형분류가 관건인데, 이것 또한 텍스트 생산과 관련지어 설명하고 있다. 예를 들어 지식체계에 있어서 '총괄적 텍스트구조에 대한 지식'은 '텍스트종류에 대한 지식'과 교환될 수 있고, 이는 다음과 같은 사실들에 의해서 정당성을 가질 수 있다는 것이다: a) 화자는 언어활동을 하면서 텍스트종류나 유형화에 대한 지식을 습득했으며, 이 지식을 토대로 언제나 상황, 문맥, 제도와 체계적으로 관련지을 수 있는 텍스트를 산출하고 이해함으로써 특정 인간 공동체의 여러 의사소통 영역에서 함께 일 할 수 있다. 다시 말해 의사소통 참여자는 문맥이 어떤 부류에 속하는지를 인지하면 여러 의사소통 영역에서 상황적으로나 사회적으로 적절하게 행위할 수 있을 것이다. b) 화자는 동일한 통사구조와 동일한 어휘를 사용하지 않고도 동일한 (좀더 정확히 말하면 '유사한') 텍스트를 산출할 능력이 있다. c) 화자는 자신이 수용한 어떤 텍스트가 어떤 사전신호가 없음에도 불구하고 이 텍스트가 어떤 텍스트종류에 속하는 지 – 일반적으로는 - 알 수 있다. d) 이와 달리 특정 텍스트종류에는 이를 위한 특정한 신호나 어휘들이 있다. e) 화자는 관습적인 텍스트 형태 혹은 인지도식이란 언제나 특유의 내용과 주제뿐만 아니라 '기능'과도 결부되어 있다는 사실을 알고 있다. f) 화자는 텍스트유형상의 오류를 알 수 있는 능력이 있다. g) 텍스트유형의 틀은 사회가 발전해 감에 따라 달라질 수 있다. (W. Heinemann/D. Viehweger 1991: 129 이하 참조). 이러한 텍스트 생산과 관련된 텍스트유형에 관한 연구는 '제5장 글말 텍스트의 전략, 구조, 표현방식'에서 좀더 구체화 된다.

특히 '제4장 대화'가 기존의 텍스트언어학 입문서에서는 거의 다루어지지 않은 테마인데, 이것은 이들의 주장대로 '텍스트'와 '대화'의 구분을 없애려는 노력의 일환으로 볼 수 있다: "텍스트를 다루는 이 책에서는 다른 텍스트언어학 입문서와는 달리 수십 년간 지속되어 온 텍스트와 대화의 구분을 없애로 하며 대화분서을 [텍스트언어학의] 중요한 주제의 하나로 다루려고 한다." (W. Heinemann/D. Viehweger 1991: 176). 따라서 이들에게 있어서 '텍스트'는 '대화'보다 상위에 위치한 언어단위로 간주된다. 또한 '대화'에 관심을 기울여야만 하는 이유가, 어쨌든 '대화'는 언어 상호작용의 전형이자 언어활동의 본원이기 때문에 어떤 다른 언어상호 작용의 형태보다 훨씬 앞선다는 사실에 있다. (W. Heinemann/D. Viehweger 1991: 176 이하 참조). 여기서는 '대화의 구조', '대화의 원형', '메타 의사소통' 그리고 '대화 연속체 조직'이 테마화되는데, 그러나 예를 들어 '확인-재확인', '비난-해명' 등이 대화 연속체 조직에서 다루어야 하는 주제라면 이것들과 '언어행위 사슬'과의 유사성과 차이점도 구체적으로 언급되어야 할 것이다. (W. Heinemann/D. Viehweger 1991: 206 이하 참조). 그렇지만 만약 이런 의

문점들이 충족되지 않으면 W. Heinemann/D. Viehweger의 입문서가 종종 여러가지 잡종적인 이론들의 집합이라는 비난을 면하지 못할 것이다.

12.9 H. Vater (1992)

H. Vater의 『텍스트언어학 입문(Einführung in die Textlinguistik)』에서는 기존의 입문서와는 달리, 텍스트언어학의 제반 문제에 대해서 비판적 의식을 가지고 접근하는 방식이 돋보인다. 이 책의 전체적 구성은 제1장에서 텍스트의 정의가 집중적으로 논의되고, 제2장에서는 R.-A. de Beaugrande/W. Dressler(1981)의 핵심 개념인 텍스트성(Textualität)에 대한 비판적 논의가 주를 이룬다. 제3장에서는 텍스트의 미시구조와 거시구조가 논의되고, 테마-레마-구조에 대해서도 설명하고 있다. 제4장은 기존의 텍스트언어학 입문서에서 거의 다루지 않았던 텍스트 속의 지시(Referenz)관계를 다루고 있다. 그는 W. Klein/Ch. V. Stutterheim(1987)의 이론에 기대어 정보들의 단계적 전개를 '지시이동(referentielle Bewegung)'이라 칭한다. 제5장에서는 텍스트유형론에 대한 문제가 논의되고 있다. 이 책에서 특 이하게 보이는 전체적 특징 중의 하나는 각 장의 말미에 풍부한 연습문제가 실려있다는 점이다: "이 책이 이미 나온 텍스트언어학 입문서들 - K. Brinker(1985), R.-A. de Beaugrande/W. Dressler(1981), B. Sowinski(1983), W. Heinemann/D. Viehweger(1991) - 과 다른 것은 대부분의 장들(1장-4장)이 각각 취급된 주제들을 문제화하고 심화시키는 연습문제들을 담고 있다는 점이다."(H. Vater 1992: 5). 이러한 부분들을 좀더 세부적으로 살펴보자.

제1장에서는 다양한 분야에서 텍스트 분석이 필요하다는 사실을 T. A. v. Dijk(1980: 7)를 빌어 설명하고, K. Brinker(1985)와 B. Sowinski(1983)의 텍스트언어학 정의들을 인용한다. 이어서 - R.-A. de Beaugrande/W. Dressler(1981)가 그랬듯이 - 다양한 텍스트종류를 나열하고, 그럼으로써 텍스트가 가진 전형의미를 찾으려 한다. 당장에 그는 K. Brinker(1985: 12)의 텍스트 정의 "텍스트는 대개 하나 이상의 문장을 포괄하는 서사적으로 고착된 언어단위"를 다음과 같이 비판적으로 고찰한다: "서사적 고착성에 한정시킨 점은 - 앞으로 제시되겠지만 - 유지되기 어렵다. 텍스트를 '고착된 언어단위'라고 한 것은 텍스트의 한 국면만을 일방적으로 규정하고 있음을, 곧 텍스트가 언어적 통보행위의 결과임을 뜻한다. 그러나 통보 과정 자체(곧 '텍스트구성')도 마찬가지로 중요한 역할을 한

다. '하나 이상의 문장을 포괄한다'는 제약이 유지될 수 있을지는, 비록 이러한 제약이 텍스트언어학자들이 내린 다수의 정의에서도 발견되기는 하지만 극히 모호한 것처럼 보인다. (R. Harweg 1968: 148, K. Ehrlich 1984: 14, K. Brinker 1985: 173에서 이런 입장이 발견됨). 그러므로 그 밖의 한 문장 발화들은 어떤 경우일지라도 논의의 대상에서 제외된다." (H. Vater 1992: 15). K. Brinker가 이러한 한 문장 발화를 제외시켰다는 것은 1950년대의 W. Prozig와 1960년대의 H. Brinkmann이 한 문장 발화도 텍스트로 간주할 수 있다는 혁신적 견해에 반하는 것이다.

그러나 텍스트가 서사적이어야 하고, 텍스트구성의 과정 자체도 중요하다는 것은 널리 인식된 사실이지만, 한 문장 발화를 텍스트언어학의 연구대상에서 제외해야 한다는 것은, 도대체 이것이 제외가 되든 되지 않든 텍스트언어학 연구에 있어서 무슨 큰 영향이 있는가를 생각해보면 큰 논란꺼리가 될 수 없다. 또한 텍스트의 정의에서 자율적으로 - 어느 정도는 - 완결된 단위를 상정하곤 하는데, 그런 측면에서 보면 속담과 같은 한 문장 발화들은 - 이것이 비록 텍스트언어학적 연구대상에 전형에는 속하지 않은 지는 몰라도 - 충분히 텍스트언어학의 연구대상에 속할 수 있을 것이다. 여하튼 H. Vater가 말하듯이, 텍스트 정의의 문제에서는 텍스트가 '구어적인가 문어적(서사적)인가', '한 문장으로도 텍스트가 성립 가능한가 또는 그렇지 않으면 텍스트는 두 개 이상의 문장으로 구성되어야 하는가?', '텍스트는 독화적인가 또는 대화적인가', '텍스트가 순수 언어적인가 또는 혼합적인가?' 등의 문제가 관건이고, 이에 따라 학자들 마다의 다양한 텍스트 정의가 도출된다는 것이다. 그래서 그는 다음과 같은 말로써 텍스트 정의에 대한 잠정적 결론을 내린다: "텍스트를 정의할 때 어려움이 따르는 이유는 경우에 따라 객관적인 특성뿐 아니라 주관적인 특성이 있기 때문이다. 다시 말해서, 어려움은 '텍스트' 현상 자체에 기초를 두고 있을 뿐만 아니라 정의에 사용된 연구방향들이 다양하기 때문에 나타난다. 그런데 우리는 객관적인 요인들에 근거하여 - 이를 테면 비언어적 통보수단이 적어도 몇몇 텍스트유형들에서 중요한 역할을 할 경우 - 정의-항목(Definitions-Ansatz)에 이를 수 있다. Kallmeyer/Meyer-Hermann(1980: 243)에 따르면, '텍스트 정의는 일차적인 대강구분(Grobeinteilung)에서는 텍스트1이나 텍스트2의 정의가 언어적, 통보적 상호작용의 언어적 구성요소들이 해석되느냐, 아니면 비언어적 수단들도 의사소통적으로 기능하는 통보단위들을 지칭한 것이냐에 따라 이 구성요소들이 구별될 수 있다.' 결국 중요한 것은 텍스트가 문법의 단위로 간주되고 있느냐, 이를테면 순수 통사론적으로 정의되고 있느냐, 아니면 (언어적) 통보단위, 곧 화용론적으로 정의되고 있느냐의 여부이다. 끝으로, 정의할 때 야기되는 문제는 텍스트의 구조, 곧 텍스트의 텍스트성이 고려되고 있느냐 하는 점이다. 이런 맥락에서 흔히 들어왔던 종결성의 기준은 근래의 정의들에서는 거의 찾아 볼 수 없다." (H. Vater 1992: 16).

제2장에는 '텍스트성'이라는 제목이 부여되고, R.-A. de Beaugrande/W. Dressler(1981)의 그 유명한 일곱 가지 텍스트성에 대한 다양한 비판적 논의가 제기된다. 사실, 텍스트성 개념은 이들 학자만의 전유물이 아니라, 많은 다른 텍스트언어학자들도 이와 관련된 논의를 펼쳤다. '어떤 임의적 발화를 텍스트답게 만드는 메커니즘'이 텍스트성의 정의라면 이 분야는 텍스트언어학의 초창기부터 텍스트언어학자들이 고민해 왔던 근본 문제이기 때문이다. 그렇지만 R.-A. de Beaugrande/W. Dressler(1981)의 텍스트성만이 너무 알려져서 여기서도 이들의 텍스트성 이론만이 비판의 대상이 되었다.

우선적으로 텍스트성의 첫 자리에 위치한 코헤지온과 코헤렌쯔와 관련된 H. Vater의 비판에서는, 코헤지온이 누락되어 있지만 코헤렌쯔는 존재한다는 A. Stramm의 시 "정찰활동(Patrouille(ngang))"을 예로 들고 있다.

Patrouille

Die Steine feinden
Fenster grint Verrat
Äste würgen
Berge Sträucher blättern raschlig
Gellen
Tod.

이로써 H. Vater는 R.-A. de Beaugrande/W. Drcssler의 코헤렌쯔 개념이 지

배적인 텍스트성의 기준이자 텍스트성의 핵심이고, 모든 기준들이 충족되지 않더라도 코헤렌쯔가 있는 한에는 텍스트일 수 있다는 이들의 의견에는 동의를 하지만, 코헤렌쯔가 텍스트 주제의 지배를 받고, 주제는 특정한 지식 맥락 속에 삽입되어 있으므로, 텍스트 전개시에는 텍스트 생산자에게, 텍스트 해석시에는 텍스트 수용자에게 필수불가결하기 때문에 코헤렌쯔 규정에는 문제점이 따른다고 주장한다. (H. Vater 1992: 65 이하 참조). 그래서 W. Kindt/J. Wirrer (1976: 126)가 주장하는, 코헤렌쯔는 텍스트 관련 성질이 아니라 텍스트 수용자의 능력이나 판단에 달려있다는 것에 수긍하면서 코헤렌쯔가 가진 상대성에 대해 우려를 표명한다. 또한 H. Vater는 S. J. Schmidt가 코헤렌쯔를 텍스트 중심적 일관성 조건(textbezügliche Konsistenzbedingungen, 텍스트화의 의미, 통사적 규칙)과 텍스트 이용자 중심 코헤렌쯔 조건(textbenutzerbezogene Kohärenzbedingungen, 수용자의 의의완성 연산과정(Sinnerstellungsoperation))으로 구분하는 것이 바람직하다는 것에 동의한다. (H. Vater 1992: 66 참조).

다음 장에서는 '텍스트주제와 텍스트구조'를 다루고 있다. 텍스트의 미시구조 부분에서는 음운론적 코헤지온(운율, 운(두운, 요운, 각운), 음성상징, 억양, 휴지구조)이 다루어지고 형태론적 코헤지온으로서 우연적 조어(okkasionelle Wortbildung) 등을 언급하는데, 결국 이러한 것들은 텍스트구조의 성립에 필요한 것도 아니고 충분한 것도 아니라는 자신의 입장을 밝힌다. 이것은 현대 텍스트언어학의 장에서 거의 일반화되고 잘 알려져 있는 주장이다. 이러한 미시구조와 대비되는 T. A. v. Dijk(1980)의 거시구조와 거시규칙에 대해서도 설명하고 있는데, 이에 대한 H. Vater의 견해는 '회의적'이다. 예를 들어 거시규칙에 속하는 생략규칙에서 중요하지 않은 정보가 생략된다고 할 때 '그 이유'가 무엇이냐는 것이다.

다음으로는 주제의 문제인데, T. A. v. Dijk의 거시구조를 통해 산출된 거시명제가 텍스트 주제와 매우 흡사하고, 하나의 텍스트가 여러가지 주제를 가질 수 있는 가능성이 있다는 것에 대해 논의한다. 이어서 H. Vater는 이러한 주제 개념과 조금은 성격이 다른 Praha 학파의 주제 개념과 F. Daneš(1970)의 주제전개 개념을 자세히 설명하고 이를 W. Klein/Ch. v. Stutterheim(1987, 1991)의 "텍스트 내에서의 지시이동(Referentielle Bewegung in Texten)"과 연결시킨다. 이들은 '텍스트가 어떤 질문들에 대한 대답을 주고 있느냐'라는 질문을 함으로써 텍스트주제와 텍스트구조를 규정하려고 시도하고 있는데, W. Klein/Ch. v. Stutterheim의 견해에 따르면, "텍스트는 그 전체에 걸쳐서 명시적이거나 암시적인 질문, 곧 텍스트의 질문(Quaestio)에 대답을 주는 데 이용된다. 개별 발화들은 이 질문들의 대답에 기여하며, 텍스트구성의 토대가 되는 제약도 질문과 관계"(H. Vater 1992: 101 이하)있다는 것이다. 이것이 F. Daneš(1970)의 테마-레마-구조와 관련을 맺고 있는 사실은, 테마와 레마의 구분을 보충질문법에 의해서 규정될 수 있다는 Praha 학파의 주장과도 관련이 있다. 이를 테면 그에 의하면 모든 진술에 있어서 바로 그 진술의 레마를 묻는 보충질문을 할 수 있다. 이때 해당 질문의 보충의 대상이 되는 것이 바로 레마이다. 이것을 다음 문장에 대해서 다음과 같이 실험해 볼 수 있다. 1) "그는 그 책을 어떤 친구로부터 받았다(Er bekam das Buch von einem Kollegen)"에 대하여는 "누구로부터 그가 그 책을 받았나(Von wem bekam er das Buch)?" 라고 물을 수 있으며, 이 물음에 대한 "어떤 친구로부터(von einem Kollegen)"가 레마를 이루며, 이 진술의 나머지가 바로 테마이다. 문장 2) "그는 그 친구로부터 어떤 책을 받았다(Er bekam von dem Kollegen ein Buch)"에 대하여는 "무엇을 그가 그 친구로부터 받았나(Was bekam er von dem Kollegen)"?라고 물을 수 있으며, 이에 대한 "어떤 책(ein Buch)"이 레마, 그 나머지 부분이 테마가 된다. (한국텍스트언어학회 2004: 69 이하 참조).

여하튼 W. Klein/Ch. v. Stutterheim은 질문(Quastio)에 기대서 텍스트의 핵심구조와 주변구조를 구분하고 이 두 구조에서 다음과 같이 정의되는 텍스트에서의 지시이동을 분석한다: "개별 발화는 모두 장소, 공간, 행위, 인물 등, 곧 다양한 의미론적 영역들 또는 여기서 말하는 지시영역들에 관한 정보들의 조직을 유지한다. 뒤따르는 발화는 이 정보들의 일부를 포함하면서, 다른 정보들을 새롭게 끌어 들인다. 이처럼 발화에서 발화로 정보가 전개되는 것을 지시이동이라고 부른다." (W. Klein/Ch. v. Stutterheim 1987: 166). 이들이 말하는 핵심지시 영역은 총 여섯가지인데, 시간적 특성에 관한 제시, 공간적 특성에 관한 제시, 참가한 인물에 관한 제시, 사건(사태)에 관한 제시, 양태적 특성에 관한 제시이다. (W. Klein/Ch. v. Stutterheim 1987: 171 참조). 이제 이들에게 있어서 발화는 이 영역의 선택된 자질들을 지시하며, 이들을 하나의 명제로 통합하고 지시이동은 한 명제로부터 다음 명제로 발생하는데, 다음과 같이 여러가지 방식으로 일어날 수 있다. (W. Klein/Ch. v. Stutterheim 1991: 25 참조).

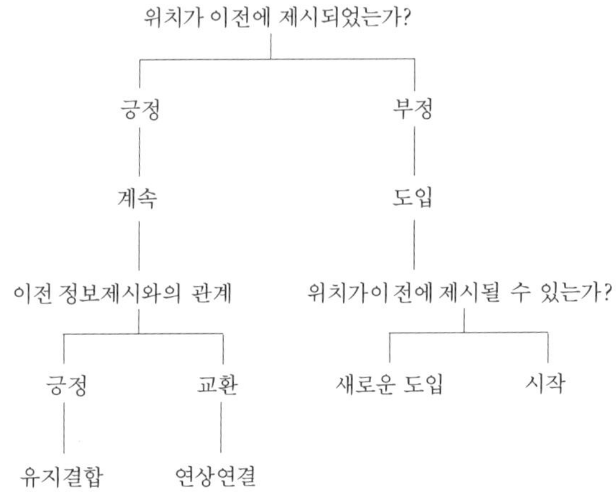

(H. Vater 1992: 146).

이에 대해서 H. Vater는 다음과 같이 자세히 설명하고 있다: "특수한 지시 영역이 이미 이전에 제시(명세화)되었다면, 계속(continuation)과 관련을 맺는다. 그렇지 않은 다른 경우에는 도입(introduction)과 관련을 맺는다. 계속은 반드시 새로운 지시 대상을 포함하는 것은 아니다. 이것은 연결(linkage)이나 교환(switch)에 본질이 있을 수 있다. 전자의 경우에는 명세화가 선행 명세화의 내용과 관련이 있는 경우이고, 후자의 경우에는 그렇지 않다. 연결방식에는 세 가지가 있다. 반복이나 풀어쓰기에 의한 유지(maintenance) (예, Strauß – Strauß 또는 Strauß – der Wiener Walzerkönig), 전조응적 연결 (예, dann이나 danach에 의한 연결), 끝으로 모호한 연결이 그것이다. 그런데 마지막의 경우는 Hawikins(1978)가 '연상적 조응'이라고 한 것인데, 산(der Berg)과 봉우리(der Gipfel) 간의 관계와 같은 부분-전체의 관계가 그런 예에 속한다. 교대(Wechsel)는 해당 위치가 이미 이전에 명세화된 것만 어느 정도 도입과 동등하다고 할 수 있다. 드물지 않게 교대는 대비적이다: '메리는 잤다(Mary slept). 페터는 접시를 닦았다(Peter cleaned the dishes)'. 반대로 '그것은 이상하다(It is strange). 페터가 접시를 닦았다(Peter cleaned the dishes)'의 계기구조는 도입에 해당한다. 이에 따라서, 도입의 경우에는 사태가 그렇지 못하였기 때문에 명세화가 선행발화에서 불가능하였는지 - 이런 경우는 시작

(entry/Eingang)에 해당함 -, 아니면 화자가 그 어떤 다른 이유 때문에 명세화를 취하지 않는지 - 이런 경우는 시작(onset)에 해당함 - 구별된다." (H. Vater 1992: 146 이하). 사실 이러한 W. Klein/Ch. v. Stutterheim의 지시이동은 텍스트언어학적으로 볼 때 아주 중요한 의미를 함축하고 있다. 왜냐하면 텍스트는 우선적으로 전체성에서 고찰되어야 하며, 이를 위해서는 매 순간마다 전체성을 고찰할 수 있는 방식이 마련되어야 하는데, 이를 위해서 W. Klein/Ch. v. Stutterheim의 지시이동 개념이 큰 역할을 할 수 있다는 견해 때문이다.

13. 텍스트언어학의 미래

텍스트언어학과 관련있는 많은 저작물에서 텍스트언어학의 미래가 어떻게 될 것인가에 대한 구체적인 정황들은 별로 발견되지 않는다. 기껏해야 B. Sowinski(1983)가 책의 말미에 얹어놓은 텍스트언어학의 응용과 관련되는 짧은 글과 W. Heinenmann/D. Viehweger(1991)의 “텍스트언어학의 발전 전망과 적용분야”의 장에 조금이나마 제시되어 있을 정도이다. 아무래도 ‘텍스트언어학의 미래’라는 장은 텍스트언어학의 응용 개념과 맞물리는 것으로 추정할 수 있는데, 그 이유는 결국 응용의 문제가 현내의 내부문의 학문에서 관심꺼리가 되기 때문이다. 그래서 B. Sowinski(1983)도 자신의 저술의 마지막 장을 여기에 할애 하는데, 그 내용에 따르면 텍스트언어학적 연구방법이 시나 산문 같은 문학작품 분석에 기여한다는 것이고 언어교수법, 그 중에서 특히 학교에서 작문론을 위해 유용하게 이용된다는 것이다. 그의 이러한 추측은 출간 후 34년이 지난 오늘날에 다시 생각해보면, 어느 정도 일리있는 의견이다. 왜냐하면 최근의 언어학 또는 텍스트언어학의 응용분과에서 글쓰기, 말하기 등의 분야가 각광을 받고 있기 때문이다. 어쨌든 작문론의 상위 개념인 텍스트 생산과 관련된 논의가 텍스트언어학 초창기부터 후대로 내려 오면서 점점 많아지는 것을 보면, 텍스트언어학이 나름대로 실용적인 방향으로 전진하려는 경향이 있다는 사실을 읽을 수 있다. 이에 빈해서 W. Heinemann/D. Viehweger의 진술은 좀 더 구체적이다. 예를 들어 언어학에서 1970년대에 들어서면서 텍스트언어학이 각광을 받게 된 것이 "텍스트가 인간 공동체의 삶에서 근본적 역할을 한다는 것"(W. Heinemann/D. Viehweger 1991: 274)에 기인하는 반면, "텍스트언어학이 최근 몇 년 동안 점점 더 자주 불신당하고 때론 그 불신이 학문분과의 존재 정당성마저 부인할 만큼 심하기도 하였다면, 그것은 대체로 텍스트언어학이 빠른 속도로 발전해 갔음에도 지금까지 많은 문제들이 다루어지지 않았거나 혹은 매우 불충분하게 다루어졌기 때문에 엄격한 모형으로 서술될 수 없다는 데에 결정적으로 기인한다."(W. Heinemann/D. Viehweger 1991: 275)는 것이다. 그러나 그것보다도 더 중요한 것은 텍스트언어학의 실용성과 관련되는 문제일 것이다.

이러한 논의들이 지나간 후에 세기말에 출간된 R.-A. de Beaugrande의 『담화와 텍스트과학의 새로운 토대(New Forundations for a Science of Text and Discourse)』(1997)의 화두는 단연 '텍스트언어학의 미래'와 직결된다. 그는 텍스트언어학의 미래와 진배없는 포스트고전 언어학의 기본 전제를 다음과 같이 제시한다: "가. 언어는 사회와 세계에 대한 지식에 의해 통합된 현상이다. 나. 언어는 화자가 그것을 사용한 조건과 함께 기술되어야만 한다. 다. 언어는 언어적, 인지적, 사회적 제약들 사이에서 상시적 제약과 일시적 제약들 사이의 상호작용의 관점에서 기술되어야 한다. 라. 언어는 지속적인 진화를 경험하는 역동적인 의사소통 체계로 구성되어 있다. 마. 언어에 대한 기술은 전체 언어와 특정 담화 문맥 사이에서 일반성의 유동성 정도에 따라 진술되어야 한다."(R.-A. de Beaugrande 1997: 40). 이에 따라 결국 언어는 세계와 사회에 대한 지식이 통합된 역동적인 의사소통의 체계로 기술되어야 하고, 텍스트와 담화과학은 언어를 인지와 의사소통의 넓은 스펙트럼과 충분히 통합시키는 것을 의제로 삼아야 하는 바, 이는 사회적 진보를 위한 생태학적 프로그램을 지지하기 위한 것이어야 한다는 것이다.(민병곤 2001: 409 참조). 결국, 그는 언어학의 연구목표를 언어체계의 탐구와 구조 분석에만 그치지 않고, "그 체계와 구조가 어떻게 실현되는가"에 대한 연구가 중요한 것을 다음처럼 알아 차렸다: "텍스트는 언어적, 인지적, 사회적 행위들이 수렴하는 의사소통적 사건이다."(R.-A. de Beaugrande 1997: 10). 그의 이러한 주장은 랑그와 빠롤의 합일과 같은 변증법적 연구와 비견된다.(권재일 2016 참조). 그래서 그의 관심은 현대의 코퍼스 언어학에도 걸쳐 있다.

왜냐하면 그가 제시한 언어의 변증법적 성층구조(R.-A. de Beaugrande 1997: 113, 314)가 'Nerves/Muscles'과 'Implement Phonemic Targets' 그리고 'Sites and Events'와 'Differentiate Meanings'와 같은 형식으로 제시되어 있기 때문이다. 이것은 현대 (텍스트)언어학이 관심을 가질수 있는 기계/인공지능 통번역의 이론적 바탕이 될 소지가 농후하다. 이 분야에서 최근의 연구경향들이 이러한 방법론을 표방하기 때문이다.

참고문헌

Abraham, W. (1988). *Terminologie zur neueren Linguistik. 2., völlig neu bearbeitete und erweiterte Auflage.* Tübingen.

Adamzik, K. (1995). *Textsorten – Texttypologie. Eine kommentierte Bibliographie.* Münster.

Adamzik, K. (2004). *Textlinguistik: Eine einführende Darstellung.* Tübingen.

Adelung, J. C. (1781). *Umständliches Lehrgebäude der Deutschen Sprache.* Leipzig.

Agricola, E. (1969/1972). *Semantische Relationen im Text und im System. 2., bearbeitete Auflage.* Halle.

Agricola, E. (1976). "Vom Text zum Thema". In: Daneš at al. (Hrsg.), Problem der Textgrammatik. Berlin 13-27.

Agricola, E. (1979). *Textstruktur - Textanalyse - Informationskern.* Leipzig.

Agricola, E./Goretzki, B./Haftka, B./Heidolf, K.-E./Isenberg, H. (1971). "Aspekte der linguistischen Behandlung von Texten". In: *Textlinguistik 2*, Dresden 131-174.

Ahn, I.-K. (1993). *Substitution als Prinzip der Textkonstitution. Eine kontrastive Analyse zwischen Deutsch und Koreanisch.* Bochum.

Althaus, H. P./Henne, H./Wiegand, H. E. (1973/1980). (Hrsg.) *Lexikon der Germanistischen Linguistik. 2., vollständig neu bearbeitete und erweiterte Auflage*. Tübingen.

Ammann, H. (1962). *Die menschliche Rede. Sprachphilosophische Untersuchungen. Teil 2 (Der Satz). 2., unveränderte Auflage*. Darmstadt.

Arens, H. (1969). *Sprachwissenschaft. Der Gang ihrer Entwicklung von der Antike bis zur Gegenwart*. Freiburg.

Arens, H. (1987). "Gedanken zur Historiographie der Linguistik". In: P. Schmitter (Hrsg.), *Geschichte der Sprachtheorie*. Tübingen, 3-19.

Aristoteles (1966). *De poetica*, übers. v. Ingram Bywater, *The Works of Aristotele Vol. XI*, hrsg., v. W. D. Ross. Oxford.

Aristoteles (1991). *On Rhetoric*, trans. By G. A. Kennedy. New York.

Aristoteles (1995). *Rhetorik*. Übersetzt, mit einer Bibliographie, Erläuterungen und einem Nachwort von Franz G. Sieveke. München.

Augustinus, A. (1861). "Ars pro fratrum mediocritate beruitata". In: C. F. Weber (Hrsg.), Marburg.

Austin, J. L. (1962/1994). *Zur Theorie der Sprechakte*. 2. Auflage. Deutsche Übersetzung von E. v. Savingny. Stuttgart. (Die englische Originalausgabe erschien unter dem Titel *How to do things with words*. Cambridge/Mass, 1962).

Ballmer, T. (1975). *Sprechrekonstruktionssysteme und einige ihrer Anwendungsmöglichkeiten in Satz- und Textlinguistik*. Kronberg.

Bambrough, R. (1961). "Universal and family resemblance". In: *Proceedings of the Aristotelian Society New Series 61*, 207-222.

Barthes, R. (1974). *Die Lust am Text*. Frankfurt am Main.

Barthes, R. (1998). "옛날의 수사학". 『수사학』, (김현 편). 문학과지성사, 17-116. (김성택 옮김).

Baumgartner, H.-M. (1976). "Thesen zur Grundlegung einer transzendentalen Historik". In: H.-M. Baumgartner/J. Rüsen (Hrsg.), *Seminar-Geschichte und Theorie*. Frankfurt am Main, 274-302.

Baumgärtner, K. (1973). (Hrsg.), *Funk-Kolleg Sprache. Eine Einführung in die moderne Linguistik. Band 1.* Frankfurt am Main.

Beaugrande, R.-A. de (1997). *New Foundation for a Science of Text and Discourse.* Norwood.

Beaugrande, R.-A. de/Dressler, W. (1981). *Einführung in die Textlinguistik.* Tübingen. (『텍스트언어학 입문』. 김태옥/이현호 옮김. 한신문화사. 1995).

Beaugrande, R.-A. de (1997). *New Foundation for a Science of Text and Discourse: Cognition, Communication, and Freedom of Access to Knowledge and Society.* New Jersey.

Beck, G. (1988). "Funktionale Textmuster und die Formen ihrer internen Verknüpfung." In: H. Sitta (Hrsg.), *Textkohärenz. Der Deutschunterricht 1988: VI.*, 6-28.

Beisbart, O./Dobnig-Jülch, E./Eroms, H.-W./Koß, G. (1976). *Textlinguistik und Didaktik.* Donauwörth.

Bellert, I. (1974). "Über eine Bedingung für die Kohärenz von Texten". In: W. Kallmeyer/W. Klein/R. Meyer-Hermann/K. Netzer/H. J. Siebert (Hrsg.), *Letürekolleg zur Textlinguistik. Band I: Einführung,* Frankfurt am Main, 213-245, (Original: "On a Condition of the Coherence of Texts". In: *Semiotica 2*, 1970, 335-363).

Beneš, E. (1973). "Thema - Rhema - Gliederung und Textlinguistik". In: Sitta, H./Brinker, K. (Hrsg.), *Studien zur Texttheorie und zur deutschen Grammatik.* Düsseldorf, 42-62.

Betten, A. M. (1967). "Zur Sequenzierung von Sprechakten. Das Problem der Einheitsbildung in Längeren Texten". In: Weber, H./Weydt, H. (Hrsg.), *Sprachtheorie und Pragmatik.* Tübingen, 277-289.

Bierwisch, M. (1966). "Strukturalismus. Geschichte, Probleme und Methoden". In: *Kursbuch 5,* 77-152.

Bierwisch, M. (1967). "Some semantic universals of German adjectivals". *Foundations of Language 3,* 1-36.

Bierwisch, M. (1969a). "Strukturelle Semantik". In: *Deutsch als Fremdsprache 6,* 66-74.

Bierwisch, M. (1969b). "On certain problems of semantic representations". *Foundations of Language 5*, 153-184.

Bierwisch, M. (1971). "Rezension von Z. S. Harris, Discourse Analysis Reprints". In: Ihwe, J. (Hrsg.), *Literaturwissenschaft und Linguistik. Ergebnisse und Perspektiven, Band 1.* Frankfurt am Main, 141-154.

Birdwhistell, R. L. (1968). *Kinetics and Context. Essays on Body Motion Communication.* Philadelphia.

Bloomfield, L. (1931). "Besprechung von J. Ries: Was ist ein Satz?" In: *Language 7*, 204-209.

Bloomfield, L. (1933/1976). *Language.* New York.

Brandt, M./Koch, W./Motsch, W./Rosengren, I./Viehweger, D. (1983). "Der Einfluß der kommunikativen Strategie auf die Textstruktur - dargestellt am Beispiel des Geschäftsbriefes". In: Rosengren, I. (Hrsg.) 1983, 105-135.

Brandt, M./Rosengren, I. (1991). "Zur Handlungsstruktur des Textes". In: Rosengren, I. (Hrsg.) 1991, 3-47.

Bredin, H. (1984). "Metonymie". In: *Poetics Today 5*, 45-58.

Bremond, C. (1964/1973). "Le message narratif". In: *Communications 4*, 4-32. (Deutsch in J. Ihwe 1971/1972, *Band III*, 177-217).

Brinker, K. (1971). "Aufgaben und Methoden der Textlinguistik. Kritischer Überblick über den Forschungsstand einer neuen linguistischen Teildisziplin". In: *Wirkendes Wort 21*, 217-237.

Brinker, K. (1973). "Zum Textbegriff in der heutigen Linguistik". In: Sitta, H./Brinker, K. (Hrsg.), *Studien zur Texttheorie und zur deutschen Grammatik.* Düsseldorf, 9-41.

Brinker, K. (1979). "Zur Gegenstandsbestimmung und Aufgabenstellung der Textlinguistik". In: Petöfi (Hrsg.), 1979b, 3-17.

Brinker, K. (1983). "Textfunktion. Ansätze zu ihrer Beschreibung". In: *Zeitschrift für germanistische Linguistik 11*, 127-147.

Brinker, K. (1985), *Linguistische Texanalyse.* Berlin. (『텍스트언어학의 이해』. 이성

만 옮김. 역락. 2004).

Brinker, K. (1988). "Bedingung der Textualität. Zu Ergebnissen textlinguistischer Forschung und ihren Konsequenzen für die Textproduktion". In: *Der Deutschunterricht 1988 H. 3*, 6-19.

Brinker, K. (2000). "Ursprung und Entwicklung der Textlinguistik". In: K. Brinker/G. Antos/W. Heinemann/S. F. Sager. (Hrsg.), *Text- und Gesprächlinguistik*, 2540-2550.

Brinkmann, H. (1962/1971). *Die deutsche Sprache. Gestalt und Leistung. 2. Auflage*. Düsseldorf.

Brinkmann, H. (1965). "Die Konstituierung der Rede". In: *Wirkendes Wort 15*, 157-172.

Brinkmann, H. (1966). "Der Satz und die Rede". In: *Wirkendes Wort 16*, 376-390.

Brinkmann, H. (1967). "Die Syntax der Rede". In: *Satz und Wort im heutigen Deutsch, Jahrbuch der Zeitschrift für deutsche Sprache 1965/1966*, 74-94.

Brinkmann, H. (1981). *Sprache als Teilhabe. Aufsätze zur Sprachwissenschaft.* Zu einem achtzigsten Geburtstag ausgewählt u. hrsg. v. M. Scherner. Düsseldorf.

Brugmann, K. (1885). *Zum heutigen Stand der Sprachwissenschaft*. Straßburg.

Bühler, K. (1918). "Kritische Musterung der neueren Theorien des Satzes". In: *Indogerm. Jahrb. 6. Bd.*, 1-22.

Bühler, K. (1923). "Über den Begriff der sprachlichen Darstellung". In: *Psychologische Forschung 3:3*, 282-294.

Bühler, K. (1928). "Die Symbolik der Sprache". In: *Kant Studien 33*, 405-409.

Bühler, K. (1933a). *Ausdruckstheorie*. Jena.

Bühler, K. (1933b). "Zur Geschichte der Ausdruckstheorie. In: *Zeitschrift für Psychologie 129*, 246-261.

Bühler, K. (1933c). "Die Axiomatik der Sprachwissenschaft". In: *Kant-Studien 38*, 19-90.

Bühler, K. (1934/1982). *Sprachtheorie. Die Darstellungsfunktion der Sprache.*

Ungekürzter Neudruck. Stuttgart/New York.

Bühner, J.-A. (1998). "Logos im Alten und Neuen Testament". In: J. Ritter (Hrsg.), *Historisches Wörterbuch der Philosophie, Bd. 5.* Basel, 499-502.

Burke, K. (1969). *A Grammar of Motives.* Univ. of California Press.

Buscha, J. (1988). "Satzverknüpfungen durch Konjunktionen". In: H. Sitta (Hrsg.), *Textkohärenz. Der Deutschunterricht 1988: VI.*, 53-68.

Bußmann, H. (2002). *Lexikon der Sprachwissenschaft.* Stuttgart.

Chomsky, N. (1957). *Syntatic structures.* The Hague.

Chomsky, N. (1965). *Aspects of the Theory of Syntax.* Massachusetts.

Cicconi, S. (1999). *Toword a Narratology of Holitic Texts, Mediapolis.* Berlin.

Clark, D. (1977). *Rhetoric in Creco-Roman Education.* Westport.

Cole, P./Morgan, J. (eds.) (1975). *Syntax and Semantics lll: Speech Acts.* New York.

Coseriu, E. (1973). *Einführung in die strukturelle Betrachtung des Wortschatzes.* Tübingen.

Coseriu, E. (1978). "Die lexikalischen Strukturen". In: H. Geckeler (Hrsg.), *Strukturelle Bedeutungslehre*, München.

Coseriu, E. (1981). *Textlinguistitk. Eine Einführung.* Tübingen.

Coseriu, E. (1974). "Lexikalische Solidaritäten". In: W. Kallmeyer/W. Klein/ R. Meyer-Hermann/K. Netzer/H. J. Siebert (Hrsg.), *Letürekolleg zur Textlinguistik. Band : Einführung*, 74-86.

Daneš, F. (1968). "Typy thematických posloupností v textu". In: *Slovo a slovesnost 29*, 125-141.

Daneš, F. (1970). "Zur linguistischen Analyse der Textstruktur". In: *Folia Linguistica 4*, 72-78.

Dijk, T. A. v. (1972). "Generative Semantik und Texttheorie". In: T. A. v. Dijk 1972a, 21-49.

Dijk, T. A. v. (1972a). *Beiträge zur generativen Poetik.* München.

Dijk, T. A. v. (1972b). *Taal. Tekst. Tekten.* Amsterdam.

Dijk, T. A. v. (1972c). *Some Aspects of Text Grammar.* Den Haag.

Dijk, T. A. v. (1976a). "Philosophy of Action and Theroy of Narrative". In: *Poetics 14/15*, 173-198.

Dijk, T. A. v. (1976b). "Narrative Macro-Structures. Logical and Cognitive Foundations". In: *PTL 1*, 547-568.

Dijk, T. A. v. (1980). *Textwissenschaft. Eine interdisziplinäre Einführung.* (Deutsche Übersetzung von Ch. Sauer). Tübingen. (『텍스트학』. 정시호 옮김. 민음사. 1995).

Dimter, M. (1981). *Textklassenkonzepte heutiger Alltagssprache. Kommunikationssituation, Textfunktion und Textinhalt als Kategorien alltagssprachlicher Textklassifikation.* Tübingen.

Dressler, W. (1973). *Einführung in die Textlinguistik.* Tübingen. (『텍스트언어학 입문』. 이재원 옮김. 한국문화사. 2004).

Dressler, W. (1978). "Wege der Textlinguistik. Einleitung". In: W. Dressler (Hrsg.), *Textlinguistik.* Darmstadt, 1-14.

Dressler, W. (1982). "Zum Verhältnis von Wortbildung und Textlinguistik". In: Petöfi, J. S. (ed.), 96-106.

Dressler, W. (Hrsg.), (1978). *Textlinguistik.* Darmstadt.

Dressler, W./Schmidt, S. J. Schmidt (1973). *Textlinguistik: kommentierte Bibliographie.* München.

Ehlich, K. (1984). "Zum Textbegriff". In: Rothkegel, A./B. Sandig (eds.), 9-25.

Enkvist, N. E. (1964). "On Defining Style. An Essay in Applied Linguistics". In: Enkvist/Spencer/Gregory (eds.): *Linguistics and Style.* Oxford, 1-56.

Enkvist, N. E. (1973). *Linguistic Stylistics.* The Hague/Paris.

Enkvist, N. E. (1978). "Stylistics and Text Linguistics". In: W. U. Dressler (ed.). *Current Trends in Textlinguistics.* Berlin/New York, 174-190.

Erhinger, P. (2007). "Sermo". In: *Historisches Wörterbuch der Rhetorik.* Hrsg. von G. Ueding. Tübingen.

Eroms, H.-W. (1985). "Textlinguistik und Stiltheorie". In: *Akten des VII. Internationalen Germanisten-Kongresses Göttingen 1985. Band 3.*

Tübingen, 10-21.

Eroms, H.-W. (1986). *Funktionale Satzperspektive*. Tübingen.

Eroms, H.-W. (1991). "Die funktionale Satzperspektive bei der Textanalyse". In: Brinker, K. (Hrsg.), 55-72.

Eroms, H.-W. (2000). "Der Beitrag der Prager Schule zur Textlinguistik". In: K. Brinker/G. Antos/W. Heinemann/S. F. Sager. (Hrsg.), *Text- und Gesprächlinguistik*, 28-43.

Figge, U. L. (2000). "Die kognitive Wende in der Textlinguistik". In: K. Brinker/ G. Antos/W. Heinemann (Hrsg.), *Text- und Gesprächlinguistik*, 96-104.

Firbas, J. (1964). "On defining the theme in functional sentence analysis". In: *Travaux linguistiques de Prague 1*, 267-280.

Franke, W. (1987). "Texttypen - Textsorten - Textexemplare. Ein Ansatz zu ihrer Klassifizierung und Beschreibung". In: *Zeitschrift für Germanistische Linguistik 15/87*, 263-281.

Frese, J. (1974). "Sprechen als Metapher für Handeln". In: W. Kallmeyer/W. Klein/R. Meyer-Hermann/K. Netzer/H. J. Siebert (Hrsg.), *Lektürekolleg zur Textlinguistik. Band : Einfürung*, 3-14.

Freud, S. (1917/2008). 『정신분석학 강의』. 열린책들. (임홍빈/홍혜경 옮김).

Friedrich, H. (1966). *Drei Klassiker des französischen Romans*. Frankfurt am Main.

Fritz, G. (1982). *Kohärenz. Grundfragen der linguistischen Kommunikationsanalyse*. Tübingen.

Frost, R. (1969). *Poetry of Robert Frost*. New York.

Fyfe, W. H. (2009). "서론". 아리스토텔레스 『시학』. 문예출판사. (김재홍 옮김), 13-41.

Gabelenz, G. v. d. (1891/1972). *Die Sprachwissenschaft. Ihre Aufgaben, Methoden und bisherigen Ergebnisse*. Tübingen.

Gadamer, H.-G./Hörmann, H./Eggers, H. (1971). *Sprechlernen und verstehen* . Stuttgart.

Gadamer, H.-G. (1960/1975): *Wahrheit und Methode*. Tübingen.

Gadamer, H.-G. (1973). *Wer bin ich und wer bist Du? Ein Kommentar zu Paul Celans Gedichtfolge "Atemkristall"*. Frankfurt am Main.

Genette, G. (1998). "줄어드는 수사학". 『수사학』. 김현 편. 문학과지성사, 117-143.

Gipper, H. (1994). *Wilhelm von Humboldts Bedeutung für Theorie und Praxis moderner Sprachforschung*. Münster.

Gläser, R. (1979). "Stilistik und Rhetorik". In: W. Fleischer und G. Michel. *Stilistik der deutschen Gegenwartssprache*. Leipzig, 18-22.

Glinz, H. (1959). "Die Leistung der Sprache für Menschen". In: *Sprache-Schlüssel zur Welt. Festschrift für Leo Weisgerber*, 87-105.

Glinz, H. (1973/1978). *Textanalyse und Verstehenstheorie I und II*. Wiesbaden.

Goretzki, B./Haftka, B./Heidolph, K. E./Isenberg, H./Agricola, E. (1971). "Aspekte der linguistischen Behandlung von Texten". In: *Textlinguistik 2. Beiträge zur Theorie und Praxis der Textlinguistik*. Dresden.

Greimas, A. J. (1966/1971). *Strukturale Semantik. Methodologische Untersuchungen*. Braunschweig. (Original: *Sémantique structurale. Recherche de méthode*. Paris.).

Greimas, A. J. (1974). "Isotopie der Rede". In: W. Kallmeyer/W. Klein/R. Meyer-Hermann/K. Netzer/H. J. Siebert (Hrsg.), *Letürekolleg zur Textlinguistik. Band : Einführung*, 126-152.

Grice, P. (1975). "Logic and Conversation". In: P. Cole/J. Morgan (eds.), 41-58.

Grimaldi, W. M. A. (1972). "Studies in the Philosophy of Aristotele's Rhetoric". In: *Hermes Einzelschriften 25*. Wiesbaden.

Große, E. U. (1974). "Zur Neuorientierung der Semantik bei Greimas. Grundgedanken, Probleme und Vorschläge". In: W. Kallmeyer/W. Klein/R. Meyer-Hermann/K. Netzer/H. J. Siebert (Hrsg.), *Letürekolleg zur Textlinguistik. Band: Einführung*, 87-125.

Große, E. U. (1976). *Text und Kommunikation. Eine linguistische Einführung in die Funktionen der Text*. Stuttgart.

Gülich, E./Heger, K./Raible, W. (1976). *Linguistische Textanalyse. Überlegungen zur Gliederung von Texten. 2., durchgesehene und ergänzende Auflage.*

Hamburg.

Gülich, E./Raible, W. (1977). *Linguistische Textmodelle.* Munich.

Guthrie, W. K. C. (1969). *A Histoy of Greek Philosophy. Vol. III.* Cambridge.

Halliday, M. A. K ./Hasan, R. (1976). *Cohesion in English.* London.

Harris, Z. S. (1952). "Discourse Analysis". In: *Language 28,* 1-30.

Hartmann, P. (1959). "Offene Form, leere Form und Struktur". In: H. Gipper (Hrsg.), *Sprache. Schlüssel zur Welt,* 146-157.

Hartmann, P. (1964/1972). "Text, Texte, Klassen von Texten". In: W. A. Koch (Hrsg.), *Strukturelle Textanalyse.* Hildesheim, 1-22.

Hartmann, P. (1966). "Die Sprache als linguistisches Problem". In: P. Hartmann u. a. (Hrsg.), *Die deutsche Sprache im 20. Jahrhundert.* Göttingen, 29-63.

Hartmann, P. (1968). "Zum Begriff des sprachlichen Zeichens". In: *Zeitschrift für Phonetik, Sprachwissenschaft und Kommunikationsforschung 21,* 205-222.

Hartmann, P. (1968a). "Textlinguistik als linguistische Aufgabe". In: S. J. Schmidt (Hrsg.), *Konkrete Dichtung, Konkrete Kunst.* Karlsruhe, 62-77.

Hartmann, P. (1968b). "Textlinguistik als neue linguistische Teildisziplin". In: *Replik, Heft 2. Textlinguistik 1968*, 2-7.

Hartmann, P. (1971). "Text als linguistische Objekte". In: W. D. Stempel (Hrsg.), *Beiträge zur Textlingustik.* München, 9-29.

Harweg, R. (1968). *Pronomina und Textkonstitution.* München.

Harweg, R. (1972). "Stilistik und Textgrammatik". In: *Zeitschrift für Literaturwissenschaft und Linguistik 2-5*, 71-81.

Harweg, R. (1973). "Textgrammer and literary texts: Remarks on a grammatical science of literature". In: *Poetics 9*, 65-91.

Harweg, R./Kishitani, S./Scherner, M. (Hrsg.) (1991). *Die Deutsche Sprache, Gestalt und Leistung: Hennig Brinkmann in der Diskussion: zu seinem neunzigsten Geburtstag.* Münster.

Havelock, E. (1967). *A Preface to Plato.* New York.

Heger, K. (1976). *Monem, Wort, Satz und Text.* Tübingen.

Heinemann, W./Viehweger, D. (1991). *Textlinguistik. Eine Einführung.* Tübingen.

Helbig, G. (1970/1983). *Geschichte der neueren Sprachwissenschaft. 6. Auflage.* Opladen.

Helbig, G. (1986). *Entwicklung der Sprachwissenschaft seit 1970.* Opladen.

Helbig, G. (1988): *Lexikon deutscher Partikeln.* Leipzig.

Henne, H. (1975). *Sprachpragmatik. Nachschrift einer Vorlesung.* Tübingen.

Henne, H./Rehbock, H. (1982). *Einführung in die Gesprächanalyse. 2., verbesserte und erweiterte Auflage.* Berlin.

Hilbert, D. (1918). "Axiomatisches Denken". In: *Mathematische Annalen 78,* 405–415.

Hindelang, G./Rolf, E./Zillig, W. (1995). (Hrsg.), *Der Gebrauch der Sprache. Festschrift für Franz Hundsnurscher zum 60. Geburtstag.* Münster.

Hjelmslev, L. (1943/2000). 『랑가주 이론 서설』. 김용숙/김혜련 옮김. 동문선.

Hörmann, H. (1976). *Meinen und Verstehen. Grundzüge einer psychologischen Semantik.* Frankfurt am Main.

Hülsmann, H. (1976). "Kohärenz". In: R. Joachim (Hrsg.), *Historisches Wörterbuch der Philosophie. Band 4,* 877-878. Basel/Stuttgart.

Humboldt, W. v. (1960-1964). *Schriften zur Sprachphilosophie. Werke in fünf Bänden.* A. Flitner und K. Giel (Hrsg.), Stuttgart.

Humboldt, W. v. (1968). *Wilhelm von Humboldts Gesammelte Schriften.* Herausgegeben von der Königlich-Preußlichen Akademie der Wissenschaften. Berlin.

Husserl, E. (1913). *Ideen zu einer reinen Phänomenologie und phänomenlogischen Philosophie. Erstes Buch: Allgemeine Einführung in die reine Phänomenologie.* Den Haag.

Ihwe, J. (Hrsg.) (1971/1972). *Literaturwissenschaft und Linguistik. Ergebnisse und Perspektiven, 3 Bände,* Frankfurt a. Main.

Isenberg, H. (1968/1974). "Überlegungen zur Texttheorie". In: W. Kallmeyer/W. Klein/R. Meyer-Hermann/K. Netzer/H. J. Siebert (Hrsg.), *Letürekolleg zur Textlinguistik. Band I: Einführung,* 193-212.

Isenberg, H. (1971/1974). "Aspekte der linguistischen Behandlung von Texten". In: W. Dressler (Hrsg.), *Textlinguistik* 2, 131-174.

Isenberg, H. (1976). "Einige Grundbegriffe für eine linguistische Texttheorie". In: Daneŝ, F./D. Viehweger (Hrsg.), 47-145.

Isenberg, H. (1977). "'Text' versus 'Satz'". In: Daneš, F./D. Viehweger (Hrsg.), 119-145.

Isenberg, H. (1983). "Grundfragen der Texttypologie". In: Daneš, F./D. Viehweger (Hrsg.), 303-342.

Isenberg, H. (1984). "Texttypen als Interaktionstypen. Eine Texttypologie". In: *Zeitschrift für Germanistik 3/5/84*, 261-270.

Issatschenko, A. V. (1965/1978). "Kontextbedingte Ellipse und Pronominalisierung im Deutschen". In: W. Dressler (Hrsg.), *Textlinguistik.* Darmstadt, 79-92.

Jakobson, R. (1960/1971). "Linguistik und Poetik". In: Ihwe, J. (Hrsg.), *Literaturwissenschaft und Linguistik 1.* Frankfurt am Main, 99-135 (engl. 1966. Linguistics and Poetics. In: T. A. Sebeok (ed.). *Style in Language.* Cambridge Mass., 350-377).

Genette, G. (1987). *Seuils.* Paris.

Jespersen, O. (1924/1987). 『문법철학』. 이환묵/이석무 옮김. 한신문화사.

Junker, H. (1976). "Rhetorik und Textgrammatik". In: *Romanische Forschungen 88,* 378-382.

Kainz, F. (1982). "Geleitwort". In: K. Bühler, *Sprachtheorie. Die Darstellungsfunktion der Sprache.* Stuttgart/New York, 5-19.

Kallmeyer, W. u. a. (1980). *Lektürekolleg zur Textlinguistik. Bd. 1. Einführung.* Frankfurt am Main.

Kallmeyer, W./Reinhard M.-H. (1980). "Textlinguistik". In: Althaus, H. P./H. Henne/H. E. Wiegand (Hrsg.), *Lexikon der Germanistischen Linguistik. 2.*

Auflage. Tübingen, 242-258.

Kalverkämper, H. (1981). "Der Bestand der Textlinguistik". In: *Deutsche Sprache 9*, 224-270, 329-379.

Kalverkämper, H. (1981a). *Orientierung zur Textlinguistik*. Tübingen.

Kalverkämper, H./K.-D. Baumann (Hrsg.), (1996). *Fachliche Textsorten: Komponenten - Relationen – Strategien*. Tübingen.

Karverkämper, H. (2000). "Vorläufer der Textlinguistik: die Rhetorik". K. Brinker/G. Antos/W. Heinemann/S. F. Sager. (Hrsg.), *Text- und Gesprächlinguistik*, 1-17.

Katz, J./Fodor, J. (1963). "The structure of semantic theory". *Language 39*, 170-210.

Kindt, W./Wirrer, J. (1976). "Zu Teun van Dijks Aufsäzten 'Generative Semantik und Texttheorie' und 'Textgenerierung und Textproduktion'". In: W. Kindt/S. J. Schmdit (eds.). 1976, 116-132.

Klein, W./Ch. v. Stutterheim (1991). "Text structure and referential movement". *Sprache und Pragmatik 22*, 1-32.

Klimonow, G. (1977). "Überlegungen zu einigen definitorischen Kriterien". In: F. Daneš/D. Viehweger (Hrsg.), *Probleme der Textgrammatik*. Berlin, 173-180.

Koch, W./Rosengren, I./Schonebohm, M. (1981). "Ein pragmatisch orientiertes Textanalyseprogramm". In: *Lunder Germanistische Forschungen 50*, 155-203.

Koerner, E. F. K. (1978). *Toward of Historiography of Linguistics*. Amsterdam.

Koerner, E. F. K. (1984). "Karl Bühlers *Sprachtheorie* und Fernidand de Saussures *Cours*". In: *Bühler Studien* 2. Frankfurt a. M., 263-272.

Kong, D. (1993). *Textsyntax. Untersuchungen zur Satzverknüpfung und Satzanknüpfung in der deutschen Gegenwartssprache*. Würzburg.

Krabbe, E. C. (2002). "Meeting in The House of Callias. An Historical Perspective on Rhetoric and Dialectic." In: *Dialectic and Rhetoric*. (ed., F. H. v. Ermeren, P. Houtlosser). Boston.

Kristeva, J. (1967). "Bakhtine, 'le mot, le dialogue et le roman'". In: *Critique 33/239*: 438-465. (dtsch. 1972. Bachtin, "*das Wort, der Dialog und der Roman*". In: Ihwe, J. (Hrsg.), *Literaturwissenschaft und Linguistik: Ergebnisse und Perspektiven 3.* Frankfurt, 345-375).

Kuhn, T. (1989). *Die Struktur wissenschaftlicher Revolution.* Frankfurt am Main.

Lang, E. (1973). "Über einige Schwierigkeiten beim Postulieren einer 'Textgrammatik'". In: Kiefer at. al. (Hrsg.) 1973, 284-314.

Lang, E. (1977). *Semantik der koordinativen Verknüpfung.* Berlin.

Lausberg, H. (1967). *Elemente der literarischen Rhetorik.* München.

Lee, J.-W. (2002). *Textkohärenztypologie.* Münster.

Lévi-Strauss, C. (1955/1978). "Die Struktur der Mythen". In: ders. *Strukturale Anthropologie.* Frankfurt am Main, 226-254.

Lévi-Strauss, C. (1964-1971/1971-1976). *Mythologica. Bd. I-IV.* Frankfurt am Main.

Lévi-Strauss, C. (1975). "Die Struktur und die Form. Reflexionen über ein Werk von V. Propp". In: V. Propp, *Morphologie des Märchens.* Frankurt am Main, 181-213.

Lewandowski, T. (1994). *Linguistisches Wörterbuch. 6., verbesserte und erweiterte Auflage.* Heidelberg/Wiesbaden.

Lindemann, B. (1997). "Einige Fragen an eine Theorie der sprachlichen Perspektivierung". In: P. Canisius (Hrsg.), *Perspektivität in Sprache und Text.* Bochum.

Linke, A./Nussbaumer, M. (1988). "Kohärenz durch 'Präsupositionen'". In: H. Sitta (Hrsg.), *Textkohärenz. Der Deutschunterricht 1988: VI.*, 29-52.

Linke, A./Nussbaumer, M./Portmann, P. R. (1996). *Studienbuch Linguistik. 3. unveränderte Auflage.* Tübingen.

Linn, M. L. (1963). *Studien zur Deutschen Rhetorik und Stilistik im 19. Jahrhundert.* Marburg.

Lötscher, A. (1987). *Text und Thema. Studien zur thematischen Konstituenz von*

Texten. Tübingen.

Lötscher, A. (1989). "Implikaturen und Textfunktionen im Gebrauch von Konnektiven des Gegensatzes". In: *Linguistische Berichte 121/89*, 215-240.

Lötscher, A. (1991). "Thematische Textorganisation in deskriptiven Texten als Selektions-/Linearisierungsproblem". In: Brinker, K. (Hrsg.), 73-106.

Lyons, J. (1977). *Semantics*. London/New York/Melbourne.

Mackert, M. (1993). "Interpretation, Authorial Intention and Representation - Reflections on the Historiographie of Linguistics". *Language Sciences 15*, 39-52.

Malcolm, N. (1958). *Ludwig Wittgenstein: A Momoir*. London.

Martinet, A. (1963). *Grundzüge der Allgemeinen Sprachwissenschaft*. Stuttgart.

Mathesius, V. (1929/1983). "Functional Linguistics". In: J. Vachek/L. Dušková (eds). *Praguiana. Some basic and less know aspects of the Prague linguistic school*. Amsterdam/Philadelphia, 121-142.

Meraner, R. (1988). "Satzverknüpfung durch Proformen". In: H. Sitta (Hrsg.), *Textkohärenz. Der Deutschunterricht 1988: VI.*, 69-85.

Michel, G. (1986). "Text und Stilnormen als Regeln oder als Modelle?" In: *Akten des VII Internationalen Germanisten-Kongresses. Göttingen 1985*. A. Schöne (Hrsg.), Tübingen. Bd. 3, 3-9.

Michel, P (1988). "Textkomentierende Signale zur Verbesserung der Verständlichkeit." In: H. Sitta (Hrsg.), *Textkohärenz. Der Deutschunterricht 1988: VI.*, 86-99.

Morgenthaler, E. (1980). *Kommunikationsorientierte Textgrammatik. Ein Versuch, die kommunikative Kompetenz zur Textbildung und -rezeption aus natürlichem Sprachvorkommen zu erschließen*. Düsseldorf.

Motsch, W. (1983). "Sprachlich-kommunikative Handlungen". In: Fleischer, W. u. a. (Hrsg.), *Deutsche Sprache. Kleine Enzyklopädie*. Leipzig, 489-512.

Motsch, W. (1986). "Anforderungen an eine handlungsorientierte Textanalyse". In: *Zeitschrift für Germanistik 7/3/86*, 261-282.

Motsch, W. (1987). "Zur Illokutionsstruktur von Feststellungstexten". In: *Zeitschrift für Phonetik, Sprachwissenschaft und Kommunikationsforschung 40/87*, 45-67.

Motsch, W. (1989). "Dialog-Texte als modular organisierte Strukturen". In: Rosengren, I. (Hrsg.), *Sprache und Pragmatik 11*. Stockholm, 37-67.

Motsch, W. (1996a). "Ebenen der Textstruktur. Begründung eines Forschungsprogramms". In: Motsch, W. (Hrsg.), *Ebenen der Textstruktur: sprachliche und kommunikative Prinzipien*. Tübingen, 3-33.

Motsch, W. (1996b). "Zur Sequenzierung von Illokutionen". In: Motsch, W. (Hrsg.), *Ebenen der Textstruktur: sprachliche und kommunikative Prinzipien*. Tübingen, 189-208.

Motsch, W./Reis, M./Rosengren, I. (1990). "Zum Verhältnis von Satz und Text". In: *Deutsche Sprache 18/90*, 97-125.

Motsch, W./Viehweger, D. (1981). "Sprechhandlung, Satz und Text". In: I. Rosengren (Hrsg.), 125-154.

Motsch, W./Viehweger, D. (1991). "Illokutionsstruktur als Komponente einer modularen Textanalyse". In: Brinker, K. (Hrsg.), 107-132.

Murphy, J. (ed.) (1990). *A Short History of Writing Instruction*. Davis.

Nündel, E./Schlotthaus, W. (1978). *Angenommen: Agamemnon. Wie lehrer mit texten umgehen*. München.

Nye, I. (1912/1978). "Satzverbindung, besonders bei Livius". In: W. Dressler (Hrsg.), *Textlinguistik*. Darmstadt, 15-23.

Ogden, C. K/Richards, I. V. (1923/1972). *Die Bedeutung der Bedeutung. Eine Untersuchung über den Einfluß der Sprache auf das Denken und über die Wissenschaft des Symbolismus*. (übersetzt von G. H. Müller aus dem Englischen. Frankfurt am Main)

Ong, W. J. (1995). 『구술문화와 문자문화』. 이기우/임명진 옮김. 문예출판사.

Oomen, U. (1973). *Linguistische Grundlagen poetischer Texte*. Tübingen.

Oomen, U. (1974). "Systemtheorie der Texte". In: W. Kallmeyer/W. Klein/

R. Meyer-Hermann/K. Netzer/H. J. Siebert (Hrsg.), *Letürekolleg zur Textlinguistik. Band: Einfürung*, 47-70.

Oomen, U. (1979). "Text and Sentence". In: J. S. (ed.) *Text vs. sentence: basic questions of text linguistics*. Hamburg.

Osgood, Ch. E. (1960). "Some Effects of Motivation on Style of Encoding". In: Th. A. Sebeok (Hrsg.), *Style in Language*. New York/London.

Palek, B. (1977). "Textverweis (cross-reference). Ein Beitrag zur Hypersyntax". In: W. Dressler (Hrsg.), *Textlinguistik*. Darmstadt, 167-184.

Paul, H. (1880/1975). *Prinzipien der Sprachgeschichte*. 9., unveränderte Auflage. Tübingen.

Pelz, H. (1992). *Linguistik für Anfänger*. Hamburg.

Petöfi, J. S. (1971). *Transformationsgrammatiken und eine ko-textuelle Texttheorie. Grundfragen und Konzeptionen*. Frankfurt am Main.

Petöfi, J. S. (1979a). "Eine partielle Texttheorie (TeSWeST) und einige Aspekte ihrer Anwendung". In: Burghardt, W./K. Hölker (Hrsg.), 1-19.

Petöfi, J. S. (ed.), (1979b). *Text vs Sentence. Basic Questions of Text Linguistics. First Part*. Hamburg.

Petöfi, J. S. (ed.), (1982a). *Text vs Sentence. Basic Questions of Text Linguistics. Second Part*. Hamburg.

Petöfi, J. S. (ed.), (1982b). *Text vs Sentence continued*. Hamburg.

Peukert, H. (1977). *Positionen einer Linguostilistik*. Berlin.

Pfeifer, W. (1989). *Etymologisches Wörterbuch des Deutschen*. Berlin.

Pike, K. L. (1994). 『언어개념』. 주신자/신현숙 옮김. 한국문화사.

Platon(1973). *Platon. Phaidon. Das Gastmahl. Kratylos*. Bearbeitet von D. Kruz. Griechscher Text von L. Robin und L. Méridier. Deutsche Übersetzung von F. Schleiermacher. Darmstadt.

Plett, H. F. (1975). *Textwissenschaft und Textanalyse. Semiotik, Linguistik, Rhetorik*. Heidelberg.

Plett, H. F. (1985). *Einführung in die rhetorische Textanalyse*. Hamburg.

Plett, H. F. (1991). "Intertextualities". In: Plett, H. F. (ed.), 3-29.

Plett, H. F. (2000). *Systematische Rhetorik. Konzepte und Analysen.* Essen. (『분류체계의 수사학. 구상과 분석』. 양태종 옮김. 나남).

Plett, H. F. (2002). 『수사학과 텍스트 분석』. 양태종 옮김. 동인.

Porzig, W. (1950/1975). *Das Wunder der Sprache.* München.

Posner, R. (1968). "Zu Roland Hawerg, Textologische Analyse einer Zeitungsnachricht". In: *Replik, Heft 2: Textlinguistik*, 58-59.

Pottier, B. (1964/1978). "Entwurf einer modernen Semantik". In: H. Geckeler (Hrsg.), *Strukturelle Bedeutungslehre*, 45-89.

Propp, V. Y. (1928/2009). 『민담 형태론』. 어건주 옮김. 지만지.

Propp, V. Y. (1997). 『환상적인 옛날 이야기들의 변형. 「러시아 형식주의. 문학이론」』. 이화여자대학교출판문화원. (김치수 옮김).

Quintilianus, M. F. (1987). *Quintilian on Teaching of Speaking and Writing: Translation from Books One, Two and Ten of the Institutio Oratoria.* J. J. Murphy (Hrsg.), Carbondale.

Quintilianus, M. F. (1988). *Ausbildung des Redners*, übers. v. H. Rahn. 2 Bd. 2., durchges. Aufl. Darmstadt.

Raible, W. (1972). *Satz und Text. Untersuchungen zu vier romanischen Sprachen.* Tübingen.

Ranke, L. v. (1852). *History of Civil Wars and Monarchy in France.* Translated by M. A. Garney, 2. vols. London.

Rastier, F. (1974). "Systematik der Isotopien". In: W. Kallmeyer/W. Klein/R. Meyer-Hermann/K. Netzer/H. J. Siebert (Hrsg.), *Letürekolleg zur Textlinguistik. Band I: Einführung*, 153-190. (franz. 1972. "Systématique des Isotopies". In: Greimas, A. J. (ed.). *Essais de sémiotique poétique.* Paris, 80-105).

Reboul, O. (1999). 『수사학』. 박인철 옮김. 한길사.

Reiner, L. (1951). *Der sichere Weg zum guten Deutsch.* München.

Rickheit, G. (Hrsg.) (1991). *Kohärenzprozesse. Modellierung von Sprachverarbeitung in Texten und Diskursen.* Opladen.

Rickheit, G./H. Strohner (1985a). "Psycholinguistik der Textverarbeitung". In: *Studium Linguistik* 17/18/85, 1-78.

Rickheit, G./H. Strohner (eds.), (1985b). *Inferences in Text Processing.* Amsterdam/New York/Oxford.

Rickheit, G./H. Strohner (1993). *Grundlagen der kognitiven Sprachverarbeitung. Modelle, Methoden, Ergebnisse.* Tübingen/Basel.

Rickheit, G./L. Sichelschmidt/H. Strohner (2002). Psycholinguistik. Tübingen.

Rickheit, G./U. Schade (2000). "Kohärenz und Kohäsion". In: Brinker, K. u. a. (Hrsg.), 275-283.

Robins, R. H. (1992). 『언어학의 사상사』. 박수영 옮김. 이목.

Robins, R. H. (2007). 『언어학의 역사』. 강범모 옮김. 한국문화사.

Robins, T. H. (1966). "The Development of the Word Class System of the European Grammatical Tradition". In: *Foundation of Language 2*, 3-19.

Rolf, E. (1993). *Die Funktionen der Gebrauchstextsorten.* Berlin/New York.

Sager, S. F. (1995). "Hypertext und Kontext". In: E. M. Jakobs/D. Knorr/S. Molitor-Lübbert (Hrsg.), *Wissenschaftliche Textproduktion. Mit und ohne Computer.* Frankfurt am Main, 209-226.

Sager, S. F. (1997). "Intertextualität und die Interaktivität von Hypertexten". In: J. Klein/U. Fix (Hrsg.), *Textbeziehngen. Linguistische und literaturwissenschaftliche Beiträge zur Intertextualität.* Tübingen, 109-123.

Sager, S. F. (2000). "Hypertext und Hypermedia". In: K. Brinker/G. Antos/W. Heinemann/S. F. Sager (Hrsg.), *Text- und Gesprächlinguistik.* Berlin/New York, 587-603.

Sanders, W. (1986). "Vom Nutzen der Textlinguistik für Stilistik". In: A. Schöne (Hrsg.), *Textlinguistik contra Stilistik.* Tübingen, 24-31.

Sanders, W. (2000). "Vorläufer der Textlinguistik: die Stilistik". In: K. Brinker/G. Antos/W. Heinemann/S. F. Sager (Hrsg.), *Text- und Gesprächlinguistik* , 17-28.

Sandig, B. (1971). *Syntaktische Typologie der Schlagzeile. Möglichkeiten und*

Grenzen der Sprachökonomie im Zeitungsdeutsch. München.

Sandig, B. (1972). "Zur Differenzierung gebrauchssprachlicher Textsorten im Deutschen". In: Gülich, E./W. Raible (Hrsg.), *Textsorten. Differenzierungskriterien aus linguistischer Sicht.* Wiesbaden, 113-124.

Sandig, B. (1973). "Beispiele pragmatischer Textanalyse (Wahlaufruf, familiäres Gespräch, Zeitngsnachricht)". In: *Der Deutschunterricht H. 1,* 5-23.

Sandig, B. (1978). *Stilistik. Sprachpragmatische Grundlegung der Stilbeschreibung.* Berlin.

Sandig, B. (1986). *Stilistik der deutschen Sprache.* Berlin/New York.

Sandig, B. (1987). "Textwissen. Beschreibungsmöglichkeiten und Realisierungen von Textmustern am Beispiel der Richtigstellung". In: Engelkamp, J./K. Lorenz/B. Sandig (Hrsg.), 115-155.

Sandig, B. (1989). "Stilistische Mustermischungen in der Gebrauchssprache". In: *Zeitschrift für Germanistik 10/2/89,* 133-155.

Sandig, B. (2000), "Text als prototypisches Konzept". In: M. Mangasser-Wahl (Hrsg.), *Prototypentheorie in der Linguistik. Anwendungsbeispielen Methodenreflexion Perspektiven.* Tübingen, 93-112.

Sandig, B. (2006). *Textstilistik des Deutschen (2. Auflage).* Berlin/New York.

Sandig, B. (Hrsg.), (1988). *Stilistisch-rhetorische Diskursanalyse.* Tübingen.

Saussure, F. de (1967). *Grundfragen der allgemeinen Sprachwissenschaft.* (Hrsg. v. C. Bally und A. Sechenaye). Unter Mitwirkung von A. Riedlinger. Übersetzt v. H. Lommel. 2. Aufl. Mit neuem Reister und einem Nachwort von P. v. Polenz. Berlin.

Scherner, M. (1973). "Textkonstitution und -rezeption. Zum Aufbau eines Textmodells für den Deutschunterricht". In: *Deutschunterricht 25, H. 6,* 60-86.

Scherner, M. (1974). *Theorie und Technik des Textverstehens. Sekundarstufe II.* Düsseldorf/Dortmund.

Scherner, M. (1975). *Wie Texte das Verstehen steuern. Eine Einführung in die Textlinguistik für Sekundarstufe I.* Dortmund.

Scherner, M. (1979). "Nichttextulalisierte Verstehensvoraussetzungen als sprachwissenschaftliche Problem". *Integrale Linguistik. Festschrift für Helmut Gipper.* Hrsg. v. E. Bülow und P. Schmitter. Amsterdam, 319-357.

Scherner, M. (1984). *Sprach als Text. Ansätze zu einer sprachwissenschaftlich begründeten Theorie des Textverstehens. Forschungsgeschichte - Problemstellung - Beschreibung.* Tübingen.

Scherner, M. (1989). "Zur kognitionswissenschaftlichen Modellierung des Textverstehens. Anmerkungen, Fragen und Perspektiven aus sprachwissenschaftlicher Sicht". In: *Zeitschrift für Germanistische Linguistik 17/89*, 94-102.

Scherner, M. (1991). "Der 'Horizont' - ein sprachliches 'Kenntnissystem'?" In: Harweg, R./S. Kishitani/M. Scherner (Hrsg). *"Die deutsche Sprache - Gestalt und Leistung" Hennig Brinkmann in der Diskussion.* Münster, 229-251.

Scherner, M. (1996). " 'TEXT'. Untersuchungen zur Begriffsgeschichte". In: *Archiv für Begriffsgeschichte Bd. XXXIX*: Bonn, 103-160.

Scherner, M. (1998). Text. In: J. Ritter (Hrsg.), *Historisches Wörterbuch der Philosophie, Bd. 10,* Basel, 1038-1045.

Scherner, M. (2000). "Kognitionswissenschaftliche Methoden in der Textanalyse". In: Brinker, K. u. a. (Hrsg.), 186-195.

Scherner, M. (2006). " 'Text' - 'Rede' - 'Diskurs': Konkurrierende Begriffsbestimmungen in den Günderjahren der Textlinguistik". In: Felder, E. (Hrsg.), *Semantische Kämpfe. Macht und Sprache in den Wissenschaften.* Berlin/New York, 373-394.

Scherner, M./A. Ziegler (Hrsg.), (2006). *Angewandte Textlinguistik. Perspektiven für den Deutsch- und Fremdsprachenunterricht.* Tübingen.

Schmidt, S. J. (1973). *Texttheorie. Probleme einer Linguistik der sprachlichen Kommunikation.* München.

Schmidt, S. J. (1973a). "Texttheorie/Pragmatik" In: Althaus u. a. (Hrsg.), *Lexikon der Germanistischen Linguistik.* Tübingen, 233-244.

Schmidt, S. J. (1974). "Skizzen zu einer Texttheorie". In: W. Kallmeyer/W. Klein/

R. Meyer-Hermann/K. Netzer/H. J. Siebert (Hrsg.), *Letürekolleg zur Textlinguistik. Band: Einführung*, 30-47.

Schmidt, S. J./W. Dressler (1973). *Textlinguistik. Kommentierte Bibliographie.* München.

Schmitter, P. (1978). "Einige semiotische (und textlinguistische) Probleme in der Sicht von Humboldts". In: *Proceedings of the Twelfth International Congress of Linguists*, Vienna, August 28 - September 2, 1977, ed. by W. U. Dressler and W. Meid. Innsbruck, 754-757.

Schmitter, P. (1980). "Semiotische Theoreme im Bereich der Textsemantik. Zur Rezeption der Semiotik durch die Westdeutsche Literaturwissenschaft und Linguistik". In: Eschbach, A./Rader, W. (Hrsg.), *Literatursemiotik II. Methoden-Analysen-Tendenzen.* Tübingen, 99-120.

Schmitter, P. (1981). "Zur Vorgeschichte der Kommunikationstheorie. Zwei Antike Kommunikationsmodelle". In: *Sprachwissenschaft 6*, 186-199.

Schmitter, P. (1982). *Untersuchungen zur Historiographie der Linguistik. Struktur - Methodik - theoretische Fundierung.* Tübingen.

Schmitter, P. (1986). "Fortschritt. Zu einer umstrittenen Interpretationskategorie in der Geschichtsschreibung der Linguistik und der Semiotik". In: K. Dutz/P. Schmitter (Hrsg.), *Geschichte und Geschichtsschreibung der Semiotik. Fallstudien.* Münster, 39-74.

Schmitter, P. (1990), "Historiographie und Metahistoriographie". In: W. Hüllen (Ed.), *Understanding the Historiography of Linguistics. Probleme and Projects.* Münster.

Schmitter, P. (1997), "Historiographie als Instrument der Analyse und Evaluation sprachwissenschaftlicher (Semantik-)Theorien". In: W. Dietrich/U. Hoinkes (Hrsg.), *Kaleidoskop der Lexikalischen Semantik.* Tübingen.

Schmitter, P. (1999), "Positivismus, Interpretation und Objektivität in der Wiss enschaftsgeschichtsschreibung der Linguisitik". *Beiträge zur Geschichte der Sprachwissenschaft 9*, 193-208.

Schmitter, P. (2003a), *Historiographie und Narration. Metahistoriograhische*

Aspekte der Wissenschaftsgeschichtsschreibung der Linguistik. Seoul/Tübingen.

Schmitter, P. (2003b). "Textualität und Kohärenz - zwei textimmanente Phänomene?" In: 『텍스트언어학』 14, 1-23.

Searle, J. R. (1969/1971). *Sprechakte. Ein sprachphilosophischer Essay*. Übersetzt von R. Wiggershaus. Frankfurt am Main. (Die Originalausgabe erschien unter dem Titel *Speech Acts*. London 1969).

Sitta, H. (1988). "Zu diesem Heft". In: *Textkohärenz. Der Deutschunterricht. Beiträge zu seiner Praxis und wissenschaftlichen Grundlegung. 1988, IV.*, 3-5.

Sowinski, B. (1983). *Textlinguistik. Eine Einführung*. Stuttgart/Berlin/Köln/Mainz.

Sowinski, B. (1999). 『문체론』. 이덕호 옮김. 한신문화사.

Spillner, B. (1977). "Das Interesse der Linguistik an Rhetorik". In: H. Plett(Hrsg.), *Rhetorik: Kritische Positionen zum Stand der Forschung*. München, 93-108.

Steinitz, R. (1974). "Nominale Proformen". In: W. Kallmeyer/W. Klein/R. Meyer-Hermann/K. Netzer/H. J. Siebert (Hrsg.), *Letürekolleg zur Textlinguistik. Band I: Einführung*, 246-265.

Stierle, K. (1983). "Geschehen, Geschichte, Text der Geschichte". In: R. Koselleck/W.-D. Stempel (Hrsg.), *Geschichte - Ereignis und Erzählung*. München, 530-534.

Stone, I. F. (1996). 『소크라테스의 비밀』. 편상범/손병석 옮김. 자작아카데미.

Thesen des Prager Linguistenkreises zum I. Inernationalen Slawistenkongress (1929/1976). In: *Grundlagen der Sprachkultur I*, 43-73.

Thomson, G. D. (1992). 『고대사회와 최초의 철학자들』. 조대호 옮김. 고려원.

Todorov, T. (1968). "La grammaire du récit". In: *Language 12*, 94-102.

Todorov, T. (1969). *Grammaire de Décaméron*. The Hague/Paris.

Todorov, T. (1973). "Die zwei Prinzipien der Erzählung". In: J. Ihwe (Hrsg.), 265-275.

Todorov, T. (1973a). *Poétique*. Paris.

Todorov, T. (1977). "형식주의의 방법론적 유산". 『언어과학이란 무엇인가?』 이정민/이병근/이명헌 편저, 234-257. (조광희/김현 옮김).

Trabant, J. (1998). *Traditionen Humboldts*. Fankfurt am Main. (『훔볼트의 상상력과 언어』. 안정오 옮김. 인간사랑).

Trier, J. (1931). *Der deutsche Wortschatz im Sinnbezirk des Verstandes. Die Geschichte eines sprachliches Feldes. Bd. 1.* Heidelberg.

Trier, J. (1934). "Das sprachliche Feld". In: *Neue Jahrbücher für Wissenschaft und Jugendbildung 10*, 428-449.

Trubetzkoy, N. S. (1939). *Grundzüge der Phonologie*. Prag.

Ueding, G. (2003). 『고전수사학』. 박성철 옮김. 동문선.

Ungeheuer, G. (1970). "Paraphrase und syntaktisch Tiefenstruktur". *Folia lguistica 3*, 178-227.

Ungeheuer, G. (1974). "Aspekte sprachlier Kommunikation". In: W. Kallmeyer/W. Klein/R. Meyer-Hermann/K. Netzer/H. J. Siebert (Hrsg.), *Letürekolleg zur Textlinguistik. Band: Einfürung*, 15-29.

Vater, H. (1992). *Einführung in die Textlinguistik. 2., überarbeitete Auflage.* München.

Verbeke, G. (1998). "Logos. Der L.-Begriffe in der antiken Philosophie". J. Ritter (Hrsg.), *Historisches Wörterbuch der Philosophie, Bd. 5.* Basel, 491-499.

Viehweger, D. (1976). "Semantische Merkmale und Textstruktur". In: Daneš, F./D. Viehweger (Hrsg.), 195-206.

Viehweger, D. (1977). "Zur semantischen Struktur des Textes". In: Daneš, F./D. Viehweger (Hrsg.), 103-117.

Viehweger, D. (1980). "Methodologische Probleme der Textlinguistik". In: *Zeitschrift für Germanistik, H. 1*, 6-9.

Viehweger, D. (1987). "Illokutionswissen und Illokutionsstrukturen". In: Rosengren, I. (Hrsg.), *Sprache und Pragmatik. Lunder Symposium 1986. Stockholm*, 331-349.

Völzing, P.-L. (1979). *Text und Handlung. Zur Handlungstheoretischen Basis einer Textwissenschaft. Mit einem Versuch, einige erarbeitete Kategorien an literarischen Texten zu überprüfen*. Fankfurt am Main.

Wardy, R. (1996). *Might Is the Truth and It Shall Prevail? Essays on Aristotele's Rhetoric*. Berkeley.

Wawrzyniak, Z. (1980). *Einführung die Textwissenschaft*. Warschau.

Weinrich, H. (1964). *Tempus. Besprochene und erzählte Welt*. Stuttgart.

Weinrich, H. (1966/2006). *Linguistik der Lüge*. Nördlingen.

Weinrich, H. (1967). "Syntax als Dialektik". *Poetica 1*, 109-126.

Weinrich, H. (1969). "Zur Syntax des Artikels in der deutschen Sprache". In: *Jahrbuch für internationale Germanistik I, 1*, 61-74.

Weinrich, H. (1970). "Zur Textlinguistik der Tempusübergänge". In: *Linguistik und Didaktik I*, 222-227.

White, H. (1991). 『19세기 유럽의 역사적 상상력』. 천형균 옮김. 문학과 지성사.

Wunderlich, D. (1971). "Pragmatik, Sprechsituation, Deixis". *Lili, Jg. 1, H. 1/2*, 153-190.

Wunderlich, D. (1976). *Studien zur Sprechakttheorie*. Frankfurt am Main.

간젤 (2011). 『텍스트종류의 언어학』. 조국현 옮김. 한국외국어대학출판부.

고영근 (1990). "텍스트 이론과 국어통사론 연구의 방향". 『배달말』 15, 1-33.

고영근 (1994). "텍스트언어학. – 하르베크의 이론을 중심으로 –". 『현대언어학 지금 어디로』. 한신문화사, 460-480.

고영근 (1999). 『텍스트 이론 – 언어문학 통합론의 이론과 실제』. 아르케.

고영근 (2000). "텍스트과학과 문예학". 『텍스트언어학』 8, 1-24.

고영근 (2002). "문법과 텍스트 과학". 『문법과 텍스트』 (고영근 외), 3-28.

고영근 (2011). 『텍스트 과학』. 집문당.

곽병휴 (1995). "뉘앙스 불변화사 Abtönungspartikel 'auch'의 번역 시도". 『독일문학』 57, 242-262.

권재일 (2016). 『언어학사 강의』. 박이정.

권오룡 (1985). "소설의 대화주의와 그 문화사적 의미: 바흐찐의 소설이론". 『세계의 문학』 1985 가을호, 279-298.

그라우트 (1986). 『서양음악사』. 심설당. (서우석 옮김).

김갑년 (2006). "코제리우(E. Coseriu) 텍스트개념의 응용 가능성". 『텍스트언어학』 21, 55-70.

김기영 (1989). 『독일어 받는 대명사에 관한 연구. - 재귀대명사를 중심으로 -』. 한국외국어대학교 대학원 석사학위 논문.

김기영 (2003). "대명사의 본질. - 자연언어와 형식언어의 차이 –". 『독일문학』 85, 483-502.

김명복 (2002). "서문". 『롱기누스. 롱기누스의 숭고미 이론』. 연세대학교출판부. (김명복 옮김), 3-10.

김성도 (1995). "기호의 고고학". 『세계의 문학』 77, 17-49.

김성도 (2002). "상호매체성의 기호융합적 함의 – 하이퍼텍스트에서 발현되는 텍스트의 이미지 융합성을 중심으로". 『텍스트언어학』 13, 29-56.

김성훈 (1993). "텍스트에서의 생략 현상에 대한 연구". 『텍스트언어학』 1, 387-420.

김영순 (2001). "영상 광고의 텍스트성 구성 원리". 『텍스트언어학』 11, 199-221.

김요한 (2003). 『하이퍼텍스트 문학연구. 하이퍼텍스트의 구조적 특성과 새로운 문학의 가능성』. 한국외국어대학교 박사학위 논문.

김용도 (1987). "텍스트 문 연결에 관한 연구". 『외대논총(부산외국어대학교)』 5, 61-83.

김윤희 (2012). "고대 연설에 나타난 설득의 방법적 요소(pistis)에 관한 연구". 『인문과학연구』 34, 259-286.

김종갑 (2004). "저항으로서의 직설적 독서". 2004년도 한국수사학회 봄철 학술대회 (전주대학교, 2004. 05. 21-22) 발표원고, 41-48.

김헌 (2010). "아리스토텔레스 시학 제2권의 실재 가능성에 관한 문헌학적 연구". 『서양고전학연구』 41, 89-121.

김희자 (2002). "독일어 양상불변화사 doch의 우리말 번역 가능성". 『독어학』 5, 223-251.

롱기누스 (2002). 『롱기누스의 숭고미 이론』. 김명복 옮김. 연세대학교 출판부.

민병곤 (2001). "Robert de Beaugrande, *New Foundations for a Science of Text and Discourse*". 고영근 외 (2001), 401-480.

바흐찐 (1988). 『마르크스주의와 언어철학』. 송기한 외 옮김. 한겨레.

바흐찐 (2001). 『도스또예프스키 창작론』. 김근식 옮김. 중앙대학교 출판부.

박갑수 (1977). 『문체론의 이론과 실제』. 세운문화사.

박삼열 (2011). “토론의 논거 발견과 수사학의 토포스 – 아리스토텔레스의 토포스를 중심으로”. 『인문과학연구』 29, 353-373.

박성창 (2000). 『수사학』. 문학과지성사.

박여성 (1994). “화행론적 텍스트유형학을 위하여”. 『텍스트언어학』 2, 7-60.

박여성 (1999). “담화-텍스트과학의 미래 - 학문사적 제안”. 『독어학』 1, 263-286.

박여성 (2001). “미디어폴리스 시대의 텍스트과학”. 『한국텍스트과학의 제과제』 (고영근 외), 17-43.

박우수 (1995). 『수사적 인간』. 도서출판 민.

박우수 (2005). “고전 그리스, 로마의 글쓰기 교육”. 『외국문학연구』 21, 109-128.

박정자 (2013). 『스토리텔링의 비밀이 된 아리스토텔레스의 시학』. 인문서재.

박종현 (1982). 『희랍 사상의 이해』. 종로서적.

박진 (2003). “토도로프의 서사이론 – 서사시학의 성과와 한계”. 『한국문화이론의 비평』 19(7권 2호), 130-156.

백용식 (2013). H. 고골의 희극 『검찰관』의 슈제트 연구. 『러시아어문학 연구논집』 43, 89-115.

송효섭 (1995). “국문학 교실에 <텍스트>는 있는가”. 『세계의 문학』 77, 50-68.

송효섭 (1997). 『문화기호학』. 민음사.

신형욱/이재원 (2009). “텍스트언어학 사전 편찬 방안 연구”. 『텍스트언어학』 27, 81-110.

신형욱/이재원 (2010a). “텍스트언어학 사전 편찬 방안 연구 II. - 표제어 설명방식을 중심으로”. 『텍스트언어학』 28. 79-104.

신형욱/이재원 (2010b). “텍스트언어학 사전 편찬 방안 연구 III”. 『텍스트언어학』 29, 100-130.

신형욱/이재원 (2011). “교과서의 텍스트언어학적 고찰”. 『텍스트언어학』 30, 135-160.

신형욱/이재원 (2012). “크라틸로스에 나타난 언어기호에 대한 발상과 그에 대한 비판적 해석”. 『독일언어문학』 57, 21-46.

아리스토텔레스 (1998). 『詩學』. 천병희 옮김. 문예출판사.

아리스토텔레스 (2009). 『시학』. 김재홍 옮김. 고려대학교출판부.

아리스토텔레스 (2009a). 『변증론』. 김재홍 옮김. 도서출판 길.

아리스토텔레스 (2013). 『아리스토텔레스의 시학』. 박정자 옮김. 기파랑.

아키라 (2003). 『문헌세계의 구조. 서지통정론 서설』. 조재순 옮김. 한국도서관협회.

안인경 (2001). “모호성의 미학과 번역”. 『독어교육』 22, 175-193.

안재원 (2003). “디오니소스 트락스의 Ars Grammatica”. 『언어학』 35, 131-151.

안태호 (2003). “문자맹신, 텍스트 강박을 넘어서. 도가도비상도 명가명비상명 (道可道非常道 名可名非常名) - 노자 도덕경 1장 –”. 『명대신문』, 2003년 6월 9일.

양태종 (1989). “말감 가르기”. 『독일학연구』 5, 97-117,

양태종 (1991). “수사학은 재주(ars)인가?” 『언어와 언어교육』 6, 61-97.

양태종 (1993). “들머리 만들기”. 『독일학연구』 12, 101-115.

양태종 (1996). “말터(Topos) 나누기”. 『언어와 언어교육』 11, 83-21.

양태종 (1997). “마무리(peroratio)에 대하여”. 『독일학연구』 13, 159-176.

양태종 (1998). “문체원칙에 대하여”. 『언어와 언어교육』 13, 87-109.

양태종 (1999). 『수사학 이야기』. 동아대출판부.

양태종 (2003). “키케로의 연설문 분석. -베레스를 고발하는 1차 연설의 착상을 중심으로”. 『독일어학』 23-11-4, 325-345.

양태종 (2004). “수사학적 관점에서 본 텍스트의 종류”. 『텍스트언어학』 16, 1-19.

양태종 (2004a). “수사학의 오늘과 내일”. 『독일어문학』 27, 331-355.

양태종 (2004b). “줄임무늬의 쓰임새”. 『독일어문학』 24-12-1, 337-358.

이 수 (2004). “이수의 재테크와 역술”. 『스포츠조선』 2004년 3월 9일.

이광호 (2001). “융합텍스트 분석을 위한 접근”. 고영근 외, 『한국텍스트과학의 제과제』. 역락, 343-361.

이기웅 (2001). “발화의 다성 구조 – 바흐찐의 다성 이론에 대한 언어학적 접근”. 『러시아연구』 11, 321-338.

이삭 편집부 (1984). 『辨證法 입문』. 이삭.

이성만 (1995). “텍스트구조의 두 가지 차원. - 텍스트이해의 지평 -”. 『독일문학』 55, 411-433.

이성만 (2000). “텍스트문법의 매력을 찾아서. - 하르베크의 이론을 중심으로 –”. 『텍스트언어학』 8, 161-189.

이성만 (2002a). “텍스트는 원형인가?” 『독어학』 5, 289-310.

이성만 (2002b). “텍스트 개념 정립의 토대를 찾아서 - 텍스트의 구성과 경계를 중심으로”. 『독일언어문학』 17, 123-140.

이성준 (1999). 『훔볼트의 언어철학』. 고려대학교출판부.

이인식 (1992). 『인간과 컴퓨터』. 까치.

이재원 (2000). “고리적 텍스트응집성 수단들”. 『텍스트언어학』 9, 67-90.

이재원 (2001a). “응집성, 응집성들”. 『텍스트언어학』 10, 153-188.

이재원 (2001b). “드 보그랑데/드레슬러(1981)의 텍스트성에 대한 비판적 고찰”. 『텍스트언어학』 11, 279-302.

이재원 (2002). “예측성과 비예측성 사이에 존재하는 중도로서의 창발현상”. 『게르만어문학』 12, 577-607.

이재원 (2003a). “반 드 벨데의 응집성 연구”. 『독어학』 8, 175-197.

이재원 (2003b). “단화 ‘밤에는 쥐들도 잠잔단다’의 텍스트언어학적 분석”. 『회상과 성찰』 (이창복 교수 정년퇴임기념논문 간행위원회편), 183-203.

이재원 (2003c). “유머 텍스트 연구”. 『독어교육』 28, 153-169.

이재원 (2004a). “텍스트언어학 이전사”. 『텍스트언어학』 16, 21-40.

이재원 (2004b). “언어학과 타분야의 텍스트 개념들”. 『독일문학』 91, 266-286.

이재원 (2004c). “텍스트중심 품사론. - 브링크만의 레데이론을 중심으로”. 『독어학』 10, 97-124.

이재원 (2004d). “텍스트언어학과 문체론”. 『언어와 언어학』 34, 151-168.

이재원 (2004e). “ ‘텍스트’의 선구로서 ‘레데 Rede’ - 포르찌히의 ‘언어의 경이 Das Wunder der Sprache’를 중심으로”. 『언어와 언어학』 33, 141-156.

이재원 (2004f). “텍스트언어학과 수사학”. 독어교육 30, 185-203.

이재원 (2005a). “기능-통보적 언어기술에서 통보방식과 기능, 통보적 자질. 텍스트 언어학을 위한 소고”. 『인문과학연구』 9, 63-86.

이재원 (2005b). “플라톤의 ‘크라틸로스 Kratylos’ 해설. - 언어적 성찰을 중심으로”. 『독일문학』 46, 270-290.

이재원 (2006a). “광고언어를 위한 소고”. 『인문과학연구』 10, 87-207.

이재원 (2006b). “의사소통이론에 기댄 유머텍스트의 분석. -개그콘서트를 중심으로”. 『독어교육』 35, 117-141.

이재원 (2006c). “새로운 문화현상으로 쌍방향커뮤니케이션을 위한 소고”. 『독일어문학』 32, 185-203.

이재원 (2007a). “기업이미지 광고(언어) 대조연구”. 『텍스트언어학』 22, 73-98.

이재원 (2007b). “텍스트적 언어차원과 간텍스트적 언어차원의 무늬들. 체계수사학을 위한 소고”. 『수사학』 6, 119-141.

이재원 (2008a). “문화간 커뮤니케이션 연구 - Els Oksaar의 ‘문화소(Kulturem)’ 이론에 대한 비판적 고찰”. 『소통과 인문학』 7, 51-74.

이재원 (2008b). “또 다시 텍스트성”. 『텍스트언어학』 24, 259-284.

이재원 (2008c). “호소텍스트의 설득전략에 대한 비판적 고찰”. 『수사학』 8, 165-195.

이재원 (2008d). “신문기사 제목과 본문 사이의 텍스트언어학적 전략들”. 『언어와 언어학』 34, 185-204.

이재원 (2009). “기사제목과 본문 사이의 상호텍스트성”. 『텍스트언어학』 26, 100-123.

이재원 (2010). “고전수사학의 서론에 기대 신문기사 리드의 유형분류”. 『수사학』 12, 207-234.

이재원 (2011). “Ein kleiner Beitrag zum ‘Publikum’ in der Rhetorik”. 『수사학』 15. 29-44.

이재원 (2011a). “하랄트 바인리히의 『거짓말의 언어학』을 위한 소고. 『거짓말의 언어학』”. (하랄트 바인리히 지음), 111-141.

이재원 (2012). “텍스트언어학의 텍스트성 개념규정을 위한 기고”. 『독어학』 26, 247-264.

이재원 (2013a). “대통령 취임사의 ‘텍스트언어학적’ 분석 - 박근혜 대통령의 경우”.

『독어학』 28, 247-278.

이재원 (2013b). "번역에서의 텍스트성 등가를 위한 기고 - 응결성 등가를 중심으로". 『언어와 언어학』 59, 217-240.

이재원 (2013c). "정치연설에 대한 메타히스토리오그래피적 접근". 『독일문학』 127, 177-205.

이재원 (2013d). "박근혜 대통령 취임사의 수사학적 분석 - 키케로의 『생각의 수사학 Partitiones oratoriae』을 중심으로". 『텍스트언어학』 35, 229-254.

이재원 (2013e). "대통령 취임사는 제의적(epideitic)인가? - 버락 오바마 대통령의 경우". 『텍스트언어학』 34, 157-178.

이재원 (2013f). "'코헤지온' 연구". 『독어교육』 57, 83-102.

이재원 (2013g). "연설의 생산 단계와 텍스트 생산: 고전 수사학과 텍스트언어학의 융합을 위한 기고". 『독일어문학』 62, 253-271.

이재원 (2015). "T. A. van Dijk의 '텍스트학/텍스트과학(Textwissenschat)' 연구. – '문체 구조와 수사 구조(stilistische und rhetorische Strukturen)'를 중심으로 –". 『텍스트언어학』 39, 261-281.

이재원 (2015a). "텍스트언어학과 수사학 사이 – 논증의 경우 -". 『수사학』 23, 263-289.

이재원 (2016a). "텍스트언어학적 시 분석을 위한 기고". 『2016년 언어연구소 춘계학술대회 초록집』, 31-44.

이재원 (2016b). "에토스, 에토스들". 『2016년 한국수사학회 춘계학술대회 초록집』, 151-168

이재원 (2016c). "한국 수사학과 텍스트언어학 비교연구". 『언어와 언어학』 71, 163-188.

이재원 (2016d). "기억의 수사학". 『한국수사학회 2016년도 여름학술대회 발표논문집』, 1-21.

이재원 (2016e). "A study on Huei-cho's Pilgerreise durch Nordwest Indien und Zentral-Asien um 726 (Walter Fuchs 1939), the first translation of Huei-ch'ao's 『往五天竺國傳』" (*The 2th International Association for Silk Road Studies*, 95-109. 2016. Dunwhang in China).

이재원 (2016f). "베노이트의 '이미지 회복 전략'에 대한 비판적 고찰 – 고대 수사학

(Antike Rhetorik)의 처지론(Statuslehre)을 중심으로 -". 『수사학』 26, 197-216.

이재원 (2016g). "텍스트언어학적 시 분석을 위한 기고". 『독어교육』 66, 57-78.

이재원 (2016h). "에토스, 에토스들: 고대 수사학의 에토스를 위한 기고". 『독일어문학』, 165-188.

이재원 (2016i). "번역 유형 연구 – 혜초의 『왕오천축국전(往五天竺國傳)』 독어본과 영어본을 중심으로 –". 『독어학』 34, 157-184.

이재원 (2016j). "혜초 『왕오천축국전(往五天竺國傳)』의 한국어본과 독일어본의 대조분석". (『The 17th GSIT International Conference "Methodolgy of T&I Studies and its Application』, 29-44).

이재원 (2016k). "『왕오천축국전(往五天竺國傳)』의 결락 부분 추정을 위한 기고". 『2017년도 한국독어학회 동계학술대회 초록집』, 119-134.

이재원 (2016l). "연설의 종류와 텍스트종류". 『수사학』 27, 100-121.

이재원 (2016m). "『왕오천축국전(往五天竺國傳)』 번역본들의 비교 분석. - 독일어와 영어본 그리고 한국어본을 중심으로 –". 『독어교육』 67, 57-74.

이재원 (2016n). "A study on Huei-cho's 慧超 Pilgerreise durch Nordwest Indien und Zentral-Asien um 726 (W. Fuchs 1939), the first translation of Huei-ch'ao's 『왕오천축국전(往五天竺國傳)』". 『텍스트언어학』 41, 100-120.

이재원 (2017a). "미하엘 바흐찐과 텍스트언어학". 『2017년도 한국독어학회 동계학술대회』, 87-110.

이재원 (2017b). "『왕오천축국전(往五天竺國傳)』과 텍스트언어학 – 결락 부분 재구를 중심으로". 『언어와 언어학』 71, 100-120.

이정석 (2004). "브리콜라주로 빚은 잡설(雜說)의 지형학. '신을 죽인 자의 행로는 쓸쓸했도다'와 박상륭의 구도적 글쓰기". 『경향신문』, 2004년 1월 1일, 44-45.

이정준 (2001). "하이퍼텍스트와 하이퍼소설. 그 특성으로 본 유사성과 한계성". 『독일문학』 80, 240-263.

임우영/강병창/김해생/박진권/백인옥/이완호 (2001). 『Lebendiges Deutsch für Studenten I. 대학생을 위한 활용 독일어』. 문예림.

장영준 (2001). 『언어의 비밀. 창조적 사고 혹은 상상력을 위하여』. 한국문화사.

장지연 (2009). "라틴어 문법서에 나타나는 문학과 글쓰기 기초교육". 『수사학』 11,

159-178.

장지연 (2011). "Latinitas와 중세 초기 라틴어 문법학의 특징". 『서양중세사연구』 27, 1-20.

장지연 (2014). "라틴어 문법학의 품사론 발전 연구 (1)". 『지중해지역연구』 16-2, 47-64.

전병선 (1994). 『본문언어학』. 박이정.

조국현 (2003). "한국 텍스트언어학 연구에 대한 성찰". 『텍스트언어학』 15, 585-612.

조국현 (2005). "한국 텍스트언어학사 연구의 이론적 토대와 과제 및 절차. - 텍스트 개념에 대한 고찰을 예로 –". 『독어교육』 32, 205-233.

조국현 (2012). "한국의 언어학 연구사 기술에 대한 비판적 고찰". 『텍스트언어학』 33, 143-180.

조준래 (2001). M. M. 『바흐찐 시학의 통일성 연구: 텍스트 고찰을 중심으로』. 한국외국어대학교 대학원 박사학위논문.

조준래 (2005). "바흐찐과 로뜨만 비교 연구 – 텍스트론을 중심으로". 『슬라브어 연구』 10, 310-332.

진정근 (1999). "독일어 3인칭 대명사의 사용과 의미". 『독어학』 1, 189-212.

진정근 (2007). "뷜러 Karl Bühler의 직시 이론: 뷜러의 언어 이론 내에서의 그 위상과 내용". 『독어학』 16, 187-205.

채트만 (1990). 『영화와 소설의 서사구조』. 김경수 옮김. 민음사.

천병희 (1998). "머리말". 『詩學』. 문예출판사, 5-18.

최홍렬 (2004). "'성인소설' 춘향전 나왔다". 『조선일보』 2004년 4월 9일.

키케로 (2004). 『화술의 법칙』. 양태종 옮김. 유로서적.

키케로 (2006). 『화술과 논증』. 유로서적. 양태종 옮김.

키케로 (2007). 『생각의 수사학』. 양태종 옮김. 유로서적.

토도로프 (1987). 『바흐찐: 문학사회학과 대화이론』. 최현무 옮김. 도서출판 까치.

프로프 (1981) "환상적인 옛날이야기들의 변형". 『러시아 형식주의 문학의 이론』. 츠베탕 토토로프 편. 김치수 옮김. 이화여자대학교 출판부, 191-227.

플라톤 (2007). 『크라튈로스』. 김인곤/이기백 옮김. 이제이북스.

플라톤 (2011). 『고르기아스』. 김인곤 옮김. 이제이북스.

플라톤 (2014). 『소크라테스의 변명』. 강철웅 옮김. 이제이북스.

한국텍스트언어학회 (2007). 『텍스트언어학의 이해』. 박이정.

허발 (2013). 『언어와 정신』. 열린책들.

홍세원 (1997). 『서양음악사』. 현대음악출판사.

홍승우 (1988). "Wilhelm von Humboldt의 언어개념". 『한국외국어대학교 논문집』, 397-422.

홍승우 (1988/1991). 『독어학개론』. 청록.

홍승우 (1988a). 『의미론 입문』. 청록사.

홍승우 (1992). "언어기능". 『외국어교육연구논집』 8, 68-102.

황종인 (1983). "명사붙이의 문법". 『한글』 179, 3-27.

황종인 (1996). "번역과 삐딱". 『게르만어문학』 7, 251-266.

텍스트언어학사

연대기학에서 메타히스토리오그라피로

초판 인쇄	2018년 2월 19일
초판 발행	2018년 2월 26일
지은이	이재원
발행인	김인철
총괄 · 기획	가정준 Director, University Knowledge Press
편집장	신선호 Executive Knowledge Contents Creator
도서편집	박현정 Contents Creator
전자책편집	이리나 e-Contents Creator
재무관리	김은혜 Managing Creator
마케팅 파트장	백승이 Chief Marketing Creator
마케팅	박종원 Marketing Creator
발행처	한국외국어대학교 지식출판원 02450 서울특별시 동대문구 이문로 107 전화 02)2173-2493~7 팩스 02)2173-3363 홈페이지 http://press.hufs.ac.kr 전자우편 press@hufs.ac.kr 출판등록 제6-6호(1969. 4. 30)
디자인 · 편집	(주)이환디앤비 02)2254-4301
인쇄 · 제본	(주)트윈벨미디어 02)2088-1810

ISBN 979-11-5901-265-5 93700　　정가 28,000원

*잘못된 책은 교환하여 드립니다.

불법복사는 지적재산을 훔치는 범죄행위입니다.

저작권법 제136조(권리의 침해죄)에 따라 위반자는 5년 이하의 징역 또는 5천만 원 이하의 벌금에 처하거나 이를 병과할 수 있습니다.

HU:NE은 한국외국어대학교 지식출판원의 어학도서, 사회과학도서, 지역학 도서 Sub Brand이다. 한국외대의 영문명인 HUFS, 현명한 국제전문가 양성(International +Intelligent)의 의미를 담고 있으며, 휴인(携引)의 뜻인 '이끌다, 끌고 나가다'라는 의미처럼 출판계를 이끄는 리더로서, 혁신의 이미지를 담고 있다.